刑事侦查学

主　编　马忠红　杨郁娟
副主编　刘为军　王锡章
撰写人员　王晓伟　聂江波　张梦星　张　黎　杨锦璈
陈　刚　杨郁娟　罗亚军　陈帅锋　刘　鹏
李春江　马忠红　刘为军　林冬梅　马誉宁
胡　兰　柳　林　倪春乐　德丽娜尔·塔依甫
王锡章　郭合增　刘富鹏

中国人民大学出版社
·北京·

图书在版编目（CIP）数据

刑事侦查学/马忠红，杨郁娟主编．—北京：中国人民大学出版社，2015.7
普通高等教育“十二五”应用型本科规划教材
ISBN 978-7-300-20910-4

Ⅰ.①刑…　Ⅱ.①马…　②杨…　Ⅲ.①刑事侦查学-高等学校-教材　Ⅳ.①D918

中国版本图书馆CIP数据核字（2015）第039229号

刑事侦查学
主　　编　马忠红　杨郁娟
副 主 编　刘为军　王锡章
Xingshi Zhenchaxue

出版发行	中国人民大学出版社		
社　　址	北京中关村大街31号	邮政编码	100080
电　　话	010－62511242（总编室）		010－62511770（质管部）
	010－82501766（邮购部）		010－62514148（门市部）
	010－62515195（发行公司）		010－62515275（盗版举报）
网　　址	http://www.crup.com.cn		
印　　刷	固安县铭成印刷有限公司		
开　　本	787 mm×1092 mm　1/16	版　　次	2015年8月第1版
印　　张	24.75	印　　次	2025年8月第9次印刷
字　　数	578 000	定　　价	68.00元　（公安机关内部发行）

编者的话

“刑事侦查学”课程是政法、公安院校普遍开设的一门专业基础课。课程的教学目的和指导思想是培养学生的侦查思维方式，掌握基本的侦查理论知识，具备一定的侦查技能和水平。

基于以上教学目的和指导思想，《刑事侦查学》共计 19 章。具体包括：刑事侦查学概述；刑事侦查概述；刑事侦查的工作形式；侦查的一般步骤；侦查证据的分析与审查；犯罪现场勘查；常规性侦查措施；综合性侦查措施；查控性侦查措施；杀人案件侦查；盗窃案件侦查；抢劫案件侦查；强奸案件侦查；诈骗案件侦查；爆炸案件侦查；放火案件侦查；投放危险物质案件的侦查；拐卖妇女、儿童案件侦查；黑社会性质组织案件侦查等。

本教材具有四方面的突出特点：一是体系完整。涉及刑事侦查的步骤和方法、侦查措施以及各类刑事案件的侦查，涵盖了刑事侦查学的基本研究内容，并构建了完整、系统、科学的体系。二是内容新，能够基本反映当前刑事侦查学的最新研究成果，能够集中反映当前刑事侦查信息化、侦查规范化等研究成果。三是理论紧密联系实际。刑事侦查学是一门应用性学科，本书的主编与编写人员与侦查实践部门保持着良好的合作关系，这些年来也都直接参与侦查实践活动，本书能够反映侦查的现实动态，反映侦查实践的新措施、新动向及新方法。四是反映侦查工作的法制化、专业化、信息化进程。侦查工作目前正处于一个重要变革时期，侦查工作面临着许多挑战及发展机遇。本教材能够充分体现侦查工作的法制化、专业化和信息化的背景及要求。以利于培养学生树立正确的法制理念，拥有基本的专业素养以及科学的信息处理能力。

本教材编写的具体分工如下：

聂江波（中国人民公安大学讲师）：第一章；

林冬梅（北京警察学院讲师）：第二章；

马忠红（中国人民公安大学教授）、马誉宁（中国人民公安大学研究生）：第三章第一节；

张黎（中国人民公安大学副教授）：第三章第二节、第八章节第一节、第十二章；

胡兰（湖南常宁县公安局法制大队民警）：第四章；

杨锦璈（中国人民公安大学讲师）：第五章；

陈刚（中国人民公安大学教授）：第六章；

杨郁娟（中国人民公安大学教授）：第七章第一节、第二节，第八章第二节；

倪春乐（中国人民公安大学研究生）：第九章第二节、第十八章；

罗亚军（中国人民公安大学讲师）：第七章第二节、第三节；

柳林（中国人民公安大学研究生）：第七章第四节；

陈帅锋（中国人民公安大学副教授）：第九章第一节；

张梦星（中国人民公安大学讲师）：第九章第三节、第四节、第五节，第十三章；

德丽娜尔·塔依甫（中国人民公安大学博士生）：第九章第六节、第十一章；

刘鹏（中国人民公安大学讲师）：第八章第三节、第十章；

李春江（中国人民公安大学讲师）、刘富鹏（中国人民公安大学研究生）：第十四章；

王晓伟（中国人民公安大学讲师）：第十五章、第十六章；

刘为军（中国人民公安大学副教授）、郭合增（郑州市公安局民警）：第十七章；

王锡章（中国人民公安大学博士生、福建省公安厅刑侦总队）：第十九章。

本教材在编著的过程中，参考了有关教材、著作和资料，在此，向有关作者表示诚挚的谢意。此外，由于我们研究能力和认识水平有限，书中难免存在疏漏和不足之处，敬请读者指正并及时联系我们，以便再版时修改完善。

作者

2015 年 3 月

目 录

Content

第一章　刑事侦查学概述

【学习目标】

通过本章的学习，理解刑事侦查学的概念和学科属性，了解刑事侦查学的研究对象和研究方法，学习和掌握刑事侦查学的理论基础。

【导入案例】

2012 年 5 月 29 日，H 市 C 区杨×报案称，其夫李×在其家门口被人用刀刺伤，经抢救无效死亡。接报后，H 市公安局 C 区分局迅速启动侦破命案工作机制，抽调精干警力成立专案组全力展开侦查工作。通过大量调查工作，专案组迅速锁定犯罪嫌疑人王×（男，38 岁，河北省×县人），并于 2012 年 6 月 2 日将犯罪嫌疑人王×抓获。犯罪嫌疑人王×供述，因其与被害人李×的妻子杨×长期保持不正当男女关系，后来事情暴露，与被害人产生矛盾，为除掉李×，王×多次在互联网上雇佣杀手，最终将李×杀害。

经进一步侦查查明，犯罪嫌疑人王×于 2011 年年底开始通过互联网多次联系雇佣杀手预谋杀害李×，分别在网上联系到犯罪嫌疑人孔×（男，25 岁，山东省 Q 市人，另案处理）、文×（男，21 岁，内蒙古自治区 Z 市人），黎×（男，25 岁，山东省 N 县人），但均未能达到目的。2012 年 5 月犯罪嫌疑人王×又通过互联网结识犯罪嫌疑人郭×（男，27 岁，山西省 Q 县人），双方谈好以 25 万元的价钱“让李×消失”。王×将李×的资料传给郭×，郭×将此事交于通过互联网认识的杀手燕×（男，27 岁，山东省 L 市人）处理。燕×到 H 市后，根据资料提供的详细地址找到李×住地，确认了李×，并观察掌握了其上下班的规律。2012 年 5 月 29 日 20 时许，犯罪嫌疑人燕×潜伏到李×住的楼道里，在李×下班回家行至所住楼一楼和二楼中间的平台时，持刀将李×杀害后逃离现场。事后王×分四次给郭×汇款 3 100 元，郭×分四次给燕×汇款 1 400 元。专案组经工作，迅速将涉案犯罪嫌疑人郭×、燕×、文×、黎×抓获，犯罪嫌疑人孔×在河南省 S 县涉嫌故意杀人被当地公安机关抓获。经进一步审讯深挖，犯罪嫌疑人孔×叙述了其伙同黎×、文×等人在互联网以替人复仇发布信息，先后于河南、山东、浙江、北京、湖北等省作案十余起的犯罪事实。

请问：如何利用刑事侦查学的基础理论来分析该团伙实施犯罪的特点？

第一节 刑事侦查学的概念和学科属性

一、刑事侦查学的概念

学习刑事侦查学，有两个前提，一是了解什么是刑事侦查，因为刑事侦查学简言之就是系统研究刑事侦查的理论和知识体系；二是了解刑事侦查学的发展史和研究史，因为从学科发展的历史入手是学习掌握一门知识很好的方法。

首先，了解什么是刑事侦查。进一步细分，可以将刑事侦查分为刑事案件和侦查两部分来理解。刑事案件是指犯罪嫌疑人或者被告人被控涉嫌侵犯了刑法所保护的社会关系，国家为了追究犯罪嫌疑人或者被告人的刑事责任而进行立案侦查、审判并给予刑事制裁（如罚金、有期徒刑、死刑、剥夺政治权利等）的案件。① 从2000年以来，每年全国刑事立案保持在400多万起以上。② 从法律规定来看，侦查就是指有关人员为了查明案情和收集证据而就被指控犯罪的行为进行的调查活动。③ 新《刑事诉讼法》第106条第1款规定，侦查是指公安机关、人民检察院在办理案件过程中，依照法律进行的专门调查工作和有关的强制性措施。《刑事诉讼法》还明确规定了侦查以及公安机关侦查的职责和义务。

其次，了解刑事侦查学的发展史和研究史。从人类社会出现了犯罪时起，刑事侦查学的探索和研究也就同时开始了，刑事侦查的历史同犯罪的历史一样悠久。从传说的中国司法鼻祖——皋陶到犯罪侦查学奠基人——汉斯·格罗斯再到现代刑事侦查学先驱——埃德蒙·洛卡尔，刑事侦查的发展以时代为界可以分为古代刑事侦查、近代刑事侦查和现代刑事侦查，刑事侦查的方法也经历了从神证到人证再到科学证据的历程。在这一历程中，刑事侦查的制度和方法经历了从经验到科学的飞跃，体现了从人治到法治的进步。在这一历史进程中，中国刑事侦查的萌芽和成就以及西方刑事侦查技术和理论的发展具有里程碑式的意义。循着刑事侦查学飞跃的历程和进步的轨迹，现代刑事侦查学无论是基础理论、刑事技术的进步、侦查措施的完善，还是侦查程序的规范以及侦查指挥与谋略都发展到了科学的高度。

从学理研究来看，国内理论界对刑事侦查学的概念有不同的表述，其中代表性的观点有：刑事侦查学亦称犯罪侦查学或称侦查学，它是一门专门研究在刑事诉讼中如何搜集证据、查明案情，揭露犯罪和查缉犯罪嫌疑人的科学。刑事侦查学是为实现刑法和刑事诉讼法的总任务服务的应用法学，它研究的具体对象是搜集证据、查明案情、揭露犯罪和查缉犯罪嫌疑人的途径、策略和方法。④ 刑事侦查学是研究犯罪行为、侦查行为及二者规律和侦查对策的科学。犯罪行为是刑事侦查学的研究起点，侦查行为及与犯罪行为的矛盾规律是刑事侦查学的研究内容，建立在侦查行为与犯罪行为矛盾规律基础上的侦查对策是刑事侦查学的研究目的。⑤ 刑事侦查学是在认识犯罪活动、侦查活动和二者互相作用规律的基

---

① 参见百度百科，http：//baike.baidu.com/view/444381.htm？fr＝aladdin。

② 参见公安部刑事侦查局网站，http：//www.mps.gov.cn/n16/n944931/n947862/974482.html。

③ 参见何家弘：《外国犯罪侦查制度》，4页，北京，中国人民大学出版社，1995。

④ 参见王传道：《刑事侦查学及其研究成果综述》，载《法律文献信息与研究》，1997（1）。

⑤ 参见公安部教材编审委员会：《刑事侦查学》，1页，北京，群众出版社，1999。

础上，研究揭露、证实犯罪、揭发确认犯罪嫌疑人的方法、对策的一门应用学科。①

综合刑事侦查工作和刑事侦查学的发展史、研究史，我们认为，刑事侦查学是研究刑事侦查主体如何以刑事法律为依据，为实现刑事法律目标和完成刑事侦查任务而对刑事案件进行侦查时所采用的各种侦查技术、措施、方法、策略及对策的应用学科。刑事侦查学是研究刑事犯罪活动的特点及其规律，研究刑事犯罪侦查的方法、对策及其策略的一门科学。从刑事司法角度讲，刑事侦查学是为实现《刑法》《刑事诉讼法》等刑事法律的任务，以犯罪行为研究为基础，以刑事侦查活动为研究内容，以揭露、预防、证实刑事犯罪的方法、对策为研究目的应用科学。从侦查实践角度讲，刑事侦查学是研究刑事侦查主体为完成公安机关执法任务而对刑事犯罪进行侦查的应用学科，是以刑事犯罪行为的特点和规律为研究起点，以刑事侦查与犯罪活动的矛盾规律为研究内容，以揭露、预防、证实、打击犯罪的策略和方法为研究目的一门学科。

二、刑事侦查学的学科属性

尽管刑事侦查的历史同犯罪的历史一样悠久，但是，刑事侦查学作为一门成体系的科学，它的确立和发展仅有百余年的历史。在这百余年的历史中，关于刑事侦查学的学科属性的归属和争论却从未停止。这是由于刑事侦查学具有实践性、综合性、应用性等特点，其学科属性相应地从公安学、边缘学科、应用学科等角度都可以找到。

（一）刑事侦查学属公安学学科

长期以来，公安学类和公安技术类在《普通高等学校本科专业目录》中作为二级学科专业类设置在法学和工学门类下。侦查学作为法学二级学科下的一个方向来设置。在《授予博士、硕士学位和培养研究生的学科、专业目录》中没有独立的公安类学科专业，一些较为成熟的公安类专业只能作为法学等学科的研究方向或依托其他学科点设置。虽然公安学在我国是一门新兴学科，但是已经取得了丰硕的成果。将公安学建设为一级学科，不仅是公安学自身发展的需要，也是提高人才培养质量、加强公安工作和公安队伍的正规化建设、维护国家安全和社会公共安全的需要。② 为此，2011 年，国务院学位委员会和教育部联合印发《学位授予和人才培养学科目录（2011 年）》，正式批准设立“公安学”、“公安技术”两个一级学科。公安类一级学科的设立，填补了公安高等教育一级学科的空白，为公安学科系建设提供了更为广阔的空间，是公安高等教育的一项重大突破。③ 公安学成为与法学、工学等学科并列的一级学科，侦查学也由原来的二级学科下的方向，调整为公安学一级学科下的二级学科，与原来的二级学科公安学相并列。刑事侦查学作为二级学科侦查学下的方向，所研究的内容属于公安部门侦查机关的专门业务活动，是研究维护国家、社会稳定和人民生命财产安全对策的学科，理应由法学门类调整为公安学门类。因此，刑事侦查学应属于公安学的一部分。

（二）刑事侦查学属边缘学科

从刑事侦查学的研究对象和研究内容来看，侦查是公安机关等侦查主体为了查明犯罪

---

① 参见孟宪文：《刑事侦查学》，1 页，北京，中国人民公安大学出版社，2004。

② 参见李健和：《公安学一级学科建设若干思考》，载《中国人民公安大学学报》，2010（1）。

③ 参见辛闻：《国家批准设立“公安学”、“公安技术”一级学科》，载《人民公安报》，2011－04－15。

事实、抓获犯罪嫌疑人，依法进行的专门调查工作和采用有关强制性措施的活动，刑事侦查是研究犯罪和抓捕罪犯的各种方法的总和。但是，刑事侦查学并不以法律为直接的研究对象，而是以《刑法》等法律所规定的犯罪行为和以《刑事诉讼法》等法律所规定的侦查活动为研究对象。刑事侦查学是以犯罪行为规律和侦查方法对策为研究对象的。因此，《刑法》、《刑事诉讼法》等法律规范对刑事侦查学来说是一种执行的规范和标准，并非其研究对象，而侦查活动作为刑事侦查学的研究对象和研究内容，渗透或包含了许多人文学科和自然科学的内容，除了前面谈到的刑法学、刑事诉讼法学之外，还与犯罪学、心理学、社会学、生物学、法医学、管理学、语言学、哲学、化学、物理学等众多学科有密切联系，这些学科知识综合起来为揭露、证实、预防和打击犯罪服务，没有众多相关学科知识的支撑，刑事侦查学的研究几乎是不可能的。因此，刑事侦查学研究对象的广泛性、研究内容的综合性决定了刑事侦查学这一学科的边缘性特征。

（三）刑事侦查学属应用学科

刑事侦查学是研究侦查刑事犯罪活动及其规律的一门科学，即其研究的对象是侦查活动及其规律。刑事侦查学的结构体系包括刑事侦查学原理、侦查策略措施、侦查方法三部分。在理论上刑事侦查学学科是一门应用学科，具有很强的政治性、实践性、科学性和策略性。从研究的目的来看，刑事侦查学研究的目的具有明显的实践性、应用性和对策性、目的性的价值取向，即理论研究为刑事侦查实践服务。从研究方法来看，刑事侦查学是以实验和实践活动为理论基石的，即通过实验和实践归纳总结上升到理论。从当前刑事侦查学研究的总体情况来看，大量的刑事侦查学的研究成果都是通过对实践经验的总结而上升到理论层次，再将理论成果在侦查实践中检验、修改和完善，实现理论和实践的紧密结合和相互支撑。因此，不能由于刑事侦查工作要严格执行刑事法律和其他有关法律，就认为刑事侦查学属于法学部门；也不能因为刑事侦查工作主要是公安机关侦查部门的业务范畴，就把刑事侦查学仅仅作为公安学的分支。刑事侦查学有其特殊的研究对象和适用范围，它是一门渗透社会科学和自然科学、涵盖和应用刑事法律、侦查措施、侦查心理、侦查策略、刑事技术、审询技巧等多学科的、具有很强实践性的、综合性的应用科学。

第二节　刑事侦查学的研究对象和研究方法

一、刑事侦查学的研究对象

（一）研究现状综述

新中国成立后，我国开始构建自己的侦查学学科。从 20 世纪 50 年代末到 60 年代初，符合中国国情的新的侦查制度和侦查学体系初具形态。由于起步较晚，这一阶段的刑事侦查学尚处于注重应用研究的低级阶段，对侦查学基础理论的研究非常薄弱。在 20 世纪 70 年代末，侦查学理论研究开始受到重视，学者们开始关注侦查学的研究对象。在 20 世纪 90 年代以后，关于侦查学的研究对象出现了较多的学说，包括侦查活动的规律和方法说，侦查技术、侦查措施和侦查方法说，侦查途径、策略和方法说，侦查行为规律说，侦查活动说，犯罪、侦查活动说。此外，还有侦查和预防犯罪说、犯罪的控制调查活动说等。[①]关于刑事侦查学的研究对象的观点虽然有诸多表述，但有一点是共同的，即都把发现收集证据、查明案情及查获犯罪嫌疑人的途径和方法作为刑事侦查学的研究对象。

综合国内学者的研究，关于侦查学研究对象的学说有以下几种：一是刑事侦查学是研究各种不同的犯罪方法，研究这些犯罪的过程以及同犯罪活动密切联系的痕迹的形成机理；总结搜集犯罪痕迹的方法；怎样寻找何种痕迹；怎样对痕迹作出评价和怎样根据痕迹及实施犯罪的方法确定罪犯；研究制定各种科学技术手段、策略措施和侦破方法，并在实践中加以不断的检验。[②] 二是刑事侦查学研究的特殊矛盾，是侦查行为与犯罪行为的矛盾及其规律，这一对特殊的矛盾和规律构成了刑事侦查学特定的研究对象。[③] 三是刑事侦查学的研究对象是刑事犯罪活动的规律和特点及侦查机关对刑事犯罪活动进行侦查时所采取的揭露和证实犯罪的各种刑事技术手段、策略手段以及各类案件的侦查方法。[④] 四是刑事侦查学的研究对象应当概括为三个方面：刑事犯罪行为、刑事侦查活动、刑事犯罪行为与刑事侦查活动之间的关系。[⑤] 五是刑事侦查学是一门专门研究在刑事诉讼中如何搜集证据、查明案情、揭露犯罪和查缉犯罪嫌疑人的科学，它研究的具体对象是搜集证据、查明案情、揭露犯罪和查缉犯罪嫌疑人的途径、策略和方法。[⑥] 六是刑事侦查学的研究对象是研究查明案情、收集证据、揭露证实犯罪分子的规律和方法。[⑦] 七是刑事侦查学的研究对象是研究犯罪分子实施犯罪的规律和特点；研究揭露证实犯罪的对策和方法；研究侦查主体的建设与完善。[⑧]

（二）研究对象的划分标准

理论界对于刑事侦查学研究对象持有多种观点，观点的多样性是由于标准的不同，因此，确定刑事侦查学的研究对象，首先要确定其研究对象的划分标准。

一是特殊的矛盾性标准。任何一门学科都有自己特有的研究对象，毛泽东在《矛盾论》中指出："科学研究的区分，就是根据科学对象所具有的特殊的矛盾性。因此，对某一现象的领域的所特有的某一矛盾的研究，就构成某一学科的对象。"刑事侦查学的研究对象需具有区别于其他学科研究对象的特殊矛盾性，这也是当前学术界普遍的以研究对象的特殊性作为一门学科存在的基础和区别于其他学科的依据。刑事侦查活动的特殊性体现在侦查主体的特殊性、侦查对象的特殊性、侦查任务的特殊性、侦查措施的特殊性、侦查方法的特殊性、侦查策略的特殊性等方面，这些特殊性的方面恰恰构成了刑事侦查学有别于其他学科的特殊矛盾性，这些特殊性的方面恰恰是该学科的重要研究对象。

二是系统的全面性标准。任何一门学科的研究对象都应具有系统全面性和高度概括性，刑事侦查活动是一个涉及和涵盖侦查主体、侦查对象、侦查方针、侦查原则、侦查体

---

① 参见何家弘：《我国侦查学二十年来理论发展要览》，载《山东公安专科学校学报》，1999（2）。
② 参见［苏］A. H. 瓦西利耶夫：《犯罪侦查学》，原因译，北京，群众出版社，1985。
③ 参见公安部教材编审委员会：《刑事侦查学》，2页，北京，群众出版社，1999。
④ 参见单棠：《试论刑事侦查学的研究对象》，载《政法论丛》，1993（4）。
⑤ 参见王鑫：《刑事侦查学的研究对象和学科性质》，载《北京人民警察学院学报》，2003（3）。
⑥ 参见王传道：《刑事侦查学及其研究成果综述》，载《法律文献信息与研究》，1997（1）。
⑦ 参见徐立根：《侦查学》，北京，中国人民大学出版社，1991。
⑧ 参见黎明正：《侦查学》，上海，华东理工大学出版社，1997。

制、侦查机制、侦查模式、侦查思维、侦查措施、侦查策略、侦查技术等诸多方面的综合性工作，以刑事侦查活动为中心衍生出一系列的侦查概念和侦查现象，所有这些概念和现象形成了一个有机整体，即刑事侦查活动系统，离开了刑事侦查活动系统这张“皮”，这些相关概念和现象的“毛”就失去了意义和价值。因此，刑事侦查学的研究对象要对学科的所有研究内容进行系统、全面的研究和总结。

（三）研究对象的内容

一个学科的研究对象应当是高度概括的、具有规律性和普遍意义的科学范畴，而不仅仅是对某一方面的反映和概括。因此，我们认为刑事侦查学的研究对象应包括犯罪行为的特点和规律，侦查活动的一般规定和原理，以及建立在犯罪行为与侦查活动相互作用这一特殊矛盾基础上的侦查方法、策略和对策体系。

犯罪行为是侦查活动的研究客体，为了使刑事侦查学的研究成果更具针对性和实效性，使理论研究能够积极回应和满足侦查实战的需要，就必须深入认识犯罪行为，研究犯罪特点，总结犯罪规律。为此，既要从理论上借鉴犯罪学等相关学科的研究成果，充实和丰富刑事侦查学的理论基础，还要从侦查实践出发，重点研究总结某一时期特定区域杀人、盗窃、抢劫、强奸、绑架、诈骗、爆炸、放火等各类高发、频发犯罪案件的发案规律和作案特点，这是刑事侦查学研究的基础和理论起点。

侦查活动本质上是有侦查权的国家机关进行的诉讼行为和执法行为，根本目的是保障国家安全和社会公共安全，维护社会主义社会秩序，要惩罚犯罪和保护人民，就要研究侦查活动的一般规定和原理，包括侦查程序、侦查原则、侦查方针等刑事侦查基础理论方面，以增强刑事侦查活动的规范化和法制化，增强刑事侦查活动的合法性和合程序性，这是刑事侦查学研究的前提和重要内容。

刑事侦查学的研究重点在于侦查机关和侦查人员如何正确地、科学地应用各种侦查技术、侦查方法、侦查措施和侦查策略，依法收集破案线索和诉讼证据，揭露和证实犯罪，查缉和抓捕犯罪嫌疑人。这就是说，从事刑事侦查学研究就是要在认识犯罪行为与侦查活动相互作用这一特殊矛盾的基础上，总结和把握侦查活动的方法、策略和对策体系，这是刑事侦查学研究的目的和根本归依。

二、刑事侦查学的研究方法

刑事侦查学的研究方法是分析、解读与侦查实践相关的所有社会、法律现象和本质的基本工具，刑事侦查学的研究方法不是一个封闭的系统，而应是一个不断发展和完善的多层次的、开放性的系统。

（一）科学实验法

科学实验是人类认识世界的基本方法，是人类改造世界的必要前提，科学实验法是研究刑事侦查学根本的方法。当前随着科学技术的飞速发展，人类已经进入信息时代、高科技时代，现代计算机技术、信息技术、心理学、解剖学、生物学、人类学等科技成果越来越深入地影响人们的日常生活，越来越广泛地应用于刑事科学技术和侦查破案。但是，科技成果不会自动地为刑事侦查服务，简单机械地移植照搬科技成果，效益和效果也会大打折扣。因此，刑事技术人员和侦查人员要通过大量的科学实验和反复应用，才能将最新的科学技术成果应用于刑事侦查，才能将刑事科学技术与其他科学技术有机结合，才能不断提升刑事科学技术的检验鉴定水平，进而不断丰富和完善刑事侦查学的学科体系和科技含量。

科学实验法借助自然科学和技术科学的方法，运用精密的仪器设备有效地为侦查实践服务。[①] 在侦查实践中，科学实验有如下几种形式：实验室实验、临场实验和模拟实验。科学实验是进行同一认定的必经渠道和法律程序，是侦查人员侦查破案和解决技术性难题的有力武器。刑事侦查技术是侦查破案的专门手段，在侦破案件过程中，侦查人员经常要面对各种复杂的刑事技术问题，如手足工枪痕迹比对、DNA 提取鉴定、毒物化学品检验、模糊视频处理、爆炸装置还原等，这就需要运用各种实验的方法进行研究和认定，用来解释与案件相关的各种现象为什么发生以及怎么发生，用来揭示事物本身的矛盾和涉案事物之间的内在联系，进而为侦查破案提供线索和证据，为认定和排除犯罪嫌疑人提供条件和依据。

（二）案例分析法

在长期同刑事犯罪作斗争的侦查实战工作中，刑事侦查部门积累了大量的案例和素材，每个案例的作案手段和侦破过程都有自身的特点，要预测刑事犯罪的发展趋势，总结各类犯罪的侦查方法，形成刑事侦查学的系统理论，就需要对实战中的案例和素材进行系统的总结和分析。一方面，从案件性质方面进行统计、综合、总结，如对某一年度某一地区发生的严重暴力案件的犯罪动机、犯罪目的、犯罪手段、犯罪结果以及侦破途径和方法的选择、侦查措施和技术的应用等进行量化分析和定性研究，准确掌握刑事犯罪的新特点和新趋势，为打击防范犯罪、制定刑事政策提供依据和参考；另一方面，对典型个案进行深度分析、解读、挖掘，如国内外刑侦史上一些有广泛和深远影响力的大要案件或近几年发生的带有一定普遍性的具有犯罪新特点和应用新战法侦破的案件等，通过典型个案的分析寻找刑事犯罪的一些普遍性规律，探讨案发的内外部原因和主客观条件，研究相应的侦查对策和防范措施。

刑事侦查学的发展和完善靠的是对侦查实践的不断研究、总结和提炼，刑事侦查工作的得与失、经验和教训，在刑事犯罪案例中有最直接、最完整、最充分的展示和体现。因此，解剖、分析、总结案例是研究刑事侦查学最基本的方法。案例分析法主要包括三种：典型案例分析法即选择有代表性的典型意义的案件进行解剖分析，探索预防犯罪和破案的方法；案例归类分析法即选取大量的刑事案件进行归类比较，揭示发案和破案的普遍规律和特殊方法；案例统计分析法即抽取若干案例和相关数据进行计算分析，增强对刑事犯罪特点和刑事侦查工作的认识。通过案例分析法，既总结成功案例的经验，也吸取失败案例的教训，在案例中总结发案和破案中带有规律性的东西，进而综合分析上升为理论，更好地指导侦查实践，从而有效地预防发案，高效打击犯罪。

（三）调查研究法

刑事侦查学作为一门实践性很强的应用学科，肩负着为侦查实践活动提供理论支持的重要任务，必须对社会生活中与犯罪活动、侦查工作相关的问题进行调查研究，如通过对

---

① 参见薛焖尧：《侦查学基础理论》，27 页，北京，中共中央党校出版社，2009。

侦查实践中的案件进行剖析，将之提炼、升华成为一个具有普遍指导意义的理论，或者通过对一些具体的、个别的侦查方法、手段、措施的研究，使之上升为具有广泛适用意义的技战法。总结侦查实践中的新经验，解决侦查实践中的新问题，靠的绝不仅仅是纯粹的理性思辨，需要理论研究者更多地采用调查研究的方法，深入侦查实践去调查、分析和研究才有可能。因此，刑事侦查学在研究方法上不能单纯地从资料到资料地进行理性思辨，因为建立在二手资料基础上的思考和结论是缺乏实践地气和理论底气的。要充分重视和加强调查研究的作用和力度，因为调查研究要求研究者必须深入基层一线，掌握最新资料，把握最新动态，只有充分掌握一手信息和案件资料，才能满足调查研究对统计数据和资料质量的基本要求，才能避免低质量的重复生产，带来实质性的知识增量和理论突破。

调查研究是进行社会科学研究的一般方法，也是研究刑事侦查学最基础的方法。根据刑事侦查学的研究对象可知，刑事侦查学调查研究的内容包括：社会政治、经济、文化现象与刑事犯罪趋势、案件发展变化的相关性，刑事犯罪和刑事案件发展的特点、趋势和一般规律，侦查技术、侦查方法、侦查措施、侦查策略应用的效果以及影响发案频率和破案效率的相关因素等。根据调查研究的内容不同，调查研究分为个案调查和专题调查；根据调查的途径不同，调查研究分为单独调查和群体调查。调查研究的方法包括综合调查法、典型调查法和抽样调查法。在信息时代和大数据背景下，开展刑事侦查调查研究的技术系统更加先进，方法更加多元。

（四）经验研究法

认识来源于实践，要认识某一对象的本质和规律，就只有亲身参加变革这一对象的实践，毛泽东指出："一切真知都是从直接经验发源的。"① 基于犯罪对策学和经验型科学的学科定位，刑事侦查学一贯重视经验研究方法，强调侦查学理论的综合性和应用性，不少理论是直接从工作经验中提炼出来的，通过对大量犯罪案件和侦查实践活动素材进行收集、整理和分析，发现共性和规律性的东西，形成有关侦查规律、侦查特点和侦查对策的理性认识。可以说，经验研究的方法是侦查学研究者们擅长的和常用的研究方法。② 经验研究方法是通过观察、交谈（语言交流）、感受、体验、内省等方式来获得对社会的感性认识，并在此基础上通过定性研究和定量研究来达到对社会的理性认识。③ 刑事侦查学是一门实践性、应用性很强的学科，许多操作性和规范性较强的理论往往来源于侦查实践和办案经验，"经验研究中所获得的那些不期而遇、异乎寻常的有关全局的资料，常常成为某种理论的开创者。越是富有成效的经验研究，就越有可能成为新的假说和理论的发源地。"④ 以信息化侦查为例，网上查证、网上排查、网上串并、网上调控、网上控赃、网上追逃、网上预警等网上作战方法的推广应用以及由此引发的侦查理念、侦查思维、侦查方法的变革对侦查模式理论的推进和拓展就是经验研究方法助力理论创新的例证。

（五）比较研究法

比较研究法是对两种或两种以上的同类的侦查事物，辨别异同，从而更加清晰地认识

---

① 《毛泽东选集》，2版，第1卷，288页，北京，人民出版社，1991。

② 参见杨郁娟：《侦查学研究方法反思及其构建》，载《上海公安高等专科学校学报》，2010年10月，第20卷第5期。

③ 参见陶远华：《社会认识论引论》，57页，昆明，云南人民出版社，1990。

④ 刘大椿：《科学技术哲学导论》，37页，北京，中国人民大学出版社，2005。

这种事物的特点，找出其本质特征。比较研究法是进行社会科学和自然科学研究的重要方法，许多学科如哲学、法学中都有中西哲学、中外法律的各种比较研究，刑事侦查学也离不开比较研究的方法来推动学科的建设与发展。比较研究法在刑事侦查学中的应用主要体现在两个方面：一是以时间为标准和角度，认真总结、梳理、比较古代、近代、现代刑事侦查学方面的理论和实践，取长补短、纵向利用，吸收和借鉴前人的理论成果，消化、吸收、再创新，批判地继承前人的实践经验，在继承的基础上不断创新，形成当代经验以供后人借鉴。在研究我国的刑事侦查学理论和实践的过程中，学科的历史是不能割断的，古代朴素的刑事侦查理论和丰富的刑事侦查实践不仅为世界刑事侦查学的建立做了充分的准备，而且对我国当代刑事侦查学的发展也是很好的借鉴和参考，要古为今用才能推陈出新。二是以空间为标准和角度，比较研究世界其他国家的刑事侦查的理论和实践。由于各国的社会制度、发展阶段及经济科技水平不同，刑事侦查学的理论和实践也呈现出较大差异。尽管研究的体系、内容、方法上各国有较大区别，但在日益全球化的“地球村”里，刑事侦查学逐渐发展成为一门国际性的学科，世界各国面临打击预防犯罪的共同任务，其共性的部分值得我们借鉴，科学没有国界，先进的无须排外，发达国家的一些先进的侦查理念、侦查战法及刑事科学技术手段，值得我们参考学习，刑事侦查学只有在与世界各国同行的广泛交流、比较研究的基础上，才会取得理论的突破和实践的发展。

第三节　刑事侦查学的理论基础

从理论研究和侦查实践的角度讲，刑事侦查学的基础理论包括辩证唯物主义和历史唯物主义的基本理论，这是人类认识世界、改造世界的强大的思想武器和从事科学研究的根本指导思想；同一认定理论，贯穿于侦查全过程，贯穿于各种侦查措施手段之中，是侦查破案的根本依据；逻辑理论，是人们日常生活、工作都离不开和经常运用的思维工具，侦查破案是高级思维过程，更需要逻辑理论的指导。

一、辩证唯物主义和历史唯物主义的基本理论

辩证唯物主义和历史唯物主义是关于自然、社会和思维活动的普遍规律的科学，是马克思主义最根本的世界观和方法论，“刑事侦查学与其他法学学科一样，是建立在马克思主义哲学基础之上的。辩证唯物主义和历史唯物主义揭示了存在和意识的相互关系，阐明了人类认识的实质、来源和发展的辩证规律。为认识世界和能动地改造世界提供了强大的思想武器。”① 这一强大的思想武器为科学研究和学科建设提供了最根本的方法论指导，解决了人们进行刑事侦查活动的出发点和根本认识方法等问题，是指导刑事侦查学进行研究和实践的根本的理论基础。

（一）辩证唯物主义物质观是刑事侦查活动的认识基础

辩证唯物主义认为，物质是标志客观实在的哲学范畴，世界的统一性在于它的物质性，物质世界处于永恒的运动中，空间和时间是物质运动的存在形式，意识是物质世界在人脑中的主观映像，人的意识具有能动作用，可以指导实践、反映本质规律、改造客观世

---

① 马忠红：《刑事侦查学总论》，6页，北京，中国人民公安大学出版社，2009。

界。刑事犯罪活动是一种形态多样而复杂的社会现象，本质上都是由人、事、物、时、空等要素构成的不以人的意志为转移的“客观实在”。这个“客观实在”的物质性表现为刑事犯罪行为是以一种物质与另一种物质的物理性和化学性的冲突和交换，不管犯罪嫌疑人如何狡猾与诡诈，只要其实施一定的犯罪行为，就必然在特定的时间和空间留下运动轨迹和痕迹物证，这都是物质性的客观实在。由于运动轨迹和痕迹物证蕴涵着丰富的信息，具有一定的指向性和唯一确定性，侦查人员通过对犯罪信息的收集、处理、加工和反馈，去粗取精、去伪存真、由表及里、由此及彼地去揭露、追溯犯罪真相，进而犯罪嫌疑人的身份和特征都是可以被认识和证明的；由于时间和空间是物质运动的存在形式，具有不可逆性和排他性，这就使犯罪嫌疑人在案前案中案后施展的各种反侦查伎俩难以奏效，而且其抹杀、掩盖其罪行的行为和伪装越多越容易暴露自己，反而弄巧成拙，欲盖弥彰。总之，刑事犯罪行为的构成要件都是以物质的客观实在性作为判定的依据，犯罪行为结果总是通过物质的运动变化展现在侦查人员面前，侦查活动必须以犯罪行为的“客观实在”为依据，刑事犯罪行为以及其相关的“客观实在”是刑事侦查人员的思想认识来源和基础。

（二）辩证唯物主义认识论是刑事侦查活动的科学理论

辩证唯物主义认为，实践和认识是人类活动的基本形式，实践是认识的基础，认识是主体对客体的能动反映，两者对立统一的矛盾运动是一个螺旋式上升、波浪式前进、从低级到高级的无限发展过程。毛泽东同志说：“实践、认识、再实践、再认识，这种形式，循环往复以至无穷……”① 刑事侦查实践对认识刑事犯罪起着决定性作用，表现为侦查实践是侦查人员认识刑事犯罪的来源，是认识刑事犯罪的目的，是认识刑事犯罪本质的动力，是检验对刑事犯罪认识是否正确科学的标准。但是，认识不是被动地，刑事侦查实践中形成的带有普遍性的规律性的认识是侦查人员通过观察、实验、归纳、演绎、综合、分析、抽象、具体、模拟、假设的方法以及发挥情感、意志、兴趣、责任、思维、信念、潜意识等非理性因素对刑事犯罪和刑事侦查的能动反映。同时认识本身是一种辩证运动，侦查人员对刑事犯罪的认识不是一次性的直线式活动，而是要经历从感性认识到理性认识，从理性认识再回到实践中，再实践、再认识的多次反复才能更深刻、更准确、更完整地反映刑事犯罪的本质和规律。侦查人员对刑事犯罪的认识具有曲折性和反复性，在侦查实践中，侦查人员对具体的刑事案件特别是复杂疑难案件的认识或是对某一地区、某一时期、某一类型刑事案件的认识，都不是一个认识—实践周期完成的，总是要经过实践—认识—再实践—再认识的多次反复才能求得主观和客观的统一。综上，刑事侦查活动属于认识论的对象，侦查人员的认识活动必须符合认识论关于认识发展过程的辩证运动规律。

（三）辩证唯物主义关于联系和发展的学说是刑事侦查活动的思维向导

辩证唯物主义不仅承认世界的物质统一性，坚持唯物主义，而且承认物质世界是普遍联系和永恒发展的，坚持辩证法。辩证唯物主义认为世界是普遍联系的，事物之间的联系具有普遍性、客观性、多样性，这种联系是侦查破案推理判断的基础。刑事犯罪活动各要素之间的联系是普遍的，一起刑事案件是犯罪各要素相互联系所构成的一个整体，从犯罪动态演进过程看，犯罪思想基础及诱因、犯罪动机、犯罪预备、犯罪实施、犯罪实施后的

① 《毛泽东选集》，2版，第1卷，296页，北京，人民出版社，1991。

表现及活动是相互联系的，从犯罪实施的静态剖析看，犯罪主体、犯罪对象、犯罪时间、犯罪空间、犯罪工具、犯罪手段、犯罪痕迹、犯罪遗留物、犯罪带离物之间也是的相互联系的，具有客观性和多样性，这决定了侦查思维活动也应是多层次、多角度、多侧面和多方位的。侦查人员要坚持普遍联系的观点，区分和判断刑事案件之间和案件要素之间的联系是必然性联系还是偶然性联系，是内部联系还是外部联系，是直接联系还是间接联系，是本质联系还是非本质联系。侦查人员不能静止地看待刑事案件之间和案件要素之间的联系，必须把这种普遍联系放在物质世界是永恒发展运动的视角中加以考察，以对立统一规律、质量互变规律、否定之否定规律为指导，勤于思考犯罪活动各要素之间的相互联系，善于分析推断犯罪行为及其后果，直至认识刑事案件发生、发展的全部过程。总之，犯罪活动各要素之间相互联系的客观性和普遍性是侦查破案推理判断的基础，刑事犯罪诸因素联系的多样性，决定了侦查思维活动应是多方位的。

二、同一认定理论

同一认定理论产生于19世纪末20世纪初，由苏联犯罪学家波塔波夫创立。同一认定作为一种专门的认识活动，是发现、控制、证实犯罪的主要方法和手段，是刑事侦查学的基础理论之一。

（一）同一认定原理

从哲学上讲，“同一”就是表示事物或现象同其自身相等、相同、一样的范畴。同一认定原理是指某物质分解或分离的部分、形成的痕迹和遗留的映像，在一定时间内，在本质特征上与某物质保持一致的理论。从实践角度讲，同一认定既是刑事侦查工作的目的，又贯穿于侦查全过程，贯穿于各种侦查措施手段之中，刑事侦查中的同一认定就是在侦查破案过程中，具有侦查中需要的专门知识的人和了解侦查客体特征的人，通过比较侦查客体先后出现的特征是否同一作出的判断。同一认定理论为人们在认识上阐明了犯罪的可知性，为侦查破案提供了同一认定的方法，因此，同一认定理论是侦查破案的根本依据，对整个刑事侦查工作都具有指导意义。

（1）同一认定的主体必须是具有专门知识的人或熟悉客体某些特征的人。这里的“人”可以是司法机关下属的鉴定机关的鉴定人，也可以是被邀请的其他具有专门知识的人，还可以是犯罪案件中的受害人、犯罪目击人。侦查人员是同一认定的特殊主体，侦查人员在刑事侦查过程中所作的同一认定结论更多的是具有侦查意义和价值。

（2）同一认定的客体只能是与案件有关的人或物品或场所，而且这些客体或其他反映形象在案件发生和侦查过程中已先后出现过两次。

（3）同一认定的目的是确定某一客体是否同一或是否原属同一整体物，也就是解决某一客体与案件的特殊联系。

（4）同一认定的方法必须是以对客体特征的比较为基础，比较客体特征是认定同一与否的唯一途径。

（5）同一认定属于判断型认识活动，无论是物证技术鉴定中的同一认定，还是案件调查中的同一认定都是对客体是否同一所做出的判断。

（二）同一认定的科学基础

对各种物体之所以能够进行同一认定，是因为作为同一认定的客体物具有相对稳定性和特定性的缘故，这是同一认定之所以能够进行的科学基础。

1. 认定客体的相对稳定性

客体的相对稳定性是指事物在一定时期内、一定条件下保持其特性相对不变，处于相对静止和暂时平衡的状态。任何事物都是“处于无休止的运动和变化之中”，在这种物质运动尚处于量变、还未发生质变的相对静止阶段，就出现了事物的相对稳定特性。事物在一定时期内基本性质稳定不变，为事物的同一认定提供了可能性。不同的事物，其相对稳定的程度是不一样的，有的稳定性很高，如指纹、DNA，有的稳定性较低，如鞋底花纹。认定客体的特性越稳固、越明显，同一认定的可能性越大。

2. 认定客体的特定性

客体的特定性，是指世界上的任何事物都有其特殊性，都是由事物本身的特殊矛盾和特殊本质决定的。事物的特殊矛盾规定了一事物区别于他事物的特殊本质，这种特殊矛盾，就构成一事物区别于他事物的特殊本质。这就是世界上诸种事物之所以有千差万别的内在的原因。客体特殊性的形成有着不同的内因和外因，其表现为：客体本身的物质或成分和属性的差异，如因化学成分和物理属性不同，形成客体的特殊形态千差万别。客体在制作和加工过程中，因为机械作用、原材料质量及工艺水平的不同，其成品也会产生一定的差异。客体在存放、修理、使用过程中，因为受到自然因素和人为因素的影响，产生老化、磨损、变形、变质等变化，形成各自不同的特征。人们在生产和生活过程中，因为生理条件、生活环境及职业状况的不同，形成了特殊的动力定型和动作习惯特征，如书写动作习惯。

（三）同一认定的种类

根据不同的标准，同一认定可以划分为不同的种类，如从认定主体角度可以分为侦查人员进行的同一认定和社会其他成员进行的同一认定；从认定形式角度可以分为鉴定型同一认定和非鉴定型同一认定；从认定对象角度可以分为针对人的同一认定、针对物的同一认定、针对场所的同一认定等。

根据同一认定所依据的客体的形式特征来分，人们一般把客观世界存在的物质归纳为五种形式特征：外部形象特征、运动规律特征、物质成分特征、空间位置特征、气味特征。具体可以分为下列五种：

1. 外部形象特征同一认定

这是依据认定客体的外部结构、形状、大小、色彩等直观特征来进行的同一认定。

2. 运动规律特征同一认定

这是依据认定客体特定化的、以一定方式表现出来的运动规律特征，对其进行的同一认定。它只限于人身同一认定的范围之内，即通过人的某种行为、动作、声音的定型来认定人身是否同一。

3. 物质成分特征同一认定

这是依据认定客体特定化的物质内在成分特征所进行的同一认定。

4. 空间位置特征同一认定

这是依据认定客体在一定时间内所占据的特定空间位置这一特征而进行的同一认定。

5. 气味特征同一认定

这是依据认定客体的特定化的气味特征而进行的同一认定。目前仅限于警犬气味鉴别，且多用于鉴别人身和搜索可疑场所。

三、逻辑理论

逻辑是关于思维形式、思维规律和思维方法的科学，逻辑理论是人们日常生活、学习、工作的一个思维工具。侦查活动是高级思维过程，更需要逻辑理论的指导。

（一）逻辑推理理论

逻辑推理是指由一个或几个已知的判断推导出另外一个新的判断的思维形式。逻辑推理必须由前提和结论两部分组成。一般来说，作为推理依据的已知判断称为前提，所推导出的新的判断则称为结论。逻辑推理大体分为直接推理和间接推理。

1. 直接推理

只有一个前提的推理叫直接推理，它从一个直言命题得出另一个直言命题。直言命题包括四种类型，根据推理规则可以推出其等价命题。

（1）全称肯定命题，所有A都是P等价于没有A不是P。如：所有的刑事案件都是违反刑法的犯罪行为，可以推出没有刑事案件不是违反刑法的犯罪行为。

（2）全称否定命题，所有A都不是P等价于出没有A不是P。如：所有女性都不是这起案件的嫌疑人，可以推出没有女性是这起案件的嫌疑人。

（3）特称肯定命题，有些A是P等价于并非所有A都不是P。如：有些指纹是系列盗窃案件的证据，可以推出并非所有指纹都不是系列盗窃案件的证据。

（4）特称否定命题，有些A不是P等价于并非所有A都是P。如：有些未成年人不是绑架案件的受害人，可以推出并非所有未成年人都是绑架案件的受害人。

2. 间接推理

一般有两个或两个以上前提的推理是间接推理，间接推理又可以分为演绎推理、归纳推理和类比推理三种形式。

（1）演绎推理是从一般到个别，即从一般性前提得出特殊性结论的推理。演绎推理可分为三段论、假言推理和选言推理。例如：具备犯罪动机和犯罪时间的人具有作案嫌疑，张某具有犯罪动机但不具有犯罪时间，所以初步排除了张某的作案嫌疑。这里，“具备犯罪动机和犯罪时间的人具有作案嫌疑”是一般性前提，“张某具有犯罪动机但不具有犯罪时间”是特殊性前提，根据这两个前提推出“初步排除了张某的作案嫌疑”这个特殊性结论。

（2）归纳推理是从个别到一般，即从特殊性的前提推出普遍性的一般结论的一种推理，归纳推理可分为完全归纳推理和不完全归纳推理。

完全归纳推理是根据某一类事物中每一个别事物都具有的某种性质，推出该类事物普遍具有这种性质的结论。例如：某市有三个市辖区，城一区刑事案件发案率下降，城二区刑事案件发案率下降，城三区刑事案件发案率下降，因此，某市刑事案件发案率下降。

不完全归纳推理是根据同一类事物中部分事物都具有某种性质，从而推出该类事物普遍具有这种性质的结论。例如：某旅游城市接连发生宾馆盗窃案件，经侦查发现A案是甲省乙市丙县籍嫌疑人作案，B案是甲省乙市籍嫌疑人作案，C案是甲省乙市籍嫌疑人作案，因此，警方推断甲省乙市是宾馆盗窃的高危地区，本地发生的宾馆盗窃案件可能都是甲省乙市籍嫌疑人所为。

（3）类比推理是从特殊性的前提得出特殊性的结论的推理。一般情况下，这种推理根据两个事物的某些属性上的相同，推出这两个事物在其他属性上也相同的结论。一般来说，类比现象的相同性质越多，结论可靠性越大，类比对象的本质属性越多，结论可靠性越大。例如：甲案、乙案进行并案侦查，侦查人员在甲案、乙案中发现了血迹，在甲案的血迹中分离出了嫌疑人的DNA基因分型，由此类比，在乙案的血迹中也可能分离出嫌疑人的DNA基因分型，后经技术提取，果然在乙案的血迹中分离出了嫌疑人的DNA基因分型。

（二）逻辑证明理论

逻辑证明也即逻辑论证，就是用一个或几个已知为真的命题确定另一命题的真实性或虚假性的推理过程，逻辑证明包括论题、论据和论证方式。按照不同的标准可以把证明作如下分类：根据证明所运用的推理形式的不同，逻辑证明可分为演绎证明、归纳证明、类比证明。演绎证明就是运用演绎推理形式，即从一般原理出发推导出特殊命题的证明；归纳证明就是运用归纳推理形式，即用一些特殊命题来证明一般原理的证明；类比证明就是运用类比推理形式，即根据两个事物某些属性上的相同，推出这两个事物在其他属性上也相同的证明。根据证明者在证明论题时，是否由论据直接过渡到论题，可将逻辑证明分为直接证明与间接证明，直接证明是由论据按照推理规则直接推出论题的证明；间接证明即论题不是由论据按照推理规则直接推得，而是通过间接的方法得到证明的。

逻辑证明理论是人们认识、理解、把握事物的思维过程，也是侦查人员确定案件性质、认定或排除嫌疑、提出侦查假设、还原案件真实、指导侦查实践、揭露证实犯罪的不可缺少的重要工具。在侦查实践中，逻辑证明要以具体的犯罪行为和侦查活动为基础，但是，与侦查破案的实践相比，逻辑证明作为揭露证实犯罪的思想武器，可以先于实践，提出假设并论证假设，推进侦查进程。此外，逻辑证明可以帮助侦查人员检验认识、深化认识，尤其在制定侦查方案和采取侦查措施时，在付诸行动和实践之前都需要用逻辑证明其合理性、合法性和可行性。侦查实践中运用逻辑证明要遵循以下规则：一是论题必须明确，二是论题必须始终如一，三是论据必须真实且成分，四是论据真实性不依赖于论题，五是由论据必须能推出论题。

（三）侦查思维的逻辑规律

侦查人员在侦破案件中所进行的思维是侦查思维，侦查思维是以逻辑思维为主，综合运用形象思维、创造思维、直觉思维的逻辑思维范畴。侦查思维要正确，不能不遵守逻辑规律。逻辑规律是正确思维的根本假定，也是侦查中运用概念、分析判断、进行推理的有效形式。主要的逻辑基本规律有四条：同一律、矛盾律、排中律和充足理由律。

1. 同一律

同一律的基本内容是：在同一思维过程中，使用的每一概念或判断都有其确定的内容，而不能任意变换。同一律在思维或论证过程中的作用主要在于保证思维的确定性。例如，刑事案件是客观存在的，案件一旦发生就有其客观性和质的规定性，反映在侦查实践中，就是侦查思维的确定性。如果违反同一律就会犯混淆概念或偷换概念、混淆论题或偷换论题的逻辑错误。

2. 矛盾律

矛盾律的基本内容是：在同一思维过程中，两个互相矛盾或反对的思想不能同时是真的。矛盾律的主要作用在于保证思维的无矛盾性即正确性。侦查实践中，侦查推理要前后一致，在排查嫌疑的时候，根据矛盾律发现疑点常常是理顺脉络、查清案情的先导。比如，某珠宝店失窃，甲、乙、丙、丁四人涉嫌被拘审。四人的口供如下。甲：案犯是丙。乙：丁是罪犯。丙：如果我作案，那么丁是主犯。丁：作案的不是我。根据矛盾律，乙和丁的口供矛盾，其中必有一假。

3. 排中律

排中律的基本内容是：在同一思维过程中，两个互相矛盾的思想不能同假，必有一真，不能对两者同时加以否定。对于任何事物在一定条件下的判断都要有明确的“是”或“非”，不存在中间状态。在侦查实践中，表现为在两个相互矛盾的案情之间要排除中间的可能性，防止出现模棱两可的逻辑错误。所谓模棱两可，就是在两个互相矛盾的命题之间，回避作出明确的选择，不作明确肯定的回答，既不肯定，也不否定。

4. 充足理由律

充足理由律的基本内容是：任何判断必须有（充足的）理由。逻辑上称之为“理由”的，在侦查中称之为“证据”。充足理由律的逻辑要求是：一是理由必须真实，不能是虚假理由，在侦查实践中表现为，证据必须具有客观真实性；二是理由与推断之间要有逻辑联系，能够推出所要证明的对象，在侦查实践中表现为，证据与案情事实之间要有关联性。

（四）侦查假设

侦查假设是指刑事案件侦查过程中，侦查人员根据现场勘查获得的各种信息和分析犯罪行为掌握的各类资源，运用侦查经验和逻辑推理知识，站在嫌疑人作案的角度分析案情，将还原作案过程中可能涉及的因素作为查证的对象，即对犯罪嫌疑人没有确切依据但有可能存在的行为动作提出假说、建立假说、进行模糊求证或试验证明，从而打破僵局，发现新的案件线索，为案件侦破指明方向的一种侦查方法。侦查假设具有客观性、推测性、逻辑性、动态性的特点。

侦查假设为推进侦破案件提供了实施途径，但侦查假设不是胡乱猜测，而是侦查人员主观上的一种合理怀疑，是建立在案件客观要素之上的一种自然联想。因此，在侦查假设中，对于案件的定性、发案的时空条件、作案的动机手段、案件的细节与反常之处、受害人与嫌疑人的社会交往等方面的判断、推理、假设、论证，必须符合逻辑推理、逻辑证明和逻辑规律的一般规定，必须形成符合常识、案情和逻辑的完整链条，不能违背基本常识和逻辑规定，更不能模棱两可、自相矛盾。

在信息化、动态化社会条件下，流传犯罪和智能型犯罪增多，犯罪的科技含量和反侦查的意识增强，嫌疑人和被害人的因果关系减弱。因此，进行侦查假设时，不仅要求侦查人员对各类刑事犯罪作案规律、手段、方式有充分的把握，对传统的侦查措施和信息化的侦查方法能够熟练使用，而且要具有丰富的社会经验和扎实的逻辑知识，具有开阔的侦查思维和丰富的联想能力，才能够围绕人、案件（情）、痕迹物证、通信工具、交通工具、社会关系等要素进行假设。侦查假设时，既可以选择其中一项开展假设，也可以根据其中多项进行假设，关键在于对案件要素的分析要合理，对案件要素的推测和证明要符合逻辑规律。

【导入案例简析】

这是一起典型的利用互联网雇凶杀人的刑事案件。该团伙实施犯罪具有以下特点：一是犯罪嫌疑人以“帮人复仇”、“替人报仇”发布网络信息，雇主与杀手通过互联网进行联系，然后购买专用手机卡进一步联系作案，事成后通过网上银行汇款交易，雇主与杀手互不见面，隐蔽性较强。二是该类案件犯罪嫌疑人与被害人之间无直接因果关系，而是将行凶杀人作为职业获取金钱，且杀手均为跨区域作案，作案后迅速逃离现场，同时雇主由于不在案件现场，极易逃避打击。三是该类犯罪嫌疑人均为社会闲散人员，下手狠毒，具有较强的反侦查能力，每做一起案件均更换手机号码和QQ号码，作案流动性大，作案地涉及多个省份，破案后相关调查取证工作困难。四是网络现存在大量虚假杀手、杀手中介信息，骗取雇主钱财，雇主被骗后因具有犯罪意图而不敢报案，致使此类诈骗分子大量存在。

因此，公安机关应高度关注此类犯罪动态，采取有效应对措施，及时查控互联网“帮人复仇”“替人报仇”等类似信息，发现相关线索迅速侦查并串并分析，坚决打击此类犯罪，杜绝此类犯罪的发展蔓延。

【延展阅读】

刑事犯罪中的物质交换原理

物质交换原理是侦查学家在长期的侦查实践基础上，通过总结概括刑事侦查活动的规律形成的系统化的知识，是刑事侦查学基础理论的核心内容之一，对侦查实践活动具有普遍的指导意义。物质交换原理的雏形是由法国侦查学家、法庭科学家埃德蒙·洛卡德提出的，所以，也称为洛卡德交换原理。物质这一概念在自然科学中是指无生命的物体；在社会科学中是指不依赖于人或主体的意识，并能为人或主体的意识所反映的客观实在。刑事侦查学是一门社会应用学科，它所说的物质既包含了无生命的物体，又包含了有生命的人体，是一个广义的物质概念。交换在这里既表示物质的转移，也表示能量的转换，还表示信息的传递。

一、物质交换的含义

刑事侦查中所讲的物质交换是指两种客体在外力的作用下，发生接触、碰撞、摩擦或其他作用，引起客体接触部位的物质产生互相交流的关系和各种变化的状态，或引起物质间各种能量的转换。这些交换现象形成的证据可以用于侦查破案。从刑事侦查的角度来看，犯罪嫌疑人在实施犯罪的过程中，不可避免地要将自身存在或携带的某些物质遗留在犯罪现场，或者将自身的体貌、声音等遗留在犯罪现场；同时，又会从犯罪现场带走某些物质形成一定的表现形态。这实际上是犯罪行为导致的一种物质交换结果。例如，在盗窃案件现场，可能会留下犯罪嫌疑人行窃时的撬压痕迹、手印、足迹或音像痕迹，而犯罪嫌疑人又会从现场盗走某种物品、沾走某种粉尘。在强奸案件现场，可能会留下犯罪嫌疑人的人体分泌物、毛发，或被害人的呼救声音，而犯罪嫌疑人又会沾走现场上的泥土、灰尘，或顺手劫走被害人的财物。这些都属于物质交换的范畴。从上面物质交换的现象中，我们可以看到物质交换是有条件的。

（一）必须有交换的客体

客体在哲学上，是指主体以外的客观事物，是主体认识和实践的对象；在社会生活中，是指客观存在的物体。交换客体是指在物质交换的过程中，客观存在的物体或事物。交换关系是在交换客体之间发生的。没有交换客体，或者在交换过程中缺少任何一个客体，就没有所谓的交换。交换客体是交换存在的首要条件。

（二）必须有外力的作用

这种外力可以是来自人的行为的力量，也可以是来自自然界的其他力量。外力的大小与物质的交换量成正比，外力大，物质的交换量就大，客体的变化程度就明显；外力小，物质的交换量就少，客体的变化程度就不明显。外力的作用是发生交换的决定性条件。

（三）必须有交换的方式

客体必须互相作用，并发生物质转移、能量转换或信息传递，才能产生交流关系或形成变化状态。如果一客体不与其他客体发生作用，则无法产生交流关系或形成变化状态，也就无法完成物质交换过程。当然，物质交换的方式是多种多样的，有物质的转移，有能量的转换，也有信息的传递。物质交换的结果必然产生一系列的效应，引起客观事物的某些变化。没有变化，就没有物质交换。从某种角度上来说，事物变化的程度取决于物质交换的数量。物质交换的数量，取决于物质运动的动量或交换过程中的科技含量。刑事侦查学把人们对于物质交换这一客观的、内在规律的认识称为物质交换原理。这一原理为侦查人员深入进行现场勘查，强化现场取证工作，客观认识犯罪特征，提供了重要的理论根据。

二、物质交换的特性

刑事犯罪中的物质交换现象，具有客观性、普遍性和复杂性等特性。深入理解物质交换的特性，对于我们在新形势下把握运用这一原理具有现实的指导意义。

（一）客观性

物质交换的客观性是指物质交换的状态及其表现形式是客观存在的，是不以人们的意志为转移的。物质交换的客观性反映了犯罪必留痕迹的客观规律，揭示出没有痕迹的犯罪现场是不存在的。尽管有些犯罪分子在作案后企图消痕灭迹，但是由于物质交换的结果，使其在毁坏原有痕迹的同时，又会形成并留下新的痕迹，给侦查人员认识犯罪现场、分析犯罪心理、揭示犯罪特征提供了新的依据。所以，在现场勘查过程中，我们要注意搜寻各种物质交换的结果，为揭露犯罪提供线索，为证实犯罪提供依据。

（二）普遍性

物质交换的普遍性是指任何刑事犯罪案件都会出现物质交换现象，没有物质交换现象的刑事犯罪案件是不存在的。刑事犯罪学者认为：物质交换原理表明，犯罪过程实际上是一个物质交换过程，犯罪分子作为一个物质实体，在实施犯罪的过程中，总是与各种各样的物质实体发生接触，并产生交换关系。因此，刑事犯罪中的物质交换现象是广泛存在的。物质交换的普遍性反映了事物的互相制约关系。一定的行为必然引起相应的后果，行为和后果是互相联系、互相作用的。也就是说甲行为引起了乙后果，乙后果又表现了甲行为的存在。刑事侦查中的物质交换原理正是从某一个侧面对事物互相制约关系的具体表现。

（三）复杂性

物质交换的复杂性是指不同刑事犯罪案件，由于犯罪主客观方面的情况不同，导致物质交换的表现形式是十分复杂的。就犯罪主体与犯罪对象的关系而言，有人与人、人与物、物与物，人或者物与环境之间错综复杂的互换关系。就交换的形式而言，有物质的转移，有能量的转化，也有信息的传递。就犯罪信息与物质交换的次数而言，有的犯罪信息是一次性物质交换的结果，有的犯罪信息是多次物质交换的结果，还有一些犯罪信息的传递涉及一些复杂的现代科技知识。所以，我们说物质交换的表现形式是十分复杂的。

三、物质交换的类型

物质交换是广泛存在的，涉及刑事侦查的许多方面。我们从广义的物质概念出发，分析物质交换的现象，研究物质交换的特性，界定物质交换的类型，从而奠定了刑事侦查学的理论基础。就目前的研究进展状况来看，物质交换可以分为三种基本类型。

（一）痕迹性物质交换

痕迹性物质交换是指人体或者客体的某一部分在与另一客体接触时，双方客体表面结构形态互相转换。例如：在犯罪现场上遗留的犯罪嫌疑人的手印、足迹，或犯罪嫌疑人在实施犯罪过程中遗留的工具痕迹、枪弹痕迹、其他痕迹；犯罪嫌疑人在实施犯罪过程中，因被害人的反抗而被撕破衣服或咬伤、抓伤的痕迹等，都属于痕迹性物质交换的结果。

（二）实物性物质交换

实物性物质交换包括宏观物质交换和微观物质交换。宏观物质交换是指犯罪嫌疑人遗留在现场的随身物品、作案工具、杀人凶器以及从现场窃取劫走的物品。微观物质交换是指犯罪嫌疑人在实施犯罪的过程中，脱落在现场或者从现场上沾走的微量物质、毛发、人体分泌物等。显然，实物性物质交换的结果形成了我们所说的物证或者微量物证。

（三）信息性物质交换

信息性物质交换是指能够用以揭露和证实犯罪的某些客观情况，在客体之间的复印和转换。例如，在犯罪现场，犯罪嫌疑人和受害人各自的身体形象在对方脑海中的复制，我们称其为印象物质交换。印象物质交换是通过人的感觉器官所感知的，在感知过程中，感知者与被感知者就是交换关系中的客体，感知与被感知就是一种交换关系。某一部电话机，包括固定电话，也包括移动电话，在一定设备上留下的通话时间、通话号码、通话地点或者通话区间等信息，实际上是把声信号转化为电信号，再把电信号转化为磁信号的一个循环往复的交换过程，我们称其为电磁物质交换。某一音像监控设备所记录下来的犯罪嫌疑人的作案活动情况，实际上是把光信号转化为电信号，再把电信号转化为磁信号的一个交换过程，我们称其为音像物质交换。上述印象物质交换、电磁物质交换、音像物质交换等，都属于信息性物质交换的范畴。

四、物质交换的作用

物质交换原理体现了自然界的能量转化、物质不灭、信息传递等规律，对刑事侦查工作具有普遍的指导意义。它不仅是我们研究勘查现场的基础，也是我们采痕取证的依托，更是我们研究探讨侦查对策的根据，其具体体现在以下几个方面。

（一）物质交换现象是进行现场勘查的基础

物质交换原理是进行现场勘查必要性和可行性的理论依据。我们只能根据物质交换的情况研究勘查现场的策略，探讨勘查现场的方法，提供侦查破案的线索。由于不同犯罪行为引起的物质交换的情况各不相同，所以，我们进行现场勘查的策略、方法和步骤也有所不同。因此，我们必须根据不同案件的实际情况，制定切实可行的现场勘查规则，改进现场勘查的工作方法，从而保证现场勘查工作的有效性。

（二）物质交换内容决定着采痕取证的手段

在刑事犯罪过程中，物质交换的内容是多种多样的，有痕迹性物质交换、实物性物质交换、信息性物质交换。痕迹性物质交换又有形象物质交换、动作习惯物质交换、分离关系物质交换。实物性物质交换又有宏观物质交换、微观物质交换。信息性物质交换又有印象物质交换、电磁物质交换、音像物质交换、声电物质交换等。我们在刑事侦查中要根据物质交换的内容，研究采取痕迹的方法，探讨获取证据的途径，提高利用痕迹的效率。随着社会的进化，犯罪分子的作案手段日趋狡猾，反侦查伎俩不断提高，在犯罪现场遗留的痕迹越来越少，使侦查人员感到获取证据的难度不断加大。特别是遇到被破坏的现场，更是难以发现有价值的痕迹。物质交换原理提醒我们犯罪必留痕迹，没有痕迹的犯罪现场是不存在的。这对于强化侦查人员的采痕取证意识，启发我们根据物质交换的内容，探索新的采痕取证的方法具有重要的指导意义。

（三）物质交换结果是制定侦查对策的根据

在物质交换的过程中，一方所增加的，必是另一方所减少的；一方所反映的，必是另一方所具有的；一方所产生的，必是另一方所消失的。这些客观存在的现实为我们研究侦查对策提供了依据。如果物质交换的结果反映了作案时间，则为我们从时间上排查犯罪嫌疑人提供了契机；如果物质交换的结果反映了作案空间，则为我们寻找第一现场提供了依据；如果物质交换的结果反映了作案人的某些特点，则为我们寻找犯罪嫌疑人提供了条件；如果物质交换的结果反映了丢失财物的情况，则为我们控制销赃提供了可能。我们根据物质交换的结果，研究符合实际的侦查对策，对于刑事侦查工作具有重要的指导意义。

（四）物质交换的状态是进行技术鉴定的依托

刑事技术鉴定是以一定的犯罪行为或者客体形象与其反映状态之间的物质交换关系为基础的。痕迹鉴定、文字鉴定、声纹鉴定的过程就是求证一定的犯罪行为或者客体形象与我们所发现的反映状态是否发生了物质交换关系的过程。如果我们经过科学检验，认定一定的反映状态是特定的犯罪行为或特定的客体所形成的，则说明它们之间发生了物质交换现象，这时，我们就可以根据物质交换的情况做出认定结论。如果我们经过科学检验，无法认定一定的反映状态是特定的犯罪行为或特定的客体所形成的，则说明它们之间可能没有发生物质交换现象，这时，我们就可以不做结论，或者做出否定结论。所以，客体进行物质交换的状态，是我们进行刑事技术鉴定的依托。刑事侦查中所讲的物质交换的内容是十分丰富的，我们一定要认真研究物质交换的状态，深入理解物质交换的内涵，准确把握物质交换的结果，科学地运用物质交换现象为侦查破案服务。

资料来源：邵鸣利：《刑事犯罪中的物质交换原理》，载《中国人民公安大学学报（自然科学报）》，2006（2）。

【本章小结】

刑事侦查学是研究刑事侦查主体如何以刑事法律为依据，为实现刑事法律目标和完成刑事侦查任务而对刑事案件进行侦查时所采用的各种侦查技术、措施、方法、策略及对策的应用学科。刑事侦查的历史同犯罪的历史一样悠久。然而，刑事侦查学作为一门成体系的科学，它的确立和发展仅有百余年的历史，关于刑事侦查学的学科属性的归属，有代表性的观点把刑事侦查学归为公安学学科、边缘学科和应用学科。刑事侦查学的研究对象包括犯罪行为的特点和规律，侦查活动的一般规定和原理，以及建立在犯罪行为与侦查活动相互作用这一特殊矛盾基础上的侦查方法、策略和对策体系。刑事侦查学的研究方法包括科学实验法、案例分析法、调查研究法、经验研究法、比较研究法等。

从理论研究和侦查实践的角度讲，刑事侦查学的基础理论包括辩证唯物主义和历史唯物主义的基本理论，这是人类认识世界、改造世界的强大的思想武器和从事科学研究的根本指导思想；同一认定理论，贯穿于侦查全过程，贯穿于各种侦查措施手段之中，是侦查破案的根本依据；逻辑理论，是人们日常生活、工作都离不开和经常运用的思维工具，侦查破案是高级思维过程，更需要逻辑理论的指导。此外，物质交换原理是侦查学家在长期的侦查实践基础上，通过总结概括刑事侦查活动的规律形成的系统化的知识，是刑事侦查学基础理论的核心内容之一，对侦查实践活动具有普遍的指导意义。

【关键术语】

刑事侦查学学科属性　研究方法　研究对象　理论基础

【推荐阅读】

1. 赵国玲：《刑事侦查学四十年回顾与前瞻》，载《中外法学》，1989（6）。

2. 王大中：《构筑刑事侦查学的基本思路》，载《中国人民公安大学学报》，2002（2）。

3. 王传道：《应当重视对侦查学基础理论的研究》，载《贵州警官职业学院学报》，2003（1）。

4. 郝宏奎、杨立云：《同一认定理论地位新探》，载《中国人民公安大学学报》，2010（4）。

5. 王福相、王茜、董浩宇：《侦查基本价值论纲》，载《中国刑警学院学报》，2013（1）。

6. 高兴春：《侦查学通论》，北京，警官教育出版社，2000。

7. 王国民：《现代刑事侦查学》，北京，中国人民公安大学出版社，2000。

【案例分析】

2012年1月19日11时许，×市公安局接到报案称：上午10时左右，J镇S路发生一起蒙面持刀入户抢劫案，被害人曾某（女，29岁，×市M镇人）在租住房内被一名蒙面男子以敲门方式强行入室，持刀捅伤其腹部，抢劫人民币4 000元。

案件发生后，×市公安局党委高度重视，刑侦大队长第一时间率侦技民警赶赴现场，迅速成立专案组展开工作。一是尽力稳定被害人情绪，通过细致询问被抢经过及嫌疑人的特征，对犯罪分子的体态等进行刻画；二是全面排查出租房，重点围绕案发现场附近的暂住人口进行摸排；三是调取路面监控录像，仔细甄别嫌疑人出入现场的活动轨迹；四是对沿街商铺、行人展开调查访问，获取有价值的线索。经工作，专案组收获了一条重要信息：被害人曾某在情绪渐趋稳定后，经民警耐心启发，反映嫌疑人与其同租住于该栋楼房的一名叫“阿平”的男子似乎有些相像。

专案组迅速围绕“阿平”展开重点调查。经对房东进行了解，“阿平”在受害人曾某入住后约一个月时间即退租搬离了，真实姓名及去向不详。经进一步扩大调查范围，专案民警通过另一租住户获取了“阿平”曾经留过的一个手机号码。经技术取证，潘某（男，1983年3月生，×市L镇S村人）很快纳入了侦查视线。

通过初查发现，犯罪嫌疑人潘某系游手好闲人员，长期租住于城区，但案发后其原用手机一直处于关机状态。在市局相关技术部门的全力支持下，专案组很快获取了潘某新启用的一个电话号码，并捕获到了潘某的踪迹：犯罪嫌疑人潘某藏匿于Y县J乡一带！

得知这一重要线索，专案民警马不停蹄赶往Y县J乡实施抓捕。1月26日，通过周密部署和Y县警方的大力配合，躲藏在姨妈家的犯罪嫌疑人潘某落网。经审讯，犯罪嫌疑人潘某对蒙面持刀入户抢劫的犯罪事实供认不讳。

分析讨论：

1. 刑侦部门在侦破此案中运用了哪些侦查措施？
2. 运用刑事侦查学的基础理论来分析这些侦查措施。

第二章 刑事侦查概述

【学习目标】

通过本章的学习，理解刑事侦查概念的构成要素及特点，了解刑事侦查的基本原则和方针，掌握刑事侦查任务的内容。

【导入案例】

发案情况：2014年10月6日3时许，一名男子钻过A城区某住宅楼一层窗户护栏空隙，推开未锁窗户进入住户杨某（女，1978年10月生）家中。该男子先潜入门厅盗窃杨某挎包内装有1 200余元的钱包，随后进入杨某婆婆吴某卧室，在翻动衣柜实施盗窃时被吴某发现。吴某高声叫喊，该男子持菜刀对吴某以及闻声从另一卧室出来的杨某丈夫康某进行威胁，又抢走60元现金后从住宅房门逃走。当日4时许，杨某报警。

现场勘查情况：侦查人员接报后迅速出警，对犯罪嫌疑人作案活动路线进行严密细致的勘查，在窗台窗框提取到犯罪嫌疑人指纹、DNA痕迹，并通过筛查提取到清晰的犯罪嫌疑人足迹2枚。通过对被害人一家及周围邻居、小区保安等进行调查访问，调取发案地及周边电子监控录像，刻画出犯罪嫌疑人身高约1.7米、身穿绿色上衣的体貌特征。同时，监控录像显示，案发前凌晨2时许，犯罪嫌疑人由案发地附近某小区进入事主所居住的小区实施作案，于3时30分许逃离。

后续侦查情况：沿犯罪嫌疑人逃跑方向，侦查人员逐条街道胡同进行追查，通过对可能逃跑路线上的100余个监控探头200多小时时长的监控录像进行筛查，最终查明：犯罪嫌疑人作案后从小区南门逃走，为躲避侦查未使用交通工具和通讯工具，曲折绕弯行走至B城区C街交通枢纽地段。因该地段视频监控未能全面覆盖，犯罪嫌疑人在C街视频中消失。尽管侦查人员以犯罪嫌疑人行踪消失区域为圆心，向外扩展半里调取视频监控录像，但仍未发现犯罪嫌疑人行踪。随后，根据C街地理及道路交通特点，结合犯罪嫌疑人逃跑来向，侦查人员制定了侦查方案：以犯罪嫌疑人在视频中消失地区为中心，向四周辐射500米设定外围区域，从外围向中心采取沿路走访和调取监控录像相结合的方式追查线索。10月10日下午，当侦查人员走访至B城区D街某网吧时，网吧管理人员经过辨认称，该犯罪嫌疑人经常住留该网吧上网。据此侦查人员迅速组织蹲守布控，于10月11日8时许在该网吧将犯罪嫌疑人向某（男，1987年8月生，重庆市人）抓获，在其住处收缴赃款现金1 300余元、HTC手机1部、钱包以及高档烟酒等赃物。

破案情况：通过杨某、吴某及康某对向某及从向某处收缴的钱包进行辨认，以及技术人员将向某指纹、足迹、DNA与现场提取的痕迹进行比对，确认向某即为“10.6”案犯罪嫌疑人。经对向某进行讯问及对收缴的赃物进行审查，侦查人员发现，向某于被抓获当日——10月11日凌晨刚刚在A城区某饭馆以溜门入室方式盗窃手机1部，并撬开吧台抽屉盗窃现金若干及高档烟酒等物。另经核实，向某于2008年7月因盗窃被重庆市法院判处1年半徒刑，2011年6月因盗窃被贵州省遵义县法院判处有期徒刑3年。

讨论：根据刑事侦查方针对上述案例进行评析，并就新时期应如何完善刑事侦查工作方针予以探讨。

第一节　刑事侦查的概念和特点

一、刑事侦查的概念及特点

（一）刑事侦查的法定概念及特点

《刑事诉讼法》第106条第1款规定：“侦查”是指公安机关、人民检察院在办理案件过程中，依照法律进行的专门调查工作和有关的强制性措施。这一法定概念指出了侦查的如下几个特征：

1. 侦查主体的法定性

此概念指出，侦查的法定主体是公安机关和人民检察院。《刑事诉讼法》第3条第1款规定，“对刑事案件的侦查、拘留、执行逮捕、预审，由公安机关负责。检察、批准逮捕、检察机关直接受理的案件的侦查、提起公诉，由人民检察院负责。”此外，《刑事诉讼法》第4条规定，“国家安全机关依照法律规定，办理危害国家安全的刑事案件，行使与公安机关相同的职权。”第290条规定，“军队保卫部门对军队内部发生的刑事案件行使侦查权。对罪犯在监狱内犯罪的案件由监狱进行侦查。”《海关法》第4条第1款、第2款规定，“国家在海关总署设立专门侦查走私犯罪的公安机构，配备专职缉私警察，负责对其管辖的走私犯罪案件的侦查、拘留、执行逮捕、预审。海关侦查走私犯罪公安机构履行侦查、拘留、执行逮捕、预审职责，应当按照《中华人民共和国刑事诉讼法》的规定办理。”

因此，侦查的法定主体包括公安机关、人民检察院、国家安全机关、军队保卫部门、监狱和海关走私侦查部门。除法律特别规定的以外，其他任何机关、团体和个人都无权实施侦查活动。

2. 侦查客体的法定性

侦查的法定概念中提出了“在办理案件过程中”这一侦查范围要素，此处的“案件”当然应理解为刑事案件，只有对立案后的刑事案件才能实施侦查行为。因此，侦查的客体只能是已经立案的刑事案件。[①] 现行《刑事诉讼法》第19条第1款、第2款规定，“刑事案件的侦查由公安机关进行，法律另有规定的除外”。“人民检察院在对诉讼活动实行法律

---

① 我国的刑事诉讼活动中设立了专门的立案环节，刑事侦查的启动以立案为标志，而在国外，如大陆法系的德国，以犯罪信息的登记为侦查启动的条件。目前我国法学界许多学者对于侦查启动的标准有诸多探讨，并提出了取消立案环节的观点。

监督中发现的司法工作人员利用职权实施的非法拘禁、刑讯逼供、非法搜查等侵犯公民权利、损害司法公正的犯罪，可以由人民检察院立案侦查。对于公安机关管辖的国家机关工作人员利用职权实施的重大犯罪案件，需要由人民检察院直接受理的时候，经省级以上人民检察院决定，可以由人民检察院立案侦查。”第109条规定，“公安机关或者人民检察院发现犯罪事实或者犯罪嫌疑人，应当按照管辖范围，立案侦查。”第112条第3款规定，“人民法院、人民检察院或者公安机关对于报案、控告、举报和自首的材料，应当按照管辖范围，迅速进行审查，认为有犯罪事实需要追究刑事责任的时候，应当立案；认为没有犯罪事实，或者犯罪事实显著轻微，不需要追究刑事责任的时候，不予立案，并且将不立案的原因通知控告人。控告人如果不服，可以申请复议。”上述规定明确了刑事侦查的客体，即已经立案的刑事案件，并对立案的条件进行了规定。

3. 侦查工作的专门性和措施的强制性

鉴于犯罪隐蔽性强、社会危害性大的特点，以及侦查活动的滞后性，如果使用一般的调查方法，侦查活动很难准确、及时地查明案情、收集证据、查获犯罪嫌疑人。只有通过专门的调查工作和强制性措施，才能有效揭露犯罪和证实犯罪。

关于专门调查工作，一般认为主要包括勘验、检查，侦查实验，询问证人，搜查，扣押物证、书证，鉴定，通缉，讯问犯罪嫌疑人、被告人，以及技术侦查和隐匿身份侦查等。《刑事诉讼法》对这些专门调查工作手段有专门的规定，这些法定的专门调查工作有其特定的内容和法定的形式，不同于其他单位和个人的一般调查行为。

关于有关的强制性措施，主要有两种观点。第一种观点认为强制性侦查措施指《刑事诉讼法》所规定的强制措施，如有学者认为强制性措施主要有拘传、取保候审、监视居住、拘留和逮捕[①]，未提及带有强制性的侦查方法措施。第二种观点认为，有关的强制性措施主要有两方面内容：一是专门调查工作中必要时采取的强制性方法，如强制检查、强制扣押等；二是《刑事诉讼法》规定的强制措施，即拘传、取保候审、监视居住、拘留、逮捕等。[②] 在表述上，法定侦查概念采用的是“强制性措施”，而非“强制措施”，二者仅有一字之差，但外延并不相同。确切地说，“强制性措施”包含“强制措施”。“强制性措施”即具有强制性质的措施，侦查过程中符合这一条件的除法律明确规定的五种强制措施以外，还包括强制性侦查方法措施。因此，第二种观点更符合法定侦查概念的要求。

4. 侦查程序的法定性

法定侦查概念要求侦查活动要依法进行，此处更强调侦查程序的合法性。侦查权作为公权力常以牺牲公民权利和自由为代价，需要对其进行严格规范。正如有学者所说，几乎任何一种侦查手段的实施都会对公民的权利和自由进行限制和剥夺。[③] 因此，禁止一切使用非法方法实施侦查的行为，侦查必须严格遵守《刑法》《刑事诉讼法》及其他相关法律法规的规定，依法行使侦查权，禁止使用非法方法收集证据。《刑事诉讼法》第52条规定，“审判人员、检查人员、侦查人员必须依照法定程序，收集能够证实犯罪嫌疑人、被告人有罪或者无罪、犯罪情节轻重的各种证据。严禁刑讯逼供和以威胁、引诱、欺骗以及

---

① 参见张玉镶、文盛堂：《当代侦查学》（第三版），19页，北京，中国检察出版社，2010。

② 参见杨宗辉：《侦查学总论》，32页，北京，中国检察出版社，2009；王传道：《刑事侦查学（第四版）》，2页，北京，中国政法大学出版社，2013。

③ 参见孙长永：《日本刑事诉讼法导论》，164～165页，重庆，重庆大学出版社，1993。

其他非法方法收集证据，不得强迫任何人证实自己有罪……”。第56条第1款规定，“采用刑讯逼供等非法方法收集的犯罪嫌疑人、被告人供述和采用暴力、威胁等非法方法收集的证人证言、被害人陈述，应当予以排除。收集物证、书证不符合法定程序，可能严重影响司法公正的，应当予以补正或者作出合理解释；不能补正或者作出合理解释的，对该证据应当予以排除。”

刑事侦查的法定概念虽然在表述上略显欠缺，如侦查主体范围不全面、侦查适用范围界定不清，以及有学者指出的“强制性措施”是一个含义和范围都很模糊的概念①等，但结合《刑事诉讼法》及相关法律法规，该法定概念从法律形式上较为清楚地阐述了刑事侦查的内涵和外延，有助于了解刑事侦查的法律面貌。

（二）刑事侦查的侦查学概念及特点

1. 刑事侦查概念的侦查学观点

在刑事侦查学领域，各家对侦查概念的表述不一，总结起来具有四个特点：

（1）或多或少借鉴了侦查法定概念中包含的侦查主体、适用范围和侦查性质等内容。如有学者认为，侦查是法定侦查机关，在刑事诉讼活动中，为了查明犯罪事实，收集证据，查获犯罪嫌疑人，依照法律采用专门调查和特定措施的总称。② 还有人认为，侦查是指侦查机关在刑事诉讼活动中，为了查明案情、收集证据、查缉案犯，依照法律进行的专门调查工作和有关的强制性措施的总称。③ 在这两个概念中，“法定侦查机关”和“侦查机关”即分别为各自概念中的侦查主体内容，适用范围都为“在刑事诉讼活动中”，侦查性质分别为“专门调查和特定措施的总称”和“专门调查工作和有关的强制性措施的总称”。这些内容在法定侦查概念中也都具备，只是表述有所不同。

（2）在侦查概念中加入了侦查任务内容，即查明案情、收集证据、查缉犯罪嫌疑人。如上述两个侦查概念都加入了侦查任务，但表述略有差异。另外需要指出的是，有教材及学者在界定刑事侦查概念时，既加入了侦查任务又加入了侦查目的的内容。如有学者将刑事侦查定义为，在刑事诉讼活动中，侦查主体为查明案情、收集犯罪证据材料、证实和抓获犯罪嫌疑人、追缴赃款赃物、为公诉活动奠定基础而依法采取的一系列专门调查方法和强制措施的一种诉讼行为。④ 该概念除包含了刑事侦查的任务外，还增加了刑事侦查目的内容，即“为公诉活动奠定基础”，这一说法含有侦查目的的“公诉准备说”因素。⑤ 另外，还有学者认为，侦查是法定主体发现和证明犯罪事件、收集犯罪证据、对有关人身和物品采取强制性措施、为刑事起诉做准备的各种活动的总称。⑥ 其中同样在概念中包含了刑事侦查的任务和目的，且侦查目的也支持“公诉准备说”的观点。

（3）有侦查学教材在侦查概念中加入了侦查方法的内容。如公安部教材编审委员会1999年出版的《刑事侦查学》，对侦查概念的表述为，刑事侦查工作是指公安机关依据法律和国家赋予的权利，运用各种侦查措施、手段和刑事科学技术同刑事犯罪作斗争的一项

---

① 参见杨正鸣、倪铁：《侦查学》，4页，上海，复旦大学出版社，2013。

② 参见邹明理：《侦查与鉴定热点问题研究》，16～17页，北京，中国检察出版社，2004。

③ 参见程小白、瞿丰：《新编刑事侦查学》，3页，北京，中国人民公安大学出版社，2001。

④ 参见周欣：《中外刑事侦查概论》，2页，北京，中国政法大学出版社，1999。

⑤ 关于侦查目的公诉准备说，参见本章第四节。

⑥ 参见杨立云、徐惠：《论侦查的目的、价值与功能及其关系》，载《湖北警官学院学报》，2008（9）。

专门工作。[①] 其中，"运用各种侦查措施、手段和刑事科学技术"即为侦查方法。还有学者认为，刑事侦查是指法律赋予有侦查权的国家机关，综合运用公开和秘密的措施或手段及刑事科学技术，发现、控制、揭露并证实刑事犯罪活动的一项专门调查工作。[②] "综合运用公开和秘密的措施或手段及刑事科学技术"是该概念中的侦查方法内容。

（4）相对于法定侦查概念将侦查性质明确界定为"专门调查工作和有关的强制性措施"而言，刑事侦查的侦查学概念对侦查性质的界定存在一定的分歧。除采用与法定概念中侦查性质相同的表述外，有还有下列对侦查性质的界定：

1）认为刑事侦查是"同刑事犯罪作斗争的一项专门工作"[③]；

2）将刑事侦查界定为"刑事调查与特定措施的总称"[④]；

3）以"特定侦查手段、方法和措施等活动的总称"[⑤] 界定刑事侦查的性质；

4）认为刑事侦查是"一系列专门调查方法和强制措施的一种诉讼行为"[⑥]；

5）认为刑事侦查的性质是"侦查措施和手段"[⑦]；

6）认为狭义的侦查特指专门性的刑事调查，不包括《刑事诉讼法》侦查概念中所涉及的强制措施。[⑧]

2. 侦查学领域中刑事侦查的特点

与法定概念侧重刑事侦查的法律形式不同，刑事侦查的侦查学概念更强调刑事侦查工作的内容。因此，侧重内容的刑事侦查更强调在法律框架下侦查活动的有效性，其特点包括：

（1）时机性。时机性是刑事侦查工作的基本要求。从发现犯罪的快速反应到各种侦查措施的及时应用，从缉捕犯罪嫌疑人的战机选择到讯问策略应用中的时机把握，时机性要求体现在整个侦查过程中。如本章"导入案例"中，经过对犯罪嫌疑人向某的及时讯问和对收缴赃物的及时、细致审查，发现了向某于被抓当日入室盗窃的犯罪事实。

（2）秘密性。刑事侦查工作的首要纪律即是保守秘密。刑事侦查工作中要保守的秘密包括：侦查工作中获取的线索和有关情况；侦查过程中获知的国家秘密以及个人隐私；侦查工作的计划和部署实施情况；侦查措施的采取尤其是技术性侦查措施的采取情况等。侦查工作的秘密性并不否认侦查程序的公开性，侦查过程中的程序性事项如立案、拘传、取保候审、监视居住、拘留、逮捕等事项应当向当事人公开，这是侦查法治的工作要求，体现了对犯罪嫌疑人权利的保护。

（3）谋略性。侦查活动体现为侦查人员与犯罪行为人之间的对抗性思维活动，侦查谋略是侦查对抗思维的产物。侦查的谋略性要求侦查人员在与犯罪的斗争中，必须善于审时度势，深谋远虑，正确料敌，设计奇谋良策，随机应变，只有比对手技高一筹，才能

---

① 参见公安部教材编审委员会：《刑事侦查学》，41页，北京，群众出版社，1999。

② 参见袁家盛：《刑事侦查学》，2页，北京，中国政法大学出版社，2005。

③ 公安部教材编审委员会：《刑事侦查学》，41页，北京，群众出版社，1999。

④ 邹明理：《侦查与鉴定热点问题研究》，16～17页，北京，中国检察出版社，2004。

⑤ 马忠红：《侦查学基础理论》，43页，北京，中国人民公安大学出版社，2006。

⑥ 周欣：《中外刑事侦查概论》，2页，北京，中国政法大学出版社，1999。

⑦ 武汉：《刑事侦查学》，3页，北京，群众出版社，2000。

⑧ 参见蒋石平：《侦查行为论》，4页，北京，群众出版社，2004。

制胜。[①]

(4) 灵活性。灵活性是对侦查措施、手段、方法使用的要求。虽然侦查程序是法定的，但是法定程序下，采取何种侦查手段更有效则因人而异、因案而异。如技术性侦查措施的应用因时、因地、因人而不同，再如讯问嫌疑人中讯问方法的选择也同样具有灵活性。

(5) 逻辑性。侦查的本质乃是一种认识活动。[②] 侦查的过程既是对案件的认识从未知到已知的过程，也是犯罪现场重建的过程。在这一过程中，逻辑推理起着至关重要的作用。把获取的与案件有关的信息经过科学、严密的逻辑分析、判断、推理、验证，才能查明案件真相，进而揭露和证实犯罪。如本章“导入案例”中对犯罪嫌疑人向某的可能逃跑路线的分析即体现了侦查的逻辑推演过程，最终的结果也证明了侦查人员推理的正确性。

二、刑事侦查概念解析

人们在反复的实践和认识过程中，将事物共同的本质特点抽出来，加以概括，从感性认识飞跃到理性认识，就成为概念。[③] 实践中，刑事侦查工作具体而繁杂，如何将具体的侦查行为进行本质的、抽象的概括，将其以概念的形式准确描述出来，是刑事侦查学基础理论研究的重要内容之一。

刑事侦查的法定概念和侦查学概念各有侧重，相比较而言，刑事侦查的侦查学概念在吸收法定概念合理要素、注重侦查的法律形式的基础上，更完善了侦查的内容体系，似乎更为合理。但对侦查性质的界定因各家说法不一，目前尚未达成共识。结合对当前学界在刑事侦查概念所达成的一些共识及分歧的分析，整合刑事侦查的法定概念及侦查学概念，本书借鉴邹明理教授的观点[④]，从刑事侦查的主体、客体、目的、性质四个方面对刑事侦查概念分析如下：

1. 刑事侦查的主体

刑事侦查主体范围应界定为法定的侦查机关。侦查是法定行为，侦查的主体必然为法定的侦查机关，这一主体范围即将所有法律及相关法律规范规定的有侦查权的机关都包括在内。有学者使用“国家专门刑事司法机关”[⑤]，对于“专门”一词的使用，概念不够明确，何为“专门机关”或许还需进一步解释。而概念用词要求简洁、明确，不应有模糊字句，因此，不宜使用“专门机关”作为概念中侦查主体的用语。还有教材在侦查概念中使用“公安机关”[⑥] 或有学者使用“公、检等机关”[⑦] 作为刑事侦查概念中的侦查主体，这种列举式的主体不是对侦查主体的抽象概括，用在概念中也略显烦琐，因此也不宜使用。另外，对于一些学者讨论的关于个人作为侦查主体的问题，因我国尚未建立私人侦探制度，因此在此未予讨论。

---

① 参见王传道：《刑事侦查学》（第四版），44页，北京，中国政法大学出版社，2013。

② 参见马忠红：《侦查学基础理论》，228页，北京，中国人民公安大学出版社，2006。

③ 参见中国社会科学院语言研究所：《新华字典》（第十版），142页，北京，商务印书馆，2009。

④ 邹明理教授在《侦查与鉴定热点问题研究》一书中，认为侦查要素包括侦查主体、侦查的适用范围、侦查的目的、侦查的性质。

⑤ 杨正鸣、倪铁：《侦查学》（第二版），3页，上海，复旦大学出版社，2013。

⑥ 公安部教材编审委员会：《刑事侦查学》，41页，北京，群众出版社，1999。

⑦ 瞿丰：《侦查学》，1页，北京，群众出版社，2011。

2. 刑事侦查的客体

关于刑事侦查的客体，邹明理教授将其称为侦查的适用范围，并在比较“在办理刑事案件过程中”和“在刑事诉讼活动中”两个概念用语后，认为后者更好一些。[①] 本书认为取“在办理刑事案件过程中”的说法更合适，原因如下：一是使用此语明确指出了刑事侦查的客体——刑事案件。将刑事侦查的客体界定为刑事案件而非犯罪嫌疑人，对于保护犯罪嫌疑人权利、避免违法侦查具有法律形式上的保障作用。二是“在办理刑事案件过程中”对侦查的适用范围界定得更为具体，而非笼统的“在刑事诉讼活动中”。三是在概念中明确客体，能够与主体相对应，使刑事侦查概念系统更完善。

3. 刑事侦查的目的

关于侦查目的和侦查任务，一些教材、文章均有涉及和讨论。有学者认为，侦查任务不是侦查目的，侦查任务仅仅是借以实现侦查目的的一类业务事项。[②] 但多数学者认为，“查明犯罪事实，收集证据，查获犯罪嫌疑人”是侦查任务或称侦查的直接目的。[③] 此处使用刑事侦查目的的提法，更主要的原因在于，任务是实践的、具体的，而目的则可以在理论层面和实践层面同时兼顾。作为刑事侦查概念，更多地应从理论层面进行概括，而具体的阐述也应突破具体任务层面的内容。

但是目的是有层次的，如有学者提出，第一个层面的最宏观的侦查目的是指诉讼目的；第二个层面的侦查目的与对侦查在诉讼中的地位及对后续诉讼阶段意义的认识有关，已经形成了审判准备说、公诉准备说、侦查独立说；第三个层面的侦查目的应立足于侦查系统本身进行考察，即查明案件事实、收集证据和查获作案人；第四个层面的侦查目的则是指每一具体侦查行为的目的，如在个案侦查中为寻找目击者而进行现场访问。[④] 哪一层次的目的适合写入概念则又是一个需要研究的问题。如果以此层次分类为标准，本书认为第二个层次的目的更适合写入概念，同时以侦查独立说更符合实践，即查明犯罪嫌疑有无，进而决定是否起诉。之所以采用侦查独立说法，是因为“查明犯罪嫌疑有无”是在内容上对“收集证据、查明案情、查获犯罪嫌疑人”这一具体侦查任务的概括，“进而决定是否起诉”在侦查程序上明确了侦查的相对独立性，这一目的要素既兼顾了侦查实践与侦查理论，又兼顾了侦查内容与侦查法律形式。当然，侦查独立说这一目的需要以相应的侦查制度设计为前提，我国目前的侦查实践并未完全满足这一要求。但侦查目的本身即为人们期望达到的目标层次，且作为概念的提出，侦查目的超出侦查实践的要求并不影响概念本身。

4. 刑事侦查的性质

关于刑事侦查的性质是各家争论的焦点。法定概念中，刑事侦查性质的最终落脚点为“专门调查工作与有关的强制性措施”，侦查学概念中关于侦查性质的观点前面已有讨论。到底应将刑事侦查性质定性为工作、手段的总称，活动、诉讼活动、工作和措施的总称，抑或其他？本书认为对刑事侦查的性质的界定，要考虑应将侦查的法律形式和侦查的工作内容都体现出来，在这一点上，法定概念的用语似乎更适合作为刑事侦查概念的落脚点。

本书并未给出确切的刑事侦查概念，仅尝试对刑事侦查概念应包含的内容进行了分

---

① 参见邹明理：《侦查与鉴定热点问题研究》，16～17 页，北京，中国检察出版社，2004。

② 参见韩德明：《侦查原理论》，189 页，北京，中国人民公安大学出版社，2005。

③ 对于侦查目的和侦查任务的讨论，本书将放在第四节刑事侦查的任务中予以探讨。

④ 参见杨宗辉、刘为军：《侦查方法论》，15～16 页，北京，中国检察出版社，2012。

析，以帮助读者理解刑事侦查的内涵和外延，为后来者界定刑事侦查概念提供一定的参考。刑事侦查概念是否仅包含上述内容，或者刑事侦查概念是否可以突破侦查的法律形式和工作内容两个方面进行重新总结和概括，是刑事侦查学研究者需要深入思考的基础理论问题。

第二节 刑事侦查的基本原则

刑事侦查的基本原则是刑事侦查工作必须依据和遵循的基本准则，它体现了侦查工作的指导思想，是侦查活动最基础的、具有稳定性和普遍性的准则。刑事侦查的基本原则决定了侦查制度的性质、内容和价值取向，对侦查制度的设计具有导向作用。确立刑事侦查的基本原则应考虑以下两个因素：一是作为法律原则下位概念的侦查原则，应严格将法律原则尤其是刑事诉讼原则的精神贯穿于刑事侦查活动之中；二是结合刑事侦查工作自身的规律和特点制定基本原则。在法律层面上，刑事侦查作为刑事诉讼活动的一个阶段，刑事诉讼的基本原则适用于刑事侦查工作的始终，在具体工作层面上，从刑事侦查实务工作角度出发确立的基本原则则是刑事侦查特有的准则。因此，刑事侦查基本原则的确定应兼顾二者，同时既要关注侦查活动过程的合法性，即形式合理性，又要关注侦查活动结果的真实性，即目的合理性。据此，刑事侦查的基本原则可概括为以下几方面：

一、侦查法治原则

（一）侦查法治原则概述

侦查法治原则，是侦查机关在具体的侦查过程中，各种侦查途径的选择、侦查措施的采取和强制措施的使用都必须严格依照法律的规定进行。① 侦查法治原则在刑事侦查的基本原则中居于首位，这是由法治国家的建设目标决定的。法治国家建设体现在政治、经济、社会生活的方方面面，侦查法治建设作为其中的一个组成部分，对于维持社会秩序、保障社会公正、维护社会正义有着极为深远的意义。法治的核心体现在权力与权利的关系上，侦查法治原则保障了犯罪嫌疑人的合法权利，将国家公权力限制在合法合理的范围内正常实施，实现程序公正；同时，侦查法治原则保证了侦查机关有效收集证据，查明案件事实，查获犯罪嫌疑人，实现实体公正。

（二）侦查法治原则的内容

侦查法治原则贯穿于整个侦查过程，内容主要体现在侦查的程序法定和实体法定上。

1. 侦查的程序法定

一切有权力的人都容易滥用权力，这是万古不易的一条经验。有权力的人们使用权力一直到遇有界限的地方才休止。② 只有对侦查权严格加以限制，才能保证社会各方权利和利益的平衡。因此，侦查的程序由《刑事诉讼法》及相关法律规范严格加以规定。一方面，侦查人员必须严格依照法律，认真、细致、全面地做好侦查过程中从立案到侦查终结的所有程序性事项，从法律形式上保证侦查工作的合法性。另一方面，侦查行为不得超越

---

① 参见徐公社：《刑事侦查学》，41页，北京，浙江科学技术出版社，2007。

② 参见［法］孟德斯鸠：《论法的精神》，154页，北京，商务印书馆，1961。

法定权力范围，对于超越法定权限、违反规定程序和要求的侦查行为应认定无效，所获取的证据依法予以排除，并对违法侦查的行为做出相应惩处。

在程序法定原则中，一项重要的内容即为侦查措施、手段的使用遵循比例原则。比例原则又称相当原则，侦查中的比例原则是指在侦查活动中，侦查机关的具体侦查行为应当与刑事案件的实际情况相适应。主要体现在侦查人员的侦查行为应当与犯罪嫌疑人的人身危险性、嫌疑罪名在性质和程度上，保持基本的比例关系。① 换言之，侦查过程中所采取的侦查措施（包括适用的刑事强制措施）及其力度要与犯罪嫌疑人的嫌疑之罪、人身危险性及其程度相当，不得超过必要的限度而使用。从措施、手段的强制性程度看，坚持“就轻不就重”原则，即可以使用任意性措施、手段，不使用强制性措施、手段；可以使用较轻的强制性措施、手段，不使用较重的强制性措施、手段。

2. 侦查的实体法定

侦查依据的实体法律主要是《刑法》。侦查的实体法定原则内容主要体现在：没有《刑法》便没有犯罪，没有犯罪便没有侦查。② 只有涉嫌刑事犯罪才能启动和实施侦查行为，如果不涉及《刑法》所禁止的行为或尚未侵害《刑法》所保护的权益，侦查就不能启动和实施，对于非刑事案件或事务使用侦查措施或手段属于非法行为。同时，《刑法》对犯罪行为及犯罪构成要件的规定是刑事侦查活动实施的范围依据，对侦查取证行为有指引作用，是侦查的核心内容。尽管在犯罪构成理论中，法学界研究者的观点各有不同，如传统的犯罪四要件说、借鉴德日的犯罪三阶层说，以及陈兴良教授提出的罪体、罪责、罪量犯罪论体系说③等，但是这并不影响具体操作层面的侦查行为。无论犯罪构成理论如何，反映在具体案件中的案件构成要素均不变，侦查行为只需按照案件构成的各个要素，将能够证明案件构成要素的各项证据予以收集，形成完整的证据链，即完成了侦查的职能。从这一角度说，在刑事侦查学领域，案件构成理论的研究相对于刑法的犯罪构成理论似乎更具指导意义。

二、实事求是原则

（一）实事求是原则概述

侦查中的实事求是原则，是指侦查工作要从刑事案件实际情况出发，深入调查研究，客观地收集证据，并进行科学分析，以查明案件事实真相，确定犯罪嫌疑人。实事求是原则是“以事实为依据”法律原则在侦查工作中的体现，它是侦查工作的出发点和落脚点。

（二）实事求是原则的内容

1. 侦查活动过程中坚持实事求是原则

侦查认识活动要求侦查主体以实事求是的态度，通过各种客观的认识方法，即侦查技术、侦查措施和侦查手段来认识刑事犯罪事实。在分析研究案情时要反对先入为主的思想，反对主观臆断；确定侦查方向时要认真梳理所掌握线索和证据，深入分析；收集证据时要依照合法的程序，运用科学的收集方法，全面、细致地收集证据材料，严禁以非法方

① 参见杨正鸣、倪铁：《侦查学》，70页，北京，复旦大学出版社，2013。

② 参见杨宗辉：《侦查学总论》，37页，北京，中国检察出版社，2009。

③ 参见陈兴良：《转型中的中国犯罪论体系》，载《现代法学》，2014（1）。

法收集证据。另外，在收集证据时既要收集证明犯罪嫌疑人有罪、罪重的证据，也要收集证明犯罪嫌疑人无罪、罪轻的证据。

2. 对待侦查活动结果要实事求是

受侦查时限、侦查资源以及人的认识能力所限，个案的侦查活动结果要么证实犯罪，进而将犯罪嫌疑人移送提起诉讼；要么证伪犯罪，分为两种情况：若没有犯罪发生则撤销案件，若有犯罪发生而只是此犯罪嫌疑人被证伪，则重新开始侦查活动；要么无法确定犯罪，按照疑罪从无原则，从而终止对该嫌疑人的侦查行为。对于通过侦查活动证实了犯罪的结果，侦查人员容易接受，也乐于接受，而对于证伪或无法确定犯罪的结果，侦查人员则不容易或不愿意接受。实事求是原则要求侦查人员正确面对并客观地接受侦查活动的结果，不能对犯罪嫌疑人进行“有罪推定”，采取非法方法获取能够证实犯罪的证据。

实事求是原则还要求对待侦查错误的结果要及时纠正。虽然有各种法律、法规以及科学的方法保证侦查活动的正确性，但由于认识活动的主客观条件限制，侦查活动的结果难免发生错误。当发现侦查错误时必须立即纠正，对不应立案的立即停止侦查，对于错拘错捕的立即释放并做好善后工作。加强侦查监督制度建设，侦查活动不仅应该接受检察机关、上级机关的监督，还应拓展群众监督渠道，以保证侦查活动的合法、公正和准确性。

三、专群结合原则

（一）专群结合原则概述

专门工作与群众路线相结合原则是刑事侦查工作的优良传统和根本特色。① 该原则强调，侦查工作，一方面，是由法定侦查机关根据法律规定，采取专门的侦查措施和手段进行的专门性调查工作；另一方面，是只有依靠群众才能实现侦查目的的活动。二者不能脱节，互相促进，单纯强调某一方面都是片面的。

（二）专群结合原则的内容

1. 侦查活动必须依靠群众

《刑事诉讼法》第6条明确规定：“人民法院、人民检察院和公安机关进行刑事诉讼，必须依靠群众……”侦查工作只有相信群众、发动群众、依靠群众，才能有效发现、控制、揭露、证实和预防犯罪。首先，犯罪行为侵犯和危害了国家和广大人民群众的利益，人民群众有着与犯罪作斗争的最直接的动力，制止和揭露犯罪反映了人民群众的要求，必然会得到人民群众的支持。其次，犯罪发生于人民群众的日常生活当中，犯罪所留下的线索和证据始终逃脱不出人民群众的视线，依靠群众才能将隐藏于群众之中的犯罪分子绳之以法。最后，将侦查活动放在人民群众的监督之下，侦查的公开性和公正性才能得到保证，侦查错误才能避免，或者即使犯错也能及时纠正。因此，无论侦查技术、手段如何先进，都应牢牢坚持群众路线原则，依靠群众始终是侦查工作的生命线。如本章“导入案例”中，在视频侦查线索中断，犯罪嫌疑人线索消失后，侦查人员依靠的就是对划定区域周边的群众进行大量走访，通过一网吧管理人员辨认发现并最终抓获了犯罪嫌疑人。

---

① 参见公安部教材编审委员会：《刑事侦查学》，49页，北京，群众出版社，1999。

2. 加强专门工作与群众路线相结合

侦查工作要依靠群众，并不否定侦查机关专门工作的主导地位，而是要坚持专门工作与群众路线相结合。首先，法定侦查机关是侦查破案的职能部门，享有国家赋予的侦查权，任何其他单位、团体和个人均无权行使侦查权，这就决定了侦查活动只能是由专门机关进行的专门性调查工作。其次，侦查活动需要依靠群众获取各种线索，经由专门机关依法进行查证、鉴别，进而成为定案的依据。再次，人民群众中蕴涵着大量的各行各类的专家及专业技术人员，他们是刑事技术鉴定不可或缺的专业力量。最后，人民群众参与和协助侦查工作需要由侦查部门予以引导和组织，使得侦查工作在群众工作的基础上，辅以现代化的技术、装备、手段，完成侦查工作任务。

四、侦查协作原则

（一）侦查协作原则概述

犯罪的不断演进、发展使侦查协作成为必然，侦查协作原则也成为刑事侦查的一项基本原则。当前，侦查与犯罪的对抗已经发展成为两个系统，即侦查系统与犯罪系统之间的对抗。系统理论强调系统各要素间的相互联系以及协同作用，侦查协作即源自系统理论。但侦查协作更强调系统中的主体要素因素，因为它是侦查系统在对抗犯罪系统过程中的决定性要素。因此，侦查协作原则是指侦查主体之间、侦查主体与其他部门行业之间，在侦查活动中互相支持、相互配合，共同应对犯罪，完成侦查任务。

（二）侦查协作原则的内容

1. 树立整体作战观念

开展侦查协作，要在思想上树立整体作战观念。侦查犯罪不只是一人、一个机关的工作，而是多部门、多警种在统一指挥下，协同作战、密切配合才能完成的任务。因此，侦查人员要克服本位主义、地方保护主义思想，树立协同作战意识，形成良好的协作风气，建立侦查协作工作机制，以保证侦查协作工作落到实处。

2. 强化犯罪情报信息共享

情报在侦查工作中的作用日益受到重视，犯罪情报信息共享已经成为侦查协作的主要内容。建立统一的犯罪情报信息平台，实现基础信息全国联网；各地公安机关之间根据各自地域的犯罪特点开展情报交流，形成情报会商机制；公安机关内部各部门间实现情报互通、协作侦查；公安机关与其他行业如海关、工商、铁路、民航、交通、通信等部门间建立情报交流机制，实现预防和控制犯罪。

3. 加强具体案件侦查协作

网络犯罪的发展以及犯罪的跨地域性、有组织性特点，使得针对具体案件的侦查协作逐渐成为侦查工作的常态。侦查协作已经在侦查机关与其他职能部门间、不同地区侦查机关之间甚至不同国家侦查机关之间开展起来。具体的侦查协作的内容包括联合侦查、协查、案件会诊等。

五、侦查效益原则

（一）侦查效益原则概述

侦查效益原则，是指在侦查工作中，要以最小的侦查投入获取最大的侦查效果。作为经济学概念，效益是投入与产出的比例关系，是可量化的。但是侦查投入与侦查效果有些可以量化，有些则无法量化。如人力、物力、财力的投入可以进行量化，而制度建设的投入、时间成本的投入等则无法量化；挽回的经济损失作为侦查效果可以量化，而精神损失或者侦破案件所产生的社会震慑作用以及因侦查错误所造成的公信力缺失则无法量化。因此，侦查效益原则作为一项原则予以提出，更强调其观念层面的意义，而非实质经济方面的效益。

（二）侦查效益原则的内容

侦查效益原则体现在侦查的方方面面，如前文中提到的侦查法治、实事求是、依靠群众、侦查协作都可以视作侦查效益原则的具体体现。在我国当前侦查制度框架下，侦查效益原则主要体现在以下几个方面①：

1. 迅速、及时进行侦查

多数案件作案人实施犯罪时行动快、逃跑快、销赃快，有些案件证据由于各种人为及自然原因消失快，这就要求侦查机关要快速反应、快速行动，以保证在案发的最短时间内取证、抓获犯罪嫌疑人。另外，对于犯罪的及时惩罚所产生的积极社会效果，如对其他潜在犯罪人的震慑作用，对惩恶扬善、伸张正义的弘扬等作用不可估量，因此，贝卡利亚说“惩罚犯罪的刑罚越是迅速和及时，就越是公正和有益”。

2. 整合、优化配置侦查资源

在一定时期内，侦查资源的投入是有限的，如何充分利用有限的侦查资源发掘侦查资源的最大效能，是当前侦查部门面临的一大挑战。因此，整合和优化配置侦查资源成为解决问题的突破口。侦查资源的整合和优化配置可分为两个步骤进行：首先是以外部驱动力对现有侦查资源进行单纯的整合、优化，如根据案件复杂程度进行的资源整合和分配；其次是以侦查技术进步、侦查知识创新等内生因素的增长促进和提高侦查资源的利用率，在更高层次上整合和优化侦查资源，如各类计算机软件的开发使得侦查效率得以提高等。

3. 简化侦查程序

侦查必须严格依照法律规定的侦查程序实施，侦查程序的繁简在一定程度上决定着侦查效益的实现程度。侦查程序越复杂，在程序流转中消耗的人力、物力、财力以及时间成本就越高，侦查收益就会降低。因此，为提高侦查效益，有效实现侦查目的，侦查程序的设置应力求简洁、衔接顺畅。

第三节　刑事侦查的方针

我国刑事侦查工作方针形成于1978年召开的第三次全国治安工作会议，会议总结了以往刑事侦查工作的经验教训，最终将刑事侦查工作方针确定为：依靠群众，抓住战机，积极侦查，及时破案。同年，该十六字方针被写入《刑事侦查工作细则》。

曾经，有学者认为，我国社会发生了巨大的变化，刑事侦查工作方针必须与时俱进地予以修订，赋予其以新的时代内涵，使之符合现代社会、工业社会、信息社会、开放社

① 侦查效益原则的内容参考了杨宗辉主编的《侦查学总论》（北京，中国检察出版社，2009）中有关侦查效益价值的内容，同时加入了编者自己的思考。

会、法治社会以及市场经济的时代特点与需要。因此建议将此方针修改为：依靠群众，依托基础，注重协作，依法破案。① 2003 年 10 月，由公安部组织召开的刑事侦查工作座谈会上，来自侦查实战单位和公安院校的代表对刑事侦查工作方针也提出了自己的见解和主张。如有人提出“依靠群众，依托信息，整合资源，依法破案”的观点，有人认为“依托科技，强化基础，情报主导，协作配合，依法破案”更适合当前刑事侦查工作形势，有人将新方针定位为“专群结合，侦控并举，规范侦查，整体作战”，还有人提出新方针应突出三个方面的内涵：一是情报，二是程序，三是协作。② 虽然提法各异，但大家一致认为现行方针已经滞后于当前实践，应该制定出新的刑事侦查工作方针以适应社会发展。因学术界与实务部门尚未对刑事侦查工作方针达成一致意见，也未有官方确认的新的刑事侦查工作方针出台，因此本书仍按照“依靠群众，抓住战机，积极侦查，及时破案”十六字刑事侦查工作方针进行阐述。

一、依靠群众是刑事侦查工作的基础

群众路线是党的根本路线。人民群众是同刑事犯罪作斗争的力量源泉，这是因为：首先，人民群众有同犯罪作斗争的积极性。刑事犯罪活动扰乱了正常的社会秩序，严重危害人民群众的切身利益和生命财产安全。打击刑事犯罪，维护社会稳定符合人民群众的利益和愿望，必然受到人民群众的支持和拥护。其次，人民群众是做好刑事侦查工作的基础力量。人民群众生活和工作于社会的各个领域，有丰富的获取犯罪情报信息的渠道，如本章“导入案例”中网吧管理人员提供的犯罪嫌疑人经常在该网吧上网的信息。同时，人民群众中有各行各业的专家和专业技术人才，能够为侦查破案提供技术鉴定支持。

新的历史条件下，依靠群众仍然是刑事侦查工作的基本方针，在做好传统群众工作、依法侦查的同时，探寻和发现刑事侦查工作依靠群众的新途径和新方法成为刑事侦查部门的一项重要工作。一是依托网络资源组织、发动群众，及时获取犯罪情报和线索；二是利用大众传媒，做好刑事侦查宣传和舆论引导工作，提升侦查工作效果。另外，应增加侦查科技投入，从技术和设备等硬件设施上保障与人民群众联系的渠道畅通、快捷。

二、抓住战机是刑事侦查工作的关键

刑事侦查工作的战机，是指一切有利于发现、揭露、证实犯罪和缉获犯罪嫌疑人而不利于犯罪嫌疑人隐匿、逃遁和毁证的时机。③ 侦查破案过程中的各个环节都存在战机，但由于案件复杂多变，侦查破案过程中的各种情况也瞬息万变，因此，隐藏于期间的战机稍纵即逝，寻找、发现、制造和利用战机，进而快速反应、迅速决策，关系到刑事侦查工作的成败。

抓住战机首先要深入细致研究案情，客观分析所掌握的证据和线索，明确侦查方向，正确使用侦查措施和手段，才能准确发现和捕捉战机。其次要注意时机的把握，战机虽然稍纵即逝，但过早介入也可能导致错失战机。实践中有些案件需要主动进攻、当机立断，

① 参见郝宏奎：《确立适应时代需要的刑侦工作方针》，载《人民公安报》，2003-10-08。

② 参见陈刚：《刑事侦查学研究综述》，9～10 页，北京，中国人民公安大学出版社，2013。

③ 参见孟宪文：《刑事侦查学》，19 页，北京，中国人民公安大学出版社，2000。

有些案件需要悉心经营、相机而动，因此，战机的把握要从案件实际情况出发，因案而异、因时而异、因地制宜。再次要善于创造条件，制造战机。战机具有偶然性，但并不否定战机的必然性，有些战机可以通过在法律允许的框架下运用策略创造出来。这就要求制定周密的侦查工作方案，完善预案措施，情报准确，信息传递通畅，决策果断，反应迅速。因此，建立一支素质过硬、常备不懈、快速反应的刑事侦查队伍十分必要。

三、积极侦查是刑事侦查工作的基本要求

侦查与犯罪的矛盾关系决定了刑事侦查天然具有“积极”的因素。有犯罪便有侦查，对犯罪的“积极”追究，进而侦查破案是侦查机关天然的职责，这一职责便包含了积极的意义和要求。之所以强调“积极侦查”，并将其作为刑事侦查工作方针之一，是因为侦查人员的主观能动性的发挥需要内外因素的共同作用。在内部驱动上，侦查人员需要树立案件可以侦破的坚定信念，在侦破案件过程中发现线索，一追到底，要有不破不休的决心；要有坚强的毅力，遇到困难锲而不舍，积极想办法，拓宽思路，解决困难。如果本章“导入案例”中的侦查人员面临200多个小时时长的视频放弃逐分逐秒追寻犯罪嫌疑人踪迹，在视频追查犯罪嫌疑人线索中断的情况下，放弃费时、费力而又可能毫无结果的调查走访工作，“10.6”案件的可能结果就是因为线索中断而搁置，更不可能破获后续的“10.11”入室盗窃案，以致犯罪嫌疑人逍遥法外继续作案。同时，在外部驱动上，侦查机关要完善相应的奖惩机制、竞争机制、责任约束机制等，从而强化侦查人员积极侦查的内驱力，提高侦查工作效率，提升侦查工作效果。

另外，侦查天然的“积极”意义也决定了积极侦查是对侦查人员的职业道德要求。《人民警察职业道德规范》中要求警察要做到“惩恶扬善，恪尽职守，勤学善思，精益求精”，这些要求无不蕴涵着积极侦查的意义。

四、及时破案是刑事侦查工作的目的

及时破案是刑事侦查活动最直接的目的，也是刑事侦查工作所追求的结果。及时破案具有积极的作用。一是及时挽回损失。刑事犯罪活动极大地破坏了社会治安秩序，危害了人民群众的生命财产安全，及时破案可以最大限度地挽回因犯罪所造成的各种损失，降低其破坏财产和社会秩序的程度。二是震慑和预防犯罪的作用。及时破案，尤其是及时破获严重刑事犯罪案件、有组织犯罪案件，对于潜在犯罪分子的震慑和预防犯罪的作用不可忽视。公安机关进行阶段性的破案战役和专项行动后，一段时期内的犯罪率降低即可证明及时破案的犯罪预防作用。三是树立公安机关的执法公信力和良好形象。快速、及时破案向公众证明了公安机关的执法能力和执法效率，增强了人民群众对公安机关的信心，提升了公安机关的执法形象，为刑事侦查后续工作奠定了良好的群众基础。

第四节 刑事侦查的任务

一、有关刑事侦查任务的各种观点

学界对刑事侦查任务有不同观点，但各观点在侦查的具体任务或称直接任务的表述上

基本一致，即都将“收集证据、查明犯罪事实、查获犯罪嫌疑人”作为刑事侦查任务的核心内容，不同的是对侦查的其他任务的概括和表述上。有学者从侦查法治的角度出发，将侦查任务增加了“对犯罪嫌疑人采取必要强制措施，以及保障无罪的人不被追究刑事责任”[①] 的容；有的学者从案件要素的角度出发，将“物”的素增加为刑事侦查的任务，如在侦查任务中增加“追缴犯罪工具和赃款、赃物”[②] 作刑事侦查的具体任务[③]；还有的材将侦查的任务扩充到预防犯罪领域，将预防和控制犯罪增加为侦查的任务，如，公安部教材编审委员会 1999 年编写的《刑事侦查学》在侦查的任务表述中，将“预防犯罪，减少刑事案件的发生；控制犯罪，加强刑侦基础业务建设”[④] 作为刑事侦查的任务。再如，李波阳在其主编的《刑事侦查学》中将“防范、控制犯罪，减少刑事案件的发生”[⑤] 作为刑事侦查任务的一项重要内容。还如，徐公社在 2011 年编写的《刑事侦查学》中明确将“预防控制犯罪”[⑥] 作为侦查任务的内容之一。还有学者在指出以往侦查任务界定中存在的不足的基础上，从侦查工作进程角度出发，将侦查的任务总结为“发现犯罪、控制犯罪、揭露犯罪、证实犯罪、预防犯罪”[⑦]。

另外，有学者在著作中虽未明确列出刑事侦查任务的章节，但从侦查目的和侦查价值的角度提出了侦查的任务的内容。如，杨正鸣、倪铁主编的《侦查学》中，将侦查活动的目的分为三个层次：直接目的、间接目的和根本目的。侦查的直接目的是在正当的侦查程序下，查明案情真相，查证嫌疑人犯罪事实的有无，以决定是否提起公诉；侦查的间接目的为揭露、惩罚、控制犯罪和保障人权；侦查的根本目的在于维护国家包括政治和经济制度在内的上层建筑的稳定，促进文明的发展和社会的进步。[⑧] 再如，有学者在阐述侦查价值时认为，侦查的外在价值体现为刑事侦查的任务，即侦查活动在证明案件事实方面的功效和积极作用。具体内容包括：就涉嫌案件收集和调取证据，查明犯罪嫌疑与事实真相。[⑨]

二、对刑事侦查任务各种观点的评述

鉴于理论与实务部门对将“收集证据、查明犯罪事实、查获犯罪嫌疑人”作为刑事侦查的直接任务并无异议，因此，在对各家观点进行评述时对此不予讨论，仅对各家观点的差异之处尝试进行探讨。

（一）关于预防犯罪作为刑事侦查任务的依据

对于预防犯罪能否作为刑事侦查的任务，学界并未有太多讨论。上述将预防犯罪作为刑事侦查任务的教材或学者在强调预防犯罪作为侦查任务时，总结起来主要依据三个方面

---

① 张玉镶：《当代侦查学》（第三版），22～25 页，北京，中国检察出版社，2010。

② 王传道：《刑事侦查学》（第四版），15 页，北京，中国政法大学出版社，2013。

③ 该书中刑事侦查的具体任务包括：一是收集证据；二是查明案情，揭露犯罪，澄清嫌疑；三是查获和讯问犯罪嫌疑人；四是追缴犯罪工具和赃款、赃物。其中第二、三条可以总结为刑事案件的“事”的要素、“人”的要素，而第四条可总结为“物”的要素。

④ 公安部教材编审委员会：《刑事侦查学》，44～45 页，北京，群众出版社，1999。

⑤ 李波阳：《刑事侦查学》，15～16 页，北京，中国民主法制出版社，2005。

⑥ 徐公社：《刑事侦查学》，18 页，北京，中国人民公安大学出版社，2011。

⑦ 马忠红：《侦查学基础理论》，181～191 页，北京，中国人民公安大学出版社，2006。

⑧ 参见杨正鸣、倪铁：《侦查学》（第二版），55～57 页，北京，复旦大学出版社，2013。

⑨ 参见杨宗辉：《侦查学总论》，64～65 页，北京，中国检察出版社，2009。

的内容：一是通过侦查破案，揭露犯罪，剥夺或限制犯罪嫌疑人的人身自由，教育、震慑和阻止新犯罪的可能性，从而达到预防犯罪的效果；二是研究刑事犯罪的活动规律和特点，为制定预防犯罪对策提供依据；三是通过加强刑侦基础业务建设，达到预防犯罪的目的。近年来，犯罪情报信息工作的迅速发展，使得侦查阶段的犯罪预防功能得到日益强化，以致有学者提出将预防犯罪作为刑事侦查的根本目的。①

首先，通过侦查破案和揭露犯罪，教育、震慑和阻止新犯罪，从而达到预防犯罪的效果。这一说法本身没有问题，但是由此得出预防犯罪是侦查的任务略显不妥。侦查破案、揭露犯罪的确有教育、震慑和阻止新犯罪的作用，但侦查的作用与侦查的任务不同，作用更强调任务完成后的后续效果。侦查任务是阶段性的、单一性的，而侦查作用是连续性的。② 因此，此说法不能成为将预防犯罪作为侦查任务之一的依据。

其次，通过研究刑事犯罪的活动规律和特点，为制定预防犯罪对策提供依据。虽然在研究刑事犯罪规律和特点上侦查学与犯罪学有所交叉，但侦查学研究刑事犯罪规律和特点的直接目的是为侦查破案。而通过研究刑事犯罪规律和特点提出预防犯罪对策实则为犯罪学研究的内容。因此，以此提法为依据，认为刑事侦查的任务包含预防犯罪的内容似有偷换概念的嫌疑。

最后，通过加强刑侦基础业务建设，达到预防犯罪的目的。这是将预防犯罪作为刑事侦查任务的一个依据。刑侦基础工作包括刑事情报、刑嫌调控和阵地控制。目前，三项工作与信息化相结合，逐步成为公安大情报业务工作的组成部分。真正的情报分析总是预测性的。③ 作为公安大情报工作组成部分的刑事犯罪情报信息工作，对犯罪的确有预测和预防作用。从这一角度说，预防犯罪可以作为刑事侦查的任务之一。

（二）关于刑事侦查的价值、目的与任务之间的关系

1. 刑事侦查的价值

任何行为都是价值选择的结果，刑事侦查行为也不例外。侦查价值隐藏在侦查行为背后，指导和规范侦查行为，它体现为侦查活动的积极作用和意义。侦查的价值可以从两个方面进行考察：一方面，把侦查作为整个诉讼程序的一部分，侦查价值天然即为刑事诉讼价值的下位概念，刑事诉讼活动要实现的最终价值目标也是侦查活动的追求所在，而这种最终价值更多地体现在作为侦查程序的价值。另一方面，侦查作为刑事诉讼活动中一个相对独立的阶段，其价值有自身的特性。正如侦查法定概念中将侦查活动界定为“专门调查工作和有关的强制性措施”，这种对侦查具体工作内容的概括，体现了侦查在具体工作上的价值，这种侦查价值更强调个案侦查目的和效果的实现。这也是上述刑事侦查任务价值说提出的理论依据。

2. 刑事侦查的目的

刑事侦查的目的是进行侦查活动所期望达到的目标和结果。相对于侦查价值而言，侦

---

① 参见熊立荣：《侦查目的新论：预防犯罪——兼论预防犯罪视野下的侦查原则》，载《广西警官高等专科学校学报》，2005 (1)。

② 参见邹明理：《侦查与鉴定热点问题研究》，108 页，北京，中国检察出版社，2004。

③ 参见［美］罗伯特·克拉克：《情报分析：以目标为中心的方法》，马忠元译，238 页，北京，金城出版社，2013。

查目的更为具体，它是在侦查价值的指引下对侦查活动要实现的目标或要达到的理想模式进行预先的设定。这种设定虽然属于观念层面，但它是基于实践基础上的一种主观设定，而非任意设想。侦查目的是一种主观与客观相统一的目标设定。上述持刑事侦查任务目的说观点中，将侦查目的分为三个层次，三个层次从客观到主观逐级递进，强调侦查任务既要关注具体的实践工作，也要关注侦查活动的终极目的。

关于侦查目的的理论国内外有很多观点，鉴于刑事诉讼结构的不同，英美法系国家在刑事诉讼中奉行当事人主义，因此侦查目的更强调保障人权方面的内容，而大陆法系国家虽然也重视和肯定公民个人权利保障，但由于大陆法系国家的刑事诉讼以职权主义为特征，侦查目的更注重对犯罪的追究。在大陆法系国家的侦查目的理论中以日本学者提出的审判准备说、公诉准备说、侦查独立说在中国的影响比较大。①

3. 刑事侦查的任务

刑事侦查的任务是实现侦查目的、体现侦查价值的侦查活动的具体内容。相对于观念层面的侦查价值和侦查目的，侦查任务是实践的、外显的和具体的。这也是许多公安院校侦查学教材在阐述侦查任务时更注重从实务工作出发的原因。侦查任务根据预期的侦查目的进行设定，是侦查实践层面的概念。在实现侦查目的的过程中，侦查任务体现为具体的侦查行为。因此，在上述侦查任务的观点中，无一例外地对具体侦查任务的阐述都是“收集证据、查明案情、查获犯罪嫌疑人”。

综上，按照从主观到客观、由高到低的层次来总结侦查价值、侦查目的与侦查任务三者之间的关系，可以说侦查价值处于最高层次，它对侦查目的和侦查任务具有指引和规定作用；侦查任务处于最低层次，它通过外显的、具体的侦查活动实现侦查目的，体现侦查价值；侦查目的处于中间层次，它将观念层面的、抽象的侦查价值与实践层面的、具体的侦查任务联系起来，实现了主客观的统一。

三、刑事侦查任务构建

刑事侦查任务的界定依赖于对侦查概念内涵和外延的理解，如第一节中所述，刑事侦查的性质应界定为专门调查工作和有关的强制性措施。这一界定既关注了具体的侦查工作内容——专门调查工作，并借以实现侦查目的；也关注了侦查的程序性内容——强制性措施，从而保证侦查工作的顺利进行。据此，对刑事侦查的任务可从两个方面加以阐述：目的性任务和程序性任务。

---

① 审判准备说，顾名思义，即侦查程序的设计和运作应当是以服务审判为目的，是为审判做准备的。此种观点强调侦查对于审判的准备性，要求审判结论直接建立在侦查结论之上，从而使侦查对审判具有强大的影响力甚至是决定力，这也直接导致了司法实践中的“侦查决定论”。侦查机关一经捕获犯罪嫌疑人，诉讼活动即已定局，检察机关和人民法院就必须起诉和判刑，实际上形成起诉、审判为侦查服务的倒置现象。公诉准备说认为侦查和审判是中断的，公诉是连接侦查和审判的桥梁，侦查是为公诉做准备的。该学说说明了侦查与起诉的继承关系，强调公诉对侦查活动进程的主导作用。但公诉准备说存在一个无法解释的矛盾，即在侦查阶段有一定比例的刑事案件按照不起诉处理，如果按照此学说的标准进行衡量，对这些不起诉刑事案件的侦查活动是失败的，这显然不公正。同时，既然侦查的目的是为公诉做准备，就忽略了侦查结果可能为嫌疑人无罪的可能性，这就使公诉准备说带有强烈的有罪推定色彩。侦查独立说认为，侦查的目的既不是为审判做准备，也不是为公诉做准备，而是为了明确嫌疑的有无，进而决定起诉和不起诉的独立程序。这一学说强调嫌疑人权利的保护，将在侦查阶段发现的、符合不起诉理由的刑事案件嫌疑人及时从刑事诉讼程序中解放出来，撤销没有必要提起公诉的案件。这一学说目前为多数学者所接受。

（一）刑事侦查的目的性任务

1. 收集证据

收集证据是刑事侦查工作的重要任务，是全部侦查活动的中心环节。可以说侦查的全部工作都是围绕着获取证据组织开展的。侦查阶段证据的获取包括三个方面：一是发现证据。犯罪具有一定的隐蔽性，且发生在过去，经常与许多其他事件相互交错，要证明犯罪事实，首先需要从分散的或可能寓存于其他事件的事实中发现证据。证据有时可能因为各种人为或自然的原因被破坏或掩盖。因此，要采取各种有效的措施和手段，准确、及时地找到能够证明案件真相的证据。在发现证据的过程中，科学技术方法固然重要，而发散的侦查思维是发现证据的前提。二是固定和提取证据。发现的证据，只有经过固定和提取才能在刑事诉讼中予以运用，才能作为定案的依据。固定和提取既包括照相、绘图、制作模型、制作各种笔录、录音、录像、提取实物等方法，还包括通过鉴定获取和固定证据。证据必须是物化了的客观存在①，只有物化了的证据才能获得证明的效力。三是审查和检验证据。证据必须经过查证属实才能作为定案的依据，同时查证属实的材料或载体要符合法律对证据的要求才能被采用。因此，侦查人员在侦查阶段就必须对获取的每一个证据的证明力和证据能力②进行审查、判断，为后续诉讼活动做好准备。

2. 查明犯罪事实

只有查明犯罪事实，才能正确地适用法律，对犯罪嫌疑人定罪、量刑，使犯罪分子得到应有的惩罚，保证无罪的人不受刑事追究。关于犯罪事实，从法学的角度，主要是依据《刑法》所规定的犯罪构成要件予以确定；从侦查学的角度，有传统的“七何”要素即“何人、何时、何地、何事、何情、何故、何物”理论③，有“人、事、物、时、空”五要素理论④，还有“人、事、物、时、空、痕”六要素理论⑤等。侦查工作中，按照犯罪构成要素收集证据，达到我国刑法所规定的犯罪构成的标准，即完成了查明犯罪事实的任务。

3. 抓获并确认犯罪嫌疑人

侦查任务的最终完成以刑事案件侦查终结、移送起诉为标准。《公安机关办理刑事案件程序规定》第274条规定，侦查终结的案件，应当同时符合以下条件：案件事实清楚；证据确实、充分；犯罪性质和罪名认定正确；法律手续完备；依法应当追究刑事责任。其中，“法律手续完备、依法应当追究刑事责任”两条以犯罪嫌疑人到案为前提。因此，在侦查阶段，抓获并确认犯罪嫌疑人是侦查总结、移送起诉的要求。同时，抓获并确认犯罪嫌疑人以侦查措施和强制措施的采取为保障，对犯罪嫌疑人采取必要的、适当的侦查措施和强制措施，可以防止犯罪嫌疑人逃避侦查、起诉和审判，确保无罪的人不受刑事追究。

（二）刑事侦查的程序性任务

确切地说，刑事侦查的程序性内容并非属于刑事侦查的任务，之所以将保障刑事侦查

---

① 马忠红：《侦查学基础理论》，208页，北京，中国人民公安大学出版社，2006。

② 关于证据的证明力和证据能力，参见陈瑞华：《刑事证据法学》（北京，北京大学出版社，2012）第五章关于证明力与证据能力的内容。

③ 参见孟宪文：《刑事侦查学》，150页，北京，中国人民公安大学出版社，2000。

④ 参见翁墩：《论刑事案件基本结构与侦查实践》，载《公安大学学报》，1991（6）。

⑤ 参见马忠红：《论刑事案件的构成要素》，载《中国人民公安大学学报（社会科学版）》，2012（5）。

任务实现的程序性内容在侦查任务构建中予以提出，首先是以当前侦查实践中存在的问题——"重实体、轻程序"为现实依据。尽管此问题已经被提出多年，但现实情况是，侦查法治建设仍有很大的"提升空间"。侦查实践中，过分注重追求真相内容而忽视形式公正，过分注重证实有罪而忽视无罪证据的提取，凡此种种问题比比皆是。其次是以2012年修订的《刑事诉讼法》中增加的有关保障犯罪嫌疑人权利的内容为法律依据。2012年修订的《刑事诉讼法》增加了诸如非法证据排除的有关规定、侦查讯问中有关录音录像的规定、侦查阶段律师法律地位的确定、侦查人员出庭作证的相关规定等。这些新增加的内容，一方面表现为对侦查行为的程序性要求增加，侦查手段、方法增加，以及补充侦查的限制；另一方面表现为侦查行为在侦查阶段之外程序（如审查起诉程序、审判程序以及特别程序）中的延伸。[①] 因此，本书将保障刑事侦查任务实现的程序性内容以侦查任务的形式提出，借以呼吁继续加强侦查法治建设，完善侦查法律制度，规制实践中的违法侦查行为，尊重和保障人权。现阶段，刑事侦查的程序性任务主要包括依法侦查；注意收集犯罪嫌疑人无罪证据，克服有罪推定心理倾向；规范侦查措施的审批程序；保证法律手续完备。

1. 依法侦查

依法侦查是侦查法治建设的最基本要求。侦查活动要依据《刑法》、《刑事诉讼法》及相关法律法规进行，任何违法法律规定的侦查行为都应受到相应处理。具体说，侦查阶段要保证证据获取的途径、收集的方式合法，严禁以非法方法获取证据；侦查措施的采取以必要、适当为限度，避免过度使用侦查措施、手段；采取秘密侦查措施以法律规定为限，严禁违法使用秘密侦查措施等。

2. 注意收集犯罪嫌疑人无罪证据，克服有罪推定心理倾向

侦查人员所处的追诉地位决定了他们有证实犯罪的倾向，即注重收集犯罪嫌疑人有罪的证据而忽略无罪证据，因此《刑事诉讼法》明确规定既要收集有罪证据也要收集无罪证据，既要收集罪重证据也要收集罪轻证据，以保证无罪的人不受追究。侦查人员应在工作中有意识地培养收集无罪或罪轻证据的思维习惯，克服确认偏差。

3. 规范侦查措施审批程序

鉴于当前多数侦查措施的采用不经过检察机关及审判机关的审批，而是侦查机关自己审批、自己执行，侦查措施滥用的风险也因此达到最高。实践中的随意侦查现象集中体现为侦查措施、手段的滥用，该使用的侦查措施不使用，不该使用的随意使用，或者使用的程度与犯罪嫌疑人的危害程度不匹配。规范审批程序、加强监督，确保侦查措施使用正确、适当，是目前降低侦查措施滥用风险的可行手段之一，也是现阶段侦查程序性任务的重要内容之一。

4. 保证法律手续完备

完备的法律手续从形式上体现了侦查程序的合法性，也是刑事侦查程序性任务完成的具体体现。在收集证据、查明犯罪事实、查获并确认犯罪嫌疑人的基础上，完备的法律手续意味着侦查活动的终结，因此，它也是侦查终结的条件之一。

---

① 参见张品泽：《"新刑诉法"视野下侦查观的重塑》，载《中国人民公安大学学报（社会科学版）》，2014（2）。

四、刑事侦查任务的相对性

鉴于任务的阶段性特征，刑事侦查的任务并不是一成不变的。随着侦查工作的不断发展，侦查部门与其他部门业务合作交流的增多，原本界定明确的侦查任务边界将逐渐变得模糊起来。这种模糊在前文预防犯罪作为侦查任务的讨论中已经有所体现，尤其是刑事犯罪情报信息工作的发展，将使得预防犯罪在侦查任务中的比重逐渐升高。而在界定当前刑事侦查任务中，本书以侦查实践工作中存在的问题为现实依据，以《刑事诉讼法》对侦查程序内容的加强为法律依据，将侦查的程序性内容在侦查任务构建中予以提出，也是刑事侦查任务相对性的表现。因此，界定刑事侦查的任务仅在当下具有意义。

【导入案例简析】

刑事侦查的方针是“依靠群众，抓住战机，积极侦查，及时破案”。该案侦查过程中，“依靠群众”方针体现得尤为明显。在侦查后期的调查走访中，如果不是划定区域内的网吧管理人员的积极配合，发现犯罪嫌疑人经常住留其网吧上网的线索，前期的侦查工作将功亏一篑。“抓住战机”、“及时破案”方针体现为侦查人员对此案及时、有效的组织与实施。如在现场勘查过程中分工明确，技术人员细致勘查现场，规范提取有效痕迹、物证信息，固定证据；侦查人员及时进行现场访问和调取案发地周边监控录像，刻画犯罪嫌疑人的体貌特征，根据犯罪嫌疑人的体貌特征再调取其可能逃跑路线周边监控录像，追查犯罪嫌疑人踪迹。在视频线索中断后，及时转换工作思路，通过分析线索消失地周边环境，对嫌疑人可能逃跑的路线进行预测，及时划定调查走访区域，进行细致走访。在抓获犯罪嫌疑人后及时组织讯问并对收缴赃物进行审查，又破获入室盗窃案件。这些充分显示了侦查组织与实施的有序性和高效性。“积极侦查”体现为侦查人员锲而不舍追查犯罪嫌疑人的决心。在面临时长超长的视频监控录像时，侦查人员没有畏难，而是细致查询、搜索犯罪嫌疑人踪迹。当视频线索中断后，侦查人员在划定区域内进行耗时、耗力的大范围调查走访，获取犯罪嫌疑人线索，最终将犯罪嫌疑人抓获。

在该案的侦破过程中，视频侦查方法的应用起到了关键作用。该案发案时段处于凌晨，除被害人一家外无其他目击证人，犯罪嫌疑人作案过程中未使用交通工具、通信工具，独自徒步流窜作案，如果没有视频侦查方法的运用，难以发现犯罪嫌疑人的行踪。因此，在犯罪形势发展变化迅速，情报信息分析手段、技术侦查手段运用于侦查工作的比例不断增加的今天，侦查方法正在从以往的以被动侦查为主向主动侦查比重逐步增加的方向发展，侦查协作在侦查工作中的作用也日益凸显。而现有刑事侦查工作方针并未体现出上述变化特点，且方针中的后三项即“抓住战机，积极侦查，及时破案”所强调的侦查工作时效性内容本身即为刑事侦查工作的内在特点。鉴于此，刑事侦查工作的方针应考虑适应当前犯罪侦查形势，突出情报、法治、协作等时代性特点，加以调整和完善。

【延展阅读】

侦查目的论——兼评我国侦查程序改革

侦查目的论探讨的是侦查程序与后续的起诉和审判程序的关系。关于侦查目的，有三种代表性的观点，即审判准备观、公诉准备观、侦查独立观。由于诉讼价值观和诉讼结构的影响，我国在侦查目的上实际上奉行的是审判准备观，这使得我国的侦查程序在设计和运作上存在着诸多硬伤，亟待通过新型侦查目的观的塑造予以变革。作者认为，新型侦查目的观的构建可以通过对具体制度的移植来实现，但是移植时应当坚持“以我为主、为我所用”的原则。同时，在侦查目的观的构建过程中，一方面，应当强调侦查程序在目的上的相对独立性，并以相应的制度建设为保证；另一方面，必须对侦查独立观保持理性的警惕，注意克服侦查过分独立所可能造成的弊端。

资料来源：万毅：《侦查目的论——兼评我国侦查程序改革》，载《国家检察官学院学报》，2003 (1)。

【本章小结】

刑事侦查概念解析：刑事侦查主体，刑事侦查客体，刑事侦查目的，刑事侦查性质。

刑事侦查的基本原则：侦查法治原则，实事求是原则，专群结合原则，侦查协作原则，侦查效益原则。

刑事侦查的方针：依靠群众，抓住战机，积极侦查，及时破案。

刑事侦查的任务：刑事侦查的目的性任务，包括收集证据，查明犯罪事实，查获和确认犯罪嫌疑人。刑事侦查的程序性任务，包括依法侦查；注意收集犯罪嫌疑人无罪证据；规范侦查措施的审批程序；保证法律手续完备。

【关键术语】

刑事侦查　刑事侦查的基本原则　刑事侦查的方针　刑事侦查的任务

【推荐阅读】

1. 张玉镶：《当代侦查学》(第三版)，北京，中国检察出版社，2010。

2. 王传道：《刑事侦查学》(第四版)，北京，中国政法大学出版社，2013。

3. 杨宗辉：《侦查学总论》，北京，中国检察出版社，2009。

4. 杨正鸣、倪铁：《侦查学》，上海，复旦大学出版社，2013。

5. 陈瑞华：《刑事证据法学》，北京，北京大学出版社，2012。

6. [美] 罗伯特·克拉克：《情报分析：以目标为中心的方法》，马忠元译，北京，金城出版社，2013。

7. 马忠红：《论刑事案件的构成要素》，载《中国人民公安大学学报（社会科学版）》，2012 (5)。

8. 陈兴良：《转型中的中国犯罪论体系》，载《现代法学》，2014 (1)。

【案例分析】

2010年11月13日7时10分，吉林省延吉市警方接报警称：延吉市C镇C村养鸡场场长侯某及其母亲傅某、女友李某3人被杀死在养鸡场办公室内，室内物品被翻动，丢失现金若干。接到报案后，侦查人员立即前往现场。现场地面有积雪，嫌疑人遗留有多枚足迹，其中还有少量血足迹，但现场勘查中仅提取了一枚足迹（42码）。经尸检，3名被害人死亡时间为2010年11月12日22时至11月13日凌晨1时之间，均为锐器所伤致死。3名被害人尸体旁有大量血迹，但勘查人员提取后未及时送检，导致案发后一直没有被害人家属对尸体进行辨认，也未对提取的血迹与被害人家属进行血缘关系鉴定。案发现场发现犯罪嫌疑人抛弃的电脑监控主机，但主机硬盘丢失，勘查人员未对监控主机的品牌、型号等信息进行登记，导致该案在后续诉讼过程中有关电脑主机的物证与安装主机人员的证人证言无法相互印证。

在对现场进行分析的过程中，侦查人员将作案人数确定为1人，并根据足迹判断作案人年龄为35岁左右。但事实上，此案作案人为2人结伙作案，且2人同穿42码的同款鞋子作案，2人年龄分别为28岁、21岁。在排查走访过程中，犯罪嫌疑人陈某曾被列为12名重点嫌疑人之一，该人穿42码鞋，曾于2010年8月26日至9月30日在被害人所在的C镇C村养鸡场开车，以前开过网吧。但足迹比对将陈某某排除，同时陈某称其案发前后一直在其朋友曾某的收购站干活，侦查人员未找曾某进一步核实即以陈某不具备作案时间予以排除。对于陈某开过网吧、可能掌握一定的电脑技能这一线索，侦查人员未予注意。其他重点嫌疑人也因各种原因均予以排除。至此，该案侦查陷入僵局予以搁置。

直至2012年9月22日，另一起案件犯罪嫌疑人董某交代：他曾于2010年11月伙同陈某乘坐出租车到延吉市C镇C村养鸡场，抢劫现金7 000余元，杀死3人。对于2名犯罪嫌疑人乘坐出租车这一线索，当时负责此案件的侦查员没有任何记录。另据董某称，抢劫杀人案发后，他的同伙陈某将养鸡场监控主机硬盘卸下后安装在陈某自己的电脑上使用。侦查人员据此线索，从陈某电脑主机上卸下两块内存分别为300G和500G的硬盘。经数据还原发现，内存为500G的硬盘为养鸡场监控主机硬盘，同时还原了部分案发现场犯罪嫌疑人作案视频。该视频证据是证明董某参与作案的关键证据，但侦查人员在提取该证据时没有规范的搜查笔录，未记录提取该证据的时间，提取证据时没有予以录音录像。

分析讨论：

1. 从刑事侦查原则的角度对上述案例予以评析。

2. 根据上述案例，分析刑事侦查的任务。

第三章　刑事侦查的工作形式

【学习目标】

通过本章的学习，理解专案侦查、并案侦查、破案战役的概念和意义；掌握专案侦查、并案侦查、破案战役的实施条件、实施对象和实施方法；理解数字化侦查的概念、区别于传统侦查手段的特点及数字化侦查的手段，并学会在具体案件中运用数字化侦查手段进行案件分析。

【导入案例】

2010年12月5日，满洲里市发生了一起特大绑架杀人案件，12月7日下午13时，在逃犯罪嫌疑人吴某被满洲里市刑警大队缉拿归案，至此满洲里市“12·5”特大绑架杀人案件在21个小时内宣告侦破。2010年12月5日15时许，满洲里市公安局刑警大队接到阜新小区张某的报案，称其母赵某当日上午在外出途中被人绑架，并且已经接到了犯罪嫌疑人向其索要3万元赎金的短信和恐吓电话。接到报警后，满洲里市刑警队立即启动了满洲里市公安局侦破命案预案机制，调配现有的近30名警力，投入紧张的抓捕工作之中。通过报案者提供的手机录音，得知绑匪要求在扎来诺尔交换人质后，立即成立了专案组兵分三路进行调查。并让其家属先为绑匪打入3 000元，以筹措赎金为由拖延时间，同时，刑警大队还会同电信部门对人质手机进行卫星定位，当电信部门提供绑匪此时正在海拉尔区的信息时，所有干警感觉到了事态的严重性。随即，刑警大队派出一组警力驱车火速赶往海拉尔，18时许在途经西乌珠尔时，警方再一次得到电信部门提供的信息，显示绑匪的IP地址已不在海拉尔区，这使得此次抓捕行动的难度再一次升级。当得知犯罪嫌疑人坐火车逃跑以后，公安干警开车连夜追赶。经过12个小时的追赶，次日早7时警方登上了犯罪嫌疑人乘坐的列车，经过4个小时的缜密排查，最终将犯罪嫌疑人吴跃胜抓获。经审讯得知，吴跃胜，1984年出生，辽宁肇东人，来满4年多，3年前与赵某结识，因手头没钱，12月5日上午将赵某骗往其住所便将其杀害，杀死赵某后，又以绑架的名义向赵某家人勒索钱财。

第一节　刑事侦查的方式

刑事侦查的方式主要有三种：一是专案侦查，二是并案侦查，三是破案战役。

一、专案侦查

（一）专案侦查的概念

专案侦查是刑事侦查部门针对某些重大、特大刑事案件，组织专门力量，综合运用各种侦查措施和手段，实行专案专办的一种侦查组织形式。

专案侦查与一般的刑事案件侦查虽然在办案的程序上和基本方法上具有一致性，但专案侦查由于目标、侦查力量的组成和侦查方法上与一般的刑事案件侦查有区别，因此具有自身的特殊性，主要体现在：

第一，侦查对象的不同，专案侦查的对象大都是危害后果严重、案情较为复杂的重大、特大刑事案件；

第二，在专案侦查过程中更强调侦查措施和手段的综合性和特殊性，特别强调秘密侦查手段的使用，如刑事特情、技术侦察手段等；

第三，专案侦查要由一定数量的侦查人员组成一个临时专案组，专门负责专案的侦查工作，即所谓的专案专办。

（二）专案侦查的意义

1. 专案侦查有利于加强对重大、特大刑事案件的侦破力度

专案侦查从本质上看是一种集中制的侦查模式，在这种模式下，侦查部门可以集中优势警力打歼灭战，在侦查过程中，可以综合运用各种公开和秘密的侦查措施、手段，具有其他侦查形式无可比拟的优势。在当今刑事案件呈现出智能化、暴力化、集团化特点的情况下，专案侦查越来越成为刑事侦查部门侦破重、特大刑事案件的一种重要侦查形式。

2. 专案侦查有助于强化公安机关侦查职能

公安机关侦查职能的重要体现就是侦查破案，尤其是尽快侦破危害后果严重、社会影响大的重大、特大刑事案件，而专案侦查能够集中侦查的优势兵力、综合运用各种侦查措施，迅速侦破案件，因此专案侦查的侦查形式对于强化公安机关的侦查职能有着重要的意义。

3. 专案侦查是提高侦查水平和加强基础业务建设的重要途径

当公安机关的侦查部门面临一些案情复杂的疑难案件时，仅仅依靠少量的侦查力量和一般的侦查措施是难以侦破案件的，必须要利用专案侦查的形式才能有效地完成破案的工作任务。而且通过专案侦查的形式能在侦破复杂疑难案件的过程中不断地提高侦查人员的业务素质，从而提高侦查部门的侦查水平。同时，通过专案侦查收集大量的刑事犯罪情报资料和犯罪线索，在案件侦查过程中物建一批秘密探查力量，及在阵地控制和刑嫌调控方面因案而为的大量专项工作，无疑都对侦查基础业务建设起到了促进作用。因此，专案侦查是提高侦查水平和加强基础业务建设的重要途径。

（三）专案侦查的实施对象

1. 必须使用综合侦查措施与秘密侦查手段才能破获的重、特大刑事案件

已经发生的重大、特别重大的现行案件，不一定都要列为专案进行侦查，其中，那些案情比较明显或者当场抓获犯罪嫌疑人的或经一般性的调查即可查清案情，无须采取综合、特殊的侦查措施和手段进行侦查的重大、特大刑事案件，则不必列为专案。只有那些

案情较为复杂，危害后果严重，在侦查过程中必须采用各种侦查措施和手段才能破获的案件，才能立为专案进行侦查。

2. 犯罪集团或团伙犯罪案件

犯罪集团或团伙犯罪案件中，犯罪成员复杂，首犯、主犯多是累犯，有共同的犯罪思想基础，严密的组织纪律，分工明确，活动诡秘，手段狡猾，犯罪能量大，往往从事多种犯罪活动，涉及面广，危害较大，有的甚至危害到某一地区的社会治安形势。因此，侦查的难度亦较大，所以犯罪集团或团伙案件一般立专案进行侦查。

3. 严重暴力犯罪案件

严重暴力犯罪案件一般危害后果严重，社会影响大，且其危害蔓延迅速，在处置过程中涉及公安机关内部多个部门的协作，有的案件甚至还要涉及公安机关以外的其他力量的协助和政府部门的支持，因此，一般都要组织专门的班子，对案件进行专案专办。

4. 重大和特大预谋犯罪案件

所谓预谋犯罪案件是指犯罪人员正在密谋策划、准备工具、伺机进行犯罪活动时被侦查部门获得情报而立案侦查的案件。对于这些重大和特大的预谋犯罪案件，由于案件的特殊性，需要侦查部门主动反应，先发制敌，采取相应的监控措施和其他的秘密侦查手段，以掌握犯罪嫌疑人的行动，防止危害的发生。因此，对此类案件也要立为专案进行侦查。

(四) 专案侦查的组织实施

1. 合理分工、明确责任

在专案侦查的初始阶段，要对专案侦查的各项工作进行明确而具体的分工。专案组成员一般根据案发现场所在的地区和案件的重大程度，由省、地（市）、区（县）等各级刑侦部门的领导及侦查人员组成，由于成员来自不同的单位，专案组的指挥人员要根据专案组每个成员的特点、专长进行分工，对于成员较多的专案组，可将人员分为调查小组、内勤资料组、审查小组、机动小组等部分，各组指定一名主要负责人对小组工作进行统筹安排和落实。一般在专案侦查初期，调查任务较重，可将主要力量安排在调查小组中，审查小组和机动组可不设，等到抓获犯罪嫌疑人后，再安排人员成立审查小组进行工作。分组后，指挥人员应根据具体情况，将任务分解到每个小组中，明确方法和要求，并进行落实，督促完成。

2. 综合运用措施和手段，推进侦查

由于专案侦查所面对的案件大多是案情复杂的疑难案件，因此在专案侦查的深入阶段往往会由于线索枯竭、误入迷途而陷入僵局，此时专案指挥人员一定要头脑冷静，认真分析寻找案件侦查陷入僵局的原因，重新对案件侦查工作进行部署，如对现场进行再次勘验、对案情进行重新讨论分析、重新部署摸底排队等侦查措施，调整侦查方向。在侦查工作陷入僵局时，侦查人员最易产生疲劳厌战情绪，此时侦查指挥人应采用有效方法鼓舞士气，激发斗志，提高侦查破案工作必胜的信心，将侦查工作深入下去。

在犯罪嫌疑人证据基本确凿后，要制定周密的抓捕计划实施抓捕。对重点犯罪嫌疑人的审查一定要安排骨干力量进行，避免出现失误，力争通过讯问获取更多证据。

3. 周密部署，依法办案

由于专案侦查情况复杂，侦查工作往往千头万绪，涉及许多人、事、物。因此，在组织部署上要全面严密，点面结合，对有限的侦查办量进行科学合理的运用。

在案情已明了，主要犯罪嫌疑人已被抓获归案，犯罪证据已确凿的情况下，侦查人员应尽快进行案卷的整理和归档工作，对一些复杂的案件，要组织力量反复对证据材料进行审核，对已掌握的证据材料是否能完全证明犯罪嫌疑人的犯罪行为、取证是法合法等问题进行研究核实，做到在移送起诉后不退诉，真正发挥专案侦查的优势作用。

二、并案侦查

（一）并案侦查的概念

并案侦查，是刑事侦查部门将同一个或同一伙犯罪分子所作的一系列案件并联起来，统一实施侦查的侦查措施。一系列案件，是指在一定时期内，同一个人或同一伙犯罪分子连续进行一种或多种犯罪活动，构成一批各自独立，而在作案时间、作案手段、侵犯对象、痕迹、物证等方面表现出某种特定的共同特征，可以认定是同一个人或同一伙犯罪分子所为的案件。

（二）并案侦查的作用

并案侦查是刑事侦查部门根据同刑事犯罪作斗争的需要，从实践中总结形成的一项侦查措施。自20世纪70年代以来，系列性案件明显增多，系列杀人、抢劫、爆炸等案件时有发生，严重危害了社会治安秩序。为强化侦查破案工作，刑侦部门在实践中通过不断摸索、总结，实行了并案侦查的方法。实践证明，并案侦查是对付系列性犯罪的有效措施，是打击惯犯和犯罪集团的重要手段。

1. 可以集中更多的案件材料，拓宽侦查途径

同一个或同一伙犯罪分子所作的系列案件，在没有并案侦查之前，各个案件之间在痕迹、物证的使用上是相互独立的，案件中的材料、痕迹、物证是零星、分散的。通过并案侦查，可以将分散、零星的资料集中起来，相互印证，便于侦查人员更为全面、深刻、透彻地认识案情，刻画出犯罪行为人的个人特点，利于有效地揭露犯罪。

2. 可以集中侦查力量，联合作战

通过并案侦查，首先，可以使原有一个单位、一个地区的各自为战变为多单位、多地区的联合作战；其次，通过统一组织指挥，可以减少重复劳动，节省侦查工作的人力、物力、财力；最后，可以打破区域、部门界限，及时交流情报，加快破案进程。

3. 可以提高破案效率

通过并案侦查，一方面，可以把各个案件的侦查线索集中起来，把各种有利于开展侦查的条件集中起来，以便开辟更多的侦查途径；另一方面，可以破一案带多案，破现案带积案，大大提高破案的质量和数量。

（三）并案侦查的依据

1. 个案所表现出的特征具有特殊性和相对稳定性

不同的犯罪分子，由于心理素质、心理特点、文化水平、社会经历、生活环境、职业技能等不同，犯罪行为会表现出一定的特殊性。

人们在日常生活中，经过反复学习和多次实践，会逐渐形成一定的行为习惯。这些习惯一经形成，往往定型化，并在以后的活动中反复、自动地出现，在一定时间内相对稳定，形成习惯定势，犯罪行为同样也具有相对稳定性。犯罪行为的特殊性和相对稳定性，

为并案侦查识别、确认并案条件提供了基础。

2. 多数惯犯作案行为具有连续性和习惯性

刑事犯罪分子，特别是惯犯、累犯，常常连续犯罪。在一次犯罪得逞后，他们的非法欲望和需求会逐步增强，往往驱使其再次犯罪，以满足更大的私欲。因而，在一定时期的不同时间、不同地点由同一犯罪主体实施的多起刑事犯罪便成为客观存在，这是实施并案侦查的主要依据。

犯罪分子在连续作案中，会逐渐形成一定的犯罪行为习惯。这些犯罪行为习惯中，有的是犯罪分子原有的生活、职业行为习惯在实施犯罪中的体现；有的是在反复犯罪过程中，经过尝试、改进、稳定等而固定化的，如作案时间、作案地点、作案方法、作案手段等。犯罪行为的习惯性，为判定若干案件是否为同一个或同一伙犯罪分子所为提供了依据。

(四) 并案侦查的条件

实行并案侦查只有一个条件，就是具有能够判断不同地点发生的多起案件是同一个人或同一伙人所为的根据，这种根据主要来自以下几个方面：

1. 现场的痕迹、物证相同，或者有直接的联系

犯罪行为人在实施犯罪行为时，往往在现场留下一些痕迹或物证，如手印、足迹、工具痕迹、枪弹痕迹等，如果不同案件现场的痕迹或物证通过技术鉴定作出了同一认定的肯定性结论，则可直接确认为同一个或同一伙犯罪行为人所为。

如果不同现场痕迹或物证具有某种直接联系，如此案出现的物品或痕迹恰是彼案现场丢失的物品或其痕迹，这种情况也可以作为并案侦查的重要条件。

2. 犯罪行为人的体貌特征相同

强奸、诈骗、抢劫等案件，被害人与犯罪行为人往往有一定时间的正面接触，能够提供犯罪行为人的体貌特征。或者通过案情分析，侦查人员对犯罪行为人的体貌特征有一定的刻画。由于人的体貌特征具有一定的特殊性和相对稳定性，如果先、后发生的若干起刑事案件中犯罪行为人体貌特征相同或相似，也可以考虑并案侦查。

3. 犯罪行为方式、作案手段相同

受犯罪行为习惯的支配，同一个或同一伙犯罪行为人实施犯罪时，往往使用相同的犯罪手段，如表现在选择现场出入口、破坏方法、作案过程、伪装现场方法等方面具有一定的相似性。

4. 侵害部位、对象、作案时间、作案地点具有相似性

作案人选择犯罪时间、犯罪空间、侵害的对象、部位表现出一定的相似性，可以结合其他并案条件确定能否并案。

5. 具有内在的、无形的联系因素

一起案件被盗走某件物品，而这种物品只有配上另一种物品才有重大价值，另一个单位又发现被盗走另一种物品。两起案件在痕迹、手段等方面虽未发现相似之处，但也可考虑并案侦查。

以上并案侦查的条件，可以确认某些案件是否为同一个或同一伙犯罪分子所为。有些条件，如现场痕迹或物证，通过科学技术可以进行同一认定，能够直接决定是否并案；有些条件，如体貌特征或行为方式，可以根据其稳定性和特定性的程度，作出相应的判断。

因此，在研究并案侦查时，应该综合考虑各方面条件，全面分析研究，论证确定。既要注意把握特定性强的条件，也要注意从特定性差的条件中发现犯罪活动的共同点和内在联系，客观分析、判断，提高并案的准确性。

（五）确定并案的方法

1. 技术鉴定法

运用刑事科学技术对案件中出现的痕迹、物证进行科学检验鉴定，确定各个案件的关系。运用技术鉴定作出同一认定结论，既是并案的可靠依据，也是认定并案的捷径。

2. 系统分析法

研究各起案件性质、侵害对象、作案时间、作案地点、作案手段、犯罪行为人的个人特点，寻找可并案的相同条件或相关因素，系统分析它们之间的联系，确定是否并案。

3. 特征比较分析法

对各个案件进行比较分析，找出共同特征，综合比较这些特征，考查是否具有相同的特性。

（六）并案侦查的实施

1. 注意发现、寻找并案侦查线索

发现并案侦查线索是实施并案侦查的基本前提。同一个或同一伙犯罪分子实施的犯罪行为，有的是同类案件，有的是多类刑事案件；有的是发生在某一行政区域，有的是跨地区流窜作案等，并案侦查线索需要多途径、多渠道地发掘和利用。

（1）侦查破案中发现并案线索。侦查人员在利用现场勘查、调查访问、摸底排队等措施手段侦破现行案件时，应联系以往办理的刑事案件，进行横向比较研究，通过作案手段、作案时间、痕迹、物证、犯罪行为人的个人特点等分析研究，寻找相关、相似之处，确定有无并案的可能。从接受报案到侦查破案的各个环节，都要注意发现并案条件。

（2）从犯罪情报资料中发现并案线索。刑事犯罪情报资料中储存着大量的刑事犯罪信息，为并案侦查提供了极为有利的条件。侦查人员应增强情报意识，重视对刑事犯罪情报资料的利用，通过收集、识别、整理、传递、储存、检索等途径，发现并案线索。

（3）从调查研究中发现并案线索。为了解掌握刑事犯罪动态，研究制定相应对策，刑事侦查部门必须定期或不定期地在一定地区内，对刑事犯罪活动情况进行调查研究。通过调查研究，往往可以了解一定地区在一定时期内刑事犯罪的特点、状况，发现并案线索。

（4）从对刑事犯罪嫌疑人的审查处理中发现并案线索。对侦查破案中拘留、逮捕的刑事犯罪嫌疑人，应当结合审查处理工作，研究其犯罪特点与尚未破获的刑事案件有无相同之处，从中发现并案线索。同时，审讯人员应注意深挖余罪，带破积案。

（5）从其他地区的犯罪信息中发现并案线索。刑事犯罪行为人异地作案、流窜作案是刑事犯罪活动的一个突出特点。因此，各地刑事侦查部门应加强与其他地区侦查部门的交流合作，及时互通信息，掌握动态。收到通缉通报，要认真审阅核对，发现并案线索。

2. 集中个案材料，复核并案依据

发现了并案线索，还必须对拟并案侦查的个案进行科学的分析、严格的推理和进行必要的检验鉴定，尤其要对初步的并案依据进行严格的复核。根据不同案件的不同情况，采取比较、类比、归纳和演绎等方法综合分析和认定，以确定是否并案。

3. 统一指挥，联合作战

并案侦查往往涉及较多的地区和部门。决定并案侦查后，要组织统一的领导和指挥机构，制定统一的侦查计划。如果并案的案件在本县、市范围内，可以根据实际情况组成一个独立的专案侦破组，在统一指挥下，集中进行侦查破案。如果并案的案件跨越县、市、省，上一级刑侦部门应派人参加并组织协调，组成联合专案组。参加并案侦查的部门和人员，应根据统一部署和要求，落实查缉措施，合理分工，密切配合。

4. 全面分析研究案情，确定侦查方向和范围

并案以后，由于案件材料增多并且相对集中，侦查人员对整个案件的认识往往比串案前更为全面、深刻、透彻，对犯罪行为人的刻画更为具体，从而侦查方向可以更为准确，侦查范围可以大大缩小。

5. 采取有针对性的侦查措施，深入开展侦查

(1) 系列案件的犯罪行为人多是惯犯、累犯、流窜犯，应当根据对犯罪行为人的刻画，在其可能居住、藏身的地点开展摸底排队或阵地控制，发现嫌疑对象。(2) 针对系列案件犯罪行为人可能继续犯罪的特点，在其可能犯罪的地点，加强守候监视，抓获现行。(3) 对流窜犯罪行为人，可以印发协查通报，请求相关地区公安机关协助查缉破案。(4) 查对犯罪情报资料，从中发现犯罪嫌疑对象。(5) 对已查获的犯罪嫌疑人，要加强审讯，或实施辨认等侦查措施，深挖其余罪。(6) 运用刑事技术进行物证鉴定。(7) 有针对性地控制销赃渠道，发现案件线索。

三、破案战役

(一) 破案战役的概念

破案战役是公安机关针对一定时期和一定的地域范围内某些刑事案件相对突出，社会治安形势恶化的状况，在一定时期和一定范围内，集中警力，统一部署，突击破案的侦查形式。破案战役的主体不仅仅是刑事侦查部门，而是公安机关中各部门的协同作战。一次成功的破案战役往往是以刑侦部门为主，治安、交通、内保、派出所等部门全力协助才能完成。破案战役是以集中侦破一批刑事案件为主要目的，尤其是以一些影响大、后果严重的重、特大案件为突破口，造成严厉打击刑事犯罪的声势，以震慑犯罪分子，教育广大人民群众。

在犯罪呈明显上升态势、犯罪活动猖獗时，通过破案战役能够有效地遏制犯罪的嚣张气焰，提高侦查破案率，体现侦查活动的主动性。

(二) 破案战役的类型

从破案战役的地域范围分，可分为全国性的破案战役、全省性的破案战役及市、县范围内的破案战役。

从破案战役的内容分，可分为针对某一类突出的刑事案件为主的破案战役，有针对某些严重犯罪的破案战役，有以破大案为主的破案战役，有以追逃、打流窜、破积案为主的破案战役等等。

(三) 破案战役的作用

开展破案战役，能够集中优势警力，在短时间内，侦破一批有影响的刑事案件，扩大

打击刑事犯罪的声势，遏制犯罪蔓延。具体而言，破案战役的作用表现在以下几个方面：

1. 可以体现侦查部门的主动性

一般而言，在刑事案件发案较少，且积案不多的情况下，通过常规的个案侦查即可打击犯罪，维护正常的社会治安秩序。但当积案增多，发案大幅度上升时，常规个案侦查就可能陷于被动应付状态，而开展破案战役则可集中优势警力，确定打击重点，采取综合性措施，使侦查工作由被动应付转为主动进攻。由于领导有力，精心运筹，充分调动了侦查人员的积极性，广泛发动了群众，各部门、各地区分工协作，加强了对社会面的控制，从而缩小了犯罪行为人的回旋余地，减少了其逃避侦查的空隙。通过开展破案战役，加大侦查打击力度，能够较明显地抑制发案率的上升，迅速侦破一批积案，从而打开侦查工作的新局面。

2. 可以提高侦查破案效率

在破案战役实施过程中，通过对重大刑事案件的侦破，可以打掉一些犯罪团伙；通过对多发案件的侦破，可以带破一批积案，挖出一批隐案，从而清除威胁社会治安的隐患；通过对社会治安秩序的整顿，能够强化对社会面的控制，提高发现、制止、防范犯罪的能力。另外，通过开展破案战役，进行大规模的集中行动，可以收集大量的犯罪信息资料，物建一批秘密探查力量，为加强基础业务建设提供良好的契机。

3. 可以推动侦查中群众工作

社会治安形势与群众的利益息息相关，社会治安混乱，群众就缺乏安全感；社会安定，群众才能安居乐业。刑事犯罪问题是广大群众关心的社会问题，重视、解决这些问题，公安机关的工作才能获得群众的理解与支持，群众才乐于协助做好侦查工作，从而为侦查工作奠定扎实的群众基础。

另外，通过开展破案战役，还可以促进公安机关各部门之间的横向联系和相互支持、配合；使所有公安民警都能在同刑事犯罪的斗争中得到锻炼，从而增强打击犯罪的整体实力。

（四）破案战役的要求

1. 紧密结合实际情况

破案战役动员的人员多，声势大，能改善社会治安状况，减少发案和积案。但由于各地社会治安形势存在差异，侦查工作面临的问题不尽相同，所以，破案战役不应盲目开展，必须从本地实际出发，进行深入调查研究和充分准备，根据本地刑事犯罪的规律、特点，采取切实可行的措施，解决本地突出的问题。要集中兵力，重点打击对本地社会治安危害较为严重的刑事犯罪，形成战术上的优势，迅速造成声势，震慑犯罪分子。

整个战役持续时间不宜过长，规模不宜过大，一般在一个县、（市）的范围内开展为宜，必要时，也可与毗邻县、市或由省、直辖市、自治区公安机关协调行动。

2. 争取政府的领导和支持

破案战役要调动各方面的力量，涉及面宽，因此，从制定破案战役的计划到破案战役的实施、结束和总结，都应及时向政府报告，取得他们的领导和支持。

3. 严格执行法律和政策

开展破案战役只是工作重点的调整和主攻方向的变化，在侦查破案、拘捕犯罪嫌疑人和审查处理的各个环节，仍然要像平时一样严格执法，认真执行办案程序规定，保证办案质量。要坚持以事实为依据，以法律为准绳的原则，切实保障公民的合法权益，严禁刑讯逼供和其他违法违纪行为，力求“稳、准、狠”地打击犯罪，只有这样，才能赢得群众的支持，才能经受住历史的检验。

4. 强化刑侦基础业务建设

破案战役不是孤立进行的，它是以往侦查工作的继续和日后侦查工作的开端。在破案战役中，应注意保持侦查工作的连续性，把打击、预防、建设、管理结合起来，通过破案战役深化以往的侦查工作，为日后侦查工作奠定有利基础。

破案战役可以给侦查基础业务建设创造诸多有利条件，应注意充分利用，以使个案侦破工作达到更高水准。对于破案战役中发现的犯罪线索和获取的犯罪情报，应全面收集、整理，存入侦查信息库。对破案战役中暴露出来的社会治安综合治理的薄弱环节，提出整改对策，加强犯罪防范机制建设。

(五) 破案战役的实施步骤

1. 破案战役的准备

(1) 进行调查研究。开展破案战役之前，要在摸清刑事犯罪发案和破案的基本情况的基础上，重点对多发的和未破的刑事案件进行分类排队，分析发案增多的原因和积案未破的症结，制定相应对策。对已掌握的线索进行筛选，寻找、确定开展破案战役的突破口。(2) 制定行动方案。行动方案应明确开展破案战役的根据，战役的主攻方向、战役行动的步骤、时间安排、参战力量的组织（包括协同单位的配合)、处理涉案人员的执法规范、行动的纪律等。行动方案应向上级报告，以取得支持和指导。(3)组织参战力量。战役进行之前，应建立有力的指挥系统，同时，根据战役的具体目标，组建各种专案组、行动组，明确分工，将责任落实到人。对破案战役涉及的看守所、治安管理部门、派出所、机关、团体、企事业单位保卫组织等，也应作相应的分工部署，以便协调行动。另外，还应争取人民法院、人民检察院以及其他司法部门的支持、配合。(4) 进行宣传动员。实施破案战役前，应对参战人员进行思想发动，分析形势，说明开展破案战役的必要性，调动参战人员的积极性。同时，还要向有关人员明确交代战役行动的具体任务、工作方法、分工、时限、政策、法律依据等事项。此外，还可通过新闻媒体对破案战役进行适度宣传、报道，以形成强大的斗争声势，动员群众支持战役行动，敦促社会上的违法犯罪分子投案自首。

2. 破案战役的实施

破案战役是对刑事案件进行集中侦破的侦查工作方式，须综合运用各种侦查措施、手段和方法。要收到预期效果，必须做好以下几项工作：(1) 强化侦查破案。为了尽快打开工作局面，在实施破案战役时，要注意从未破案件中选择重点案件，作为突破口，全力侦破。重点突破案件一般按“先易后难，先重大后一般”的原则来确定。对于线索较多、破案条件好的案件，应集中力量，尽快侦破；对于重大案件，要抽调精干警力组成专案组进行攻坚；对于久攻不下的疑难案件，可聘请专家“会诊”，找出症结所在，再有针对性地调整侦查部署。(2) 积极缉捕在逃犯罪嫌疑人。对于破案战役开始后闻风而逃的犯罪嫌疑人，应组织专门力量进行追捕，同时，向有关地区发出通缉令或协查通报。破案战役中，还应加强对车站、码头、复杂场所和特种行业等侦查阵地的控制，以阻止犯罪嫌疑人外逃，发现缉捕现行犯。另外，还可对犯罪嫌疑人的亲属进行说服、教育，通过他们规劝犯罪嫌疑人归案。(3) 多方收集侦查线索。在破案战役中，公安机关可借助战役形成的强大声势多方收集犯罪线索。派出所和内部保卫组织可利用与群众接触频繁的有利条件，动员群众揭发违法犯罪；商请监狱、劳动教养部门配合，对犯人、劳教人员进行政策、前途教育，敦促其交代余罪，揭发他人犯罪；物建秘密探查力量，收集有价值的情报，以攻克一批重大案件。(4) 加强审讯，扩大战果。对破案战役中拘留、逮捕的犯罪嫌疑人要组织专门力量及时进行审查、讯问。对犯罪嫌疑人交代的犯罪事实要逐一调查、核实，务求事实清楚，证据确凿，做到不枉不纵；在审讯中还要注意深挖余罪和发现其他犯罪嫌疑人；新发现的犯罪线索，要根据不同情况，或移交有关部门，或继续深入调查；侦查终结的案件，应备齐法律手续，及时移送起诉。

3. *破案战役的总结和善后工作*

破案战役是在特定形势下开展的突击性集中打击行动，持续时间不宜过长，达到预期目标后，应及时结束。战役结束阶段，应认真进行总结，妥善处理各种遗留问题。对于已经侦查终结的案件，应及时移送检察机关审查起诉；对于已经拘捕，但尚未审查完毕的犯罪嫌疑人，应继续做好收集证据、追缴赃款赃物等工作；对仍未侦破的重大刑事案件，转入正常管理，继续经营，抓紧侦破；对战役中获取的其他犯罪线索，应分别情况处理，或进一步调查，或移送有关部门，或作为信息资料归档备查。

破案战役结束后，还应认真做好总结，肯定经验，找出问题，提出对策，逐步解决；对发现的社会治安隐患，应向有关方面提出整改建议，做好防范；对破案战役中涌现出来的先进个人和集体，予以表彰、奖励；对战役成果进行汇总，上报党委、政府和上级公安机关。

第二节　数字化侦查

公安部从 20 世纪 90 年代末开始，在全国范围内大力部署“金盾工程”建设，这使我国公安信息化建设和应用水平得到了飞速提升。在当前刑事犯罪高发时期，为了积极适应打击犯罪新形势和人民群众的新期待，公安部又将信息化纳入“三项建设”之中。在此背景下，传统侦查工作正在经历着一场革命性的转变，信息技术和信息资源日益成为推动侦查工作发展的核心力量，在数字化的影响和推动下，侦查工作在基础资源、时空格局、技术方法、思维方式、组织结构、运转机制等方面发生了不同程度的优化和转变，数字化侦查应运而生。

一、数字化侦查的概念

何谓数字化侦查？学界未有清晰界定。笔者认为，数字化侦查应有广义和狭义之分。广义的数字化侦查是指侦查机关充分利用公安侦查信息系统平台中的各种数字化信息开展侦查活动，使信息化、网络化机制模式涵盖侦查及办案程序的所有环节。狭义的数字化侦查仅指为查明案情、抓获疑犯所采取的一种专门的侦查措施，将一些已经通过各种途径转化为数字、数据的相关信息，或专门为特定案件针对性采集后转化为数字、数据的信息引入计算机，并以建立在现场勘查、调查访问、排队摸底等多种侦查措施基础上的推理判断为“运算公式”进行统一处理，以达到缩小侦查范围、获取有效线索，为破案创造条件甚至直接锁定疑犯。

实现数字化侦查是社会发展的必然。人类社会进入数字化后，人们的生活、工作都与“数字”休戚相关。“数字”已渗透到各行各业和社会的各个角落。无论你是否正视这一现象，它都以一种客观事实存在着。假如你正确地认识到了这一现象，并主动地与“数字化”融于一体，那么，你所带领的行业就可能走在时代的前列，你就可以相对从容地应对复杂的局面，并迈着轻松的脚步生活着。反之，则只能被动地随波逐流。此理同样适用于侦查行业、侦查工作。

实现数字化侦查是完成繁重侦查任务的要求。当前我国的侦查工作相对比较被动。造成被动的原因是多种多样的，而其中侦查与“数字化”融合的缓慢是造成工作被动的一个主要原因。

二、数字化侦查异于实体侦查的特点

数字化侦查与实体侦查既彼此区别，更相互联系。相对于实体侦查而言，数字化侦查具有过程的快捷性、主体的广泛性、时空的超越性、对象的全面性、形式的无限性、方法的关联性、步骤的叠加性七大特点。认识、把握和利用这些特点，对提升数字化侦查的效率和整体水平具有积极意义。

（一）过程的快捷性

过程的快捷性是指数字化侦查方法可以瞬时产生形式不同、功效各异的侦查结论。数字化侦查是以人机（计算机）互动的方式实施的，它借助于数据库、信息系统、信息网络、信息平台开展侦查，通过点击鼠标、敲击键盘就可快速产生各种各样的侦查结论，推进侦查，与实体侦查方式相比具有无可比拟的快捷性。

（二）主体的广泛性

主体的广泛性是指数字化侦查方法为全警乃至全民参与某些环节、某些方面的侦查活动提供了稳定、规范、常态化的机会和条件，乃至赋予他们特定的侦查职责与义务，使他们成为侦查活动的关联主体。

在数字化侦查中，各个业务警种的民警都可以结合本职工作，借助于同本职工作相关的信息系统，发现犯罪线索、查找犯罪嫌疑人，确认犯罪嫌疑人的身份，发现、追踪犯罪嫌疑人的踪迹，发现赃物罪证，发现、追捕在逃犯罪嫌疑人。他们不仅可以服务于专案侦查、一般案件侦查，还可以服务于破预谋案件、发现和干预现行犯罪。

（三）时空的超越性

时空的超越性是指数字化侦查方法在技术上和理论上可以不受任何时间和空间限制地获取侦查线索和犯罪证据，推进侦查。数字信息具有无边界性的特征，这就决定了数字化侦查具有时空超越性的特点。

数字化侦查实现了侦查时空的三个打破：打破了侦查信息获取的时间、空间限制与阻隔，也打破了调查犯罪嫌疑人身份、寻找犯罪嫌疑人踪迹的时间、空间限制与阻隔，还打破了串案分析、并案侦查的时间、空间限制与阻隔，最大限度地减少、甚至消除了侦查信息传递和利用的死角。个案侦查中，数字化侦查方法，可以获取犯罪嫌疑人在任一空间范围、任一时间阶段留下的各类犯罪信息和个人信息。

当然，数字化侦查方法时空超越性的充分实现，必须以彻底消除侦查信息的地区壁垒和部门壁垒、实现侦查信息的高度充分共享为前提。

（四）对象的全面性

对象的全面性是指数字化侦查方法可以通过对所有犯罪案件信息的全面采集和充分利用，消除侦查活动对犯罪案件管理、控制、侦查等环节的死角，实现侦查活动对犯罪案件的全覆盖。

传统实体侦查中，对重大案件的专案侦查和对一般案件的侦查都必须依靠大量的人力投入。受人力资源所限，对重大案件的专案侦查和一般案件的日常性侦查均难以全面展开，尤其是对于一般案件，多数情况下根本无法予以侦查。

数字化为一般案件的日常性侦查提供了极具操作性的侦查平台，面对高发的刑事犯罪，对无法投入人力专案专办的一般案件，可以无一遗留地采集案件信息，将其置于由相关数据库、信息系统和计算机网络所构成的“网络控制破案机制”中，打破时空限制，借助于人案关系、人人关系、案案关系的动态化智能碰撞或人工碰撞，进行整体性侦查、动态性侦查、经营性侦查、智能性侦查，实现动态破案、随时破案、批量破案、全面破案。并且，“网络控制破案机制”除了可以破获已经发生的犯罪案件之外，还具有预先或即时发现犯罪嫌疑人或犯罪行为的功能，可以主动进攻，破获大量预备犯罪案件和现行犯罪案件。

（五）形式的无限性

形式的无限性是指数字化侦查方法可以随着数字技术的发展、信息资源的扩展、侦查活动需求的提升、侦查人员创造性思维的无限拓展，尤其是想象力的无限拓展而不断产生新的侦查形式，永无穷尽。

数字化是以发达的网络技术为基础而产生的一种管理、处理信息的方式，它尽管以数字为基础和核心，但数字不是纯技术的表现形式，它已经容纳了社会构成的几乎所有方面。数字化时代的本质是对想象力的充分挖掘，想象力与技术、经济、社会相融合，可以突破现实已有逻辑设定的各种可能性。“不怕做不到，就怕想不到”这一“大跃进”年代提出的狂热口号，在数字化时代已经在一定意义和一定程度上由幻想变成了现实。那么，在侦查硬件设施一定的条件下，数字化侦查活动效果的大小，主要取决于侦查人员想象力的丰富程度和侦查人员的思维创新能力。数字化侦查的形式没有定数、没有定型、没有止境，大量潜在的数字化侦查形式等待侦查人员的想象力、侦查人员的创新思维去唤醒、去发掘。

（六）方法的关联性

方法的关联性是指各种各样的数字化侦查方法可以并且应该关联运用、组合运用，并可由此实现侦查效能的最大化。且不同数字信息之间具有关联性或可关联性，既然数字信息网络传输途径具有通畅性，这就决定了不同的数字化侦查方法之间也具有关联性。数字化侦查形式多种多样、方法变幻不定，每一种具体的侦查形式都可以在侦查中发挥积极的作用，但单项数字化侦查方法的作用是有限的，有的案件中借助一种数字化侦查方法就可以解决关键性问题，突破全案，有的案件比较复杂，一种数字化侦查方法只能解决一个环节、一个方面、一个进程的问题，此时，只有通过多种数字化侦查方法的优化组合和综合运用，才能突破全案。因此，侦查实践中必须实现各种数字化侦查方法的互通互联，通过各种数字化侦查方法的优化组合，破解不同的侦查难题，全面推进侦查，实现多种数字化侦查手段整体效能的最大化。

如前所述，数字化侦查具有形式的无限性，数字化侦查形式发掘出来的越多，侦查的效率就越高；同样，各种数字化侦查方法的关联形式也具有无限性，数字化侦查方法的关联形式创造出来的越多，侦查效率也就越高。

（七）步骤的叠加性

步骤的叠加性是指数字化侦查方法颠覆了传统侦查活动阶段性推进、流水作业的侦查步骤，犯罪现场勘验检查、犯罪现场访问、案情分析、查找犯罪嫌疑人、调查取证、缉捕或控制犯罪嫌疑人、讯问犯罪嫌疑人等各个环节的工作，不再是单一的先后递进关系，它们在实施的顺序上既可以先后开展，又可以同步开展，还可以交叉开展，它们在实施的节奏上可以密集开展。

三、数字化侦查的实现

要实现数字化侦查，一要搭建数字化侦查工作平台，一要用数字化手段开展侦查。

（一）搭建数字化侦查工作平台

数字化侦查工作平台是指从侦查工作的需要出发，根据实际情况建设的以犯罪情报信息系统为核心，同时兼容各种大小不等、功能各异的子系统和数据库的网络化工作环境。搭建数字化侦查工作平台就是要创建一种网络化工作环境。而如果侦查工作能在这种环境里运行，那么，就能够保证侦查过程中信息的获取、处理、利用等都能在数字化的空间里进行。侦查线索的获取，犯罪情报的搜集、分析，侦查决策的拟定、实施，犯罪情报的加工利用等工作都可以在网络化的虚拟空间里展开。那么，它究竟是一种什么样的环境呢？

首先，它是一个以犯罪情报信息系统为核心的网络化环境。这一网络化环境是由若干地区性的、局部的网络子系统组成并连接起来的。它最初散布在各省、市、县，而后渐渐地实现之间的互联，最终形成一个遍布全国各地，与处于各种空间的侦查部门相连的庞大的专用内部互联网络。在这一专用网络里容纳与传递的信息是各种各样的犯罪情报信息。就中国而言，这一网络化环境是当前正在建设的“金盾工程”——全国违法犯罪信息系统的局部，但这一局部又不是数字化侦查工作平台的全部。

其次，这一网络化环境还包含有大小不等，或者相容，或者并列的各种子系统和数据库。在这一环境里，除了核心系统——犯罪情报信息系统外，还捆绑有指纹自动识别系统、足迹查询图形比对系统、追逃工作系统、案件受理系统、现场绘图系统、串并案查询系统、人像组合系统、专家分析系统、数字图像处理分析系统、物证图像处理系统、监控录像模糊图像分析系统等等。同时，还有DNA数据库、违法人员数据库、通讯资料数据库、身份证数据库、车辆数据库、枪支数据库、贵重物品数据库、金属数据库、鞋类数据库、油漆数据库、植物数据库、布料数据库、纤维数据库、塑料数据库、土壤数据库、工具数据库等等与其相接。而且这些子系统和数据库将随着技术的进步而不断增加，各种数据库的内容也将不断丰富；这些子系统和数据库也将根据形势的需要不断改变其与大系统的相接方式。

（二）用数字化手段开展侦查

数字化侦查手段包含信息获取的网络化、设备仪器的电脑化、工作方式的科技化等内容。不管是采用从案到人、从人到案，抑或是从案到案的侦查模式，数字化手段在侦查中均大有用武之地。

1. 实行网上立案

将发案线索资料及其他情况输入案件受理系统，凡符合立案条件的，都将其立为刑事案件进行侦查。实行网上立案，可加大刑事案件立案的透明度，有利于相关部门对所立案件的监督，有利于立案制度的完善。

2. 利用数码设备固定记录现场情况

在现场勘查过程中，用数码照相机、数码摄像机对现场情况进行固定记录；用笔记本电脑，依托现场绘图软件绘制现场图。用数码设备固定记录简捷、便利，直接输出可以提高资料的效能。电脑绘制的图准确、美观。用数码设备记录现场可以大大提高现场勘查的效率。

3. 利用数字化测量工具对现场客体物进行测量

对客体物的数量特征进行测量是现场勘验中的一项经常性任务，特别是对距离的测量常常要花去勘验人员不少精力。用传统的尺测、步测、目测等方法进行测量耗时，且精确度不高。如果用数字化测量仪取代传统的测量工具将会大大提高测量的效率和精度。

4. 借助互联网传递信息，公布案情，利用内部专用网通报情况，实现网上调查摸排

公布案情、调查摸排是侦查刑事案件常用的措施。在侦查过程中，这个阶段的劳动量往往特别巨大。按照传统的做法，采取这样的侦查措施十分耗时、耗力，且侦查每起案件时所做的工作都存在重复劳动的现象。这种低效的劳动常常导致侦查人员厌战、注意力分散，最终出现漏排的情况。而如果能够借助互联网传递信息，公布案情，利用内部网络通报情况，依托丰厚、翔实的情报信息资料实行网上摸底排查，那么，侦查同样难度的案件，侦查的工作量将减轻许多，重复劳动将在最大程度上得到避免。

5. 用便携式电脑制作各种法律文书

当各行各业的从业人员都用电脑记录取代手工记录之时，从事侦查工作的侦查员们仍旧在手工记录的环境中苦苦挣扎。在侦查过程中，侦查人员要制作大量的法律文书。从受案开始到侦查终结，需要制作的法律文书达二十多种，而且有些文书，如询问笔录、讯问笔录等，往往要制作多份。制作这些文书花费了侦查人员的大量时间，扯去了侦查人员大量的精力。如果能用数字化手段，把大量的法律文书表格输入电脑，用电脑制作取代手工制作，那么侦查人员将可以从繁重的法律文书制作劳动中解脱出来。当侦查人员面对犯罪嫌疑人、证人时，如果能只是敲击键盘就可以实现供词与证言的录入，对侦查人员来说将是一件轻松愉悦之事。

6. 利用串并案查询系统实行网上串并案件

串并案件也是侦查过程中经常要做的一项工作。传统的手工串并，往往不够准确、不够及时，主观色彩较浓，且有很大的地域局限性。而利用串并案查询系统实行网上串并则可以弥补传统做法的不足。如果查询系统是完善的，系统内的资料能够及时更替，那么，利用这种系统实行案件串并将使串并案件这项措施的功能得以最充足的发挥。

7. 利用人像组合系统对犯罪嫌疑人进行模拟画像

刑事犯罪往往是一种直接的行动破坏，犯罪分子在犯罪过程中经常会暴露其人身形象。在侦查过程中，当具备犯罪分子人身形象暴露比较充分之条件时，就可以启动人像组

合系统对犯罪嫌疑人进行模拟画像。而数字化模拟画像比手工画像要便捷、高效得多。

8. 利用各种识别系统，借助各种数据库实现网上鉴定

当犯罪分子在现场上留下手印时，可利用指纹自动识别系统，依托情报信息网络实现网上鉴定，直接认定犯罪嫌疑人。当在现场上获取犯罪分子留下的足迹时，可利用足迹查询图形比对系统，借助鞋类数据库实现网上鉴定，认定留下该足迹的鞋子的种类、产地、品牌等，进而分析犯罪分子的人数、身高、体态、年龄等问题。对于犯罪分子遗留在现场上的工具痕迹、枪弹痕迹及其他痕迹，也可通过借助相关的数据库实现网上鉴定，判明造型客体的种类、特征，为分析案情、确定侦查方向和范围提供依据。当犯罪分子在现场上留下DNA物质时，可利用DNA技术，借助DNA数据库实现DNA鉴定，直接认定犯罪嫌疑人或为认定犯罪嫌疑人提供可靠的依据。犯罪分子在现场上留下其他物品时，也可通过与相关数据库里样品的比对确定该物品的种类、属性、来源、产地等问题，为分析案情提供依据。

9. 启动专家系统进行网上会诊

当案件侦查停滞不前，或成为疑难案件时，可在内部专用网的专家分析系统上公布现场勘查笔录、现场图、现场照片、现场录像及其他有关资料，邀请专家对案件进行会诊。网上会诊方便、快捷、高效，且会诊的环境、条件并不亚于通过开会的形式进行的会诊。

10. 心理测试

在讯问犯罪嫌疑人时，欲知其心理状态，可利用计算机和测谎仪器对其心理进行测试，为讯问提供帮助。

11. 网上追逃

通过网络，利用网上追逃系统追捕逃犯。利用网络追逃已在侦查实践中显示出强大的威力，网上追逃已成为当前追捕逃犯的法宝。

12. 网上调控刑嫌

做好刑嫌人员信息的采集和录入工作，通过网络实现对各种刑嫌对象的调控。这是适应动态社会环境、贯彻动态刑嫌调控理念的具体表现。

13. 运用数字化通讯工具传递信息

四、数字化侦查中常用的侦查手段

实践中，公安机关最基本的数字化侦查手段主要有网上查证、网上排查、网上串并、网上调控、网上控赃、网上追逃、网上预警等。

(一) 网上查证

网上查证是指公安机关将侦查过程中获取的可能与犯罪有关的人、事、物、机构、地址等要素，利用各类信息资源，通过网上检索、比对、分析等方式，查明其真实情况，从而发现和获取犯罪线索，确定犯罪事实的应用方法。

网上查证的种类主要有：

1. 对人的网上查证

对人员的查证可应用于许多业务范畴。如对查获的违法犯罪嫌疑人员的相关查询，对群众报警与求助中相关信息的查询，为查找寻访目击者、相关当事人、关系人而进行的查询以及对失踪人口的查询等，它既可应用于查办案件、清查整治，也可应用于路面巡查、

证件办理、治安与消防管理等业务工作。

2. 对物的网上查证

通过对物品进行查证，可以确定物品的来源，发现是否为损失物品，进而帮助分析嫌疑人的历史活动轨迹。

3. 对案（事）件的网上查证

案（事）件查询是指通过相应的案（事）件系统，找到所需的案（事）件的发生过程。案（事）件查询的目的是为了调查具体的案（事）件情况、串并案件、分析研判、案件预警等。

4. 对机构的网上查证

对机构的网上查询，就是了解机构名称、法人情况、联系方式、从业人员和运作情况，为案件侦查提供线索、收集证据等。在实战应用中，对机构资金流等信息的查证，已逐步成为发现案件查证线索的重要途径。

5. 对地址的网上查证

地址在日常工作、生活中虽然只是一个简单的符号或代码，但加载在地址之上的信息却是丰富多样、极具侦查价值的。地址信息的查询，就是指通过地址、地名符号的检索，设法获取与之相关的单位机构、人员信息、电话号码、车辆乃至与互联网有关的IP、邮箱等信息。

（二）网上排查

网上排查是指侦查人员利用网络信息资源，将工作中获取的可能与犯罪有关的人、事、物等要素通过网上检索、比对、分析等方式，寻找与该要素有联系的要素集，再将各个涉及案件的要素串联成一条相互能够印证的信息链，进而缩小侦查范围，寻找破案线索，排查犯罪嫌疑人或关系人的应用方法。

网上排查方法主要有：

1. 利用痕迹信息开展排查

将现场勘查提取的有关指纹、足迹、DNA放入各类刑事技术信息系统，通过查重、倒查、比对等方式，直接比中犯罪嫌疑人或排查案件。

2. 利用信息应用开展排查

（1）通过信息查询进行：通过现场勘查、现场走访、事主回访等工作，获取与犯罪相关的人、物、事件等要素，以此为公安内部各类信息系统的检索条件，查询核实相关信息，从而发现嫌疑人的线索。如根据案件类型、作案手段，查询比对案发时间的旅馆住宿人员信息，寻找是否有同类案件的前科人员入住，再围绕该人员信息开展网上查证，从而甄别是否有作案嫌疑。（2）通过信息分析进行：通过现场勘查、现场走访、事主回访等工作，获取与犯罪相的关人、物、事件等要素，以此作为公安内部各类信息系统或分析工具的检索条件，综合分析各种信息，发现犯罪嫌疑人的线索或关系人（同伙）。如通过旅馆同住人员分析、同暂住地人员分析、同时上网人员分析、话单分析等，发现一批可疑人员，再围绕人员信息开展网上查证，从而甄别是否有作案嫌疑。

3. 通过信息技术开展排查

公安机关可以充分利用现有各类技术手段，实现网上排查。（1）通过通信技术开展排查，通过通信技术对特定时段、区域内的信息进行分析，发现可疑通信号码，通过号码寻找犯罪嫌疑人或关系人（同伙）。（2）通过互联网技术开展排查，通过互联网技术对损失的电脑进行搜索，发现其可能出现的位置；对特定时段内上网人员进行分析，发现上网人员中的前科人员或可疑人员。（3）通过视频技术开展排查，通过视频技术对通过各类卡口的车辆信息进行查询和分析，发现经过的可疑车辆。通过查询各类社会监控点视频信息，发现可疑人员。

（三）网上串并

网上串并是指通过公安信息资源查找和搜索，发现与案件构成要素具有相似特征的同类案件，并最终分析确定其是否系同一人或同一伙人所为的应用方法。

网上串并的方法主要有：

1. 获取串并要素

通过现场勘查、事主回访、现场访问等形式，了解与案件相关的时空、人、物、行为等要素，分析整理后可以作为串并条件。

2. 案件查询比对

（1）案件资源库、现场资源库查询比对串并，以获取的案件串并要素为条件，到相关案件或现场系统中进行案件或生物痕迹查询、比对，从而发现符合条件的案件。（2）网上发布串并案信息进行串并，根据获取的案件串并要素，到公安网上发布协查通报或进行搜索，从而发现符合条件的案件。

3. 综合分析确认

根据案件系统、现场系统查询和比对结果或网上协查、搜索的结果，结合案件侦查进程，不断完善和丰富案件的串并要素，从而加强串并案的准确性和有效性。

（四）网上调控

网上调控是指公安机关利用网上各类信息资源，通过查询、检索、比对等方式，实时发现掌握需要控制的各类嫌疑对象的活动轨迹和落脚藏身处；自动发现一批具有违法犯罪前科或来自高危地区的人员信息，并进行落地调查控制的一种应用方法。

网上调控的方法主要有：

1. 通过信息系统进行网上调控

公安机关通过建立相关的系统进行可疑对象网上调控，如浙江省在2008年建立网上缉控预警系统，该系统除了具备全国在逃人员比对功能外，还具有对可疑人员的网上调控功能，较好地实现了全省范围内各类业务数据（主要指打防控系统中的报案人、被害人信息和旅馆住宿人员、网吧上网人员、暂住登记人员、民航到港出港人员、交通违章处理人员等信息）与前科人员的自动比对。该系统能够每天发现隐藏在本辖区旅馆、网吧、出租房内的前科人员，各地公安机关可以根据实际情况进行落地查证，及时发现、掌握可疑人员活动轨迹。

2. 通过信息查询进行网上调控

对于一些未纳入自动比对布控系统的信息，需要通过人工查询的方式发现可疑人员的活动轨迹，如社会信息、互联网上信息等。

3. 通过信息技术进行网上调控

公安机关可以充分利用现有各类技术手段，实现对可疑人员的网上调控。（1）通过通信技术发现可疑人员踪迹，公安机关可以利用通信技术，对可疑人员的通信工具进行搜索，发现其可能出现的位置。(2) 通过互联网技术发现可疑人员踪迹，公安机关可以通过互联网技术，对可疑人员的网上活动情况进行搜索，发现其可能出现的位置。(3) 通过视频技术发现可疑人员踪迹，公安机关可以通过视频技术，在各类卡口中对可疑人员所拥有的车辆进行布控，通过自动比对发现车辆的活动轨迹。

(五) 网上控赃

网上控赃是指公安机关将阵地控制领域收集的物品信息或工作中查获的可疑物品信息，经网上查询或比对，从而发现损失物品和嫌疑人线索，破获案件的一种应用方法。例如，在旅馆、网吧等地安装信息采集系统，实现信息实时采集和传储，再通过信息查询比对，就可以发现需要控制的人员；在二手手机交易点、寄卖点、典当点等地安装信息采集系统，实现信息实时采集和传储，再通过信息查询和比对，就可以发现需要控制的物品。

网上控赃的方法主要有：

1. 通过信息应用控赃

利用各类业务信息系统，通过查询发现损失物品和犯罪嫌疑人。

2. 通过信息系统控赃

通过建立阵地控制信息系统，利用计算机技术实现信息的自动比对，提高控赃的效率。

3. 通过信息技术控赃

公安机关可以充分利用现有各类信息技术手段，实现对损失物品的控赃。

(六) 网上追逃

网上追逃有广义和狭义之分。广义的网上追逃是指公安机关对符合法律条件、需要缉捕的犯罪嫌疑人，通过公安信息网实现全国在逃人员信息共享，借助全国公安机关的力量进行抓捕的一种应用方法。狭义的网上追逃是指公安机关利用各类信息资源，通过查询、比对等方式，发现公安部在逃人员活动轨迹，并将其抓获的一种应用方法。随着公安民警信息应用意识和水平的不断增强，网上追逃范围得到进一步拓展。网上追逃的对象除了公安部网上逃犯外，还包括负案嫌疑对象、专项侦查中需要应急缉捕的对象等。

网上追逃的方法主要有：

1. 通过信息查询发现在逃人员

利用信息查询开展网上追逃是一种最常见、最方便的应用方法，它主要是依靠移动警务通、无线对讲机、短信查询、建立查询服务中心等信息查询手段来发现在逃人员。

2. 通过信息比对直接发现在逃人员

利用信息比对直接发现在逃人员是网上追逃一种最有效、最快捷的应用方法，它是指公安机关通过各类业务数据之间的自动比对发现在逃人员的踪迹。

3. 通过信息比对间接发现在逃人员

公安机关通过对各类信息比对结果的综合分析，进而发现在逃人员。

(七) 网上预警

网上预警是指公安机关通过网上信息资源的统计分析、综合研判，对当前多发性、趋势性、扩散性的案事件信息及具有苗头性、警戒性的治安动态，通过公安网络或其他媒体进行信息发布，便于公安机关调整工作重点，加强防控措施，同时提醒人民群众提高警惕，防止受到侵害，进而达到遏制类似案件发生、提高犯罪打击能力的目的。

网上预警的方法主要有：

1. 获取预警信息来源

通过综合分析现场勘查、案件报警受理、周边发案等信息，确定预警内容的范围。

2. 网上相关信息的查询完善

利用公安网络，查询与案件有关的信息，完善需要预警的内容，如同类案件的特点、查破情况等。

3. 制定预警内容

根据预警的内容及网上查询的信息，制定包括预警事由、分析结论、需要引起注意的问题、建议采取的防控措施等预警信息内容。

4. 预警信息的发布

根据预警针对的不同人群，选择有针对性的发布渠道。

侦查工作走数字化道路不是一蹴而就的，数字化向侦查工作渗透必须有一个渐进的过程。上述所提到的数字化侦查手段仅是数字化与侦查工作相结合初期的产物。随着数字化技术的发展以及数字化与侦查工作相结合的不断深入，具体的数字化侦查手段将会越来越多。

【导入案例简析】

该案例中，办案的刑警大队会同电信部门对人质手机进行卫星定位，运用了数字化侦查手段中的“对嫌疑人实施通讯设施的监控”，这样，办案人员就能清楚地掌握嫌疑人的方位，对抓获犯罪嫌疑人起到了重要作用。犯罪嫌疑人的IP地址为办案人员提供了犯罪嫌疑人的方位，这一手段，在各种案件的办理中得到广泛的应用。在本案例中，犯罪嫌疑人作案手段较为低级，犯罪智商不高，所以在案件的办理过程中，办案人员没动用很多的数字化侦查手段，倘若该案件中，犯罪嫌疑人直接将被害人的手机丢弃，在向人质家属和办案人员发索要3万元赎金的短信和打恐吓电话时使用公用电话，则办案人员无法很快确定犯罪嫌疑人的方位，案件就无法轻松侦破。办案人员要想侦破难案，就离不开多种的数字化侦查手段，例如：使用网上调查摸排，网上公布一定范围内的案情，向群众征求线索，对犯罪嫌疑人进行确定；利用串并案查询系统实行网上串并案侦查，进一步锁定犯罪嫌疑人；在对在逃的犯罪嫌疑人的抓捕过程中，可以利用身份比对系统，利用手持警务通来抓捕。本案中，在对案件证据的获取固定中也要充分利用数字化侦查手段：利用数码照相技术；指纹的比对；DNA的鉴定等等。

【延展阅读】

“清网行动”的启示

自2011年5月26日公安部部署开展为期一年的网上追逃专项督察“清网行动”

以来，全国各地公安民警时刻保持清醒头脑，发扬顽强拼搏、连续作战的优秀作风，以强有力的追逃措施不断掀起“清网行动”的新高潮，创造出网上追逃的新战绩。在“清网行动”开展期间，全国公安机关收到群众赠送的锦旗、感谢信达5.2万余件，赢得了社会各界高度的评价和人民群众普遍的赞誉，并取得了可喜的犯罪治理实效和广泛的舆论宣传效果。具体来说，对于日后的网上追逃工作，“清网行动”可供借鉴的经验分为以下几点：

一、“一把手”亲自挂帅，包案负责分工明确

领导重视是“清网行动”取得重大突破的前提和必要条件。目前，各省、自治区、直辖市“清网行动”领导小组组长基本都是公安厅局的负责人，并且主要负责的同志都深入基层，亲自部署，靠前指挥，为“清网行动”的顺利开展提供了坚实的组织保障。

同时，为深入贯彻网上追逃各项举措，防止责任落实不到位，公安机关坚持实行领导包案制度。例如，山东省公安厅对行动前的网上在逃人员严格落实“五定一包”，即“定领导、定人员、定措施、定时限、包抓获”的常态工作机制。各级公安机关领导和部门负责人在“五定一包”机制的指导下，亲自参与追逃，全程督办，带领专案组民警成功抓获一批潜逃年代久远、藏匿地点隐蔽、缉捕难度较大的在逃人员，极大地提升了队伍士气，起到了良好的激励、示范作用。

二、建立网上追逃长效机制，坚持不懈维护社会安定

当前，第五次犯罪高峰仍未结束，社会治安形势依旧严峻，网上追逃工作任重道远。通过网上追逃专项督察“清网行动”，公安机关成功肃清了一大批久侦未破的大案要案，成功抓获一大批负案在逃的犯罪嫌疑人，达到了理想的社会治理目标。

集中开展专项行动虽然能够取得立竿见影的效果，但却不是一劳永逸的长久措施。网上追逃还须将专项行动中探索总结出的好经验、好做法、好机制固化下来，把特定时期的超常举措转变为各部门、各警种日常工作中的规范准则，坚持不懈地推动网上追逃专项行动常态化开展。总之，网上追逃各项举措应重在平时、贵在经常，避免出现逃犯数量过于庞大、积重难返的被动局面。

三、提高网上信息质量，强化追逃规范化建设

网上在逃人员信息质量的高低直接决定着实际工作效果的好坏。据了解，本次“清网行动”中，全国在逃人员信息系统所涵盖的网上在逃人员的信息质量明显提高，极大地保障了公安机关情报研判工作的准确性，为落地追逃打下了良好的基础。

同时，各地公安机关不仅重视加强网上信息的质量，也进一步强化了民警规范化开展网上追逃的认识，用统一的标准规范追逃的内容，用科学的程序提高追逃的效率，不断促进公安执法规范化、正规化建设。

四、各地区加强配合，各部门齐心协力，各警种协同作战，跨行业联合追逃

“清网行动”之所以能够取得突出的实战成绩，离不开公安机关区域间、部门间、警种间的通力合作，以及公安机关与其他社会部门间的协调配合。

在本次行动中，各地公安机关切实重视通缉通报工作，积极配合外地协查电函，主动落实上级通报；刑侦、经侦、交警、网监、边防、出入境等各部门、各警种各司其职，互通情报，互相支持，在网上追逃的各个环节发挥作用，充分体现全国公安一

盘棋的思想；同时，公安机关积极寻求社会各行业部门的配合，并同金融、社会保险、医疗、交通运输、招工用工等行业或者单位开展实质性的合作，提高了犯罪信息的覆盖率，建立起社会立体追逃体系。

五、深入开展“大走访”，群众工作出实效

在全国公安机关“清网行动”总结表彰暨开展“三访三评”深化“大走访”活动动员部署电视电话会议上，孟建柱部长指出，“清网行动”等一系列专项打击整治行动之所以能够取得良好的社会效果，得到广大人民群众拥护，最重要的一条，就是紧紧抓住了人民群众最关心的问题，回应了群众呼声，满足了群众意愿。

“清网行动”与“大走访”相结合，就是以群众工作为基础，深入摸排一线实情，针对问题对症下药，推进专项打击整治行动，实现最终“清网”之目标。在此过程中，公安民警访问民情、访察民意、访排民忧，用实际行动构建和谐警民关系，搭建警民沟通桥梁，真正实现保民生、凝民心、促和谐的工作目标。

六、警务技术大力协助，信息化追逃展现优势

在本次“清网行动”中，信息化追逃彰显出强大的战斗力，警务技术在其中扮演着重要角色。目前，信息化追逃主要涉及三个层面的手段，即信息化侦捕、信息化协同作战和信息化举报。公安部“清网行动”开始后，超过 9 000 名逃犯自首。

公安机关采取信息化侦查和追逃手段，就是综合运用刑事侦查技术（如 DNA、指纹、痕迹、声音、录像技术等）、技术侦查手段（如电信系统和网络系统监控、比对社会资源管理系统等），辨识其真实的身份，定位其潜逃地点，极大地提高了网上追逃的效率。信息化的协同作战就是运用信息化的沟通方式，连接全国 200 万公安民警，覆盖多个警种和部门，并且综合运用了国际警务合作机制，发挥区域联动的优势。此外，公安机关还开通了举报电话、举报网站、微博举报、互联网信箱等渠道，对提供线索举报的有功人员进行奖励，极大地拓宽了网上追逃情报信息的来源。

七、落地工作部署得当，大城市追逃为突破

2011 年 11 月，公安部副部长刘金国在全国 36 个大城市公安机关“清网行动”电视电话会议上强调，全国公安机关网上追逃专项督察“清网行动”决战已到关键阶段，大城市公安机关的特殊地位和作用决定了必须在决战中打头阵、当先锋，要勇于向自我挑战，发挥最大潜能，决战到底，直至取得最后胜利。

“清网行动”以大城市作为为突破口，原因在于：大城市交通便利，人、财、物流动频繁，外来务工人员较多，便于在逃人员快速融入、迅速逃离；环境复杂，社会生存空间较大，便于在逃人员藏身和寻找工作，例如建筑工地、出租房屋、娱乐场所以及城乡结合部、城中村等地点都是在逃人员工作、活动、藏身的集中场所和区域；大城市经济发达，基础监控设施较为完善，公安机关追逃经费有保障，警力相对充足，便于实施网上追逃。本次“清网行动”中，大城市公安机关合理部署工作重点，深入开展专项打击，综合实施集中治理，在实际工作中取得了突出的治理效果，对其他地区的网上追逃工作起到良好的示范带头作用。

八、科学量化考核标准，严格落实奖惩制度

科学的量化考核标准是评价追逃成果的重要依据，故其应统筹好追逃数量与质量

的关系，协调好追逃成果的分配问题，用科学的考核制度规范公安民警的追逃行为，力求做到公平合理，客观反映现实情况。奖惩制度是落实各项追逃工作的催化剂，能够充分调动广大追逃民警的积极性，激发追逃工作产生最大效能。

在“清网行动”中，全国各地公安机关普遍制订切实可行的奖惩制度，在此基础上及时兑现奖励，不仅从物质方面表彰先进，更通过发布决定、通报、召开表彰大会等形式扩大社会影响和强化奖励效果，做到有功则赏、凭功论奖、以奖促追。同时，公安机关落实惩处措施具体到个人，对于追逃工作认识不到位、热情不高、态度消极以及弄虚作假的领导、民警进行诫勉谈话、批评教育，取消先进性评比，严重者勒令其停止执行职务，进行反思自省。

【本章小结】

刑事侦查的方式主要有三种：一是专案侦查，二是并案侦查，三是破案战役。专案侦查是刑事侦查部门针对某些重大、特大刑事案件，组织专门力量，综合运用各种侦查措施和手段，实行专案专办的一种侦查组织形式。并案侦查，是刑事侦查部门将同一个或同一伙犯罪分子所作的一系列案件并联起来，统一实施侦查的侦查措施。破案战役是公安机关针对一定时期和一定的地域范围内某些刑事案件相对突出，社会治安形势恶化的状况，在一定时期和一定范围内，集中警力，统一部署，突击破案的侦查形式。

数字化侦查是指侦查机关充分利用公安侦查信息系统平台中的各种数字化信息开展侦查活动，使信息化、网络化机制模式涵盖侦查及办案程序的所有环节。相对于实体侦查而言，数字化侦查具有过程的快捷性、主体的广泛性、时空的超越性、对象的全面性、形式的无限性、方法的关联性、步骤的叠加性七大特点。要实现数字化侦查，一要搭建数字化侦查工作平台，二要用数字化手段开展侦查。实践中，公安机关最基本的数字化侦查手段主要有网上查证、网上排查、网上串并、网上调控、网上控赃、网上追逃、网上预警等。

【关键术语】

专案侦查　并案侦查　破案战役　数字化侦查

【推荐阅读】

1. 李双其：《数字化侦查》，北京，群众出版社，2005。

2. 陈刚：《信息化侦查教程》，北京，中国人民公安大学出版社，2012。

3. 郝宏奎：《论数字化时代侦查活动的演进》，载《铁道警察学院学报》，2014（1）。

4. 梁武彬：《数字化时代的侦查措施转型》，载《上海公安高等专科学校学报》，2010（5）。

5. 黄卫：《数字侦查策略之管见》，载《公安研究》，2010（8）。

6. 郝宏奎：《论虚拟侦查》，载《中国人民公安大学学报》，2008（1）。

【案例分析】

2014年7月17日，福州警方接到群众报警称，在福州汽车北站购票时发现一名中年妇女怀抱一个婴儿，神情慌张，且婴儿包裹较紧，怀疑其涉嫌拐卖儿童。接到报警后，民警迅速将该妇女及婴儿带回派出所调查。经查，该妇女为叶某，长期收购、贩卖婴儿并从中牟利。7月15日，叶某在广西南宁以8 000元价格向他人收买该婴儿，并准备带到福建南平贩卖。警方迅速成立专案组，围绕叶某收买、贩卖儿童的上下家展开调查，并根据叶某交代的情况，在南平市抓获另一名犯罪嫌疑人蔡某。随着调查的深入，专案组发现了一个拐卖儿童的犯罪团伙，该团伙自2013年以来，在云南、广西、福建漳州等地，通过低买高卖和充当中介从中牟利等方式先后拐卖儿童7名，下线买家在南平地区。鉴于案情重大、影响恶劣，公安部将这7起案件列为挂牌督办案件。叶某等5名犯罪嫌疑人因涉嫌拐卖罪被执行逮捕，其余8名犯罪嫌疑人被取保候审。福州警方对解救的7名小孩均已采集血样，并录入全国打拐DNA数据库，此前有认为自己孩子被拐的父母可就近到属地公安机关采集血样，并录入DNA数据库进行比对。

分析讨论：

1. 侦查部门在本案中运用了何种侦查方式？

2. 如何推进网上反拐卖妇女、儿童？

第四章　侦查的一般步骤

【学习目标】

通过本章的学习，了解立案的程序性规定，掌握如何分析案情、如何选择侦查途径组织侦查、如何开展预审工作，熟悉侦查终结的条件、撤销案件和终止侦查的适用情形。

【导入案例】

2013 年 1 月 2 日 18 时 11 分，两名戴摩托车头盔的男子骑一辆男式摩托车窜至某县正东路“周大生珠宝店”，冲入店内，A 男子持枪冲向柜台并朝店员撒细沙，B 男子用铁锤砸碎黄金柜台侧面玻璃，抢走黄金饰品约 2 229 克，总价值约 85 万元。

问题：如何对本案开展侦查？

第一节　立　案

一、立案的概念

立案，是指公安机关对本单位接受、工作中发现以及其他单位移送的涉嫌刑事犯罪的线索或材料进行审查，判明是否有犯罪事实并需要追究刑事责任，依法决定是否作为刑事案件进行侦查的诉讼活动过程。立案，是刑事诉讼开始的标志，是每一个刑事案件都必须经过的法定程序。

二、立案的一般步骤

立案作为刑事诉讼的独立程序，主要有三个环节，如图 4—1 所示。

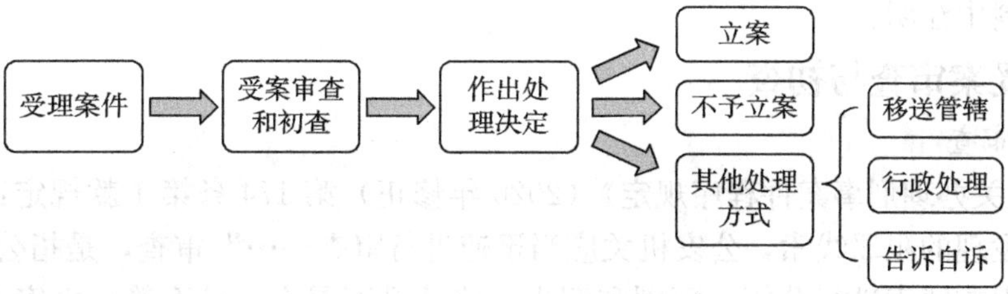

图 4—1

(一) 受理案件

受理案件，也称受案，是公安机关立案的起始工序和办理刑事案件的初始环节。受理案件既是公安机关的法定权力，也是法定义务。

1. 受案的来源

(1) 公民的扭送、报案、控告、举报或者犯罪嫌疑人自动投案的。公安机关对这类情况，无论是否属于自己管辖，都应当立即接受，不得拒绝和推诿。

(2) 行政执法机关、司法机关、纪委、监察部门或者其他公安机关移送的涉嫌犯罪且属于本公安机关管辖的案件。

(3) 公安机关在办理行政、刑事案件以及各类执法执勤工作中发现的刑事犯罪线索。

2. 受案的程序

(1) 问明情况，制作笔录。公安机关对于公民扭送、报案、控告、举报或者犯罪嫌疑人自动投案的，要当场问明情况，并制作询问、讯问笔录，经核对无误后，由扭送人、报案人、控告人、举报人、自动投案人签名、捺指印。必要时，应当录音或者录像。

(2) 接受证据，出示清单。在受案过程中，公安机关对扭送人、报案人、控告人、举报人、自动投案人提供的有关证据材料等应当登记，制作接受证据材料清单，并由扭送人、报案人、控告人、举报人、自动投案人签名。必要时，应当拍照或者录音、录像，对于接受的证据材料，应当依照有关规定妥善保管。

(3) 制作受案登记表，出具受案回执。受案登记表是公安机关受理刑事案件的原始资料和证明刑事案件来源的重要文书，也是公安机关采取初查措施的重要依据。公安机关在接受涉嫌犯罪的线索和材料时，不论是否符合立案条件，也不论是否属于本单位管辖，都应当制作受案登记表，并实事求是地填写有关内容。

对于公民扭送、报案、控告、举报的，公安机关接受案件时，应出具受案回执，便于有关当事人凭回执了解案件有关情况。对于行政执法机关、司法机关、纪委、监察部门或者其他公安机关移送的涉嫌犯罪且属于本公安机关管辖的案件，应当由受案单位在移送案件通知书的回执上签字确认对案件材料的接收。

3. 受案过程中应当注意的问题

(1) 公安机关接受控告、举报的工作人员，应当向控告人、举报人说明诬告应负的法律责任。但是，只要不是捏造事实、伪造证据，即使控告、举报的事实有出入，甚至是错告的，也应与诬告严格加以区别。

(2) 公安机关应当保障扭送人、报案人、控告人、举报人及其近亲属的安全。

(3) 扭送人、报案人、控告人、举报人如果不愿意公开自己的身份，应当为其保守秘密，并在材料中注明。

(二) 受案审查与初查

1. 受案审查

《公安机关办理刑事案件程序规定》(2020 年修正) 第 174 条第 1 款规定："对接受的案件，或者发现的犯罪线索，公安机关应当迅速进行审查……"审查，是指公安机关对不同来源的材料或线索进行分析、甄别和调查，确认是否属实，是否符合立案条件的过程。审查一般是对受理的材料和线索进行书面审查，这些材料包括报案人、控告人、举报人、犯罪嫌疑人等相关人员的笔录及其向公安机关提供能证明有犯罪事实发生的证据材料，还包括犯罪线索移送单位移交的证据材料，等等。在审查中，如果材料所反映的情况已经具备立案条件，就可以履行相关手续作出立案决定；如果发现案件事实或者线索不明、材料模糊难以判断，那么就应当进行初查。

2. 初查

《公安机关办理刑事案件程序规定》（2020 年修正）第 174 条第 1 款规定："……发现案件事实或者线索不明的，必要时，经办案部门负责人批准，可以进行调查核实。调查核实过程中，公安机关可以依照有关法律和规定采取询问、查询、勘验、鉴定和调取证据材料等不限制被调查对象人身、财产权利的措施……"所谓调查核实，是在对报案、控告、举报等材料进行书面审查的基础上，采取一定的侦查措施对事实进行初步调查。其目的是在案件事实或者线索不明的情况下，确定是否有犯罪事实存在、是否需要追究刑事责任。初查必须经过办案部门负责人批准，不得随意开展。初查中采取相关措施必须根据《刑事诉讼法》和《公安机关办理刑事案件程序规定》依法呈报审批，按照法定程序、步骤实施。

公安机关对于涉及给付毒品等违禁品或者财物的犯罪活动，必要时可以采取秘密手段，查明案件是否真实存在。对下落不明的失踪人员的警情，按照《公安机关查找疑似被侵害失踪人员信息工作规定（试行）》，对疑似被侵害的失踪人员可以通过立线的方式开展初查。

3. 审查的期限

由于各种案件差别很大，很难规定一个统一的受案审查期限。在实践中，对案件的受案审查期限要求如下：

（1）对行政执法机关移送的案件，自接受案件之日起 3 日内，依法审查并作出是否立案的决定。

（2）接受涉嫌经济犯罪线索的扭送、报案、控告、举报、自动投案后，应当在 7 日内进行审查，并决定是否立案；重大、复杂线索，经县级以上公安机关负责人批准，立案审查期限可以延长至 30 日；特别重大、复杂线索，经地（市）级以上公安机关负责人批准，立案审查期限可延长至 60 日。

（3）对危害国家安全和社会政治稳定，需要建立专案开展侦查的案件，立案审查期限按照专案侦查的有关规定执行。

（4）上级公安机关指定管辖或者书面通知立案的，应当在指定期限内立案侦查。

（5）对接受的其他案件，应当及时进行审查，作出是否立案的决定。

由此可见，对于大部分刑事案件立案审查是以"及时"为要求而没有明确规定立案审查期限。一般情况下，受案初查工作结束后，根据所掌握的调查材料已经足以证明有犯罪事实存在并需要追究刑事责任，侦查机关应当不延迟地迅速作出立案决定，尽快开展侦查活动，而不能因为法律没有明确规定受案审查期限而拖延作出决定，贻误侦查工作战机。

（三）作出处理决定

经过审查与初查后，公安机关对于受理的材料和线索主要有以下几种处理方式。

1. 立案

（1）立案的条件。《公安机关办理刑事案件程序规定》（2020 年修正）第 178 条规定："公安机关接受案件后，经审查，认为有犯罪事实需要追究刑事责任，且属于自己管辖的，经县级以上公安机关负责人批准，予以立案……"根据这一规定，立案必须同时具备三个条件：

1）认为有犯罪事实。有犯罪事实，是立案的事实根据和首要条件。需要立案侦查的，必须是犯罪事实，即具有一定的社会危害性、刑事违法性并应当受到刑罚处罚的行为。

2）需要追究刑事责任的。需要追究刑事责任，是立案的法律根据。有犯罪事实是立案的必要条件，但立案并不是犯罪事实存在的必然结果，有犯罪事实存在还必须是依法应当追究行为人的刑事责任，才应当立案。立案标准是立案条件在各类案件中的具体化，也是各类案件可以立案侦查的实体性标准。在有犯罪事实存在的前提下，达到各类案件立案标准，才能够立案。

3）属于自己管辖的。在确定有犯罪事实存在需要追究刑事责任之后，受案单位还需要判断自己是否享有对该案件的管辖权。只有属于本单位管辖的案件，才能立案。如果不属于本单位管辖，则应当移送具有管辖权的机关予以立案。

（2）立案的程序。立案的程序具体包括：

1）呈批。对符合立案条件的，办案部门应当制作呈请立案报告书，连同受案登记表等材料，报县级以上公安机关负责人批准。

2）决定。县级以上公安机关负责人批准立案的，办案部门应当制作立案决定书。县级以上公安机关负责人直接在受案登记表或者其他文书上批示立案侦查的，办案部门不再制作呈请立案报告书，而是直接制作立案决定书。

3）通知。对行政执法机关移送的案件，公安机关依法决定立案的，应当书面通知移送案件的行政执法机关。

2. 不予立案

（1）不予立案的情形。《公安机关办理刑事案件程序规定》（2020年修正）第178条规定，公安机关接受案件后，经审查，认为没有犯罪事实，或者犯罪事实显著轻微不需要追究刑事责任，或者具有其他依法不追究刑事责任情形的，经县级以上公安机关负责人批准，不予立案。根据该规定，不予立案主要有以下三种情形：

1）没有犯罪事实。即公安机关经过侦查，认为犯罪行为不存在。具体表现为：危害社会的行为没有发生；或者危害社会的行为不具有刑事违法性。

2）犯罪事实显著轻微不需要追究刑事责任。即虽有犯罪事实，但是犯罪情节显著轻微、危害不大，不需要追究刑事责任。

3）具有其他依法不追究刑事责任情形的。即虽有犯罪事实发生，但行为人具有依法不追究刑事责任的情形，主要是指《刑事诉讼法》第15条规定的不追究刑事责任的情形。

（2）不予立案的程序。不予立案的程序具体包括：

1）呈批。对不予立案的，办案部门应当制作呈请不予立案报告书，连同受案登记表等材料，报县级以上公安机关负责人批准。

2）决定。县级以上公安机关负责人批准不予立案的，对于有控告人的案件和行政执法机关移送的案件，办案部门应当制作不予立案通知书。县级以上公安机关负责人直接在受案登记表或者其他文书上批示不予立案的，不再制作呈请不予立案报告书，而是直接制作不予立案通知书。

3）通知。办案部门应当将不予立案通知书在3日以内送达控告人。对行政执法机关移送的案件，依法不予立案的，应当说明理由，将不予立案通知书送达移送案件的行政执法机关，相应退回案件材料。

3. 其他处理方式

（1）移送管辖。公安机关经过审查，认为有犯罪事实，但不属于自己管辖的案件，应当立即报经县级以上公安机关负责人批准，制作移送案件通知书，将案件移送有管辖权的机关处理。有管辖权的机关，既包括其他公安机关，也包括人民检察院、军队保卫部门、国家安全机关等具有刑事侦查职权的机关。对于不属于自己管辖但必须采取紧急措施的，应当先采取紧急措施，然后办理手续，移送主管机关。

（2）行政处理。公安机关经过审查，对于不够刑事处罚需要给予行政处理的，依法予以处理或者移送有关部门处理。

（3）告知自诉。经过审查，对告诉才处理的案件，公安机关应当告知当事人向人民法院起诉；对被害人有证据证明的轻微刑事案件，公安机关应当告知被害人可以向人民法院起诉，被害人要求公安机关处理的，公安机关应当依法受理。

三、立案阶段对案件的初步处置

公安机关受理的案件和发现的犯罪线索往往具有突发性、紧迫性和不确定性。因此，案件发生后，侦查人员要根据不同情况，快速反应，及时对案件采取一定的处置措施，收集痕迹物证，获取线索，发现、控制赃物和截获犯罪嫌疑人，避免和减少犯罪造成的损失。一般情况下，立案阶段对案件的初步处置主要包括以下几个方面的工作：

（一）现场勘验

对于有现场可勘的案件，现场勘验是案件侦查中最重要、最关键的环节之一。现场勘验的质量直接影响着案件能否顺利侦破。因此，一旦接到报案，侦查人员与刑事技术人员应当不失时机地迅速赶赴现场，进行认真细致的勘验，发现、固定、提取与犯罪有关的痕迹、物证及其他信息。

（二）调查访问

侦查人员接到报案后，应尽快对报案人和最早发现案件的人进行询问。同时，对案件的目击者、知情人等一切能提供案件情况的人进行走访调查，争取在第一时间获取他们目击或了解到的案件情况。

（三）收集现场其他信息

1. 收集电子监控视频信息

犯罪嫌疑人为实施犯罪而进行的事前、事中、事后活动都可能被布建在现场周围的电子监控装置所拍摄并存储下来。案件发生后，侦查人员要调查、了解现场周围是否安装了视频监控系统；查看、调取、分析视频图像资料，收集涉案车辆和嫌疑人员的活动轨迹信息，为分析判断案情提供信息，为采取相应侦查措施提供依据。

2. 收集通讯、网络信息

对于重大案件，要全面截取现场周围的通讯信息，发现、提取现场内的通信网络信息，进行通讯话单和网络信息的分析，圈定案发时在现场及附近活动的人，从中发现犯罪嫌疑人或者目击证人。

（四）其他紧急措施

（1）对案发后逃跑的犯罪嫌疑人，应视案情需要采取追缉、堵截、预警、清查等紧急措施。

（2）对涉案赃物及时布控。如，对涉案手机进行技术控制，对被盗抢车辆及时录入被盗抢机动车信息系统进行网上布控，通知银行及时对涉案金融凭证采取控制措施，等等。

（3）抢救受伤人员，排除险情，疏导交通。

第二节　分析案情

一、对案情分析判断

分析案情是案件侦查的重要步骤，是指侦查人员根据已掌握的案件信息和有关的专门知识、经验，运用各种科技手段和逻辑思维方法，对作案人及其实施犯罪的情况进行分析、推断的活动。案情分析实际上就是一个汇总案件材料——对案件各要素作出判断或提出假设——对案件形成综合性的判断的过程。

下面列出了分析案情的内容和方法。

（一）对案件性质的分析判断

分析案件性质，即对所发生的案件属于何种犯罪以及在案件分类中属于何种归属等情况进行判断。通常是从现场的具体情况入手，根据犯罪行为侵害的人或物及其侵害的具体情况，结合被害人及亲属、事主、目击者及其他知情人提供的情况进行分析。正确地判断案件性质，对准确划定侦查方向和范围有重要意义。

（二）对主要犯罪事实的分析判断

1．分析作案时间

分析作案时间主要是分析作案的具体时间区间，即从作案人入侵现场开始直至作案活动实施完毕逃离现场为止的时间段。对作案时间的分析，主要是依据被害人及其亲属、事主、目击者、知情人提供有关案件发生时间的情况，以及现场勘验和调查中所获取的与案件发生时间有关的情况来推断。此外，对于案发现场及周围有监控视频装置的，可以通过调取并分析监控视频资料直接确定案件发生的具体时间。是否有作案时间是判断一个人有无重大作案嫌疑的重要依据。

2．分析作案地点

分析作案地点，即确定案件发生的准确地点，分析判断案发现场与作案人的联系。其内容包括：判明所勘验的地点是否为主体现场，是否还有其他关联现场；现场有多大范围，与周围环境有何关系；作案人对现场所处地理环境的熟知程度，等等。分析判断是否为主体现场，通常可以根据现场上有无反常现象、有无移尸迹象、犯罪痕迹与尸体上的微量附着物等情况进行分析判断。分析判断作案人对现场情况是否熟悉，通常可根据其选择的进出口、来去路线是否恰当、作案时机是否合适等情况进行分析判断。准确确定作案地点，有利于进一步收集证据，根据作案人与现场的关系，确定侦查方向和范围。同时，对案发现场周围地理环境、社会人文环境和风俗习惯进行研究，能够进一步挖掘现场蕴涵的无形信息，为侦查人员拓展侦查思路提供条件。

3. 分析作案工具

作案工具不仅包括直接作用于被侵害对象及场所障碍物的破坏性工具，还包括为实施犯罪活动提供便利的交通工具和通信工具等辅助性工具。一般可以根据现场所遗留的破坏工具痕迹和被害人创伤对破坏性工具进行判断，还可以根据与作案人有过正面接触的被害人陈述的情况对作案工具加以判断。对作案工具的研究有助于指明侦查方向，挖掘犯罪线索，同时被查获到案的作案工具也是证明犯罪事实的重要物证。

4. 分析作案手段

分析作案手段，即对作案人实施犯罪的方式方法等作出推断。分析作案手段，主要是依据现场痕迹物证和被害人、事主、目击者的陈述，针对不同类型的案件，对作案人预备犯罪、入侵现场、逃离现场、使用暴力或胁迫以及伪造、伪装、欺骗的手段等进行分析。作案人选择什么样的行为方式作案，受其自身条件，如身材、体质等生理特征的限制。同时，还受其职业、经历、知识、技能、心理特征及由此决定的行为习惯、生活习性的影响。判明作案手段，可以进一步判断作案人的身体条件、职业条件、经历条件、知识条件、技能条件、心理特征及其生活习性、犯罪习性等。这一方面是查找犯罪嫌疑人的重要依据；另一方面，对系列犯罪而言，也是串案分析和并案侦查的重要依据。

5. 分析作案过程

分析作案过程，通常包括分析判断作案人是如何侵入现场的，在现场进行了哪些活动及其先后顺序，以及作案后如何逃离现场等一系列活动过程。一般是在对作案时空、作案工具和手段分析的基础上，根据现场进出口的情况、现场痕迹物证及其他现象形成的先后顺序以及当事人及知情人提供的情况，对作案人实施犯罪过程进行推断。作案过程可以在一定程度上反映出作案动机、目的及作案人对现场、被害人是否熟悉等。

（三）对作案人的分析判断

对作案人的分析判断，就是客观、全面、准确、细致地分析作案人的各项特征，最后归纳为一个综合的、具体的人身形象，对作案人人身形象的刻画越具体、越生动，其所在的人群范围也就越明确，目标也就越容易捕捉。

1. 分析作案人数

分析作案人数，即通过分析确定是一人单独作案还是两人以上共同作案。分析作案人数主要是依据作案人在现场遗留的痕迹物品的种类、数量，现场损失财物的数量、体积、重量及运赃方式、被害人身体上的伤痕种类和数量以及被害人、事主和其他有关知情人对作案人人数的陈述等来分析。

2. 分析作案人的体貌特征

分析作案人的体貌特征，主要包括对作案人的性别、年龄、身高、体态、相貌、发型、文身、疤痣、生理上的残缺，以及衣着打扮等进行分析。可以根据现场痕迹、物证以及被害人、事主、知情人关于作案人体貌特征的陈述进行分析判断，还可以通过调取视频监控图像资料直接获取作案人的体貌特征信息。

3. 分析作案人应具备的作案条件

分析作案人应具备的作案条件，主要是通过对作案工具、手段以及作案过程等情况的分析，进一步判断作案人是否熟悉现场环境和现场内部情况；与事主、被害人是否熟悉，有无某种因果关系；是否有取得相应的作案工具、物品的条件；是否掌握某方面的专业知识和技能；是惯犯还是偶犯；是何种社会职业、文化程度的人员，等等。

4. 分析作案人的心理特征

分析作案人的心理特征，主要是分析判断作案人的性格特征、情绪、情感特征等。通过分析现场物质痕迹以及作案过程，不仅可以推断出作案人的个性、行为动机、作案时的情绪状态，而且可以推断出作案人的社会经历、生活环境、遭遇、知识、经验、技术、习惯等。

5. 分析作案动机和目的

作案动机，是指作案人实施犯罪行为的内心起因；作案目的，是指作案人实施犯罪行为想得到的结果。作案动机和目的不同，案件性质以及侦查方向和范围也就有所不同。分析作案动机、目的，应当将被害人生前为人处世、经济状况等，与现场情况诸如有无翻找财物迹象、现场或者被害人身上财物有无短少、被害人是否遭到过性侵犯等结合起来全面进行分析研究。

6. 分析作案人案后的后续行为

根据作案人的作案动机和目的以及该类犯罪活动的基本特点和一般规律，认真分析作案人作案后逃避追捕、销赃毁证或者继续作案等后续行为，有利于在侦查过程中采取有针对性的措施，防止再次作案，并且相机将其缉拿归案。

由于刑事案件的复杂性和侦查人员认识能力的局限性，不可能有毕其功于一役的案情分析。侦查人员对案件事实的认识是随着侦查工作的展开而不断深化的。在侦查过程中，通过采取各种侦查措施，不断获取有关案件的新情况、新线索、新证据之后，还必须对案件情况不断进行分析判断，修正原来的分析意见，深入推进侦查工作。

二、划定侦查方向和范围

在对作案人及其实施犯罪活动的情况进行分析之后，侦查人员应当根据案情分析时所提出的推断和假设，为案件的侦查工作顺利开展和推进划定侦查方向和范围。

侦查方向，是指侦查工作应在哪些人员中发现犯罪嫌疑人。侦查范围，是指侦查工作应当在哪些地域范围、行业范围查找犯罪嫌疑人。侦查方向在一定程度上来说，也是一种范围，即人群范围。划定侦查方向和范围，实质上就是要分析是内部人作案，还是外部人作案；是本地人作案，还是流窜犯作案；是有因果关系或其他交往关系的熟人作案，还是陌生人作案；是偶犯还是惯犯；是预谋有选择还是临时起意随机选择的作案；以及作案人的居住或者其他活动范围等等。概而言之，一切有助于判明犯罪嫌疑人所属人群范围和所处地理范围、行业范围的痕迹、物品、证人证言、被害人陈述等都可以作为划定侦查方向和范围的依据。

划定侦查方向和范围，应当力求准确和相近。准确是要求必须把犯罪嫌疑人包罗在侦查范围之内，相近是要求侦查范围的空间离犯罪嫌疑人愈近愈好。侦查范围划得过大，就会使侦查工作旷日持久，浪费人力物力；侦查范围划得太小，又会有漏掉犯罪嫌疑人的危险，贻误工作战机。准确划定侦查方向和范围，能使侦查工作在整体运筹上减弱盲目性，增强针对性和计划性，提高侦查工作效率。在侦查过程中，根据案件所反映的综合信息，一般可以大致判断犯罪嫌疑人的类型以及其居住、工作或者其他活动范围，在确定基本侦查范围的基础上，随着侦查工作的不断深入，新材料、新情况的不断发现，不断研究、修正我们对案情的判断，可以再进一步缩小侦查范围。

第三节 组织侦查

经过全面、客观地分析案情，确定侦查方向和范围之后，侦查活动随即全面展开，侦查人员根据案件的具体情况和特点，科学、合理地选择侦查途径，有效拓展犯罪线索来源，并采取有针对性的侦查措施，进一步查证犯罪线索，发现、控制犯罪嫌疑人。

一、选择侦查途径组织侦查①

选择侦查途径，就是根据所掌握的案件情况，从犯罪行为暴露比较明显、易于突破案件的线索中，选择能及时发现犯罪嫌疑人、获取证据、证实犯罪的途径。大多数情况下，每一个案件都会有多种可供选择的侦查途径。在多种途径并存的情况下，侦查人员要善于比较，科学评估，适时选择最优的侦查途径作为突破案件的主渠道。同时，也要充分吸收其他途径中的有利因素。必要时，还可以同时从几种途径入手开展侦查。

一般而言，犯罪嫌疑人在犯罪预谋与实施阶段乃至犯罪之后形成的与案件有关的各种痕迹、物证、信息，都可以成为选择侦查途径的客观依据。按照选择侦查途径时所着眼的角度不同，可将侦查途径归纳为“人、事、物、信息”四大类。

（一）与人有关的侦查途径

1. 从特定的嫌疑对象入手开展侦查

这一侦查途径，通常是以巡逻盘查、阵地控制、刑嫌调控等基础工作中以及犯罪情报信息研判中发现的可疑人员为调查对象，从调查其是否实施犯罪行为入手开展工作，是一种典型的从人到案的侦查模式。

2. 从人身形象入手开展侦查

这一侦查途径，适用于犯罪嫌疑人在作案过程中体貌特征暴露得较为充分，被害人或目击者能够清楚回忆起来或者被视频监控装置拍摄下来的案件。从人身形象入手开展侦查，根据已经获取的被害人、目击者关于犯罪嫌疑人人身形象的陈述以及视频录像拍摄的人身形象资料，通过模拟画像、人像比对查询、人像辨认等方式，发现犯罪嫌疑人。

（二）与事有关的侦查途径

1. 从作案手段入手开展侦查

选择这一侦查途径开展侦查，可根据作案手段特点查询刑事案件情报信息系统，从而发现此类作案手段的犯罪嫌疑人或者其他案件；还可以通过在公安内网上查询其他公安机关的预警通报、协查通报，在与有关地区的侦查协作、案件信息交流中发现作案手段相同、相似的犯罪嫌疑人或者案件，从而发现线索。

2. 从犯罪活动规律入手开展侦查

对于系列性案件，通过分析研究，发现犯罪活动具有某种规律性，即可从活动规律入

① 参见王国民、李双其主编：《侦查学》（第二版），北京，中国人民公安大学出版社，2011；陈刚主编：《信息化侦查教程》，北京，中国人民公安大学出版社，2012。

手开展侦查。例如，根据犯罪活动规律，判断其可能再次进行犯罪活动的时间、地域和可能侵犯的目标，即可通过蹲点守候、巡逻布控等措施在犯罪嫌疑人可能再次作案时抓获现行；或者根据犯罪活动规律，对刑事案件管理系统中类似案件进行比对串并，从而发现线索。

3. 从查对犯罪前科入手开展侦查

有些案件通过对整个作案过程以及犯罪结果的分析，判断犯罪嫌疑人具有一定的作案经验，可能有违法犯罪经历，甚至是惯犯。因而，可以根据犯罪性质，从检索刑事犯罪情报资料档案入手，排查有相关犯罪前科的人，从中发现嫌疑对象。

4. 从因果关系入手开展侦查

杀人、爆炸、投放危险物质、放火等刑事案件的发生大多“事出有因”，即犯罪嫌疑人与被害人之间在案发之前大多存在一定的矛盾或利害冲突，这些利害冲突关系正是犯罪嫌疑人实施犯罪的诱因。因而对于此类有因果关系可查的案件，可以将从因果关系入手开展侦查作为重要的侦查途径。

（三）与物有关的侦查途径

1. 从痕迹、物品入手开展侦查

犯罪嫌疑人实施犯罪活动过程中在现场留下的指纹、足迹、微量物证或作案工具、交通工具、某些随身物品等，与犯罪嫌疑人之间有着直接或者间接的联系。通过对痕迹物证的检验比对和对现场遗留物的关联查找，可以发现案件线索，查找犯罪嫌疑人。

2. 从查控赃物入手开展侦查

对于有赃物可查的侵财类案件，通过全面布控，可以在犯罪嫌疑人挥霍、变卖、隐藏、转移赃物时查获犯罪证据，发现犯罪嫌疑人。

（四）与信息有关的侦查途径

现代社会，通信技术、网络技术日益发达，一方面，使犯罪的智能化水平提高，衍生出一些新型的犯罪类型；另一方面，为侦查人员挖掘犯罪嫌疑人犯罪活动轨迹、查找犯罪线索提供了可能。在刑事案件侦查中，从发掘与犯罪活动有关联的网络、通信、视频、GPS等信息入手，对相关的情报信息进行比较碰撞，在分析、研判的基础上运用各种新型的侦查技战法进而发现犯罪线索和犯罪嫌疑人，已经成为一种常用的侦查途径。

1. 从虚拟空间信息入手开展侦查

随着互联网技术的不断普及，互联网已和人们的生活、工作紧密融合在一起。通过互联网，人们可以完成购物、交友、求职、娱乐、交易等多种现实生活中的活动。利用网络进行聊天、发布信息或者实施犯罪，会留下相应的网上活动痕迹和信息，这些痕迹和信息可为我们获取犯罪线索提供条件。

2. 从通信信息入手开展侦查

犯罪嫌疑人在犯罪预谋阶段、实施阶段以及犯罪后转移赃物、销赃毁证，逃避打击等活动中，往往会使用通信工具与其同伙、关系人、被害人进行联系，其通信信息都会以特有的方式在通信部门的通信信息网络系统中被客观准确地自动记录并存储起来。这为侦查部门利用这些数据寻找、追踪和扩大侦查线索，发现犯罪嫌疑人提供了可能和非常便捷的途径。

3. 从银行卡（账号）信息入手开展侦查

银行卡信息，是指卡片持有人在开通银行卡时所留有的开卡信息、卡片固有信息及在使用过程中留有的交易信息、查询信息、视频、声音信息和其他关联信息。在案件侦查过程中，利用已获取的涉案银行卡或相关人员信息，查询获得更为丰富的银行卡信息；或以银行卡信息为条件，通过轨迹和资金流向的查询、信息的比对和检索、数据的碰撞及关联信息的发现等方式，综合各类信息资源的应用，查找和发现符合条件的人员信息。

4. 从监控视频信息入手开展侦查

视频监控设施能定时、定位、客观地记录监控范围内所发生的一切。对于作案人在作案过程中或作案前后可能在现场或周围区域、有关场所留有监控录像的案件，则应调取这些场所、部位的监控录像。充分挖掘和利用监控视频信息，可以直接发现犯罪嫌疑人的活动线路、逃窜方向和可能的落脚点区域，明晰犯罪嫌疑人的体貌特征、语音等身份特征，提供手机通话、进入特定场所等可供深查的侦查渠道，从而为侦查破案提供可利用的线索来源，有助于及早发现、锁定犯罪嫌疑人。

5. 从住宿登记信息入手开展侦查

目前，全国各地均建有旅馆住宿人员信息系统，侦查人员可以通过分析作案时间，推断犯罪嫌疑人作案前、作案后可能的落脚点，排查旅馆住宿登记情况，发现犯罪嫌疑人。侦查人员还可以针对某起或某串案件，通过对类似案件发生时间段内不同住宿记录的数据碰撞，寻找不同案发时间不同案发地点的相同住宿人，结合案件的条件对于这些人员进一步排查，往往可以发现犯罪嫌疑人。

6. 从车辆 GPS 信息入手开展侦查

当发现犯罪嫌疑人将出租车作为到达或逃离犯罪现场的工具时，可以根据犯罪嫌疑人到达或逃离现场的可能时间段（最好是精确的时间点），结合现场具体位置，利用 GPS 系统的单车定位、车辆轨迹、多区域比对查询等功能，可以查明犯罪嫌疑人乘坐的出租车，并可由此追踪犯罪嫌疑人上下车位置，从而发现犯罪嫌疑人可能的落脚点、藏匿处或活动区域。

上述侦查途径，反映了刑事案件的一般侦破规律，并未穷尽所有刑事案件的侦查途径和方法。对于具有特殊要素的案件，还有一些与案件特征有关联的侦查途径可供选择。如无名尸体案件，可以从查明死者身份入手开展侦查；对犯罪嫌疑人在实施犯罪过程中或被抓捕过程中身体受伤的案件，可以从控制有可疑伤痕的人员入手开展侦查；有些案件，通过作案活动过程以及其他相关信息，判断是与被害人有交往关系的人甚至是交往关系密切者所为，可以从被害人的交往关系入手开展侦查，等等。此外，侦查破案是一个动态的过程，随着侦查工作的不断深入，新的情况和线索会不断出现，侦查途径也会越来越广泛。侦查人员必须把握侦查工作的开展状况，不断适应侦查中出现的新情况，有效地推进侦查进程。

二、查证线索，确定并缉捕犯罪嫌疑人

侦查人员运用公开或秘密调查的方法，通过各种侦查途径收集到的犯罪线索，要逐条、逐事、逐人查证核实，不断地去粗取精、去伪存真，仔细地过滤、筛选，从而查清案件事实，发现、控制犯罪嫌疑人，适时将其抓获归案。

（一）排查可疑人员，确定重点嫌疑对象

一般来讲，具备以下一个或者几个作案条件的对象，可以被纳入侦查范围作为可疑人员进一步排查：

（1）具备作案思想基础，如作案因素条件、因果关系条件。

（2）具备犯罪行为实施条件，如作案时间条件、知情条件、技能条件等。

（3）具备物质方面的条件，如作案工具、赃款赃物、遗留物品、痕迹特征条件等。

（4）具备人身形象方面的条件，如体貌特征、受伤情况等。

（5）案发前后有反常表现，如经济反常、行为反常、案发后去向不明等。

随着侦查工作的全面铺开，从大量的犯罪线索中发现具备某一方面或者几个方面作案条件的嫌疑对象往往不止一人，可能是若干人。侦查人员要从这些嫌疑对象中找出真正的犯罪嫌疑人，就必须逐个地进行调查核实。一方面将确与案件无关的人员予以否定排除，另一方面从纳入侦查范围的可疑人员中筛选出重点嫌疑对象，进一步侦查取证，确定其作案嫌疑。

上述作案条件在筛选重点嫌疑对象上的作用并不相同。有的作案条件是排查的必要条件，如作案时间，任何犯罪行为都是在一定的时间和空间内进行的，没有作案时间的犯罪是不存在的。由于作案时间条件的特殊性，调查嫌疑对象有无作案时间，可以在一定程度上缩小侦查范围。有的作案条件可以直接确定调查对象的重大作案嫌疑，如现场痕迹物证比对检验同一的鉴定结果；案发时与作案人有正面接触的受害人或者目击者指认其犯罪的，等等。有的作案条件很复杂，如案发前后的反常表现。有的人自我情绪控制能力较强，即使实施了犯罪行为，也并无反常表现；有的人虽有反常表现，但不一定是因为其实施了犯罪行为；因此运用反常条件筛选重点嫌疑对象时，既要充分运用又要特别慎重。

（二）缉捕犯罪嫌疑人

排查可疑人员，是一个经营侦查线索的过程。由于刑事案件千差万别，查证的方式方法也各有不同，有的案件通过某一方面的作案条件确定调查对象的重大作案嫌疑后，便可对重点嫌疑对象采取传唤、拘传等到案措施，对其进行正面审查。但有的案件在确认调查对象的重大作案嫌疑后，还不宜直接进行正面审查，需要采取一定的侦查措施和手段，控制嫌疑对象，防止其逃跑或销赃毁证，进一步收集其实施犯罪的证据，待时机成熟时，将其缉捕归案。如，通过秘密力量贴靠犯罪嫌疑人或者打入犯罪团伙等方式，掌握犯罪嫌疑人或者犯罪团伙活动情况，证实犯罪；对各种痕迹、物证加以调查核实，或进行技术鉴定，以查证犯罪线索；通过密搜密取，在与嫌疑对象有关的场所查获赃物、作案工具及其他与案件相关物品，证实犯罪；通过其他技术侦查手段，监视重点嫌疑对象的活动，收集犯罪证据等。

（1）对尚未潜逃的犯罪嫌疑人的缉捕，可以通过公开或秘密的方式将犯罪嫌疑人传唤或拘传到案。实施传唤或拘传时，要视情况制定工作计划，准备好相应的法律手续和必要的交通工具和设备；组织警力，并做好分工。

（2）对已经潜逃的犯罪嫌疑人的缉捕，可以通过网上追逃、架网守候、秘密力量布控、规劝自首等方式将在逃犯罪嫌疑人缉捕到案。必要时，经过批准，可以采取追捕所必需的技术侦查措施，追捕被通缉或者批准逮捕的在逃犯罪嫌疑人。

第四节 预 审

《刑事诉讼法》第116条规定："公安机关经过侦查，对有证据证明有犯罪事实的案件，应当进行预审，对收集、调取的证据材料予以核实。"《公安机关办理刑事案件程序规定》（2020年修正）第192条规定："公安机关经过侦查，对有证据证明有犯罪事实的案件，应当进行预审，对收集、调取的证据材料的真实性、合法性、关联性及证明力予以审查、核实。"可见，在我国，预审属于侦查程序的一部分，是指侦查机关经过一系列的侦查工作，对有证据证明有犯罪事实的案件，通过讯问和其他侦查措施，查清全部犯罪事实，收集、审查、运用证据，证实犯罪，以最后终结整个侦查程序的活动。

一、预审工作的任务

预审的实质就是对案件事实和证据的"深加工"。其任务主要有以下两个方面：

（一）查清全部犯罪事实，深挖余罪，扩大战果

预审不仅要查明犯罪嫌疑人已被发现的犯罪事实，而且要追查其他犯罪活动和同案犯，挖掘犯罪线索，扩大战果。查明犯罪嫌疑人的全部犯罪事实，就是要对犯罪嫌疑人的全部罪行，对犯罪构成的各个要件和情节进行全面、系统的查证，查清犯罪嫌疑人涉嫌的每起案件发生的时间、地点、方法、手段、经过、动机、目的和后果，从重、从轻、减轻以及免除处罚的情节，以及共同犯罪中的地位、作用和应负的责任等。

（二）审查核实证据，形成完整的定案证据体系

预审阶段，在查明案件事实的过程中，要对前期侦查已取得的证据进行全面的审查核实和补充收集工作。对尚未得到证明的事实和新发现的犯罪事实，要收集证据加以证明；对证据不充分的事实，要补充收集证据；对证据之间存在矛盾的，要查证核实，排除矛盾；对证据材料法律手续不完备的，要补充完善。最终使案件证据齐全充分，形成完整的、符合法律要求的证据体系，为案件起诉和审判奠定基础。

二、预审工作的一般方法

预审阶段，侦查人员可以综合使用讯问犯罪嫌疑人、询问证人和被害人、勘验、检查、搜查、扣押、鉴定、辨认以及侦查实验等各种调查措施和方法对案件事实和证据进行核实查证。讯问与其他调查措施相结合是预审办案的基本方法。

（一）讯问犯罪嫌疑人

讯问犯罪嫌疑人又称为审讯，是侦查人员对犯罪嫌疑人所进行的正面审查活动，也是预审的主要工作方式。侦查人员通过与犯罪嫌疑人面对面的讯问和调查，取得犯罪嫌疑人对犯罪事实的供述，听取犯罪嫌疑人的辩解，对于及时、准确查明案件全部事实真相，获取新的犯罪线索；保障无罪的人不受刑事追究；对犯罪嫌疑人进行认罪伏法、改恶从善的教育等都具有重要的作用。

预审中的讯问一般要经历初次讯问、后续讯问、侦查终结前的讯问三个阶段。初次讯问一般在拘留、逮捕犯罪嫌疑人后的二十四小时内进行，主要是问清犯罪嫌疑人的基

本情况，听取犯罪嫌疑人的供述和辩解，查明有无犯罪事实。初次讯问中，发现不应当对犯罪嫌疑人拘留、逮捕的，必须立即释放，发给释放证明。初次讯问之后，根据犯罪嫌疑人供述和辩解的情况，确定后续讯问的内容。对于初次讯问即供认主要犯罪事实的，应继续把犯罪的每一事实情节问清楚；对于拒不供述或沉默不语对抗审讯的，应分析犯罪嫌疑人的心理特点，采取有针对性的讯问策略予以突破；对于坚持申辩无罪的，应查证核实，对确实排除犯罪嫌疑的予以释放。在后续讯问查明犯罪嫌疑人的犯罪事实之后、侦查终结之前，应当对犯罪嫌疑人进行一次全面、系统的讯问，目的是全面核实案情和证据，取得犯罪嫌疑人对犯罪事实的完整供述，同时对犯罪嫌疑人进行认罪伏法的教育。

（二）运用其他侦查措施收集证据

预审中，在讯问犯罪嫌疑人的同时，还应当运用各种调查措施收集证据，使犯罪事实和情节都能得到证明，达到犯罪事实清楚、证据确实充分的程度。这是遵循“重证据，重调查研究，不轻信口供”刑事诉讼原则的基本要求。预审查证的措施主要有询问证人、被害人，勘验、检查，侦查实验，搜查、扣押，鉴定，辨认，等等。

1. 询问证人、被害人

询问时，不仅要对证人、被害人在侦破案件阶段所作的陈述进行核实，而且要进一步询问有关事实的详细情节。为查清案件全部事实真相，排除案件中的疑点，还需要进一步寻找新的证人，获取新的证言，开辟新的证据来源。

2. 勘验、检查

预审中，发现新的犯罪或情况，需要勘验、检查的，应及时进行勘验、检查。对前期侦查中的勘验、检查笔录存在疑问，认为勘验、检查不实或有错误时，应当进行复验、复查。

3. 侦查实验

预审中，为验证案件中某一事实情节是否可能发生，是如何发生的，或者为检验犯罪嫌疑人供述与辩解、被害人陈述、证人证言中的某一事实情节是否可靠，应当组织侦查实验。对已实施过的侦查实验结果有疑问，而有重新实验必要的，可以重新组织实验。

4. 搜查、扣押

预审中，需要提取物证、书证和视听资料的，应当及时采取搜查、扣押的措施。搜查一般在执行拘留、逮捕时已同时进行，但如果在讯问中，犯罪嫌疑人又交待了犯罪工具、赃款赃物的隐匿处，应及时搜查、扣押，获取罪证。对被害人、证人提供的物证、书证、视听资料线索的，也应及时调取。

5. 鉴定

需要解决案件中某些专门性问题时，应当指派、聘请有专门知识的人进行鉴定。预审中的鉴定，主要是对新发现的需要进行检验鉴定的事项或者发现了新情况、新矛盾，需要补充鉴定或者重新鉴定。

6. 辨认

为证实犯罪嫌疑人或者某物与案件确实存在联系，可以对需要辨认的人或物组织辨认。如组织被害人或者证人对犯罪嫌疑人进行辨认；让犯罪嫌疑人的家属或熟悉犯罪嫌疑人的其他人对可能系犯罪嫌疑人遗留在现场的物品进行辨认；组织事主、被害人或者家属对赃物进行辨认。在一些案件中，还可以分别带被害人、犯罪嫌疑人对发案现场进行辨认，以证明犯罪的地点。

（三）审查判断证据

审查判断证据，主要是指侦查人员对收集到的证据材料进行分析、鉴别，确定其是否客观真实，与案件事实具有何种客观联系，是否属于合法证据，以确定其是否能够证明案件事实的活动。

从某种意义上讲，预审是一个不断收集、审查判断证据，并运用证据查明案件事实真相的过程。预审中收集证据与审查判断证据交替循环进行，大体上要经历审查判断证据——收集证据——再审查判断证据——再收集证据这样一个循环往复的过程，直至证据达到足以被证明案件事实真相的程度。

1. 审查判断证据的内容

审查判断证据的目的是要核实所收集的证据能否确实充分地证明案件的真实情况。其内容可以被概括为三个方面：

（1）审查证据是否确实。这不仅包括查明证据本身的内容是否属实，即证据所表明或反映的情况是否确实存在；也包括查明证据内容与案件事实的联系是否确实，即该证据是否确实能证明本案的真实情况。

（2）审查证据是否充分。它也包括两层含义：其一是查明所收集的证据能否充分地证明案件事实的每个构成要素，其二是查明所收集的证据能否充分地证明本案的事实主张或事实真相。

（3）审查证据是否合法。它包括：证据材料的来源是否合法；收集、保管证据的方法是否符合法定程序；证据的表现形式是否合法等。

2. 审查判断证据的方法

审查判断证据是对案件证据的认识活动，应该由浅入深、从个别到整体，循序渐进地进行。一般来说包括以下三个基本环节：第一步是对每个证据的单独审查，即单独地分析每个证据的来源、内容及与案件事实的联系，看其是否真实可靠，看其有多大的证明价值；第二步是对案件中相关证据的比对审查，看其是否一致，是否能合理地共同证明某一案件事实；第三步是对案件中所有证据的综合审查，即通过综合比较和相互印证来分析各个证据的可靠性和证据价值，并在此基础上判断案件中证据的整体可靠性和总体价值。

第五节　侦查终结、撤销案件和终止侦查

一、侦查终结

（一）侦查终结的概念与条件

侦查终结是公安机关在办理刑事案件中，经过一系列的侦查活动后，认为案件事实已经查清，并取得了确实、充分的证据，按照有关法律规定，足以认定犯罪嫌疑人涉嫌犯罪并应当对其追究刑事责任，不需要继续侦查时，侦查工作即告终结。

根据《公安机关办理刑事案件程序规定》（2020 年修正）第 283 条之规定，侦查终结

的案件，应当同时符合以下条件：

1. 案件事实清楚

这是侦查终结的首要条件。案件事实清楚，是指以下事实清楚：

(1) 犯罪嫌疑人的身份；

(2) 立案侦查的犯罪行为是否存在；

(3) 立案侦查的犯罪行为是否为犯罪嫌疑人实施；

(4) 犯罪嫌疑人实施犯罪行为的动机、目的；

(5) 实施犯罪行为的时间、地点、手段、后果以及其他情节；

(6) 犯罪嫌疑人的责任以及其他同案人的关系；

(7) 犯罪嫌疑人有无法定从重、从轻、减轻以及免除处罚的情节；

(8) 其他与案件有关的事实。

具有下列情形之一的，可以视为犯罪事实已经查清：

(1) 属于单一罪行的案件，查清的事实足以定罪量刑或者与定罪量刑有关的事实已经查清，不影响定罪量刑的事实无法查清的；

(2) 属于数个罪行的案件，部分罪行已经查清并符合起诉条件，其他罪行无法查清的；

(3) 无法查清作案工具、赃物的去向，但有其他证据足以对犯罪嫌疑人定罪量刑的；

(4) 证人证言、犯罪嫌疑人供述和辩解、被害人陈述的内容主要情节一致，只有个别情节不一致但不影响定罪的。

2. 证据确实、充分

这是侦查终结的重要条件，也是判断其他条件是否成立的重要依据。证据确实、充分是指：

(1) 认定的案件事实都有证据证明；

(2) 认定案件事实的证据均经法定程序查证属实；

(3) 综合全案证据，对所认定事实已排除合理怀疑。

证据确实、充分，要求全案证据能形成互相联结、互相印证的完整的证据体系，构成认定案件事实的充分根据和理由。

3. 犯罪性质和罪名认定正确

公安机关经过侦查，根据已获取的证据，结合《刑法》对具体犯罪行为构成的规定，对犯罪嫌疑人涉嫌的犯罪事实的性质进行认定。公安机关在侦查终结时对犯罪性质和罪名认定是一种相对正确，并不要求绝对的正确无误。经过起诉、审判等程序，犯罪嫌疑人涉嫌的犯罪性质和罪名有可能会被变更，犯罪嫌疑人是否犯罪，所犯何罪，最终还是需要经过法院的审判认定。

4. 法律手续完备

公安机关的全部侦查活动都必须依照法定程序进行，这是保证刑事办案质量必不可少的重要条件。因此，侦查终结的案件，各种法律手续必须齐全、完备，在侦查中形成的各种法律文书和履行的法律手续要符合法律规定的要求，只有符合法定的要求，才具有法律效力。

5. 依法应当追究刑事责任

根据已经查明的犯罪事实，结合《刑法》有关犯罪构成要件的规定，应当对犯罪嫌疑人追究刑事责任。

(二) 侦查终结的程序

1. 制作呈请侦查终结报告书

侦查终结的案件，侦查人员应当制作呈请侦查终结报告书，报县级以上公安机关负责人批准。结案报告应当包括以下内容：

(1) 犯罪嫌疑人的基本情况；

(2) 是否采取强制措施及其理由；

(3) 案件的事实和证据；

(4) 法律依据和处理意见。

2. 批准侦查终结

案件的侦查终结，由县级以上公安机关负责人批准；重大、复杂、疑难的案件应当经过集体讨论。对于犯罪事实清楚，证据确实、充分，犯罪性质和罪名认定正确，法律手续完备，依法应当追究刑事责任的案件，经县级以上公安机关负责人批准后，应当提出起诉意见。

3. 装订立卷

侦查终结后，应当将全部案卷材料按照要求装订立卷。向人民检察院移送案件时，只移送诉讼卷，侦查卷由公安机关存档备查。所谓诉讼卷，是指公安机关依照《刑事诉讼法》的规定，需要移送人民检察院审查的案卷材料，包括各种刑事诉讼文书和技术性鉴定材料以及其他需要移送的材料。所谓侦查卷，是指公安机关在办理刑事案件过程中形成的内部使用的文书和技术侦查材料，以及其他不需要移送人民检察院的材料，以供内部备查和总结经验用的案卷。

4. 移送起诉

对侦查终结的案件，应当制作“起诉意见书”，经县级以上公安机关负责人批准后，连同全部案卷材料、证据，以及辩护律师提出的意见，一并移送同级人民检察院审查决定；同时将案件移送情况告知犯罪嫌疑人及其辩护律师。共同犯罪案件的起诉意见书，应当写明每个犯罪嫌疑人在共同犯罪中的地位、作用、具体罪责和认罪态度，并分别提出处理意见。被害人提出附带民事诉讼的，应当记录在案；移送审查起诉时，应当在起诉意见书末页注明。

对查封、扣押的犯罪嫌疑人的财物及其孳息、文件或者冻结的财产，作为证据使用的，应当随案移送，并制作随案移送清单一式两份，一份留存，另一份交人民检察院。对于不宜移送的实物，应当将其清单、照片或者其他证明文件随案移送。待人民法院作出生效判决后，按照人民法院的通知，上缴国库或者依法予以返还，并向人民法院送交回执。人民法院未作出处理的，应当征求人民法院意见，并根据人民法院的决定依法作出处理。

二、撤销案件和终止侦查

(一) 撤销案件的概念和条件

撤销案件是指侦查机关对立案侦查的案件，发现具有某种法定情形，所采取终结案件侦查的诉讼行为。《刑事诉讼法》第 163 条规定：“在侦查过程中，发现不应对犯罪嫌疑人追究刑事责任的，应当撤销案件……”刑事撤案是侦查程序中的一项重要的程序设计，可以使符合法律规定情形的犯罪嫌疑人尽快地从诉讼中解脱出来，避免受到不必要的刑事追究，同时又能避免使侦查机关浪费过多的侦查资源在不符合追诉条件的案件上，保证刑事诉讼的效率性和公正性。

根据《公安机关办理刑事案件程序规定》（2020年修正）第186条之规定，经过侦查，发现具有下列情形之一的，应当撤销案件：

（1）没有犯罪事实的；

（2）情节显著轻微、危害不大，不认为是犯罪的；

（3）犯罪已过追诉时效期限的；

（4）经特赦令免除刑罚的；

（5）犯罪嫌疑人死亡的；

（6）其他依法不追究刑事责任的。

以上六种撤销案件的法定情形，可以被归纳为两类：一是无事实情形，二是免责情形。其中“其他依法不追究刑事责任的”属于“兜底”条款。包括无刑事责任能力行为人实施犯罪行为的、正当防卫、紧急避险等免责情形。

（二）终止侦查的概念和条件

《公安机关办理刑事案件程序规定》（2020年修正）第186条第2款规定：“对于经过侦查，发现有犯罪事实需要追究刑事责任，但不是被立案侦查的犯罪嫌疑人实施的，或者共同犯罪案件中部分犯罪嫌疑人不够刑事处罚的，应当对有关犯罪嫌疑人终止侦查，并对该案件继续侦查。”

终止侦查是将已作为侦查对象的犯罪嫌疑人排除出侦查程序，从程序上不再对有关人员进行刑事追究。撤销案件也涉及对犯罪嫌疑人的处理，但它是连案带人一并排除出侦查程序。与撤销案件不同，终止侦查将案与人分开处理，终止对人的侦查，继续对案件的侦查。

终止侦查主要有两种情形：

1. 犯罪嫌疑人没有实施犯罪行为

即犯罪事实确实存在并需要追究刑事责任，但不是被侦查的犯罪嫌疑人所为，而停止对该犯罪嫌疑人侦查，不停止对案件的侦查。

2. 共同犯罪案件中，部分犯罪嫌疑人不够刑事处罚的

主要是指共同犯罪案件中，部分犯罪嫌疑人因系从犯，或者被胁迫，情节显著轻微，依法不需要追究刑事责任的情形。如果是单独犯罪案件，犯罪嫌疑人不够刑事处罚的，应当撤销案件。

（三）撤销案件和终止侦查的程序

（1）呈批。需要撤销案件或者对犯罪嫌疑人终止侦查的，办案部门应当制作撤销案件或者对犯罪嫌疑人终止侦查报告书，报县级以上公安机关负责人批准。呈请报告书中应当包括以下三项内容：原来立案的根据和来源；案件侦查的结果；撤销案件或者对犯罪嫌疑人终止侦查的理由和根据。

（2）批准。经县级以上公安机关负责人批准，侦查人员制作撤销案件决定书或者对犯罪嫌疑人终止侦查决定书。

(3) 送达和告知。公安机关作出撤销案件决定后，应当在 3 日以内告知原犯罪嫌疑人、被害人或者其近亲属、法定代理人以及案件移送机关。作出终止侦查决定后，应当在 3 日以内告知原犯罪嫌疑人。告知采用送达决定书副本的方式进行，并让被告知人在决定书正本上签名、注明日期后，存入案卷。

(4) 释放在押犯罪嫌疑人。公安机关决定撤销案件或者对犯罪嫌疑人终止侦查时，原犯罪嫌疑人在押的，应当立即释放，发给释放证明书。原犯罪嫌疑人被逮捕的，应当通知原批准逮捕的人民检察院。对原犯罪嫌疑人采取其他强制措施的，应当立即解除强制措施；需要行政处理的，依法予以处理或者移交有关部门。

(5) 对查封、扣押的财物及其孳息、文件，或者冻结的财产，除按照法律和有关规定另行处理的以外，应当解除查封、扣押、冻结。

(四) 重新启动侦查程序

撤销案件与终止侦查只是在侦查过程中对于符合法定情形的刑事案件或者犯罪嫌疑人进行程序上的终止，使特定的刑事法律关系消失，恢复至立案侦查前的状态。当出现新的情况，符合一定条件时，有管辖权的侦查机关仍然可以对被撤销的案件或被终止侦查的犯罪嫌疑人重新启动刑事侦查程序。

《公安机关办理刑事案件程序规定》(2020 年修正) 第 190 条规定："公安机关撤销案件以后又发现新的事实或者证据，或者发现原认定事实错误，认为有犯罪事实需要追究刑事责任的，应当重新立案侦查。""对犯罪嫌疑人终止侦查后又发现新的事实或者证据，或者发现原认定事实错误，需要对其追究刑事责任的，应当继续侦查。"

一般而言，撤销案件与终止侦查体现着公安机关的刑事执法公信力，应当保持一定的稳定性，撤销案件与终止侦查后若没有发现新的犯罪证据和新的犯罪事实并依照法定程序，侦查机关不得以原来的犯罪事实重新对原犯罪嫌疑人立案侦查。但司法实践中不能排除有些案件在被撤销以后又发现新的证据，证明犯罪事实确系原犯罪嫌疑人或新的犯罪嫌疑人所为。在这种情形下，应当赋予侦查机关重新开始立案侦查、恢复刑事追究的权力。

【导入案例简析】

"1·2"持枪抢劫金店案发生后，公安机关成立了案件侦破指挥部专案组，下设"调查取证与协查组"、"清查与阵地控制组"、"情报信息与技术侦查组"、"刑事技术组"、"材料综合组"、"监管组"、"后勤组"、"宣传组"等 8 个工作小组，全方位开展侦破工作。专案民警到达现场后，一方面开展现场勘验、调查走访，另一方面立即部署设卡围追堵截。结合现场勘验与调查走访情况，专案民警分析认为，此案系流窜持枪抢劫案；作案人数为 2 人；犯罪嫌疑人作案前有充分计划和准备，有踩点过程，在案发地或周边县市应有落脚点；犯罪嫌疑人且作案手法老练，沉着冷静、胆大妄为，应有犯罪前科；作案对象明确，专找价值最大的黄金柜台实施抢劫。综合前期调查、分析情况，专案组从六个方面开展侦破工作：一是立足案发现场，详细调查访问，通过查找案发中心及附近犯罪嫌疑人的监控录像，确定其体貌特征；二是对犯罪嫌疑人作案过程中使用的摩托车进行排查；三是加大对该县的旅馆、宾馆、网吧、出租房屋、火车站、汽车站、洗浴中心、金银首饰店等场所进行清查、走访、布控，查找可疑人员和可疑摩托车，对被抢黄金首饰进行布控；四是向案发地周边县市发送协查通报，收集同类案件进行串并。侦查人员将案发现场遗留的纱线手套和现场血迹作出准确的DNA分型，并在全国30多个数据库中一一比对，发现与广东、广西、怀化三起抢劫案中DNA比对一致。通过分析研判，并从生物检材、痕迹物证、作案手段等各个方面入手，串并了湘、粤、桂、赣四省11起同类案件；五是运用技侦手段，加强对通信讯息的空中碰撞。经过近100小时的艰苦努力，专案组掌握了主要犯罪嫌疑人的活动轨迹，于1月7日先后抓捕主要犯罪嫌疑人骆某和唐某，当场缴获部分被抢金器，成功破获此系列案件。

【延展阅读】

侦查破案的基本规律

刑事侦查破案活动中有两个最为基本的规律：一是案件构成要素决定侦查方法的规律，二是犯罪暴露程度和侦查整体能力决定侦查效果的规律。

（一）案件构成要素决定侦查方法的规律

这是关于侦查破案方法的规律，它有两重含义：一方面，侦查破案的方法不是随心所欲、任意实施的，除了受程序法和证据规则的限制外，从侦查业务的角度讲，特定案件构成要素决定着可以开辟的侦查途径以及可以采取的侦查措施和手段——即侦查方法。另一方面，侦查破案的方法也不是杂乱无章、难以捉摸的，侦查人员可以循着案件构成要素一步一步地展开侦查，依据在案件构成要素方面所获取的信息与证据开辟相应的侦查途径，采取相应的侦查措施和手段。侦查破案的动态过程，从侦查业务角度而言，通常要经历收集情况、分析案情、查找犯罪嫌疑人、证实犯罪嫌疑人、讯问犯罪嫌疑人这几步核心工作，每一步工作都与案件构成要素具有密不可分的关系。

（二）犯罪暴露程度和侦查整体能力决定侦查效果的规律

这是关于侦查效果的规律，其含义是：案件能否侦破、能否较快侦破，高质量地侦破，不是随心所欲的，犯罪暴露程度和侦查整体能力决定侦破成败、侦破速度、侦破质量——即侦查效果。提升侦查效果的途径是：一方面最大限度地抑制犯罪行为人反侦查能力的提高，另一方面全面提升侦查整体能力。

通过对侦查破案的两个基本规律的探讨可知，侦查人员无论是想从整体上提高破案率，还是想成功地、尽快地、高质量地破获个案，都必须以尽可能快的速度，从案件构成要素方面获取数量尽可能多、质量尽可能高的侦查信息和证据。

资料来源：郝宏奎：《侦查破案的基本规律》，载《山东警察学院学报》，2008（1）。

【本章小结】

一般来讲，刑事案件侦查要经过受案、立案—分析案情—划定侦查方向和范围—开展侦查—确定犯罪嫌疑人—预审—侦查终结，这几个程序与步骤。关于刑事案件侦查的具体实施方法与途径，是在总结刑事案件普遍规律的基础上，对侦查步骤的一般概括。

公安机关受理案件后，经过审查和初查，根据不同情况分别决定立案、不予立案、其他处理。公安机关认为有犯罪事实存在，需要追究刑事责任，且属于自己管辖的案件，依法予以立案。

立案后，根据已经收集到的现场痕迹、物证、信息以及当事人、知情人提供的案件情况，对案件性质、作案时间和地点、作案工具和手段、作案活动过程、作案人的各方面情况等进行分析判断，确定侦查方向和范围。在此基础上，可从与案件有关的人、事、物、信息四个方面选择侦查途径，开展侦查，获取线索和证据，确定犯罪嫌疑人。

预审，是指侦查机关经过一系列的侦查工作，对有证据证明有犯罪事实的案件，通过讯问和其他侦查措施，查清全部犯罪事实，收集、审查、运用证据，证实犯罪，以最后终结整个侦查程序的活动。

侦查终结，是指公安机关认为案件事实已经查清，并取得了确实、充分的证据，按照有关法律规定，足以认定犯罪嫌疑人涉嫌犯罪并应当对其追究刑事责任，不需要继续侦查时，侦查工作即告终结。

撤销案件，是指侦查机关对立案侦查的案件，发现具有某种法定情形，所采取的终结案件侦查的诉讼行为。

终止侦查，是指对于经过侦查，发现有犯罪事实需要追究刑事责任，但不是被立案侦查的犯罪嫌疑人实施的，或者共同犯罪案件中部分犯罪嫌疑人不够刑事处罚的，应当对有关犯罪嫌疑人终止侦查，并对该案件继续侦查。

【关键术语】

立案　分析案情　侦查方向和范围　侦查途径　预审　侦查终结　撤销案件　终止侦查

【推荐阅读】

1. ［美］韦恩·W. 贝尼特，凯伦·M. 希斯：《犯罪侦查》，北京，群众出版社，2000。

2. ［苏］拉·别尔金：《刑事侦查学随笔》，李瑞勤译，北京，法律出版社，1983。

3. 马忠红主编：《刑事侦查学总论》，北京，中国人民公安大学出版社，2009。

4. 王国民、李双其主编：《侦查学》（第二版），北京，中国人民公安大学出版社，2011。

5. 陈刚主编：《信息化侦查教程》，北京，中国人民公安大学出版社，2012。

6. 何家弘主编：《证据调查实用教程》，北京，中国人民大学出版社，2000。

【案例分析】

2014 年 12 月 4 日凌晨，某市东胜百货保安杨某向市公安局 110 报警称，群英路东胜百货被盗巨额现金。经现场勘查，被盗地点东升百货共七层，其中一楼至三楼是卖场，四、五楼是仓库，六、七楼是办公室，超市六楼办公室及二楼财务室被盗，六楼经理室的保险柜被撬，二楼财务室及监控室的窗户被撬，财务室内的保险柜被撬，保险柜内巨额现金被盗，监控室的监控主机被盗。由于整个现场非常复杂，涉及的房间达30余间，技术员经过连续两天认真反复勘验现场，确定了犯罪嫌疑人的活动轨迹，获取了完整的脚印4枚，残缺脚印10多枚，带作案手套印痕10多处，提取了4枚烟头，7处可疑斑迹，后又在距离中心现场500米处的水塘内提取了2个电脑包，在距离被盗超市100米后的一处荒废的厕所内发现了用超市内的窗帘包裹的三台监控主机。

1. 某市公安局接到报警后，应当采取哪些处置措施？

2. 本案可以从哪几个方面选择侦查途径组织侦查？

第五章　侦查取证及证据的分析与审查

【学习目标】

通过本章的学习，理解侦查阶段取证工作的基本原则和不同种类证据的取证要求，明确侦查阶段证据分析与审查的步骤，掌握侦查阶段证据分析与审查的内容。

【导入案例】

2012年7月13日晚上12点左右，唐某某伙同他人乘车至某县境内东王公路三干路口以北一公里处，持刀并采用拳打脚踢手段，抢劫鲁C×××41号东风拖挂车司机聂某某、跟车人张某某人民币3 300元，苹果手机一部（价值4 000元），黑色皮包一个（内装行车证、养路费、附加费等凭证）。14日凌晨2点30分左右，唐某某伙同他人在该县境内石大公路热采矿三矿大门东侧截住鲁E×××83号六轮农用车，持刀采用拳打脚踢手段，抢劫驾驶员王某林人民币8 700元、三星手机一部（价值3 500元）、小米手机一部（价值1 500元）。

针对上述事实，公安机关收集的证据有：

(1) 唐某某供述：我一看要抢车，开车的人叫我下车，我说怕认出来，开车的人说后面有帽子，高个子拿了一顶太阳帽戴在自己头上先下来，开车的和我各自戴了一顶帽子下了车。高个子冲着在拖挂车右面那个人过去抢了一部手机，矮个子去驾驶室抢另一个司机什么东西我不清楚。我站在车前面，临走朝站在车右侧的那个司机踢了一脚，并说快走吧。那个人往后一退没踢着。继而，在石大公路矮个子开车不断地挤一辆农用车，向西走了三四百米远，把农用车截下，高个子和矮个子先后下车，我下车时看见高个子正把农用车司机摁在地上用拳打他，矮个子踢了他两脚，我站在两个车之间。我不认识高个子和矮个子这两个人，是被他们胁迫参加了抢劫活动，但没有实施抢劫行为。

(2) 受害人聂某某陈述：7月13日晚上12点左右，我和张某某开车至东王公路支脉沟以北大约一公里的公路右侧停下，我下车检查轮胎，张某某在车上坐着。我来到车右边时，从南面过来一辆红色桑塔纳轿车停在我车左前方，从车上下来三个戴白色太阳帽的人。其中一个高个子上前抓住我的头发，另一只手拿着一把刀抵在我的脖子上，从我上衣口袋里抢走3 300元钱和苹果手机一部，一个穿白色T恤的人站在我的汽车前面，上前用脚踢我的肚子，我往后一退，没有踢着我。

(3) 受害人张某某陈述：7月13日晚上12点左右，我和聂某某将车停在东王公路三干路口北检查轮胎，过来一辆红色无牌桑塔纳轿车斜堵在我们车前，从车上下来三个戴白色太阳帽的人，一个高个子抓住聂某光的头发说“拿钱”，另一个上车左手掐住我的脖子，右手拿一把刀子顶在我的左肋处，问钱在哪里，我便把一个黑色提包给了掐我脖子的人，包内有现金2 500元、行车证、附加费等凭证。

(4) 受害人王某某陈述：7月14日凌晨2点30分左右，在石大路热采三矿门东侧，一辆红色无牌桑塔纳轿车往北挤我的车，从车上下来三个人，穿着白色T恤的人手里拿着一把刀站在车右门处，三个人对我进行拳打脚踢后，抢走现金8 700元、三星手机一部、小米手机一部。

(5) 证人王甲（王某某之子）陈述：7月14日凌晨2点30分左右，在石大路热采三矿门东侧，一辆红色无牌桑塔纳轿车把我和我爸的车截住，从轿车上下来三个人，一个高个子把我爸爸从车上拉下来，三个人对我爸爸进行拳打脚踢，一个穿白色T恤的人手里还拿着一把刀。抢走了钱、手机和矿工手电。

(6) 广饶县公安局城里派出所抓获经过材料：公安机关在对嫌疑车辆拦截时，该车强行冲过，民警立即驾车追赶，在广饶长途汽车站附近将轿车逼到右侧绿化带边缘，前排的两名犯罪嫌疑人弃车而逃，民警将坐在后排的犯罪嫌疑人唐某某堵在车内抓获。

(7) 随案移交的物证：作案工具刀4把、太阳帽三顶。

(8) 广饶县价格事务所价值认定报告书：苹果4手机一部，价值4 000元；三星Galaxy S2手机一部，价值3 500元；小米2S手机一部，价值1 500元。

上述证据来源是否合法、有效？本案事实是否清楚？证据是否达到确实、充分的标准？

第一节　侦查阶段的取证要求

一、侦查取证的原则

侦查取证工作必须遵循一定的基本原则，以确保取证方法、程序以及所获取的证据合法、有效。

（一）查证属实的原则

《刑事诉讼法》第50条第3款和《公安机关办理刑事案件程序规定》（2020年修正）第59条第3款规定，证据必须经过查证属实，才能作为定案的根据。这一原则性规定不仅是针对审判阶段证明活动提出的要求，也是对侦查阶段证明活动提出的要求。在侦查过程中，侦查人员收集的证据的真实性需要侦查机关审查，只有证据本身是真实的，才能用于证明案件情况。因此，查证属实原则也是侦查机关运用证据的根本原则。

查证属实原则要求侦查机关在收集证据的过程中，对证据的客观性、关联性、合法性等情况进行审查，并将某一证据所证实的内容与其他证据相互印证，去伪存真，从而确定该证据是否真实。

（二）依法全面收集证据的原则

《公安机关办理刑事案件程序规定》（2020年修正）第60条规定：“公安机关必须依照

法定程序，收集、调取能够证实犯罪嫌疑人有罪或者无罪、犯罪情节轻重的各种证据。必须保证一切与案件有关或者了解案情的公民，有客观地充分地提供证据的条件，除特殊情况外，可以吸收他们协助调查。”该规定对公安机关收集证据提出了要求，包括以下四个方面的内容：

1. 依照法定程序收集证据的原则

依照法定程序收集证据是公安机关收集证据的基本要求，不同种类的证据有不同的收集程序，对此，《刑事诉讼法》和《公安机关办理刑事案件程序规定》(2020 年修正）等作出了具体规定，例如：讯问笔录必须经犯罪嫌疑人核对；执行逮捕必须由 2 名以上侦查人员进行；对于可能判处死刑或者无期徒刑的犯罪嫌疑人进行讯问的，应当全程录音、录像；搜查时必须出示搜查证，搜查的情况应当写成笔录；扣押物证、书证必须当场开列清单一式两份，等等。侦查人员只有严格依照法律规定的程序收集证据，才能为正确地证明案件事实提供可靠的依据。

2. 全面收集证据的原则

侦查机关收集证据必须做到客观、全面，不能只收集证明犯罪嫌疑人有罪、罪重的证据，也不能只收集证明犯罪嫌疑人无罪、罪轻的证据。侦查人员在收集证据过程中不能主观臆断、片面取舍，更不能弄虚作假、歪曲事实。只有全面收集能够证明案件情况的一切证据，才能确实、充分地证明案件事实。

3. 保证公民充分提供证据的原则

公安机关必须保证一切与案件有关或者了解案情的公民，有客观地、充分地提供证据的条件。这一原则包含以下几个要求：一是要保护证人及其近亲属的安全，消除证人的恐惧心理，为其保守秘密；二是要做好证人的思想工作，做好法律宣传教育；三是要全面、客观地听取证人的陈述。

4. 吸收公民协助调查的原则

吸收公民协助调查原则，即除特殊情况外，公安机关可以吸收与案件有关或者了解案情的公民协助调查。这主要是要求公安机关在收集证据过程中，要充分相信群众、依靠群众，在群众的协助下收集证据，侦查破案。“特殊情况”主要是指两种情况①：一是与案件有关或者了解案情的人参与调查可能会有碍侦查；二是对涉及国家秘密的案件，需要严格限制知情人的范围。

（三）非法证据排除的原则

在侦查过程中，侦查机关收集证据必须严格按照法律规定的程序进行，不得采用非法的程序、手段或方法收集证据。否则，这些证据将会被以非法证据予以排除。非法证据排除旨在限制、防止侦查机关滥用侦查权力，保护公民个人权利不受侵犯，体现了强调程序公正的价值观念。《刑事诉讼法》第 56 条第 1 款规定：“采用刑讯逼供等非法方法收集的犯罪嫌疑人、被告人供述和采用暴力、威胁等非法方法收集的证人证言、被害人陈述，应当予以排除。收集物证、书证不符合法定程序，可能严重影响司法公正的，应当予以补正或者作出合理解释；不能补正或者作出合理解释的，对该证据应当予以排除。”根据上述规定，非法证据包括以非法方法收集的言词证据和违反法定程序收集的实物证据。其中，言词证据包

---

① 参见孙茂利主编：《〈公安机关办理刑事案件程序规定〉释义与实务指南》，127 页，北京，中国人民公安大学出版社，2013。

括犯罪嫌疑人、被告人供述和证人证言、被害人陈述，实物证据包括物证、书证。

对于非法证据，《刑事诉讼法》第56条第2款规定："在侦查、审查起诉、审判时发现有应当排除的证据的，应当依法予以排除，不得作为起诉意见、起诉决定和判决的依据。"根据该规定，侦查机关、检察机关、审判机关都有维护司法公正和诉讼参与人合法权利的职责。在办案的过程中，发现已经收集的证据中有依法应当排除的非法证据的，都有义务加以排除。因此，公安机关在侦查取证过程中发现有应当排除的证据的，经县级以上公安机关负责人批准，应当依法予以排除，不得作为批准逮捕、移送审查起诉的依据。

二、侦查取证的要求

（一）物证、书证的取证要求

在物证、书证的取证过程中，侦查人员应遵守原始证据优先原则。所谓原始证据，是指直接产生案件事实或直接来源于原始出处的证据。[①] 直接产生于案件事实，是指证据是在案件中有关行为或活动的直接作用或影响下形成的；直接来源于原始出处，是指证据包含的信息直接来源于该信息生成的原始现场和环境。针对物证、书证的特性，为了保证其真实性，我国法律规定了原始证据优先原则。

1. 物证的取证要求

物证是以其外部特征、物质属性、存在状况等来发挥证明作用的，客观性强，在证明活动中具有其他证据不可替代的作用。物证原物的证明力、说服力更强，所以侦查机关在办理刑事案件过程中收集的物证应当是原物，其目的是保证物证的真实性。但在实践中由于各种因素的限制，一概要求提交原物、原件会面临举证困难或举证不能的局面。对此，法律规定了例外情况。《公安机关办理刑事案件程序规定》（2020年修正）第64条第1款规定："收集、调取的物证应当是原物。只有在原物不便搬运、不易保存或者依法应当由有关部门保管、处理或者依法应当返还时，才可以拍摄或者制作足以反映原物外形或者内容的照片、录像或者复制品。"

为了防止物证的照片、录像或者复制品在拍摄、制作反映原物外形或内容的过程中出现伪造等情况，《公安机关办理刑事案件程序规定》（2020年修正）第64条第2款规定："物证的照片、录像或者复制品经与原物核实无误或者经鉴定证明为真实的，或者以其他方式确能证明其真实的，可以作为证据使用。原物的照片、录像或者复制品，不能反映原物的外形和特征的，不能作为证据使用。"

2. 书证的取证要求

书证是以文字、符号、图形等方式记载的内容和反映的思想来证明案件事实的文件或其他物品，如经济犯罪案件的账本、犯罪嫌疑人的书信等。由于书证可以比较直观地证明案件相关事实，特别是有些书证可以直接证明案件的性质、犯罪嫌疑人的作案动机和目的，揭穿犯罪嫌疑人的虚假供述，鉴别其他证据的真伪。但是，书证容易被复制，所以书证的原件具有更强的证明力。对此，《公安机关办理刑事案件程序规定》第61条第1款规定："收集、调取的书证应当是原件。只有在取得原件确有困难时，才可以使用副本或者复制件。"同时，对于书证的副本、复制件，该条第2款规定："经与原件核实无误或者经鉴定证明为真实的，或者以其他方式确能证明其真实的，可以作为证据使用。书证有更改

① 参见何家弘、刘品新：《证据法学》（第四版），131页，北京，法律出版社，2011。

或者更改迹象不能作出合理解释的，或者书证的副本、复制件不能反映书证原件及其内容的，不能作为证据使用。”

（二）口供的取证要求

口供是刑事诉讼中的重要证据，对于认定案件事实有重要意义。但由于犯罪嫌疑人是可能被追究刑事责任的人，在供述时往往会考虑对自己是否有利，口供中就有可能掺杂虚假成分。如果侦查机关轻信甚至依赖口供，不重视其他证据的收集，很可能造成犯罪嫌疑人、被告人一旦翻供，就无证定案的局面，不利于打击犯罪和提高办案质量。而且依赖口供极易造成为获取口供不择手段，采取刑讯逼供等非法方法，侵犯犯罪嫌疑人、被告人的合法权益。为此，《刑事诉讼法》第 55 条规定了“重证据、不轻信口供原则”，其第 1 款规定“对一切案件的判处都要重证据，重调查研究，不轻信口供。只有被告人供述，没有其他证据的，不能认定被告人有罪和处以刑罚；没有被告人供述，证据确实、充分的，可以认定被告人有罪和处以刑罚”。

“重证据”，是指要重视一切证据的收集、认定，特别是口袋以外的客观证据。“不轻信口供”是指不能不经核实，不经与其他证据相互印证，就轻易相信口供。具体又分两种特别情况：一是“只有被告人供述，没有其他证据的，不能认定被告人有罪和处以刑罚”，是指人民法院在判决案件中，对于仅仅有被告人有罪供述，而无其他证据印证的，不能认定被告人有罪和处刑。二是“没有被告人供述，证据确实、充分的，可以认定被告人有罪和处以刑罚”，是指被告人不供述，但经法庭审查查证属实的其他证据确实、充分，可以证明被告人有罪的，也可以对被告人定罪、判罚。

“重证据、不轻信口供”原则不仅是适用于人民法院在审理案件中对被告人定罪、判刑的原则，也是对公安机关侦查取证活动提出的要求。公安机关只有在侦查取证中也坚持“重证据、不轻信口供”原则，才能保证收集证据的全面性、合法性，提高证据的确实性、充分性，从而保证所收集的证据在打击犯罪、定罪、判刑中的证明力。

（三）证人证言的取证要求

证人证言取得程序、方式是否符合法律及有关规定。这包括以下几个方面的内容：（1）禁止使用暴力、威胁、引诱、欺骗以及其他非法手段取证。（2）询问证人应当个别进行的规定，没有个别进行的，所取得的证言不能作为认定案件事实的依据。（3）笔录应经证人核对确认并签名（盖章）、捺指印，否则不能作为认定案件事实的依据。（4）询问未成年人的，应通知其法定代理人到场。（5）询问聋哑人或者不通晓当地通用语言、文字的少数民族人员、外国人，应提供翻译。没有提供翻译的，证人证言不能作为认定案件事实的依据。

（四）视听资料、电子数据的取证要求

对于视听资料，侦查人员在取证时应当做到以下几个方面的要求：（1）保证视听资料的合法来源，即在制作过程中，侦查人员不能以威胁、引诱等违反法律及有关规定的方式向当事人取证；（2）视听资料的制作应载明制作人或者持有人的身份，制作的时间、地点和条件以及制作方法；（3）调取的视听资料是复制件的，应附有无法调取原件的原因、制作过程和原件的存放地点的说明，并有制作人和原视听资料持有人签名或者盖章；（4）视听资料的内容和制作过程应当真实，禁止剪辑、增加、删改、编辑等伪造、变造的情形。

对于电子数据的取证，包括电子邮件、电子数据交换、网上聊天记录、网络博客、手机短信、电子签名、域名等，侦查人员按照以下要求进行：（1）电子数据存储磁盘、存储

光盘等可移动存储介质应与打印件一并提交；(2) 应载明该电子证据形成的时间、地点、对象、制作人、制作过程及设备情况等；(3) 制作、储存、传递、获得、收集、出示等程序和环节应合法，取证人、制作人、持有人、见证人等应签名或者盖章；(4) 内容真实，禁止出现剪裁、拼凑、篡改、添加等伪造、变造情形。

(五) 勘验、检查笔录的制作要求

侦查人员在制作勘验、检查笔录时，应遵守客观、规范原则。侦查人员要依法进行勘验、检查，对于勘验、检查笔录的内容，侦查人员在取证时要做到全面、详细、准确、规范。这主要包括以下几个方面的内容：(1) 准确记录提起勘验、检查的事由，勘验、检查的时间、地点，在场人员、现场方位、周围环境等情况；(2) 准确记载现场、物品、人身、尸体等的位置、特征等详细情况以及勘验、检查、搜查的过程；(3) 文字记载应与实物或者绘图、录像、照片相符；(4) 采用科学、规范的形式、方法固定证据；(5) 客观记载现场、物品、痕迹等是否被破坏或者伪造，是否为原始现场；(6) 详细、准确记载人身特征、伤害情况、生理状况有无伪装或者变化等。

第二节　侦查阶段证据的分析与审查

一、侦查阶段证据分析与审查的步骤

公安机关分析与审查证据应符合认识活动由浅入深、从个别到整体的循序渐进的规律。一般而言，公安机关分析、审查证据一般应包括单独分析审查、比对分析审查和综合分析审查三个基本步骤。

(一) 单独分析审查

单独分析审查，是指侦查人员应对收集到的每一项证据进行分别分析审查，审查证据的来源、证据的内容，分析证据与案件事实的联系、证据的真实可靠性以及对案件事实的证明价值，从而排除虚假证据和对案件事实无证明价值的证据。

单独分析审查证据可以分为按时间顺序和主次顺序两种。按时间顺序分析审查，是指按照案件待证事实发生的先后顺序来分析审查相关联的证据。这种方法适用于时间顺序比较明确的案件。按主次顺序分析审查，是指按照案件待证事实发生的主次关系来分析审查相关联的证据。这种方法适用于案件核心事实与核心证据比较明确的案件。

(二) 比对分析审查

对于同一案件事实，在收集到多种证据或多项证据的情况下，可以采用比对分析审查法，即对多种证据或多项证据进行比较和对照，审查证据的内容和反映的案件信息是否一致，分析证据之间是否存在矛盾，能否合理地共同证明案件事实。一般而言，经比对研究认为相互一致的证据往往比较真实可靠，而相互矛盾的证据则可能其中之一有问题或者都有问题。但是，实践中也存在由于串供、伪证、刑讯逼供等因素的影响造成的虚假的一致，所以对相互一致的证据也不能盲目轻信。同时，对于相互矛盾或有差异的证据，也不能一概否定，还应认定分析矛盾或差异的形成原因和性质，因为不同的证据之间有时会出现一些并不影响其真实可靠性的差异。例如，不同证人对同一案件事实的陈述很难完全相

同，因为他们的感知能力、记忆能力和表达能力并不相同，他们感知案件事实时的主客观条件也不会完全相同。

比对分析审查有两种基本形式：一种是纵向比对分析审查，另一种是横向比对分析审查。前者是对同一个人就同一案件事实提供的多次陈述做前后比对分析，审查其陈述的内容是否前后一致，有无矛盾之处。后者是对证明同一案件事实的不同证据或不同人提供的证据做并列比对，看其内容是否协调一致，有无矛盾之处。

（三）综合分析审查

综合分析审查是指侦查人员对所收集的案件所有证据进行综合分析与研究，看其内容和反映的信息是否协调一致，能否相互印证，是否达到确实充分地证明案件事实的证明标准。综合分析审查的核心是发现矛盾和分析矛盾。侦查人员应对各种证据进行交叉的逻辑分析，善于从细微之处发现不同证据之间的矛盾，然后再认真分析这些矛盾的性质和形成的原因，以便对案件中的证据做出整体性评价。在分析审查的内容上，侦查人员既要审查证据的真实可靠性，也要分析证据的充分性。特别是在运用间接证据证明案件事实时，必须全面、系统地审查所有间接证据，必须使全案证据形成一个完整的证据体系，能够确定性地合理证明案件事实。

二、侦查阶段证据分析与审查的内容

侦查阶段公安机关取证的目的在于查清案件事实，因此，对证据的分析与审查，是在保证证据的合法性的前提下，重点在于其关联性、真实性和证明价值。审查证据的关联性，是指要审查证据是否与证明的案件事实或其他争议事实具有一定的联系；审查证据的真实性，需要从证据来源的可靠性与证据内容的可信度两方面入手。其中，分析证据来源的可靠性时，要考察证据提供者的能力、知识、身份与动机；分析证据内容的可信度时，要考察证据内容的可能性、一致性、合理性与详细性；审查证据的证明价值，不仅要求公安机关分析、审查单个证据或单组证据的证明价值，还要进一步分析全部证据的证明价值。这是因为若干个证据以不同的方式组合起来也会有不同的证明价值，可以让侦查人员对已有证据有一个整体评价，从而为全案决策提供依据。

（一）物证、书证的分析与审查

在侦查过程中，侦查人员对物证、书证的分析与审查主要从以下几个方面进行：

1．关联性

侦查人员分析物证、书证的关联性，就是要分析物证、书证对案件事实是否有证明作用。例如，侦查人员应对犯罪现场遗留的与犯罪有关的具备检验鉴定条件的血迹、指纹、毛发、体液等生物物证、痕迹、物品，是否通过DNA鉴定、指纹鉴定等方式与被告人或者被害人的相应生物检材、生物特征、物品等作同一认定。此外，侦查人员还要审查与案件事实有关联的物证、书证是否全面收集，有无遗漏应当收集的物证、书证。

2．合法性

审查物证、书证的合法性，要求侦查人员对物证、书证的以下几个方面进行侦查：（1）物证、书证收集程序、方式是否符合法律及有关规定；（2）经勘验、检查、搜查提取、扣押的物证、书证，是否附有相关笔录或者清单；（3）笔录或者清单是否有侦查人员、物品持有人、见证人签名，没有物品持有人签名的，是否注明原因；（4）对物品的特征、数量、质量、名称等注明是否清楚。

3. 真实性

审查物证、书证的真实性，首先要求侦查人员审查物证、书证是否为原物、原件，对于物证的照片、录像或者复制品及书证的副本、复制件，侦查人员应审查其与原物、原件是否相符。其次，物证、书证要经过犯罪嫌疑人的辨认，对于存在疑问的物证、书证，侦查人员还要对其进行鉴定。最后，物证的照片、录像或者复制品及书证的副本、复制件是否由两名以上侦查人员制作，有无制作人关于制作过程及原件、原物存放于何处的文字说明及签名。此外，侦查人员还要审查物证、书证在收集、保管及鉴定过程中是否受到破坏或者改变。

4. 证明价值

审查物证的证明价值，主要是要求侦查人员审查物证本身及其与其他证据构成的组合，对案件事实的关联程序如何①，即认定某一物证的内在属性、外部形态、空间方位等能否足以影响到特定的案件事实所呈现的实际状态。凡是某一物证以内在属性、外部形态、空间方位等来体现对案件事实的存在产生有效影响，便是具有证明价值的物证。

审查书证的证明价值，侦查人员应当从以下两个方面入手：第一，应当查明和确认有关书证所记载、表述的内容的确切含义。若书证内容前后存在矛盾之处或模糊之处，则必然影响到对书证内容的正确理解或识别，进而影响到对该书证与待证事实之间关联性的判断。第二，应当查明和确认书证与待证事实是否有内在的、必然的关联性。在实际案件中，有些书证所记载的内容与案件事实之间的关系显得牵强附会或模棱两可，因此，对此类书证与案件事实所涉及内容的关联性，侦查人员必须结合其他证据考察是否相互衔接、印证，才能做出确认。

（二）证人证言的分析与审查

对证人证言，侦查人员着重审查以下几个方面：

1. 审查证人证言的真实性

（1）审查证人证言的来源。这要求侦查人员一方面审查证言内容是否为证人直接感知。证人证言是直接源于证人亲身的感受，就具有较强的真实性；如果证人证言是间接来源于他人的转述，则在真实性方面有所削弱，进而也会影响到证明力。另外，证人的猜测性、评论性、推断性的证言，不能作为证据使用，但根据一般生活经验判断符合事实的除外。

（2）审查证人的作证能力和资格。一个如实提供证言的人，其陈述的内容也有可能不符合客观事实。这主要是因为证言的形成要经历一个主观能动地反映客观感知、记忆和陈述的过程。为此，侦查人员要审查证人作证时的年龄、认知水平、记忆能力和表达能力，生理上和精神上的状态是否影响作证。生理上或精神上有缺陷或者年幼，不能辨别是非、正确表达的人，或者处于明显醉酒、麻醉品中毒或者精神药物麻醉状态，以致不能正确表达的证人，所提供的证言不能作为认定案件事实的依据。

（3）审查证人与案件当事人、案件处理结果有无利害关系。狭义上的利害关系仅指证人在诉讼中具有直接利益；从广义上讲，这种利益应包括亲属关系、朋友关系以及相互敌视的对立关系等。如果存在这些关系，就有可能影响证人证言的客观真实性，以致削弱证

① 参见何家弘、刘品新：《证据法学》（第四版），398页，北京，法律出版社，2011。

明力。

（4）审查证人的品格、操行。品格和操守是指人所享有的为社会广泛认知的声誉和一贯的处事方式。一般来说，凡是品格、操行一贯优良的证人，其证言则具有更大的真实性、可靠性，反之，其证言的真实性、可靠性较弱，即证明力不强。

2. 证人证言的证明价值

侦查人员审查证人证言的证明价值，主要是要审查、确认证人证言所表达的内容与案件事实有何种关联性、是否合乎情理以及证人证言之间及与其他证据之间能否相互印证，有无矛盾。如果证人证言与案件事实本身关联性不强，即使在内容上是符合客观事实的，也无证据价值。如果同一个证人的证言前后有变化，或者不同证人的证言相互不一致，或者证人证言与其他证据有矛盾，尤其在案件的关键情节上有出入，那就说明该证人证言可能有问题。侦查人员要注意审查证人或其他人对矛盾之处作何种解释、解释得是否符合情理，还要注意证人证言与其他证据能否相互印证。

（三）被害人陈述的分析与审查

刑事案件的被害人陈述主要包括两种情况：① 一是与作案人有直接接触或者在犯罪现场亲眼目睹犯罪行为发生的被害人所作的陈述。这类情形常见于伤害、抢劫、强奸等暴力犯罪案件中。由于被害人与作案人有过直接接触，所以了解作案人的许多具体情况，如性别、年龄、身份、衣着装束、相貌特征、言谈举止、体形、口音，以及在搏斗中给作案人身上造成的伤痕或在衣物上留下的污迹等。有时被害人在案发后的一定时间内还能辨认出谁是作案人，这种指认可以作为一种直接，具有较强的证明力。二是与案件人没有直接接触或没有亲眼目睹犯罪行为发生的被害人所作的陈述。如受害人外出时家中被盗的案件中，受害人往往了解犯罪的时间、地点、后果、赃物特征等情况，可以为查清案件事实提供重要的线索。

被害人陈述在证明案件事实上具有直接性、具体性、生动性和形象性，但同时也有其自身的局限性。例如，在一些诸如杀人、强奸、抢劫等恶性暴力犯罪案件中，被害人因其自身直接遭受犯罪行为的侵害，往往在案发时处于精神上高度紧张状态，从而影响了正常的观察思辨能力，导致心理上的错觉、幻觉或思维混乱。有的受害人顾虑重重，如担心事后遭到报复，特别是强奸案中，不少妇女为了顾及名誉、前途或家庭关系而不敢揭露真情；有的出于无比痛恨、难以抵制的复仇心态而有意夸大犯罪事实和情节；个别情况下，受害人不是实事求是地协助公安机关追查作案人，而是借机诬告陷害他人。由此可见，被害人陈述是一种非常复杂的证据，需要侦查人员认真审查，既不能轻视，也不能盲目轻信。

对被害人陈述的分析、审查，侦查人员应当从以下几个方面进行：

（1）审查被害人陈述内容的来源。即要查明被害人陈述的内容是否为自己直接看到、听到、感受到的。如果是被害人耳闻目睹的，应查清被害人感知的情况、当时的精神状态以及环境条件是否允许；如果案发时被害人并不在犯罪现场或处于无意识状态，只是事后听他人所说，侦查人员应查明其听闻的具体情形，并尽可能找到原陈述人进行核实。

（2）审查被害人的检举、控告是在何种情况下发生的，即侦查人员要审查被害人陈述

① 参见何家弘、刘品新：《证据法学》（第四版），404页，北京，法律出版社，2011。

是否为自愿作出的，还是在他人指使、劝说甚至强迫之下作出的。这些情况都会对被害人陈述的证明力产生重要影响。

（3）审查被害人陈述的合理性、一致性。侦查人员要认真审查被害人陈述内容中涉及的犯罪地点、时间、环境、手段、情节、目的、步骤和造成的后果，分析是否合情合理，是否存在矛盾。这些情况将直接决定被害人陈述证明力的强弱。

（4）审查被害人与被告人之间的关系。侦查人员应当审查被害人与被告人之间是否相识，平时关系如何，是否有怨仇，是否有亲属关系、朋友关系、隶属关系等。这些因素将会在一定程度上决定对被害人陈述证明力大小的评断。

（5）审查被害人的品格修养和一贯表现。侦查人员应当审查被害人自身的品德如何，是否诚实守信，这些情况直接影响到被害人陈述的可靠性。如果被害人一贯品行不佳、为人狡诈、口是心非，侦查人员就应对其陈述审慎考虑。

（四）犯罪嫌疑人供述和辩解的分析与审查

犯罪嫌疑人供述和辩解不仅具有真实性与虚假可能性并存的特点，还具有很强的不稳定性。[①] 犯罪嫌疑人对自己是否实施了犯罪行为，以及如何实施犯罪，比其他人更清楚。诸如犯罪的动机、目的、手段、时间、地点、参与人员、造成的后果等犯罪构成方面的情况，以及无罪、罪轻的辩解，如果犯罪嫌疑人的陈述是真实、全面的，就能够直接、全面、客观地反映案件情况，对于认定案件事实具有其他证据无可比拟的优势。同时，作为刑事诉讼的追诉对象，大多数犯罪嫌疑人为逃避罪责，总是企图否认和抵赖罪行，编造谎言，无理狡辩，其供述和辩解具有很大的虚假可能性。此外，因犯罪嫌疑人受到各种因素的影响，致使其供述和辩解反反复复，随时变化甚至翻供。因此，侦查人员在审查犯罪嫌疑人的供述和辩解时，应全面分析，判断是否合情合理，以判明其真实性。

在侦查阶段，侦查人员审查犯罪嫌疑人的供述和辩解，重点是审查其真实性，主要包括以下几个方面：

（1）犯罪嫌疑人的供述和辩解的动机和目的。犯罪嫌疑人出于何种动机、为达到何种目的，直接影响其供述和辩解的真实性。由于犯罪嫌疑人的供述和辩解积极动机和不良动机并存，积极动机的供述和辩解也会因某些主客观原因导致不够真实，因此，侦查人员在审查犯罪嫌疑人的供述和辩解时，应着重考虑其是出于积极动机，如真诚悔罪、期望得到从轻处理、转变错误认识被迫交待罪行、保护自己的合法权益等，还是出于不良动机，如心存侥幸、掩盖其他罪行、包庇同伙、替人顶罪等。

（2）犯罪嫌疑人的供述是否前后一致，有无反复以及出现反复的原因。

（3）犯罪嫌疑人辩解的内容是否符合案情和常理，有无矛盾。

（4）犯罪嫌疑人的供述和辩解与同案犯的供述和辩解以及其他证据是否能够相互印证、有无矛盾。

（五）鉴定意见

鉴定意见的形式要件是否完备，是否注明提起鉴定的事由、鉴定委托人、鉴定机构、鉴定要求、鉴定过程、检验方法、鉴定文书的日期等相关内容，是否由鉴定机构加盖鉴定

---

① 参见毕惜茜主编：《侦查讯问学》，226～227页，北京，中国人民公安大学出版社，2013。

专用章并由鉴定人签名盖章。

鉴定意见是否明确，鉴定意见与案件待证事实有无关联。

鉴定意见与其他证据之间是否有矛盾，鉴定意见与检验笔录及相关照片是否有矛盾。

（六）勘验、检查笔录

公安机关对勘验、检查笔录的分析与审查，重点在于勘验、检查笔录中记载的情况与被告人供述、被害人陈述、鉴定意见等其他证据能否印证，有无矛盾。

（七）视听资料、电子数据

对视听资料的审查，公安机关结合案件其他证据，审查其内容的真实性和关联性。首先，公安机关应当对视听资料所反映的内容加以分析与审查，如果某一视听资料的保真保真状况受到时空环境的制约，则其内容也可能为来自主观人为和客观外界因素的破坏和侵蚀，从而降低其证明价值。其次，公安机关要审查视听资料与案件事实之间的关联性大小。如果某一视听资料具有真实可靠的保障，但它与案件事实之间的关联性很小，那么它本身的证明力仍然不够。

对于电子数据的真实性，公安机关应通过特殊的机制予以审查，主要分为以下几种情况：一是如果某一电子数据所依赖的计算机系统具有可靠性，即可推定电子数据具有可靠性；二是如果某一电子数据是由对其不利的一方当事人保存或提供的，可推定该电子数据具有可靠性；三是如果某一电子数据是在正常的业务活动中生成并保管的，可推定该电子数据具有可靠性。

三、侦查阶段全案证据的综合审查与运用

（一）全案证据综合审查与运用的要求

全案证据的综合审查与运用，是指侦查人员在单一分析审查证据、比对分析审查证据之后，运用个人的直觉和经验，运用同一认定、逻辑分析审查、概率分析审查等方法，对全案证据进行综合评断，以判断犯罪案件事实是否清楚，证据是否确实、充分的活动。根据《公安机关办理刑事案件程序规定》（2020 年修正）第 70 条第 1 款规定："公安机关移送审查起诉的案件，应当做到犯罪事实清楚，证据确实、充分。"公安机关收集的证据要达到"确实、充分"的标准，应当符合以下条件："（一）认定的案件事实都有证据证明；（二）认定案件事实的证据均经法定程序查证属实；（三）综合全案证据，对所认定事实已排除合理怀疑。"

（二）全案证据真实性的审查

刑事诉讼法要求，对用于认定案件事实的证据，公安机关必须查证属实。对全案证据真实性的审查，要求把相关的证据结合起来归类分析评断，发挥全案证据结合分析的优势，挖出那些虚假痕迹并不明显的证据。审查评断全案证据的真实性，在实践中存在两大规律①：一是矛盾规律，即利用证据之间的矛盾排除伪证。这是建立在证据自身内在统一、相互统一与案件统一的"三统一"原则基础上的。"三统一"原则是证据真实性的基本标志。二是实践法则，即通过实践排除伪证。这在侦查过程中主要包括侦查实验法、辨认法和鉴定法三种方法。

---

① 参见何家弘、刘品新：《证据法学》（第四版），413 页，北京，法律出版社，2011。

（三）全案证据证明价值的审查

一般来说，证据证明价值是以其与案件事实的关联程度为基础的。审查评断全案证据的证明价值，要求侦查人员结合案件的具体情况，从各证据与待证事实的关联程度、各证据之间的联系等方面进行审查判断。一方面，要求用于定案的各个证据都应当与案件事实有联系；另一方面，要求证据之间具有内在的联系，共同指向同一待证事实。

（四）坚持排除一切合理怀疑原则

这一方面要求公安机关收集的证据之间应当没有矛盾，或者虽有矛盾但能够得到合理解释；另一方面，全案证据应当能够证明全部待证案件事实，各个证据应当构成一个有机整体，形成一个完整的证明体系。

【导入案例简析】

本案的关键点是关于各种证据的证明力。本案中犯罪嫌疑人一直坚持自己系被胁迫参加了犯罪活动，自己没有进行抢劫活动。但除了犯罪嫌疑人所作的辩解外，并无别的证据予以证明，这个证据就成为一个孤证。根据证据的关联性原则和孤证不能定罪的原则，犯罪嫌疑人的此项辩解因证据不足不能予以支持。

本案中的第二起犯罪事实的有关证据均为直接证据，有被害人王某某、证人王甲的证言、广饶县派出所抓获犯罪嫌疑人的经过材料。其中被害人王某某、证人王甲的证言均能证明2012年7月14日凌晨2点30分左右，在石大公路热采矿三矿大门东侧，一辆红色无牌桑塔纳轿车把他们的车截住，从轿车上下来三个人，一个高个子把被害人王某某（证人王甲的爸爸）从车上拉下来，三个人对被害人王某某进行拳打脚踢，一个穿白色T恤上衣的人手里还拿着一把刀子，抢走了钱、手机和矿工手电。而当犯罪嫌疑人立即报案后，广饶县公安局城里派出所抓获犯罪嫌疑人时，其坐的车是无牌桑塔纳轿车，车上有三个人，体貌特征也符合被害人和证人所述。这几个证据经查证属实，且相互联系、相互印证，在作案的时间和地点、犯罪嫌疑人的体貌特征上也排除了一个正常人对犯罪嫌疑人不会产生合理疑问、犯罪没有发生的可能性怀疑、其他人作案的可能性怀疑。因此，足以认定犯罪嫌疑人参与并实施了抢劫行为。

在犯罪嫌疑人所涉嫌的第一起犯罪事实上，由于被告人作了只承认其参与了抢劫、没有实施抢劫行为的无罪辩解，在本案中的直接证据只有被害人的陈述。而依据孤证不能定案的原则，仅有这一个证据是不能对犯罪嫌疑人的犯罪行为予以认定的。这就需要间接证据的作用。

本案中的间接证据为白色太阳帽3顶、抓获唐某某时同时在其车上找到的被害人聂某某养路费凭证二张、速度表和里程表检定合格证一本、附加费凭证一本、道路运输证一本、黑色包一个。而由于本案有被害人聂某光、张某涛的陈述证明，三个戴白色太阳帽的人从一辆红色无牌桑塔纳轿车下来，一个高个子和另一个人抢了他们的手机、黑色包，包内就有行车证、附加费等凭证。物证和被害人的陈述是相互关联、相互印证的，形成了一个证据链条。在作案的时间和三个犯罪嫌疑人的体貌特征上排除了合理性怀疑，而且也不足以认定没有犯罪发生和有其他人作案的可能性。因而足以认定犯罪嫌疑人唐某某参与了抢劫行为。

同时，本案所有的事实都不存在非法取证的情形，都具有可采性，加之证据之间都具有可印证性、关联性，因而犯罪嫌疑人唐某某抢劫的犯罪事实可以认定。

【延展阅读】

审查认定证据的路径和方法

不同种类的证据有不同的特点，因此对不同种类的证据进行审查认定也要遵循不同的路径并使用不同的方法。在本文中，笔者将主要讨论直接证据和间接证据的审查认定路径和方法。

（一）审查认定直接证据的路径和方法

直接证据是指能够直接证明案件主要事实或待证事实的证据。直接证据具有以下特点：第一是证明的直接性；第二是证明的单独性；第三是证据形式多属于言词。由于直接证据与案件事实之间的联系是直接的和明显的，因此审查认定的要点是其真实可靠性。

1. 审查证据来源的可靠性

所谓证据来源，即证据是如何形成的，或者是由谁提供的。分析证据来源的可靠性，就是要分析证据在形成过程中是否受到外界因素的影响及其影响的程度，就是要分析提供证据者有无影响证据内容可信度的因素。司法人员在分析证据来源的可靠性时应主要考察以下两方面的情况：(1) 证据提供者的能力与知识；(2) 证据提供者的身份与动机。

2. 审查证据内容的可信度

所谓证据内容，即证据所反映的人、事、物的情况。司法人员在分析证据内容的可信度时应考察以下几个方面的情况：(1) 证据内容的可能性；(2) 证据内容的一致性；(3) 证据内容的合理性；(4) 证据内容的详细性。

（二）审查认定间接证据的路径和方法

间接证据是指不能直接证明案件主要事实或待证事实的证据，或者说，必须通过其他证据或者推理才能证明案件主要事实或待证事实的证据。间接证据具有以下特点：第一是证明的间接性；第二是证据的连接性；第三是证据形式以实物为主但是也包括言词。对间接证据的审查认定既包括其真实可靠性，也包括其证明价值或证明力，而且后者往往是审查的要点和认定的难点。

1. 分析间接证据的推理前提和形式

间接证据的证明力是由证据与案件事实之间联系的性质和程度所决定的，而且其证明功能的实现往往离不开推理，因此，审查认定间接证据的证明力就要分析其依赖的推理。这包括两个方面：其一是推理前提的真实性；其二是推理形式的正确性。所谓推理前提的真实性，即作为前提的判断是否符合客观实际情况。所谓推理形式的正确性，即推理的形式是否符合逻辑推理的有关规则。由于推理的形式只表现为正确与错误，而推理的前提可以有必然真实性和或然真实性两种情况，而且在或然真实性中又可以有许多不同的等级，因此，尽管人们在进行推理时必须注意推理的形式是否正确，但是在分析间接证据的证明力时却应主要审查其推理前提的真实性，因为间接证据的证明力大小主要是由推理前提为真的可能性大小所决定的。

2. 分析间接证据证明力的两条定律

(1) 以必然真实性判断为前提的间接证据的证明力大于以或然真实性判断为前提的间接证据的证明力。(2) 在以或然真实性判断为前提的间接证据中，前提为真的概率与证据的证明力成正比。这里的难题是：人们根据什么来估算某前提为真的概率？或然真实性的前提一般是在人们生活经验和知识的基础上形成的，因此人们自然会根据自己的生活经验和知识来估算某前提为真的概率，而且不同的人很可能会得出不同的结论。一般来说，人们在使用这种前提进行推理时经常会犯两种错误：第一种错误是过分依赖个人的片面性经验，第二种错误是过分重视人的一般行为特征而忽视具体情境对人的行为的影响。司法人员在分析间接证据的推理前提时应尽量避免出现上述错误。

3. 分析间接证据的证明体系

在运用间接证据证明案件主要事实的时候往往需要多个证据，而这多个间接证据应该形成一个完整的证明体系。司法人员审查间接证据的证明体系应把握以下标准：(1) 每一个间接证据都必须查证属实。(2) 间接证据必须与案件事实存在客观联系，对证明案件事实具有实质意义。(3) 间接证据所证明的案件事实应该具有基本方向的一致性，不应存在无法合理解释的矛盾。(4) 间接证据之间应该能够互相衔接或结合，应该能够形成完整的证明链条。(5) 全部间接证据组成的证明体系所得出的结论应该具有唯一性或排他性。

资料来源：何家弘：《证据的审查与认定原理论纲》，载《法学家》，2008 (4)。

【本章小结】

侦查阶段的取证工作必须遵循一定的基本原则，包括查证属实原则、依法全面收集证据原则、非法证据排除原则，以确保取证方法、程序以及所获取的证据合法。

公安机关分析与审查证据应符合认识活动由浅入深、从个别到整体的循序渐进的规律。一般而言，公安机关分析、审查证据一般应包括单独分析审查、比对分析审查和综合分析审查三个基本步骤。侦查阶段公安机关取证的目的在于查清案件事实，因此，对证据的分析与审查，是在保证证据的合法性的前提下，重点在于其关联性、真实性和证明价值。在分析审查的内容上，侦查人员既要审查证据的真实可靠性，也要分析证据的充分性。特别是在运用间接证据证明案件事实时，必须全面、系统地审查所有间接证据，必须使全案证据形成一个完整的证据体系，能够确定性地合理证明案件事实。

【关键术语】

取证原则　取证要求　证据分析与审查

【推荐阅读】

1. 何家弘：《证据调查学的对象与体系》，载《法学家》，1996 (6)。

2. 刘金友：《试论我国审查判断证据的原则及其理论根据》，载《政法论坛》，

2004（2）。

3. 李剑非：《论新的审判方式下对刑事证据的审查评断》，载《诉讼法论丛》，第2卷，北京，法律出版社，1998。

【案例分析】

余某平、余某成故意杀人案

2002年7月14日晚，被告人余某平因怀疑被害人王某伟偷他的手机．而与之发生争执，后王某伟被建帝公司值班的保安人员和余某平看管。其间，王某伟两次逃走，被保安人员和余某平、余某成发现并带回看管。7月15日凌晨5时许，王某伟趁洗澡之机再次逃脱。当日6时许，余某平、余某成在公司锅炉房内找到王某伟，合力将王按倒在地，采取用手捂嘴、用铁丝勒颈的手段，致王某伟死亡。之后，两人将王某伟的尸体抬到附近配电房侧的小巷内，由余某平伪造了跳墙摔下的假象。

法院认定上述事实的证据有：

（1）证人秦某华、秦某术、李某江等17名证人证言，证明事件的起因、被害人王某伟3次逃跑后相关人员寻找及发现被害人尸体等事实。

（2）现场勘查笔录，证实现场的基本情况及从现场变压器西边的一只铁桶内提取一条铁丝圈，照片显示该圈的中间部分有四股铁丝。

（3）法医鉴定结论：1）法医学鉴定书证实，王某伟颜面郝广泛性点状出血、眼睑结膜点片状出血，左、右额部各有一处皮下血肿，同时全身有多处擦伤、挫伤和压痕；其颈部喉结下有一45厘米×2厘米的横行开放性索沟，绕过颈根部向双侧肩胛内侧延伸，颈前面及左侧索沟内有4条压痕，向肩背部延伸合并为1条，颈右侧索沟为1条压痕，内有少量点状擦伤，喉部及会厌部有大量点状出血，左肺上下叶间有少量出血点。尸体照片显示王某伟鼻腔与嘴巴周围有血迹；左手腕背部、左手背见擦伤，有血迹。结论是王某伟系受钝性暴力作用于颈部致机械性窒息而死亡。2）法医学DNA检验鉴定书证实，现场墙壁、窗台右缘、窗台水管上、地面水管上提取的血迹的基因分型与死者王某伟血的基因分型一致；与嫌疑人余某平血的基因分型不一致。

（4）被告人余某平、余某成供述。同时，2002年7月20日，被告人余某平指认了作案地点和作案工具铁丝圈。余某成指认了勒死王某伟的地点及放置尸体的小巷。

（5）公安人员审讯被告人余某平、余某成以及两被告人指认现场的录像资料证实两被告人在侦查阶段所作供述系合法、自愿，不存在刑讯逼供的情况。

某市中级人民法院认为，被告人余某平、余某成因怀疑被害人王某伟盗窃财物而与王产生争执，后因王逃脱保安人员看管心生愤恨，进而产生杀人恶念，结伙采取捂嘴、用铁丝勒颈的手段非法剥夺他人生命，致一人死亡，其行为已构成故意杀人罪。判决如下：

（1）被告人余某平犯故意杀人罪，判处死刑，缓期二年执行，剥夺政治权利终身。

（2）被告人余某成犯故意杀人罪，判处无期徒刑，刺夺政治权利终身。

一审宣判后，被告人余某平、余某成不服，提起上诉。

余某平上诉提出：1）没有杀人，是被冤枉的。没有直接证据证明他和余某成勒死被害人王某伟，仅凭口供不能定案。2）证人证言可以证实他没有作案时间。侦查阶段指认杀死被害人王某伟的现场是在警察提醒之后才知道是在大锅炉房后面，侦查阶段的有罪供述是被刑讯逼供的。其辩护人的辩护意见为：1）被害人王某伟死亡时间是7月15日6时至7时30分，证人证言可以证实余某平没有作案时间。2）提取的作案工具、现场勘验笔录及现场血迹的法医学DNA检验鉴定书均无法证实余某平、余某成到过现场。3）余某平、余某成在侦查阶段的有罪供述存在矛盾和疑点，与其他证据无法印证。两人被刑事拘留后，未被依法移送看守所羁押。在讯问被告人过程中也未依法保障被告人合法的休息时间，两上诉人提出被刑讯逼供有事实依据。在非法羁押期间的口供应认定为非法证据。本案事实不清，证据不足，应改判无罪。

余某成上诉提出：1）没有参与杀人。2）侦查阶段的口供是被逼供的，并且是在警察提示下供述的。3）证人证言可以证实他没有作案时间。其辩护人的辩护意见为：1）本案唯一的直接证据是两人在侦查阶段的供述，两人的供述极不稳定，难以判断真伪，也无其他证据佐证。2）两上诉人无作案时间。没有充分证据证实余某平、余某成杀害王某伟。应改判余某成无罪。

出庭检察员的出庭意见为：1）原审判决认定的事实有相应证据支持。2）原判在以下两个问题的查证上尚未达到“确实、充分”的程度：一是关于被告人余某平、余某成的作案时间问题，证人任某丽、苏某荣等人的证言和两被告人有罪供述之间不尽相符。二是将铁丝圈认定为本案的作案工具的证据相对单薄。一审判决将侦查人员在现场勘查时提取的铁丝圈作为作案工具，此认定虽然有上诉人的现场指认等证据支持，但是，鉴于被告人供述间的矛盾未能充分解释，这一认定仍缺乏有效佐证。因此，建议二审本着以事实为根据，以法律为准绳的原则，在充分考虑本案证据上述特点的基础上，依法作出公正裁决。

广东省高级人民法院经开庭审理认为，本案事实不清，证据达不到确实、充分的定罪标准，不能认定被告人有罪，应予改判。判决如下：

（1）撤销广东省某市中级人民法院（2004）某刑重字第8号刑事判决；

（2）上诉人余某平、余某成无罪。

资料来源：最高人民法院刑事审判第一、二、三、四、五庭主编：《刑事审判参考》（2007年第4集，总第57集），149页，北京，法律出版社，2007。

分析讨论：

1. 本案争议焦点是什么？

2. 侦查阶段公安机关收集的证据有哪些？其证明力如何？为什么？

3. 本案关键事实是否能够排除一切合理怀疑得出唯一性的结论？为什么？

第六章　犯罪现场勘查

【学习目标】

通过本章的学习，了解犯罪现场勘查的概念、分类和任务，了解犯罪现场保护和犯罪现场勘查组织指挥的基本内容，了解犯罪现场勘验和犯罪现场访问的基本程序和步骤，了解临场讨论的步骤和内容。

【导入案例】

2009年11月3日23时43分，甘肃省金昌市永昌县河西堡镇西村五社农民梁××报案称，同村村民王某国家传来一声巨响，紧接着一场熊熊大火随之燃起。11月4日零时三十分，大火扑灭后消防人员在清理火灾现场时发现王某国居住的卧室内有三具尸体，均已炭化。在起火原因不明、尸源不清的情况下，救火指挥员立即拨打110电话报警，接警后，市、县两级公安机关主要领导高度重视，率领刑侦技术人员先后赶赴现场。鉴于案情重大，市公安局立即向甘肃省公安厅刑警总队汇报了情况。

现场勘查人员到达现场后展开了细致且严密的现场勘查，并初步认定这是一场严重的刑事案件。现场位于河西村五社王某国居住的独院，院内坐北向南有五间土木结构的平房，火灾现场位于西侧的一间卧室，门窗玻璃因爆炸散落在房前的地面上，室内房顶坠落，物品均化成灰烬，地面上有一层约40厘米厚的泥土和炭化物。

一号尸体位于室内距南墙120厘米、距门口150厘米处的泥土中，尸体头北脚南呈仰卧位，四肢残缺，全身呈炭化状。侦查人员从覆盖在尸体上的泥土和碳化物中提取匕首一把，变形打火机一个，凝结成一片的塑料残留物一块，带有浓烈汽油味棉被碎片一块。经法医检验，该尸体为女性，年龄30岁～40岁，胃内容显示餐后4～5个小时内死亡。排除外伤致死，系生前在被动体位下烧死（生物检材已提）。

二号尸体位于室内距门口120厘米处的东墙下，呈侧卧位，头部紧靠墙面，在此处墙面上有外溢的脑组织，尸体炭化严重。在尸体身下的地面上发现大量血迹及带血的煤矸石两块，一叠烧焦的50元人民币，一个铁制皮带环，一串钥匙，一部已炭化的手机，一双烧焦的布鞋底等物品。经法医鉴定，该尸体为男性，年龄30岁～40岁，胃内容显示餐后3～4小时死亡，排除生前烧死，系钝器打击头部致重度颅脑损伤（颅骨骨折、颅内出血），死亡后又被焚烧尸体。（胃内容酒味很重，已提取。）

三号尸体位于室内墙沿下21厘米、距一号尸体50厘米的泥土中，头北脚南呈俯卧位。将三号尸体抬出后，在其周围的泥土及碳化物中发现残留的裤子碎片，烧焦的一截皮带，皮带环上有“PLA”字样。经法医检验，该尸体为男性，年龄30岁～40岁，胃内容显示为餐后四小时内死亡，排除外伤，系生前烧死。

问题：如何运用现场勘查获得的信息破获该案件？

第一节　犯罪现场勘查概述

一、犯罪现场概述

（一）犯罪现场的概念

犯罪现场，是指犯罪行为人实施犯罪行为的地点和其他遗留有与犯罪有关的痕迹、物品的一切场所。

现代社会，犯罪现场包括实体场所和虚拟场所。实体场所是指传统的场所，是获得传统痕迹、物证的场所。虚拟场所是随着信息技术的发展而出现的，是获取电子数据和计算机网络承载信息的主要来源。

（二）犯罪现场的分类

1. *原始现场与变动现场*

以犯罪现场形成后有无变化为标准，可将犯罪现场分为原始现场和变动现场。

原始现场是指刑事案件发生后到实施勘查以前，现场没有受到人为或自然因素的影响，现场状态没有发生改变的现场。

变动现场是指刑事案件发生后到实施勘查以前，由于人为或自然因素的影响，使现场状态部分或全部发生改变的现场。

2. *主体现场与关联现场*

犯罪现场按照它们在犯罪发展过程中的地位和作用，可分为主体现场与关联现场。

主体现场是犯罪行为人实施主要犯罪行为的场所。具体地说，就是犯罪行为人对犯罪对象直接实施侵害行为的场所。主体现场是每一起犯罪案件所必备的。

关联现场是指与实施主要犯罪行为有关的场所。主要是指犯罪预谋和销赃等活动涉及的场所。

3. *真实现场与伪造现场*

以现场现象的真假为依据，可分为真实现场与伪造现场。

真实现场是指确是犯罪行为人实施犯罪行为所形成的现场。

伪造现场是指当事人为达到某种目的而有意布置的现场。包括假案现场和伪装现场。假案现场是指行为人出于各种不良的动机，按照虚构的犯罪事实情节所布置的虚假现场；伪装现场是指犯罪行为人为了掩盖事实真相，转移侦查视线，在实施犯罪的过程中及实施犯罪行为之后蓄意布置的犯罪现场。伪装现场也是真实现场。

4. *预备现场、实施现场、掩盖现场*

这种分类是根据犯罪现场在犯罪发展过程中形成阶段的不同及其在犯罪功能上的差异而划分的。

预备现场是指犯罪行为人在犯罪预备阶段实施犯罪预备行为时所形成的犯罪现场。

实施现场是指犯罪行为人对犯罪对象直接实施侵害行为的场所。

掩盖现场是指犯罪行为人为了掩盖罪责、逃避打击而隐藏或销毁赃物、罪证的场所。

二、犯罪现场勘查的定义

犯罪现场勘查是指在刑事案件发生后，为了查明犯罪事实，收集犯罪证据，侦查员依法在一定的空间范围内对与犯罪有关的人及相关的物质客体进行的调查访问和勘验检查工作。

犯罪现场勘查的内容包括：现场保护、现勘查的组织指挥、现场实地勘验检查（简称现场勘验）、现场访问、现场搜索与追踪、现场实验、现场分析、现场处理、现场复验与复查等。其中现场访问和现场勘验是现场勘查的两大基本组成部分。

犯罪现场勘查具有以下四个方面的含义：

1. 犯罪现场勘查的主体是侦查人员

侦查破案是侦查部门的职责，现场勘查是侦查的首要环节，当然应由公安机关的侦查人员来行使，除公安机关的侦查人员外，其他任何机关、团体或公民个人都无权进行犯罪现场勘查。同时，勘查现场也是侦查人员必须履行的义务，不能无故推卸职责。

2. 犯罪现场勘查的对象和范围具有特定性

从犯罪现场勘查的概念可以看出，现场勘查的客体仅限于与犯罪有关的场所和人、事、物，现场勘验检查和现场调查，都是围绕着与犯罪有关的情况及其后果进行的，凡与犯罪无关的场所和人、事、物，均不在勘查之列。犯罪现场勘查的对象和范围的特定性，决定了犯罪现场勘查必须严格依照法律规定进行。

3. 犯罪现场勘查是一项策略性和技术性很强的侦查措施

现场勘查必须运用一定的策略方法和技术手段。所谓一定的策略方法主要是指现场调查询问的策略方法，要根据不同人员及其心理状态，有针对性地运用询问策略和决定问话的方法。当然，也包括现场搜查、采取紧急措施的策略方法。技术手段包括发现、提取与犯罪有关的痕迹、物品所使用的各种物理方法、化学方法以及其他技术手段。

4. 犯罪现场勘查具有特定的目的

现场勘查的内容和范围具有的特定性决定了现场勘查的特定目的。现场勘查的目的在于充分地揭露犯罪现象，并在此基础上研究现场各种现象与犯罪行为之间的因果关系，查明事件或案件性质，查明犯罪活动情况，分析案件性质，提出侦查范围和方向，为侦查破案打下坚实的基础。

三、犯罪现场勘查的任务

担负犯罪现场勘查任务的侦查人员和技术人员，在受命赶赴某一现场对其进行勘查时，现场性质通常表现为两种情况：一是现场确定无疑为犯罪现场，二是现场是否为犯罪现场尚不明确。那么，第二种情况下实施的勘查活动不能笼统地称为犯罪现场勘查，如果勘查活动推进到一定程度表明特定现场不是犯罪现场，那么，前期的勘查活动只能是一种非刑事的调查、甄别、核实活动；而一旦确认特定现场是犯罪案件现场，那么，此前的勘查活动在客观上已构成犯罪现场勘查的一个阶段，并且犯罪勘查活动需要继续进行。所以，犯罪现场勘查的主要任务如下：

(一) 查明犯罪活动情况

通过现场实地勘验和现场调查访问，要查明案件发生的时间、地点，犯罪行为人实施犯罪的过程、工具、手段，犯罪嫌疑人数，侵害的对象和危害后果以及其他可疑情况，进而判明犯罪的动机和目的，为下一步的侦查工作打下基础。

(二) 发现、固定、提取与犯罪有关的痕迹、物证及其他信息

现场勘查的过程，也是发现、固定、提取与犯罪有关的痕迹、物证及其他信息的过程。把现场留下的各种各样与犯罪有关的痕迹、物证及其他信息，尽可能毫无遗漏地收集和掌握起来，是现场勘查的一项重要任务。

(三) 记录现场情况并制作现场证人证言

如果不及时对现场情况加以固定，不及时对有关痕迹、物证予以提取和固定，其就会随着时间的推移而变化、消失。在实施勘查中，运用文字笔录、绘图、照相、录像等方法，将现场客观情况以及勘查所见、勘查工作过程，如实客观地记录下来，形成完备的现场勘查记录，是现场勘查的重要任务。

(四) 在犯罪现场勘查信息系统中录入犯罪现场信息

现场访问和现场勘验过程中所获取的有关线索、证据等材料，在提取、记录的同时，应在公安信息网上登录和存储，这样既可以更好地保全证据，又可以实现对侦查信息的充分运用和共享。

(五) 分析案情，确定侦查方向和范围

在现场访问和现场勘验的基础上，侦查人员应当对案件构成要素的各个方面及犯罪嫌疑人的个人特点与犯罪条件做出系统的分析、判断与刻画，准确地确定侦查方向和范围。

四、犯罪现场勘查的实施要求

根据公安部《刑事案件犯罪现场勘查规则》的规定，犯罪现场勘查工作的要求可概括为十个字，即：及时、全面、细致、客观、合法。随着勘查实践的变化、社会的发展和法治的进步，科学勘查的问题显得日益迫切，因此现场勘查活动中的科学问题必须提到日程上来。随着侦查、勘查工作规范化、专业化、现代化程度的不断提高，犯罪现场勘查必须符合及时、全面、细致、客观、合法、科学的要求。

(一) 犯罪现场勘查必须合法

犯罪现场勘查要合法是指犯罪现场勘查行为要严格遵守有关法律的规定，要依法行事。犯罪现场勘查是一种侦查行为，是国家执法机关的一种执法行为，因此，在犯罪现场勘查过程的任何一个工作环节中都应当按照法律的要求进行。

1. *必须由合法的勘查主体持证勘查*

现场勘查只能由侦查人员及其指派或聘请的具有专业知识的人员实施，执行现场访问和现场勘验的侦查人员均不得少于两人。在执行现场勘查任务时，应当佩戴“刑事案件现场勘验检查证”。

2. *必须在见证人见证之下进行勘查*

在实地勘验前，应按照《刑事诉讼法》和公安部制定的《公安机关办理刑事案件程序

规定》、《公安机关刑事案件现场勘验检查规则》的规定，邀请一至两名与案件无关、为人公正的公民作见证人，保证现场勘查的客观性和合法性，使发现、提取的痕迹、物证以及勘验、检查记录具有充分的证据效力。

3. *在具体的勘查事项上必须依据法律规定实施勘查*

现场勘查过程中，涉及解剖尸体、人身检查、扣押物品、封存现场、侦查试验等具体的侦查事项，均应按照国家法律和相关的规章进行。

（二）犯罪现场勘查必须及时

犯罪现场勘查要及时，就是指犯罪现场勘查要做到接报案后，出动快，到达现场快，紧急部署快，调查取证快，现场勘验快，现场分析快。犯罪现场勘查人员一定要抓住案件刚刚发生的有利时机，迅速及时地进行犯罪现场勘查工作。要做到及时地进行犯罪现场勘查工作，就需要有一套合理的快速出警的制度，并在处警力量、交通工具、通讯工具、勘查器材等方面有充分的保障。

（三）犯罪现场勘查必须全面

犯罪现场勘查要全面，就是指在犯罪现场勘查工作的各个环节都要做到全面。具体讲就是现场勘验工作要全面，现场调查访问要全面，现场分析工作要全面。犯罪现场勘查工作中对犯罪现场的认识是一个从实践到认识，由认识再实践，再从实践到认识的循环深入的认识过程，因此，有时对犯罪现场的勘查不是一次就能达到目的的，而是需要通过多次反复的勘查，才能收集到真正对案件侦查有价值的线索和证据。

（四）犯罪现场勘查必须细致

犯罪现场勘查要细致是指在犯罪现场勘查工作的各个环节都要做到认真、仔细。现场勘验人员要充分运用自身的感观，进行细致的观察，从而发现现场的犯罪痕迹物证，同时现场调查访问人员也要注意发现访问对象陈述中的一些有价值的线索以及与已掌握情况的矛盾点。

（五）犯罪现场勘查必须客观

犯罪现场勘查要客观是指在犯罪现场勘查过程中要始终坚持实事求是的科学态度，绝不能主观臆断，先入为主。既要注意收集犯罪行为人实施犯罪行为的线索和证据，当现场上出现犯罪行为人无罪的线索和证据时也要注意收集。具体地说就是要做到现场访问要客观、现场勘验要客观、现场记录要客观、现场分析要客观。

（六）犯罪现场勘查必须科学

犯罪现场勘查要科学就是要求将现代科学技术手段充分运用于犯罪现场保护、勘验、记录、分析的全过程，全面提高现场勘查的质量。

1. *科学保护现场*

现场保护的主体较为复杂，不仅有最先到达现场的派出所民警或巡警，还涉及每一名进入现场的现场勘验人员，因此，正确的理念和科学的保护方法才能保证现场保护工作的质量，以免现场遭到人为的破坏。

2. *全面运用现代科学技术充分发掘和提取现场痕迹、物证*

在犯罪手段越来越狡猾的情况下，现场勘验的科技含量必须不断提高。一方面，通过提高科技水平提高对传统痕迹物证的发现率、提取率、利用率。另一方面，要综合利用各种现代科学技术知识，开辟采取痕迹物证的新方法、新技术、新领域，通过技术提升寻求现场勘查质量新的增长点。

3. 运用现代科学技术记录和保全证据、传输信息

充分利用数字化技术，实现现场记录手段的现代化、快捷化、规范化，使证据材料的保全和快捷传输及现场勘查所获信息的充分共享迈上一个新的台阶。

4. 运用现代科学技术手段进行犯罪现场分析和现场重建

将计算机模拟技术、动画等多媒体手段，作为犯罪现场分析和现场重建的辅助手段，提升现场分析和现场重建的质量。

第二节　犯罪现场保护

一、犯罪现场保护概述

在刑事侦查活动中，犯罪现场是多数刑事案件侦查工作的起点。犯罪现场中蕴含着大量的犯罪信息，因此只有通过细致有效的现场勘查工作，对这些犯罪信息进行深入分析研究，才能对犯罪行为有正确的认识，为后续的侦查工作打下良好的基础，最终达到侦查破案的目的。同时，现场保护的好坏直接影响着现场勘查的质量，可以说现场保护是现场勘查的前提和基础。可见，现场的保护工作在现场勘查中具有非常重要的地位。

（一）犯罪现场保护的概念

犯罪现场保护，是指刑事案件发生后，为了使犯罪现场内的痕迹、物证免受破坏，由民警等有关人员对现场进行的封锁、警戒和对痕迹、物证实施的一系列保全、维护措施。

对犯罪现场保护概念的理解，应把握以下几点：

第一，犯罪现场保护是一个动态的过程，在整个保护过程需要随时对范围和方法进行调整。

第二，犯罪现场保护既有勘查前的保护，也有勘查中和勘查后的保护。

第三，犯罪现场保护不仅是基层民警的职责，更是勘验人员的重要职责。

第四，犯罪现场保护过程中既要注意犯罪现场痕迹、物证的保护，也要注意民警自身安全的保护。

（二）犯罪现场保护的原则

1. 迅速及时原则

犯罪现场保护必须迅速及时，这是保护犯罪现场的首要原则。每个参加保护现场的民警都要树立强烈的时间意识，时间意味着能保全更多的犯罪痕迹、物证，时间意味着可以将犯罪所造成的危害降到最低限度。

2. 保护公民生命安全优先的原则

公安机关作为执法机关，在保护犯罪现场的过程中一定要以保护公民生命安全为第一要务，无论是被害人还是犯罪嫌疑人，现场只要有人受伤，都要尽力抢救。同时，在现场有险情尚未排除的情况下，要及时确定安全范围，设置安全警戒线，阻止群众入内。

3. 全面性原则

最先到达的民警往往是派出所民警或巡警，相对缺乏现场勘查的专业知识，因此在现场保护初期一定要遵循全面性原则，对现场中心和外围进行全面保护，以免犯罪痕迹物证遭到破坏而灭失。

4. 尽量保持现场原始状态原则

为了保护犯罪现场，公安机关要采取相应措施，在实施过程中应时刻遵循“尽量保持现场原始状态”这一原则，其含义可用两句话概括，即尽量不进入犯罪现场、尽量不触动现场物品。

(三) 犯罪现场保护的任务

犯罪现场保护工作要与后续的犯罪现场勘查工作紧密结合起来，犯罪现场保护的总体目标有两个：一是对犯罪现场中的一切痕迹、物证进行保护。二是对被害人、现场周围的知情人等有关人员予以固定或登记，并进行初步访问。在保护现场的过程中，一切工作都应围绕这两个方面进行。民警在到达犯罪现场后，主要的工作任务包括：

1. 核实现场情况，迅速上报

基层公安民警在接到群众报案后，应立即对报案群众进行初步询问，制作报案记录。报案记录一般有统一的格式，其具体内容应包括何时、何地发生何事，发生、发现事件的简要经过，事主、被害人的个人情况及受到何种伤害、受伤害的程度，犯罪嫌疑分子的情况，报案人的情况及与事主的关系。在初步询问结束后，应要求报案群众对现场进行保护，禁止任何人进入犯罪现场。

2. 确定保护的范围，布置警戒封锁现场

保护现场最主要的措施是将现场封锁起来，划出一定的警戒范围，加以保护。在现场上担负保护任务的民警要根据现场内部状态和周围环境，划定保护区的范围。然后组织相应的力量，在保护区周围设岗警戒，把犯罪现场封锁起来，禁止无关人员进入或滞留于现场。

3. 对紧急情况进行处置

如遇现场上有紧急情况发生，保护现场的警员就应立即组织力量，采取相应的紧急措施，进行正确的处置。如抢救现场上的受伤人员；排除险情、排除交通障碍；控制、监视犯罪嫌疑人等。

4. 进行初步调查访问

担负保护现场任务的警员在做好警戒工作的同时，要抓紧时间，充分利用案件知情群众、报案人、现场发现人，对案件情况记忆犹新的有利条件，进行调查访问，收集现场被发现后至保护前的各种情况、犯罪嫌疑人的情况及登记在场的有关证人。

二、犯罪现场保护的方法

(一) 犯罪现场保护的一般方法

总体上说，民警所面对的犯罪现场有两类，一类是室内现场，一类是室外现场。室内现场与室外现场存在明显不同的特点，室内现场相对范围较小，有出入口，属内封闭型的模式。而室外现场相对范围较大，多数无出入口，属开放型的模式。因此，在保护的具体方法上有一定的区别。

1. 室外现场的保护

(1) 划出保护范围，设置警戒线和告示牌。

对于室外现场，担任现场保护任务的警员首先应根据现场情况，划出一定的警戒范围，警戒范围应用醒目的警示标记加以标示，如绳索、白粉等。然后，安排力量，设立岗哨进行警戒，严禁无关人员进入警戒范围以内。

(2) 气候条件改变时应对明显痕迹、物证采取适当保全、维护措施。

在气候条件即将发生改变时，如遇将要下雨、下雪等情况，保护现场的警员还应对现场上明显、易变的犯罪痕迹物证，如足迹、现场遗留物等采取适当的保护措施，加以妥善保护，以免犯罪痕迹物证遭到破坏。

2. 室内现场的保护

(1) 封锁出入口。

室内现场相对室外现场来说，空间范围较小，有固定的出入口。因此，室内现场的保护首先是用一定的力量封锁住现场出入口，禁止一切无关人员进入现场。

(2) 确定外围保护范围。

根据现场的具体环境，在现场外围划出一定的警戒范围，设立岗哨，禁止围观群众靠近现场。在室内现场外围的室外现场的保护方法，与一般室外现场的保护相同，在环境条件发生改变时，要注意对明显的犯罪痕迹物证加以保护。

(二) 重大、特大案件现场的特殊保护方法

对一些重大、特大案件的现场保护，应当采取更为严密的保护措施。一般情况下，发生重大、特大案件后，到达犯罪现场的民警较多，还会有一些领导和新闻媒体的人员赶赴现场，现场秩序的维护显得非常重要，因此可以根据需要将现场分成几个层次进行保护。通常的做法是将现场分为三层保护，即核心保护区、次级保护区和总体保护区。

第一层总体保护区，在该区设立检查点，限制通过现场的车辆和阻止无关群众进入现场。设立新闻中心，以接待众多的媒体记者。

第二层次级保护区，只有到达现场的相关领导、公安民警、参加现场急救的人员和警用车辆才允许进入。在该区域可以设立现场指挥部，负责协调指挥现场勘查的各项工作。

第三层核心保护区，是现场的核心区域，必须严格控制，只有现场勘查人员才准许进入该区域。

(三) 对痕迹、物证的保护方法

1. 勘查前的保护

(1) 标示保护。

标示保护法：指在发现有痕迹、物证处用粉笔等圈划起来，加以标示的方法。

(2) 记录保护。

记录保护法：指在保护过程中，由于抢救人命、扑灭火险等需要，而必须移动现场物品时，将移动前现场状况详细记录下来的方法。

(3) 遮盖保护。

遮盖保护法：指由于气候因素变化，而使现场上痕迹、物证将受到破坏时，用洁净的

遮盖物加以遮盖的方法。

（4）转移保护。

转移保护法：指由于环境因素变化，而使现场上痕迹、物证将受到破坏时，将痕迹、物证进行转移、提取的方法。

2. 勘查过程中的保护

（1）勘查人员在进入现场前必须戴手套，套上一次性鞋套，戴上帽子或头套，戴上口罩。

（2）禁止使用现场内的任何物品和交通、通讯工具。

（3）禁止在现场内吸烟、进食、吐痰、梳头和使用现场内的盥洗室。

（4）法医以外的人员不得随意触动尸体和改变尸体的姿势。

（5）移动或触动现场内的物品进行观察和研究时，尽量选择一些非常规的着力点，如杯子的边沿、物体的棱角处、门的上缘等。

（6）在提取痕迹、物证时不能打喷嚏、咳嗽。

（7）勘查人员进入现场后，应当按照既定的顺序进行勘验，尽量避免反复多次进出现场。

（8）每种痕迹、物证必须单独收集和包装，以免痕迹、物证之间发生交叉污染。

（9）为了便于需要时查明现场中的痕迹是否在勘查过程中受到污染，应对曾直接接触过痕迹、物证的人员进行登记，形成名册。

（10）证据的提取、包装、运送的每个环节的交接过程必须环环相扣，人人签名。

三、现场勘查人员的自身防护

勘查人员在现场勘查过程中，应当注意对自身的防护，尽量把执行任务时遭到意外的危险性降至最低。

（一）勘查前的防护

树立防护意识，对于现场存在的血液和体液，都视为具有传染性，保持高度警惕；在工作前用无渗透性绷带将所有伤口全方位地小心包好；当从事可能会沾上血液或体液的勘验现场时，进入现场前必须穿戴上下连身的工作服和一次性鞋套，必须带上乳胶手套、面罩和护目镜，对可能会吸入有毒气体的现场，还应当戴上防毒面罩。

（二）勘查中的防护

在现场内避免用手接触脸部；工作时一旦脸或手沾到血液或体液应立即清洗；收集液态血、体液、干血迹、沾血物证和尸体时，应使用双层手套，戴口罩和护目镜；在勘验过程中要注意提防尖锐或破裂的物体，防止割伤；不可盲目地用手摸索眼睛看不到的地方。

（三）勘查结束后的防护

现场勘验结束后，必须洗手；采取稳妥的方法将一次性的防护用具处理掉；对任何遭受污染的衣物、鞋子、器械、容器都应进行彻底消毒，必要时应将其销毁。

第三节 犯罪现场勘查的组织指挥

犯罪现场勘查是一项时间性强、政策性强、法律性强、技术性强的侦查措施，需要有组织、有领导、有秩序地进行。只有这样，才能保证全面而有效地发现、收集犯罪痕迹、物证和其他与犯罪有关的情况，才能保证现场勘查任务的顺利完成。

一、犯罪现场勘查的先期组织指挥

(一) 现场勘查的组织指挥职责

1. 明确现场勘查指挥员的人选

公安机关对刑事案件现场勘验、检查应当统一指挥，周密组织，明确分工，落实责任，及时完成各项任务。现场勘验、检查的指挥员由具有现场勘验、检查专业知识和组织指挥能力的人民警察担任。

一般案件的现场勘查，由县（市）级以上公安机关刑侦部门负责人指定的人员负责指挥；重大案件的现场勘验，由承担案件侦破任务的县（市）级以上公安机关负责人或刑警队负责人负责指挥；涉及两市、县以上的重大案件的现场，由承担现场勘查的主要一方或上级公安机关的刑侦部门负责人统一指挥；对于案情重大、现场复杂的案件，上级公安机关认为有必要时，可以直接组织领导现场勘验、检查。

2. 现场勘查指挥员的职责

现场勘验、检查的指挥员依法履行下列职责：

(1) 决定和组织实施现场勘验、检查的紧急措施。

(2) 制定和实施现场勘验、检查的工作方案。

(3) 对参加现场勘验、检查人员进行分工。

(4) 指挥、协调现场勘验、检查工作。

(5) 确定现场勘验、检查见证人。

(6) 审核现场勘验、检查工作记录。

(7) 组织现场分析。

(8) 决定对现场的处理。

(二) 场外先期组织指挥

现场勘验指挥员一旦受命负责对特定犯罪现场进行勘察，从接到任务之时起就应该履行勘查指挥职责。在赶赴现场之前的指挥内容主要包括；

1. 部署现场的先期保护工作

指挥员受命之后，应关注并了解现场的保护情况，部署先期到达现场的民警、基层保卫组织的工作人员、事主或被害人、报案人对现场加以保护，并交代相应的保护要点。必要时可安排现场附近的基层民警迅速到达现场进行现场保护。

2. 决定参加现场勘查的人员和应携带的大的勘查设备

指挥员要根据案件的性质和复杂程度，以及需要解决的问题，明确确定需要赶赴现场的人员结构及具体数量。同时确定需要携带的勘查设备。

勘查严重暴力犯罪案件或需要采取追踪搜索的案件现场，应召集警犬训练员带上警犬参加搜索、追踪和鉴别物证；有电信数据发掘、筛选、分析、利用条件的案件现场，应通知行动技术部门参加。涉及计算机和计算机网络的犯罪案件，应通知计算机网络监察部门参加。涉及特定领域的案件，应该聘请相关领域的专家参加。

需要排除险情（如灭火、排除爆炸装置）和急救人命的，还应及时与有关部门取得联系，要求派员迅即赶赴现场，采取相应措施，防止产生更严重的危害后果。

勘查重大、特大案件现场，必要时应当商情人民检察院派人参加。

下级公安机关对特定现场的勘查，如果需要上级公安机关提供专家支持或准备支持的，应及时提出支援请求，上级公安机关应积极提供技术支援。

3. *部署紧急处置活动*

紧急情况的处置包括抓捕尚未远逃的犯罪嫌疑人，部署对已经脱离的犯罪嫌疑人的追缉堵截及查控措施，对赃物的紧急控制，急救伤员，排除各种已发生或将要发生的危险等。对紧急情况的处置刻不容缓，从受理报案到到达现场之间的时间期间是紧急处置的关键阶段，指挥员在受命之后，应该边组织赶赴现场，边部署紧急处置活动。指挥员到达现场之后，应根据具体情况调整或进一步部署紧急处置工作。

（三）赶赴现场后的初步指挥要点

勘查指挥员率领侦查人员、技术人员到达现场之后，应做好以下工作：

（1）了解、掌握先期开展的紧急处置活动情况并进行必要的调整。

（2）了解、检查并加强现场保护工作。

（3）了解并掌握现场情况。

（4）了解、掌握现场情况。

（5）组织巡视现场，确定勘验的范围、重点、顺序与方法。

（6）部署邀请现场勘查见证人。

（7）部署聘请具有专门知识和技能的专家和技术人员（此项工作在有些情况下可在到达现场之前进行）。

（8）拟定现场勘查方案。

二、犯罪现场勘查过程中的组织指挥

（一）明确现场勘查分工

现场勘查指挥员在勘查的人力和器材已经准备就绪，勘验的范围、重点、顺序与方法已经确定的情况下，应及时对勘查人员进行明确分工。

1. *现场勘查人员的职责*

现场勘查、检查人员依法履行下列职责：

（1）实施现场紧急处置。

（2）进行现场调查访问。

（3）发现、固定和提取现场痕迹、物证等。

（4）记录现场保护情况、现场原始情况和现场勘验、检查的过程与所见，制作现场勘验、检查工作记录。

（5）参与现场分析。

（6）提出处理现场的意见。

2. 现场勘查人员的分工

根据现场勘查人员承担的上述职责，指挥员应该对勘查人员进行科学、明确的分工。

对于重大、特别重大和复杂现场的勘查，可将勘查人员分为四个小组：

（1）现场保护组。

一般由派出所民警、治保人员和内部保卫干部组成。现场保护组担负的主要任务是：全面负责警戒，封锁现场，维持现场周边秩序，禁止无关人员和车辆进入现场，防止一切意外情况的发生，保证现场勘查顺利进行。

（2）现场访问组。

主要由侦查员组成。现场访问组担负的主要任务是：全面负责证人的发现工作和对有关人员进行询问，了解一切与案件有关的情况，寻找、收集侦查线索，固定证人证言。

（3）实地勘验组。

由技术员和侦查员组成，必要时，还应有聘请的专家或具有专门知识的技术人员。实地勘验组担负的主要任务是：全面负责对与犯罪有关的场所、痕迹、物品、人身、尸体进行勘验、检查，发现、固定、提取、检验现场的痕迹、物证，制作勘验、检查记录等。

（4）机动组。

由侦查员、派出所民警、警犬训练员组成，如案情重大或需要应付紧急情况、采取紧急措施的，还应调集其他警种的民警参加。机动组担负的主要任务是：负责对现场的有关部位进行搜索与追踪，参与追缉堵截，监视、看管已抓获的犯罪嫌疑人。

各类案件现场情况千差万别，勘查分工也各不相同。上述分工只是一般性分工，对一些特殊类型的案件和特别复杂的案件，还需要部署更多的功能群体。

（二）实地勘验的组织指挥要点

指挥员对实地勘验工作应重点把握以下要点：

（1）着重抓好实地勘验方案的拟订，明确勘验、检查的范围，搜索的范围，勘验、检查的重点，勘验、检查的顺序和方法等。

（2）以避免造成现场破坏及提供勘查效果和效率为目标，正确选择勘验起点及进入现场中心的路线和方法。

（3）以全面发现和提取痕迹、物证为目标，把握勘查重点。

1）对室内现场的勘查，要重视对出入口的勘查。

2）重视对犯罪行为人最感兴趣部位的勘查。

3）重视对犯罪行为人实施犯罪时间最长的空间的勘查。

4）重视对现场外围部位的勘查。

5）重视对关联现场的勘查。

6）重视对反映犯罪行为人心理特征和心理活动的痕迹的勘查和分析。

7）重视法医在现场勘查中的功能作用。

8）重视对电信数据等电子证据的发掘利用。

9）重视对微量物证的勘查。

10）重视对现场周边区域的搜索工作。

11）确保现场痕迹、物证的全面、科学、依法提取和妥善保管。

12）严把现场勘查记录关，确保记录的客观性、全面性、一致性、合法性。

13）及时、全面、深入、科学地甄别现场痕迹、物品。

14）注意现场勘查的保密工作。

（4）使用信息化手段，及时发现、提取信息化线索与证据。

1）查明现场周围范围内的各种摄像探头的安装位置，及时通知有关安装单位、个人，提取案发时间段内的视频资料。如小区、停车场、现场周围路段、银行、ATM自动柜员机、网吧、旅馆、道路收费站等场所的视频资料。

2）通知有关部门，提取案发前后在现场周围以及嫌疑人可能来去路线上，通信基地记录的手机信息。

3）及时提取现场周围网吧案发前后的上网人员登记信息。

4）及时提取现场周围旅馆案发前后的住宿人员登记信息。

（5）以充分吃透现场现象为目标，注重对现场现象的技术分析、研究。

（三）现场访问的组织指挥要点

（1）抓住有利时机，及时布置现场访问。

（2）分别轻重缓急，安排访问顺序。

（3）组织访问人员观察现场，以利访问工作的开展。

（4）认真做好知情人的工作。

（5）重点访问对象，指挥员应亲自询问或对询问情况重点掌握。

（四）现场分析的组织指挥要点

（1）情况汇集环节，应确保信息的客观、全面、细致，应特别注意对信息可靠性的探究和验证。

（2）分析讨论环节，既要注意讨论主题的引导，又要注意发扬民主、集思广益。

（3）总结阶段应注意全面归纳，科学分析。

三、现场勘查善后工作的组织指挥

现场勘查结束后，指挥员通过现场分析的汇总、评断，考查勘查的质量，并据此结合现场的情况，对勘查后的现场处理提出实施意见。

（1）根据需要与可能决定对现场和尸体的处理方式。

（2）对于现场提取和扣押的痕迹、物品、文件，应依法、科学保管、管理和使用。

（3）组织必要的现场复勘、复查。

（4）对现行犯和重大犯罪嫌疑人的处理。

（5）安排对现场进行清理，所有耗材必须带离现场，妥善处置。

第四节　现场勘验

一、现场勘验概述

在犯罪现场勘查中，除了现场访问以外，现场勘验检查也是一项非常重要的工作。实践证明，现场勘验检查质量的高低，直接关系到能否收集到重要的犯罪信息、线索和证据，直接关系到能否对犯罪现场进行正确的分析和判断，对侦查破案有着不可替代的作用。

（一）现场勘验的概念

现场勘验，又称实地勘验，是指侦查人员为了发现、收集侦查线索和犯罪证据，查明案情，揭露证实犯罪嫌疑人，借助感觉器官和科学技术手段，对与犯罪有关的场所和存在于这些场所中的痕迹、物品、尸体以及某些与犯罪相关联的人的人身等客体所进行的勘验活动。

现场勘验是现场勘查的一个重要组成部分，它同现场访问一起，是现场勘查的两个核心要素。在现场勘查过程中，现场勘验同现场保护、现场访问、现场搜索、现场实验及现场分析等勘查行为密切相关、相互作用、相互影响、相互印证。

（二）现场勘验的主体和客体

1. 现场勘验的主体

《刑事诉讼法》第128条规定："侦查人员对于与犯罪有关的场所、物品、人身、尸体应当进行勘验或者检查。在必要的时候，可以指派或者聘请具有专门知识的人，在侦查人员的主持下进行勘验、检查。"据此可知，进行现场勘验、检查的主体是侦查员。在实际工作中，从事现场勘验的主体主要是公安机关从事刑事侦查工作的侦查人员和刑事技术人员。因此，现场勘验检查的主体具有特定性。

2. 现场勘验的客体

现场勘验的客体包括五个方面：与犯罪相关的场所，与犯罪相关的痕迹，与犯罪相关的物品，与犯罪相关的尸体，与犯罪相关联的人的人身。

（1）与犯罪相关的场所。

与犯罪相关的场所是指和犯罪行为相关的场所。其主要包括预备犯罪的场所，实施犯罪的场所，隐藏和处理赃物、尸体和凶器等的场所及逃跑路线等。与犯罪相关的场所，不仅指与犯罪相关的现实空间，还包括犯罪行为人或者被害人使用过因而可能留存有犯罪信息、侦查线索的计算机系统的虚拟空间。不同的犯罪场所，勘验的重点和方法也不尽相同，如室内、车辆、船只、飞机等现场往往具有明显、固定的空间，现场范围不大；而室外现场的作案地点有时不明显，现场范围较大。

（2）与犯罪相关的痕迹。

与犯罪相关的痕迹是指与犯罪活动有关，能证明作案人个体特征及某些犯罪行为动作的印记，如作案人遗留在犯罪现场的手印、足迹、牙印、耳纹，攀爬、擦蹭、破坏、枪击、焚烧、爆炸等痕迹，现场尸体及被害人身上遗留的扼、勒、缝、烧、炸、刺、砍、切等各种伤痕等。

（3）与犯罪相关的物品。

现场上与犯罪相关的物品形形色色，种类繁多，主要包括以下六类：一是犯罪行为人遗留的穿戴物或者随身携带物品；二是犯罪工具；三是被害人遗留在现场的各种物品；四是因犯罪而发生变化的一些特殊物质，如爆炸残留物；五是犯罪行为人带入现场的微量物质；六是因犯罪而发生了变化的现场原有物品。

(4) 与犯罪相关的尸体。

与犯罪相关的尸体是指被害人和不知名人的尸体或者尸块。在犯罪现场发现的尸体、尸块，首先要查明死因、确定尸源和提取有关痕迹、物证并做出鉴定结论。

(5) 与犯罪相关联的人的人身。

与犯罪相关联的人的人身检查是对被害人因犯罪行为而造成的伤势、某些生理状况和机能变化等情况所进行的检查、记录，也包括对犯罪嫌疑人的伤势轻重、部位、方向、数量及致伤原因等方面的检查、分析和鉴定。对此，《刑事诉讼法》第 132 条作了规定："为了确定被害人、犯罪嫌疑人的某些特征、伤害情况或者生理状态，可以对人身进行检查，可以提取指纹信息，采集血液、尿液等生物样本。""犯罪嫌疑人如果拒绝检查，侦查人员认为必要的时候，可以强制检查。""检查妇女的身体，应当由女工作人员或者医师进行。"通过人身检查，有助于查明事件或案件的性质，为侦查破案提供线索和证据。

二、现场勘验的步骤

现场勘验是一项既复杂又细致的工作，必须有步骤、有秩序地进行。现场勘验的过程，是从一般到具体再到个别步步深入的过程。它从整体开始，向局部和个体进展。具体地说，现场勘验的步骤分为三个层次：巡视现场、初步勘验、详细勘验。

(一) 巡视现场

巡视现场，是指侦查人员到达犯罪现场之后，为了确定现场勘验范围、重点、顺序，对现场的内部状态、外部状态及其周围环境所进行的概览性的巡视观察。

1. 巡视现场的基本要求

(1) 控制巡视主体的人数。

为了避免对现场状态的破坏，应将参与巡视现场的人员控制到最低限度，依据巡视现场的功能，其主体应由以下人员构成：

1) 巡视现场由现场勘查指挥员主持实施。

2) 巡视现场以将担负进一步实地勘验任务的主要侦查员、技术人员为骨干成员。

3) 巡视现场以先期到场的现场保护负责人或管区民警或熟悉现场环境的人员为辅助成员。

(2) 避免对现场状态的改变和对现场痕迹、物证的破坏与污染。

1) 除非绝对必要，不能搬动现场上的任何物品，不能为了观察的需要而改变现场的原始状态。

2) 必须改变现场状态时，应先记录并做标记。

3) 巡视人员应尽可能在一定距离之外观察现场，将所接触现场部位控制到最小限度，行进过程中不能破坏原有痕迹、物证，并应对自己的行为踪迹进行标识。

4) 巡视人员应将巡视以外的无关活动降低到零，避免抽烟、吐痰等行为，以免污染现场痕迹、物证。

(3) 巡视现场过程中应注意对易失证据的记录和收集。

2. 巡视现场的任务

巡视现场是现场勘验的第一步，它的成功与否直接影响到整个现场勘验工作的进行。巡视现场需要完成下列五项任务：

（1）确认或者调整保护现场的范围与措施。

如果原来保护范围过窄、过宽或有遗漏，抑或保护方法不适当的，巡视过程中要加以调整和改进。

（2）运用笔录、绘图、照相、录像等方法，记录现场的方位和概观情况。

（3）确定现场勘验的范围。

现场勘验的范围，即现场勘查指挥员对于应勘验、检查、搜索的具体地点的长短、宽窄、大小所作的界定。其范围为：

1）犯罪行为人实施犯罪的地点。

2）作案前在主体现场周围窥视、潜伏守候、等待作案时机的地点。

3）作案后在主体现场附近隐藏、处理赃物、凶器和其他罪证，抛弃、掩埋尸体的地点。

4）来去现场的一定犯罪的路径等。

（4）现场勘验的重点。

现场勘验的范围通常情况下比较大，勘验过程中不能平均使用力量，要有主有次地进行。

确定现场勘验的重点，就是要在既定的勘验范围内确定出需要认真、仔细勘验的部位和客体。主要是指那些痕迹、物证比较集中的部位，以及那些对于查明案情、查缉和证实犯罪嫌疑人有重要意义的部位和客体。重要部位，例如：犯罪行为人向犯罪对象实施侵犯或侵害行为的部位，比如实施杀人的地点，强奸的地点；抢劫、盗窃财物的地点，起火点、爆炸中心点；犯罪行为人作案的进出口等。重要客体，如被害人的尸体、犯罪行为人遗留的手印、脚印、工具和其他重要的痕迹、物品等。

这些重要的痕迹、物品能够较多地反映出案件的情况及犯罪行为人的个体特征。所以，对于确定的重点，必须组织较强力量，进行较细致的勘验。

（5）确定现场勘验的顺序。

确定现场勘验的顺序，就是要确定现场勘验以哪里为起点，沿着什么方向，依照什么次序进行的问题。常见的勘验顺序有以下几种：中心部位明显，痕迹与其他物证比较集中的，可以从中心向外围勘验；中心部位不明显，痕迹与其他物证较分散的，可以从外围向中心勘验；犯罪活动路线明显的，可沿犯罪活动顺序勘验；自然界限清楚的，可沿自然界逐步向其他部位延伸勘验；现场范围大或地处狭长或多处、多场合的现场，可分片、分段勘验；层次较多的现场，可由地面开始向上或向下分层进行勘验。

确定现场勘验的顺序，要把握以下几个原则：第一，要以提高现场勘验的效率为原则。第二，要以保持勘验工作的有序性、连贯性，避免出现重复勘验或者造成勘验遗漏为原则。第三，要以避免或最大限度地减轻对现场痕迹、物证的破坏为原则。第四，要以保证紧急措施优先采取的需要为原则。

3. 巡视现场的方法

巡视现场的方法视现场具体情况的不同而有所区别。

（1）室内现场的巡视方法。

对室内现场的巡视，一般应按照从外到内的顺序进行；特定情况下，可根据案情的具体特点由内向外巡视，或者按先室外、后室内、再周围环境的顺序巡视。

1）对现场周围环境的观察。

A. 现场所处的地理位置。

B. 周围有无围墙、栅栏。

C. 进出口有无值班、警卫人员把守，外人能否随意进入。

D. 现场附近的地形、地物、交通设施等情况。

E. 附近有无可供犯罪行为人预伏、藏身、隐匿赃物与罪证的处所等。

2）对外部状态的巡视。

室内现场的巡视，一般应先观察外部状态。其外部状态的巡视又分两个层次：

第一个层次：巡视、观察现场所在建筑物的位置环境、结构用途。

第二个层次：巡视现场所在房间在整个建筑物中的位置，现场所在房间的结构、用途，其与相邻房间、走廊、楼梯（电梯）、厕所、洗脸间、大门等的位置关系，并注意出入道路上是否留有可疑的痕迹、物品。

3）对内部状态的巡视。

外部状态巡视完毕之后，可以由一至两名痕迹技术员开路，进入室内适当位置，继续观察现场内部状态。观察内容包括：

A. 门窗的位置、结构、开闭状态、有无破坏。

B. 地面、墙壁、顶棚、有无洞穴可通室外、有无可疑痕迹。

C. 室内各种物品的陈设位置、变动、变化情况。

D. 哪些物品是新添附的以及这些新添附的痕迹、物品的分布概况。

（2）室外现场的巡视方法。

对于室外现场的巡视现场，一般应当由中心向外围行进。

1）观察现场中心部位的状态。

主要观察现场中心部位的犯罪痕迹、物品及其分布状态、位置关系。

2）观察现场外围的状态。

主要观察现场所处的地理位置、现场与周围单位和建筑的位置关系；现场周围的地形地物、自然状况、交通状况；犯罪行为人来去现场的道路或可能的来去道路；犯罪行为人作案前后可能预伏、藏身、隐匿赃物与罪证的处所等。

（二）初步勘验

初步勘验，是指勘验人员在巡视现场的基础上，根据已确定的现场勘验的范围、重点和顺序，对现场局部进行观察、记录和重建，形成相应的判断和推论，并为详细勘验做好准备。

初步勘验是整个现场勘验步骤的中间环节，它是以巡视现场为基础，是在已经确定了现场勘验的范围、重点和顺序的前提下进行的。尽管初步勘验过程中要解决一些实质性的问题，实现对各个局部的系统把握和认识，以及对各个局部之间内在联系的把握和认识；但更重要的还是要为下一步的详细勘验服务，通过对现场局部的观察，明确需要勘验的个体痕迹、物品及详细勘验的先后顺序。初步勘验的任务包括以下几个方面：

1. 记录现场在详细勘验前的状态

初步勘验中，首先要按照局部的划分，进行重点部位的照相和录像，并对观察所见在现场笔录和现场绘图中加以记载，以在详细勘验之前记录下各个痕迹、物品的原始位置。

2. 判断现场状态有无反常

通过观察，分析现场现象有无与事主或被害人陈述不一致的地方，例如按照他们的陈述不该出现而出现或者应该出现而没有出现的情况；有无与犯罪发展的一般规律相悖的地方。

3. 进行局部现场重建

初步勘验的方法主要是观察研究，但这种观察研究与巡视现场相比更深入了一步。一方面，它观察的空间范围更具体化了；另一方面，它观察研究的内容不仅仅是现场的概况，而且已深入到了用联系的眼光直接观察现场的具体痕迹、物证。通过观察可以实现对局部现场痕迹、物证的整体把握，对特定局部所发生的犯罪行为内容、过程及犯罪行为人的个人特点和犯罪条件做出判断和推论，即对现场局部进行重建，以作为整个犯罪现场重建的基础。

4. 实现对犯罪现场的系统把握

初步勘验是实现对犯罪现场系统认识的中间环节，它通过观察各个局部痕迹、物品的分布情况，进一步判明所观察的局部与整个犯罪现场的关系及其在整个犯罪活动中的地位和作用，以便于分析整个犯罪活动的内容、过程和顺序。

5. 为详细勘验做准备

观察过程中，要根据已发现的痕迹、物品，分析、研究犯罪行为人的活动过程，再根据分析的犯罪过程，进一步寻找尚未发现的痕迹、物品，从而全面地确定需要仔细勘验的个体。

勘验过程中如果发现了有勘验价值的痕迹、物品，应用粉笔标示其位置，或者用脸盆、饭碗等保护性器具把痕迹、物品保护起来，为详细勘验做好准备。

初步勘验是为了详细勘验做准备的，所以初步勘验中所发现的个体痕迹、物品，一般不要急于提取，等进入详细勘验阶段时再一并处理。但特殊情况除外，例如，对那些易失、易变、易遭到破坏的痕迹、物品也可在初步勘验阶段迅速提取，个别处理。

（三）详细勘验

详细勘验是在初步勘验的基础上，对现场上与犯罪有关的或可能与犯罪有关的痕迹、物品所进行的直接、具体的勘验、检查，固定、提取对寻找和认定犯罪嫌疑人有价值的犯罪痕迹、物证。

1. 犯罪痕迹、物证的寻找和确定

在详细勘验中不应满足于遇到什么勘验什么，而应当根据巡视现场、初步勘验中对现场的认识，根据犯罪行为人活动的过程和各类现场中犯罪痕迹、物证出现的一般规律，主动地寻找勘验客体。

（1）通过询问事主和被害人及其他目击人寻找和确定。

（2）从研究犯罪活动入手寻找和确定。

（3）从研究痕迹、物品的内在与外在状态入手寻找和确定。

（4）从研究犯罪行为人的心理入手寻找和确定。

（5）从串案入手寻找和确定。

（6）用排除法确定勘验。

2. 详细勘验的一般顺序

整个现场勘验的过程中，都必须注意工作的有序性，详细勘验阶段更应如此。就现场勘验的总体步骤而言，只有按照从一般到具体再到个别的顺序勘验，才能保证对犯罪现场的系统把握和认识；从详细勘验的顺序而言，只有按照科学的先后关系勘验客体，才能避免对客体的破坏。

详细勘验过程中应把握的先后顺序，包含两层意思，一是指对不同详细勘验的顺序，二是指对同一客体勘验的顺序。

(1) 先地面后高处。

详细勘验过程中不能忽上忽下、忽前忽后，应按先地面后高处的顺序进行勘验，也就是先勘验低位置的痕迹、物品，然后再勘验高位置的痕迹、物品。这样，可防止勘验高位痕迹、物品时，践踏了地面的痕迹、物品。即使是犯罪行为人从天窗或房顶进入现场，也要按先地面后高处的顺序进行。

(2) 先重点后一般。

详细勘验要抓住重点客体。重点客体是指被犯罪行为人触摸或移动、抛弃的物体。按先重点后一般的顺序进行勘验，可以高效率地发现犯罪的痕迹、物证。特别是勘验被破坏的现场，必须善于从变动中寻找没变动的，从破坏中寻找没被破坏的，从重叠中寻找没重叠的部位或客体进行勘验。

(3) 先易消失后稳定。

这是指勘验现场时，要首先提取那些容易消失的痕迹、物证，如霜雪手印、脚印等，然后提取那些不易消失的痕迹、物证。

(4) 先静观后动手。

发现任何有勘验价值的物品不要立即动手，应先仔细观察一番，研究它的状态和位置，及其与周围物体的关系。然后再戴上手套拿取物品进行仔细观察，寻找上面有无痕迹或附着物。

(5) 先记录后提取。

在提取犯罪痕迹、物证或尸体上的部分组织之前，均应预先予以记录，把它们的位置和状态固定下来，然后再选用必要的技术方法进行提取。

(6) 先外表后内部。

勘验现场上的任何客体，都应该先观察其外表的变化，然后检查物体的内部变化。

三、现场勘验的方法

现场勘验检查作为一项专门的侦查活动，有其专门的、相对固定的勘验方法，经常采用的有以下几种。

（一）观察记录法

观察记录法是现场勘验人员为了查明案情，发现、收集侦查线索和犯罪证据，在不变动现场物质形态的条件下，对犯罪现场进行有计划的知觉并将结果记录下来的勘验方法。观察法是现场勘验最基本的工作方法，是其他各种勘验方法的基础。观察为一切调查研究所必需，是直接认识事物和收集第一手材料的重要手段，在现场勘验中经常用到。

1. 宏观观察法

宏观观察法是对现场整体情况所作的宏观的、初步的观察。一般利用自然光观察即可，在夜间或较为昏暗的环境中，也可借助于各种光源（普通电灯、勘查灯、手电筒等）进行观察。

2. 微观观察法

微观观察法是对犯罪现场上的每一个勘验客体所作的全面的、细致的观察，包括其在现场中的位置，客体表面情况，遗留痕迹、物品、伤痕的细微特征等。

（二）比较研究法

比较研究法是对不同勘验对象或同一勘验对象在不同阶段的物质形态表现加以对照，确定两者的异同并分析其原因，以认识勘验对象本质的勘验方法。比较研究法是在观察法的基础上进行的，通过比较研究，将对勘验对象的本质有进一步的认识。比较研究法在实际工作中主要体现在以下五个方面：

（1）局部现场物质环境与整个现场物质环境之间的比较；

（2）单个痕迹、物品之间的比较；

（3）案发前后现场状态之间的比较；

（4）勘验对象的状态与其产生、发展、变化的规律之间的比较；

（5）现场勘验结果与现场访问情况之间的比较。

（三）技术检验法

技术检验法也称检测法，是采用技术手段和方法，在对现场勘验客体进行观察、比较的基础上，以充分发现并提取犯罪痕迹、物品，全面掌握勘验对象本质的勘验方法。其目的是发现、固定、提取、检验现场上的各种痕迹、物品，对勘验对象的有关属性进行定量或定性的评价，使犯罪痕迹、物品得以充分发现和提取，为侦查破案提供更加科学和可靠的线索和证据。

（四）现场实验法

现场实验法，是为了解决现场上的某些问题，采用重演或模拟的方法，研究证实在某种条件下某种事实能否发生，或某种事实在什么条件下能够发生的一项侦查活动。现场实验是侦查实验的一种具体形式，可能在现场勘验阶段进行，也可能在以后的侦查过程中进行。

四、复验、复查

根据《公安机关刑事案件现场勘验检查规则》的有关规定，遇有下列情形之一，应当对现场进行复验、复查：案情重大、现场情况复杂的；侦查工作需要从现场进一步收集信息、获取证据的；人民检察院审查案件时认为需要复验、复查的；当事人提出不同意见，公安机关认为有必要复验、复查的；其他需要复验、复查的。

现场复验、复查是指对已经勘验、检查过的与犯罪有关的场所、物品、人身、尸体，再次进行的勘验检查。

现场复验、复查时，应当研究原有勘验的内容，看其根据是否充分、反映是否客观、方法是否恰当、结论是否正确、程序是否合法。复验、复查获取的新材料、新线索，应当与原来的情况进行综合分析研究和检验对照。

现场复验、复查的情况，应当写成笔录，并由参加现场复验、复查的侦查员、见证人、记录人签名或盖章。

第五节　现场访问

一、现场访问的概念

现场访问是侦查人员为查明案情，发现、收集侦查线索和犯罪证据，在现场勘查过程中依法对了解案件有关情况的人员所进行的调查询问工作。在现场勘查中，现场访问工作与现场勘验工作是同时进行的，它们都是现场勘查工作的重要组成部分，二者相互印证、互为补充，存在着有机的关联。

二、现场访问的对象和内容

（一）现场访问的对象

1. 报案人、案件发现人

报案人是指直接向公安机关报告发现、发生案件信息的人。报案人可能是案件的被害人、事主及其亲属或者是案件的知情人，也可能是其他人员。案件发现人是指最早发现可能有犯罪行为存在的人，其中多为被害人及其家属、现场周围和途径现场的人、值班值勤人员。

2. 被害人及其亲属

被害人及其亲属是犯罪行为的直接或间接受害者。由于被害人及其亲属与案件有着密切的关系，他们或者直接与犯罪行为人接触过，了解犯罪行为人的体貌特征等情况，或者了解损失财物和被害人的有关情况，往往能够提供重要的侦查线索和犯罪证据。

3. 其他知情人或者目击者

其他知情人或者目击者是指除报案人、案件发现人和被害人及其亲属以外了解或看到案件有关情况的人。由于此类访问对象不是案件的当事人，他们可能不会主动地向公安机关提供案件有关情况，往往需要侦查人员积极寻找和发现。

（二）现场访问的内容

1. 询问报案人、案件发现人的主要内容

（1）发现犯罪现场的具体时间、地点和详细经过；

（2）发现犯罪现场时现场的状况，现场有无变动及变动的原因和变动后的状态；

（3）发现犯罪现场时在场的人员的基本情况及联系方式；

（4）发现犯罪现场后对现场的保护情况；

（5）报案的时间和相关情况。

2. 询问被害人及其亲属的主要内容

（1）案件发生的时间、地点及详细经过；

（2）案发前现场的状态及近期到过现场的人员；

（3）犯罪行为人的个人情况及人数；

（4）人身及财物遭受侵害的情况及受侵害财物的种类、数量、物证和保管情况；

（5）犯罪行为人在实施犯罪过程中使用犯罪工具的种类、数量及特征情况；

（6）事主、被害人及其家庭成员的状况和他们的生活、工作、社会交往、经济条件等情况；

（7）怀疑的对象及根据；

（8）与案件有关的其他线索和对案件的看法。

3. 询问其他知情人或者目击者的主要内容

（1）案件发生前后及发生过程中发现的可疑人、事、物等情况；

（2）事主、被害人及其家庭的有关情况；

（3）案件发生前后事主、被害人家庭的动向和人员来往情况；

（4）案件发生地区的社会治安、人员流动情况及其他可疑情况；

（5）群众对案件的看法。

三、现场访问的要求、步骤和方法

（一）现场访问的要求

根据《公安机关刑事案件现场勘验检查规则》（2005 年）的有关规定，现场访问总的要求是依法进行、规范操作，具体要求有：

（1）现场勘查中应当及时访问，展开调查，以获取有利于侦查的信息，果断决策。

（2）在同一案件中，如果有两个或两个以上的被访问人时，应当分别进行访问，无关人员不得在场。

（3）现场访问由现场勘验、检查人员进行，询问时不得少于两人。

（4）现场访问时，现场勘验、检查人员应当向被访问人出示证件，告知其相关的权利和义务。

（5）询问被访问人，要注意保守侦查秘密，不得向被访问人泄露案情。

（6）访问未成年人，应当通知其法定代理人到场。

（7）访问不通晓当地语言文字的对象，应当按规定聘请翻译人员参加。

（8）访问被访问人应当制作询问笔录，经被访问人同意可以同时录音、录像。

（二）现场访问的基本步骤

1. 现场访问的准备阶段

（1）确定访问的范围和重点。

现场勘查活动具有较强的时间性。接报后，侦查人员应当迅速赶赴现场，及时展开调查。所以在现场访问全面开展之前，应当确定一定的范围。具体包括四方面内容：一是现场访问的地域范围，即在什么地区范围内进行访问；二是现场访问的对象范围，即需要具体向哪些人员进行访问；三是现场访问的内容范围，即针对某一类或某一个访问对象，需要询问哪些问题；四是现场访问的时间范围，即向知情人员了解发案时以及发案前后各时段发生或出现的有关情况。

（2）确定访问的顺序。

访问顺序包括访问对象的询问顺序和了解访问内容的顺序两方面内容。在现场勘查阶段，通常涉及对多个访问对象进行询问，基于警力不足的现实和个别进行询问的法律要求，侦查人员应当根据轻重缓急，合理确定访问对象的询问顺序。通常，应当按照以下顺序进行访问：案件的发现人、报案人和被害人；能够回答紧急调查事项的知情人；处于流动状态的知情人；直接感知案件情况的人；知觉、记忆、再现能力较强的人；具有相关专业知识和生活经验的人。

(3) 了解访问对象的有关情况。

现场访问的对象较为广泛，无论是一般对象还是重点对象，在对他们进行实质性询问之前，都应当尽可能了解他们的个人情况，其同被害人、事主和已确定犯罪嫌疑人的关系，以及其对待询问的可能态度，以期对访问对象可能提供的情况及访问中可能遇到的问题做到心中有数。在此基础上确定正确的访问方式与策略，保证访问的顺利进行。此外，对于可能提供重要情况的访问对象，访问之前更要对其相关背景情况进行细致的了解，增强访问的针对性，确保访问成功。

(4) 确定访问的地点。

现场访问的地点和场所对现场访问工作的顺利开展有着重要的影响。《公安机关刑事案件现场勘验检查规则》(2005 年) 第 70 条第 3 项规定："现场勘验、检查人员询问被访问人应当个别进行，可以在现场外围或者被访问人所在单位、住所进行。必要时，可以通知被访问人到公安机关接受询问。"总的来说，现场访问地点的选择一般应考虑以下因素：一是有利于现场勘验工作的顺利进行，不得破坏现场；二是有利于保守秘密，尽量减轻访问对象的心理压力和精神负担；三是访问地点应尽量选择在现场附近的安静场所，既便于与其他侦查人员联系，又有利于稳定访问对象的情绪。

2. 与访问对象初步接触阶段

(1) 稳定访问对象的情绪。

在正式询问开始之前，侦查人员与访问对象初步接触时，要通过仔细观察访问对象的言谈举止，了解对方当时的心理状态和情绪，采用相应的方法稳定访问对象的情绪。如访问对象是案件的事主、被害人或其家属，就应当设法使他们的情绪安定下来，解除他们的愤怒、恐惧和担忧，将他们的注意力尽快转移到为侦查部门提供线索和证据上来。

(2) 拉近心理距离，营造良好气氛。

访问中如果遇到访问对象抵触心理较强或者不配合访问工作，侦查人员首先应通过初步交谈了解其不愿配合的原因。在准确把握其不愿配合的原因后，必须充分运用各种方法和策略疏导、转化访问对象的思想，营造良好的访问气氛。例如，可以引发一些访问对象感兴趣的话题，达到活跃气氛、联络感情的目的，也可以从对方熟悉的人或事谈起，从心理上拉近与访问对象之间的距离。对于不掌握其背景材料的访问对象，侦查人员要随机应变，灵活处置，待气氛比较融洽时，再逐渐将访问引入正题。

(3) 消除访问对象的顾虑，做好思想转化工作。

现场访问是侦查人员与访问对象之间的心理互动和一种特殊形式的思想交流。在双方互动过程中，由于访问对象的背景情况各不相同、心态各异，了解和掌握访问对象的心理活动，做好其思想转化工作十分必要。侦查人员正式访问前要尽可能详细了解访问对象的个人情况和背景资料，如访问对象的性别、年龄、民族、职业、文化素养、生理状态、特长爱好、社会交往等情况。

3. 现场访问的实施阶段

（1）向访问对象提出调查事项。

在向访问对象提出调查事项时应明确主题，以便对方把握询问的意图。另外，所问的问题覆盖面要适当宽一些，一般只提出问题的大致框架，不应将问题拆分为数个细节性问题，如在询问一起刚发生的打架斗殴致人重伤的案件里，对目击证人进行询问时，提出的问题可以是："关于昨天晚上发生的事情，你知道些什么？"这样，询问对象就能从侦查人员提出的含有较宽容量的问话中自由地陈述自己所知道的部分或全部事实。

（2）由访问对象自由进行陈述。

在侦查人员提出问题后，访问对象要针对此问题进行自由陈述，将其所了解的情况提供给侦查人员。在现场访问过程中，访问对象的自由陈述非常重要，这是因为：首先，自由陈述可以让访问对象按照其自身感知案件事实的顺序进行叙述，从而保证了陈述内容的相对连贯性；其次，自由陈述可以使侦查人员知道许多依靠提问无法知道的事实；最后，自由陈述有利于访问对象回忆有关事实情节，避免或减少遗漏。因此，在访问对象自由陈述过程中，侦查人员不应随意打断或插话，以免打乱其思路，影响陈述的连贯性。如有问题，应留到访问对象自由陈述完毕后再提出。

（3）针对访问对象的陈述提出相关问题。

访问对象自由陈述结束之后，侦查人员应针对其在自由陈述过程中没有涉及的重要事实，或者虽然涉及但陈述得不够充分详细，或者其陈述的事实与案情相矛盾，或者需要进一步了解细节的某些事实，有针对性地向访问对象提出问题。

4. 现场访问的结束阶段

访问结束后，侦查人员应将询问笔录交给访问对象核对或向其宣读，对于记载有遗漏或者不准确的地方及时补充、修改和更正，最后确认无误后，让访问对象在笔录上签名（盖章）并捺印指纹。拒绝签名（盖章）、捺指印的，侦查人员应当在笔录上注明。侦查人员及其他参加询问的人员也要在笔录末尾签名或者盖章。

需要注意的是，对访问对象依法进行的正式询问都应当制作询问笔录。而如果只是为了寻找事主、知情人等人员与有关群众进行的谈话，可以不制作询问笔录，但为了工作需要，可以将谈话要点记录在工作笔记上。

（三）现场访问中的策略和艺术

1. 访问中的语言艺术

现场访问的全部内容是通过侦查人员运用访问语言这一载体向被访问人传播的，因此侦查人员的言辞是否得体就直接影响着访问的进行，并影响访问效果。得体的言辞具有很强的吸引力、感染力和说服力，能够对访问对象的心理活动起到直接影响的作用。具体来说，要注意以下几点：

（1）简明扼要。言辞简明扼要要求侦查人员用简洁明快的言辞，表达出现场访问中要解决的关键问题，既干净利落，又切中要害。

（2）雅俗适当。言辞雅俗适当是指侦查人员的语言应适合访问对象的文化水平和语言接受理解能力，容易使对方理解和接受。

（3）诚恳。言辞诚恳是指侦查人员表达时能谦逊和蔼、平等待人，能够摆事实，讲道理，以理服人，以情动人。在现场访问的过程中，必须杜绝考问式提问、指令式发话、冷漠式应答、独断式插话等。

(4) 合法。所谓合法，是指侦查人员的言辞要合乎法律规范，不能有悖于法律的规定或要求。现场访问的侦查人员是代表国家执法机关进行访问的，因此，现场访问的措辞及其表达内容直接关系到国家法律和政府机关的权威与信誉，并对现场访问工作的成败起着十分重要的作用，侦查人员在谈话中要坚决剔除犯罪隐语和土语，许愿性、恫吓性的语言，暗示性、引诱性的语言，套供性、指供性的语言。

2. *访问中的心理艺术*

在现场勘查过程中，现场访问对象自身情况不同、心态各异，我们会遇到访问对象不配合，对自己知晓的有关案情不愿回答的情况。因而了解和掌握访问对象的心理活动，找出症结所在，做好心理转化工作具有重要意义。在此，侦查人员应学会灵活运用以下心理艺术：

(1) 心理刺激。

心理科学在解释人类心理活动规律时指出，人类一切行为活动都是刺激物作用于大脑神经中枢的结果。在现场访问中，如果我们遇到访问对象抱着“与己无关”“多一事不如少一事”等态度时，应当选择一定的刺激物，并很好地把握刺激的强度，激励其正义感、责任感和道德感，从而使访问工作顺利、有效地开展。

(2) 心理接触。

心理接触是指在现场访问时，侦查人员抓住妨碍访问对象配合访问的关键问题并用谈话的内容打动对方、动摇对方，激发其自觉消除认知障碍，以便对原来持有的错误做法进行自我否定的心理斗争过程。此方法主要适用于访问对象对公安机关、侦查人员反感、不理解等情况。对这种对象，首先要查明原因，准确把握其内心深处的想法，采取说服教育或者讨论的方法，晓之以理，动之以情，改变其已经形成的心理认知，创造和谐的访问气氛。

(3) 心理强制。

所谓心理强制，是指在现场访问中，动用侦查机关、法律的威严和威慑作用给访问对象制造心理压力的方法。此方法主要适用于那些与案件有牵连的对象或者犯罪嫌疑人的亲朋好友等。这些人在访问开始时往往都不会主动提供线索，与公安机关合作。如果我们运用心理刺激仍然达不到预期的目的时，就需要运用心理强制方法，给访问对象加压、震慑。当然，一旦达到一定目的或取得一定效果后，侦查人员就要转为说服教育，使对方能在缓和轻松的气氛下提供相对可靠的情况。

总之，侦查人员要根据案件的具体情况、访问对象的背景情况以及表现反应等综合来确定具体采用的心理艺术，敏捷抓住访问对象的心理，积极鼓励，因势利导，使其正确权衡利弊，积极配合侦查部门开展工作。同时，在运用心理艺术时，要注意“适度”，避免引诱、暗示等非法行为。

第六节　犯罪现场勘查记录

犯罪现场勘查记录，是指在现场勘验、检查工作中，侦查人员运用文字、图形和视听资料等形式对勘验、检查相关情况进行客观记录的一种法定刑事证据。完整的现场勘查记录必须全面反映现场勘验、检查工作的情况，通常由现场勘验检查笔录、现场图、现场照片、现场录像和现场录音构成。

一、犯罪现场勘查笔录

（一）犯罪现场查笔录的结构与内容

犯罪现场勘查笔录属于叙述型文书，由前言、正文以及结尾三部分构成。

1. 前言部分应记述的内容

前言部分的内容包括：标题（某某案件现场勘验检查笔录）和笔录文号〔公（　）勘［20］号〕；接报案的情况和勘验检查派员情况，接报案情况应记述接警时间、接报警人姓名、单位、职务、报警方式、内容等，勘验检查派员情况只需简要记述勘验检查指挥人员带领侦技人员赶赴现场即可；现场保护情况应记述现场保护人的姓名、到达时间、保护措施、方法及保护过程中发现的问题；现场勘验、检查的起始和结束时间应按公历 24 小时制填写；现场的详细地址应包括省、地市、县区、街道、门牌号，有单位的现场应写明单位名称；现场天气情况应包括温度、相对湿度、风向、气候条件（阴、晴、雨、雪、雾等）；勘验检查前现场的条件应说明现场为原始现场或变动现场；现场勘验检查利用的光线应填写利用自然光或辅助光源；现场勘验检查的指挥人员应填写指挥人员所在单位、职务和姓名。

2. 正文部分应记述的内容

正文部分是现场勘验、检查笔录的核心部分，重点记录与犯罪有关的痕迹和物品的名称、提取部位、数量、性状、分布等情况，尸体的位置、衣着、姿势、损伤、血迹分布、形状和数量等。

3. 结尾部分应记述的内容

填写制作的现场图、现场照片、现场录音及现场录像的数量；填写现场勘验检查记录人员、现场勘验检查人员；现场勘验检查人员及见证人需本人签名；制作日期填写无误并加盖主勘单位行政章。

（二）犯罪现场勘查笔录的制作要求

（1）现场勘验检查情况的记述应与现场勘验检查的顺序一致，提取的痕迹物证要与勘验检查笔录内容相吻合，现场勘查记录与现场勘验检查制图、现场照相、现场录像的内容相一致，同一客体在笔录中使用的名称应前后一致。

（2）现场勘验、检查笔录的内容必须客观、准确。制作现场勘验、检查笔录的人员必须客观地记录现场状况，不能将个人的判断和推测记入笔录，但可以反映诸如触觉、嗅觉、听觉所感知的情况。

（3）现场勘验、检查笔录用语必须准确。在笔录中严禁使用“大概”、“左右”、“旁边”、“不远”等不准确的语言来叙述现场客体及痕迹、物体之间的距离和位置关系。笔录用语要符合统一标准，不能使用非标准化的字、词、语句，不能滥用方言土语，不能自造词语；度量衡单位应符合现行国际、国内标准。

（4）现场勘验、检查笔录要详略得当、用语简练、重点突出。与案件无关或关系不大的情况不作记录或作简要记录；与案件关系密切的情况，一定要记录清楚（如犯罪行为人进出现场的出入口、翻动的物品等)。

二、犯罪现场绘图

(一) 犯罪现场图的类型

(1) 按表现的范围可分为现场方位图、现场全貌图和现场局部图

(2) 按表现的形式可分为现场平面图、现场平面展开图、现场立体图、现场综合图、现场分析图。

(3) 按表示比例可分为现场比例图、现场示意图和现场比例示意结合图。

(二) 犯罪现场图的制作

1. 绘制现场图的步骤

(1) 掌握犯罪现场情况。

(2) 选择并确定图形种类。

(3) 构思画面。

(4) 确定图的方向。

(5) 确定现场图的表示方法。

(6) 绘制现场草图。

(7) 审图。

(8) 完成墨线。

(9) 标注及签名。

2. 现场方位图的绘制方法

(1) 熟悉现场情况，确定现场中心位置。

(2) 进行测量。1) 测量距离的方法。一是步测法。二是直线丈量法。2) 测量高度的方法。常用的方法是直角三角板测量法。3) 测量物体和物证的方法：分片测量法、顺序测量法。

(3) 绘制现场方位草图。1) 设计画面。设计方位图的画面时要构思现场上各种物体的布局。首先要考虑并确定现场中心在现场图上的位置。其次要考虑中心部位周围的物体、道路和地形地物的选择与安排。现场方位图中应当反映哪些物体没有固定的标准和模式，要根据图的种类、绘图目的和侦查需要灵活确定。2) 确定现场方位图的比例。一般情况下，绘制现场方位图选择 1∶500 或 1∶600 为适中。3) 确定图线规格和种类。

(4) 审核现场方位草图。一是现场中心部位安排的位置是否合理，有无必要进行调整。二是现场上应当反映的物证和物体是否有遗漏，尤其是不要遗漏物证。三是现场上应当测量的物体和有关部位的距离是否已经进行测量，有无测量数据。四是图例中要注明的物体、文字和数字是否齐全，与实际状况有无不符之处。五是方向标、图题、图例、比例尺和签名等部分安排的位置是否合理。

3. 现场平面图的绘制方法

(1) 确定现场方向。

(2) 测量室内的长、宽和墙的厚度。

(3) 测量有关物体和物证的距离。

（4）确定比例尺。

（5）画出墙基线和门、窗。

（6）画出现场上的主要物体和物证。

（7）画出图例、写出注明和绘图日期并签名。

4. 现场绘图的基本要求

（1）标明案件名称及图的类型。

（2）完整反映现场的位置、范围。

（3）准确反映与犯罪活动有关的主要物体，标明痕迹、物证、成趟足迹、尸体、作案工具等具体位置等。

（4）文字说明简明、准确。

（5）布局合理，重点突出，画面整洁，标识规范。

（6）注明测量方法、比例、方向、图例、绘图单位、绘图日期和绘图人。

三、现场照相、录像

（一）现场照相

1. 现场照相的种类

（1）现场方位照相。

（2）现场概貌照相。

（3）现场重点部位照相。

（4）现场细目照相。

2. 犯罪现场照相方法

（1）相向拍摄法。

相向拍摄法，是以现场中心为拍摄对象，从相对的两个方向分别对现场中某一物体或某一地段进行拍摄，以反映被拍对象前后或左右与周围环境的关系，或者反映现场中心部位与周围痕迹物品的关系。运用相向拍摄法时，要使两个相向的拍摄点与现场中心的距离、角度尽可能一致，这样拍得的两张照片上的被拍摄物体的大小才会基本相等，具有对应关系。运用相向拍摄法对现场尸体进行拍摄时，两个相向的拍摄点应分别选择在尸体的两侧，而不能从尸体的头部和脚部这两个方向进行拍摄，以免使照片上的尸体影像变形。

（2）交叉拍摄法。

交叉拍摄法，又叫十字交叉拍摄法，它是从被拍摄对象的前、后、左、右四个不同的拍摄点进行拍摄的方法。也可以视为是两组相向拍摄，所以它与相向拍摄法的要求基本相同。这种方法适用于拍摄地形空旷的露天现场中的客体，诸如尸体、车辆等，它能从四个不同方向把被拍物体及其与周围痕迹物品的关系充分展示出来。

（3）分段拍摄法。

分段拍摄法，是在拍摄对象范围较大或者狭长，不可能用一张照片反映其全部内容时采用的一种方法，这种方法是将被拍对象分成几段，按照一定的顺序连续拍摄几张照片，然后将所拍摄片拼接起来而形成一幅完整的照片。分段拍摄法按其拍摄点和拍摄角度的不同，又分为回转连续拍摄法与直线连续照相法两种。

（4）测量拍摄法。是指将带有标准刻度的比例尺与被拍物一同拍入画面，根据比例尺可以推算出照片上的犯罪痕迹、物品的原物大小的拍摄方法。

3. 照片的编排和文字说明

常用的现场照片的编排方法有：

（1）按照现场照相的种类，即方位照相、概貌照相、重点部位照相、细目照相的顺序排列。

（2）按照现场勘验、检查的先后顺序编排。

（3）按照现场上所反映的犯罪活动过程进行编排。

（4）为了使没有到过现场的人也能看明白照片上所反映的内容，对于粘贴好的现场照片，还应当进行必要的标记和文字说明。

4. 现场照相的要求

（1）拍摄要及时、全面、客观、准确。

（2）拍摄要符合证据的基本要求。

（二）犯罪现场录像

1. 犯罪现场录像的步骤

首先要了解有关案情，弄清案件发生、发现的时间、地点、过程等情况。其次，通过观察和询问，弄清现场的环境特点、现场的范围、现场内部状况以及发案后现场的变动情况。再次，在弄清上述情况的前提下，确定拍摄工作的具体顺序和方法。最后，根据现场勘查人员的要求，拍摄现场上发现的痕迹物证。

2. 犯罪现场录像的方法

（1）摇摄法。摇摄法就是在拍摄过程中，摄像机的位置不变，只做角度上的变化的一种拍摄方法。

（2）移动拍摄法。移动拍摄法是指摄像机沿水平方向移动进行拍摄的一种拍摄方法。移动拍摄法分为跟移和摇移、纵移和横移四种方法。

（3）变焦距拍摄法。变焦距拍摄法是指不改变摄像机和被摄对象之间的距离而仅改变镜头的焦距，拍摄从远景到特写或者由特写到远景的各种画面的方法。变焦距拍摄法在现场上运用较多。

（4）固定拍摄法。固定拍摄法就是在既不改变摄像机与被拍摄客体的位置关系，也不改变焦距的情况下进行拍摄的一种方法。这是在拍摄现场概貌、中心部位和现场上痕迹物证时常用的一种方法。

四、现场勘验信息的录入与查询

（一）现场勘验信息的录入

刑事技术部门在接到指挥部门下达的现场勘查命令后，派人到达案件现场。现场指挥人员对案件现场进行分工，组织协调工作；侦查人员进行现场访问，制作访问笔录；技术人员对现场进行实地勘验，并制作现场勘验、检查笔录，绘制现场图，拍摄现场照片和痕迹照片，现场录像，进行案件分析，用便携式电脑将现场勘查资料录入，在现场指挥部用多媒体投影仪进行现场资料演示；也可带回刑事技术部门的机房进行资料录入或将手提电脑的资料转存中心数据库中。信息录入完后，可以立即制作卷宗，也可以事后再通过查询来制作卷宗。录入的数据项有现场基本情况、现场笔录、现场图、现场照片、现场痕迹照片、现场勘查信息分析结果等。

（二）现场勘验信息的查询

现场勘验信息的查询条件包括：勘查号、勘查开始时间、发案地点、案件名称、作案手段、采痕种类、勘查人员姓名、现场遗留物等，可以通过“并”、“或”的关系组成组合查询条件。查询结果的输出记录包括如下内容：勘查号、勘查开始时间、发案地点、案件名称、现场笔录、现场图、现场照片、现场痕迹照片（包括手印、足迹、工具痕迹、枪弹痕迹、特殊痕迹）、现场勘查信息分析结果、现场勘验信息，用鼠标点击后会显示详情。

在现场勘验信息查询子系统中还包括卷宗制作（现场勘验、检查笔录、现场图、现场照片）、现场勘查信息分析结果输出、任意选择字段或字段组合的打印输出等功能。

对现场勘验信息的查询一般有一定的权限规定，刑技人员可查看全部内容；公安系统所有人员（主要指刑事侦查人员）可查案件的现场笔录、现场照片、现场图及同类案件串并等内容；其他人员可查看八类案件的现场图、现场照片、现场笔录等内容。

第七节　临场讨论

一、临场讨论概述

（一）临场讨论的概念

临场讨论，是指在现场访问和现场勘验结束之后，现场勘查人员在现场勘查指挥员的组织下，依据勘验、访问所获的证据和信息等材料，经过充分的讨论和研究，对事件性质和案件情况所作的系统剖析、推断。又称为现场分析。

（二）临场讨论的任务

通过临场讨论，可以对现场勘查过程中获取的分散的、零碎的材料予以汇集，经过去粗取精、去伪存真、由此及彼、由表及里的分析、研究，使侦查人员对案情的认识由片面过渡到全面，由现象深入到本质，由感性上升到理性。具体地讲，其任务是：

（1）全面汇总现场访问和现场勘验情况，检讨勘查工作得失，决定勘查的补救措施。

（2）分析判断事件性质，阐明立案理由。

（3）分析判断案情，为制定侦查计划、开展侦查提供依据。

（4）决定现场勘查后对现场的处理方案。

二、临场讨论的步骤

（一）汇集现场材料

全面汇集现场访问、实地勘验及其他方面的材料是临场讨论的基础。在汇报过程中，汇报者要实事求是、客观地反映情况，不允许加入个人的任何主观臆断，更不允许根据个人的判断，任意取舍勘查中所掌握的材料。

（二）鉴别材料真伪

在临场讨论过程中，对各方面材料进行汇集之后，应对各种材料的真实性、可靠性、关联性、有用性进行甄别或鉴别，摒弃与犯罪无关或者虚假的材料，这是确保分析、判断正确性的基础。

（三）展开充分讨论

参加临场讨论的人员，应在初步甄别、核实材料的基础上，对案情展开讨论。讨论过程中应各抒己见，提出各种观点，并阐明理由，既要敢于大胆立论，又要勇于批驳。指挥员应有效地把握、引导讨论的进程，但不应过早、过多发表对案件的具体看法，以防堵塞言路，甚或产生误导。

（四）综合分析判断

在充分讨论的基础上，指挥员应将所有的具体分析意见和结论集中起来，进行整体分析、研究，形成系统意见，再由大家讨论，最后形成对案情的整体性认识结论。对枝节性的分歧意见应暂时存疑，随着侦查的深入再逐步深化认识。对于难以达成共识的重大分歧，指挥员在部署工作时既要充分考虑、切实兼顾到各种观点的合理成分，又要区别轻重缓急予以妥当安排。

（五）决定下一步工作

在对整个案情做出分析、推断的前提下，应对以下问题做出决断：确定是否立案；确定案件的侦查管辖；明确侦查方向和范围及下一步侦查的途径、方法、措施；决定对现场的处理意见。

三、临场讨论的内容

（一）分析、判断案件性质

从侦查部门勘查现场情况的实践看，侦查人员和技术人员前往勘查的绝大多数现场属于犯罪案件现场，但也有一定比例的非犯罪案件现场。在后一种情况下人们之所以报案，是由于他们仅仅基于初步的观察难以判明事件的发生原因、性质，或者是由于他们对法律的误解。鉴于这种情况，现场勘查中就必须及时地对事件的性质做出正确的判断。一般来说，对事件性质的说明可以从两个方面进行：一是事实阐述，二是法律阐述。

1. 事实阐述

所谓事实阐述，就是阐明现场上发生了什么事，该事件是怎么引起、如何发生的，用以阐明该事件确系犯罪案件，而不是其他性质的事件。

2. 法律阐述

在事实阐述的前提下，还应对该事实所构成的罪名做出阐述，主要应依据刑法的犯罪构成理论，说明特定事件具备特定犯罪的构成要件。

（二）分析、判断案情

对事件性质做出说明之后，即确认特定事件为犯罪案件之后，应对案情做出分析、判断，分析、判断的主要内容是案件的主要构成要素方面。

1. 分析、判断作案时间

作案时间是指犯罪行为人实施犯罪活动所经历的时间点或时间段。犯罪嫌疑成立与否，很重要的根据是看嫌疑对象是否具备作案时间。判明作案时间，对于排查犯罪嫌疑人以及确定与否定犯罪嫌疑具有重要意义。同时，可以为采取追缉堵截等紧急措施，获取犯罪行为人在犯罪时的通信信息，缩小侦查范围，审查证人证言、印证或甄别犯罪嫌疑人的口供等提供依据。

2. 分析、判断作案地点

作案地点是指已经实施、准备或预谋实施犯罪的场所环境条件。分析作案地点，主要包括两方面的内容：一是判断正在勘验的现场是否为作案的主题现场，二是判断正在勘验的现场与犯罪活动有何联系。查明作案地点，有助于判断作案人与被害人的关系；有利于有准备地发现和提取痕迹、物证、寻找知情人；有助于分析犯罪行为和验证作案人的供述。

3. 分析、研究作案工具

犯罪工具是指犯罪行为人侵犯犯罪对象时借助的物质与能量。判断犯罪工具，对于了解犯罪手段，刻画犯罪行为人的职业、知识、技能特点，确定犯罪行为人占有或接触特定犯罪工具的条件，确定侦查方向和范围，甚至直接依据犯罪工具线索查找与认定犯罪嫌疑人等都具有十分重要的意义。

4. 分析、推断作案手段

作案手段是指犯罪行为人实施犯罪活动的行为方式，包括由各个局部性行为方式所构成的整体性行为方式。它是犯罪行为的主要表征，也是犯罪个性心理的外部反映。作案手段既反映犯罪行为人的职业、知识、技能特点，又可以体现犯罪行为人的习惯性犯罪方式。对犯罪手段的研究，有助于刻画犯罪行为人的个人特点和经历，便于确定侦查方向和范围，也有利于串案分析、并案侦查。

5. 分析、判断作案人特征条件

（1）分析、判断作案人人数。

判明是单独作案或是团伙犯罪，是否为有组织犯罪、黑社会性质犯罪，对于确定侦查方向和划定侦查范围，分析作案人应具备的条件，有着十分重要的意义。分析作案人的人数主要依据现场上遗留的犯罪指纹和足迹、犯罪工具痕迹、作案人作案需要的时间、现场上丢失财物的情况、被害人的体态和尸体状况等方面。

（2）分析、判断作案人性别。

侦查过程中对于单个人作案的，应判明系男性所为，还是女性所为；对于两人或两人以上共同作案的，还应判明犯罪行为人的具体性别状况，即其中有无女性或有几个女性。这对于确定侦查方向和范围意义非常重大。

（3）分析、判断作案人的个人特点和条件。

犯罪行为人的个人特点与条件涉及的内容十分广泛，包括其面貌特征、身高、体态、年龄、职业、体能、技能、文化程度、口音与语言特点、民族、精神状态、行为习惯、犯罪经历、知情条件、案前活动、案后表现等。推断的依据主要是现场痕迹、物证和有关目击人、知情人提供的情况等。

6. 分析、判断作案过程

作案过程包括犯罪行为人作案前的预伏活动，进入现场，在现场上活动的内容及其先后顺序，逃离现场以及抛赃、毁证、匿迹等活动。作案过程可以在一定程度上反映出作案动机、目的及作案人对现场、被害人是否熟悉，可以分析作案人是偶犯还是惯犯，是单独作案还是团伙作案等，这有助于判断案件性质、确定侦查方向，对破案后印证犯罪嫌疑人的口供也很有意义。

7. 分析、推断犯罪目的和动机

犯罪目的，是指犯罪行为人实施犯罪行为希望达到的结果；犯罪动机，即推动犯罪行为人实施犯罪的意识上的起因。通过分析犯罪目的和犯罪动机，可以发现和认识作案人与案件本身存在的因果关系，进而确定案件性质，缩小侦查范围，发现犯罪线索，采取侦查措施而破案。犯罪目的和犯罪动机的分析，主要是综合现场访问和勘查、检查所获得的材料，例如现场态势情况、侵害目标情况、侵害目标以及产生的后果等，进行分析、判断。

（三）确定侦查方向，划定侦查范围

侦查方向是指侦查活动应在具备什么样特点和条件的人中查找犯罪嫌疑人；侦查范围是指侦查活动应在什么地区之内查找犯罪嫌疑人。两者结合起来就解决了一个在什么区域内排查什么样的人的问题。

确定侦查方向和划定侦查范围的依据很难截然分开，它们主要包括犯罪动机情况，犯罪行为人的个人特点，犯罪行为人具备的条件，犯罪手段及其习惯性，犯罪行为人的犯罪时机选择，犯罪行为人与犯罪现场的关系，犯罪行为人的穿戴、方音方言特点，犯罪工具和犯罪遗留物的情况等。

（四）决定并进行必要的现场实验

在临场讨论的过程中，为了证实现场某一具体情节的形成过程、条件和原因等，可以进行现场实验。进行规范意义上的现场实验，应当经县级以上公安机关负责人批准。对现场实验的过程和结果，应当制作“现场实验笔录”，参加现场实验的人员应当在“现场实验笔录”上签名或者盖章。

（五）部署下一步侦查措施

在综合分析讨论后，指挥员应根据案件具体情况，在已确定的侦查范围内和侦查途径上，对侦查力量进行组织分工，对下一步侦查工作进行布置，并要求侦查人员按照部署开展相关侦查工作。

【导入案例简析】

本案侦查中，专案组吸收物证专家亲临现场予以指导、协调和技术上的支持，并为检验鉴定开放绿色通道，使检验的物证和DNA检材在24小时就做出了准确结论，真正实现了现场勘查和调查取证的无缝对接。经上述工作证实：

1号尸体DNA检验为曹某梅，女，汉族，生于1973年8月8日，原籍甘肃省××县，现住××县××镇，系王某国之妻。调查证实在案发当晚7时30分，有人证实曹和冯某宏在曹的临时住所发生争吵后一同去发案现场，曹在当天下午吃的面条和土豆丝。2009年4月份曹某梅在××镇某工地打工期间和外地来金打工人员冯某宏相识后，勾搭成奸，提出和丈夫王某国离婚，后经法院调解未离成，曹某梅在和冯某宏交往期间曾经两次去冯的老家甘肃省××县。

2号尸体经检验为王某国，男，汉族，生于1973年7月1日，原籍陕西省××县，

现住甘肃省××县××镇。调查证实：（1）王某国曾在生前因妻子有外遇和冯某宏打架两次，并经常打骂曹某梅；（2）王某国在案发当天刚领取工资1 000元，面额均为50元，并和工友一块喝酒至发案当晚11时左右回家（其尸体胃内容检出酒精成分）。（3）2号尸体地面上的血迹及煤矸石上的血迹均为王某国所留。（4）现场提取一串钥匙、一部炭化手机，残留的布鞋底经王的亲属辨认系王的遗物。

3号尸体经DNA检验为冯某宏，男，汉族，生于1974年11月7日，原籍甘肃省××县，现住××县××镇。经调查证实：（1）冯某宏和曹某梅在打工期间相识并勾搭成奸，为达到和曹结婚的目的，怂恿其和丈夫离婚。（2）冯曾带曹回老家两次，因冯的家里很穷，曹只想同居不想结婚，冯多次拿刀威胁曹，扬言如不和他结婚就杀她全家。（3）有人证实冯某宏在案发前三天曾用一个20公斤的白色塑料桶去买油（未说买什么油），现场遗留的一把匕首经冯的工友辨认冯曾拿过这样一把匕首。（4）现场提取的塑料残留物、打火机、衣服碎片均检出汽油成分。

犯罪事实：2009年4月间，犯罪嫌疑人冯某宏在××镇某工地打工期间与同在该工地打工的有夫之妇曹某梅相识后勾搭成奸，同年7月，曹的丈夫王某明发现妻子与冯两人的不正当关系后多次警告冯不得继续与曹交往并多次与冯发生撕打，并常打骂曹。后曹向法院起诉与王离婚未果，于8月初携子女到前院居住。冯为达到与曹结婚的目的，多次上门纠缠曹，但曹以子女尚小未答应冯的要求。冯为此持刀对曹进行威胁并扬言不和他结婚就杀她全家。10月28日，犯罪嫌疑人从外地返回曹家，再次提出带曹某梅去外地生活，曹拒绝，冯自感与曹共同生活无望，遂起杀心，并为此准备了汽油。11月3日19时30分，冯到曹住处发生争吵，后怕邻居听见他们的吵架声，两人去王某明居住的后院继续争吵。其间，冯持刀对曹威胁，并将其束缚。23时许王某明酒后返回家中，犯罪嫌疑人冯某宏趁王不备用煤矸石在王后枕部猛击，致王重度颅脑损伤，当场死亡。之后冯将提前准备好的塑料桶内的汽油倒在曹、王的身上，用打火机点燃，导致曹、冯当场被烧死。冯某宏纵火杀人犯罪事实清楚，证据确凿，定性准确，案件宣告终结。

【延展阅读】

犯罪现场勘查中的信息观

在信息时代的背景下，现场取证工作也需要进行理念上的革新。传统理念下把犯罪现场上获取的各种痕迹物证分为线索和证据，极易导致刑事技术人员过于关注犯罪现场中的鉴定型痕迹证据，无疑会使得现场勘查工作质量下降，不利于侦查的推进。信息视角下的现场取证观是指在现场勘验、检查工作中，刑事技术人员对犯罪现场中与犯罪有关或可能有关的痕迹物证和线索提升到信息层面来认识，在现场取证工作中全面收集和提取与犯罪相关的信息，为后续的分析研究奠定坚实基础。

传统的视角和语境下，犯罪证据和侦查线索之间虽有紧密的联系，但区别也是显而易见的，很难将二者进行统筹，而信息视角下则可以打破这种人为的分割，把证据和线索都纳入信息这个视角中来，无论是犯罪证据和侦查线索都是与犯罪有关的信息，都应当作为现场取证的范畴。

信息科学是20世纪中叶兴起的一门新兴科学，而我国将信息论原理应用到侦查学领域却肇始于20世纪80年代，学者刘品新在《论犯罪过程中的信息转移原理》中指出："我国侦查学领域开展信息学研究至少始于20世纪80年代，如在早期立里、炎土发表的《我国刑事侦查学理论研究概述》一文中提出'以三论为中心的信息再现说'。"该学说认为：犯罪侦查是一个依据信息并由人工加以控制的系统工程，将现代科学"三论"的方法应用于侦查实践，可以揭示侦查过程的实质，帮助人们认识刑事犯罪的物质过程，促进案件的侦破。

在信息视角和语境下，犯罪证据和侦查线索的本质都是犯罪信息的载体，是认识案情的中介。而犯罪证据和侦查线索功能的发挥则是由于其蕴含相关的信息，通过对其中信息的解读来发挥认识和证明的作用。信息是事物发生、存在、发展的状态和属性的表征。犯罪是特定时空条件下的一种物质的运动，而物质运动必会产生相关的信息，这些信息就贮存在犯罪现场、被害人和证人的记忆或是犯罪现场周围的环境中。整个犯罪现场勘查工作实则是一种对信息的开发过程，这里的犯罪现场即是一个巨大的信息源，犯罪证据和侦查线索则是我们发掘信息的中介，它们本质上都是信息的载体。

信息视角下的现场取证观是要求刑事技术人员在现场取证中树立一种理念，也是信息化在现场勘查工作中的一种体现。通过认识上的提高，拓展现场取证的范围，提升刑事技术工作对案件侦查工作的支撑作用，更有效地推进案件侦查工作。

【本章小结】

犯罪现场勘查是侦查工作中最基础和最重要的侦查措施之一，是刑事侦查中寻找犯罪嫌疑人及认定犯罪嫌疑人线索和证据的主要来源。犯罪现场勘查工作主要包括：现场保护、现场访问、现场勘验和现场分析等。

犯罪现场根据不同的分类标准可以分为原始现场与变动现场，主体现场与关联现场，真实现场与伪造现场，预备现场、实施现场与掩盖现场等。

犯罪现场勘查是指在刑事案件发生后，为了查明犯罪事实，收集犯罪证据，侦查员依法在一定的空间范围内对与犯罪有关的人及相关的物质客体进行的调查访问和勘验检查工作。犯罪现场勘查的实施必须做到合法、及时、全面、细致、客观、科学。

犯罪现场保护，是指刑事案件发生后，为了使犯罪现场内的痕迹、物证免受破坏，由民警等有关人员对现场进行的封锁、警戒和对痕迹、物证实施的一系列保全、维护措施。犯罪现场保护必须遵守以下原则：迅速及时原则、保护公民生命安全优先原则、全面性原则、尽量保持现场原始状态原则。

现场访问是侦查人员为查明案情，发现、收集侦查线索和犯罪证据，在现场勘查过程中依法对了解案件有关情况的人员所进行的调查询问工作。在现场勘查中，现场访问与现场勘验工作同时进行。

现场勘验，又称实地勘验，是指侦查人员为了发现、收集侦查线索和犯罪证据，查明案情，揭露证实犯罪嫌疑人，借助感觉器官和科学技术手段，对与犯罪有关的场所和存在于这些场所中的痕迹、物品、尸体以及某些与犯罪相关联的人身等客体所进行的勘验、检查活动。现场勘验的方法通常包括以下几种：观察记录法、比较研究法、技术检验法、现场实验法。

临场讨论，是指在现场访问和现场勘验结束之后，现场勘查人员在现场勘查指挥员的组织下，依据勘验、访问所获的证据和信息等材料，经过充分的讨论和研究，对事件性质和案件情况所作的系统剖析、推断，又称现场分析。临场讨论的内容包括：分析、判断案件性质；分析、判断案情；确定侦查方向，划定侦查范围；部署下一步侦查措施。

【关键术语】

犯罪现场　犯罪现场勘查　现场勘验检查　犯罪现场保护　犯罪现场访问　临场讨论

【推荐阅读】

1. 王大中：《犯罪现场勘查》，北京，警官教育出版社，1999。

2. ［美］韦恩·W. 贝尼特、凯伦·M. 希斯：《犯罪侦查》，北京，群众出版社，2000。

3. 管光承：《现场勘查》，北京，法律出版社，2000。

4. 陈刚：《犯罪现场勘查新探》，北京，中国人民公安大学出版社，2001。

5. 杨东录：《犯罪现场勘查实用技术》，西安，陕西人民出版社 2003。

6. 王大中：《犯罪现场新概念及再现》，北京，中国人民公安大学出版社，2003。

【案例分析】

2003 年 12 月 2 日，山东省烟台市开发区××村××号户主王××报案称，其家昨夜进了人，放于南厢房纸箱底层的 1 600 元现金和一辆自行车被盗。接案人员对现场进行了勘查：现场系平房，有院，院内北侧正房未见异常。四周墙壁未见明显攀爬、蹬踩痕迹。中心现场位于南厢房内，南厢房门完好，进门为厨房，厨房东侧房间系失主儿子卧室，卧室内及其东间储藏室内的木柜、抽屉、纸箱、衣橱等处均被翻动。院内东南侧有一扇侧门，失主称该门被“犯罪分子”从内侧打开，并将过道内的自行车盗走。侧口门处拴有一条狗。现场访问王××及其邻居，均说夜里未听到狗叫。

分析讨论：

1. 该案犯罪现场是否属于伪装现场？

2. 试推断案件性质。

第七章　常规性侦查措施

【学习目标】

通过本章的学习，明确调查访问、侦查实验、跟踪守候和辨认的概念与任务；掌握调查访问、侦查实验、跟踪守候和辨认的实施方法或要点，领会调查访问、侦查实验和辨认结果的审查判断内容。

【导入案例】

×年×月×日，×银行储蓄所工作人员殷某被人勒死在厕所里，钱箱被撬，现金被抢走。经现场勘查，分析犯罪嫌疑人系一人，年龄在20～35岁之间；现场有安全门上锁且无明显搏斗痕迹，分析犯罪嫌疑人与银行内部人员（或死者）关系密切，排除流窜作案的可能；犯罪嫌疑人就地取材，具有临时起意的特征。根据案情分析，专案组采取了以下措施：第一，以现场为中心，对现场周围进行地毯式调查询问，召开附近个体商户和街道干部、群众座谈会，广泛搜集线索；第二，排查与死者殷某有恋爱、亲戚、朋友关系的人，从中发现重点嫌疑人员；第三，排查经常在储蓄所存款、取款，与殷某熟悉的人和正在储蓄所装修、改电路的泥瓦工、电工；第四，排查银行内部工作人员。经摸底排队，张某进入侦查人员视线。张某，现年30岁，初中文化，无业，与殷某原有恋爱关系，在储蓄所对面的商店打过工，熟悉现场环境，且案发前正在筹款做生意，具有犯罪动机。专案组对张某控制后搜查其住宅和人身，其身上的现金部分沾有少量血迹，经检验，与死者殷某血型吻合。张某辩称：案发当日他在女朋友王某家吃饭后，12时40分左右骑摩托车带王某回到自己家（距离案发现场步行约2分钟），然后又骑摩托车到卜集奶庙集，14时许返回城关，没有作案时间。对此，专案组一方面对案发前后张某的活动情况进行细致排查，另一方面展开侦查实验，确定张某辩解的真伪。侦查人员反复模拟作案过程，证实作案时间需15～20分钟，张某在骑摩托车完成上述活动的过程中恰恰留有20分钟的时间不能说清去向。张某的疑点进一步上升，专案组决定对张某进行突审。经审讯，张某在证据面前交代了杀人抢劫的犯罪事实。

资料来源：孙延庆主编：《侦查措施与策略》，20～21页，北京，中国检察出版社，2010。

第一节　调查询问

调查询问是贯穿侦查程序始终的基本侦查措施。调查询问，可以获知案（事）件的大致情况，也是其他侦查措施必不可少的辅助手段。

一、调查询问的概念和作用

（一）调查询问的概念

调查询问，又称调查访问，是侦查人员以查明案件事实、收集证据、揭露和证实犯罪为目的，依法运用公开或秘密的方式，就与案件有关的人、事、物等向有关人员进行询问的侦查措施。调查询问既包括侦查人员依法向有关人员和知情群众了解、查证与案件有关的问题，也包括侦查人员为了了解案件相关专业知识而对相关行业从业人员或专业人员进行的询问。

（二）调查询问的作用

调查询问的根本任务是查明案情和揭露、证实犯罪。具体而言，调查询问获得的案件信息是侦查人员分析判断案情的线索、查明案情的依据，依照法定程序提取的正式笔录是证实和认定犯罪的证据。

1. 通过调查询问查明基本案情、查获犯罪嫌疑人

侦查人员对案情的初步认识，主要来自现场勘查和调查询问，特别是在没有条件勘验现场或现场勘验价值不大的案件，如扒窃案件、街头诈骗案件，调查询问则成为查明案情的重要途径。调查询问有助于侦查人员全面、正确认识案情，制定有针对性的侦查计划和侦查措施实施方案。同时，随着侦查工作的不断推进，案情和犯罪嫌疑人身份逐渐明朗，侦查人员需要适时采取一定的强制措施。但犯罪嫌疑人为逃避打击，往往闻讯而逃，侦查人员可以通过调查询问，特别是询问犯罪嫌疑人的亲友、邻居或同事等，了解犯罪嫌疑人可能逃匿或藏身之处，将其抓获归案。

2. 通过调查询问发现和深挖嫌疑线索

证人证言和被害人陈述等言辞证据既是调查询问的结果，又是发现其他书证、物证的来源，因此，侦查人员应当注意对调查询问结果进行深入分析，在核实其真伪的同时开辟侦查线索和证据。侦查人员在调查询问中应注意从以下几方面情况入手，发现和甄别嫌疑线索：案件发生前的反常情况或可能与案件有因果关系的情况；案件发生时的特殊情况；案件发生后的反常情况或可能与犯罪活动有关的情况等。

3. 通过调查询问为其他侦查措施的组织实施提供依据

调查询问是其他侦查措施必不可少的辅助手段，只有在明确具体案件情况的条件下才能准确和有效地展开侦查活动，如侦查实验中为确保再现事件的准确性，必须通过调查询问了解事件发生的原有条件和环境；在追缉堵截中为制定行动方案和应急对策，需要通过调查询问查明犯罪嫌疑人的体貌特征、逃跑方向和方式等。

4. 通过调查询问印证其他侦查措施结论的可靠性

调查询问是印证其他侦查措施结论可靠性的重要手段。各种侦查措施所获得的材料都有可能成为侦查线索或破案证据，但成为侦查线索或破案证据的前提是材料客观属实。调查询问便于反复多次从不同侧面、以不同的方式针对同一情况进行，因此有助于印证其他侦查措施结论的可靠性。

5. 通过调查询问获取证实犯罪的证据

依照法定程序制作的证实笔录（包括被害人陈述和证人证言）是刑事诉讼中认定和证

实犯罪的常用和基础性的证据形式，因此，侦查人员在调查询问中必须严格遵守收集言辞证据的程序、形式的法律规定，确保调查询问获取的笔录成为审查起诉和定罪量刑的有效证据。

二、调查询问的对象和内容

（一）调查询问的对象

在法律或诉讼层面，调查询问对象可以统称为刑事证人。这是因为，《刑事诉讼法》第60条的规定，凡是知道案件情况的人，都有作证的义务；生理上、精神上有缺陷或者年幼，不能辨别是非、不能正确表达的人，不能作证人；《刑事诉讼法》第125条规定：询问被害人适用询问证人的规定；第57条规定，现有证据材料不能证明证据收集的合法性的，有关侦查人员或者其他人员应出庭说明情况；第187条规定，人民警察就其执行职务时目击的犯罪情况作为证人出庭作证；公诉人、当事人或者辩护人、诉讼代理人对鉴定意见有异议，人民法院认为鉴定人有必要出庭的，鉴定人应当出庭作证。由此可见，刑事证人是一个非常宽泛的概念，所有在诉讼过程中向司法机关提供口头证词的人均为证人（包括被害人、目击者、知情人、鉴定人和警察），均适用询问证人的法律规定。因此，本书中所说的刑事证人既包括狭义上的目击者和知情人，也包括被害人和可能需要出庭作证的警察、鉴定人，这些人虽然与案件的关系不同、诉讼地位及权利义务有所差异，但在适用法律规范及询问方法、要求等方面是同质的。[①]

在侦查实践中，与案件有关的人或了解案件有关情况的人具体包括：

（1）案件的事主、被害人及其亲友；

（2）案件的知情人和发案时的目击者；

（3）案件的检举揭发人；

（4）案件发生单位或地区的负责人；

（5）有关行业的专业人员；

（6）案件的嫌疑对象；

（7）其他可能知悉案情的人员。

（二）调查询问的内容

调查询问的内容是与刑事案件有关的事实。概括地说，就是“七何”要素：何事、何时、何地、何物、何情、何故、何人。

1. 何事

何事，是指事件性质。事件的性质包含两层含义：第一层指是刑事案件，还是治安案件、意外事件、自杀事件、假案等；第二层含义是指该刑事案件的类型，即在确定该事件是刑事案件的基础上，进一步查明刑事案件的类型：是杀人案件、盗窃案件、抢劫案件，

---

① 对于刑事证人的范围，目前理论界有不同见解。侦查学传统认为，刑事证人主要包括案件等被害人，目击者和知情人等知悉案件情况、能为侦查工作提供线索或证据的人。现行《刑事诉讼法》规定，特定情况下被害人、知情人、目击者、鉴定人、警察等应出庭作证，因此，从诉讼层面看，广义的刑事证人包括被害人、知情人、目击者、鉴定人、警察等。当然，由于鉴定人、警察等负有特定职权、职责，在执行职务时知悉案件情况，与一般的被害人、知情人、目击者在权利、义务和作证要求方面有所不同，应当区别对待。

还是爆炸、投毒案件；如系杀人案件，是仇杀、财杀、情杀等；盗窃案件则需要确定是内盗、外盗还是内外勾结作案等。

2. 何时

何时，是指犯罪行为发生、发展的持续性，也就是犯罪活动实施的过程从什么时间开始，到什么时间结束。时间具有一维性，人在特定时间内只能在一定空间进行一定活动，除少数情况外，是否有作案时间是判断一个人有无重大作案嫌疑的重要依据。

3. 何地

何地，是指犯罪行为发生、发展过程中的所在地点，即在什么地方发生的案件，周围环境有多大范围，与周围空间的关系。任何案件都发生在一定的空间，犯罪嫌疑人实施犯罪时必然要进入这一空间。犯罪嫌疑人通过实施犯罪活动，必然要寓于犯罪空间各种犯罪信息。犯罪空间是侦查人员认识案件、获取犯罪信息的重要场所。

4. 何物

何物，是指凡是与实施犯罪活动有关的客观事物。物的范围极其广泛，可具体分为：实施犯罪活动所用之物，如犯罪工具、毒物、爆炸物及其他物品等；犯罪活动所针对之物，如赃款赃物；犯罪活动过程中所形成之物，如手印、足迹、工具痕迹、枪弹痕迹等；遗留物，如衣物、随身携带物、排泄物、分泌物、泥土、血迹等。

5. 何情

何情，是指犯罪是在何种状态下进行的，包括犯罪的过程、活动的特点及方式。犯罪案件的形成是一个完整、系统的过程，从过程中可以看出犯罪嫌疑人如何预备犯罪，如何寻找作案目标、侵害作案目标等一系列活动。

6. 何故

何故，是指犯罪嫌疑人作案的动机和目的。了解犯罪动机和目的是寻找犯罪嫌疑人的重要契机，它能指明查找犯罪嫌疑人的范围和方向，明确侦查工作的重点和方法。

7. 何人

何人，是指犯罪嫌疑人和与犯罪案件有关的被害人、事主以及知情人等。其中，犯罪嫌疑人是犯罪活动的主体，侦查的目的就是查明犯罪嫌疑人，包括犯罪嫌疑人的性别、年龄、体貌特征、文化程度、职业、爱好、生活习惯等特点。

需要注意的是，上述调查询问的内容是就调查询问工作的整体目的而言，在具体的案件侦查中，由于案件情况不同，调查询问对象不同，访问目的不同，调查询问中涉及的问题也不相同，需要侦查人员根据案件具体情况具体确定，并在访问过程中根据询问对象的回答和肢体语言等方面的信息随机应变。

三、调查询问的方式

调查询问的方式可分为公开调查和秘密调查。

(一) 公开调查

公开调查，是侦查人员直接地、公开地就与案件有关的事实和情节对调查询问对象进行交流访谈。公开调查的特点是侦查人员的身份和访问意图向调查询问对象公开，在这种情况下，调查询问对象多为被害人和与犯罪嫌疑人没有密切关系的人。

公开调查可以采取走访、个别访问、开座谈会和通知询问的形式进行。

1. 走访

走访是侦查人员深入到案件现场或与案件有关地点的周围群众中去，调查了解发案前后他们耳闻目睹的与案件有关的情况，从中发现可疑的人和事，寻找侦查线索。

2. 召开座谈会

召开座谈会是指侦查人员根据侦查需要，召集有关群众公开开会，了解案件有关情况的方法。为了充分发动群众，广辟情报来源，有的案件还可以在会上有目的、有控制地公布案情，组织与会群众座谈讨论，动员他们提供有关情况和线索。另外，为了解决案件涉及的某些专门性技术问题，也可以邀请某些专家或专业人员召开座谈会。

3. 个别询问

个别询问是指为查清某一问题或某个人的情况，找知情群众或其他有关人员个别收集证言的方法。个别询问是调查询问的基本原则，《刑事诉讼法》第124条第2款规定：询问证人应当个别进行。个别询问要求侦查人员询问多个证人、被害人时应分别进行，以免相互干扰或泄露侦查秘密。

4. 通知询问

依据法律规定，在必要的时候，可以通知证人到人民检察院或者公安机关提供证言。通常，在以下情况下采取通知询问的方式：案情涉及国家秘密，为了防止泄密；证人、被害人的所在单位或其家庭成员，以及住处周围的人员与该案件具有利害关系；为了防止干扰，保证证人、被害人如实地说出自己所知道的案件情况或保证证人、被害人的安全；证人、被害人不愿意公开自己的姓名和作证行为，为消除证人、被害人的思想顾虑，等等。

（二）秘密调查

秘密调查，是侦查人员在不暴露身份和侦查意图的情况下所进行的调查询问。秘密调查的对象多为犯罪嫌疑人和与犯罪嫌疑人关系比较密切的人。秘密调查的方法有：

1. 侦查人员进行的调查

侦查人员以其他身份、其他名义作掩护，直接与被询问对象接触，进行有目的、有策略的谈话和发问，了解所要调查的问题。

2. 侦查部门挑选其他人员进行的调查

侦查人员挑选某个具有接近询问对象的便利条件而且安全可靠、能保守侦查秘密的人同调查询问对象接触、沟通，了解所要调查的问题。在一些案件的侦查中，侦查人员不便自己出面实施调查询问，挑选其他人员实施往往能够取得更好的效果，获得重要的侦查破案线索。

侦查人员进行秘密调查询问的要求，主要是应当做好保密工作，不要惊动犯罪嫌疑人。侦查人员无论是自己以其他身份实施，还是挑选其他适当人员侧面实施调查询问，都要注意做好保密工作，避免走漏消息。

四、调查询问的准备工作

（一）调查询问的人员准备

1. 侦查人员方面

正式的调查询问由两名侦查人员实施，对于特殊的询问对象，侦查人员也应该有所选择，如女性被害人由女性侦查员进行询问等。

首先，侦查人员的外在形象要得体，如外表（不修边幅）、服装、气味、表情、态度、体态、行为举止等都给对方形成一定的认识。符合调查询问对象身份、兴趣的穿着打扮容易形成感召力和吸引力，获得对方的好感和支持。其次，侦查人员以良好的个人素质打动对方。侦查人员应该给人一种敬业精神，有着强烈的责任心和正义感。侦查人员的语言应该大方得体，严禁使用侮辱性的语言，一举一动表现出亲和的态度。同时，侦查人员应该熟知相关的法律知识和有着较强的侦查能力。最后，侦查人员应尊重询问对象的人格。对其称谓按照地位、身份、职业区别对待，对有劣迹的人也要尊重，否则对方易产生逆反心理。

2. 调查询问对象方面

调查询问对象有时是已知且愿意配合调查询问的人员，有时却是未知的，需要侦查部门去查找并争取他们的配合。

（1）初步熟悉案情。

调查询问之前，应该尽可能地先行了解案情，以便知悉调查询问的可能范围和对象，了解调查询问的次序和重点等。

（2）查找调查询问对象。

查找调查询问对象的依据主要是现场和已知询问对象的社会关系。犯罪现场及其周围居住或活动的群众可能目睹了犯罪嫌疑人的犯罪过程，或者是目睹了相关可疑情况，可能能为侦查提供可资利用的线索；与被害人或犯罪嫌疑人有亲属或其他社会关系的人员可能知悉犯罪的动因或蛛丝马迹，可能提供某些可疑的情况。应当注意的是，案件各不相同，侦查情势也是千变万化，调查询问对象的确定依据也不可能一成不变，但凡有可能提供有侦查价值或证据价值的人员都应该尽可能地询问。

（3）熟悉调查询问对象。

调查询问是侦查主体和询问对象之间一种特殊形式的思想交流，询问对象在询问中占有极其重要的因素，他既可起积极作用，也可起消极作用。了解询问对象的基本情况，是取得询问对象合作的关键之一，是确定调查询问方式、方法及策略的基础。

侦查人员了解询问对象的基本情况，主要了解两方面的内容：第一，对象与本案的关系，询问对象是与案件有关系的还是无关的；是被害人还是被害人亲友；是犯罪嫌疑人还是犯罪嫌疑人亲友；或者是目击者还是知情人等。第二，对象的个人情况，包括年龄、性别、民族、职业、文化程度、健康状况、性格特点、社会经历、个性爱好、生活习惯等。

了解询问对象基本情况，可以通过查阅有关材料，或向询问对象所在地派出所管片民警，或居民委员会成员，或询问对象邻居和同事等进行询问。调查询问中，侦查人员还可以从询问对象的举止、言谈、表情等方面，进一步分析对象的个性特点及态度，因势利导，达到访问的目的。

（二）调查询问的时间、地点

1. 调查询问的时间

选择调查询问时间应该考虑如下因素：首先是根据被询问人的情况，着重考虑被询问人的职业生活规律、作息时间、个性特点及环境因素。同时，如果被询问人提出保密要求，则应该安排易于掩人耳目的时间。其次是根据侦查情势，如果被询问人可能掌握比较重要的信息，或者被询问人可能离开本地，则应该及早安排。

2. 调查询问的地点

良好适宜的环境可以给被询问人以一种轻松的气氛，促使其知无不言、言无不尽。调查询问的空间准备应以尊重询问对象意愿、实现调查询问目的为原则。实践中，一般有如下调查询问的空间选择：首先是侦查部门所在地。这种空间比较严肃。适用于特殊对象，如当事人、被害人。对于不愿配合的证人也可以传唤。其次是被询问人所在地，包括被询问人的单位或居住地。这类场所有利于消除询问对象的紧张情绪，使其在安静、宽松的氛围中接受询问。最后是其他场所，包括社交场所，如酒吧、茶楼等。或者对于正在接受救治的被询问人也可以在到医院的途中或在医院进行。对于被询问人坚持自己选择询问地点的，也可以综合各方面考虑是否满足其要求。在进行秘密询问时，对于询问地点的选择应该着重考虑是否会暴露侦查意图和是否符合身份掩护。

（三）制定调查询问计划

对于重要的调查询问，侦查人员应该事先制订调查询问计划。

1. 基本情况分析

调查询问计划中应该包括案件和被询问人的基本情况和简要案情、调查询问的目的、调查询问的范围及顺序等。

2. 调查询问的分工

调查询问计划应该写明该调查询问由哪些侦查员任询问人，各自的基本情况，扮演的角色职能。还应该写明调查询问物质条件保障情况。

3. 调查询问的策略方法

调查询问计划应该判断指出该调查询问应该采取何种询问方式，准备运用何种策略。包括调查询问时空的选择等。

4. 可能发生的问题及对策

对各种可能的突发情况进行预测并提出应急对策。例如，根据被询问人的性格特点，可能出现僵局，则可以准备些被询问人喜欢的话题，以拉近彼此距离。

五、调查询问的实施策略和方法

（一）稳定询问对象的情绪，消除询问对象的思想障碍

询问对象是案件的被害人及其亲属时，因遭受犯罪嫌疑人的袭击，身心或财产受到侵害，往往精神紧张，思绪紊乱；询问对象是犯罪嫌疑人或其亲属时，因怕事情败露，受到刑罚处罚，往往心理恐惧、矛盾；询问对象是一般证人时，容易产生警惕、戒备心理，或多一事不如少一事等复杂心理。侦查人员应根据询问对象的情况，选择合适的话题，尊重询问对象的人格和风俗习惯，稳定询问对象的情绪，营造融洽的询问气氛。对于有碍于调查询问顺利进行的各种情况，侦查人员应首先分析确定询问对象存在何种思想障碍，探究根源，对症下药，一方面通过自己访问的语言、方法和态度，促进与询问对象的心理接触；一方面加强对询问对象的思想教育，启发其正义感和社会责任感，提高其对犯罪行为的认识，消除其思想障碍，配合调查询问。

（二）注意使用合适的询问用语

调查询问工作是以语言为媒介，通过问与答进行的交流与沟通。讲究语言运用策略，

是调查询问的重要环节之一。文明语言给人以礼貌、诚挚、平等的感觉；态度生硬，语言粗俗，容易使人反感，不愿交谈。此外，语音、语调、语速等也是侦查员在访问中应考虑的因素。访问中，侦查员用语合适，可控制访问的气氛，使询问对象感到没有拘束，同时又认真对待；用语合适，可防止访问出现僵局，推动询问对象提供情况。

（三）注意对肢体语言的分析和利用

肢体语言是一种体现个人情感的外在表现形式。每一个手势或动作都有可能成为透视他的感情、情绪的关键线索。例如，一个知道自己长胖了的男人可能会尽力地拉扯他下巴处褶皱的皮肤；一个认为自己大腿变粗了的女人则会不断整理下装，尽量使自己的裙子保持一种平滑下垂的状态；一个感到害怕或处于防御状态下的人会双臂环抱，或摆出一个双腿交叉的姿势，又或者会同时作出上述两种动作。当一个男人与一个丰满的女人交谈时，他会刻意地避免直视对方的胸部，而与此同时，他的双手则会下意识地做一些小动作。①

解读身体语言的基本戒律是：

第一，做一个称职的观察者，仔细观察对理解肢体语言的重要性，和仔细聆听对理解口头语言的重要性是一样的。

第二，在环境中观察。对自己所处的环境理解得越透彻，就越能理解当下非语言行为的含义。

第三，认识普遍存在的非语言行为。有些身体语言具有普遍性，例如，人们有时会紧闭双唇，这清晰地说明他们遇到了麻烦或是什么地方出现了问题。

第四，揭秘特异的身体语言。有一些身体语言线索，专属于某一个体相对独特的信号。想要识别这些特异信号，就需要仔细观察周围人的行为方式。

第五，与他人互动时寻找基线行为。即使只是一次与某人的偶然相遇，也应该试着留意他或她在最初交流时的基线行为。因为了解一个人的基线行为很重要，掌握了它就能指导对方什么时候会背离常态以及这种背离的重要性和其中蕴含的信息。一个人的基线行为的变化总能说明某些地方肯定出了差错，而在某些特殊情况下，这些变化是在警告需要格外注意。

第六，坚持不懈，获取更多信息。精湛的应对能力能提高拟通过观察获得多种信息的能力，集合在一起的行为信号就像七巧板的各种板块，拿到的板块越多，把它们拼好的可能性就越大。

第七，一个人行为的变化很重要，它会反映这个人的思想、情感、兴趣和意图。

第八，学会发现虚假的或误导性的非语言行为很重要。

第九，区分舒适与不适，有助于找到破解非语言行为的侧重点。

第十，观察要细微。②

（四）推动调查询问对象回忆的常用方法

调查询问对象所了解的问题，多是其曾经感知的事物，由于时间间隔较长，或调查询

---

① 参见［英］亚伦·皮斯、芭芭拉·皮斯：《身体语言密码》，王甜甜、黄佼译，4页，北京，中国城市出版社，2007。

② 参见［美］乔·纳瓦罗、马文·卡尔林斯：《FBI教你破解身体语言》，王丽译，13～23页，长春，吉林文史出版社，2009。

问对象记忆力较差，有的问题往往记忆不清或相互混淆。为帮助调查询问对象再现事物的过程，侦查人员可以寻找一定的线索，使用特定方法挖掘调查询问对象的记忆潜力，促进其真实、全面地回忆有关案件事实和情节。常用的推动调查询问对象回忆的方法有：

（1）接近回忆法。即利用时间或空间上接近的事物为回忆线索，推动询问对象的回忆。

（2）相似回忆法。即利用彼此相似或相近的事物为回忆线索，推动询问对象的回忆。

（3）对比回忆法。即利用彼此相反的现象或事物为回忆线索，推动询问对象的回忆。

（4）关系回忆法。即利用事物之间的某些联系作为回忆线索，推动询问对象的回忆。

需要注意的是，推动记忆与引诱、暗示有本质的区别，两者不可混淆。一般来说，推动回忆与诱导、暗示的区别是：启发、启示调查询问对象回忆的根据是否客观真实或至少是比较客观真实，如果是用侦查人员的主观分析为依据提醒调查询问对象回忆，则属于引诱或暗示；此外，推动调查询问对象回忆过程中侦查人员并没有特定的目标或指向，无论调查询问对象是否能回忆起来或回忆出什么情况都是可以接受并有待查证的，但如果侦查人员通过提问、提示引导调查询问对象说出特定的嫌疑人员或案件情况，则属于引诱或暗示。

（五）制作调查询问笔录的时机

调查询问笔录一经制作完成将作为证据材料纳入案件卷宗，因此，在确保调查询问笔录形式合法的同时，还必须保证其内容完整真实，没有缺漏或矛盾。这就要求侦查人员在制作笔录之前与调查询问对象充分沟通，一方面，安抚其情绪，解除其思想顾虑，使其明确调查访问的目的性质及法律程序等；另一方面，适应调查询问对象的语言特点和表达方式，为调整询问顺序、策略、方法创造条件，在此基础上使询问过程及制作出的笔录连贯、流畅并围绕调查询问目的、任务展开。简言之，侦查人员应以言词交流、肢体语言等方式与调查询问对象建立良好的心理接触基础或氛围，在调查询问对象已经明确侦查人员的身份、调查询问的目的或任务，并且情绪稳定、心理状态平和的情况下展开正式的询问并制作笔录。

六、调查询问的记录

（一）笔录内容及制作要点

1. 调查询问笔录的主要内容

（1）首部。按规范的格式逐项填写，内容包括询问开始的时间和结束的时间，询问地点、侦查人员的姓名和工作单位，调查询问对象的姓名、年龄、性别、工作单位住址、身份证号等个人信息以及联系方式，告知调查询问对象的权利及法律责任。

（2）正文。调查询问笔录的主体部分，以问答形式记录调查询问的全部内容。

（3）尾部。询问结束时，记录人员应将询问笔录交给调查询问对象核对，对无阅读能力的被询问人，应向其宣读笔录内容。如果笔录有差错或遗漏应当允许其纠正或补充；笔录经调查询问对象核对无误后由其在笔录每页下方签名（盖章）或捺印指纹，并在笔录最后一行写明：“以上笔录我看过（或向我宣读过），和我说的相符。”然后在右下方签名（盖章）或按指印。凡笔录中有补充改正之处，均需捺印指纹，以保证其真实、准确。如调查询问对象拒绝在笔录上签名（盖章）或按指印，侦查人员应在笔录中注明。

2. 调查询问笔录的制作要点

第一，真实记录调查询问的过程，特别是对涉及案件的重要事实、关键情节，以及具体的数量、重量、数额、型号等最好是一字不漏地记录原话。当调查询问对象因为紧张或者其他原因出现思维混乱或回答问题拖沓反复，侦查人员应进行正确引导并将回答的内容条理化，在语言上予以精练，以书面语言的形式记录。

第二，妥善处理地方方言，确保笔录更加准确和规范。在笔录中如何规范处理地方方言，目前的研究并没有定论，一般情况下应该将方言转化成普通话进行记录，以保证法律文书的严肃性和严谨性。但是，针对认定案情或犯罪具有关键作用的话语，如犯罪嫌疑人威胁被害人的语言、多名犯罪嫌疑人在现场交谈的语言等则应在笔录中原始反映出来，以便侦查人员能够据此分析、判断犯罪嫌疑人的籍贯、身份，确定侦查的方向、范围等。此时，应使用口语记录，用普通话进行注解。

第三，完整记录调查询问过程。真实的陈述要记录，虚假的陈述也要记录；有回答的要记录，不回答的表情和态度也要记录；肯定的回答要记录，否定的回答也要记录；言辞回答要记录，动作神态也要记录。动作神态与言辞一样含有信息和意义，侦查人员应当注意观察调查询问对象的体态动作，对于其中有价值的信息进行记录。在笔录中，记录体态语言应该言简意赅，选取体态语的主要特征，用几个字来反映，如闭口不言、长时间沉默、脸红出汗、频繁抖动手脚等。

(二) 录音或录像

调查询问的录音、录像因其更直观、更全面而具有更高的准确度和可信度，既有利于保障调查询问对象的合法权益，又有助于提高刑事司法活动的公信力，日益得到重视和推广使用。

以录音、录像的方式制作调查询问记录，需要注意的是：

录音、录像记录的主要内容与笔录一致，由首部的确认基本信息、问答形式的主体部分和核对笔录的尾部等三部分组成。在录音、录像之始，侦查人员应宣读调查询问起始时间、地点、自我介绍，也可以在录像画面中摆放计时器，以展示和确认调查询问持续的时间；在询问结束时，完整记录询问对象确认笔录无误的过程和意思表示。

对调查询问的问答主体过程的记录不应间断或剪辑，以确保其真实性。因此，以录音、录影的方式记录调查询问，侦查人员需要做好准备工作，充分了解案情和调查询问对象的个人情况，确定细致的询问方式、顺序，并根据可能出现的意外情况制作预案，以便确保调查询问过程顺利进行和完整记录。

七、调查询问结果的审查判断

对于调查询问结果，应当进行分析评判，确定其真伪性及其使用价值。

(一) 对调查询问结果真实性的审查判断

调查访问结果是否真实可靠，需要从以下方面进行审查和分析。

1. 分析研究询问对象陈述的来源

查清询问对象是直接耳闻目睹，还是听他人讲述间接得知案件事实的。一般地说，询问对象直接感知的较听他人讲述而知的要真实。对听他人讲述间接得知案件有关事实的内容，应进一步审查询问对象是在什么情况下听说的，有无失实的可能，并尽可能循根溯源，向直接感知案件情况的人调查核对。

2. 分析询问对象与案件的关系及心理状态

如果询问对象是案件的当事人，或与当事人有亲属、同事、私怨等关系，就有可能从维护亲情、报恩或泄愤等思想出发，夸大或缩小，甚至捏造案件事实，提供虚假内容。如果询问对象与案件无关，往往能够比较真实地反映案件情况。但是也有人对访问采取消极的态度，如抱有多一事不如少一事；或怕说错话，承担责任的；或对公安机关有偏见，拒绝与侦查人员合作等。因此，侦查人员在调查询问时，必须认真分析询问对象与案件的关系及其心理状态。

3. 分析判断询问对象的感知、记忆和陈述能力

询问对象的感知能力、记忆能力和陈述能力是决定调查询问结果真实可靠性的决定性因素。一个调查询问内容的形成，往往要经过感知、记忆和陈述三个阶段。感知是记忆的前提，记忆是陈述的基础，而陈述又是记忆和感知的最终体现。人由于年龄、遗传、职业、文化素质、社会经历、兴趣爱好不同，其感知能力、记忆能力、陈述能力等均有一定差异，感知能力、记忆能力、陈述能力好的，往往调查询问结果好，反之，调查询问结果差。

4. 分析判断调查询问内容有无矛盾之处

一般来说，审查调查询问内容可以从以下几个方面判断：调查询问内容与客观规律之间有无矛盾之处；调查询问内容前后有无矛盾之处；调查询问内容与他人陈述之间有无矛盾等。发现调查询问内容有矛盾和可疑之处，必须深入调查，求得合理解决。

5. 分析判断询问对象在访问过程中言语、神态有无反常之处

根据询问对象在询问中的语速、语音、语调、语气，以及面部表情、肢体动作等来考察分析询问对象有无紧张、拘谨、恐惧等心理状态，从而判断询问结果的真实性和可靠性。

6. 分析判断询问对象是否受到外界不良影响

这方面应当注意考察询问对象有无受到新闻媒体报道的影响，有无受到其他证人的影响，有无受到亲朋好友的暗示等。

（二）对调查询问结果合法性的审查判断

调查询问结果作为证据在刑事诉讼中发挥认定和证实犯罪案件的作用，必须符合法律规定。在这一方面应当重点审查分析的是：

1. 调查询问的方式、方法符合法律规定

调查询问过程中没有采取法律禁止的暴力、胁迫手段，没有引诱或暗示等不当的询问方式；正式的调查询问必须个别进行；为语言交流有障碍的调查询问对象聘请翻译人员并将这一情况记入笔录；询问未成年人，通知其法定代理人到场；询问地点为犯罪现场、证人所在单位、住处或者证人提出的地点，必要时通知询问等。

2. 调查询问的程序符合法律规定

明确表明身份，在现场询问证人时出示工作证件，在证人所在单位、住处或者证人提出的地点询问证人时出示人民检察院或者公安机关的证明文件；告知调查询问对象如实地

提供证据、证言和有意作伪证或者隐匿罪证的法律责任，以及作为证人依法享有的相关权利和应当承担的义务等；询问结束后将笔录交证人核对并签字，如果记载有遗漏或差错，证人可以提出补充或者改正等。

3. *调查询问笔录的形式符合法律规定*

侦查人员基本信息和调查访问对象个人信息等笔录信息完整；笔录以问答形式记录，在有需要的地方签字或捺印指纹等。

4. *调查询问的时间、地点符合法律规定*

现行法律对调查询问的地点做出了明确规定，询问地点对询问对象的心理影响较大，因此，在审查调查询问的合法性时，应注意审查询问地点是否合法。

（三）对调查询问结果侦查作用的审查分析

调查询问内容往往信息量丰富，从中可以挖掘出更多的证据或线索，如调查询问对象提供的情况来自其他知情人或曾告知其他知情人，调查询问对象在现场看到了侦查人员尚未掌握的人员活动情况或其他异常情况，被害人家属提出了可疑的犯罪对象、证人提供了犯罪过程中的特定细节等，此时，侦查人员要注意以调查询问结果为起点和依据，展开深挖细查，在查证陈述内容真伪的同时，发现其他形式的证据，并将调查询问笔录与由此获取的其他形式的证据进行交叉审查，形成相互交织和彼此印证的证据锁链，从而扩大调查访问结果的侦查价值。在此过程中，侦查人员应重点审查分析的内容是：调查询问对象获知情况的来源、所知情况的扩散对象和范围；调查询问对象提供情况中的反常、矛盾之处及其原因；能为组织实施其他侦查措施提供依据的情况等。

第二节 侦查实验

一、侦查实验的概念

侦查实验是指在刑事侦查过程中，为了查明案情，证实与犯罪有关的某些事实、现象、行为等，在相同或相近的条件下，对某事物、现象或行为产生、变化过程进行的实验性重演或再现，以确定某事实、现象或行为能否发生或者其发生条件、发生过程的一种侦查措施。《刑事诉讼法》第135条第1款规定：“为了查明案情，在必要的时候，经公安机关负责人批准，可以进行侦查实验。”

侦查实验在刑事侦查中具有重要作用。

（一）为分析判断事件性质和案件性质提供依据

通过侦查实验，可以使侦查人员判明现场上的某种现象、案件中的某种行为是否能够发生、是如何发生的；某些现象或行为的发生、发展和完成需要具备什么样的条件，综合其他线索和证据判明事件性质和案件性质，进而分析判断案情。

（二）协助侦查人员分析判断事主、被害人陈述、证人证言的真实性和可靠性

在一些案件的接报中，如盗窃、抢劫、抢夺等，事主或被害人的报案陈述出于各种目的和动机是虚假的，通过侦查实验可以验证其陈述的真实性，做好立案审查工作。证人证

言同样如此，证人出于不同的目的和动机可能做虚假证言，通过侦查实验可以验证其证词的可靠性。

（三）用于审查判断犯罪嫌疑人的供述和辩解是否真实可靠

在刑事侦查中，犯罪嫌疑人的供述和辩解是查明案件事实真相和认定案件事实的重要证据，但由于其处于被追究的立场和地位，其供述和辩解往往是虚假、夸大事实，甚至故意误导侦查，通过侦查实验可以有效揭露其谎言，打击其嚣张气焰，迫使其如实供述。

（四）用作认定案件事实的证据

在一些案件的侦查中，如交通肇事案件，现场勘查和调查访问等措施获得的证据很少，难以认定案件事实，通过科学的侦查实验完整地再现案件发生过程，有助于认定案件事实。2012 年修改的《刑事诉讼法》第 48 条将侦查实验笔录与勘验、检查、辨认笔录并列，作为证据的法定种类之一。

二、侦查实验的任务

侦查实验的任务在不同的案件中或同一案件的不同阶段中是不同的，即侦查机关通过实验的方法欲解决、证明的问题和情况各不相同，总的说来有以下六个方面的任务。

（一）通过侦查实验，确定在一定条件下某人能否听到或看到某一事实或现象

某些案件中，关键证人的证词或犯罪嫌疑人的口供中，涉及其听到或看到了案件的某个情节，鉴于其对案件具有重要的证明作用，为检验其准确性，侦查人员应在相同或相似的条件下进行模拟实验。

（二）通过侦查实验，确定在一定的时间内能否完成某种行为

为了证实证人证词或犯罪嫌疑人的口供中涉及的重要情节，侦查机关在相同或相似的条件下进行实验，用来验证这种行为能否在一定的时间内完成。如在一定时间内能否从甲地点步行到乙地点。

（三）通过侦查实验，确定某种事实或现象发生的条件

某些现象的发生是有特定条件的，当这些现象发生在案件中时，为了证实这种现象发生的原因，可以在侦查人员的主持下进行多次模拟实验，以证实在何种条件下才能发生这种现象。

（四）通过侦查实验，确定在某种特定条件下某种行为和某种痕迹是否一致

在现场勘查过程中，往往会发现一些可疑的痕迹，这些痕迹与犯罪行为是否存在相互联系，在发案时的条件下，什么样的行为能留下这种痕迹，或是特定的犯罪行为能留下什么样的痕迹，就可以通过侦查实验来进行验证。

（五）通过侦查实验，确定在某种条件下，某种造型客体能否在某种承受客体上形成某种痕迹

当不能确定承受客体上的痕迹为何种造型客体所形成时，可以通过分析、判断，选择多种造型客体进行模拟实验，进行验证。

（六）通过侦查实验，确定在某种条件下，某种痕迹是否会发生变异

在犯罪现场上提取的痕迹有的较为复杂，有的是变形痕迹，有的痕迹、物证会随着时间的推移而发生变化，侦查人员可以通过侦查实验来验证这些变异发生的条件、过程或表现形式，从而为分析、判断犯罪时间、地点、犯罪工具等提供依据。

三、侦查实验的实施规则

为了保证侦查实验的科学性和合法性，进行侦查实验必须严格遵循以下规则：

（一）严格依照法定程序和要求进行实验

侦查实验是一种侦查行为，必须严格依照法律和相关规定进行，主要有以下几个方面：

（1）侦查实验必须经过法定的审批手续，即经公安机关负责人批准才能进行。

（2）侦查实验必须在侦查机关和侦查人员的主持下进行。

（3）侦查实验进行时必须邀请两名与案件无关、为人公正的公民作为见证人，监督、见证侦查实验过程的公正性、客观性。

（4）为解决侦查实验中的一些专业性问题，必要时还应聘请或指派具有专门知识的人参加。

（5）侦查实验中严禁一切足以造成危险、侮辱人格或有伤风化的行为。

（6）参与侦查实验的人员在规定的时期内应对侦查实验的过程和结果保守秘密。

（7）侦查实验的经过和结果，应制作《侦查实验笔录》，并由参加实验的侦查人员、见证人签名或盖章。

（二）实验条件力求与原始条件相同或接近

侦查实验只有在与案件发生时相同或相近的条件下进行，实验的结果才有说服力。因此，侦查实验应尽量在接近某事实或现象发生或被发现时的相应条件下进行。这条原则主要有以下四个方面：

（1）侦查实验应当尽量在与原时间相一致的条件下进行。

（2）侦查实验应当尽量在原地进行。

（3）侦查实验应当尽量在原自然条件下进行，如光线、温度、湿度、风力、风向等。

（4）侦查实验应尽量使用原有的物品和工具。

（三）同一实验应当反复多次进行

为了保证侦查实验结论的科学性和可靠性，在进行侦查实验时必须反复多次地进行同一实验，这种反复实验既包括在相同条件下的反复实验，也包括在不同条件下的反复实验。

四、侦查实验的组织实施

（一）制定侦查实验计划

侦查实验是一项严谨、细致的科学工作，在侦查实验实施之前，必须制定全面的实验计划，以确保实验的顺利进行。尤其是一些较为重要、复杂的侦查实验，更应如此。侦查

实验计划应包括以下内容：

(1) 进行侦查实验的目的。

(2) 进行侦查实验的时间、地点。

(3) 进行侦查实验所要求的自然条件。

(4) 进行侦查实验所需的工具、器材和有关物品。

(5) 参加侦查实验的人员及其分工。

(6) 侦查实验的内容、具体实施步骤和方法。

(7) 记录侦查实验过程与结果的方式方法。

(8) 侦查实验的警戒工作。

(二) 侦查实验的实施

1. 参加侦查实验人员的组织分工

侦查实验应当做到统一指挥，各负其责，在指挥员的组织领导下，有条不紊地进行。

2. 组织实验现场的警戒工作

实验现场的安全是侦查实验顺利进行的保证，同时也是保守侦查实验秘密的首要条件。因此，必须指派专人在实验现场周围进行警戒，禁止无关人员靠近或围观。

3. 对场地、条件、器材、工具的检查

在侦查实验开始之前，要组织人员对实验的场地、环境及天气条件等进行观察，对实验中使用的器材、工具进行检查，以确定其是否符合侦查实验的要求。

4. 按照侦查实验计划有步骤地进行实验

首先要对实验设备进行安装、调试，并通过调试性实验对实验设备、器材进行检验，然后再进行正式实验，同时对实验条件及实验过程进行仔细的观察和详细记录。

(三) 记录侦查实验的过程

应将侦查实验的过程客观、如实地记录下来。记录的形式多种多样，可以使用笔录、绘图、照相、录像、录音等形式。在实践中，最常用的记录形式是侦查实验笔录，《刑事诉讼法》第135条第2款也明确要求侦查实验的情况应当写成笔录，由参加实验的人签名或者盖章。侦查实验笔录的内容一般分为三个部分：

1. 介绍基本情况部分

在这一部分主要应记明：案件的基本情况；进行侦查实验的主要目的；所有参加侦查实验人员的基本情况，包括见证人、被邀请的专家；侦查实验的地点及周围环境、实验开始的时间、当时的天气条件等。

2. 记述实验过程部分

这部分主要应记述：侦查实验的具体步骤和方法；参加侦查实验人员的组织和分工；侦查实验过程中出现的现象和最后的结果。如果侦查实验进行了数次，则应当记明每次实验的条件和具体方法及每次实验过程中出现的现象和结果。

3. 记录结尾部分

在结尾部分应当记明侦查实验结束的时间。所有参加侦查实验的人员均应签名或盖章。

《刑事诉讼法》第48条将侦查实验笔录明确规定为证据种类之一，充分肯定了其证据价值，因此，侦查实验笔录的制作应当规范，全面、客观、准确地记载实验过程及其结果，但需要注意的是，侦查实验记录只能记载实验的客观过程和结果，而不应记录侦查人员根据侦查实验所做的任何分析判断。

五、侦查实验结果的审查判断

由于侦查实验是一种模拟性实验，通过实验得到的结果只是表明某种情况的发生具有极大的可能性，而不能说明被验证的事实或情况就完全符合客观事实，所以对侦查实验的结果应当非常慎重，应当从以下几个方面进行审查判断。

（一）对参与侦查实验的人员进行审查

对参与侦查实验的人员进行评断，主要是评断参加实验的侦查人员以及聘请或者委托的其他专业人员的业务素质，包括其知识水平、业务能力及其心理素质、身心投入程度，以判断这些因素是否会影响实验结果的准确性。但是，如果进行实验的目的是为了验证某人在某种条件下能否认识某一现象或完成某一行为，就必须考虑一切可能影响该人的心理状况和生理状况的因素。比如原有事件中的许多行为是当事人在恐惧、绝望、愤怒等强烈情感刺激下，身心潜力超常发挥的结果。除此而外还应考虑人与人的差异，比如某人跑步速度特别快、攀登能力特别强、力气特别大等等。

（二）对侦查实验的过程进行审查

对侦查实验的过程进行审查判断涵盖的内容较多，包括：第一，侦查实验的组织实施是否严密，有无违反侦查实验的规则，实验过程中有无出现偏差的可能；第二，侦查实验的方法是否科学，侦查实验的步骤、程序、过程是否具有科学的逻辑性，进行侦查实验的条件是否与案件发生时的条件相一致，实验时所使用的工具、器材、物品是否与案件发生时相一致；反复进行实验时，是否出现同样、近似或类似的结果。

（三）对侦查实验结果的证据价值进行审查

侦查人员应当将实验结果与其他证据认真进行对比、核对，判明其能否与其他证据相互印证，能否与其他证据材料形成一个完整的证据体系，如果侦查实验的结果与案件中的其他证据相矛盾，则应探明矛盾形成的原因，能否得到合理的解释，进而评估其证据价值。

第三节 跟踪、守候

跟踪、守候是侦查机关对侦查对象开展秘密监视、控制的特殊侦查手段，具有较强的政策性和法律性。跟踪、守候往往要与犯罪嫌疑人近距离接触，具有情况获取真实、与侦查对象对抗尖锐、工作环境艰苦复杂、工作要求社会化程度高、行动隐蔽等特点。随着科学技术的发展尤其是信息技术在侦查中的广泛应用，跟踪、守候已经从传统的人力跟控发展到人力与电子跟控及信息追踪相结合的阶段。

一、跟踪

（一）跟踪的概念

跟踪，也叫盯梢，是指侦查人员运用人力、交通工具、光机电技术和现代信息技术，采取秘密尾随、定点监控、电子跟踪、信息追踪等方式，秘密观察和掌握侦查对象活动动态的特殊的侦查手段。

跟踪是秘密的监视与控制，方式方法随社会发展状况的变化而变化。经历了人力跟踪，人力跟踪与车辆跟踪相结合，人力、车辆跟踪与电子跟踪、信息追踪相结合的发展过程。

（二）跟踪的任务与要求

1. 跟踪的任务

跟踪的任务包括：（1）监控侦查对象和目标；（2）发现和扩大侦查线索；（3）秘密获取犯罪证据；（4）配合相应技术侦查手段的实施；（5）控制犯罪活动，防止危害结果的发生。

2. 跟踪的基本要求

（1）严密控制。将侦查对象的活动及其接触的可疑关系人，严密控制在侦查视线之内，发现得早、发现得准、控制得力、工作方法得当。

（2）不露形迹。侦查人员在严密监视侦查对象的过程中，不能被侦查对象所察觉，防止惊敌暴露情形的出现。

（三）跟踪的准备环节

1. 识别对象

识别是侦查人员通过秘密的方式识认、辨别侦查对象的专门性工作，是开展跟踪工作的前提和基础。准确地识别侦查对象能直接推动案件进展。识别的一般方式有：照片识别，指认识别，特征识别，化装识别，以物识人等。识别对象要牢牢把握准、稳、快、牢的要求，远观外形、近察音容，动、静结合观察，牢牢把握对象的不变特征，注意易变特征，反复比对，及时核实，找准目标。侦查人员平日应该加强识别对象的训练，特别是对人的年龄、身高、体貌特征、行为特征等方面的判断，加强识别过程中的心理素质训练，做到识别方法得当，自然大方。

随着社会信息化进程的加快，电子技术、信息技术不断融入侦查活动中，识别又可以结合通信轨迹分析、移动终端定位、视频监控技术以及社会信息综合分析等方式来实现。

2. 跟踪的准备工作

跟踪要在侦查人员、交通工具、通讯器材、取证器材等方面做好各项准备工作，确保跟踪工作的顺利进行。

（1）侦查人员。参与跟踪的侦查员要熟悉和掌握基本案情，明确跟踪对象的基本信息、案情涉及的人员情况、团伙犯罪成员的基本情况与相互关系、跟踪的基本任务和要求等。人员配备数量应满足能实现对跟踪对象的有效控制，必要时可以对人员进行分组，明确各自承担的任务。

（2）交通工具。要根据跟踪对象出行的特点，选配与当地经济条件、自然环境相匹配的车辆，车辆的号牌要进行伪装。根据跟踪的实际需要，配备不同类型的车辆。跟踪前，要对车辆车况进行仔细的安全检查，备足油料。

（3）通信器材。及时、畅通的通信联络是顺利完成跟踪任务的保障。跟踪过程中，选择联络的通信器材体积要小，覆盖范围要宽，操作简便，易于携带和隐蔽，必要时，可以使用手机作为通信工具辅助联络，通信联络时，应使用隐语或暗语。

（4）取证器材。跟踪的过程是获取犯罪线索、固定犯罪证据的过程。跟踪中，为了及时、有效地获取犯罪嫌疑人的犯罪证据，侦查部门应配备科技含量高的取证器材，以保证高质量地完成侦控任务。

3. 身份化装

开展跟踪，侦查人员应根据侦查工作的目的，进行必要的身份装扮，成为社会某一角色，并随着跟踪工作的开展，自然融入社会角色，完成既定的侦查任务。

身份化装要遵循从实际情况出发、合情合理的原则，装扮要大众化、多样化，符合当地的实际情况和案情实际。另外，侦查人员还要具备良好的心理素质，做到身份化装和心理化装的表里如一。

（四）跟踪的类型

1. 徒步跟踪

徒步跟踪，是指侦查人员以徒步方式为主跟踪侦查对象，可以辅助必要的交通工具作为协助、接应的跟踪模式。徒步跟踪能够灵活多样地开展与侦查对象活动相适应的跟踪战术，是跟踪工作最基本的表现形式。

徒步跟踪应以确保对一名侦查对象开展有效的监视、控制为基本要求，明确最基本的警力配置，配备相应数量的人员和装备，明确各岗位工作职责，构建合理高效、规范有序的运行模式，以符合现代警务机制的发展要求。

2. 车辆跟踪

车辆跟踪，是指侦查人员驾驶机动或非机动车辆跟踪对象骑车、乘坐自备汽车或出租车的跟踪活动。主要包括自行车跟踪、汽车跟踪和摩托车跟踪。

（1）自行车跟踪。对侦查对象骑自行车外出活动进行监控，侦查人员亦要选择骑自行车实施跟踪。自行车具有轻便灵活、机动性大的特点，跟控中，侦查人员应多车联合，合理布控，可与摩托车或汽车配合，防止对象换乘其他交通工具。实施自行车跟踪要把握好跟踪起点、交叉路口和终点三个环节，起点发起跟踪要快，交叉路口和终点易引起侦查对象或周围人员的警觉，应注意主梢、副梢位置和职责的变化。

（2）汽车跟踪。汽车速度快、目标大，不易隐蔽，近跟易暴露，远跟易脱梢。影响汽车跟踪的外界因素相对较多，对执行跟踪任务的侦查人员能力要求更高。

汽车跟踪在车型选择上应大众化、多样化，汽车性能应与侦查对象乘坐的车辆性能相匹配。驾驶员应熟练掌握驾驶技术，熟悉各类机动车的车型、汽车牌照种类，熟悉道路情况，熟悉机场、火车站、长途汽车站、城镇主要宾馆、旅店、饭店的位置及相关信息。车上应配备相应的电子导航设备、通讯设备、秘密取证设备和必要的化装服饰。

汽车跟踪可采取尾随跟踪、接力跟踪、双车联合跟踪、多车联合跟踪等形式，跟控中要根据道路宽窄情况、车辆拥堵情况选择恰当的跟踪距离，要配有机动灵活的摩托车跟控，防止遇到复杂路况丢梢或暴露。多车联合跟踪时，车型选择要多样化，可采取前引后跟、迂回、堵截、预伏相结合的跟踪方法进行跟踪。跟踪中还应防范侦查对象的反跟踪。

（3）摩托车跟踪。随经济发展城乡道路连通紧密，城市道路四通八达，汽车数量猛增，道路拥堵状况严重，依靠汽车实施跟控容易发生丢梢、漏梢事故。摩托车具有体积小、速度快、行动便捷的特点，在复杂的交通路况下，能很好地弥补汽车跟踪过程中不易停靠、转弯及掉头动作明显、易暴露、易丢梢等不足，是配合汽车跟踪十分有效的跟踪类型。

摩托车跟踪在车辆选择上也要大众化，车辆牌照要符合当地政策法规的规定，摩托车驾驶员能熟练掌握车技，装束上应准备一些简便易于穿戴的服饰，如眼镜、帽子、围巾、可里外翻穿的外套等，应用这些化装服饰快速改变形象，迷惑侦查对象。

3. 电子跟踪与信息追踪

电子跟踪是指以电子技术为基础，通过电子定位设备，掌握侦查对象活动情况的跟踪方法。

信息追踪是指利用各种社会和公安信息资源，对侦查对象的活动规律和特点进行综合分析，为监控工作提供重要参考依据的跟踪方法。

电子跟踪和信息追踪是侦查工作信息化应用的体现，随着犯罪活动日趋智能化、职业化，反侦察意识和手段也越来越多样化，给以人力跟踪为主的传统跟踪工作造成了很大的障碍，因此，跟踪工作要不断地融入先进的科学技术，要向人力跟踪与电子跟踪、信息追踪有机结合的方向发展。

（五）跟踪中的取证

跟踪中的取证，是指侦查人员在跟踪侦查对象过程中针对具有侦查意义、证据意义的活动场面进行秘密拍录的专门性工作。跟踪中的取证具有获取证据的客观性、取证的被动型和取证的技术性特点。其中，具有侦查意义、证据意义的活动场面主要是指能反映侦查对象与犯罪活动相关的一些要素，包括侦查对象的个人基本特征，比如性别、长相、体型、体态、行走姿态等；侦查对象实施犯罪相关活动的时间；侦查对象实施与犯罪相关活动的地点；发现和获取与犯罪相关的物。比如携带的作案工具、赃物、用于作案的车辆等；发现侦查对象与犯罪活动相关的行为，比如通信行为、投邮或快递包裹行为、使用银行卡行为、购物行为、乘坐交通工具行为等。

跟踪中的取证要求做到稳妥保密，不留痕迹，取证积极，抓准时机，既要考虑获取的材料对拓展侦查思路的作用，还要注重获取材料对定罪量刑的证据价值。

二、守候

（一）守候的概念

守候，又称为蹲守，是指侦查人员在侦查对象活动的场所周围或活动轨迹上，采取建立长期监视点或临时监视点的方式，秘密观察侦查对象的活动情况，掌握侦查对象的活动规律、社会关系等情况，为获取犯罪线索、抓捕侦查对象创造条件的侦查措施。

（二）守候的准备工作

守候监视是一项非常艰苦的工作，同时具有一定的危险性，要求侦查人员时刻保持一种处理各种复杂环境和问题的状态。为了确保守候任务的顺利完成，防止惊敌暴露，甚至发生意外事故，守候前应做好充分的准备工作。

1. 熟悉案情，掌握侦查对象的情况，明确守候任务

承担守候工作的侦查人员要了解案件的基本情况，把握守候的目的，要重点了解犯罪分子的犯罪动机、心理、性格特点，尽量掌握侦查对象的体貌特征、行为规律及智能程

度，了解侦查对象的家庭成员、社会关系等情况，从作案时间、地点、侵害对象、作案工具和手段中摸索出侦查对象的行为习惯，有针对性地开展守候。

2. 制定工作预案，明确人员分工

每一次守候的任务目的、目标、环境都有所不同，守候一定要结合案情，对守候中可能出现的各种情况要制定工作预案，应变对策要周密，布置任务要具体，既做到统一思想，统一行动，听从命令，服从指挥，又做到任务到人，各负其责，配合默契，临场不乱。如每班次守候时间的长短、人员如何交接、进出守候点的隐蔽等。

3. 进行实地观察，选择恰当的监视点

守候点的选择一要能够隐蔽自己，二要能够有效监视侦查对象的活动，三要有利于采取下一步侦查行动和处置突变情况。监视点可以选在居民住宅、单位或店铺的房间中，也可以设在有条件隐蔽自己的街面，如小商贩摊点聚集处、车站等处。根据对控制范围的要求可以设立地面点，也可以设立高层点。根据案情的需要，可以设立独立点，也可以设立线状系列点或网状全面控制点。

4. 做好必要的物质准备

除了守候所需要的摄录器材、通信器材外，相应的交通工具、警用器械、生活保障用品等也要准备充分。

(三) 守候应注意的问题

(1) 担任守候监视任务的侦查人员应注意身份伪装，举止神态要与化装后的职业身份神形一致，与守候环境相称，并准备好他人盘问的借口，绝不能在工作地区附近暴露自己的真实身份，不得随意暴露守候的地点。

(2) 侦查人员不要频繁地出入守候监视点，更不能与其他侦查人员在监视点接触。必须要接触时在监视现场外会面或通过秘密的联络方式进行。在室外两人以上守候时，在守候现场不得时聚时散，交头接耳，以防侦查对象发现，露出破绽。

(3) 防止麻痹和厌战情绪。守候监视是一项非常艰苦的工作，要求侦查人员具有超常的耐心和吃苦精神。有时守候的时间较长，可能会产生松懈和厌战情绪；有时会遇到恶劣的自然环境和条件，如酷暑、严寒、风霜雪雨的天气等，这就要求侦查人员要随时保持高度警惕和旺盛的干劲，保证守候监视任务的圆满完成。

(4) 无论在住家选点监视，还是在单位选点监视，一定要确保屋主的可靠性，一方面能支持侦查工作，另一方面要严格保密。侦查人员绝对不能暴露工作意图，也要防止与他们发生个人之间的来往。

(5) 做好监视记录。无论是临时守候还是定点守候，侦查人员都应客观、迅速地把侦查对象具有侦查意义的活动情况记录下来，比如侦查对象接触的关系人、携带或交接的物品、使用的交通工具和通信工具等情况。

第四节 辨 认

一、辨认的概念

侦查辨认，简称辨认，是指在刑事案件侦查活动中，为了收集证据、查明案情，侦查人员按照一定的规则和程序，组织证人、被害人或者犯罪嫌疑人对与案件有关的人、物品、不知名尸体或场所进行辨别、认定的一种侦查措施。

在这一措施中，辨认主体是与案件有关的证人、被害人或者犯罪嫌疑人，简称辨认人。辨认客体是与案件有关的人、物品、不知名尸体或场所等。从侦查学角度看，辨认活动是一种同一认定的过程。在侦查人员的主持下，辨认主体通过观察辨别客体，将此客体特征同自己在案发前及案发过程中观察到的留存在记忆中的客体形象在大脑中进行比对，进而认定辨认客体与记忆中的客体是否同一。从心理学角度看，辨认本质是一种认识活动，是人类的一系列认知心理过程。从对与案件有关的人、事、物的感知到将感知的信息存储起来，形成记忆，再到将记忆中的心理表征与辨认对象进行分析、比较的一系列再认知活动。辨认过程分为感知、记忆、保持、再认四个阶段，每个环节都会影响到辨认结果的准确性。因此，侦查人员在组织辨认时，应当充分考虑到辨认者的个体差异和可能存在的外在干扰因素，必须按照辨认规则科学地组织辨认。

辨认所得出的结论，能帮助侦查人员缩小侦查范围，澄清犯罪嫌疑，收集犯罪证据，最终查清案件事实。

二、辨认的任务

(一) 认定或排除犯罪嫌疑人

侦查过程中发现犯罪嫌疑人后，侦查人员可以组织辨认。如果辨认结论经过核实具有可信度，则肯定性结论可以帮助侦查破案直认犯罪嫌疑人；否定性结论可以排除嫌疑，缩小侦查范围。

(二) 查明不知名死者的身份及有关情况

通过组织有关人员对无名尸体、尸块或者尸体照片进行辨认，继而查明被害人身份，可以为分析案情、确定侦查方向和范围提供有利依据。

(三) 查找犯罪现场

在抢劫、强奸、绑架等案件中，由于各种主客观因素的限制，有些被害人只注意到现场的某些具体特征，而不知现场的具体位置，通过侦查人员组织其对犯罪地点或与犯罪案件有关的场所进行辨认，可以确定案件发生的现场位置，进而搜寻、查找相关证据和线索。有时为了核实犯罪嫌疑人的口供，需带领犯罪嫌疑人到实施犯罪行为的地方指认现场。

(四) 查明有关物品的来源、出处

对于遗留在现场的犯罪工具或其他物品，侦查人员需要请被害人及有关人员对其进行识别、辨认，以判断这些物品为何人所有，从何处带来，在哪里生产，在哪些地域内销售或常用，是否为本案的赃物。这有利于侦查人员分析案情，缩小侦查范围，确定侦查方向。

三、辨认的种类

可以从不同角度按照不同的标准对辨认进行分类。主要有：

（一）公开辨认和秘密辨认

根据侦查人员运用辨认的形式不同，即是否对被辨认人或辨认物公开，分为公开辨认和秘密辨认。

1. 公开辨认

公开辨认是指由侦查人员组织辨认人在被辨认人或被辨认物的持有人知晓的情况下进行的辨认。公开辨认主要是在对无名尸体辨认和物品辨认中使用，且一般需要邀请见证人参加。公开辨认的结论可以作为诉讼证据使用。

2. 秘密辨认

秘密辨认是指由侦查人员组织辨认人在被辨认人或被辨认物的持有人不知晓的情况下进行的辨认。对犯罪嫌疑人的秘密辨认应将辨认人安排在既隐蔽又便于观察的地点；对嫌疑物的秘密辨认应事先把该物品从侦查对象或其持有人处秘密取来，辨认后再秘密放回原处。对犯罪场所的秘密辨认应在一定形式的掩护下进行。秘密辨认无须请见证人参加，也不用制作正式的笔录。秘密辨认结论只能作为侦查线索，不能作为诉讼证据使用。

（二）直接辨认和间接辨认

根据侦查人员所采取的辨认方法不同，即是否通过某种中介观察或者感知辨认客体的特征，分为直接辨认和间接辨认。

1. 直接辨认

直接辨认是指辨认人通过对客体的直接观察或者感知而进行的识别。例如直接观察犯罪嫌疑人体貌特征进行的辨认；直接倾听犯罪嫌疑人的谈话声音进行的辨认。直接辨认对客体的感知比较真实、全面，因此大多数辨认都采用直接辨认。

2. 间接辨认

间接辨认是指辨认人通过某种中介了解客体特征并以此为基础进行的识别，如观看犯罪嫌疑人的照片或录像进行的辨认。间接辨认虽然不如直接辨认可靠，但其方法简便，能减少辨认人在辨认时的焦虑情绪，在不能或不便进行直接辨认的情况下，可采用间接辨认的方法。

（三）人身辨认、尸体辨认、物品辨认和场所辨认

根据辨认客体的不同，辨认可以分为为人身辨认、尸体辨认、物品辨认和场所辨认。

1. 人身辨认

人身辨认是指辨认人对被辨认人（犯罪嫌疑人）进行人身识别，以解决人身是否同一的辨认。人身辨认的目的通常是为了肯定或否定犯罪嫌疑人的犯罪嫌疑。辨认时，应对被辨认人的某一细节特征认真加以辨认，条件允许时，可让辨认人观察被辨认人的某些动态特征，保证辨认结论的可靠性。

2. 尸体辨认

尸体辨认是指对与案件有关的不知名尸体的辨认，一般是为了查明死者的真实身份。对尸体的辨认，应以稳定突出的特征为依据，可以与对死者的衣物和遗物辨认相结合。对尸体的辨认，一般以公开的方式进行。

3. 物品辨认

物品辨认是指辨认人对与案件有关的物品进行识别，以解决物品是否同一或为何人所有或产、销于何处的辨认。与案件有关的物品包括作案工具、赃物和现场遗留物等。物品

辨认往往是发现嫌疑线索和确定该物品与某人或某案件的关系的重要途径。

4. 场所辨认

场所辨认是指辨认人对某场所进行识别，以解决场所是否同一的辨认。它包括对作案现场与案件相关的场所的辨认。

（四）被害人辨认、犯罪嫌疑人辨认和证人辨认

根据辨认主体的不同，辨认可分为被害人辨认、犯罪嫌疑人辨认和证人辨认。

1. 犯罪嫌疑人辨认

主要是对同案的其他犯罪嫌疑人和犯罪场所的辨认。

2. 被害人辨认

主要是对犯罪嫌疑人和犯罪场所的辨认。

3. 证人辨认

证人根据具体情况不同，对四种辨认客体均可进行辨认。

（五）静态辨认和动态辨认

根据辨认客体特征的种类或辨认客体形态的不同，可分为静态辨认和动态辨认。

1. 静态辨认

是指依据客体形象特征进行的辨认。例如，对犯罪嫌疑人体貌特征的辨认，对物品、尸体、场所的辨认都属于静态辨认。

2. 动态辨认

是指依据客体习惯特征所进行的辨认。习惯特征是指客体在运动中体现出来的具有动力定型的特征，包括动作习惯特征和语音习惯特征。①

动态辨认和静态辨认都可以单独进行，也可以二者组合进行。

四、辨认的规则

辨认是刑事案件侦查中的重要手段。最高人民检察院的《人民检察院刑事诉讼规则》和作为部门规章的公安部的《公安机关办理刑事案件程序规定》中作了相应规定。由于辨认的依据是被辨认客体在人头脑中形成的反映映像，是由一系列感知、记忆、保持、再认活动组成的，所以每个环节都会影响辨认结果的准确性。而且，受辨认人原有经验的影响，往往将事实与主观想象混合而难以保证其准确性。因此，为了确保辨认结论的可靠性与合法性，在组织辨认时必须遵循一定的规则。

（一）混杂辨认

混杂辨认是针对辨认客体而言的。对犯罪嫌疑人和与案件有关的物品、照片进行辨认时，应按照同类混杂的原则将被辨认对象混杂在若干个种类相同、特征相近的人员、物品或其照片中（即陪衬客体）进行辨认。在选择陪衬客体时，应以辨认客体的特征为依据。例如在进行对人的辨认时，陪衬人与被辨认人应当在性别、年龄、相貌、身高、衣着等方面相同或相似；在进行物品的辨认时，陪衬物与被辨认的物品之间，应当在种类、颜色、形状、大小、型号、新旧程度等方面相同或相似。

---

① 参见［英］理查德·梅：《刑事证据》，王丽、李贵方等译，461～467页，北京，法律出版社，2002。

值得注意的是，陪衬人的选择应当根据目击者对犯罪人的描述的特征，而不能根据犯罪嫌疑人的实际特征来确定，目的是保护无辜的犯罪嫌疑人。混杂辨认是针对物品、人、照片的，不适用于场所，因此应当限定其适用的范围。在实施混杂辨认时，还要保证辨认客体的数目不能太少。《公安机关办理刑事案件程序规定》（2020 年修正）第 260 条第 2 款规定：辨认犯罪嫌疑人时，被辨认的人数不得少于 7 人。对其照片辨认时，不得少于 10 人的照片。

（二）分别辨认

分别辨认主要是针对辨认主体而言的。分别辨认又称个别辨认，包含两层含义：一是当有两名以上的辨认主体，且辨认客体只有一个时，在组织辨认时应将辨认人分开，单独进行辨认，防止辨认人判断意见的相互影响。二是虽然分别辨认规则主要是针对辨认人而言的，但从辨认对象的角度来讲，无论辨认人有几个，当辨认客体有两个以上时，应当保证不同的辨认客体安排在不同的辨认列队中。即绝不能将两个以上的辨认客体安排在同一个辨认队列中，也不能对不同的辨认客体使用相同的陪衬客体。

分别辨认规则的目的在于防止辨认人受到来自其他辨认人、辨认客体及陪衬客体等各方面的影响，从而影响辨认结论的客观性、准确性。在团伙犯罪和轮奸案中，应着重遵循分别辨认规则。

（三）客观辨认

客观辨认是针对组织辨认的侦查人员而言的。为保证辨认主体在不受任何干扰的情况下，自由而独立地进行辨认，侦查人员应当做到以下几点：

1. 保证“辨前不见”

即在组织辨认之前应当尽力避免辨认人和辨认对象有所接触，不能让辨认人看到被辨认人或了解被辨认人的情况，以免造成某种先入为主的心理暗示，例如，辨认人在实施辨认之前看见嫌疑对象戴着手铐，容易使辨认人对被辨认人形成某种先入为主的印象。

2. 辨认前告知

一方面，在辨认前侦查人员应当向辨认人明确告知故意诬陷或隐藏、包庇犯罪所要承担的法律责任；同时，还应当告知主持辨认的侦查员、见证人身份，是否要求回避等。另一方面，侦查人员应使辨认人明确辨认列队中可能存在犯罪嫌疑人或者与犯罪相关的物（包括录像中、照片中、人群中等），也可能不存在。科学研究和司法实践表明，证人、被害人易产生“既然公安机关要求自己辨认，则嫌疑人肯定在其中”的偏见。实施辨认前告知规则，以防止在目标缺失的情况下，辨认人选择一个与自己记忆最为接近的辨认对象作出辨认结论的情况。

3. 做好“辨前询问，辨后再询问”

在组织辨认前，侦查人员应当对辨认人进行详尽具体的询问，让辨认人描述其在当时所感知的与案件有关的人或物的具体特征及其相关的环境条件等情况，并将辨认人所描述的细节以书面形式或者其他形式予以记录的程序。辨认结束后，辨认主持者应当再次询问辨认人，让其陈述据以作出识别的依据与理由。

4. 禁止暗示和诱导

在整个辨认过程中，包括辨认前的准备及辨认后的善后工作阶段，侦查人员都不得以任何暗示性或诱导性的语言、动作、表情等对辨认人施加影响，使其按照侦查人员的意志做出回答。辨前询问时，侦查人员可以适当提示被询问人进行回忆，但不得涉及任何与辨认对象相关的具体内容。

5. 特定组织者实施

公开辨认必须只能是侦查人员，且必须在两名以上侦查人员的主持下进行。在条件许可的情况下，应采取“双盲程序”实施辨认，即选择不知道辨认对象真实情况的侦查人员来主持辨认，以避免组织辨认的人员有意或无意地通过言语、表情、动作等方式暗示或诱导辨认人。①

五、辨认的组织实施

辨认的组织实施情况对辨认结果的准确性有着重大影响，因此，应当精心准备、认真实施。无论进行何种辨认，都应该做好以下几个方面的准备，并严格按照具体的辨认方案实施。

（一）辨认前的准备

1. 辨认的审批与组织

公开辨认应当经办案部门负责人批准，必须在两名以上侦查人员的主持下进行。辨认的组织者最好是不经办此案件的侦查人员，以确保其客观、中立的立场。

2. 询问辨认人，做好辨认人的思想工作

侦查人员在辨认开始前应询问辨认人，询问的内容包括辨认客体的具体特征和辨认人感知的程度。在询问辨认人之前及询问过程中，不能让辨认人事前看到被辨认对象，不能在辨认人前议论辨认对象的有关情况，防止辨认人产生先入为主的倾向。在询问时，侦查人员应尽可能引导、帮助辨认人强化对辨认客体的印象，提高其再认的能力。通过询问，侦查人员了解辨认人感知的时间、环境、条件，以及辨认人的感知能力、记忆能力、辨识能力、表达能力，为正确组织辨认和评断辨认结果提供了依据。当发现辨认人感知、记忆、辨识或表达能力有缺陷，或者对辨认对象感知不充分，不具备辨认条件时，不应当组织辨认。

除此以外，侦查人员还应根据辨认人的具体情况做必要的思想工作，稳定辨认人的情绪，解除其思想顾虑，并告知其权利和义务，要求其客观真实地进行辨认。

3. 选择与确定辨认的时间和地点

为保障辨认的客观性、准确性，辨认的时间、地点应尽量选择与辨认人原来感知辨认对象时的条件相接近的时间、地点。公开辨认应当尽量避免外界的干扰和无关群众的围观；在确定秘密辨认的时间和地点时，既要考虑辨认人的感知条件，又要考虑辨认的保密性，注意不能让被辨认人察觉。

4. 准备辨认条件

辨认条件应从以下方面进行准备：对于需混杂辨认的，根据辨认对象的不同类别，选择若干个年龄相当、体貌特征相近的人或者种类、形状、颜色、型号相同的物品混杂在被辨认人或被辨认物品中；还应对辨认环境作出适当布置，例如场地面积、辨认人与客体之

---

① 参见刘涛、杨郁娟主编：《侦查措施》，71页，北京，中国人民公安大学出版社，2012。

间的位置关系以及光照条件等；并准备好必要的器材，例如将辨认的过程拍摄下来，以备分析、审查之用。

5. 制定辨认方案

辨认应当有组织、有步骤地进行，所以侦查人员在组织辨认之前应制定出具体的行动方案。方案的主要内容应包括辨认的时间和地点、人员分工、行动步骤、可能遇到的问题及相应的对策等。

(二) 辨认的实施

由于辨认对象不同，辨认可以分为对人的辨认、对尸体的辨认、对物品的辨认和对场所的辨认。每种辨认的方法、规则和任务各不相同。

1. 对人的辨认

对人的辨认可以采取直接辨认和间接辨认两种方法。

直接辨认的具体方法有正面辨认、侧面辨认和寻查辨认等。进行直接辨认时，若采用静态辨认的方法，即让辨认对象处于基本静止的状态，以便辨认人仔细观察被辨认人的正面、侧面、背面或某一部位的细节特征。如果辨认人对犯罪人的动态特征，如讲话声音、行走的姿势等有所感知和记忆，可以增加对犯罪人动态特征的辨认，以保证辨认结论的可靠性。

间接辨认是以人的照片、录像、声音等作为辨认对象的辨认，可分为人像照片辨认和录像辨认、语音辨认。

2. 对尸体的辨认

对尸体的辨认主要是对不明身份的被害人尸体进行辨认。有时，犯罪嫌疑人在犯罪现场畏罪自杀，为了查明其身份也要进行尸体辨认。对不知名尸体的辨认，一般以公开的方式进行，切应在法医的协助下进行。具体的方法有：

(1) 辨认尸体的体貌特征，生理、病理特征，以确定死者身份。

(2) 辨认尸体照片。用经过整容的尸体照片组织辨认。尸体照片除拍摄外貌外，还要注意拍摄特殊记号及生理、病理特征，以利于他人识别、认证。

(3) 辨认衣物和遗物。尤其是尸体已经腐烂或外貌毁损严重，无法利用尸体或尸体照片进行辨认时，可利用死者的衣物及遗物进行辨认。

对无名尸体的辨认结束后，侦查人员应结合辨认人的结论，对死者的指纹、血型、DNA 等进行同一认定。

3. 对物品的辨认

(1) 对现场遗留物的辨认。首先请事主辨认是现场原有物还是现场遗留物。如果是后者，再请周围群众，生产、销售过该物品的人员进行辨认，以确定持有人或生产、销售范围。

(2) 对赃物的辨认。在侦查过程中，一旦查获怀疑为案件赃物的物品，应先请失主详述赃物的特征，再将其交给事主、被害人及其亲属辨认，以确定是否为被盗、被抢的物品。

对物品的辨认一般应遵守混杂辨认规则。但是，如果被辨认物品比较特殊，难以找到同类的混杂陪衬物品，或是辨认人十分了解被辨认物品的特定特征，则侦查人员无须安排混杂陪衬对象，可将被辨认物品单独提交给辨认人进行辨认。

4. 对场所的辨认

对场所的辨认，主要是指对犯罪地点或犯罪相关场所的辨认。对不知道犯罪现场具体位置的案件，侦查人员可根据被害人、犯罪嫌疑人、目击者的陈述，确定可疑地域范围，动员附近群众和基层民警提供线索，然后带领辨认人到可疑场所进行寻找辨认，以认定犯罪场所，获取犯罪证据。

六、制作辨认笔录和辨认报告

对于辨认的过程和结果，主持辨认的侦查人员必须进行必要的记录和取证工作。公开辨认应制作辨认笔录，可作为证据使用；秘密辨认应制作辨认报告。

辨认笔录（见表7—1）的内容主要有：

（1）辨认的时间、地点和环境条件。

（2）辨认人的姓名、性别、年龄、职业、工作单位和家庭住址。

（3）辨认客体的主要情况：被辨认人的姓名、性别、年龄、职业、住址，被辨认物品的种类、名称、形态、特征、数量等。

（4）混杂陪衬辨认客体的具体情况。

（5）辨认结果及其根据。辨认结果是肯定、否定还是不能确定，具体根据是什么。

（6）参加辨认的人员签名或盖章。参加辨认的人员包括组织辨认的侦查人员、辨认人、被辨认人、担任混杂客体的人及见证人等。

辨认笔录应当力求全面、客观、真实、准确。辨认笔录中可包含对辨认客体的拍照或录像。辨认前的询问记录可以和辨认笔录合并入卷，以便对照和研究。

对于秘密辨认，主持辨认的侦查人员应当撰写秘密辨认报告，其内容与公开辨认的记录内容基本一致，归入侦查卷宗备查。

表7—1

辨认笔录

时间：________年______月______日______时______分至________年______月______日______时______分

地点：____

侦查人员姓名、单位：____

____

辨认人姓名、住址、单位：____

见证人姓名、住址、单位：____

辨认对象：____

辨认目的：____

____

辨认过程及结果：____

____

____

____

侦查员：____________________

辨认人：____________________

见证人：____________________

记录人：____________________

七、辨认结果的审查判断

辨认结果是辨认人对客观事物的感知和判断，其准确程度受多种因素的影响和制约。因此，侦查人员应当对辨认结论的可靠性、合法性、关联性作出客观的评判，再经过查证核实，方可作为证据使用。为避免误导侦查，对于秘密辨认结果的辨认报告也应当认真审查判断。审查判断的内容主要有：

（一）审查判断辨认的主体

（1）考查证人、辨认人与案件及当事人的关系，特别是查明辨认人与案件有无直接或间接的利害关系，进而查明有无可能影响其公正辨认的因素。

（2）考查辨认人的感知能力、记忆能力和陈述能力。既要注意其一般认识能力，如有无近视、远视，有无色盲、夜盲，听力是否受损，有无可能影响记忆的中枢神经系统疾病，有无表达障碍等生理及病理缺陷，也要注意其对某类事物的特殊认识能力的强弱。考查时要注意辨认人的文化程度、生活经历、职业特点和兴趣爱好等，必要时可通过实验来查明。

（3）考查辨认人感知的准确程度。从感知的时间、地点和环境看，辨认人是否能充分、准确地看清被辨认的客体，被辨认客体给辨认人留下的记忆是否深刻、清楚。

（4）考查辨认人在感知、记忆和辨认时的心理状态。辨认人的感知、记忆和辨识时的心理状态对辨认结果有重要影响，如辨认人在极度痛苦、紧张、愤怒或恐惧的情况下，其感知、辨识能力容易发生某种偏差或错误。另外，辨认人在感知、记忆、辨识时是否具有正确的动机和心态是否积极也是影响辨认结果的重要因素。①

（5）考查辨认人对辨认所持的态度。辨认人在辨认时的心理状态分为积极参与、漫不经心、极不情愿、害怕受到打击报复等。所以辨认人实施辨认时是心情平静，还是恐惧、紧张等，都可能影响辨认的准确性。

（6）“事件后信息”对辨认人的影响。“事件后信息”是指辨认人感知客体物后又接触的与之相关的同类信息，如媒体报道或传言。人脑原本储存的信息会不断变化，新信息可能改变大脑中的记忆，甚至使原本不存在的细节渗透到原先已经储存的信息中去。

（二）审查辨认的客体

辨认客体的特定性、稳定性和反映性直接影响辨认结论的可靠程度。

---

① 参见刘涛、杨郁娟主编：《侦查措施》，72页，北京，中国人民公安大学出版社，2012。

（1）辨认客体的特征是否突出，是否容易与其他客体相区别。

（2）辨认客体的特征是否稳定，特别要注意辨认对象的特征有无伪装和人为的改变。某些客体特征会随着时间的推移发生自然变化，所以组织辨认的侦查人员应力求选择稳定性较强的特征作为辨认的依据。

（3）辨认的客体是否容易被感知和辨识、记忆，以及辨认客体的特征在辨认人头脑中的反映是否清晰和充分。这一点可以结合辨认人在辨认前接受询问时对客体特征的描述进行分析和判断。

（三）审查辨认的过程

（1）从辨认的时间、地点和环境看，辨认的时间是否充分，辨认的地点是否符合辨认条件，辨认的环境（如辨认距离、角度、方向、光线等）是否与感知时的条件一致。

（2）辨认是否符合辨认的规则。

（3）辨认中是否有其他因素的干扰和影响。例如，在辨认人头脑中是否留下了犯罪嫌疑人的恐吓、要挟的印象，无关事物是否在辨认现场出现并分散了辨认人的注意力，等等。

（4）辨认结果与其他证据的关系。如果辨认结果与其他证据相一致，能够得到相互印证，说明辨认结果可靠性较强；如果辨认结果与其他证据有出入，则要进一步研究，甄别真伪。

（5）正确看待辨认人对辨认结论的信心。严禁以辨认人的自信程度作为审查辨认笔录证明力的标准，除非条件非常理想或被辨认客体的外貌特征非常显著。

八、辨认结论的证明资格及证明力

辨认结论分为肯定结论、否定结论和无结论三种，其中，肯定性的辨认结论不能单独作为确定犯罪嫌疑人罪责的依据，必须有其他证据予以佐证。对于公开辨认，如果肯定性结论具有可靠性、合法性、关联性，则可以作为证据使用；对于秘密辨认，其结果只能作为侦查线索，不能作为诉讼证据使用。如果要将秘密辨认结果作为诉讼证据使用，则应以公开的方式重新组织辨认。

（一）辨认结论的证据资格

辨认是侦查措施中一个非常重要的措施，但辨认结论在司法实践中的地位却异常尴尬。《刑事诉讼法》中并未明确规定辨认结论能否作为证据使用。对于辨认结论是否能够作为证据，理论界存在“肯定说”与“否定说”两种截然不同的观点。[①]

从证据法上的观点来说，只要侦查辨认结论经查证具有合法性、关联性、客观性，就可作为定案的根据。因此笔者认为，辨认结论是可以作为证据使用的，但作为何种证据使

---

① 持“肯定说”的学者认为，辨认笔录应当作为证据，但对作为何种证据存在不同观点。如有的学者主张辨认笔录应作为一种新的证据种类单独列出证据，并认为，“根据辨认主体的不同，辨认笔录可分为证人的辨认笔录、被害人的辨认笔录和犯罪嫌疑人的辨认笔录”；有的学者认为侦查辨认结论可以归类于证人证言、被害人陈述、犯罪嫌疑人供述这三种传统证据中。持“否定说”的学者认为，辨认笔录不能作为证据。如有的学者认为，辨认结果不是法定的刑事诉讼证据，《刑事诉讼法》之所以没有将辨认结果列为证据，而且也没有规定辨认的程序，正是因为考虑到了辨认本身所固有的缺陷。

用目前还需要进一步规定。

（二）辨认结论的证明力

证据的证明力，又称为证据的效力或者证据价值，是指证据对案件事实证明是否有作用以及作用力大小的程度。

1. 辨认结论与案件事实的关联度

辨认结论与案件事实的联系决定着它们之间的关联度。一般来说，辨认结论越直接指向嫌疑人，其中间链条越少，其关联度就越高，其证明力就强。

2. 辨认结论的可信度

辨认结论的真实可靠性是将辨认结论作为证据的前提，也是人们确定其证明力大小的外在要素。通过本节相关论述可知，对辨认结论的可信度可从辨认人、辨认对象、辨认组织实施程序以及辨认笔录的内容等方面综合性确定。例如：一般来说，对相同辨认对象的辨认结果，证人的辨认结果与被害人的辨认结果相比，前者的证明力大于后者。因为后者与案件存在利害关系，其可信性远不如没有利害关系的证人。

【导入案例简析】

调查询问、侦查实验等常规性侦查措施在侦查实践中具有基础性作用，对于发现犯罪嫌疑线索、确定嫌疑对象和获取证据等具有重要意义。本案中，侦查范围明确，犯罪嫌疑人与现场或被害人有关联，因此，围绕现场和被害人展开摸排、调查询问可以查找犯罪嫌疑人。同时，通过反复的侦查实验确定犯罪嫌疑人完成相关活动及犯罪行为的时间，查明其辩解是否成立。实践中，应根据分析判断的案情，确定各项常规性侦查措施的实施条件和方法，从而发现线索或获取证据。

【延展阅读】

侦查措施的内涵

侦查措施作为刑事侦查的重要组成部分，其含义是指侦查机关为发现犯罪、证实犯罪、查获犯罪行为人以及预防犯罪而依法采取的各种侦查方式、方法和技术手段的总称。侦查措施是侦查主体实现侦查目的的手段，是刑事侦查学理论体系的重要组成部分。

以侦查措施适用的条件是否存在紧急情况为标准，侦查措施可以分为常规侦查措施和紧急侦查措施。紧急情况通常是指在案件的侦破过程中出现的对案件的侦破具有重大影响并且需要立即采取措施做出相应处理的情况。常规侦查措施是指在一般性的侦查活动中采取的侦查措施，其特征是对时效性要求不是很强，如调查访问、犯罪嫌疑人被拘留逮捕后的审讯、侦查实验、辨认等等。较为典型的紧急侦查措施有通缉通报、追击堵截、使用警犬搜索追踪、突击解救人质等，这些措施本身就是用于处理案件侦破过程中的紧急情况，对时效性要求高，如果不及时采取这类紧急措施可能贻误破案战机，致使犯罪嫌疑人逃脱或者重要证据灭失。当然，常规侦查措施和紧急侦查措施的划分是相对的，及时采取各种侦查措施侦破案件本身就是刑事侦查的基本要求。

1. 侦查措施的主体

侦查措施的实施和运用的主体是侦查机关和侦查人员。

依据《刑事诉讼法》的规定，我国的侦查机关包括公安机关、国家安全机关、人民检察院、军队保卫部门和监狱。侦查人员是代表侦查机关依法行使职权，依法具体实施各种侦查行为、侦查活动的人民警察。侦查人员和侦查机关之间是一种代表和被代表的关系，一方面，侦查机关作为一种非自然人的组织和单位，具体的侦查行为和侦查活动需要由侦查人员代表实施，另一方面，侦查人员依法实施的各种侦查行为和侦查活动都代表特定的侦查机关，以特定侦查机关的名义实施侦查行为，侦查人员依法实施各种侦查行为和侦查活动的法律后果由其所代表的侦查机关承担。

2. 侦查措施的客体

侦查措施的客体是指侦查机关和侦查人员采取、运用侦查各种措施所针对、所指向的对象。侦查措施所针对的对象相当广泛，刑事案件侦查过程涉及的人、事、物等都可能是侦查措施的客体，如犯罪嫌疑人、知情人、被害人、证人等，涉案物品如作案工具、赃款赃物以及各种痕迹、微量物证等。

3. 侦查措施的内容

侦查措施的内容相当丰富，包括各种侦查犯罪的方式、方法、技巧和技术手段，以及运用侦查措施的谋略和策略，包括调查访问、摸底排查、并案侦查、侦查实验、辨认、强制措施等内容。

侦查措施的内容体系是开放的，会随着科学技术的发展以及侦查人员在侦查实务中的不断总结、创新而发展。而且，随着犯罪形势、犯罪手段的不断变化，为有效侦破、打击犯罪，侦查措施本身也需要持续创新和发展。

4. 侦查措施的目的

侦查措施的整体目的是通过综合运用各种侦查措施发现犯罪和证实犯罪，查获犯罪行为人，进而实现打击犯罪这一核心任务。但是，由于侦查措施多种多样，每一种侦查措施都具有其自身的特点和功能，因此在具体案件的侦查过程中，每一种侦查措施的运用都有其特定、具体的目的，有的侦查措施的运用是为了查获、缉拿犯罪嫌疑人，有的侦查措施是为了核实、拓展某一特定的侦破线索，有的侦查措施的运用是为了取得、核实某一证据。为充分发挥侦查措施的功能，实现侦查目的，在采取、运用某一项或多项侦查措施时，必须结合具体案情充分考虑到各种侦查措施的特点、优势和局限性。

资料来源：刘涛、杨郁娟主编：《侦查措施》，1～2、6页，北京，中国人民公安大学出版社，2012。

【本章小结】

调查询问是贯穿侦查程序始终的基本侦查措施。调查询问，可以获知案（事）件的大致情况，也是其他侦查措施必不可少的辅助手段。调查访问的对象是所有与案件有关的人或了解案件有关情况的人；调查访问的内容是与刑事案件有关的全部事实；调查访问可以通过公开的方式也可以通过秘密的方式实施，公开实施时应当严格遵守法律规定的程序和要求，秘密实施时应注意保密；调查访问前应做好充分的准备工作，在实施过程中应当注意运用相关的策略和方法；对调查访问结果的可靠性和准确性应当谨慎、细致地分析和审查判断。

侦查实验在刑事侦查中具有重要作用。侦查实验的规则包括：严格依照法定程序和要求进行实验，实验条件力求与原始条件相同或接近，同一实验应当反复多次进行。侦查人员对侦查实验结果应当慎重，应当从参与侦查实验的人员、侦查实验过程以及侦查实验结果的证据价值等方面进行分析和审查。

跟踪、守候是侦查机关对侦查对象开展秘密监视、控制的特殊侦查手段，具有与侦查对象对抗尖锐、工作环境艰苦复杂、工作要求社会化程度高、行动隐蔽等特点。跟踪应做到准确识别跟踪对象、做好各项准备工作，采取适当的徒步跟踪、汽车跟踪或电子跟踪等具体方法，并在跟踪过程中适时取证；守候是一项艰苦的工作，同时具有一定的危险性，要求侦查人员时刻保持一种处理各种复杂环境和问题的状态。为了确保守候监视任务的顺利完成，守候前应做好充分的准备工作，并注意伪装、防止麻痹大意和做好守候记录等。

辨认是依靠人的感知、记忆、再现事物的能力所进行的识别和认证活动。辨认在刑事案件侦查中的作用主要有：认定或排除犯罪嫌疑人，查明不知名死者的身份及有关情况，查找犯罪现场，查明现场遗留物的来源、出处，查明某物品是否为本案的赃物等。依据不同的标准可对辨认进行不同的分类。辨认的实施规则包括：客观辨认、混杂辨认、分别辨认等。辨认结果的准确程度与辨认人的能力、精神状态、所处环境、对象本身的变化等有密切关系，并受多种因素的影响和制约。对辨认结果必须从辨认主体、辨认客体和辨认过程等方面进行客观的审查评价。

【关键术语】

调查访问　侦查实验　跟踪守候　辨认

【推荐阅读】

1. ［美］乔·纳瓦罗、马文·卡尔林斯：《FBI教你破解身体语言》，长春，吉林文史出版社，2009。

2. 张跃兵：《论侦查实验》，载《公安研究》，2007（4）。

3. 许细燕、王袆主编：《侦查措施与策略》，北京，群众出版社，2009。

4. 王佳：《刑事辨认的原理与规制》，北京，北京大学出版社，2011。

【案例分析】

2012年4月19日凌晨，某镇羊家埭村多户民居家中发生盗窃案件。经初步了解，19日凌晨案犯采用撬棍之类工具撬门入室疯狂作案，对8户村民卧室、客厅内财物大肆偷盗，一时间，羊家埭村村民人心惶惶。根据现场勘查的情况，案犯在两人以上，作案手段为使用撬棍之类的工具撬入户盗窃。另据了解，前不久在灵桥辖区内董家桥村、赵家墩村也发生了8户居民被盗案件。

分析讨论：

1. 本案的案件性质是什么？
2. 本案犯罪嫌疑人条件有哪些？
3. 本案还应采取哪些侦查措施？

第八章　综合性侦查措施

【学习目标】

理解并案侦查、视频侦查、摸底排队的概念、特点和任务，掌握并案侦查、视频侦查、摸底排队的组织实施方法。

【导入案例】

××年7月16日，×市一住宅小区内超市发生一起抢劫杀人案件，店主夫妇高某某（男，34岁）和王某某（女，36岁）受伤严重，案发后两人被送往医院抢救，高某某经抢救无效死亡。经查，7月16日23时许，该超市店主夫妇正准备关门打烊，4名20多岁的男人走进店里大喊抢劫，夫妇二人随即与他们展开搏斗，均被刺伤，4人逃跑；对现场进行血迹检验显示，现场有不同于被害人的血迹；小区值班保安听到被害人夫妇的呼救声追出去时看到4名年轻人搭乘出租车离开，但未看清车牌号码。专案组一方面通过广播电台和交通治安分局出租车短信平台发布信息，另一方面通过出租车GPS定位系统对犯罪嫌疑人逃跑时乘坐的车辆展开查询。经查询，案发前后有19辆车驶过现场所在区域。专案组对这19辆出租车的行驶、停靠和上下客轨迹进行逐一回放和反复查看，发现车号为浙AT×××5的出租车行驶轨迹可疑；经过联系该车司机了解到，案发当晚其在现场附近路口搭载4名青年男子，其中一人手上有伤，自称摔伤。专案组在该车后座上提取到可疑血迹，经检验与现场血迹一致，由此确认该车就是犯罪嫌疑人逃跑时乘坐的车辆。侦查人员调取犯罪嫌疑人下车地点的路面监控录像，圈定了下车周围为重点排查范围，并结合出租车司机的描述，获得了犯罪嫌疑人的体貌特征，为展开排查和抓捕奠定了基础。通过对犯罪嫌疑人下车地点周边区域的出租房、沿街商店、中小旅馆、网吧等场所进行大规模走访排查，特别是对监控显示的犯罪嫌疑人购买冰棒、矿泉水的小店进行重点访问，查明：4名犯罪嫌疑人中有一名自称来自河南南阳或莱阳，在村委会工厂上班，并且就住在附近。经进一步的排查和重点区域守候，侦查人员先后抓获了4名犯罪嫌疑人。经审讯，犯罪嫌疑人对其实施的抢劫杀人犯罪供认不讳。

资料来源：徐公社主编：《侦查新战法精选案例评析》，96～99页，北京，中国人民公安大学出版社，2010。

第一节　视频侦查

近年来，随着宽带的普及，计算机技术、现代信息技术的发展，图像处理技术的提高，视频监控正越来越多地被人们所重视。而随着我国平安城市建设的展开，为维护地区社会稳定，各地也纷纷投入巨资打造“天网工程”，维护社会治安，视频侦查技术在刑事侦查、经济犯罪侦查、职务犯罪侦查实践中的应用越来越广泛，地位也越来越重要，现在已成为新的破案增长点。

一、视频侦查概述

（一）视频侦查的概念

视频侦查是指侦查主体在侦查破案过程中，以视频监控与识别技术、电子信息显示技术、计算机技术及其他信息捕捉技术和数据库技术为依托，依法调取视频图像，综合运用其他侦查措施，通过关联、分析、比对、碰撞，从中获取侦查线索和犯罪证据，查获犯罪嫌疑人，实现预防、控制、揭露、证实犯罪为目的的一种侦查方法。

（二）视频侦查的特点

1. 视频侦查的直观性

视频监控能直接或间接地记录犯罪过程，使犯罪嫌疑人的形象、行为特征、财务信息、案件情况等关联信息直观可见，为侦查员提升侦查破案能力、打击犯罪的实效提供了基础和保证。一方面，侦查员通过视频监控，能够直观地了解到案件发生的过程，为侦查员分析案情、寻找线索提供有力的帮助；另一方面，侦查人员通过视频监控能够对犯罪嫌疑人的形象、行为特征等有一个大致的了解，甚至是清晰地掌握犯罪嫌疑人的体貌特征。

2. 视频侦查的客观翔实性

视频侦查信息具有客观翔实、准确形象的特点，运用视频监控系统所记录的各种犯罪信息，可以全面客观地提供与犯罪有关的事实。一方面依托视频监控系统提供的信息资料，指导侦查员有针对性地开展现场勘查和物证收集，能够准确再现犯罪过程中和犯罪行为中发生的有关情节，判定与案件有关的人、物关系，为侦查工作的开展提供确切的依据；另一方面，在案件侦破后，进行刑事诉讼的过程中，视频监控能够提供真实的、原始的、客观的诉讼证据。

3. 视频侦查的反复使用性

视频监控所记录下的案发经过、案件信息、犯罪嫌疑人情况都以视频、录音录像的方式得以保存。这就使得侦查员在侦查破案的过程中能够反复地观看和使用，从而进行深入的研判，其本身对于视频信息的内容不会有社会形式的破坏和流失。通过对视频信息的反复观看和使用能够使我们对于案件情况有更加深入、全面的了解，对于犯罪嫌疑人的情况有更加充分的认识和掌握。

4. 视频侦查的信息拓展性

视频监控不仅仅带给侦查员直观的图像信息等内容，同时通过对这些图像和信息进行分析和处理，将监控中的信息拓展，充分挖掘和利用视频监控信息，可以直接发现犯罪嫌疑人的行动路线、逃窜方向和可能的落脚点、居住点区域，掌握犯罪嫌疑人的体貌特征、语音、饮食等身份特征，提供手机通话、进入特定场所等可供深查的侦查渠道，有助于快速有效确定侦查方向和排查范围，及时发现和锁定犯罪嫌疑人。

二、视频侦查中的基本要素分析

视频图像信息的特点是“海量”数据。要想在这些浩如烟海的视频信息中挖掘与案件相关的信息，其最关键的方法就是要根据案件的时空条件，选择特征明显的人、车、物等案件要素去进行分析、碰撞。

（一）视频图像中案发时空要素分析

所有的刑事案件都是在一定的时空中发生的。由于时间具有一维性、排他性，因而作案时间被认为是不可毁灭的罪证。准确地判明案发时空要素，对于正确划定视频图像观看范围，为其他侦查手段的顺利开展提供准确的行动依据及提高视频图像侦查的效率都具有重要作用。同时，由于视频图像资料本身带有时空信息，这就为更精确地分析案发时空要素提供了条件。视频图像侦查的第一步就是要收集特定时空的视频资料，而对特定时空范围的判断主要依据现场勘查等初步侦查的结果。由于侦查初期对案情的认识往往还不够深入，而视频图像资料如不及时收集又有可能会因被覆盖而灭失，所以在视频图像侦查中一般采取较大时空跨度收集资料、较小时空跨度观看资料、适时扩展观看范围的办法。在视频图像侦查中对时空要素的分析主要依据视频图像中人、车、物、事等因素的变化情况。当这些变化可以排除是由其他原因造成的时候，就可以据此判断案件发生的具体时空因素。

（二）视频图像中犯罪嫌疑人特征分析

犯罪嫌疑人的特征主要包括体貌特征、职业和地域特征，以及与被害人的关系特征等。犯罪嫌疑人特征的刻画关系到侦查方向和范围的确定，是进行摸底排查的重要依据。由于视频图像一般能够直观、动态地反映犯罪嫌疑人的特征，因此在侦查中使用起来往往更方便、更准确。体貌特征主要包括面部特征、衣着特征、动作特征等等，这些特征一般能够通过观看视频图像资料直接获得。犯罪嫌疑人的职业特征和地域特征主要通过其着装和行为动作特征来进行分析判断。犯罪嫌疑人与被害人的关系特征主要通过他们的共同活动情况，特别是案发前的活动情况来进行分析。

（三）视频图像中车辆信息分析

由于车辆体积大、特征明显，而且目前交通视频监控探头和高清治安监控卡口的设置比较完善，车牌号码自动识别技术也比较成熟，所以涉案车辆图像分析在视频图像侦查中应用得非常广泛。在视频图像侦查中对涉案车辆信息的分析主要从车牌号码、车辆种类和车辆个体特征等方面进行。车牌作为车辆的外部标识，是区分不同车辆的重要依据。现在收费站和治安卡口一般都会对过往车辆的车牌信息进行自动记录，这就大大方便了后续的查询。因此如果在视频图像中发现涉案车辆的车牌号码，就可以将该号码输入车辆信息管理系统、交通违章信息系统、道路收费信息系统等进行查询和识别。即使涉案车辆使用套牌、假牌，我们同样也可以据此进行识别和追踪。分析涉案车辆种类，对缩小侦查范围，明确摸排方向等都具有重要意义。特别是针对新车型，或者当地市场流通量较少的车型，其侦查价值更大。对车型的判断主要依据不同车型外部特征的差异，例如车辆铭牌、尾翼、车门、车窗、轮毂、刹车灯位置等等。必要时也可以通过访问经销车辆的4S店，由专业人员进行判断。针对无牌或者频繁更换车牌的车辆就需要对车辆个体特征进行分析识别。对车辆的个体识别主要依据车辆上的喷涂、车内饰品悬挂、车外不干胶装饰彩条、车前后挡风玻璃的年检缴费标志、广告的式样及粘贴位置等进行。

（四）视频图像中物品信息分析

对物品信息的分析主要针对特征明显的现场遗失物、遗留物、携带物等进行。通过分析物品信息，如果特征明显而持续，那么可以将其作为视频追踪的标志物；如果现场遗失物有特定的使用范围和区域，那么可以有针对性地在这些区域去收集视频资料，从而发现其使用人；如果现场遗失物具有自身的特殊标识，能够被追踪识别，例如银行卡、安装有GPS的被盗车辆等，那么也可以根据其轨迹去收集相关视频资料；如果现场遗留物有特定的销售范围，那么可以回查这些物品销售的视频资料，从而发现购买人；如果现场遗留物品有特殊的使用范围，那么可以到这些特定使用范围去收集视频资料，从而发现原持有人；如果现场的遗留物能够与某些特定的视频监控发生联系，例如ATM取款单、高速公路收费单等，那么也可以此为条件去收集相关视频资料。

三、视频侦查的基本方法

侦查活动对视频监控资料利用的具体方法是多种多样的。根据利用视频监控系统或视频监控资料开展侦查时案件发展阶段的不同，可将其概括为四大类。第一类是预先干预侦查法，第二类是捕捉现行侦查法，第三类是从人到案认定已发案件嫌疑人侦查法，第四类是从案到人查找认定犯罪嫌疑人侦查法。

（一）预先干预侦查法

预先干预侦查法，是指监控人员借助于视频监控系统，通过对特定场景中的人、事、物的同步、实时动态观察研判，对于发现的有犯罪征兆、有可能实施犯罪行为的人员依法进行干预，将犯罪制止在预备阶段，防止犯罪危害发生的一种主动侦查方法。

预先干预侦查法也可以借助于智能化的监控系统实施。某些情况下，警方接到有关预备犯罪活动的报警之后，也可以借助于视频监控系统，对特定场景中的人、事、物进行同步、实时动态观察研判及依法干预。

预先干预侦查法，根据干预方式和结果的不同，又可以进一步划分为以下两种具体做法。

1. *直接盘查核实法*

即监控人员通过对特定视频场景的同步、实时动态观察研判，对于发现的有犯罪征兆、有可能实施犯罪行为的人员，直接依法进行盘问、检查，查明其犯罪活动意图，制止其犯罪活动的一种预先干预方法。

2. *动态跟踪监控、适时正面介入干预法*

即对于活动于某一个监控装置监控范围内的有犯罪征兆、有可能实施犯罪行为的人员，利用相连监控装置动态跟踪其活动，并及时调度相应警力，暗中跟踪监控，在确保不造成无法挽回的危害后果、确保监控目标不会失控或逃脱的前提下，待其犯罪意图和犯罪预备行为甚至实质性犯罪行为表露比较充分时，安排相应警力适时出击，以收到人证俱获之效的一种预先干预方法。

（二）捕捉现行侦查法

捕捉现行侦查法，是指监控人员对于通过监控系统发现的现行犯罪活动和犯罪嫌疑人，或刚刚实施终了现行犯罪活动、逃离现场的犯罪嫌疑人，及时通报相关区域的执勤警力及相关人员，迅速到场干预，及时制止犯罪，或迅速进行追缉、堵截、控制，有效抓获现行犯罪人的一种同步侦查方法。

捕捉现行侦查法，除了可以通过人机互动的方式由值班人员发现线索并予以实施之外，也可以借助于智能化的监控系统实施，还可以在接警之后再借助于视频监控系统实施。

依据视频监控系统用于侦查活动时现行犯罪活动是否已经结束，可将捕捉现行侦查法分为以下两种具体方法。

1. 案中捕捉现行法

即监控人员对于通过监控系统发现的现行犯罪活动和犯罪嫌疑人，及时通报相关区域的执勤警力及相关人员，迅速到场干预，及时制止犯罪，有效抓获现行犯罪人的一种同步侦查方法。

2. 案后当即追踪法

即监控人员对于通过监控系统发现的刚刚实施终了现行犯罪活动、逃离现场的犯罪嫌疑人，在利用视频监控系统动态追踪的同时，及时通报相关区域的执勤警力或相关人员，迅速进行追缉、堵截、控制，及时、有效抓获现行犯罪人的一种准同步侦查方法。

（三）从人到案认定已发案件嫌疑人侦查法

从人到案认定已发案件嫌疑人侦查法，是指监控人员通过对视频资料的同步、实时动态观察研判，依据特定监控装置监控范围中出现的人员及其行为方式、凭借的交通工具和携带物品本身的种种疑点及其与既往特定犯罪案件或不特定犯罪案件之间的联系，从中确定负案在身的犯罪嫌疑人员，并加以干预和证实的一种主动侦查方法。

借助视频监控系统从人到案认定已发案件嫌疑人，最典型的两种侦查方法是视频追逃侦查法和视频辨赃破案法。

所谓视频追逃、视频辨赃，与常规追逃、常规辨赃在方法上是相同的，不同点在于，常规追逃、常规辨赃是通过人力巡查发现可疑对象，再对其身份及所携带的可疑物品进行核实；而视频追逃、视频辨赃的可疑对象是通过视频监控系统发现的。

1. 视频追逃侦查法

即监控人员通过对视频资料的同步、实时动态观察研判，依据特定视频场景中出现的人员及其行为方式、凭借的交通工具和携带物品本身的种种疑点，运用信息查询和疑点盘查的方法，从而确认在逃犯罪嫌疑人的一种主动侦查方法。

视频追逃法有数据库查询追逃即网上追逃和疑点调查追逃两种具体形式：

数据库查询追逃即网上追逃，就是将通过视频监控系统发现的可疑人员的身份资料输入在逃人员信息系统，进行查询比对，一旦其为网上在逃人员，其身份就可得到确认。

疑点调查追逃，是在网上比对未果的情况下，对那些有可能是未上网的在逃犯罪嫌疑人的可疑人员，围绕其种种疑点进行调查，确认其身负的罪案及其逃犯身份。

2. 视频辨赃破案法

即监控人员通过对视频资料的同步、实时动态观察研判，依据特定视频场景中出现的人员及其行为方式、凭借的交通工具和携带物品本身的种种疑点，运用信息查询和疑点盘查的方法，从而确认其携带物品（包括车辆）与特定犯罪案件或不特定犯罪案件损失物品之间的联系，并借以确定可疑人员与特定犯罪案件之间的关系的一种主动侦查方法。

视频辨赃有数据库查询辨赃和疑点调查辨赃两种形式。

数据库查询辨赃，就是将通过视频监控系统发现的可疑人员凭借的交通工具和携带的物品的相关号码、特征输入相关的案事件信息系统或赃物数据库，进行查询比对，一旦其为赃物，其属性就可得到确认。

疑点调查辨赃，是在网上比对未果的情况下，对那些有可能是赃物但尚未上网的物品，应围绕其种种疑点进行调查，确认其属性。

此外，对于特定视频场景中出现的可疑人员，除了可以通过身份核查的途径确认其逃犯身份、通过携带物品核查的途径确认其赃物属性之外，还可以运用信息查询和疑点盘查的方法，确定可疑人员与特定犯罪案件之间的其他联结点，查明其身负的犯罪案件。

（四）从案到人查找认定犯罪嫌疑人侦查法

从案到人查找认定犯罪嫌疑人侦查法，可以区分为两个层次。

第一个层次是初步侦查。借助于视频监控系统或视频监控资料认定犯罪嫌疑人的身份或形象，简称嫌疑人认定侦查法。嫌疑人认定有两种认定程度，一种是形象认定，仅能认定出特定视频资料中的某一人或某几人系犯罪行为的实施者，即只能确定犯罪嫌疑人的体貌特征，但其身份尚不能确定；另一种是形象身份双认定，即借助于视频资料不仅可以确定犯罪嫌疑人的体貌特征，而且可以直接认定出犯罪嫌疑人的身份。

第二个层次是纵深侦查。如上所述，通过初步侦查，对犯罪嫌疑人的认定，既可能仅达到形象认定的程度，也可能达到形象身份双认定的程度。如果能够认定到第二种程度，侦查活动就可以宣告接近尾声；如果仅能够认定到第一种程度，则需要进行纵深侦查，借助于通过视频监控系统获取的犯罪嫌疑人的体貌特征，进一步调查、确认犯罪嫌疑人的身份。这种侦查方法简称“形象—身份侦查法”，即由已知的形象（体貌特征）调查未知的身份。

1. 嫌疑人认定侦查法

即在案件发生之后、犯罪嫌疑人不明的情况下，侦查人员利用特定视频资料所显示的犯罪行为过程或犯罪行为片段，乃至利用与犯罪案件相关联的时空中的有关视频资料，通过观察、研判特定人员与特定行为或特定案件要素之间的关系，确定视频资料中的某一人或某几人为犯罪嫌疑人的一种侦查方法。

（1）实质行为认定法。在案件发生之后，侦查人员利用纪录犯罪实质行为的视频资料，依据特定人员所实施的特定行为，或依据特定人员与特定行为之间的关系，确定视频资料中的某一人或某几人为犯罪嫌疑人，直至确定犯罪嫌疑人身份的一种侦查方法。采取这一侦查方法的前提是，犯罪实质行为必须发生在监控装置所能够监控到的空间之内。

（2）时空关联认定法。在现场中心部位没有监控装置，犯罪嫌疑人的实质性犯罪行为未能被拍摄下来的情况下，在明确确定特定案件发生的时间和空间的前提下，利用与犯罪现场相邻近或相关联的场所的视频资料，确定案发时及案发前后进入犯罪现场的人员，并从中认定犯罪嫌疑人乃至其身份的一种侦查方法。

（3）人员关联认定法。在现场中心部位没有监控装置，犯罪嫌疑人的实质性犯罪行为未能被拍摄下来的情况下，依据犯罪嫌疑人与被害人等人员之间的连带关系，利用与犯罪案件相关的时空范围内的视频监控资料，从查明被害人等人员的行踪入手，从与被害人等人员同行或接触的人员中发现并确定犯罪人的特征甚至身份的一种侦查方法。在侦查杀人、绑架勒索等案件的过程中，如果分析判断犯罪嫌疑人与被害人案前在主体现场以外有过接触，均可利用这一侦查方法展开侦查。

(4) 踩点行为认定法。在犯罪嫌疑人实施犯罪的具体行为过程未被拍摄或拍摄效果不佳的情况下，侦查人员通过对主体现场和关联现场案前一定时期内的视频监控资料的分析研判，从中发现和辨别案前踩点的犯罪嫌疑人的一种侦查方法。

(5) 交通工具关联认定法。在案件发生之后，侦查人员通过对特定时空范围内的视频资料中所出现的交通工具与犯罪案件之间关系的确认，通过对涉案交通工具情况的分析研判和追踪调查，依据涉案交通工具与犯罪嫌疑人之间的关系，由交通工具到人，认定犯罪嫌疑人的形象甚至身份的侦查方法。

2. *形象—身份侦查法*

此即以视频资料上所显现出的犯罪嫌疑人的体貌特征为依据，通过多种途径进行深入调查，确认该一位或该几位犯罪嫌疑人的身份的一种侦查方法。

如果通过如上所述的嫌疑人认定侦查法，只辨别出视频监控资料中的某一人或某几人为犯罪嫌疑人，仅仅获知并掌握了犯罪嫌疑人的面貌特征，未能查明其身份，那么，侦查人员可以利用“形象—身份侦查法”，进一步调查、确认犯罪嫌疑人的身份。

(1) 小范围辨认法。它是指在视频资料可以显示出犯罪嫌疑人的具体特征，但不能显示其身份的情况下，侦查人员组织案发当地一定范围的人员，或直接观看视频资料，或传阅从视频资料上下载的犯罪嫌疑人人像图片，以辨识、确认犯罪嫌疑人身份的一种侦查方法。

(2) 媒体公布调查法。它是指在视频资料可以显示出犯罪嫌疑人的具体特征，但不能显示其身份的情况下，侦查人员通过一定程序或直接将视频资料在一定级别或区域的电视台播放，或将视频资料挂在互联网或公安网上，或者将从视频资料上下载的犯罪嫌疑人人像图片在电视台、报纸杂志、计算机网络等媒体上公布，以辨识、确认犯罪嫌疑人身份的一种侦查方法。这种方法通常适用于侦查方向相对模糊、侦查范围相对较大的案件。

(3) 电信数据关联法。它是指通过对视频资料中出现的犯罪嫌疑人实施的与电信数据发生联系的行为的研究，以犯罪嫌疑人与电信数据发生联系的特定时空关系及电信数据载体为已知条件，发掘出特定电信数据信息，并依据特定电信数据与特定人员身份之间的固定联系，确认犯罪嫌疑人的身份及其行踪的一种侦查方法。

(4) 金融数据关联法。它是指通过对视频资料中出现的犯罪嫌疑人实施的与金融数据发生联系的行为的研究，以犯罪嫌疑人与金融数据发生联系的特定时空关系及金融数据载体为已知条件，发掘出特定金融数据信息，并依据特定金融数据与特定人员身份之间的固定联系，确认犯罪嫌疑人的身份及其行踪的一种侦查方法。

(5) 互联网信息数据关联法。它是指通过对视频资料中出现的犯罪嫌疑人实施的与互联网数据发生联系的行为的研究，以犯罪嫌疑人与互联网数据发生联系的特定时空关系及互联网数据载体为已知条件，发掘出特定互联网数据信息，并依据特定互联网数据与特定人员身份之间的固定联系，确认犯罪嫌疑人的身份及其行踪的一种侦查方法。

第二节 并案侦查

系列犯罪一直是严重危害治安形势的突出问题，而应对这类犯罪的有效措施之一就是并案侦查。

一、并案侦查的概念和特点

（一）并案侦查的概念

并案侦查，是指侦查部门将疑似同一个犯罪嫌疑主体（同一个或同一伙犯罪嫌疑人）所实施的若干起刑事案件合并起来开展侦查的措施。它是对于侦查过程中发现的具有一定相似性或者共同点的多起案件，通过对其犯罪动机、犯罪对象、犯罪过程、犯罪手段及其犯罪心理痕迹等方面的分析判断，寻找其共同点，分析其差异性，研究其是否存在内在联系，进而判断其是否为同一人或者同一伙人所为，并将存在内在联系的系列案件合并组织开展侦查的一种侦查过程。

（二）并案侦查的特点

1. 犯罪主体的同一性和案件的系列性

并案侦查主要适用于同一犯罪主体所实施的系列性案件，既包括相同性质的犯罪案件，也包括不同性质的犯罪案件，其应用范围非常广泛。在侦查过程中，只要满足两起或者两起以上案件是同一犯罪主体所为，即可对这些案件进行并案侦查。也就是说在多起案件中，无论其性质如何、数量多少、时间间隔长短、空间范围大小等，只要是同一犯罪主体实施，构成本质上紧密联系的整体，就能成为并案侦查的对象。并案侦查一般不适用于一次性犯罪或不同犯罪主体的犯罪。犯罪主体的同一性与案件的系列性是实施并案侦查的基本条件，也是并案侦查区别于个案侦查的主要特征。

2. 案件特征的相似性和物证痕迹的关联性

由于并案侦查的案件均为同一犯罪主体所为，所以在各个案件的案件性质、作案手段、侵害对象、作案时间与地点的选择、作案人行为特征等方面大多具有相似性；同时，在各个案件的犯罪现场也一般能发现相互关联的物证痕迹。这些分散在个案中的具有相对稳定性的案件特征和痕迹物证特征是进行并案侦查的直接依据。对这些案件特征及痕迹物证关联性的准确认定是并案侦查的前提，也直接关系着案件的及时破获。

3. 侦查力量的整合性与侦查指挥的统一性

并案侦查打破了个案侦查的模式，突破了侦查单个案件独立作战的局限，有效调动了各个地区和业务部门的整体作战功能。并案侦查之后，常常根据侦查活动的需要，由案件涉及区域的最高级次侦查机关负责组织协调涉案的地区和单位，联合形成专案组，有效地整合了各地区和业务部门的侦查资源和力量，充分发挥侦查机关的聚合功能开展合成作战。

4. 犯罪情报的集中性与侦查措施运用的综合性

侦查机关在不同时间、不同空间将个案串并的过程中，将原本分散于各个案件的零星、散乱的犯罪痕迹与物证、侦查线索等犯罪信息情报集中起来，使犯罪信息量和信息密集度大幅提高，可供分析、刻画犯罪嫌疑人的信息资源丰富、充足起来，借此可以拓宽侦查视野，开辟新的侦查途径。一般而言，犯罪嫌疑人作案越多，暴露出来的犯罪信息也就越多，暴露的深度与广度也会增加。在并案侦查的过程中，要寻找并案线索，侦查人员就必须对已侦案件有更为深入的分析与判断，以所刻画的案件特征点为据去寻找和发现具有相似点的其他案件做串案分析，每一起被联系起来的案件，都会带来新的犯罪信息，因此，侦查人员对案件的认识也随之逐渐深入和客观化、清晰化。随着对侦查对象和侦查环境认识的深化，侦查对策也就逐渐了然于胸，侦破案件的可能性随着增大。与此同时，由于侦查资源的聚合，也为综合使用各种侦查措施提供了更为切实的智力、人力、物力和机制保障，侦查措施的针对性和覆盖面以及周密性大为提高，如“摸底排队”、“蹲点守候”等需要较多警力资源投入的侦查措施的实施也就成为可能，侦查进程也随之加快。

二、并案侦查的作用

并案侦查将原本分散于个案的犯罪信息集中起来，并改变了侦查部门各自为战的状况，实现了侦查资源的有效整合与侦查信息的动态沟通以及信息资源的及时综合运用，提高了打击犯罪的精确度和侦查效益。

（一）有利于深化对案情的认识，拓宽侦查途径

同一个或同一伙犯罪嫌疑人所作的系列案件，在并案侦查之前，每一起案件的痕迹、物证、电子信息等都是孤立的、没有联系的，甚至不被侦查人员所认识与关注。通过并案侦查，可以将分散、零星的资料汇集到一起，在相互印证中逐渐显露其内在逻辑关系，并反映出犯罪嫌疑人、犯罪活动等有关案件现象的内在规律性，为更为准确地确定侦查方向和侦查范围，刻画犯罪嫌疑人，案件侦查综合利用现场痕迹、物证以及电子信息等提供更为全面、可靠的新依据，增加可供选择的新途径。

（二）有利于集中优质侦查资源，提高侦查效益

通过并案侦查，可以改变原来由一个单位、一个地区各自为战的局面，精选力量形成优质专案侦查组，形成多单位、多地区联合作战的新的工作机制。由于统一组织指挥，可以发挥各参战部门和参战侦查人员的优势，取长补短，合理利用侦查资源，减少重复劳动，节省人力、物力、财力；由于打破了区域、部门界限，及时交流情报信息和反馈侦查进展，强化侦查协作，发挥整体作战能力，可以收到事半功倍的效果，加快侦查进程，并收到“破一案，带一串，挖一伙，扫一片”的效果。

（三）有利于主动进攻，加强犯罪预防，减少损失

掌握刑事犯罪动态，是侦查部门同刑事犯罪作斗争的另一项重要的业务工作，是侦查决策和犯罪预测的前提。并案侦查分析过程与所破获的系列性案件，由于其自身的系列性、复杂性特点，并有多起案件可供分析研究，因此，无论从案件的数量还是案件要件的构成上均能反映一个时期内的犯罪特征和动态，反映出作案人实施犯罪的客观条件的选择及侵害对象防范犯罪的薄弱环节，反映出侦查部门在打击和预防犯罪工作中的漏洞和偏差。

三、并案侦查的科学依据

（一）多数惯犯作案行为具有连续性

犯罪嫌疑人，特别是惯犯、累犯，常常连续犯罪。他们在犯罪得逞后，其非法欲望和需求被进一步强化，往往会驱使其再次犯罪，以满足更大的私欲。通常来说，系列犯罪嫌疑人的共同特点是，在被抓捕前一般不轻易停止作案。因而，在一定时期的不同时间、不同地点

由同一犯罪主体实施的多起刑事犯罪便成为客观存在，这是实施并案侦查的主要依据。

（二）案件及犯罪行为具有特殊性和相对稳定性

首先，不同的犯罪嫌疑人有其不同于他人的个体身体条件和自然特征，如面貌特性不同；其次，不同的犯罪嫌疑人由于不同的生理特点、心理素质和特征、智力水平、文化水平、社会经历、生活环境、职业技能等，导致其对行为方式的选择不同，表现形态差异，因此在其犯罪行为方式就存在可供识别的差异性和一定的特殊性。

人们在日常生活和工作中，经过反复学习和不断实践，会逐渐形成一定的行为习惯。这些习惯一经形成，往往定型化，并在以后的活动中反复、自动地出现，在一定时间内相对稳定，形成习惯定势。犯罪嫌疑人在连续作案中，也会逐渐形成一定的犯罪行为习惯。这些犯罪行为习惯中，有的是犯罪嫌疑人原有的生活、职业行为习惯在实施犯罪中的体现；有的是在反复犯罪过程中，经过尝试、改进、稳定等过程而逐渐固定化的，如作案方法、作案手段等。犯罪行为的相对稳定，为并案侦查识别、确认并案条件提供了基础。

需要注意的是，这种行为定势只是相对的，而不是绝对的，也可能出现变动，其变动一般有两种情况：一是进化现象，即犯罪嫌疑人通过不断总结犯罪经验，或者借鉴其他犯罪嫌疑人的犯罪手段，可能会不断丰富、“完善”其犯罪方法和手段，在犯罪现象上表现为更为熟练、稳定和犯罪效率高；二是退化现象，即犯罪人原先谨慎，犯罪不留痕迹物证，注重反侦查等，但在一定时间之后，犯罪活动体现出随意性，破绽多，甚至留下许多痕迹物证，这可能是犯罪分子骄傲自满、身体出现不适等原因造成的。

四、并案侦查的条件

（一）痕迹、物证认定同一，或有内在联系

犯罪嫌疑人在实施犯罪行为时，往往在现场留下一些痕迹或物证，如手印、足迹、工具痕迹、枪弹痕迹、DNA 等，如果不同案件现场收集到的痕迹或物证，通过司法鉴定作出了同一认定的肯定性结论，则可直接确认为同一个或同一伙犯罪嫌疑人所为。

如果不同现场痕迹或物证具有某种直接联系或内在联系，也可以作为并案侦查的重要条件。例如，此案出现的物品恰是彼案现场丢失的物品，本案丢失的物品在另一案件现场造成一定痕迹，或一起案件被盗走某件物品，而这种物品只有配上另一种物品才有重大价值，另一个单位又发现被盗走另一种物品，两起案件在痕迹、手段等方面虽未发现相似之处，但也可考虑并案侦查。

（二）犯罪嫌疑人的体貌特征相似或相同

强奸、诈骗、抢劫等案件，被害人与犯罪嫌疑人往往有一定时间的正面接触，一般能提供犯罪嫌疑人的准确体貌特征和衣着特征，或者经过初步侦查获取到犯罪行为发生时的视频资料，能够准确判定犯罪嫌疑人的相貌特征和衣着特征，由于人的体貌特征具有一定的特殊性和相对稳定性，犯罪嫌疑人也会同一件衣服连续使用，如果先后发生的若干起刑事案件中犯罪嫌疑人的体貌特征和衣着特征相同，也可以考虑并案侦查。

（三）案件性质相同或有某种内在联系

分析几起案件的性质是否相同或相似。比如几起案件都是拦路抢劫，或都是持枪杀人，或都是盗枪抢枪而后持枪杀人、强奸等，对案件的侵害客体和犯罪动机进行分析研

判，找出共性或相同性，作为并案依据。

(四) 犯罪时间、空间具有相近性特征

有的系列性案件犯罪嫌疑人会选择相同的时间或地点作案，或者是类似的空间环境作案，如作案时间都是下午，星期六、星期天不作案件，以居民住宅区为作案地点、沿着某一交通路线等。如果几起案件在作案时间和作案地点方面有相同或相似之处，可据以作为并案依据，这是对作案人行为规律性的灵活掌握问题。

(五) 犯罪手段和犯罪工具相同或类似

受犯罪行为习惯与环境条件的支配，同一个或同一伙犯罪嫌疑人实施犯罪时，往往选择相同的犯罪手段，使用相似的犯罪工具，分析案件中的作案方法手段有无相同或相似的特点。比如表现在选择现场出入口、破坏方法、作案工具的选择、作案过程、伪装现场方法等方面具有一定的相似性。这些“习惯”的相似性可以作为并案的客观依据。

(六) 侵害对象具有相似性

基于犯罪心理和行为方式的习惯性，犯罪嫌疑人在屡次实施犯罪时会选择相同或相类似的侵害对象，特定类型或相同特征的侵害对象才能满足犯罪嫌疑人特定的犯罪心理需求或便于其实施完成犯罪，因此，侵害对象具有相似性时，侦查人员可以考虑串并案件。

以上并案侦查的条件，可以确认某些案件是否为同一犯罪主体所为。有些条件，如现场痕迹或物证，通过科学技术可以进行同一认定，能够直接决定是否并案；有些条件，如体貌特征或行为方式，可以根据其稳定性和特定性的程度，作出相应的判断。因此，在研究并案侦查时，应该综合考虑各方面条件，全面分析研究，论证确定。既要注意把握特定性强的条件，也要注意从特定性差的条件中发现犯罪活动的共同点和内在联系，客观分析、判断，提高并案的准确性。

五、并案侦查工作流程规范

科学、合理的工作流程规范是工作机制主动性、协调性、规范性和自动反应性的体现和保障。根据实践经验，并案侦查的规范化工作流程如下所示。

(一) 全面熟悉案情，确定串并案件的主要条件

侦查人员应当注意熟悉负有侦查职责的案件情况，重点把握本案现场痕迹、犯罪嫌疑人的体貌特征、作案工具和方式、侵害对象、犯罪心理痕迹等案件要素特点；在对案件进行全面了解的基础上，注重分析案件犯罪活动及其过程是否心理稳定、手法熟练，是否具有犯罪经验，进而判断是否为惯犯，对于可能是惯犯需要并案侦查的，则需要进一步分析确定反映本案特殊性的稳定案情和最能反映出犯罪嫌疑人条件的信息并将之作为并案依据。一般情况下，犯罪时间、犯罪地点、犯罪类别、犯罪手段、作案工具、犯罪嫌疑人体貌特征及人数、赃物形态和种类中具有特殊性且稳定性较强的特征是较为可靠的并案条件，尤其是可以作出同一认定的痕迹物品，比如指纹、鞋印、枪弹、DAN 生物物证等。

(二) 确定符合网络检索要求的规范字词，在刑事犯罪情报信息系统或其他数据系统中检索、查询

侦查人员一般可以进入案件信息系统、物品信息系统、盗抢机动车信息系统、旅馆住

宿信息系统等犯罪情报信息系统进行检索、查询，初步筛选出具备串并条件的案件。目前，公安信息系统中包含了大量子系统，情报信息总量非常庞大，但由于各个子系统的功能定位不同且相对独立，仅检索部分子系统往往容易遗漏，因此，侦查人员必须熟悉各类情报信息系统的功能定位，运用逻辑推理，在各类情报信息系统中进行交叉检索、查询，从而将各类情报信息系统有机衔接、相互印证，提高并案侦查的效率。

（三）分析串并案件，寻找破案线索

对于筛查出来的案件，应当采取比较、类比、归纳、演绎等方法进行综合分析，确定是否有条件并案。值得注意的是，一般涉及范围小、时间间隔短的案件，相似程度要求低，涉及范围大、时间间隔长的案件，相似程度要求则较高；作案间隔时间长的犯罪案件，在侵害目标、犯罪工具和手段等方面存在差异的可能性较大；作案时间间隔短且没有受过打击处理的犯罪嫌疑人，选择作案目标容易相同，作案手段容易一致；如果犯罪嫌疑人作案时间间隔较长，且选择的作案手段失败过或选择的作案目标获利较少，那么犯罪嫌疑人往往会在随后的作案过程中做出相应的调整和改变。对于具有标记行为特征的案件，一定要咬住其标记行为作为有效串并案件条件寻找线索，串并案件。因此，侦查人员应在串并案时充分、全面考察以上这些因素的影响，科学串并案件。[①] 串并案件后，侦查人员还需要对多起案件的犯罪条件、案件特征等进行综合分析，以便缩小侦查范围，进一步明确侦查方向，选择最有可能突破案件的侦查途径与突破口，运用侦查措施与策略进行破案。

六、并案侦查的实施

并案侦查具有综合性，卓有成效地组织实施并案侦查必须遵循特定的步骤、方法，其中，明确的并案意识和深挖丰富多样的并案线索途径是成功串并案件的前提，准确全面地分析串并案件的侦查方向、范围和犯罪条件是成功串并案件的关键，统一指挥和有针对性地采取具体侦查措施是破获案件的保障。

（一）树立明确的并案意识

流窜犯罪、连续性犯罪等系列犯罪常常发生于不同的时间和地区，案件信息也分散于不同类型和形式的案卷材料或数据系统之中，因此，实施并案侦查首先需要侦查人员有明确的并案意识，即在侦办分析为流窜犯罪案件或系列犯罪案件时，有意识地通过多种方式和途径查找并案线索。在案件侦查中，每个民警都要树立案件串并意识，只有每个侦查人员都树立并案侦查意识，做并案侦查的有心人，从个案入手，同类案件并案与异类案件并案并重，加以分析，加强犯罪情报的搜集、整理、分析和研判，注意向更为久远的既往案件的追溯和对未来发案动态的关注，拉大时空跨度，在长时间及大范围内积极主动地进行有效的并案侦查，才能真正发挥并案侦查的威力。对多发性犯罪、新出现的犯罪形式要首先考虑并案侦查；对于久侦不破、疑似流窜犯罪的案件，要加强与周边地区的沟通，或者与同类型案件发案比较突出的地区联合，争取并案突破。

---

① 参见马忠红：《情报主导侦查》，145页，北京，中国人民公安大学出版社，2006。

（二）广泛收集、深入发现并案侦查线索

实施并案侦查的首要环节和前提条件是开辟情报来源，发现并案线索；但系列案件往往涉及地区广、时间跨度大，涉案信息隐藏于各类各地情报信息系统和情报资料之中，需要侦查人员查询、筛选出来。对此，侦查人员需要有多样化的寻找案件线索的途径与方法。

1. 广泛收集、深入发现并案线索的途径与方法

（1）从侦查破案中发现并案线索。

侦查人员在现场勘查、调查访问、摸底排队等措施手段的运用中要注意对嫌疑线索、物证与犯罪情报资料进行联想，对现行犯罪分子进行审查时，要注意发现同一个或同一伙惯犯或累犯连续作案的作案特点，敏锐地发现可以串并分析的蛛丝马迹，为开展并案侦查创造条件。侦破现行案件时，应联系以往办理的刑事案件，进行横向比较研究，通过作案手段、作案时间、痕迹、物证、犯罪行为人的个人特点，尤其是一些标记性特征的分析研究，寻找相关、相似之处，确定有无并案的可能。总之，从接受报案到侦查破案的各个环节，都应当树立并案侦查意识，注意发现并案侦查的条件并加以分析。

（2）通过犯罪情报资料分析发现并案线索。

近年来，公安机关大力加强信息化建设，构建了大量行之有效的情报信息系统，储存着大量的刑事犯罪信息，为并案侦查提供了极为有利的条件。侦查人员应增强情报意识，重视对刑事犯罪情报资料的利用，通过收集、识别、整理、传递、储存、检索等途径，发现并案线索。发现并案线索可以通过以下两个途径获取：一是犯罪情报管理人员通过对情报资料的分析，发现犯罪活动的共性规律特征与内在联系，提供并案线索；二是侦查人员利用现行案件所反映出的犯罪信息，主动地到相关情报资料中心去搜集、检索，从中发现并案线索。

（3）从对刑事犯罪嫌疑人的审查处理中发现并案线索。

对侦查破案中拘留、逮捕的刑事犯罪嫌疑人，在审查处理案件时，不能就案论案，应当关注其犯罪特点与尚未破获的刑事案件有无相同之处，其随身携带物品是否与其他案件存在关联，从中发现并案线索。审讯人员应当有深挖余罪的意识和敏锐地发觉余罪线索的意识，积极开展，带破积案。

（4）通过刑嫌调控及侦查阵地控制发现并案线索。

对刑事犯罪嫌疑人的调查和控制与侦查阵地控制，是公安机关控制社会面，及时获取犯罪情报信息，做到“耳聪目明”的重要途径和方法。侦查人员应当注意通过侦查基础工作，掌握犯罪活动动态，及时发现并案线索，甚至直接并案，破获积案。

2. 广泛收集、深入发现并案线索的方法

根据案件构成要素，发现并深挖串并案件线索的途径可以从案、人、物、痕迹等四个方面展开，即以“案”串并案件、以“人”串并案件、以“物”串并案件、以“痕迹”串并案件。

（1）以“案”串并案件。

构成案件的基本要素是与犯罪行为息息相关的时间、地点、犯罪手段、侵害对象、犯罪过程等，因此，以“案”串并案件，就是以案件的基本构成要素串并案件，它是指从发案时间、发案地段、案件类型、侵害对象和犯罪手段等案件基本要素中提取若干串并条件，或通过案件信息库查询出符合条件的案件信息，或通过发布案件信息资料请求协助发

现符合条件的信息等方法寻找并案信息。

（2）以“人”串并案件。

这里所说的“人”具体包括的要素是：有关人员的体貌特征、携带物品、动作习惯、交通工具、人员数量及其关系或构成、人员的活动情况，如来去路线、住宿地点和方式、经常活动的场所、交友信息、销赃方式等。上述信息可以从现场访问、查阅视频信息、查询公安网等途径获取。以“人”串并案件，具体包括：通过嫌疑人员的活动轨迹串并案件、通过人员的通信轨迹串并案件、通过人员的图像信息串并案件等。

（3）以“物”串并案件。

以“物”串并案件，包括以犯罪工具串并案件和以赃物串并案件，它是指将犯罪工具和赃物的种类、型号、品牌、颜色、体积、形状、机械序列号、性能、新旧程度、破损特点、个性化设置、特殊用途等作为要素，查询案件信息库或相关信息系统，发出协查通报，走访相关单位与场所，从中发现符合条件的案件。

（4）以“痕迹”串并案件。

以“痕迹”串并案件包括以“有形痕迹”串并案件和以“无形痕迹”串并案件。前者是指依据指纹、足迹、DNA等生物痕迹，还有工具痕迹、现场遗留工具、特殊手段造成的痕迹（如笔迹和衣物压痕擦痕等）实施检索、鉴定串并；后者是指依据现场访问获得的信息、通信痕迹、电磁痕迹等实施检索、追踪串并。

（三）准确分析串并案件信息

通过各种途径和方法发现了并案线索之后，并不等于就可以并案了，还必须在较为详尽地占有材料的基础上对拟并案侦查的个案进行科学的分析、严格的推理和进行必要的检验认定，尤其要对初步的并案依据进行严格的复核。根据不同案件的不同情况，采取比较、类比、归纳和演绎等方法综合分析和认定，以确定是否并案。

1. 串并分析的方法

（1）技术鉴定法。

运用刑事科学技术对案件中出现的痕迹、物证进行科学检验鉴定，确定各个案件的关系。运用技术鉴定做出痕迹物证的同一认定结论，从而做出并案的结论，这既是并案的可靠依据，也是认定并案的捷径。

（2）系统分析法。

当多起案件侦查中缺乏具有同一认定价值的痕迹物证，而只存在一般并案条件，如犯罪时空、侵害目标、案件性质、犯罪手法等相同或相似时，不能直接确定并案侦查，而必须研究各起案件的性质、侵害对象、作案时间、作案地点、作案手段、犯罪嫌疑人的个人特点，寻找可并案的相同条件或相关因素，系统分析它们之间的联系，确定是否并案。

（3）特征比较分析法。

对各个案件进行比较分析，找出稳定可靠且具有一定特异性的共同特征，对其进行比较的数量越多，并案依据越充分，可靠性也越大。综合比较这些特征，考察是否具有相同的特性，如对犯罪嫌疑人体貌特征的比较及认定同一，对不同案件中出现的同一物品通过辨认来确定同一等。

2. 串并分析的内容

并案以后，由于案件材料增多并且相对集中，侦查人员对整个案件的认识往往比并案前更为全面、深刻、透彻，对犯罪嫌疑人的刻画更为具体，从而侦查方向可以更为准确，侦查范围可以大大缩小。为了获得最优的侦查方案，作为案件侦查指挥员，首先应组织侦查、技术人员对决定并案侦查案件的案情进行整体分析，充分调动参战人员的主观能动性，充分发挥参战力量的整体优势与各参战团队以及个体的专长，全面分析比较，调查排疑，找准每个案件的特点，准确认定共同点，有根据地排除差异点，优选有效的侦查途径，准确确定侦查方向和范围。

（1）分析判断案情。

分析判断案情包括对案件性质的分析判断，犯罪过程、犯罪工具、案件事实的分析判断以及人数、性别、体貌特征、心理状态等犯罪嫌疑人条件的分析判断。在并案侦查中，侦查人员需要对上述案情或案件特点逐一分析，特别是分析多起案件在上述方面的相同点或不同点，并分析相同点是更主要的方面还是不同点是更主要的方面，如果是前一种情况则应当串并案件，而如果是后一种情况则无须串并。

（2）划定侦查方向和范围。

在侦查过程中，根据案件所反映的综合信息，一般可以大致判断犯罪嫌疑人的类型以及其居住、工作或者其他活动范围，在确定基本侦查范围的基础上，随着侦查工作的不断深入，新材料、新情况的不断发现，不断研究、修正对案情的判断，可以再进一步缩小侦查范围。在并案侦查中，虽然涉及的案件数量多了，涉及的犯罪区域扩大了，但由于分析判断案情的依据也有所增加或由于多次犯罪，犯罪嫌疑人的暴露程度增加，因此，串并案件后的侦查方向或侦查范围往往更加明确和具体。

（3）确定侦查途径。

在并案侦查中，侦查途径往往比较多样化，侦查人员应当根据侦查途径的实行条件、实施后的效益等择优确定主要侦查途径。实践中，并案后往往所选的侦查途径不止一条，而是多条途径齐头并进，采取多项措施多管齐下。确定侦查途径，最为重要的就是选择案件侦查的突破口。

（四）统一组织落实并案侦查

1. *并案侦查的工作形式*

当案件进入并案侦查后，首要的问题是组织保证。并案侦查往往涉及范围广、参战单位多，决定并案侦查后，要组织统一的领导和指挥机构，制定统一的侦查计划，实施专案专办。如果只是在本单位范围内并案侦查，可以根据实际情况组成一个独立的专案侦破组，在统一指挥下，集中优势力量集中时间进行侦查破案，争取在短时间内突破。如果跨越本单位，甚至跨越本县、市、省并案侦查，上一级刑侦部门应派人参加并组织协调，甚至由上级侦查部门直接组织指挥，形成联合专案组，合理分工，密切配合。参战部门和人员，应根据确定的侦查方案，严格按照指挥员的部署和要求，有序地开展侦查工作，落实各项侦查措施，及时反馈侦查结果与相关情报信息，争取尽快地打开侦查局面。

2. *并案侦查中常用的侦查措施*

实践中，落实并案侦查的具体措施主要有：

（1）摸底排队。

系列案件的犯罪嫌疑人多是惯犯、累犯、流窜犯，应当根据对犯罪嫌疑人的刻画，在其可能落脚藏身的地点开展摸底排队，发现嫌疑对象。可根据案件知情人提供的体貌特征，分析犯罪嫌疑人体貌特征的基本条件，根据每起案件作案的手段、使用的工具确定罪犯的生活行为特征及职业技能特征，根据每起案件现场遗留的痕迹、物品确定控制条件，为认定或排除嫌疑对象提供依据。

（2）守候监视。

针对系列案件犯罪嫌疑人可能继续犯罪的特点，从发案地点所处的地理位置，以及案件与案件之间的作案走向形态，判断犯罪嫌疑人的居住、工作及流窜活动区域的大体范围，从而划定侦查排查的范围，在其可能再次实施犯罪的地点与区域，加强守候监视，发现嫌疑人，抓获现行犯。

（3）控制销赃。

系列犯罪嫌疑人往往形成相对固定的销赃途径和方法，针对这一特点，对于有赃物的案件，应当认真分析犯罪嫌疑人的销赃方式和途径，在相关行业、部门布控，及时发现犯罪嫌疑人的销赃活动，在查获赃物和证据的同时抓获犯罪嫌疑人。需要注意的是，目前有部分销赃活动是通过网络实施的。

（4）视频侦查。

视频侦查是指在犯罪发生后或发生当时，利用现场及其周边区域的各种治安监控录像、社会监控录像中的图像信息，开辟侦查线索、固定犯罪证据，查获嫌疑人的侦查方法。实践中常用的具体视频侦查法有循线追踪法、信息关联法、图像排查法、特征比对法等。在公共场所发生的抢劫、抢夺、盗窃案件，视频侦查有助于获取更直观和全面的线索或证据，因而非常有效和常用。

第三节　摸底排队

一、摸底排队概述

摸底排队（又叫“摸排”）是刑侦工作中最为基础的侦查措施之一，也是每一名侦查员包括基层民警所必须掌握的一项工作技能。虽然各种科技手段在案件侦查中已被广泛应用并取得明显的效果，但是摸底排队作为一项传统的侦查措施在众多现代侦查技术及手段中仍然占有极其重要的地位，尤其当有的案件不具备使用技术侦查、信息化侦查手段条件的时候，摸底排队这一传统侦查措施就更能够体现其自身价值。

（一）摸底排队的概念

摸底排队是指侦查人员在勘查犯罪现场分析案情的基础上，根据对案情和犯罪嫌疑人的分析、判断，在一定范围内对可疑人、事、物逐个进行核查，发现侦查线索和犯罪嫌疑人，排除与案件无关人员嫌疑的侦查措施。

随着刑事犯罪的不断升级以及公安信息化建设的不断完善，传统的“登门入户”式的摸底排队工作也有了新的发展，在侦查实践中，如何将传统的摸排工作与现代的信息技术相结合，是发挥这一传统侦查措施效能的关键。

（二）摸底排队的作用

1. 摸底排队可以发现、排除犯罪嫌疑人

刑事案件侦查是一个发现犯罪、证实犯罪、打击犯罪的过程，发现犯罪嫌疑人是案件侦查的重要目的之一，然而由于绝大部分案件在侦查初期犯罪嫌疑人的身份尚不明确，因此，通过摸底排队这一基础侦查措施可以对初步符合作案条件的人员进行排查，摸清其案发前后的行为表现及可疑情况，从而确定其是否为犯罪嫌疑人。

此外，由于我国公安机关具有追究犯罪和保障无罪的人不受刑事追究的双重职责，因此在案件侦查中，除了要及时发现犯罪嫌疑人外，还要及时排除与案件过关人员的犯罪嫌疑。及时排除犯罪嫌疑人，一方面有利于保护人权，使与案件无关的人员免受刑事追诉的困扰；另一方面有利于提高侦查效率，使有限的侦查资源得到最大限度的利用。

2. 摸底排队可以发现、拓展侦查线索

侦查线索是与刑事案件有关的迹象或事物。这些迹象或事物可能是痕迹物证或电子信息，也可能是人的体貌特征或行为言语。尽管各种侦查线索可能隐藏、分布在不同的时空范围内，但是这些线索之间往往具有内在的逻辑关系，因此循着这些迹象追查，可以导致刑事案件的破获。发现、拓展侦查线索，是开展侦查工作的必要前提。摸底排队是一种查清被排查人“底细”的过程，通过深挖细摸，可以发现侦查破案线索，寻根溯源，破获案件。

3. 摸底排队可以发现、收集犯罪证据

能证明案件真实情况的一切事实都是证据。作为摸底排队的对象，往往是符合案件中犯罪嫌疑人个人特点的人，但他们是否就是犯罪嫌疑人具有不确定性，必须经过大量的摸底排队工作，最后做到“否定有依据，肯定有理由”。这种肯定的“理由”或否定的“依据”，就能够成为认定案件事实的证据。摸底排队是发现和收集证据的途径之一。

4. 摸底排队可以广泛收集刑事犯罪情报信息

在围绕一起案件摸底排队时，除了可以发现这起案件的嫌疑对象外，还可以发现其他侦查线索或犯罪事实，破获其他案件或隐案；也可以广泛了解掌握违法犯罪动态及其规律、特点等情况。摸底排队是侦查人员获取刑事犯罪情报信息的重要途径之一。

摸底排队是侦查破案的一项重要的基础性措施，但是不能把它作为唯一的破案方法。在开放型社会条件下，随着流窜犯罪、高智能犯罪的增多，其作用的局限性愈加明显，因此，在施用时，应与其他侦查措施配合应用。

二、摸底排队范围的确定

摸底排队（简称“摸排”）的范围是指在什么区域、职业和人员范围内查找犯罪嫌疑人。摸排范围是否准确、具体，直接关系到摸底排队的效果，甚至关系到侦查破案的成败。摸底排队范围的确定应建立在准确的案情分析基础之上，主要包括地域范围的确定和人员类型范围的确定。

（一）地域范围

地域范围主要是指犯罪嫌疑人常住、暂住、工作、娱乐以及与犯罪活动相关的区域或场所。确定摸排的地域范围主要是解决到哪些地方去寻找、发现犯罪嫌疑人的问题。犯罪嫌疑人不可能生活在真空里，无论案前的预谋阶段、案中的实施阶段还是案后的逃匿阶段，犯罪嫌疑人必然要与特定的空间联系在一起，而犯罪嫌疑人出现过的地方往往都会留有相关的蛛丝马迹，这就为摸底排队工作提供了客观条件。确定摸排地域范围的依据主要有以下几个方面：

1. 案件性质

案件性质是案情分析的核心内容之一，也是摸底排队的重要依据。为案件准确地定性能够为摸底排队工作提供正确的方向。比如，图财类案件往往会有销赃的环节，因此可能涉及销赃的旧物市场、物资回收站、金银首饰加工点、典当行以及各种黑市等场所可以被作为摸排的重点区域；如果是流窜作案，犯罪嫌疑人往往会在案发地有过停留、住宿，因此旅馆、网吧、洗浴中心等场所可以作为摸排的重点区域。

2. 语言特点

一个人的语言习惯，尤其是方言往往相对稳定并且能够反映此人的籍贯信息，因此在被害人与犯罪嫌疑人有过接触并且能够提供其语言特点的案件中，侦查员可以根据犯罪嫌疑人的语言特点来判断其籍贯地。但需要注意的是，有的案件中犯罪嫌疑人为了扰乱侦查视线，在作案过程中故意暴露异地方言（非犯罪嫌疑人籍贯地方言），因此在根据犯罪嫌疑人的语言特点确定摸排范围时要提高警惕，防止被犯罪嫌疑人误导。

3. 惯技行为

惯技行为是犯罪行为人或犯罪团伙在实施犯罪过程中经常使用的手段和技能。随着犯罪团伙化、职业化的不断发展，来自同一地区的犯罪团伙，在长期实施某种类型的犯罪行为时会逐渐形成带有鲜明地区色彩的作案模式或手段，公安机关侦查部门通常把这些人员归类为某类案件的“高危人群”。在案情分析中，尤其针对系列案件，如果能够分析出该系列案件的惯技行为，就能够确定涉案的高危人群，确定犯罪嫌疑人的地域范围，进而可以结合案发时间，在案发地住宿信息、通信信息、卡口信息等信息系统中排查来自该高危地区的特定人员。

4. 现场遗留物

犯罪嫌疑人在作案过程中常常会有意无意将作案工具、鞋帽、衣物、烟蒂、箱包等物品遗留在犯罪现场，这些与犯罪嫌疑人密切相关的物品往往也具有特定的地域属性（比如该物品的产销地）。对现场遗留物的属性分析判断也有助于确定摸排的地域范围。

（二）人员类型范围

确定摸排的人员类型范围主要是解决在哪些人群当中去寻找、发现犯罪嫌疑人的问题。人员类型范围主要包括以下几个方面：

1. 犯罪嫌疑人的自然属性

犯罪嫌疑人的自然属性主要包括犯罪嫌疑人的性别、年龄、体貌特征、行为特点、语音特点等属性信息。

2. 犯罪嫌疑人的社会属性

犯罪嫌疑人的社会属性主要包括犯罪嫌疑人从事何种职业、具备何种技能，犯罪嫌疑人对犯罪现场以及被害人的熟悉程度及矛盾关系等属性信息。

3. 犯罪嫌疑人的犯罪属性

犯罪嫌疑人的犯罪属性主要包括犯罪嫌疑人是否有过违法犯罪记录，是否具有反侦查经验，作案过程中是否使用特定的通信工具、交通工具等属性信息。

由于地域范围和人员类型范围存在着有机联系，因此在确定摸排范围时，上述两个方面应综合考虑。在确定摸底排队范围时，要注意以下几个方面的要求：

一是确定摸底排队范围要准确。准确是指所划摸排范围不能太大，也不能太小，大小要适当。范围太大，犹如大海捞针，分散侦查力量，浪费人力、物力、财力，不仅事倍功半，而且有可能贻误战机；范围太小，则有可能遗漏犯罪嫌疑人。二是确定摸底排队范围要具体。具体是指所划摸排范围必须明确，便于实际操作。侦查工作是一项实践性、操作性十分强的工作。同样，划定摸排范围一定要具体，避免抽象、模棱两可等情况，以便于实施。三是摸底排队范围要适时调整。人对事物的认识不可能一次完成。同样，侦查初期所确定的摸排范围，也不是一成不变的。随着侦查工作的进展，侦查人员对案件认识的逐渐深入，摸底排队范围应及时作出相应调整，以适应案件侦查的需要。

三、摸底排队的条件和依据

要想在摸底排队工作中准确发现、确定犯罪嫌疑人，首先要把握确定犯罪嫌疑人的依据或条件。案件性质不同、犯罪活动的情况和特点不同，摸底排队的依据会有区别。通常情况下，可以从以下几个方面把握摸排条件：

（一）是否具备作案时空条件

时间和空间均具有唯一性和排他性，即人在特定的时间内只能在一定的空间进行活动，因此，是否具有作案时间，发案时间是否到达过犯罪现场，是判断一个人有无作案嫌疑的重要依据。被排查人如果没有作案时间或发案时间未到达过犯罪现场，一般情况下可以作为排除犯罪嫌疑的依据。但是雇佣杀人案件，使用高科技手段遥控、延时发生的犯罪，使用电脑设计程序进行的犯罪往往不受这项条件的制约。此外，在摸底排队中，要特别警惕犯罪嫌疑人在作案时间上制造种种假象。

（二）是否具备作案动机条件

犯罪动机是指推动犯罪行为人实施犯罪行为的内心起因。刑事案件是犯罪行为人出于一定动机，为达到一定目标，采用一定手段故意实施的犯罪活动。如杀人、盗窃、抢劫等案件，犯罪行为人往往出于私仇报复、图财等动机。排查犯罪嫌疑人是否具有作案动机是摸排的一个重要条件。

（三）是否具备、拥有作案工具条件

犯罪嫌疑人作案时，往往会使用一定的工具。如破坏工具、交通工具、杀人凶器等。这些作案工具在生产、使用、作案中会反映出犯罪嫌疑人的职业、体能、技能等特点，所以作案工具也是摸底排队的一个重要条件。

（四）是否具备犯罪嫌疑人的个人特征条件

强奸、抢劫、诈骗案件，被害人与犯罪嫌疑人往往有较长一段时间的正面接触，了解犯罪嫌疑人的体貌特征。有些案件可能会有见证人和知情群众。另外，通过案情分析，侦查人员对犯罪嫌疑人的知情情况、特殊技能、职业特点等也有一定程度的认识，犯罪嫌疑人这些特殊的个人特点在日常生活中又是难以隐藏的，因此，犯罪嫌疑人的个人特征是摸底排队的一个非常重要的条件。

（五）是否具备形成现场痕迹、物证的条件

物质交换原理告诉我们，犯罪嫌疑人只要作案，就必然会在现场留有相应的痕迹、物证。犯罪形成的痕迹、物证能够反映作案工具、犯罪嫌疑人的某些特征，因此也是摸排犯

罪嫌疑人的重要依据。通过刑事科学技术，对一些痕迹、物证可以作出同一认定，所以痕迹、物证不仅是摸底排队的条件，也是直接认定被排查人是否为犯罪嫌疑人的依据。

（六）是否具备持有赃款赃物的条件

对于侵财类案件，犯罪嫌疑人作案后往往会持有赃款赃物，而各种赃款赃物都有自身的特征，犯罪嫌疑人在获取赃款赃物后会以销售、变卖、挥霍享用等方式处置，在这个过程中赃款赃物会有不同程度的暴露，因此能够成为摸底排队的重要条件。

（七）是否具备活动轨迹条件

犯罪嫌疑人在作案前的预谋阶段、作案实施阶段以及作案后的毁证逃匿阶段往往身处不同地点，犯罪嫌疑人在这些不同地点间移动就会形成特有的活动轨迹。随着信息技术的普及应用以及公安信息化建设的不断完善，犯罪嫌疑人的活动轨迹信息会被相关的信息系统自动记录，比如记录犯罪嫌疑人手机移动轨迹的基站信息、记录犯罪嫌疑人上网的 IP 地址信息、记录犯罪嫌疑人所使用车辆行驶轨迹的交通卡口信息、记录犯罪嫌疑人住宿的旅店业管理信息等。由于这些信息都与特定的时空信息相对应，能够客观、清晰地反映犯罪嫌疑人的活动轨迹，因此犯罪嫌疑人的活动轨迹信息已成为当前摸底排队的重要条件之一。

（八）是否具有反常表现

犯罪嫌疑人在作案后，由于获取了大量的赃款赃物或者企图销毁罪证逃避打击，往往会有一些反常表现，比如在侵财类案件中，案发后犯罪嫌疑人由案发前的穷困潦倒突然变得出手阔绰；在杀人案件中，犯罪嫌疑人出现在案发后不辞而别，突然离开案发地或者突然清洗大量衣物、粉刷墙壁、更换家具等反常表现。这些反常表现也可作为摸底排队的重要依据。

四、摸底排队的步骤

按照摸底排队工作的实施情况，摸底排队可分为三个阶段，即摸底排队的准备阶段、摸底排队的实施阶段、摸排结果的分析阶段。

（一）摸底排队的准备

1. 案情分析

摸底排队是针对特定的刑事案件，通过对特定范围内可疑人、事、物的核查发现侦查线索和犯罪嫌疑人的目的性极强的一项侦查工作，而不是常规性的“治安清查”。摸底排队的效果取决于案情分析和对犯罪嫌疑人所具备作案条件的刻画是否准确。盲目的、没有目的的摸底排队不但得不到满意的排查结果，而且可能造成侦查资源的极大浪费。因此，准确的案情分析能够为摸底排队打下坚实的基础，只有对犯罪嫌疑人所具备的作案条件进行准确的刻画，才能保证正确的摸排方向。

2. 制定摸排提纲

为了便于摸排工作的顺利实施，在准确分析案情的基础上，应制定摸排提纲，具体内容应包括摸排的目的、范围、犯罪嫌疑人可能具备的条件以及纪律规定等相关内容。摸排提纲的制定要明确、具体，具有可操作性，并要根据案件侦查的进展情况实时调整。对于重特大案件的摸排工作，由于参战民警人数较多，不同人员对摸排条件及相关规定的理解可能还存在差异，因此针对此类案件，指挥部门应组织相关摸排民警进行集中培训，对摸排的重点以及具体要求进行深度解读，使每一名参加摸排工作的民警都能够明确自己的责任和任务。

（二）摸底排队的实施

1. 普遍排查

普遍排查是指在已经确定的摸底排队范围内，根据摸底排队的条件，对具备作案条件的人员全部纳入排查视线，全面地、无遗漏地、逐个地从中寻找犯罪嫌疑人。

（1）公布案情，发动群众，提供线索。发动群众提供线索，是普遍排查的一种方法。具体做法可采取印发文字材料、召开一定范围的群众座谈会、发微博等方式。公布案情是广泛收集犯罪嫌疑线索的较好渠道，是发动、依靠群众的理想方法，是向群众进行法制宣传的生动形式，对犯罪嫌疑人有时又是施用敲山震虎、政策攻心、声东击西等谋略的一种手段。公布案情，要有目标、有控制地进行。有目标，是指应当在确定的摸底排队范围内公布案情。有控制，是指公布案情的内容要有所选择。一般来讲，下列内容不宜公布：涉及国家机密的内容以及尚未侦破的预谋犯罪案件；暴露侦查机密的内容；有损被害人、证人声誉和安全的内容；只有侦查人员和作案人知道的，在肯定、排除犯罪嫌疑时能起重要作用的作案手段、痕迹、物证的细节。公布案情要及时，应抓住案件发生不久，群众记忆犹新的时机向群众公布。

（2）依靠责任区刑警中队排查犯罪嫌疑人。责任区刑警中队建在基层，直接同群众联系，熟悉本地区情况，负有加强基础业务建设的责任，具有进行普遍排查的有利条件。案件发生后，根据侦查计划，应及时布置传送摸底排队的任务和条件，协同派出所和内部保卫部门，对符合排查条件的人逐个排查，发现犯罪嫌疑人。

2. 重点筛选，确定或排除犯罪嫌疑人

重点筛选，就是把普遍排查中发现的嫌疑对象集中起来，对照摸底排队的条件分别逐人、逐事、逐物研究、比照，反复筛选，结合查证核实，排除没有作案嫌疑的对象，确定重点嫌疑对象。

摸底排队是一项十分艰苦而又细致的工作，必须有认真负责的精神和扎扎实实的工作作风。排查时务必深入、细致、踏实，真正掌握每个被排查对象的底细，使每个被排查对象“肯定有依据，否定有理由”，防止偏听偏信，防止被某些人表面上的积极、老实所蒙蔽，同时，要防止粗枝大叶、流于形式、走过场。一个人工作疏漏，会使全局功亏一篑。

（三）摸排结果的分析

在案件侦查初期，由于获取的案件信息较少且比较分散，因此对案件的分析有可能会出现一些误差，此外，由于通过摸底排队所获取的信息来源及形式各异，其真实性往往不能得到保证，因此对于通过摸底排队所获取的信息还要进行深入的分析研究。只有当排除各种摸排信息内在的矛盾并得到其他案件信息证实后，摸排结果才能够用于案件侦查。

摸底排队不是一项一劳永逸、一成不变的侦查工作，而是一项贯穿于整个案件侦查的基础性工作。随着侦查工作的不断深入，摸底排队的内容和具体要求也应适时进行调整，调整后的摸排工作要继续在侦查实践中得到检验和应用，只有这样往复循环、不断发展，才能最终获取真实、客观的摸排结果。

五、网上摸排

随着犯罪活动职业化、智能化、流窜化的趋势不断发展，依靠对相关人员、场所进行实地走访式的传统摸排工作，由于受到警力、时间、地域等条件限制，已经不能适应案件侦查的实际要求。然而随着公安信息化建设的不断完善、公安信息共享程度的提高，公安机关通过内部网络查询各类信息成为一种全新的工作模式，在此背景下，网上摸排应运而生。由于效率高、成本低，目前网上摸排已成为摸底排队的主要手段之一。

（一）网上摸排的概念

网上摸排指侦查人员利用网络信息资源，将工作中获取的可能与犯罪有关的人、事、物等要素通过网上检索、比对、分析等方式，寻找与该要素有联系的要素集，再将各个涉及案件的要素串联成一条相互能够印证的信息链，进而缩小侦查范围，寻找破案线索，排查犯罪嫌疑人或关系人的应用方法。

（二）网上摸排的特点

1. 范围广

传统摸底排队要求摸排范围确定准确、恰当，摸排范围如果过大、过小或确定失误，都会对整个侦查活动造成影响。网上摸排则突破了时空上的障碍，突破了以往的地域范围、人员范围、行业范围的界定，将排查范围延伸到全国、各行业、社会的各个角落。

2. 速度快

传统摸底排队主要通过侦查员走访的方式完成，由于摸排范围大、涉及人员多、工作量大、周期长、效率偏低，侦查员容易产生厌战情绪，漏排现象经常出现。网上摸排是借助计算机数据库及网络技术开展摸排，可以在短时间内完成海量信息的比对查询。

3. 应用领域多

在对因果关系明显或内部人员作案的案件进行侦查时，传统摸排是一项行之有效的措施。但在当前无因果关系的侵财型犯罪、跨区域的流窜犯罪等案件日益增多的情况下，因为难以确定摸排范围而失去可操作性。网上摸排主要是通过排查犯罪嫌疑人的行为轨迹进行碰撞比对，从而发现犯罪嫌疑人，可以广泛地运用于侵财类案件、多发类案件、流窜犯罪案件等。

4. 摸排方式多

传统的摸排主要采取的是“以案找人”的排查模式，重点解决的是与已发案件有关的人、事、物的调查核实问题。网上摸排在“以案找人”的常规模式上，充分挖掘现有情报信息系统内蕴含的侦查价值，形成了“以物找人”、“以人找案”、“以案找案”等多种摸排方式。

（三）网上摸排的条件

公安机关实施网上摸排，必须具备以下三个基本条件：

1. 获取与犯罪有关的案件要素

获取与犯罪有关的案件要素是实施网上摸排的首要条件，它是指通过一定的侦查手段获取在各类信息资源库中进行查询、比对的条件信息。比如通过现场访问，可以获取与案件相关的可疑人员、可疑车辆等情况，再利用可疑人员的体貌特征到旅馆、暂住、网吧、前科等信息库中检索和比对，发现符合条件的可疑人员信息，同样，利用可疑车辆信息可以到城市交通智能卡口、交通违章处理、机动车登记等信息库中检查和比对，发现符合条件的可疑车辆。可以进行网上摸排的信息有很多，但关键在于要获取和犯罪相关的案件要素，要素条件越具有特定性，网上信息库中排查的范围就越小，排查结果就越准确。

2. 掌握大量基础信息

公安机关日常工作中采集到的各类信息是实现网上摸排的重要基础，信息采集不完整、不及时，网上摸排的效果就不明显。一般情况下，网上摸排可能涉及的信息类型主要分为公安内部信息和社会外部信息。公安内部信息主要包括痕迹物证信息，案（事）件信息，反映人员基本情况信息（基本登记信息、前科信息等）和活动轨迹（旅馆住宿、暂住登记、上网登记、巡逻盘查等）的信息，反映物品基本情况和活动情况的信息（如车辆的基本情况和活动轨迹情况、损失物品和阵地控制领域的交易信息等），各类视频信息（如交通智能卡口、社会监控点等），通信信息（如话单信息、信令信息）等；社会外部信息主要包括各类人员的社会登记信息（如金融、电信、移动、保险、邮政、工商、税务等部门收集的用户信息），相关行业的交易信息（如邮政、银行、电力等部门收集的用户交易信息）等。

3. 掌握信息应用技能

网上摸排是对各类基础信息的综合检索、比对、分析的过程，不仅需要具有信息化应用的意识，了解、掌握现有网络资源，还需要具备一定的信息应用技能，能够熟练使用各类信息应用系统、查询平台、分析工具等，能够将案件排查的思路转化为信息资源查询分析的具体操作过程。

（四）网上摸排的途径

1. 通过公安内网信息开展排查

通过公安内网信息开展排查是案件侦查中最常见的一种途径，针对不同的信息种类，摸排的思路和方法也略有不同。一般情况下，主要通过以下几种途径开展摸排。

（1）通过痕迹物证信息开展排查。

将现场勘查提取的有关指纹、足迹、DNA在案件现场库进行检索和比对，串并案件或发现犯罪嫌疑人；将提取的遗留工具、物品、工具的痕迹在案件信息库进行检索和比对，串并同类案件。

（2）通过人员的活动轨迹信息开展排查。

公安内网中反映人员活动轨迹的信息主要有旅馆住宿人员信息、暂住人员信息、上网登记人员信息、出入境登记人员信息、进出航空港信息、巡逻盘查登记人员信息等。通过活动轨迹信息排查，可以发现符合作案时间的前科人员、高危人员或符合作案条件的可疑人员。

（3）通过车辆的活动轨迹信息开展排查。

公安内网中反映车辆活动轨迹的信息主要有车辆出入卡口的信息、车辆交通违章处理信息、车辆事故处理信息等。一是根据发案情况排查是否有符合时间条件的可疑车辆信息等。二是根据案件串并情况，对每起案件中涉及的车辆活动轨迹进行比对，排查发现是否有符合条件的可疑车辆。

（4）通过通信信息开展排查。

通过综合分析犯罪嫌疑人的通信信息，可以开展关系人分析或犯罪嫌疑人排查。

(5) 通过视频信息开展排查。

根据案发时间、地点等要素，通过现场周围的视频监控信息排查发现是否有符合作案条件的可疑人员、车辆信息等。根据案件串并情况，通过多点视频信息的查阅，排查发现符合条件的可疑人员、车辆信息等

2. 通过社会信息开展排查

随着公安机关采集的社会信息种类和数量不断增多，通过社会信息排查也成为网上摸排的新途径。

(1) 通过开户信息排查。

根据案发时间、犯罪嫌疑人高危地区、案件类别等特点，通过通信工具、信用卡等开户信息进行排查，发现符合条件的前科人员、高危地区人员、可疑人员等。如根据发案时间，分析在案发前后新开通的通信工具用户情况，查明是否有高危地区人员开户、同类案件前科人员开户等情况。

(2) 通过交易信息排查。

根据案件发生的时间、嫌疑人高危地区、案件类别等特点，对银行邮政汇兑信息进行排查，发现符合条件的前科人员、高危地区人员、可疑人员等。如结合高危地区情况，分析短时间内由某一地点频繁汇款至同一账号，或不同的案发时间由不同案发地点汇往同一账号等情况。

3. 通过互联网信息开展排查

根据案件调查中获取的可疑人员情况或掌握的犯罪嫌疑人情况，通过互联网信息搜索，发现人员在互联网上的活动轨迹。一般而言，互联网信息排查主要就是利用掌握的身份信息，排查是否有网上发帖、求职、交友等信息，或通过掌握的犯罪嫌疑人 QQ 号等虚拟身份，排查是否有好友、留言、照片等信息。

六、摸底排队的注意事项

(一) 态度端正，细致客观

摸底排队是一项对侦查人员工作态度和责任心要求极高的工作，即使摸排范围确定得再准确、摸排条件刻画得再具体，如果不认真落实，那么也达不到理想的效果，任何的懈怠和疏忽大意都能够导致错过或遗漏重要的侦查线索，从而使整个侦查工作陷于被动境地。因此在摸排过程中，侦查人员必须态度端正，细致谨慎，本着实事求是的原则，在摸排范围内逐户进门、逐人见面，尤其对无人户要反复走访邻居及房主，绝对不能搞“形式主义”，应付了事。为了保证摸排工作的质量，公安机关的相关部门还应执行相应的奖惩机制。对于认真工作、能够通过摸排措施获取重要线索的民警要给予奖励；相反，对于懈怠工作、在摸排工作中因为态度问题导致遗漏重要线索的民警在案件侦破后要实施“倒查”，并给予相应的处分。

(二) 讲究方法，运用策略

摸底排队从某种意义上讲是一项与人打交道的工作，侦查人员往往需要通过与相关人员的交流获取有价值的案件信息。如何做好群众工作，争取人民群众的积极配合是摸底排队工作所要解决的重要问题。然而由于受到城乡差异以及经济发展不平衡等多方面因素的

影响，处于社会不同阶层的人员其人生观、价值观及生活习惯等方面差异较大，因此在不同地区、不同行业针对不同的摸排对象，侦查人员应灵活使用各种摸排方法，而不能思维单一。比如对人员相对固定的农村适用的方法在人员流动较大的城市里就不一定适用。因此在摸排过程中侦查员应因时因地制宜，灵活使用摸排方法。此外，在一些重大案件侦查初期，出于保密的目的，要求侦查人员在摸排过程中不能暴露侦查意图，对于此类案件的摸排工作，侦查人员往往还要进行必要的身份伪装并运用一定的策略，寻找一个合适的借口在相关部门（如社区、电信、自来水、电业等行业部门）的配合下开展工作。

（三）提高警惕，注意安全

在摸底排队工作中，侦查人员除了要认真履行职责外，还应提高警惕，注意保护个人人身安全。摸底排队是一项具有潜在危险性的工作，其危险性主要来自两个方面：一方面，在一些暴力案件中，犯罪嫌疑人本身就拥有枪支、刀具等作案工具，一旦侦查人员在摸排过程中与犯罪嫌疑人正面接触，犯罪嫌疑人往往会做出持枪拘捕等暴力行为；另一方面，由于摸排场所和对象的不确定性及未知性，在摸排过程中侦查人员可能会接触虽然与本案无关但是涉及其他犯罪的人员，这些人员中涉毒、涉暴、涉黑等情况时有出现，警惕性较强并且常常负案在身，可能也会对侦查人员的人身安全构成威胁。因此，在摸排过程中，应根据案件的具体情况，对警力分配、武器装备、防护装备等合理配置，对侦查人员在执行摸排任务时的分工、站位及具体动作进行规范，确保安全。

【导入案例简析】

本案的成功侦破，得益于侦查人员利用视频监控数据信息，拓展侦查途径，将信息化、高科技的视频监控与GPS定位数据和传统的摸底排队措施有效结合，准确锁定侦查范围，及时查获犯罪嫌疑人。在侦查过程中，当侦查人员发现犯罪嫌疑人乘坐出租车逃离现场后，应顺县侦查，结合现场勘查和调查询问，从路面监控发现的犯罪嫌疑人下车地点入手，在犯罪嫌疑人居住、活动的重点范围进行细致的摸排，使案件顺利告破。随着视频监控和GPS技术的推广运用，反映人员活动轨迹、人身形象等的信息也被记录下来，这些信息的侦查价值非常大，侦查人员应当注意采集、分析；当然，在注重信息化手段的同时，也不能忽视摸底排队等传统侦查措施的运用，信息导侦的理念和实践与多种侦查措施的综合应用是当前提高破案效率的主要途径。

【延展阅读】

传统侦查措施与高科技侦查措施的辩证关系

传统侦查措施和高科技侦查措施的辩证关系可归结为：

1. 高科技手段能够有效弥补传统侦查措施的不足

在节约侦查人力资源、实现侦查措施的规范性和标准化应用以实现侦查的准确性和可靠性，以及适应当前犯罪形势等方面，科技手段的引入都极大地弥补了传统侦查措施的不足。

2. 传统侦查措施可对高科技侦查措施进行有效的补强

例如，在追逃措施中，网上追逃借助现代高科技手段，做到了信息共享，极大地拓宽了查询、比对的范围，克服了时间、空间对警方的制约，解决了人工难查、漏查的问题，大大提高了追逃工作的效率。这种方法较传统的追逃方法更迅速、更准确、更有效，也很好地兼顾了整体与局部、预防与打击、个案与制度。但是，传统的专案追逃也不是毫无用武之地。专案追逃虽具有成本高、风险大的弊端，但同时具有针对性强、工作力度大的特点，在一些特殊的案件侦查中有必要在展开网上追逃的同时有重点地实施专案追逃。例如，在黑社会性质组织犯罪案件侦查中，由于犯罪嫌疑人，特别是组织、领导犯罪组织的犯罪嫌疑人，大都有前科，具备丰富的反侦查经验，且身居幕后，具有一定的保护伞和经济实力，侦办这类案件时，追逃的工作压力比较大，仅仅将逃犯信息上网就不够了，还需要利用犯罪嫌疑人的亲情联络、打探消息等活动实施一定的策略，展开专案追逃。

3. 传统侦查措施与高科技侦查措施应综合应用，形成优势互补

传统侦查措施和高科技侦查措施各有优势，各有适用的领域，应取长补短，形成优势互补，在观念上对二者应同等重视，不能有所偏废，不能仅强调高科技侦查措施的适用而忽视传统侦查措施的实施，或是相反。尽管在具体的案件侦查中，可能某一种类型的侦查措施适用得更多一些，但是从整体上说，二者应当受到同等的重视，或者说，二者是一荣俱荣、一损俱损的关系。例如，对于调查访问，只有对其予以足够的重视，才会研究其方法策略，才会注意将心理学、社会学、语言学、决策学等社会科学的最新研究成果应用到调查访问中，从而更好地做好群众工作，获取更多更可靠的案件信息，这些充分可靠的信息也是采取高科技侦查措施的前提和基础。但是，如果不重视传统侦查措施的研究和应用，群众工作弱化、现场勘查粗糙简单，不能获得有效的案件信息，各项高科技侦查措施的实施效果也将由于情报信息的错误、遗漏、过时等而大打折扣，甚至难以展开。

总之，在高科技时代背景下，为适应新的犯罪形势和寻找新的侦查破案增长点，人们提出了传统侦查措施和高科技侦查措施这一相互对应的概念，以此强调侦查工作的科技性，这无疑是正确的、应予肯定的，但是，在强调高科技措施的同时，传统措施也不应受到贬损，高科技侦查措施是当前提高刑侦战斗力不可或缺的武器，而传统侦查措施也有其不可替代的价值，二者应当是齐头并进、优势互补的关系。一味地强调和依赖传统侦查措施固然是一种抱残守缺的落后做法，一味地强调和依赖科技手段，甚至因此弱化或漠视传统侦查措施的做法同样也应当警惕。

【本章小结】

视频信息具有直观、客观翔实、反复使用性和信息拓展性等特性，以视频监控与识别技术、电子信息显示技术、计算机技术及其他信息捕捉技术和数据库技术为依托，依法调取视频图像，根据案件的时空条件，选择特征明显的人、车、物等案件要素去进行分析、碰撞，可以获取侦查线索和犯罪证据，查获犯罪嫌疑人，实现预防、控制、揭露、证实犯罪的目的。根据利用视频监控系统或视频监控资料开展侦查时案件发展

阶段的不同，可将其概括为四大类。第一类是预先干预侦查法，第二类是捕捉现行侦查法，第三类是从人到案认定已发案件嫌疑人侦查法，第四类是从案到人查找认定犯罪嫌疑人侦查法。

并案侦查的运用可以集中更多的案件材料，拓宽侦查途径；可以集中侦查力量，联合作战，强化侦查协作，降低侦查成本；可以提高破案效率；有利于及时掌握犯罪动态，更好地履行防范犯罪的职能。并案侦查的实施条件是：痕迹、物证认定同一，或有内在联系；犯罪嫌疑人的体貌特征相似或相同；案件性质相同或有某种内在联系；犯罪时间、空间具有相近性特征；犯罪手段和犯罪工具相同或相类似；侵害对象具有相似性等。科学、合理的工作流程规范是工作机制主动性、协调性、规范性和自动反应性的体现和保障。根据实践经验，并案侦查的规范化工作流程是：全面熟悉案情，确定串并案件的主要条件和符合网络检索要求的规范字词，在刑事犯罪情报信息系统或其他数据系统中检索、查询、分析串并案件，寻找破案线索。并案侦查的实施包括树立明确的并案意识，广泛收集、深入发现并案侦查线索，准确分析串并案件信息，统一组织落实并案侦查等四个步骤。

摸底排队是刑侦工作中最为基础的侦查措施之一，也是每一名侦查人员包括基层民警所必须掌握的一项工作技能。摸排范围是否准确、具体，直接关系到摸底排队的效果，甚至关系到侦查破案的成败。摸底排队范围的确定应建立在准确的案情分析基础之上，主要包括地域范围的确定和人员类型范围的确定。通常情况下，可以从以下几个方面把握摸排条件：是否具备作案时空条件、是否具备作案动机条件、是具备拥有作案工具条件、是否具备犯罪嫌疑人的个人特征条件、是否具备形成现场痕迹和物证的条件、是否具备持有赃款赃物的条件、是否具备活动轨迹条件、是否具有反常表现。按照摸底排队工作的实施情况，摸底排队可分为三个阶段，即：摸底排队的准备阶段、摸底排队的实施阶段、摸排结果的分析阶段。随着公安信息化建设的不断完善、公安信息共享程度的提高，公安机关通过内部网络查询各类信息成为一种全新的工作模式，在此背景下，网上摸排应运而生。由于效率高、成本低，目前网上摸排已成为摸底排队的主要手段之一。网上摸排的途径主要有：通过公安内网信息开展排查，通过社会信息开展排查，通过互联网信息开展排查。

【关键术语】

视频侦查　并案侦查　摸底排队

【推荐阅读】

1. 孙展明等：《视频图像侦查》，北京，中国人民公安大学出版社，2011。

2. 刘谋斌、任克勤等：《系列犯罪案件侦查》，北京，中国人民公安大学出版社，2010。

3. 马忠红：《情报主导侦查》，北京，中国人民公安大学出版社，2006。

【案例分析】

2012 年 9 月 29 日 16 时 30 分许，事主彭某庭来所报案称：其于 2012 年 9 月 28 日晚与朋友一起到景区楼外楼就餐，其车（牌号为浙 A7××JB，红色沃尔沃越野车）停放于楼外楼门口车场，饭后由“代驾”公司司机送其回家，“代驾”将至时该事主先行将其车发动，并随手将手提包放于其车副驾驶位置，并关上车门离开停车位置去送朋友，后该事主上其车随代驾开至秋涛路华润超市附近，发现其事先放于副驾驶位置的手提包不见了，包内有现金、各类银行卡、身份证证件等物，损失价值约人民币 137 800 元。经事主描述在等待“代驾”司机到来时，其已经将手提包放置在浙 A7××JB 车内的副驾驶位置，并将车辆发动、车门未上锁，后等所有客人都上车后，其最后一个离开。在事主上车时发现“代驾”司机已经坐在其车的驾驶位置。根据事主的描述“代驾”司机有重大作案嫌疑，为此视频小组针对“代驾”车辆和“代驾”司机开展视频侦查工作。通过视频侦查发现：23：07：16“代驾”车辆进入楼外楼停车场，23：09：44 事主车和“代驾”车辆离开楼外楼停车场。通过监控发现来看，“代驾”车辆从进入到离开为 2 分 28 秒，而且一直跟着事主的车辆，并且“代驾”司机都依次上车，因此“代驾”司机没有作案时间，便否定了事主怀疑“代驾”司机有作案嫌疑的假设。

分析讨论：

1. 本案案件性质是什么？

2. 本案犯罪嫌疑人条件有哪些？

3. 本案应采取哪些侦查措施？

第九章　查控性侦查措施

【学习目标】

通过本章的学习，明确查控涉案物品、追缉、堵截、查询、冻结、搜查、扣押、通缉、通报、追捕在逃人员的概念和任务；掌握查控涉案物品、追缉、堵截、查询、冻结、搜查、扣押、通缉、通报、追捕在逃人员等措施的组织实施方法。

【导入案例】

×年3月22日，公安机关接到报案，金星农贸市场内一超市失窃香烟、现金等物，价值达3万余元。专案组在案件的防控系统中对近期香烟失窃案件进行梳理，确认自3月以来当地连续发生的香烟失窃案件与“3·22”案件十分相似，于是展开并案侦查。由于失窃香烟体积较大，专案组调取现场周边监控视频，发现车号为“鲁QH×××”的面包车形迹可疑；根据该车经常停靠的地点及司机登记的暂住地信息，专案组锁定了犯罪嫌疑人藏身的重点区域。专案组分析，犯罪嫌疑人应当对失窃香烟有销赃渠道，且销赃范围很可能就在其居住、活动范围周边，于是对该范围内的礼品回收点、香烟店进行严密布控。在调查一家香烟店时，店主反映，曾有人来卖烟，该箱香烟编号尾数为83×××，与失窃香烟编号尾数相同。通过该香烟店店主，侦查人员查到前来卖烟的人系王某，为人忠厚老实，经营一家小超市。侦查人员认为，王某很可能是销赃人员，经工作争取，要求王某以销赃为名将犯罪嫌疑人引蛇出洞，摸清其落脚点。在王某的配合下，侦查人员跟踪发现了犯罪嫌疑人胡某的暂住地，通过排查胡某的社会关系，侦查人员查明了其他4名犯罪嫌疑人的身份。3月31日，警方在胡某、代某、何某某和罗某的出租房内将4人成功抓获，犯罪嫌疑人戴某某在逃。抓获的4人对其多次实施的盗窃案件供认不讳。至此，案件成功告破。

资料来源：徐公社主编：《侦查新战法精选案例评析》，171～174页，北京，中国人民公安大学出版社，2010。

第一节　查控涉案物品

一、查控涉案物品概述

（一）查控涉案物品的概念

涉案物品是指与犯罪案件相关的或存在关联的资金和物品，例如现场遗留物、赃款赃物、作案工具、交通工具、通信工具、相关文件等。查控涉案物品就是指公安机关侦查人员在侦查破案过程中，通过各种途径和方法，对涉及与案件有关联的资金和物品进行调查和控制，查清其来源及去向，获取破案相关线索，进而查获犯罪嫌疑人的一项侦查措施。

这一侦查措施是刑事侦查基础工作与具体案件侦查工作的有机结合，是由人到案、由物到案的主动性侦查模式的体现，也是公安机关各相关职能部门相互协作的工作。就个案而言，查控涉案物品是一项侦查措施，就侦查工作的全局而言，查控涉案物品既可以是阵地控制工作的重要内容，也属于刑侦基础业务范畴。

（二）查控涉案物品的作用

1. 能够发现破案线索

犯罪嫌疑人在获得涉案财物后，必然会采用各种方法隐蔽、伪装、变卖或转移涉案物品。因此，侦查人员如果能够发现这些活动的信息或线索，如果能够及时查清和控制现场遗留物、被盗抢的赃款赃物、嫌疑人作案时使用的交通、通信工具等的来源和下落，就有可能发现破案线索和犯罪嫌疑人，突破案情。

2. 能够获取犯罪证据

涉案物品是揭露犯罪、证实犯罪的重要证据。对于侵财类案件，侦查人员多是以查控涉案物品为出发点，例如通过查清现场遗留物的所有者和嫌疑人作案时使用的交通和通信工具等，通过调查和控制被盗抢赃款赃物的去向等，可以获取嫌疑人的犯罪证据，进而抓捕犯罪嫌疑人。

3. 能够发现涉案人员

有的犯罪嫌疑人直接处置涉案物品，有的犯罪嫌疑人作案后，而是让他人代为处置，如取款、窝赃、销赃和转移赃物，这些活动都可能促使其自我暴露。因此，通过对相关行业和场所的控制，通过查控赃物赃款，通过查控嫌疑人使用的手机等通信工具等，可以发现犯罪嫌疑人或者同案犯。

4. 能够挽回和减少损失

犯罪嫌疑人获得涉案物品后，挥霍、变卖、销毁等涉案物品是其经常的选项。因此，及时地调查和控制涉案财物，可以使犯罪嫌疑人难以处理、挥霍，实现追缴涉案财物的目的，可以追回或缴获被犯罪嫌疑人侵占的全部或部分财物，挽回或减少被害人的经济损失。

5. 能够掌握犯罪活动的新趋势

通过对涉案物品的查控，可以发现当前各类犯罪活动在侵害目标和处理赃款赃物方面的新规律、新动向，为公安机关有针对性地做好防范工作和制定侦查对策提供有力依据。

二、犯罪嫌疑人处理涉案物品的方式

如何处理涉案物品是犯罪嫌疑人必须面对的问题，犯罪嫌疑人处理涉案物品受涉案物品的特性、作案人自身的条件、侦查机关侦破和社会管理控制的力度等都会影响涉案物品的处置方式。

（一）制约犯罪嫌疑人处理涉案物品方式的因素

1. 犯罪嫌疑人自身的条件

由于作案人的个体差异，作案人教育程度、社会阅历、犯罪经验以及从涉案物品的认知等差异，不同的作案人在处理同一类涉案物品时存在不同的处理方式。比如，一些初次犯案的人员，对于涉案物品可能急于出手，低价处理，而对于多次犯案的人员则伺机而动，观察情势，或留为己用，或异地销售，或直接交付。

2. 涉案物品的自身特性

不同的涉案物品具有不同特性，有的具有明显标志，有的具有特定用途，存在体积、重量、形状、性状等的差异。作案人针对涉案物品不同的特点可能采取不同的处理方式，比如，有的涉案物品需要隐藏转移，有的涉案物品需要借助大型运输工具转移，有的需要到特殊场所销售和处理，有的可能直接消费或使用。

3. 侦查机关侦破和社会管理控制的力度

侦查机关如果发现及时，或者破案力度大，作案人可能来不及妥善处置涉案物品，公安机关可能很快查控涉案物品。如果公安机关平时社会管控工作做得扎实，各类物品交易场所和各类相关行业阵地控制网络完善，公安机关亦容易发现并查扣涉案物品。因此，侦查机关侦破和社会管理控制的力度也决定了作案人在处理涉案物品时选择的方式。

(二) 犯罪嫌疑人处理涉案物品的具体方式

1. 本地销赃

作案人处理涉案物品的途径主要有以下几种：一是本地摊点销赃。如采用路边摆摊的方式，分批销售，低价出售等。二是利用专门从事销赃的窝点销赃。一些专门销赃窝点是作案人最佳的销赃渠道，相互勾结形成盗抢、运输、改装、销售等一条龙的作案方式。三是利用寄卖、收购部门销赃。例如冒充身份到寄卖店、委托行、典当行、收购站、修理店、加工店等部门销售。四是改装后销赃。这种销赃方式在盗抢的机动车中比较常见。五是利用传销方式销赃。六是预售销赃。有的作案人在选择了作案目标后，在尚未实施犯罪活动前，提前物色买主，预售赃物，一旦实施，赃物便可迅速出手。七是变相销赃。有的作案人通过侵财型犯罪方式获取赃款赃物用于抵押债务、偿还赌资、购买毒品、以物换物等处理涉案物品。八是网上销赃。随着网上交易的兴起，有的作案人利用网络交易的便利性和隐蔽性，实现涉案物品的快速、大范围转移。

2. 异地销赃

作案人将涉案物品等赃物转移至远离其居住地或发案地的地方进行销售变卖，旨在利用时间和地点的差异，造成销赃地和案件管辖地的分离，分隔涉案物品和案件之间的联系，从而逃避侦查控制。涉案物品转移至异地后，其销赃处理的方式基本与本地处理的方式类同。针对可能将赃款赃物等涉案物品转移到外地销赃的情况，公安机关应及时设卡拦截，并向异地和途径地公安机关发出协查通报，分享情报，加强区域协作，强化异地控制。值得注意的是，一些犯罪组织和团伙分工明确、各负其责，形成盗抢、运输、改装、销售等紧密衔接的犯罪活动流程，犯罪活动环环相扣，快速高效，通过涉案物品的查控一时难以摸清整个犯罪网络。

三、查控涉案物品的方法

(一) 查控涉案物品的范围

涉案物品是指与犯罪案件相关的或存在关联的资金和物品，例如现场遗留物、赃款赃物、作案工具、交通工具、通信工具、相关文件等，侦查机关可以通过这些涉案物品确定查控范围。一是作案现场遗留物的查控范围。一般可以通过犯罪嫌疑人在作案现场留下的生物物证、生活用品等反映其某些个体特征来划定查控范围；可以通过现场遗留的作案工具反映嫌疑人的职业范围以及对作案工具的销售场所进行调查。二是涉案通信工具的查控范围。通过技术监控犯罪嫌疑人的通信工具，锁定犯罪嫌疑人藏匿的区域，组织侦查人员对这些区域进行搜查和控制。三是涉案交通工具的查控范围。对于犯罪嫌疑人使用的和被害人被侵占的交通工具，可以通过本地和相关地区的城市道路监控系统、交通要道口、停车场、边境关卡对其进行查控。四是赃款使用的查控范围。犯罪嫌疑人在获取赃款后，经常会到金融机构进行存储、汇兑或进行投资、挥霍等。所以查控范围包括金融机构、商品销售市场、吃住行业，娱乐场所等。五是转移、修理、改装、销售赃物过程中的查控范围。犯罪嫌疑人获得赃物后，有的直接销售，有的异地转移，有的是修理、改装后进行使用或销售，有的甚至是当废品销售。因此，查控的范围包括各类收购部门、交通要道口、修理加工行业、寄卖行业、人群聚集的公共场所、网上物品交易平台等。

（二）查控涉案物品的方法

犯罪嫌疑人与涉案物品之间存在紧密的因果联系，查控涉案物品就是通过对与案件有关联的物品进行调查和控制，最终达到抓获犯罪嫌疑人和追缴涉案财物的目的，侦查实践中，查控涉案物品的方法有“以物找人”和“以人找物”两种，在绝大多数案件的侦查过程中，针对具体案情的不同，实施不同的查控方法，有时两种查控方法交织使用。

1. 以人找物的方法

以人找物是在了解和掌握犯罪嫌疑人的情况下，以犯罪嫌疑人为出发点，采取各种调查、控制措施，进而发现和追缴涉案物品的工作方法。在侦查实践中，常用的以人找物的方法有：

（1）通过搜查发现和获取涉案财物。

搜查是案件侦查中查控涉案物品的常用方法，侦查人员可以根据案件侦查中发现的线索、群众的举报、犯罪嫌疑人的供述以及侦查人员的分析判断，对可能隐藏有涉案物品的场所依法进行各种形式的搜查，进而发现和追缴涉案物品。在具体进行搜查时，要做到时机准、行动快、检查细。如果发现涉案财物已经转移的，应扩大搜查范围或进行突然性再次搜查。

（2）根据获取的通信记录等所提供的线索追查涉案物品。

在侦查实践中，犯罪嫌疑人获得赃物后，往往将涉案物品藏匿起来，比如外地亲友或同学处，平时通过电话、网络等方式进行联系，这些联系的内容有可能记载涉案物品隐藏的地点、去向等内容。因此，侦查人员可对扣押的通讯录、记录本、邮件、话单、聊天记录等进行分析判断，依据这些具体内容或提示，以判明涉案物品的具体去向，并以此线索查控涉案物品。

（3）通过讯问犯罪嫌疑人查明涉案物品的去向。

犯罪嫌疑人对于涉案物品的去向最清楚，因此，通过行之有效的讯问方法，努力突破犯罪嫌疑人的口供，使其如实交代涉案物品的具体去向，并以此追查涉案物品的去向。在讯问过程中，侦查人员应对犯罪嫌疑人进行积极退赃、减少实际损失与罪责之间的关系的教育，促使犯罪嫌疑人如实供述。对于犯罪嫌疑人将涉案财物借与、赠送他人或用于行赌、投资入股的，侦查人员也必须查明情况，逐一追缴。

(4) 查询、冻结犯罪嫌疑人存款、汇款、扣押财产。

侦查机关在金融部门的配合下，通过查询犯罪嫌疑人的资金状况，掌握其账款的流向，从中分析判断和收集犯罪线索，追查犯罪嫌疑人下落，并决定是否有必要进一步采取冻结措施。这些措施有利于发现和保全诉讼证据，还可能使犯罪嫌疑人被迫交出涉案物品，使被害人的经济损失得到不同程度的弥补。

(5) 调查犯罪嫌疑人的社会关系，查控涉案物品。

有的犯罪嫌疑人的亲朋好友或多或少地享用了不法所得带来的利益，有的知道涉案物品的下落，有的本身就是窝赃者。因此，侦查人员可以通过向犯罪嫌疑人的社会关系相关人等讲明利害关系，促使其端正态度，权衡利弊，动员他们交出涉案财物，必要时可通过调查、监控犯罪嫌疑人关系密切的重要关系人来查控涉案物品的去向。

2. *以物找人的方法*

以物找人一般适用于涉案物品种类特征清楚的案件，可以从发现、查找涉案物品入手，顺线追踪犯罪嫌疑人。

(1) 现场遗留痕迹物证的分析。犯罪嫌疑人在作案现场留下的指纹、毛发、精斑、血迹、作案工具等，侦查人员可以根据这些物品的特征，通过公安机关有关物品、DNA 信息库等犯罪情报信息资料进行比对排查，寻找犯罪嫌疑人线索和犯罪嫌疑人。当然也可以通过发动群众和秘密力量查找这些物品的所有人和使用人，从中发现犯罪嫌疑人。

(2) 涉案交通工具的查控。犯罪嫌疑人在作案、逃跑、转移赃物等过程中使用了交通工具，可以通过公安机关机动车管理查询系统，查找该交通工具所有人和使用人，从中寻找破案线索。也可以采用跟踪、守候、拦截、监控的方法进行控制，还可以通过道路监控系统或群众举报线索进行查控。

(3) 涉案通信工具的查控。对于犯罪嫌疑人及被害人使用的通信工具，可以通过电信管理部门和公安机关的技侦部门进行查控。被害人的通信工具，还可以通过二手通信工具交易市场、典当铺、寄卖行等进行查控，从中发现破线索和犯罪嫌疑人。

(4) 赃款的查控。一是现金型赃款的查控方法。在绝大多数案件中，由于现金型赃款自身缺乏种类特征，一般无法通过查控现金来追查犯罪嫌疑人。现金型赃款的查控主要是对嫌疑人获取赃款后的转移和使用渠道进行查控，如侦查人员可以通过金融部门和兑换、消费场所进行赃款查控。二是书面型赃款的查控方法。书面型赃款是指记载或证明权利或利益的相关文件载体，如银行存折、银行卡、支票、汇票、汇款单等。这类证件或文件已经将权利内容用书面形式固定下来，成为一种现实的财产性利益。对于书面型赃款的查控，侦查人员一旦收到犯罪线索，就应当主动出击，在银行、邮局等有关部门的协助下，及时采取各项有效侦查措施监控账户，寻找犯罪嫌疑人，挽回经济损失。此外，侦查机关应当与金融部门经常交换犯罪信息，切磋安全防范措施，强化从业人员的警惕意识。

(5) 赃物的查控。犯罪嫌疑人在赃物的处理中，一般存在转移、改装、修理、销售等环节，侦查机关应当了解并抓住处理赃物过程的有利时机进行破案。一是在转移过程中的查控。对有明显犯罪嫌疑对象的案件，可采取跟踪、守候、监视的方法，在其转移赃物过程中寻找时机，人赃俱获。对于无明显犯罪嫌疑对象的案件，可利用联防卡口、巡逻盘查等措施，对携带有可疑物品或形迹可疑的人员进行盘问，发现可疑对象。侦查机关也可以发动群众或利用秘密力量搜集犯罪线索，发现和贴靠犯罪嫌疑人，设法了解其转移赃物的时间、地点，然后组织力量选择时机、地点进行拦截。二是在修理、改装过程中的查控。犯罪嫌疑人在修理、改装赃物的过程中可能涉及修理加工行业，如汽车、摩托车、手机、电脑等修理店，侦查人员可通过实地调查、发动行业内部职工和秘密力量的方法进行查控。三是在销售过程中的查控。对于犯罪嫌疑人在销赃过程中可能涉及的部门、行业、场所、地区进行查控，查控的措施有：广泛发动群众，加强控赃宣传；及时印发赃物协查通报，请求有关地区、部门、行业协助查控；对有关场所进行技术监控；组织基层组织和治安积极分子，严密控制场所外销赃；教育有关行业内部职工，构筑三道查控防线，布建秘密力量进行查控；加强区域协作，控制异地销赃；注意在互联网上对可疑的物品销售进行查控；积极推行技术控制，运用现代科技设备对有关场所和行业进行控制，如网络控赃，电子数据运用。要根据涉案财物的流向和时机工作的需要，探索建立调查、控制涉案财物的协作区域，打击跨区域隐藏、转移、销售涉案财物的行为。

四、查控涉案物品应注意的问题

（一）依法查控涉案物品

查控涉案物品是侦查机关开展的一项政策性很强的侦查工作，也是侦查机关开展群众工作的比较密集的工作。侦查人员一方面要严格按照有关法律规定履行自身职责，另一方面严禁贪赃枉法，以身试法。在侦查工作中发现可疑财物，如能够明确为涉案财物，应当及时予以查控追缴；如果不是涉案物品，应当及时退还物主；如果一时无法判断，应当尽快查明情况。严禁将正在调查、控制和追缴的非涉案物品供侦查人员占用，更不得私自动用、私分或变卖涉案财物；严禁侦查人员接受犯罪嫌疑人的赃款赃物，实施行贿伎俩。侦查人员要时刻注意加强纪律和法制教育，遵循政策和法律，保持高度警惕，讲究工作方法。

（二）及时查控涉案物品

查控涉案物品是一项紧急侦查措施，时效性要求高。案件发生后，一旦了解涉案物品的特征和掌握有关涉案物品的去向后，就应立即布控，抓住时机，力争人赃俱获，切不可坐失良机。对于犯罪嫌疑人已经交代涉案财物具体去向的，应当迅速查控追缴，对于已经转移或外逃的，应尽快联合其他部门追缴。

（三）妥善处理缴获物品

对于查控工作中截获的涉案物品，经过核实确属赃物的，应彻底追缴，不能扣缴截留；对一时查不清楚的物品，可作为可疑物进行登记保存，同时安排力量尽快查明情况。对扣缴的赃物，要办好法律手续，制作查封、扣押清单，并指派专人妥善保管，防止损毁、变质和腐烂。

（四）加强协作配合

涉案物品查控工作常常涉及多个警种、多个部门，甚至有的还涉及多个地区，为有效开展工作，应当搞好各警种、各部门、各有关地区的协作配合，坚决克服地方保护主义和狭隘的部门利益，树立大局观念，积极协调，主动配合，相互协助，树立“一盘棋”思想。如果因协作不力，推诿拖延，造成严重后果的，应当追究有关部门、有关领导和人员的责任。

（五）加强信息情报研究

通过分析研究查控涉案物品所获得的信息材料，如犯罪嫌疑人处置涉案物品的手段和方法，可以反映犯罪嫌疑人的犯罪习惯和特点，掌握犯罪嫌疑人处置涉案物品的特点，掌握赃款赃物的流向动态等。侦查机关通过这些材料的整理和分析，加强侦查情报资料研究，发现犯罪活动新趋势，为下一步制定有针对性的工作措施提供依据，使得涉案物品查控工作更具针对性和有效性。

第二节　追缉、堵截

一、追缉、堵截的概念和作用

（一）追缉、堵截的概念

追缉、堵截，是指对逃跑的犯罪嫌疑人，根据其逃跑的方向和路线，组织力量进行跟踪追捕和设卡堵截的一种紧急侦查措施。这种措施一般适用于案发不久，在侦查的其他阶段，当发现重大犯罪嫌疑人逃跑时，也应立即实施，只要犯罪嫌疑人的人身、交通工具、逃跑方向和路线等特征明确，具备追缉、堵截的条件。

追缉、堵截包括追缉和堵截两个方面的行动。追缉，是指组织力量沿着犯罪嫌疑人逃跑的方向和路线，在其后面跟踪追缉，并及时捕获之；堵截，是指组织力量在犯罪嫌疑人逃跑过程中可能经过的路口、关卡进行设卡堵截，以堵住犯罪嫌疑人的去路。追缉和堵截两项措施在实践中是一种紧密结合、相互配合的关系。

（二）追缉、堵截的作用

1. 追缉、堵截可以及时抓获犯罪嫌疑人，提高破案速度

抓获犯罪嫌疑人是破案的标志，通过追缉、堵截，可以迅速抓获犯罪嫌疑人，减少其自杀或外逃的机会，加快破案速度，尽快将其绳之以法，以有力地维护社会主义法制的尊严。

2. 追缉、堵截可以防止犯罪嫌疑人毁灭证据

犯罪嫌疑人在作案后的逃跑过程中，由于时间仓促，所携带的犯罪工具、赃款赃物及身上粘附的犯罪痕迹还来不及藏匿、脱手或销毁，因此，及时、成功地追缉、堵截可以抓获犯罪嫌疑人并在其身上查获这些犯罪证据。

3. 追缉、堵截可以有效防止犯罪嫌疑人继续作案，危害社会

犯罪嫌疑人在犯罪后如果得不到及时的打击、处理，其犯罪心理将会进一步强化，同时由于犯罪经验的积累、犯罪能力的提高，很有可能实施新的、更为严重的犯罪，侦查难度也相应加大。通过追缉、堵截，可以及时抓获犯罪嫌疑人，使其接受法律制裁，防止其继续实施犯罪，危害社会。

4. 追缉、堵截可以减少国家和人民群众的财产损失

通过追缉、堵截，可以在犯罪嫌疑人处理赃款、赃物之前将其抓获，从而减少国家和人民群众的财产损失。

5. 追缉、堵截可以促使侦查部门完善基础工作，同时有助于提高侦查部门的快速反应能力和整体作战能力

通过追缉、堵截，侦查部门可以及时发现基础工作和制度建设方面的不足和漏洞，根据实际情况的需要完善基础工作和制度建设中的不足，堵塞漏洞，严密安全防范工作。由于追缉、堵截的时间性和机动性很强，而且是常常涉及多部门、多警种、跨地区的联合作战，因此，追缉、堵截的实施既是侦查部门快速反应、统一指挥、协调配合的体现，也是各部门、各警种、各地区在快速反应、统一指挥、协调配合方面的锻炼、检验和提高。

二、追缉、堵截实施的条件

在侦查实践中，采取追缉、堵截这一措施，通常应把握以下条件：

（一）特征条件

特征条件，是指犯罪嫌疑人在作案过程中或者是在逃跑过程中形成或暴露出来的特征，具体包括犯罪嫌疑人的体貌特征、携带物品特征及其使用的交通工具特征。这是进行追缉、堵截的基本条件。

1. 体貌特征

特征条件，是指犯罪嫌疑人的性别、年龄、身高、体态、口音、五官长相及生理上突出、稳定的特征等。体貌特征包括犯罪嫌疑人人身形象的原有特征和在犯罪过程中形成的新的附加特征，如衣服是否破损、身上是否沾有血迹、身体是否受伤等等。因此，侦查人员在向被害人、目击者及其他有关人员询问了解犯罪嫌疑人的人身形象时，既要注意了解犯罪嫌疑人的原有特征，也要注意了解其在犯罪过程中形成的附加特征，这样才能全面把握犯罪嫌疑人的形象特征，准确发现和识别追缉、堵截的目标。

2. 携带物品特征

携带物品特征，是指犯罪嫌疑人携带物品的种类、名称、数量、体积、质量、规格、颜色、特殊磨损、标记、暗记等。它包括作案工具和赃款、赃物两个方面。掌握这些特征有助于从物的方面发现和识别追缉、堵截的目标。

3. 犯罪嫌疑人使用的交通工具特征

犯罪嫌疑人使用的交通工具特征，是指犯罪嫌疑人在作案过程中和逃跑过程中使用了交通工具，从中暴露出来的特征等。它包括两个方面的内容：一是交通工具本身的特征，如车辆的型号、名称、牌照、新旧程度、颜色、款式等等，二是车辆行驶的方向、路线。

（二）时间条件

时间条件，是指从犯罪嫌疑人作案后逃跑或者发现犯罪嫌疑人后到侦查部门决定采取追缉、堵截之间的时间间隔。这是采取追缉、堵截的重要条件。一般情况下，如果犯罪嫌疑人逃跑不久，而且逃跑方向、路线比较明确，就有采取追缉、堵截措施的条件；如果犯罪嫌疑人已经逃跑很久，很可能已经远走他乡或完全隐蔽起来，就没有了追缉、堵截的必要。因此，侦查人员到达现场或者接到报案后应迅速向有关人员调查了解案件发生的时间、发现案件的时间，以及侦查人员到达现场所需要的时间，结合其他因素正确判断犯罪嫌疑人逃跑的时间，以确定是否需要采取追缉、堵截措施。

（三）环境条件

环境条件，是指犯罪现场及其周围的地理环境、地形、地物以及犯罪嫌疑人的逃跑方

向、路线等条件。如果地形、地物复杂、隐蔽，而且道路和分叉口较多，或者建筑物密集、树木茂盛、有大面积高秆农作物等，这种环境有利于犯罪嫌疑人藏身匿迹而不利于实施追缉、堵截；如果地形、地物不太复杂、隐蔽，而且道路和分叉口较少，就容易发现犯罪嫌疑人的行踪，对实施追缉、堵截比较有利。因此，侦查人员到达现场后，要注意观察和分析现场及其周围的地理环境，注意根据现场痕迹和有关人员反映的情况准确分析、判断犯罪嫌疑人逃跑的方向和路线，以确定是否采取追缉、堵截措施，制定追缉、堵截的具体实施方案。

（四）痕迹条件

痕迹条件，是指犯罪嫌疑人在案发现场及逃跑过程中遗留下的，能够反映出其逃跑方向和路线的各种痕迹、物品等条件，如成趟的脚印、滴落的血滴、洒落的物品、倒伏的植物等。这些能够反映出犯罪嫌疑人逃跑的方向和路线的痕迹、物品是实施追缉、堵截的有利条件，也是实施追缉、堵截的方法和途径，如利用成趟的脚印进行步法追踪，利用犯罪嫌疑人留下的体味进行警犬追踪等。

除此以外，追缉、堵截的实施还要考虑交通情况、人员流量情况等。如根据现场周围的交通情况，分析犯罪嫌疑人可能借助何种交通工具逃跑，以便确定追缉、堵截的方法；人员流量情况，包括人流量、车流量以及人员构成情况等，如人流量或车流量较大，就不利于追缉、堵截；人员构成比较单一时，犯罪嫌疑人的体貌特征比较容易识别，有利于采取追缉、堵截。

需要注意的是，上述若干实施追缉、堵截的条件是相互联系、紧密结合在一起的，不能孤立地看待。如犯罪嫌疑人逃跑时间长，体貌特征和携带物品特征不明显，且所处环境复杂，人流量和车流量大，逃跑方向、路线不明确的，就不宜采取追缉、堵截；但是如果所处环境复杂，人流量和车流量大，但犯罪嫌疑人体貌特征或携带物品特征明显，逃跑方向、路线明确的，也可以实施追缉、堵截措施；如果犯罪嫌疑人逃跑时间比较长，但环境单纯，交通不发达，也可以采取追缉、堵截。总之，要综合考虑实施追缉、堵截的各方面条件，以便做出正确决策。

三、追缉、堵截的方法

追缉、堵截的方法通常可以归纳为四种。

（一）循迹追踪，迎面堵截

循迹追踪，迎面堵截，即根据犯罪嫌疑人逃跑的路线和踪迹，一方面组织力量尾随其后进行追缉，另一方面在其逃跑的前方布置力量设卡堵截。采用这种方法实施追缉、堵截，其前提是犯罪嫌疑人逃跑的方向和路线比较明确，变动的可能性较小，如犯罪嫌疑人驾驶机动车沿着封闭的高速公路逃跑；或者侦查人员已经掌握其逃跑的路线或目的地，而犯罪嫌疑人没有被惊动，等等。

在循迹追踪时，应注意既要考虑犯罪嫌疑人作案后逃跑的一般规律，又要考虑具体案件中犯罪嫌疑人的犯罪动机、心理状态、社会关系以及现场痕迹等情况，制定切实可行的追捕方案；在设卡堵截时，要注意快速反应，周密部署。一方面，全面掌握犯罪嫌疑人的体貌特征、携带物品特征等情况，以准确发现和识别犯罪嫌疑人；另一方面，要恰当选择设卡堵截的位置，既要有利于观察，又要有利于隐蔽自己，同时采取恰当的设卡堵截的方法，有效避免犯罪嫌疑人冲卡、避卡和混卡。例如，对付严重暴力犯罪嫌疑人的设卡堵截，可以采取秘密的方法，以某些行政单位进行各种行政检查为名，如交通检查、税务检查等进行设卡拦截。

（二）迂回包抄

在只明确犯罪嫌疑人的逃跑方向，无法判断其具体逃跑路线，或者估计犯罪嫌疑人可能施展声东击西、拐弯兜圈的伎俩，而侦查部门又有快速迂回的行动条件时，就应采取这种迂回包抄的方法，一方面，有重点地布置力量尾随追缉；另一方面，快速迂回到犯罪嫌疑人逃跑前方可能经过的关卡，埋伏堵截。这种方法多用于道路交叉纵横，而犯罪嫌疑人的逃跑方向、目的比较明确的情况。在这种情况下，侦查人员不可能无限制地兵分几路尾随追缉，循迹追踪又没有条件，就应该利用快速交通工具或特殊地形迅速迂回到犯罪嫌疑人逃跑的前方设卡堵截。

在实施迂回包抄时，要注意在包抄的同时有重点地分兵追缉，以防止犯罪嫌疑人在逃跑途中藏匿或者在关卡前往回逃。此外，还要注意确保各个追缉小组之间、各个追缉小组和指挥部之间良好的通信联络，及时沟通情况，随时根据具体情况的变化调整追缉部署，有效抓获犯罪嫌疑人。

（三）合围包剿

在追缉、堵截过程中，如果已经确认犯罪嫌疑人隐藏在一个明确的地点，或者被逼入一个较小的区域范围内，侦查人员应当迅速散开，抢占有利地形，堵住进出通道，将犯罪嫌疑人包围起来，然后逐步缩小包围圈，将其捕获或迫使其放弃反抗，停止逃跑。

在实施合围包剿时，要注意准确确定包围范围，抢占有利地形。在确定包围范围时，要以犯罪嫌疑人藏身匿迹的明确程度为根据，已知道犯罪嫌疑人藏身的确切地点的，可以小范围地包围，如果不知道犯罪嫌疑人藏身的确切地点，则应在较大范围内实施包围。同时，为了防止犯罪嫌疑人脱逃，可以设置多层包围圈；在围捕过程中要迅速抢占有利地形，以便既能隐蔽自己，又能很好地控制犯罪嫌疑人。此外，在合围包剿时，对滞留在包围圈中的群众要尽量疏散，做好切断电源、关闭煤气、关好门窗等安全工作；如果包围范围过大，无法疏散群众的，可以组织突击小分组化装搜索侦查，先发现犯罪嫌疑人，然后再根据具体情况制定缉捕方案。当分组进行围捕时，要注意各个小组之间的协调行动，明确各自的任务和分工，同时规定内部识别方法和联络方式，以免在行动中误伤同事。

在实施合围包剿中，应注意根据不同的情况采取不同的战术方法，既要注重发动政治攻势，通过讲道理、讲法律、亲友规劝等方法促使犯罪嫌疑人投降，达到不战而胜的目的，对于持有杀伤力、破坏力较大的武器负隅顽抗的犯罪嫌疑人，又要果断地实施强攻，就地歼灭，以免造成人员伤亡和国家、集体及群众的财产损失。

（四）立体追踪

立体追踪，即使用现代化的海、陆、空交通运输工具，使地面、水面的追缉、堵截和空中的观察、控制及指挥紧密结合起来，把犯罪嫌疑人控制在一个特定的空间范围内，或者始终把犯罪嫌疑人的行踪纳入侦查人员的视线范围内，并最终将其抓获。当犯罪嫌疑人驾驶机动车、船或扒乘火车逃跑，由于公路交叉纵横、火车运行情况复杂、海面茫茫无边，或者在地势险要的崇山峻岭、杂草丛生的荒野地带，由于易于隐蔽，很容易使犯罪嫌疑人乘隙脱逃或隐藏起来。在这些情况下，使用传统的追缉、堵截方法很难奏效，而立体追踪就显示出强大的优势。使用小型直升飞机或飞艇等进行空中观察，利用无线电通信将犯罪嫌疑人逃跑的路线、方向、藏身的地点、使用的交通工具、携带的物品、武器以及犯罪嫌疑人的体貌特征、衣着变化等情况通告给地面、水面的追捕人员；地面、水面追捕人员根据空中侦查获得准确情报，及时调整追捕方案和追捕措施，有方向、有目标地接近犯罪嫌疑人，或在其逃跑的前方准确地设卡堵截，将犯罪嫌疑人抓获。

需要说明的是，上述方法并不是截然分开的，在实践中，一次追缉、堵截行动，往往交替使用或综合运用多种方法，如立体追踪和合围包剿，循迹追踪和迂回包抄等。

四、追缉、堵截的组织实施

（一）追缉、堵截实施前的准备工作

侦查人员在到达现场后，应首先询问事主、被害人或者目击者，了解和掌握犯罪嫌疑人的基本情况，重点调查了解犯罪嫌疑人的人身形象、犯罪过程中形成的附加特征、携带物品的特征、使用的交通工具特征等；其次，侦查人员应当仔细观察和牢记犯罪嫌疑人留在现场的足迹、交通工具痕迹，并根据这些痕迹对鞋和交通工具的种类、型号以及犯罪嫌疑人的人身形象特征作出大致判断；最后，侦查人员应注意准备好相应的追缉、堵截所必需的交通、通讯工具和武器。在组织人员力量时，可以吸收能指认犯罪嫌疑人或赃物的人参加。如果被追缉、堵截的是已知的犯罪嫌疑人，还应当携带其照片或画像，以便在追捕途中让群众识别。

（二）追缉、堵截的实施要点

1. 追缉、堵截的组织指挥

追缉、堵截通常是多部门、多警种、跨地区的联合行动，追缉、堵截实施人员既要分组行动，又要彼此配合，因此追缉、堵截的组织指挥至关重要。正确的组织指挥是保证追缉、堵截行动成功的关键。

首先，追缉、堵截的组织指挥要打破常规，迅速部署。追缉、堵截是以快取胜，而快速反应的重要条件之一就是打破常规。打破常规，就是当发现犯罪嫌疑人逃跑或严重暴力性犯罪活动迹象时，不按照办案的一般程序一步一步展开调查工作，而是在现场勘查的同时，及时组织力量，迅速通知有关堵卡网点，展开对犯罪嫌疑人的追缉、堵截。

其次，打破条块界限，减少组织层次。在追缉、堵截中要实行同一指挥、同一部署、同一行动，为此，不能受行业之间、部门之间权限的局限，应当一旦接到紧急通报就立即组织力量进行追堵，不能层层请示或坐等上级出面协调。

最后，随时了解情况的变化，准确下达命令。指挥人员应力争亲临第一线，加强具体的指挥，对各追缉小组、各堵卡网点中的力量配备、所处的位置、发现的线索及预备行动的方案等情况全面、及时地掌握；发现有关情况，指挥人员要及时通报给各个行动小组，针对出现的紧急情况，指挥人员应当机立断，作出正确的判断和相应的决策，始终把握追缉、堵截的主动权。

2. 追缉、堵截路线、方法的选择

组织追缉、堵截要根据事主、被害人、目击者提供的情况，以及现场痕迹、遗留物及

其他有关情况，对犯罪嫌疑人逃跑的时间、方向、路线、目的地及借助的交通工具等迅速作出判断，组织力量进行有针对性的追捕。

首先，在追缉、堵截过程中要注意观察沿途是否有可供判断犯罪嫌疑人逃跑方向、路线、目的地等方面的痕迹物证。对与犯罪嫌疑人有关的痕迹物证的出现或突然消失、中断，要认真分析、判断其原因；对犯罪嫌疑人抛弃的物品，应根据物品的种类、特征、发现的地点，结合犯罪嫌疑人的个人情况、犯罪动机等，分析是由于犯罪嫌疑人慌乱逃跑而无意失落，还是为消除识别特征而故意丢弃，或是为了迷惑追缉人员而故意将该物品扔在与自己逃跑方向不一致的路口。如果对上述情况难以作出准确判断，应考虑分兵追缉，同时报告指挥人员。

其次，在追缉、堵截过程中，还应注意询问群众。对于群众提供的情况，要随时加以对照分析和整理判断，如果是重要的情况，还应向指挥人员报告，并通报参加追缉、堵截的其他人员。如果群众提供的可疑人员在着装上与追捕对象有所不同，要考虑犯罪嫌疑人是否已经变换衣着打扮；如果群众提供的可疑人员在附近突然消失了，要考虑犯罪嫌疑人是否就地隐藏或者是追缉方向、路线出现了差错；如果犯罪嫌疑人身负重伤，在追缉、堵截过程中要注意询问沿途的医院、卫生所及医药商店等单位。

追缉、堵截过程中，除了应进行认真的调查询问，观察分析可疑迹象外，还应注意利用多种手段配合行动，如利用步法追踪技术、警犬搜索等，以提高追缉、堵截的效率。

3. 追缉、堵截行动中相关部门的配合

首先，追缉、堵截犯罪嫌疑人，要注意取得车站、码头、港口、机场、饭店、旅馆等单位的职工和群众的密切配合。侦查人员应将追缉、堵截对象的体貌特征、携带物品特征等情况及时通知这些人员，让他们利用工作的便利条件对可疑人员进行观察和识别。

其次，在追缉、堵截过程中既要注意根据具体案件的需要布设临时卡点，还要注意发挥常设性卡点的作用。此外，其他部门设置的卡点也可以成为堵截犯罪嫌疑人的依托和隐蔽处所。例如，因时、因地、因具体案件的需要假借城市卫生、税收、收缴过路费、过桥费、限运物资检查站等，对过往车辆、行人进行正面的或侧面的观察、检查，从中发现犯罪嫌疑人。

最后，在大规模的追缉、堵截行动中，要尽量争取地方党委、政府在人力、物力、财力等方面的支持，以更有力地实施追缉、堵截工作。

4. 追缉、堵截中的盘查战术和勤务规范

盘查是在追缉、堵截或实施其他查缉措施中，对可疑人进行询问、检查，以便澄清身份，发现、缉获犯罪嫌疑人的措施。盘查有严重人身危险性的犯罪嫌疑人，随时都可能发生激烈对抗，产生严重后果。因此，必须采取科学合理的盘查战术，制定安全有效的勤务规范。首先，应当提高警惕，落实责任。民警在执行盘查任务时，心理上要保持高度的警惕性，认真负责，谨慎行事，善于从衣着、物品、伤痕、证件、语言的矛盾中寻找疑点，查明身份。其次，明确分工，讲究站位。盘问严重暴力犯罪或其他重大犯罪嫌疑人时，民警要保持二对一（或以上）的人力优势，既有盘问者，又有警戒监视者；明确分工，讲究站位；密切注意犯罪嫌疑人的动作，尤其是上肢的动作，防止其开枪或引燃爆炸物行凶；盘查多个犯罪嫌疑人时应个别盘问，彼此隔离。再次，发现可疑人有脱逃、行凶迹象，应立即采取果断措施，严密控制，先搜查其人身及所携带物品，再进行盘问。最后，兼顾严密盘查和文明执勤。实施时既要警惕、果断，又要文明值勤，需要中断有关群众的正常活动或者经过盘查证明可疑人与案件无关时，应使用文明、规范用语说明情况或致歉。

第三节　查询、冻结

《刑事诉讼法》第144条第1款规定："人民检察院、公安机关根据侦查犯罪的需要，可以依照规定查询、冻结犯罪嫌疑人的存款、汇款、债券、股票、基金份额等财产……"查询、冻结犯罪嫌疑人的存款、汇款，是公安机关在侦查刑事犯罪案件，尤其是在侦查经济案件中的常用侦查措施。查询，就是调查、询问犯罪嫌疑人存款、汇款的具体情况，如开户银行账号、存款和取款时间、次数、金额、经手人，以及汇款人姓名、地址、汇款金额，收款人姓名、地址等情况。这里的犯罪嫌疑人既包括自然人，也包括法人。公安机关根据需要，依照有关规定既可以查询单位的存款、汇款，也可以查询个人的存款、汇款。冻结，是指通知有关银行、其他金融机构或邮局对犯罪嫌疑人的存款、汇款暂时不准提取。公安机关根据侦查工作的需要，依照有关规定可以冻结单位存款、汇款，也可以冻结个人存款、汇款。

银行是信用机构，是经营货币的企业，为单位和个人开户存款和办理结算，是银行的重要业务，因此，银行应依法为客户保密，同时，银行也有义务依法维护存款人对存款的自主支配权，不得随便停止单位和个人的正常支付。但是，根据侦查工作的需要，公安机关根据国家法律和有关规定，可以查询、冻结犯罪嫌疑人的存款、汇款。

侦查工作的需要，包括三方面的含义：一是所要查询、冻结的存款、汇款必须与犯罪嫌疑人及犯罪有关，即属于犯罪嫌疑人汇出的和他人汇给犯罪嫌疑人的款项。存款，包括以犯罪嫌疑人的姓名或者名称存入银行、其他金融机构或者邮局的，也包括犯罪嫌疑人所有但以其他化名或者他人的名义交存的。这些存款、汇款，或被用于犯罪，或为犯罪所得。通过查询存款、汇款，可以查明案情，查清犯罪嫌疑人有罪、无罪或者罪重、罪轻的事实。二是查询、冻结存款、汇款，是为了防止赃款转移，挽回和减少损失的需要。三是查询、冻结存款、汇款，是为了发现新的犯罪线索，顺线调查，扩大侦查战果的需要。

查询、冻结存款、汇款必须依照规定进行，所谓依照规定，是指依照有关法律、行政法规、司法解释及部门规章、规范性文件。《商业银行法》明确规定，对于个人、单位存款，商业银行有权拒绝任何单位或者个人查询、冻结、扣划，但法律另有规定的除外。

查询、冻结犯罪嫌疑人存款、汇款是侦查犯罪的重要措施，是打击犯罪，特别是打击经济犯罪的有效手段。依法有效地运用这种侦查措施，有利于查明犯罪、证实犯罪和及时保护国家、集体、公民的利益，减少因犯罪造成的财产损失；有利于发现犯罪线索、获取犯罪证据、防止赃款转移，也可以防止这些款项再次用于犯罪。

一、查询、冻结存款、汇款的程序

公安机关应当依法行使法律赋予的查询、冻结犯罪嫌疑人存款、汇款的权力。《刑事诉讼法》第144条、第145条，《公安机关办理刑事案件程序规定》（2020年修正）第237～247条规定了公安机关查询、冻结犯罪嫌疑人的存款、汇款的程序。

（一）查询的程序

公安机关根据侦查犯罪的需要，可以依照规定查询犯罪嫌疑人的存款、汇款。向银行或者其他金融机构、邮电部门查询犯罪嫌疑人的存款、汇款，应当经县级以上公安机关负责人批准，制作“查询存款、汇款通知书”，通知银行或者其他金融机构、邮电部门执行。公安机关需要查询个人在银行的存款时，还需提供存款人的有关线索，如存款人的姓名、存款日期、金额等情况；经银行县、市支行或市分行区办一级核对，指定所属储蓄所提供资料。对银行提供的存款情况，应保守秘密。公安机关需要查询单位存款或查阅有关的会计凭证、账簿等资料时，要由银行行长或其他负责人签字后并指定有关业务部门提供情况和资料，并派专人接待。查询人对原件不得借走，需要的资料可以抄录、复制或照相，并经银行盖章。公安机关对银行提供的情况和资料，应当保密。

（二）“查询存款、汇款通知书”的制作方法及文书格式

“查询存款、汇款通知书”属填空类文书，包括三联，分为正页、回执、存根三部分。

1. 正页

是通知银行或者其他金融机构、邮电部门查询犯罪嫌疑人存款、汇款的凭证。需要填写文书发文字号，发往的银行或者其他金融机构、邮电部门的名称，侦查人员的姓名，以及可提供当事人存款、汇款的线索（根据已掌握的情况填写存款、汇款人的姓名或名称账号、金额及其他事项），最后填写签发的日期，并加盖公安局印章。

2. 回执

它是证明银行或者其他金融机构、邮电部门已经收到通知书正页的凭证。由银行或者其他金融机构、邮电部门填写。应按格式写明公安机关名称、收到通知书正页的发文字号、被查询人姓名和被查询人的存款、汇款情况（按正页所列当事人存款、汇款的线索、提供的情况填写）。最后填写退回日期，并加盖银行或者其他金融机构、邮电部门的印章。

3. 存根

用作备查。应按格式所列项目依次填写发文字号、发往单位名称、事由（即因侦查××案查询××人或单位的存款、汇款）、查询人姓名、填写人姓名、填写日期等。

（三）冻结的程序

公安机关根据侦查犯罪的需要，可以依照规定冻结犯罪嫌疑人的存款、汇款。需要冻结犯罪嫌疑人在银行或者其他金融机构、邮电部门的存款、汇款的，应当经县级以上公安机关负责人批准，制作“冻结存款、汇款通知书”，通知银行或者其他金融机关执行。在具体执行冻结单位在银行的存款时，侦查人员凭县级以上公安机关负责人签发的“冻结存款、汇款通知书”及本人工作证，经银行行长（主任）签字后，银行应当立即执行并按照应冻结资金的性质，冻结当日单位银行账户上的同额存款（只能原账户冻结，不能转户），如遇被冻结单位银行账户的存款不足冻结数额时，银行应在 6 个月的冻结期内冻结该单位银行账户可以冻结的存款，直至达到需要的数额。冻结存款的期限为 6 个月。有特殊原因需要延长的，公安机关应当在冻结期满前办理继续冻结手续。每次续冻结期限最长不超过 6 个月，逾期不办理继续冻结手续的，视为自动撤销冻结。

不需要继续冻结犯罪嫌疑人存款、汇款时，公安机关应制作“解除冻结存款、汇款通知书”，通知银行或者其他金融机构、邮电部门执行。在冻结期限内，银行不得自行解冻。

犯罪嫌疑人的存款、汇款已被冻结的，不得重复冻结。犯罪嫌疑人的存款、汇款已被其他公安机关或检察院冻结的，公安机关不得对同一犯罪嫌疑人的同一笔存款、汇款再次冻结。

对于冻结的存款、汇款经查明确实与案件无关的，应当在 3 日内通知原银行、其他金融机构、邮电部门解除冻结，并通知被存款汇款的所有人。被冻结的款项，不属于赃款的，冻结期间应计付利息；属于赃款的，冻结期间不付利息。如冻结有误，解除冻结时应补计冻结期间利息。

对于犯罪嫌疑人死亡后，处理其被冻结的存款、汇款的程序。公安机关在侦查案件中如果犯罪嫌疑人死亡，对已经冻结的犯罪嫌疑人的存款、汇款应当依法查证，待查明该存款、汇款的来源和性质后，依法应当予以没收或者返还被害人的，可以申请人民法院作出裁定。

对于冻结的赃款的处理程序，最高人民法院、最高人民检察院、公安部、国家安全部、司法部和全国人大常委会法制工作委员会《关于刑事诉讼法实施中若干问题的规定》第 48 条第 2 款曾规定："侦查机关冻结在金融机构的赃款，应当向人民法院随案移送该金融机构出具的证明文件，待人民法院作出生效判决后，由人民法院通知该金融机构上缴国库，该金融机构应当向人民法院送交执行回单。"这样规定，避免了随案移送赃款的不必要的麻烦，防止犯罪嫌疑人、被告人的赃款被司法机关及其工作人员挪用。公安机关侦查刑事案件，在侦查终结后对于冻结在银行、其他金融机构或者邮电部门的赃款，应当向人民法院随案移送该银行、其他金融机构或者邮电部门出具的证明文件，待法院作出生效判决后，由人民法院通知该银行或者邮电部门上缴国库。

冻结存款、汇款的监督程序。《人民警察法》第 43 条规定："人民警察的上级机关对下级机关的执法活动进行监督，发现其作出的处理或者决定有错误的，应当予以撤销或者变更。"

(四)"冻结存款、汇款通知书"的制作方法及文书格式

1. "冻结存款、汇款通知书"

属填空类文书，包括三联，分为正页、回执、存根三部分。

(1) 正页。是执行冻结犯罪嫌疑人存款汇款的凭证。需要填写文书发文字号，发往的银行或者其他金融机构、邮电部门的名称，犯罪嫌疑人的姓名或名称，存款、汇款情况(包括存款、汇款的账号、金额及其他事项)、冻结的起止时间。最后填写签发的日期，加盖公安局印章。

(2) 回执。它是证明银行或者其他金融机构、邮电部门已经收到通知书正页的凭证。由银行或者其他金融机构、邮电部门填写。应当按格式写明公安机关名称、收到通知书正页的发文字号、被冻结人姓名或名称和冻结的存款、汇款情况（填写××人或单位在×银行或储蓄所、其他金融机构邮电局的存款、汇款××元)，最后填写退回日期，并加盖银行或者其他金融机构、邮电部门的印章。

(3) 存根。用作备查。应按格式所列项目依次填写发文字号、发往单位名称、事由(因侦查××案冻结××人或单位的存款、汇款)、查询人姓名、批准人姓名、填发人姓名、填发日期等。

2. 文书格式

略

（五）“解除冻结存款、汇款通知书”的制作方法及文书格式

1. “解除冻结存款、汇款通知书”

属于填空类文书包括三联，分正页、回执、存根三部分。

（1）正页。是执行解除冻结犯罪嫌疑人存款、汇款的凭证。需要填写文书发文字号，发往的银行或者其他金融机构、邮电部门的名称，发出冻结犯罪嫌疑人存款、汇款通知书的日期，犯罪嫌疑人的姓名或名称，最后填写签发的日期，并加盖公安局的印章。

（2）回执。它是证明银行或者其他金融机构、邮电部门已经收到通知书正页的凭证。由银行或者其他金融机构、邮电部门填写。应按格式写明公安机关名称、收到通知书正页的发文字号、被冻结人姓名或名称和冻结的存款、汇款的账号、金额，最后填写退回日期，加盖银行或者其他金融机构、邮电部门的印章。

（3）存根。用作备查。就按格式所列项目依次填写发文字号、发往单位名称、犯罪嫌疑人姓名或名称、地址，冻结原因、解除冻结的原因、批准人姓名、承办人姓名、填发人姓名、填发日期等。

2. 文书格式

略

二、查询、冻结的注意事项

由于查询、冻结存款、汇款直接关系公民和单位的权益，关系到银行和其他金融机构、邮电部门的正常工作秩序，因此，在运用查询、冻结犯罪嫌疑人存款、汇款这种侦查措施时，要严格遵守法律和法规的有关规定，按程序操作，在实施中还应注意以下事项：

（1）对“犯罪嫌疑人的存款、汇款”不能仅理解为以犯罪嫌疑人的名字进行的存款或以犯罪嫌疑人的名字汇出、汇入的款，只要有证据证明是犯罪嫌疑人的存款、汇款，不论是以真名、假名、化名、亲友名称或以转交方式进行的存款、汇款，均可查询、冻结。

（2）如果公安机关发现犯罪嫌疑人的存款、汇款已被冻结，应当与有关的银行或者其他金融机构、邮电部门保持密切联系，防止犯罪嫌疑人在其他公安机关或者检察院解除冻结后，将涉嫌与犯罪有关的存款、汇款取走。一旦其他公安机关或者检察院解除冻结，再根据侦查的具体情况决定是否冻结犯罪嫌疑人的存款、汇款。

（3）要注意冻结犯罪嫌疑人存款、汇款与扣划犯罪嫌疑存款、汇款的区别。扣划犯罪嫌疑人存款、汇款是从单位和个人账户上主动地、强制性扣付款项的行为。《刑事诉讼法》没有赋予公安机关、人民检察院扣划犯罪嫌疑人存款、汇款的权力，只能采取冻结的措施。侦查机关对于犯罪嫌疑人的存款、汇款应当依法予以没收或返还被害人的，可以申请人民法院裁定通知冻结犯罪嫌疑人存款、汇款的银行及其他金融机构或邮电部门上缴国库或者返还被害人。侦查机关冻结在金融机构的赃款，应当向人民法院随案移送该金融机构出具的证明文件，待人民法院作出生效判决后，由人民法院通知该金融机构上缴国库，该金融机构应当向人民法院送交执行回单。

（4）侦查机关需要在异地采用查询、冻结犯罪嫌疑人存款、汇款的措施时，执行人员应当持办案协作函件、工作证件和查询或冻结犯罪嫌疑人存款、汇款通知书，与协作地县

级以上公安机关联系，协作地公安机关应当指定主管业务部门协助执行。在犯罪嫌疑人闻讯后可能转移赃款，伪造、毁灭证据的紧急情况下，可以将办案协作函件和相关的法律手续电传至协作地县级以上公安机关，协作地公安机关应当及时采取措施，委托地公安机关应当立即派员携带法律文书前往协作地处理有关事宜。

（5）当公安机关执行查询、冻结措施与协助执行的银行意见不一致时，应提请双方的上级部门共同协商解决。要把妨碍执行与无法执行区别开来，妨碍执行是在诉讼活动正常进行中妨碍司法人员执行公务的活动，要有妨碍执行的行为，有妨碍执行的结果，而且能证明这种妨碍是出于故意；而无法执行是司法机关要求银行执行的手续不完备、不清楚。因为银行既有依法协助司法机关执行公务的义务，也有依法保护存款人存款安全的责任，二者是统一的，不能偏视其一。银行是结算中心，所有的经济单位收支活动都要银行结算，银行不仅要保护这种结算的正常进行，更要依法保护其账户中存款安全，特别是冻结账户与扣划存款都是强制改变所有权的问题，必须严格按照法律规定办理，不能把这种依法办事的行为当成妨碍执行。当然，如果银行人员违反有关法律规定，无故拒绝协助执行、擅自转移或解冻已冻结的存款，为犯罪嫌疑人通风报信、协助转移、隐匿财产的，应依法承担责任。

第四节　搜查、扣押

搜查是指侦查机关为了搜集犯罪证据，查获犯罪嫌疑人，对可能隐藏案犯或犯罪证据的人的身体、物品、住处和其他有关场所依法进行搜寻检查的一项侦查措施。搜查是一项法律性侦查措施，每一个环节都有明确的法律要求，执行中必须严格依法办事。搜查在侦查破案中的作用是：直接查获犯罪嫌疑人；可以发现作案工具和有关犯罪嫌疑人的痕迹；能够发现第一现场；可以扩大侦查线索。

一、搜查的方法

（一）搜查的准备

搜查活动涉及人身权利和住宅不受非法侵犯的权利，同时也关系到侦查破案的成败，必须做好必要的准备工作。

1. 明确搜查目的

一次搜查可以是一个目的，也可以有多个目的。参加搜查的人员都必须明确本次搜查的主要目的和附带目的。主要目的是与本案有关的目的，附带目的是与积案、预谋案件和违禁物品有关的目的，本次搜查的主要目的是要搜寻人、物，还是痕迹。如果是物，是作案工具、赃款赃物、血衣、鞋子，还是信件、单据等，都要做到心中有数，重点清楚，目标明确。同时，还要注意搜集积案、预谋案件和私藏违禁物品的线索、根据。

2. 了解被搜查对象的有关情况

搜查前要通过查阅案卷、调查访问、实地察看等途径，尽可能地了解被搜查对象的情况，主要有两方面内容：一是被搜查人的情况，如被搜查人的姓名、性别、年龄、职业、兴趣爱好、生活方式、作息时间、社会关系等；二是被搜查场所的情况，包括场所的准确地点、建筑结构、四周环境和房间布局、家具摆放等。

3. 拟定搜查方案

根据搜查目的和被搜查对象的具体情况，要拟定好搜查方案。方案中要确定搜查指挥人员和执行人员，执行搜查的侦查人员不得少于两人，并做好具体分工。要确定本次搜查的时间、地点、区域范围、先后顺序、重点部位和主要目的，并提出搜查中应注意的一些问题。犯罪嫌疑人及其亲属有可能把赃款赃物转移的，对可能窝藏赃款赃物的主要社会关系同时开展搜查。

搜查方案拟订后，对案情重大的搜查活动，应以《呈请搜查报告书》的形式，报经县级以上公安机关负责人审查批准后，付诸实施。

4. 履行法律手续

《刑事诉讼法》第138条规定："进行搜查，必须向被搜查人出示搜查证。""在执行逮捕、拘留的时候，遇有紧急情况，不另用搜查证也可以进行搜查。"根据这一规定，有准备的搜查都开具"搜查证"，"搜查证"由县以上公安机关负责人签发。在执行拘留、逮捕时，遇有对象可能随身携带枪支凶器，隐藏爆炸、剧毒物品，隐匿、毁弃、转移犯罪证据，隐匿其他犯罪嫌疑人等紧急情况，不另用"搜查证"也可以进行搜查。

（二）人身及随身物品搜查

人身及随身物品搜查，是指对犯罪嫌疑人的身体及随身携带的物品所进行的搜寻、检查。其目的主要是从被搜查人身上及其随身物品中，发现侦查线索、犯罪证据、危险物品和违禁物品。在拘传、留置盘问、扭送现行、追堵抓获、拘留、逮捕，以及在室内搜查中发现在身上可能隐藏罪证或违禁物品的人时，都应进行人身及随身物品搜查。

人身搜查应分两步进行。第一步：初步搜查。首先向被搜查人出示"拘留证"、"逮捕证"、"搜查证"，或抓获现行犯和清查、追堵、发现重大犯罪嫌疑人时，应迅速限制其活动，令其转身面向墙壁，分开两腿，举起双手，或双手抱头，由一名侦查人员站在其身后左侧，用右脚顶住其左脚跟，进行自前胸至腹部、裤兜、小腿部的摸、拍、打初步搜查，其余人员严密监视被搜查对象的活动。初步搜查的重点目标是枪支、爆炸物品和凶器。一旦发现，立即解除，以防止其行凶、自杀。第二步：详细搜查。初步搜查结束后，对其衣着和身体的有关部位进行详细搜查。搜查时按照先上后下、先外后内的顺序，对衣着和装饰物品逐件进行仔细的搜摸、检查。必要时，可令其将衣裤、鞋袜脱下进行检查。而后，根据搜查目的，对可能隐藏赃证物品的身体各部位进行详细的检查，包括头发、绷带捆扎的部位。如有必要，可让其蹲下排泄或借助仪器和邀请法医协助进行活体检查。

人身搜查后，对被搜查人的随身物品亦应进行搜查。搜查时由一名侦查人员动手执行，其余人仍应严密监视被搜查人的动态，不允许让被搜查人自己打开旅行包、箱，也不能不监视被搜查人的行动，几个搜查人员一起翻动、检查，以防犯罪嫌疑分子突然袭击。

人身搜查应由两人以上执行，且须提高警惕。搜查妇女的身体，应当由女侦查人员进行。

（三）室内搜查

室内搜查是指对犯罪嫌疑人居住、落脚藏身及窝藏赃证物品的处所所进行的搜寻、检查。它包括居民住宅搜查和室内劳动场所（如办公室、车间等）搜查。其目的因案而异。可以搜寻赃款、赃物、作案工具，可以查找血衣、手套、鞋子，也可以通过寻找血迹、附着物等来确定犯罪的第一现场，还可以直接查找犯罪嫌疑人。

搜查人员到达被搜查场所后，第一，要在场所的主要出入口设岗监视，切断场所与外界的联系。第二，通知被搜查人或者其家属到场，并邀请与本案无关的人作为搜查活动的见证人。第三，向被搜查人或者其家属及其他见证人出示“搜查证”，并签字捺印。被搜查人或者其家属拒绝签字、捺印的，可在“搜查证”上注明。第四，对室内的人员需要进行人身搜查的，先进行人身搜查，以防赃证物品被带出室外。人身搜查后，留下被搜查人或其家属及见证人，其余人带至室外集中一处，派专人监视，不准自由行动和互相交谈，同时注意他们的神态表情，从中发现疑点。第五，按照分工，分片、分层进行实地搜查。搜查的顺序，可从一点或一头开始，逐步展开；也可由内向外，或由外向内循序渐进。要根据搜寻的主要目标和场所环境，分析、判断搜查的重点部位、重点客体。一般可根据被搜查目标的体积大小，被搜查场所陈设物品的合理情况，翻动、撬压痕迹的状况，以及被搜查人的目光、表情等来分析、判断。搜查赃款赃物、作案工具，重点是家具、墙壁夹层、箱包、装饰品、地板、天棚等。搜查金银饰品等体积较小的赃物，还应注意衣服夹层、米缸、枕芯、镜框、农具柄等。搜查血迹、血衣、鞋子、手套，重点是床下、水沟、灶膛、烟囱、柴草堆、煤饼垛、厕所等。搜查时，要突出重点，兼顾一般，全面细致。对有隔层声音、撬挖痕迹和被搜查人有紧张不安反应的处所，更要仔细检查，必要时可借助仪器、灯光进行细致察看。

搜查时不得无故损坏被搜查人财物，不小心损坏的，应照价赔偿。搜查中发现的与案件无关的个人隐私不得随意泄露。一案中有多处房屋需要搜查的，应同时进行，以免因惊动而转移搜查目标。车、船上的搜查，其方法同室内搜查基本相同。

（四）露天场所搜查

露天场所搜查，是对可能隐藏和埋藏有关赃证物品、尸体的野外场所进行的搜索、检查。它有两种情况：一是对建筑场所延伸部分的搜查。如对房屋周围的自留地、草丛、厕所、柴火堆等的搜查。这方面的搜查，主要察看有无新鲜翻痕和脚印、血滴等。对有新鲜翻痕的地面，可用倒水等方法进行进一步检查。对有翻动迹象的柴堆、煤垛等，要卸下来进行检查。对房屋周围的小河，要仔细察看河边有无脚印、绳索等情况。二是对旷野的搜查。亦即野外搜查。这种搜查范围较广，地形复杂，有荒山野岭、江河湖泊、农田牧场、公园景区、铁路公路等，工作量大。搜查时，应分片分段、定人定点包干进行。根据地形地物，可采用梳络式、网格式、螺旋式、发散式、收缩式等不同的方式进行搜查。对可能隐藏犯罪嫌疑人的露天场所，应先设卡守住通道，然后采取包抄收缩的方式进行搜查。

露天场所的搜查，主要搜查赃款赃物、作案工具、凶器、血衣、尸体、尸块、弹头、弹壳及犯罪嫌疑人等。搜查活动时可借助工具和仪器进行。

（五）车辆检查

车辆检查是在巡逻盘查或追缉堵截过程中，对可疑机动车辆的鉴别检查。检查时要注意以下几点：一是检查车辆牌照的新旧程度与车体是否一致；二是检查车辆颜色是否改变，可从车体的边角等处检查是否有覆盖、重漆的痕迹；三是检查车锁是否更换，可检查门锁、点火开关，后备箱锁是否有撬、划等痕迹；四是检查车玻璃窗号码是否一致（因原装车辆玻璃号码是统一的，如果破窗窃车，后配的玻璃与原装是不一致的）；五是检查车架号与发动机号是否有改动痕迹，诸如锉、刮、凿等痕迹，必要时可以通过技术手段显现原号码。

二、扣押物证、书证

（一）对搜查中发现的可疑物品的处理

《刑事诉讼法》第 141 条第 1 款规定：在侦查活动中发现的可用以证明犯罪嫌疑人有罪或者无罪的各种财物、文件，应当……扣押；与案件无关的财物、文件，不得……扣押。根据这一规定，对搜查中发现的可疑物品应分别作出如下处理。

（1）可能与案件有关且能提取的物品，均应扣押提取。

它包括与现案、积案和隐案可能有关的能证明犯罪嫌疑人有罪或无罪的所有物品、文件。其中，属于重要证据的物品、文件，在扣押提取前，应令被搜查人站在被搜出物品、文件的旁边，一手指着被搜出的物品、文件，把起获赃证物品的部位用拍照的方法固定下来。并令其在白纸上签具："此×××是何年何月何日何时在我住所（办公室）的何部位搜出来的"字据，签名、捺印后粘贴在被扣押的物品、文件上。属一般证据的物品、文件，通常只要其签具上述字据即可。

（2）可能与案件有关但不便提取带走的物品，应拍照或录像固定。

固定时用封条加封，在案件尚未了结前，责成原持有人负责保管或指派专人看管，不得转移、变卖和毁损。

（3）可能是违禁物品或可能与其他案件有关的大量现金，应先予扣押，待查清有关情况后再作处理。

（4）确与案件无关、也非违禁物品的，向被搜查人当面点清，放回原处。

（二）扣押记录

需要扣押的物品、文件，搜查人员应当会同见证人和被扣押物品、文件的持有人查点清楚，当场开列"扣押物品、文件清单"，一式三份，写明物品或文件的名称、规格、数量、价值、特征及其来源，由侦查人员、见证人和持有者签名后，一份交持有人，一份交保管人，一份附卷备查。

对一时难以确定其真实品牌和实际价值的物品，可按普通的品牌登记，当场封存，并请持有人、见证人签名。

应当扣押但不便提取的物品，单独开具"扣押物品、文件清单"，一式两份，在清单上注明已经拍照或录像，由侦查人员、见证人和持有人签名或盖章，一份交给物品、文件持有人，另一份连同照片或录像带附卷备查。

对记录扣押物品和其他证据内容的录音、录像带、电子数据存储介质，应当记明案由、对象、内容，录取、复制的时间、地点、规格、类别、应用长度、文件格式及长度等，并妥为保管。

扣押犯罪嫌疑人的邮件、电子邮件、电报，应当经县级以上公安机关负责人批准，签发扣押通知书，通知邮电部门扣押。不需要继续扣押的时候，由县以上公安机关负责人签发解除扣押通知书，立即通知邮电部门或网络服务单位。

（三）对扣押物品、文件的处理

（1）对于扣押的物品、文件、邮件、电子邮件、电报以及犯罪嫌疑人的钱财及其孳息，应当指派专人妥善保管，任何单位和个人不得挪用、使用、调换、损毁或者自行处理。

(2) 在扣押的物品中，属于被害人合法财产及其孳息的，应在登记、拍照或者录像、估价后及时返还，并在案卷中注明返还的理由，将原物照片、清单和被害人的领取手续存卷备查。

(3) 扣押的物品、文件不属被害人的，应随案移送。对不宜移送的，应当将其清单、照片或者其他证明文件随案移送。案件变更管辖时，与案件有关的财物及其孳息应当随案移交。移交时，由接收人、移交人当面查点清楚，并在交接单据上共同签名或者盖章。

(4) 对容易损坏、腐烂、变质及其他不易保存的物证、书证，应当用笔录、绘图、拍照、录像、制作模型等方法加以保全。对容易腐烂变质及其他不易保管的物品，经县级以上公安机关负责人批准，在拍照或录像后可委托有关部门变卖、拍卖，所得款项暂予保存。

(5) 对查获的下列不宜随案移送的物品、文件和违禁品，应拍成照片存入卷内，原物不随卷保存，由公安机关妥为保管或者按照国家有关规定分别移送主管部门处理或者销毁：

1) 淫秽物品；

2) 武器弹药、管制刀具、易燃、易爆、剧毒、放射等危险品；

3) 鸦片、海洛因、吗啡、冰毒、大麻等毒品和制毒原料或者配剂、管制药品；

4) 危害国家安全的传单、标语、信件和其他宣传品；

5) 秘密文件、图表资料；

6) 珍贵文物、珍贵动物及其制品、珍稀植物及其制品；

7) 其他大宗的、不便搬运的物品。

(6) 扣押的物品、文件，经查明确与案件无关，也非违禁物品的，应在查明后的三日内解除扣押，退还原主。对与案件有关的物品、文件，待人民法院作出生效判决后，由扣押的公安机关按照人民法院的通知，上缴国库或者返还受害人，并向人民法院送交执行回单。通知被害人或其家属后，超过半年未来领取的，予以没收，上缴国库。已经送交财政部门处理的赃款赃物，如果失主前来认领，经查证属实，由原没收机关从财政部门提回，予以归还。如原物已经卖掉，应当退还价款。

(四) 扣押物品、文件应注意的问题

(1) 执行扣押的侦查人员不得少于两人，并持有相应的法律文书。

(2) 物品、文件是否需要扣押，一般由搜查指挥人员决定。但特别贵重物品和绝密文件需要扣押的，应经县级以上公安机关负责人批准，并当场清点、封存，指派专人保管。

(3) 持有人或其家属拒绝交出应当扣押的物品、文件，或阻碍扣押的，可以强行扣押。

(4) 持有人或其家属不肯在“扣押物品、文件清单”上签字的，应注明。

三、搜查文书

搜查作为一项法律性侦查措施，其法律文书和执行过程都有较为严格的法律要求。就

法律文书来说，主要有“呈请搜查报告书”、“搜查证”、“搜查笔录”、“扣押清单”等。下面主要介绍“呈请搜查报告书”和“搜查笔录”。

（一）“呈请搜查报告书”

案情重大的搜查活动，方案拟订后，通常以“呈请搜查报告书”的形式，报县级以上公安机关负责人审批。其基本内容是：

1. 简要案情

即何时何地发生了何种性质的案件，损失、伤亡情况。

2. 被搜查对象的基本情况、嫌疑依据

3. 搜查的必要性和法律依据

为什么要进行搜查，通过搜查所要解决的问题，不及时搜查可能会造成的不利后果，以及实施搜查的法律依据等。

4. 实施搜查的方法

（1）实施搜查的时间、地点、范围。

（2）搜查的主要目的。

（3）搜查的组织指挥人员、参加人员和具体分工。

（4）搜查的先后顺序和重点部位。

（5）搜查中应注意的问题。

制作“呈请搜查报告书”要抓住要点，言简意赅。重点要写明被搜查对象的嫌疑情况和搜查方案的主要内容。

（二）“搜查笔录”

搜查结束后，搜查人员要将搜查情况制成“搜查笔录”。“搜查笔录”由正文和附件两部分组成。

1. 正文的基本内容

（1）搜查的时间（开始和结束的具体时间）、地点、被搜查人及范围。

（2）搜查的执行单位、执行人员和《搜查证》号码。

（3）搜查的简要情况。主要包括：

1）搜查的见证情况。即搜查活动在××单位（或住在某处）的×××见证人的见证下进行。

2）搜查的顺序、过程。即出示“搜查证”的情况，搜查了哪些地方，先搜查何处，后搜查何处。搜查过程中有无问题，搜查人员是否严格依法办事，有无损坏物品，被搜查人及其家属是否积极配合搜查，有无抵制或刁难的行为等。

3）发现、提取痕迹物品的情况。即在何处发现了何种可疑的物品、文件、痕迹，有无拍照固定，有无提取和扣押等。如发现多个痕迹物品的，可根据环境从东到西，或从南到北依次记录。

（4）被搜查人或见证人对搜查笔录的核对意见。笔录制作后，要向被搜查人或见证人宣读，让其核对。认为笔录与实际搜查情况一致的，让其签上对搜查活动无意见的字样，并签名、捺印。如有意见，可以写明。如果被搜查人或者他的家属拒绝签名、捺印的，应当在笔录上注明。

2. 附件的主要内容

（1）登记的"扣押物品、文件清单"。

（2）搜查中拍摄的各种固定位置的照片。

（3）搜查中摄制的录像带。

（4）搜查中绘制的图形、制作的模型等。

搜查笔录的正文和附件，均应由侦查人员制作，制作过程中如有涂改，涂改处应捺上被搜查人或其他见证人的指印。搜查笔录一经被搜查人、见证人和侦查人员签名，不能再作任何改动。

第五节　通缉、通报

通缉、通报，是公安机关发现侦查线索，查核有关情况，查控赃款赃物，缉捕犯罪嫌疑人的重要侦查措施。

一、通缉

《刑事诉讼法》第155条第1款规定："应当逮捕的犯罪嫌疑人如果在逃，公安机关可以发布通缉令，采取有效措施，追捕归案。"根据这一规定，结合侦查工作实践，通缉，是指公安机关对在逃的应当逮捕的犯罪嫌疑人或在逃的罪犯，依法发布通缉令进行缉捕的一项侦查措施。

通缉的发布机关是公安机关。通缉的接收者既可以是包括公安机关在内的机关、团体和企事业单位，也可以是广大公民。通缉的对象是犯罪嫌疑人或罪犯。通缉犯罪嫌疑人应当具备以下三个条件：犯罪行为达到一定的严重程度，并且犯罪嫌疑人有责任能力，应当逮捕；犯罪嫌疑人的基本身份已经查明；犯罪嫌疑人在逃。

（一）通缉的适用对象

（1）经侦查已经查明嫌疑且应当逮捕，但尚在潜逃的犯罪嫌疑人；

（2）已经拘捕，但在讯问、押解和关押期间逃跑的犯罪嫌疑人；

（3）审判期间逃跑的被告人；

（4）服刑期间逃跑的罪犯。

（二）通缉的种类

根据方式不同，通缉可以分为以下几类：

1. 通缉令

通缉令可以布告的形式发布，也可通过广播、电视、报刊等新闻媒体发布，还可在公安部计算机网络上发布进行网上追逃。网上追逃的标准：第一，必须是应受刑罚处罚的犯罪嫌疑人，特别是重特大案件的犯罪嫌疑人；第二，必须是逃跑3个月以上还未抓获的犯罪嫌疑人。上网追逃时，要注明人员编号、姓名、性别、户口所在地、案件类别以及立案单位等六项内容。

通缉令中应当详细写明被通缉人的姓名、别名、曾用名、绰号、性别、年龄、民族、籍贯、出生地、户籍所在地、居住地、职业、身份证号码、衣着、口音、体貌特征，并附被通缉人近期照片，潜逃时携带枪支、凶器、爆炸物品的情况，有条件的，还可附指纹及其他物证的照片，除必须保密的事项外，应当写明发案的时间、地点和简要案情。

2. 悬赏通告

为发现重大犯罪线索，追缴涉案财物、证据，查获犯罪嫌疑人，必要时，经县级以上公安机关负责人批准，可以发布悬赏通告。

悬赏通告应当写明悬赏对象的基本情况和赏金的具体数额，并应张贴或通过广播、电视、报刊、计算机网络等媒体发布。

3. 边控通知

为防止犯罪嫌疑人逃往境外，需要在边防口岸采取边控措施的，应当按照有关规定制作"边控对象通知书"，经县级以上公安机关负责人审核后，逐级上报省级公安机关批准，办理边控手续。需要在全国范围采取边控措施的，应当逐级上报公安部批准。对需要边防检查站限制犯罪嫌疑人人身自由的，需同时出具有关法律文书。紧急情况下，县级以上公安机关可以出具公函，先向当地边防检查站交控，但应当在7日内补办交控手续。

边控通知应写明发案的时间、地点、简要案情和犯罪嫌疑人的姓名、性别、年龄、身份证号码、体貌特征等基本情况，并附近期照片。

(三) 通缉的发布权限

1. 通缉令的发布机关

通缉令由县级以上公安机关发布。通缉令发出后如发现新的重要情况，可以补发通报。通报必须注明原通缉令的编号和日期。

通缉令由发布的县级以上公安机关负责人签发。

2. 通缉令的发布范围

各级公安机关在自己管辖的地区以内可以直接发布通缉令；超出自己管辖的地区，应当报请有权决定的上级公安机关发布；需要在全国或部分省、市、自治区通缉追捕重大现行逃犯、携带枪支和爆炸物品的犯罪嫌疑人或罪犯、重大流窜犯，由公安部发布通缉令；发往国外、境外的通缉令，由公安部通过国际刑警组织发布。需要指出，通过广播、电视、报刊、计算机网络等媒体发布的通缉令，其传播范围可以超出发布单位自己管辖的地区。

二、通报

通报，是侦查机关将发生案件和侦查过程中发现的有关情况，通告有关地区的公安机关，以便引起注意或协助侦查的一项侦查措施。

通报发出单位是公安机关的侦查部门。通报接收单位是有关地区的公安机关。通报的目的，一是交流犯罪信息，使有关地区的公安机关了解犯罪动态，做好相应的防范工作；二是扩大线索来源，发现串并案件线索；三是请求有关地区的公安机关协查有关情况，提高侦破效率。

(一) 通报的种类

1. 根据内容不同分类

(1) 查找重大犯罪嫌疑人的通报。对于只知道外貌特征、作案手段、携带物品等一般情况，而不知其真实姓名、逃往地址的重大犯罪嫌疑人，在未确定拘捕、不宜使用通缉措施的情况下，可以向逃往方向的有关地区发出协助查找的通报，以发现嫌疑人下落。这类通报的内容与通缉相仿。

(2) 查明犯罪嫌疑人身份的通报。对查获的流窜犯罪嫌疑人，如拒不交代真实姓名、住址和流窜犯罪的主要事实，可根据其口音、衣着、生活习惯、自报身源、交谈的风土人情、携带的随身物品等情况，分析判断其家庭地址和流窜活动到过的地方，及时向有关地区的公安机关通报情况，请求协助查明其身份和违法犯罪事实。这类通报，除写明犯罪嫌疑人的口音、衣着、重要生理特征、生活习惯、自报身源、谈到的风土人情、携带的随身物品外，还应说明简要案情和作案手法，并附上近期免冠照片和十指指纹。

(3) 查明未知名尸体身源的通报。为了查明死者身源，经过尸体、随身物品检验，现场实地勘验和调查访问，在初步判断死者生前可能身居何处的基础上，向有关地区发出查找未知名尸体身源的通报。有关地区的公安机关接到通报后，可以通告给基层组织和广大群众。这类通报主要写明死者的性别、大致年龄、生理特征、衣着和随身物品情况，并附尸体照片和十指指纹。

(4) 查找失踪人员的通报。为查找失踪人员下落，可根据失踪人员亲属提供的失踪去向，向有关地区印发协助查找的通报。有关地区的公安机关接到通报后，可以寻人启事的形式通告给基层组织和广大群众。这类通报，应写明失踪人员的姓名、性别、年龄、籍贯、口音、职业、衣着、随身物品、身份证号码、体貌特征、失踪时间和失踪时前往的处所，并附上近期照片。

(5) 查控赃物的通报。为了发现赃物下落和防止赃物流往境外，可根据对赃物去向的分析判断，向转移、销售赃物可能涉及的有关地区和边境口岸发出通报，请求当地公安机关向有关行业、部门和站卡布置，协助发现和控制截获赃物，抓获犯罪嫌疑人。这类通报应写明发案时间、赃物的名称、数量、用途和重要特征等。

(6) 案情通报。对于判断为流窜犯所为的重大案件，应将基本案情、作案手法、危害结果、损失财物等情况，及时通报给其可能流窜作案过或将要前往活动的地区，以便互通情报，加强联防，发现并案线索，开展协同作战。这类通报，除写明基本案情、作案手法、危害结果、损失财物外，还应写明在现场提取的痕迹物证和访问中了解到的嫌疑人情况。

(7) 预警通报。发生涉枪、驾车杀人、袭击要害部位、煽动群众闹事等恶性案件，对犯罪嫌疑人可能窜扰涉足或效仿的地区发出预警通报，提醒有关地区做好防范工作，协助查缉犯罪嫌疑人。这类通报应简要介绍案情，并写明犯罪嫌疑人的人数、体貌特征，使用枪支、车辆的种类、性能、牌号、数量和特征，逃窜的时间及方向、路线。

2. 根据形式不同分类

(1) 电话通报。案件发生后，用电话等方式及时把主要情况通报给毗邻地区，以便迅速落实有关措施。

(2) 传真通报。通报拟就后，经过审批，以传真的方式，把情况通报给目标比较集中的个别或少数地区。

(3) 函件通报。对涉及面比较广的通报，宜采用函件通报。这类通报虽然速度慢一些，但可以同时通报给多个单位和地区，比较经济实用。

(4) 电子邮件通报。电子邮件通报是指利用公安网络信息平台，以电子邮件的形式将请求协查事项的内容与要求及时、准确、全面地传递给相关地区。电子邮件通报将极大地提高通报传递的速度和广度，将成为今后发布通报的主要形式。

(二) 通报的发布权限

通报由县以上公安机关发送，并加盖公章。发至外省、市、自治区的通报，由省、市、自治区公安厅（局）发送。需要在全国和部分省、市、自治区发送通报的，经当地省级公安机关负责人批准，报请公安部，由公安部刑侦局发送。发往国外、境外的通报，由公安部通过国际刑警组织发送。

有协作关系的省际之间的毗邻县、市，可以互发通报。

发送通报由发送机关的负责人批准。实践中，发给友邻地区的电话通报一般由办案部门负责人批准。

三、通缉、通报的要求

侦查工作中的通缉、通报措施运用的得当与否，对扩大侦查视野、发现侦查线索、获取犯罪证据、查缉犯罪嫌疑人，都有直接的关系。因此无论发出单位还是接收单位，都要认真负责切实做好此项工作。

(一) 对发出单位的要求

1. 通缉、通报要及时

一是发出要及时。发生案件后，针对犯罪嫌疑人作案快、逃跑快、销赃快的特点，如需要采取通缉、通报措施的，应抓紧时间及时发出，以防贻误战机。二是补充、修正要及时。通缉、通报发出后，随着侦查工作的深入，发现新情况需要对原通缉、通报内容进行补充、修正的，要及时发送补充、更正通报。三是撤销要及时。犯罪嫌疑人自首、被击毙或者被抓获，经核实无误后，原发布机关应当在原通缉、通知、通告的范围内，及时撤销通缉令、边控通知、悬赏通告。通报的问题一经查清，亦应及时发出撤销通知。撤销通知可以采用函件的形式，也可以采用电话和电传的形式。补充、更正和撤销的通缉、通报应注明原通缉、通报的日期和编号，以便准确查对。

2. 通缉、通报的内容要准确

通缉、通报材料是协助单位开展工作的依据。如果材料含糊不清、模棱两可，甚至有误，那么，协助单位就难以开展工作，严重的还会使协助工作误入歧途。因此，通缉、通报的材料要表述准确，用词恰当，通俗简明。对特征的描述要具体，人像、指纹和物品的照片要清晰，使人一目了然。

通缉、通报应编有文号，注明联系地址、电话号码和联系人，以便接收单位回复和联系。

3. 通缉、通报的范围要适当

需要发布通缉、通报的，应尽量把涉及的地区和范围了解清楚，力求做到有的放矢，减少盲目性，注重实际效果。否则，不仅会给接收单位增加不必要的工作负担，还会影响协查单位的工作积极性，从而会削弱通缉、通报措施在侦查破案中的作用。

（二）对接收单位的要求

1. 高度重视，专人负责

通缉、通报作为一项侦查措施，需要不同地区的公安机关通力协作、密切配合。只有这样，才能收到较好的效果。同时，公安机关之间的这种协作是互相的和经常性的。因此，各级公安机关都要高度重视，树立整体观念和协同作战的思想，安排专人或设立专门机构负责此项工作，以使通缉、通报措施真正落到实处。

2. 迅速转发，及时查证

公安机关接到通缉令或通报后，应迅速张贴或转发。对需要查证和布控的，应从速组织力量进行查证和布控。遇有涉外的重大案件或布控携带枪支、爆炸物品的逃犯时，各级领导要亲自指挥，精心设计，严密组织。既落实好监控查缉措施，又注意保护群众和缉捕人员的安全。

3. 发现线索，及时反馈

在查证和布控工作中，若发现侦查线索，应及时反馈给发出单位，以便发出单位汇集情况，进行综合分析和作进一步查证。抓获被通缉的犯罪嫌疑人后，要迅速通知通缉令发布机关，并报经抓获地县以上公安机关负责人批准后，凭通缉令羁押。原通缉令发布机关应当立即进行核实，并及时依法处理。

4. 建立档案，搞好研究

通缉、通报材料作为犯罪情报资料的一个重要组成部分，要建立档案，专人管理。并经常进行清理和分析研究，为本地区预防犯罪和发现并案线索服务。各地公安机关对外地发来的通缉、通报，至少应半年清理一次，对时间较长又未接到撤销通知的，可主动向原发出单位查询，以及时撤销已查获或查清的通缉、通报，减轻查核、布控的工作压力，提高协作效能。

第六节　追捕在逃人员

追捕在逃人员工作是公安机关一项重要的基础业务工作，从某种程度上来说，在逃人员抓获率是衡量公安机关有无战斗力的一个重要标准。同时，追捕在逃人员，是公安机关一项长期而艰巨的任务。要实现追逃工作取得新进步，就必须依托公安信息化建设，集全警之智，举全警之力，结合各警种、各部门日常业务工作，充分运用现代科技信息手段，发挥网上作战优势，开展追逃工作，建立追逃长效新机制。

一、追捕在逃人员概述

追捕在逃人员，是指公安机关采取相应措施，将逃跑的犯罪嫌疑人、被告人或脱逃人员缉捕归案，使其接受诉讼处理或法律制裁的一项侦查措施（以下简称追逃措施或追逃工作）。[①] 本章所提及的在逃人员包括两种类型：一是潜逃犯，是指实施犯罪行为后，应受到刑罚处罚，畏罪潜逃的犯罪嫌疑人。追逃工作中所讲的逃犯和侦查中查缉的逃犯一般多是这类逃犯。潜逃犯可以分为职务犯罪潜逃犯和一般刑事犯罪潜逃犯两种，即检察机关管

---

① 参见刘涛、杨郁娟主编：《侦查措施》，234 页，北京，中国人民公安大学出版社，2008。

辖案件的潜逃犯和公安机关管辖的潜逃犯。二是脱逃犯，是指已经被依法拘留、逮捕、关押而从羁押场所逃走的犯罪嫌疑人或罪犯。如从看守所逃跑的犯罪嫌疑人、从监狱逃跑的罪犯即属于脱逃犯。

为了揭露和证实犯罪，缉获犯罪嫌疑人，为了社会治安的稳定，刑事侦查部门必须大力加强追逃工作力度，推动追逃工作又好又快发展，因此，追逃工作的必要性在于：

第一，加强追逃工作是建立良好社会治安秩序的一项关键性措施。如果让逃跑的犯罪嫌疑人逍遥法外，不将其绳之以法，就会损害法律的严肃性和权威性，造成群众的不安全感，影响社会治安治理目标的实现。

第二，加强追逃工作可以有效地遏制刑事犯罪案件的发生。在逃犯罪嫌疑人很多都有前科，既狡诈又有犯罪经验，逃跑行为本身又说明他们不思悔改，他们中的多数极有可能进行新的犯罪活动，给社会和人民群众带来更大的危害。

第三，加强追逃工作能够从整体上扭转刑事侦查工作的被动局面。捕获在逃犯罪嫌疑人，既可以有效地防止犯罪案件的增多，又可以查破其在逃跑期间所作的案件以及侦破其以前犯下的积案。

二、在逃人员的心理特征和活动规律

在追捕在逃人员的过程中，不同类型的在逃人员、不同年纪的在逃人员、不同阶段的在逃人员，都有其各自不同的心理活动特征，客观正确地分析在逃人员的心理特点，对侦查部门正确采取侦查措施，实施有针对性的追逃对策，发现、控制、缉获在逃人员具有重要意义。

（一）在逃人员的心理特征

1. 畏罪心理

畏罪心理是指犯罪嫌疑人在作案逃跑后害怕被抓获接受法律制裁的一种基本心理障碍。犯罪嫌疑人犯罪后，内心斗争十分激烈，畏罪心理是由罪责感压力和法律震慑力共同作用而产生的心理，是在逃人员普遍存在并一直影响其行为活动的基本心理。畏罪心理的存在会促使犯罪嫌疑人千方百计逃避法律制裁，这既是犯罪嫌疑人在逃跑过程中的一种心理障碍，同时也是促使其主动投案自首的心理动力。在追捕在逃人员的过程中，侦查人员一定利用好这一心理，具体问题具体分析，根据不同的情况灵活采取追逃措施。

2. 盲目心理

初逃期间，在逃人员由于不了解公安机关的追逃措施和缉捕方案，在外逃过程中，在逃人员自然而然地会产生一种心理，不知所措，迷茫，这就是所谓的盲目心理。由于这种心理的存在，使犯罪分子作案后的异动行为表现明显。表现最突出地体现在初次作案后的偶犯身上，惯犯则表现比较沉稳，一般没有太多过激行为，他们往往凭借经验和习惯来逃脱侦查机关的围追堵截。

3. 亲和心理

人是一种社会动物，任何一个都不可能完全脱离社会而独立生存。犯罪分子也不例外，一般情况下，他们会首先选择投靠他们认为比较安全的社会关系，试图在这些复杂的社会关系网中找寻继续生存的办法，借助这些社会关系网观察周围的情况和打听侦查机关的动向，为下一步出逃打下基础；或者通过社会关系与家人保持联系，寻求物质和精神上的双重庇护，为他们继续逃跑做准备。

4. 犹豫心理

在逃人员在出逃过程中，由于几天时间的逃跑，他们思想一般会出现较大的波动，产生不同程度的犹豫心理，在徘徊中前进。他们往往想法较多：是继续出逃躲避侦查，还是主动投案自首？此时，侦查人员如果能及时掌握并加以正确引导，追逃工作可能会取得良好的效果，促使在逃人员投案自首。

5. 苟安心理

经过一段时间的逃亡，在逃人员与侦查人员有过一番交手之后，他们开始慢慢调整自己的状态，焦虑、恐惧的心理开始降低。为了达到长期躲藏的目的，在逃人员开始寻找就业机会，开始另一段生活，他们为了安定地藏匿下去，往往与人和善，尽量避免与他人正面冲突，以求自保。

（二）在逃人员的活动规律

由于在逃人员的类型不同，潜逃期间的活动规律也存在显著的特征。

1. 外逃活动的计划性

绝大部分在逃人员对于出逃方式都有一定的计划性。一般情况下，在逃人员在作案前，都会对自己的逃跑路线、逃跑方式、逃跑方向进行周密的部署，以便他们作案后及时有效地逃跑。尤其是惯犯、流窜犯、团伙犯等，他们的出逃计划会更加精细、更加狡猾。此外，突发型犯罪案件不具备计划性特征。

2. 躲藏窝点的秘密性

随着城市化进程的不断发展，流动人口不断涌入大城市，在逃人员的藏匿范围越来越小。他们一般选择远离大城市的城乡结合部、交通欠发达的山区、矿区、山村等；与此同时，为了混淆侦查人员的视线，他们往往藏身于作案地治安状况较差、人员管理复杂的城中村、建筑工地、小旅馆等，由于这些地方一直以来疏于管理，往往是犯罪分子钟爱的选择窝点。

3. 生存方式的多样性

由于生存压力所迫，在逃人员在逃跑过程中大多首先考虑的是找一个安全、隐蔽的工作地进行满足生活所必需的工作，他们不考虑职业环境的恶劣、劳动力的强度等要求，多选择流动性大，管理、查控较松散的行业工作。在逃人员大多靠体力劳动维持生计，例如，建筑工队、小煤窑、码头装卸工等。此外，有一技之长的在逃人员生存方式很大程度受到以前生活习惯的影响，依靠自己原有的技术手段作为主要的生存方式。

4. 情感联络的普遍性

由于在逃人员普遍存在亲和心理，他们必然会在出逃过程中与家人或亲戚取得联系。例如，在突发性案件中，在逃人员在事发前没有准备，或者准备不充分，在作案后往往会返回家中，或者寻找家人的帮助；在非突发性案件中，大多数在逃人员在外逃亡相当长的一段时间以后，他们自认为风声已过，相安无事，便会就近寻找一个相对隐蔽的地点安顿下来，往往也会想方设法与亲朋好友取得联系，更有甚者会回到家中探望老人和孩子。

5. 反侦查的狡诈性

反侦查能力是在逃人员在不断逃亡的过程中慢慢摸索出来的一种对抗侦查的能力。大多数在逃人员十分注意观察侦查部门的抓捕活动，研究逃避抓捕的方法。有的犯罪较轻的在逃人员选择就地隐居，遇到“严打”时期和统一行动就立即转移到其他地方；与此同时，有的外逃人员隐姓埋名、装聋作哑、居无定所、善于伪装，以种种办法逃避侦查部门的追捕。

分析和掌握在逃人员逃跑、藏匿的规律和特点，有利于及时发现在逃人员的线索，采取相应抓捕措施，提高效率，掌握追逃工作的主动性。

三、追捕在逃人员的措施

（一）利用在逃人员的关系人追捕在逃人员

在逃人员的关系人包括在逃人员的家庭成员、亲戚朋友及其他社会关系。侦查机关走访、教育、说服在逃人员相关关系人，根据他们对在逃人员的了解，通过他们获得在逃人员的藏匿地点，间接查找到在逃人员。因此，在追逃实践工作中，侦查机关首先必须展开全面调查，尽可能地全面查明在逃人员的各种社会关系，通过掌握的关系人，分析关系人与查寻对象的关系程度，侦查机关可以通过外围监控法、隐蔽探查监控法、直接调查法等方法从中确定重点关系人，开展追逃工作。

（二）通过实施架网布控追捕在逃人员

架网布控，主要是指对在逃人员可能落脚藏身的公共场所进行的布控。其范围十分广泛，布控所针对的就是衣、食、住、行的公共场所，包括车站、码头、机场、列车、轮船，商场、闹市区、市场，酒店、饭店，KTV、影剧院、洗浴场所等场所。在实践工作中，为了更好地实施追捕在逃人员的措施，一般采用以下两种方式进行布控：

1. 积极利用从业人员进行布控

动员公共场所的有关从业人员协助查寻在逃人员。从业人员布控可以采用开会布控和个别布控两种方法。开会布控是指召集有关公共场所的负责人集中进行布控，主要适用于需要严密布控、涉及场所多的重大案件潜逃的在逃人员。个别布控法是指对查寻对象可能涉足的公共场所以个别方式进行的布控，主要适用于涉及场所不多的情形和需要重点布控的场所。进行布控时，必须交代任务和相应的工作方法及发现可疑对象后的联系办法。

2. 积极利用基层治安组织布控

公安工作离不开群众工作，架网布控同样需要群众的支持和配合，对于在逃人员可能涉足的地区，侦查机关要积极发动群众，特别要注意充分发挥治安积极分子的作用。此外，当案件必要时，也可以通过发布悬赏通告，调动广大群众参与布控。

（三）利用在逃人员的通信联络追捕在逃人员

随着我国经济社会的不断发展，信息化水平不断提高，现代通信技术和计算机技术不断改进，当前，手机、即时聊天等通信联络方式已经成为人与人之间交往联络的必不可少的重要手段，同样也是在逃人员在犯罪或潜逃过程中与外界进行联络的重要方式。

1. 通信工具查控

现代通信工具主要有固定电话、移动电话等。侦查机关在电信部门、技侦部门的配合下，通过合法的程序，可以对在逃人员或其关系人的通信工具本身进行实时跟踪、定位，可以对其通信数据进行分析、整理，发现在逃人员踪迹。

2. 网络查控

随着现代网络技术的发展，出现了各种各样的网上聊天工具，如 QQ、微信、MSN、电子邮件、聊天室、网络游戏等。在逃人员利用这些手段或工具与外界进行联络，在在逃过程中及时了解外界情况，在逃人员利用网络的同时，其在网络上的活动信息必定会在网络上相应部位留下踪迹。因此，侦查机关在电信、网监、技侦部门的配合下，通过合法程序，可以利用各种专业设备和软件在网上开展实时监控、扫描、跟踪、追踪、数据分析，通过 IP 定位法，发现在逃人员的活动踪迹，将在逃人员缉捕归案。

(四) 通过实行网上追逃追捕在逃人员

网上追捕在逃人员，简称“网上追逃”，是指利用计算机网络，检索查询可疑人员和在逃人员的资料，以发现和查获在逃人员的追逃方法。这种方法借助现代高科技手段，做到了信息共享，极大地拓宽了查询、比对的范围，克服了时间、空间对警方的制约，解决了人工难查、漏查的问题，大大提高了追逃工作的效率。这种方法较传统的追逃方法更迅速、更准确、更有效，使在逃人员难以藏匿。近年来，由于信息化侦查普遍运用于打击犯罪活动，网上追逃显得尤为重要。网上追逃的核心内容是网上比对。

针对不同对象，网上追逃有不同的工作方式：

(1) 对于追捕在看守所和拘留所关押的现行违法的脱逃人员，侦查机关核实其身份后，与网上“全国在逃人员信息系统”或“全国在逃人员信息光盘”查询、比对，确认上述人员的身份，即循着“已有对象——身份核实——网上比对——身份认证”的工作流程进行。

(2) 追捕在巡逻盘查、堵截卡点盘问、清查中发现的可疑人员，侦查人员迅速与网上“全国在逃人员信息系统”或“全国在逃人员信息光盘”的在逃人员名单进行查询、比对，查证其是否为网上追逃对象，即循着“发现重点嫌疑对象——查验身份证件（或调查真实身份）——网上比对——身份认证”的工作流程进行。

(3) 追捕对于常住人口，暂住人口，旅馆、招待所内等流动人口中的可疑人员，公安机关利用已占有的登记簿册中的资料与“全国在逃人员信息系统”或“全国在逃人员信息光盘”进行比对，从中查对簿册上可疑人员的基本项目、照片与网上查缉对象的基本项目、照片是否同一，经核实是在逃人员的，予以缉捕；如果该人员已经离开暂住地或住宿地的，要寻踪觅迹、追踪缉捕，即循着“占有名册—网上比对—调查核实—全力抓获”的工作流程进行，开展网上追逃工作。

四、追捕在逃人员应注意的问题

(一) 重视落实基础控制工作

在逃人员居住地、落脚点、社区等所在地公安机关，要深入调查走访，做好日常控制工作。积极说服教育，动员在逃人员其家属、朋友、同学等社会关系，增强法制观念，及时报告在逃人员潜返本地的信息；动员他们规劝在逃人员主动投案自首，争取宽大处理，同时组织群众治保力量、治安积极分子落实监控工作，推动基础工作常态化。

(二) 落实政策，兑现承诺

在充分发动群众追捕在逃人员的过程中，各级公安机关务必认真履行承诺，言而有信，落实政策，兑现诺言。对于当初承诺的奖金、政策等问题一定要真正落到实处，群众工作是基础，一旦群众意识到自己被欺骗了，群众工作失去了，那以后任何工作都不好开展。同时，进一步提高公安机关在群众中的口碑，树立公安机关的良好形象，赢得广大人民群众对公安机关的信任，收到良好的社会效果，为以后工作打下坚实的群众基础。

（三）加强各警种、各部门的密切配合，实行整体作战

侦查机关要充分发挥主力军的作用，全力以赴、集中力量缉捕难度大的重大在逃人员；基层派出所要落实责任制，在公共场所、重点人口、流动人口的管理中注意发现在逃人员；“110”、治安、户籍、监管、边防、出入境管理、交警、巡警等部门增强追逃意识，将日常工作与追逃相结合，在接出警、治安管理、户籍管理、道路巡查、监所管理、边检、办理护照等工作环节中注意发现在逃人员的线索，充分发挥整体作战的优势。

（四）侦查公开与侦查保密

在追逃实践工作中，公安机关要处理好侦查公开与侦查保密的关系。侦查公开是满足公民知情权的一种体现，也是程序正义的基本要素，侦查公开加强了人民的监督能力，能够减少冤假错案的出现，促进证据收集的全面性和客观性，同时通过侦查公开也能够更加有效地发动普通民众协助侦查的顺利展开。但是，由于侦查工作的特殊性，禁止除法律规定或者权利人同意或者法官批准外，侦查机关及有关知情人向社会成员（主要是对新闻媒体）泄露侦查情况以及侦查过程中了解到的情况。这样一来，就避免了对侦查造成不必要的麻烦，从而影响追逃工作的顺利进行。

（五）落实责任，建立追逃长效机制

1. 严格执行“在逃人员或主要在逃人员已经抓获”的破案标准

公安机关在破案统计、破案成绩考核、刑警中队等级评定等工作中坚持犯罪嫌疑人或主要犯罪嫌疑人，或案犯罪集团的首要分子和主要事实犯罪的犯罪嫌疑人已经抓获的破案标准，把追捕在逃人员作为侦查的一项重要任务落实到位，保障公民人身财产安全，提高公安机关执法能力。

2. 实行“在逃人员到案率”的考核标准

“在逃人员到案率”是指已抓获的在逃人员占已查明在逃人员的比率。实行“在逃人员到案率”指标考核，能使侦查部门和侦查人员不断增强防逃、控制意识，力争做到“破案多、抓获多、逃得少”。

3. 严格落实“破案追逃责任制”

立案、侦查、破案、追逃的责任应落实到每个办案单位和侦查人员身上。谁办的案，谁就要对该案逃跑的在逃人员的缉捕工作负责到底，不能半途而废。办案单位的侦查人员要负责收集在逃人员的资料并及时上网，完善网上追逃基本信息，每个侦查人员要保管好在逃人员的侦查工作档案，随时掌握缉捕工作进展的最新情况，并做好敦促在逃人员投案自首的工作。

4. 追逃奖励制度

每抓获一名在逃人员，立案地公安机关要奖励抓获单位或个人500元～1 000元，案情重大、紧急的，可以视情况提高奖励金额。奖励金额要标注在网上在逃人员信息中。在本地区、本市辖区抓获本地的上网在逃人员原则上不予奖励。逃犯被外地抓获后，立案地必须兑现奖励。

5. 倒查追究制度

各级公安机关督察部门与有关业务部门密切配合，积极参加责任倒查机制工作，从中发现缉捕在逃人员工作中存在的问题和漏洞，对在逃人员工作中配合协作不力、弄虚作假、存在问题或漏洞较多的公安机关，将全国通报，限期改正，并对有关责任人员实行倒查机制追究责任。倒查追究的内容包括以下几方面：对在逃人员应上网而未上网，或错误上网的；因工作不负责任，造成犯罪嫌疑人潜逃的；在逃人员在本辖区内长期隐藏，未被及时发现缉捕归案的；交接被缉捕人不及时，造成超期羁押的。

【导入案例简析】

对涉案物品的严密查控使本案的侦查工作获得了实质性、突破性的进展，通过对销赃渠道的严密控制，结合现代化的视频监控手段展开顺线侦查，对破获案件起到了关键作用。由此反映出公安机关对二手市场加强管理、查堵销赃渠道的必要性和重要性。本案的另一个成功之处是在发现了一个犯罪嫌疑人后，借助基础工作，查明多名犯罪嫌疑人的情况，适时组织抓捕，取得了较好的侦查效果。对于在逃的犯罪嫌疑人戴某某应及时展开追逃工作，以便查清余罪和追回全部赃物。

【延展阅读】

侦查措施的运用原则

在刑事案件侦查过程中，为了实现侦查目的，充分发挥侦查措施体系的效用，同时防止侦查措施的运用可能对公民基本权利的过度干涉，侦查措施在实施时需遵循以下原则：

1. 合法性、合理性原则

合法性原则强调侦查措施的适用在内容和形式上应当具有合法性。主要表现在：其一，侦查主体合法，这涉及国家机关之间的职权划分以及侦查机关内部的合理分工问题，无论如何，特定侦查措施的适用主体必须有法律依据；其二，侦查机关实施侦查措施的过程必须遵守法律法规的规定；其三，侦查主体适用侦查措施必须符合法律规定的具体条件，比如逮捕就只能在有证据证明犯罪嫌疑人有涉嫌犯罪事实、可能判处徒刑以上刑罚且采取取保候审、监视居住等方法尚不足以防止发生社会危险性而有逮捕必要时才能采取；其四，侦查机关违法实施侦查措施的，有关责任人必须依法承担相应的法律责任。

合理性原则要求侦查措施的适用要适度、合乎理性。具体来说，表现为：其一，运用侦查措施必须出于正当的动机且必须符合正当的目的；其二，运用侦查措施要注意保持个人利益与国家利益、集体利益之间的平衡；其三，侦查机关在运用侦查措施时，必须符合客观规律，合乎情理；其四，运用侦查措施必须无损于侦查的全局，这是侦查方法和侦查谋略方面的要求。

合理性是合法性范围之内的合理性，其实质是要求侦查人员恰当地行使法律范围之内的自由裁量权。

2. 针对性原则

所谓针对性原则，是指侦查人员实施侦查措施要坚持因情制宜、因案制宜、因人制宜，即针对不同的刑事案件的案情、不同的侦查对象的情况，采用与之相适应的侦查措施。针对性原则要求侦查人员应当从各种特定的因素出发，从案情特点、侦查目标的具体特点、取证的方法和途径、侦查人员的能力以及客观环境等具体条件出发，使侦查措施的实施达到主观设计与案件客观情况的高度统一，切忌生搬硬套，切忌把侦查措施公式化、模式化。

3. 战机性原则

战机性原则主要体现在侦查措施施用的时间紧迫性和及时性。侦查工作战机性很强，赢得战机意味着掌握了侦查破案的主动权；失去战机，就会增加破案难度，或者陷入僵局乃至失败。因此，在案件侦查过程中，要把握侦查措施的实施机遇，努力提高快速反应能力，抓住最容易失去战机的线索，安排在第一时间进行查证，掌握侦查主动权，及时获取证据，查明案情。尤其是在多项侦查措施综合运用的过程中，更应充分考虑运用的战机问题，避免侦查措施运用中的一般化、泛化和盲目化。

4. 周密性与综合性原则

在案件侦查过程中，对每一项侦查措施的部署和实施运作都要做到周密细致、无懈可击。如果对其中的一个细节没有考虑到，就可能使整个侦查活动受挫，甚至造成全局的失败。周密性原则要求侦查人员既要综观全局，全面看问题，又能注意到问题的细节；既能注意到有利的侦查情势，又能注意到不利的侦查情势。这一原则，在一定意义上讲，要求侦查人员具有较强的预测、预判能力。预先计划得越周密，其成功的可能性就越大。在预测、预判中，不仅要充分预测、预判案件的复杂程度，而且要充分预测、预判在侦查中可能出现的变数，做好应变准备。

5. 优选性原则

优选性原则是指侦查人员在调查研究、吃透案情的基础上，对多种可行的侦查措施的目标、步骤、方式方法、实现目标的把握程度以及需要运用的人力、物力和财力等情况认真分析，进行综合性的对比研究，选择确定最佳侦查措施予以施用。优选是一个从比较到决断的侦查决策过程，是实施侦查措施中的关键步骤，就收集线索和证据的某一方面，往往有两个以上的侦查措施，但由于条件限制，不可能同时加以运用或者同时运用成本较高，因而必须进行优选。实现优选的根本性前提之一就是有多个可行和可能的侦查措施，而且从理论上说，可行和可能的侦查措施越多，越有利于追求最优的结果。因此，存在多样化的可选择的侦查措施是侦查措施实现最优运用的前提和基础。

资料来源：刘涛、杨郁娟主编：《侦查措施》，6～11页，北京，中国人民公安大学出版社，2012。

【本章小结】

查控涉案物品是通过各种途径和方法，对涉及与案件有关联的资金和物品进行调查和控制，查清其来源及去向，获取破案相关线索、查获犯罪嫌疑人。侦查实践中，查控涉案物品的方法有“以物找人”和“以人找物”两种，在绝大多数案件的侦查过程中，针对具体案情的不同，实施不同的查控方法，有时两种查控方法交织使用。

追缉、堵截包括追缉和堵截两个方面的行动。实施追缉、堵截应分析、把握特征条件、时间条件、痕迹条件和环境条件，综合运用循迹追踪、迎面堵截、迂回包抄、合围包剿、立体追踪等方法。

查询、冻结犯罪嫌疑人存款、汇款是侦查犯罪的重要措施，是打击犯罪，特别是打击经济犯罪的有效手段。由于查询、冻结存款、汇款直接关系到公民和单位的权益，关系到银行和其他金融机构、邮电部门的正常工作秩序，因此，在运用查询、冻结犯罪嫌疑人存款、汇款这种侦查措施时，要严格遵守法律和法规的有关规定，按程序操作。

搜查与查封、扣押是侦查实践中常用的侦查措施之一，及时、合法地实施搜查、查封、扣押对于查获犯罪嫌疑人、获取赃物罪证以及发现其他犯罪情报信息具有重要意义。侦查实践中，通常根据搜查目标的特征不同将搜查分为室内场所、露天场所、车辆以及人身搜查四种。公开搜查应当严格按照法律规定的程序和要求进行。认真做好搜查前的各项准备工作是实施安全、高效搜查的基本要求。在对室内场所、车辆进行搜查时应当分析犯罪嫌疑人及相关人员的心理，结合具体案情，确定重点搜查部位。进行人身搜查时必须注意安全。查封、扣押、调取证据应当履行相关法律手续，依法妥善保管和处理被查封扣押的财物和文件。

通缉、通报是公安机关发现侦查线索，查核有关情况，查控赃款赃物，缉捕犯罪嫌疑人的重要侦查措施。通缉根据方式不同可以分为通缉令、通告和边控通知。通缉令由县级以上公安机关发布。根据内容不同，通报可以分为查找重大犯罪嫌疑人的通报、查明犯罪嫌疑人身份的通报、知名尸体身源的通报、查找失踪人员的通报、查控赃物的通报、案情通报、预警通报等。通报由县以上公安机关发送，并加盖公章。

强化追逃工作是建立良好社会治安秩序的关键性措施。在逃犯罪嫌疑人具有畏罪心理、盲目心理、亲和心理、犹豫心理、苟安心理等心理特点；在逃犯罪嫌疑人的活动规律是：外逃方式的计划性、藏匿地点的隐蔽性、谋生手段的多样性、亲情联络的普遍性、反缉捕的狡诈性。针对这些心理和行为特点，追捕在逃犯罪嫌疑人的主要措施包括：利用在逃人员的关系人追捕在逃人员、通过实施架网布控追捕在逃人员、利用在逃人员的通信联络追捕在逃人员、通过实行网上追捕在逃人员。

【关键术语】

查控涉案物品　追缉　堵截　查询　冻结　搜查　扣押　通缉　通报　追捕在逃人员

【推荐阅读】

1. 刘涛、杨郁娟主编：《侦查措施》，北京，中国人民公安大学出版社，2012。

2. 公安部政治部主编：《致命错误》，北京，群众出版社，2005。

3. 郎胜主编：《中华人民共和国刑事诉讼法修改与适用》，北京，新华出版社，2012。

4. 刘方权：《从现实空间到虚拟空间：两种搜查的比较》，载《江西公安专科学校学报》，2005（3）。

5. 朱恩涛主编：《国际刑警与红色通缉令》，北京，中国人民公安大学出版社，2006。

6. 李玫瑾等：《在逃人员逃亡时会呈现怎样的心理嬗变》，载《人民公安报》，2011-09-29。

【案例分析】

2012年10月19日19时20分许，事主韩某来所报案称：10月19日12时至15时30分许，其住地拱墅区青莎阁1幢2单元701室被人撬门侵入，放在主卧室梳妆台上的一部黑色天翼牌触摸屏手机被盗，放在主卧室床头柜抽屉里的金银首饰被盗，分别为足金闪沙车花蛇肚戒指一枚（净重1.53钱，价值760港币）；18K金钻石吊坠一支（价值23 400港币），意大利750颈链一条（价值400港币）；18K金钻石肚戒指一支（价值12 000港币）、18K750K西金三色手链一条（价值853港币），18K750K西金三色颈链一条（价值523港币）、18K750K西金三色手链一条（价值578港币）、18K750K西金三色手链一条（价值478港币）、沪C1天元戒一枚（净重5.21克，购买价1 468元人民币）、一条白金项链（购买时间不详，购买价为5 800元人民币）、一枚黄金戒（购买价为4 600元人民币）、一颗花生黄金（购买价为3 000元人民币）、一对黄金大耳环（购买价为8 000元人民币）、一条黄金项链（购买价为2 000元人民币）。损失总价值人民币56 738元。案件发生后，由于该案件案值较大，刑侦大队立即抽调侦查员开展相关工作。刑大技术人员在对案发现场进行勘查后发现了案犯的足迹，通过足迹分析认为进入现场的案犯有三名以上。通过对现场足迹的技术串并，侦查员共串并起5起案件，发现案发时间都是在白天，并且都是趁事主家中无人之际。

分析讨论：

1. 本案的案件性质是什么？

2. 本案应采取哪些侦查措施？

3. 本案的主要侦查途径有哪些？

第十章　杀人案件侦查

【学习目标】

通过本章的学习，理解杀人案件的特点；了解杀人案件侦查的基本原则；掌握杀人案件案情分析的基本方法；掌握杀人案件的侦查途径。

【导入案例】

2008年10月16日6时许，圆明园福海中心岛蓬岛瑶台的看护人员在岛上巡视时，发现距岸边西南50米左右的水面上浮着一个黑色背包。看护人员打开后发现包内露出人的一只小腿尸骨，遂报警。圆明园内惊现浮尸，给园内游客和周边居民造成了极大的恐慌，此案立即成了新闻媒体的焦点。案发后，北京市公安局有关领导作出重要批示，要求专案组快侦快破，及时消除不良社会影响。

经勘查，案发现场抛尸所用的黑色双肩包为“卡拉羊”牌，背包外观主体为黑色，正面为橙黄色，规格为48厘米×28厘米×20厘米。专案组在背包正面内兜里提取到印有条形编码的商品合格证一张，包内装有9个黑色塑料袋包裹人体尸块，分别为双下肢、肩胛骨、肋骨及锁骨。另外，包内还装有石块砖头等重物。通过对福海水域10处入口勘察发现，入口处均有沙袋遮挡、阻隔，包内重物无法从其他水域流入，专案组初步推断福海即为抛尸现场。

经法医检验，双下肢尸块自断面至足底全长44厘米，赤足长约23厘米，推断死者身高在1.65米左右。肋骨尸块自两侧断离，肩胛骨残存有部分人体软组织。双下肢、双足自膝关节处断离，下肢大部分软组织缺失。尸块上有锐器形成的切割伤及砍、掰形成的明显骨茬，分尸工具为菜刀类锐器。经DNA检验，死者系男性，结合双下肢及赤足长度判断，死者年龄应在18岁以上。根据腐败程度推断，死亡时间在10天左右。

专案组对圆明园内务工作的100余人及具备留宿条件的30余处经行排查勘验后，排除了杀人现场在圆明园的可能。专案组另查明，园内可供游客出入的门共有3处，分别为东门、南门和二宫门，三处院门及园内大部分道路岔口均装有监控设备。

问题：试拟定本案的侦查方案。

第一节　杀人案件概述

杀人案件是指犯罪行为人凭借一定的物质和能量，非法剥夺他人生命的刑事案件。杀人行为不仅是对特定公民生命权的无情剥夺，同时也会给社会和谐稳定造成极大的危害和影响。杀人案件如果久侦不破，不但被害人及其家属的合法权益无法得到维护，而且当地公安机关以及政府的形象也会受到极大影响，有的案件甚至会成为群体性事件的重要诱因，严重危及社会稳定，因此该类犯罪一直是公安机关重点打击的犯罪类型之一。

一、杀人案件的一般特点

（一）犯罪嫌疑人侵犯的客体是特定公民的生命权利

这是杀人案件最本质的特征，也是它区别于其他性质的案件的根本标志。人的生命是公民享受、行使人身权利、财产权利、民主权利等其他一切权利的前提和基础，因此法律对公民生命权的保护是最基本、最严格的，对侵犯公民生命权的行为的处罚也是最为严厉的。与故意伤害等其他侵犯公民人身权利的案件不同，杀人案件是以剥夺犯罪对象的生命为目的，是对公民人身权利最严重的侵犯；与危害公共安全案件侵犯不特定对象生命权不同，杀人案件剥夺的是特定对象的生命权。

（二）犯罪嫌疑人与被害人有过接触并实施了杀人行为

这是杀人案件犯罪嫌疑人的行为特征。犯罪嫌疑人要剥夺被害人的生命，必然要接触被害人并实施足以剥夺被害人生命的行为。犯罪嫌疑人与被害人的接触有直接接触，如徒手或使用凶器直接导致被害人死亡；也有间接接触，如雇佣杀人、遥控爆炸杀人。除了身体上的接触外，犯罪嫌疑人与被害人的接触还体现在信息上的相互传递，如通信信息的传递、网络信息的传递等。无论哪种类型的接触，不可否认的是，只要罪嫌疑人与被害人有过接触，就会发生信息的交换或转移，如被害人的血迹可能会喷溅到犯罪嫌疑人的身上；犯罪嫌疑人的手机号码可能会出现在被害人的手机中。因此，在杀人案件侦查中一定要以辩证的、发展的思维去考虑案件的各个要素。

（三）案发现场痕/迹物证较多

这是杀人案件的现场特征。杀人行为的残忍性与剧烈性决定了杀人案件现场一般都会遗留有尸体以及血迹、指纹、足迹、枪弹痕迹、作案工具等痕迹/物证以及犯罪嫌疑人为了逃避、误导侦查而留下的伪装痕迹。这些痕迹/物证看似杂乱无章，但实际都是由特定的犯罪行为所决定的，而这些特定的犯罪行为又是由特定的犯罪动机以及与被害人的熟识程度决定的。因此按照一定的时间顺序以及逻辑、自然规律，从现场尸体状态以及痕迹、物证出发，结合具体的现场环境缜密分析，就能实现犯罪现场重建，从而推断犯罪嫌疑人在现场实施杀人行为的整个过程。

（四）犯罪嫌疑人多有反侦查行为

这是杀人案件中犯罪嫌疑人的心理特征。无论是有预谋的杀人犯罪还是激情杀人犯罪，犯罪嫌疑人对于“杀人偿命”这一朴素的法律观念都是十分明确的，为了逃避打击，犯罪嫌疑人通常会实施一系列的反侦查行为，主要包括：

（1）故意制造不在现场的假象，如使用交通工具异地奔袭作案。

（2）销毁犯罪痕迹、物证，如丢弃、掩埋作案工具、血衣、裤等；为掩盖血迹进行装修、粉刷墙壁、更换家具等。

（3）伪装现场，扰乱侦查视线，如把他杀伪装成自杀；把奸情杀人伪装成抢劫杀人等。

(4) 案发后返回现场或通过各种渠道千方百计刺探公安机关侦查工作的进展情况等。

虽然反侦查行为给侦查工作带来了一定困难，但是通过对犯罪嫌疑人反侦查行为的发现、揭露与证实，也能够从另外一个角度去证实犯罪。

二、杀人案件侦查的基本原则

杀人案件是命案中最基本的案件类型之一。按照公安部关于“命案必破，质量必保”以及打好命案侦查中的“四战”① 的要求，如何能在短期内，高效率、高质量地侦破杀人案件，从而保证较高的侦破率和诉讼率，已成为公安机关要重点解决的问题。为此，除了要严格遵守刑事侦查工作的基本原则外，杀人案件侦查还要遵守以下几个基本原则：

(一) 以犯罪现场为中心

“犯罪从现场开始，侦查从现场起步，破案依据现场认定，疑犯依据现场证据惩治”②。犯罪现场对于杀人案件而言无疑是一个巨大的“宝库”，对犯罪现场进行全面、细致、客观的勘查并进行深度分析是整个案件侦查的重要基础。杀人案件犯罪现场的价值主要体现在以下几个方面：一是根据犯罪现场收集的证据认定犯罪嫌疑人。获取一个完整的、系统的、能够相互印证的证据链体系，始终是杀人案件侦查追求的一个目标，只有这样才能达到“命案必破，质量必保”的要求。而组成这个证据链体系的绝大部分证据都来自犯罪现场或与犯罪现场密切相关。二是根据犯罪现场收集的信息进行犯罪现场重建。犯罪现场重建是建立在现场勘查基础之上的，犯罪现场重建所需要的时间、地点、人物、行为及结果等要素都来自犯罪现场各种痕迹、物证。犯罪现场是现场重建素材的主要来源和载体，没有对犯罪现场信息的全面掌握，犯罪现场重建就会成为“无水之源，无本之木”。三是根据犯罪现场的细节信息印证言辞证据。由于言辞证据容易受主客观环境因素影响而发生变化，因此言辞证据的客观真实性需要用其他相关证据进行印证，而其中具有重要印证价值的就是来自犯罪现场的细节信息。由于特定的犯罪行为会在犯罪现场形成特殊的痕迹、物证，因此如果通过现场勘验所获取的痕迹、物证等细节特征与犯罪嫌疑人所供述的行为细节特征能够一一对应，那么犯罪嫌疑人供述的真实性就能够得到一定程度的保证。

(二) 以合成作战为基础

杀人案件侦查的合成作战是指在案件侦查过程中，同一地区各警种以及不同地区公安机关之间根据办案需要，在上级部门的统一组织和指挥下，发挥各自专业优势，对侦查资源进行有效整合，对案件信息进行有效传递的一种侦查模式。

由于杀人案件案情较为复杂，犯罪嫌疑人隐藏较深，取证难度大，追逃较难，因此对杀人案件的侦查仅仅依靠刑侦部门的力量是远远不够的。杀人案件侦查是一项“系统工程”，也是公安机关各警种的共同职责。各级公安机关要明确本单位各警种、各部门在侦办杀人案件工作中的职责和任务，实现情报信息共享，保证合成作战。比如刑侦部门要充分发挥侦办杀人案件主力军的作用，充分发挥自己的传统优势，深入犯罪现场及人民群众

---

① 命案侦查中的“四战”是指合成战、科技战、信息战、证据战。

② 杨玉章：《三定侦查法》，25页，北京，群众出版社，2008。

中去，深挖线索，不等不靠，及时、主动获取有价值的情报信息，并及时与相关地区和部门实现信息共享；技侦和网安部门要与刑侦部门同步上案，会同刑侦部门开展现场勘查和对逃犯以及关系人的侦控工作，发挥自身的职能优势，积极主动地搜集、捕捉侦查线索，为侦破杀人案件提供情报支持。

（三）以信息化侦查手段为支撑

随着跨区域流窜杀人案件增多，犯罪嫌疑人反侦查意识的增强，传统的侦查手段已经不能满足高效率、高质量、低成本侦破杀人案件的需要，如何将信息技术、网络技术、视频技术等高新技术运用到杀人案件侦查工作中来，把传统的侦查手段与信息化侦查手段完美结合，实现"信息导侦"，这将是杀人案件侦查工作的发展方向。为此，要实现几个转变：一是痕迹观念的转变。传统的痕迹有手印、足迹、血迹、精斑、工具痕迹、枪弹痕迹等物理或化学性质的痕迹。然而随着信息技术的发展和普及应用，越来越多的"电子痕迹"出现在杀人犯罪活动中，例如：如果犯罪嫌疑人在现场及周边出现，那么其体貌特征信息就可能被周边的视频监控系统记录下来，形成"成像痕迹"；如果犯罪嫌疑人在作案过程中使用或携带了手机，那么其通话的时间、位置信息以及联系对象等信息就会被移动通信的相关系统所记录，形成"通信痕迹"。二是侦查模式的转变。传统杀人案件侦查的常规模式就是"从案到人"。案件侦查往往是以犯罪现场或尸体为起点，围绕犯罪现场的各种痕迹、物证以及被害人的尸体，通过现场勘查和尸体检验等技术、方法开展一系列的侦查工作。然而该侦查模式对于无犯罪现场可供勘验、无尸体可供检验的杀人案件却无能为力，如疑似被侵害失踪人员案件。即使侦查人员明知失踪人员可能已经被害，但是受到所掌握的案件信息的限制也无从下手。信息化侦查手段就能够为此类案件的侦查提供重要的信息支撑，实现"从人到案"侦查模式的应用。比如通过信息比对平台将失踪人员信息与未知名尸体信息进行比对查询就可能实现对尸源及犯罪现场的查找；通过各类公安情报信息系统对失踪人员失踪前的视频监控信息、手机通信信息、网吧上网信息、住宿信息、银行卡信息等各种可能反映失踪人员活动轨迹和行为特征的数据信息进行全面查询和深入分析，就可能会发现犯罪嫌疑人。三是侦查方法的转变。

传统杀人案件侦查往往是立足本地，以"人力"为基础，以"兵团式作战，地毯式排查"为主要侦查方法。这种侦查方法由于侦查的指向性、目标性不强，不但效率低、成本高，而且往往达不到侦查效果。此外，对案件信息的孤立使用会导致系列杀人案件的串并案工作异常困难。信息化侦查手段的应用，会使侦查员从"人力密集型"的侦查工作中解放出来，对于案件常规信息的查询、比对，只需通过"人—机"互动的方式迅速完成。而摸底排查等传统侦查措施的实施也是在视频侦查、通信信息分析等信息化侦查手段的指引下进行的，工作效率和精度会大大提高。此外，由于杀人案件信息在各类命案信息系统中能够实现在全国范围内高度共享，因此通过公安网的串并案平台，能够使在本地发生的杀人案件与其他地区的类似案件进行快速的串并案，从而实现现场痕迹、物证价值的最大化。

第三节　杀人案件的案情分析

杀人案件的案情分析是指侦查人员根据现场勘验、现场调查、尸体检验所获取的案件信息，利用行为分析等技术方法，对犯罪活动和犯罪嫌疑人进行全面、系统的推理判断，从而为确定侦查范围和侦查方向提供依据。

一、对被害人的分析

在杀人案件中，犯罪嫌疑人与被害人是一个矛盾的两个方面，这两个方面是由杀人行为紧密联系在一起的。在犯罪嫌疑人未知的情况下，遵循案件客观存在的某种直接或间接联系，从被害人入手，寻找、发现犯罪嫌疑人，这是杀人案件侦查中一种常用的侦查思路。按照被害人被发现时身份是否明确，被害人可以被分为已知名被害人和未知名被害人。已知名被害人是指被害人被发现时身份已经明确的被害人，比如通过被害人家属报案或者相关人员辨认很快能够查清被害人身份情况。对已知名被害人分析主要包括被害人的尸体情况、被害人的个人信息以及被害人被害前的活动等情况。未知名被害人是指尸体（或尸块）被发现时身份不明的被害人，比如在杀人抛尸、碎尸、焚尸等案件中，尸体不具备辨认条件或者现场附近相关人员不认识被害人。对于未知名被害人，应首先查明被害人数及尸源，然后再按照对已知名被害人的研究方法进行深入分析。对未知名被害人尸源的查证可以通过发布无名尸通报、指纹、DNA 信息比对、携带物品属性、与失踪人员信息比对、尸体（尸块）附着物及包裹物的属性等方面进行查证。

二、对现场财物损失情况的分析

在杀人案件中，现场常常伴有财物损失的情况，在现场勘查过程中要查清现场财物损失的数量、特征、金额、原始部位及变动状态，这对案情分析具有重要价值，主要体现在以下几个方面：

（一）有助于判断案件性质

从犯罪动机的角度去看，杀人案件中的“劫财”行为主要表现为以下两个方面：一是“劫财为主，杀人为辅”。此类案件中，犯罪嫌疑人的主要犯罪动机和目的就是“劫财”，而杀人只是为了清除“劫财”过程中的障碍。此类案件现场，犯罪嫌疑人对于可能藏有财物的箱柜、包、抽屉等部位有明显翻动并且确实发生了财物损失；对于熟人作案或长期踩点作案的案件现场，从现场指纹、足迹等痕迹分布情况看，犯罪嫌疑人在杀人后往往直奔隐藏财物的部位，无多余动作。二是“杀人为实，劫财为虚”。此类案件中，犯罪嫌疑人的主要犯罪动机和目的就是为了杀人灭口，而“劫财”只是掩人耳目，扰乱侦查视线。此类案件现场，虽然有翻动迹象甚至翻动面积较大，但是无贵重财物缺失或仅有少量财物缺失，犯罪嫌疑人对翻动部位的选择也比较随意。

需要注意的是，有的杀人案件中，犯罪嫌疑人虽然以图财为目的，但是在杀人后由于过度紧张、恐惧，并未从现场劫取财物便匆匆逃离现场，从而表现为现场财物并未缺失。因此，对于现场财物有缺失的杀人案件一定要具体案件具体分析，不能一概而论。

（二）有助于控制赃物

控制赃物是侦办图财类杀人案件侦查的有效途径之一。通过在典当、金银饰品回收加工、二手手机、二手车等特种行业对涉案赃物的严密控制，可以及时发现犯罪嫌疑人的踪迹。这就要求准确掌握现场被盗抢财物的数量、颜色、品牌、重量等详细信息。

（三）有助于追逃

对于现场被害人手机、笔记本电脑等电子产品被盗抢的杀人案件，及时、准确掌握相关电子设备的识别号码等信息将有助于技侦、网安部门通过技术手段开展追逃工作。

三、对作案地点、场所的分析

对作案地点、场所分析的主要目的是根据现场勘查和尸体检验情况来判断发现尸体（尸块）的地点是否为主体现场。主体现场是犯罪嫌疑人实施杀人、碎尸等行为的主要场所。主体现场不仅可能遗留有血迹、作案工具等痕迹、物证，还与犯罪嫌疑人有着密切的联系，如主体现场系犯罪嫌疑人的自有房屋、出租屋、入住的旅店等。犯罪嫌疑人为了割断自己与主体现场的联系，往往会采取抛尸、移尸的行为，从而逃避侦查和打击。这就要求侦查人员必须对发现尸体（尸块）的地点加以研究，判明其是主体现场还是关联现场，若系关联现场，还应进一步查找主体现场。

判断发现尸体的地点是否为主体现场，应根据尸体所处的客观环境，尸体的位置、姿态及其有关痕迹、物证的关系等进行综合判断。如果犯罪现场出现下列情况，则说明很可能是抛尸、移尸现场：

（1）尸体以碎尸块状态散落于现场或被放置于包裹里，而现场没有碎尸痕迹，或现场为公共场所，不具备碎尸条件；

（2）通往发现尸体现场的路上有滴落状血迹、拖拉尸体痕迹或留有移尸工具痕迹（如轮胎印痕等）；

（3）被害人尸体上有开放性伤口，而尸体附近却没有出现应有的血泊或大量流淌血迹、喷溅血迹；

（4）被害人尸体上留有明显的挣扎、搏斗、抵抗伤痕迹，但尸体所在场所并无搏斗痕迹；

（5）被害人的身上沾附有或者尸体所在现场散落有与该现场物质属性不同的异常附着物；

（6）被害人有被奸淫迹象，而尸体所在现场却没有相应的躺卧、印压痕迹；

（7）来去现场的足迹十分明显，但无被害人的足迹，或者被害人足底洁净或没有沾附现场附近地面的粉尘与泥土。

四、对作案时间的分析

时间的一维性即不可逆转性决定了人在特定的时间能且只能出现在特定的空间。因此，犯罪嫌疑人是否具备作案时间条件是认定或排除嫌疑的重要依据。在杀人案件中，对作案时间的分析包括两个方面：一方面是作案时间的确定，另一方面是作案时机的选择。

（一）作案时间的确定

（1）根据尸体现象判断被害人的死亡时间，从而推断作案时间，如根据尸僵、尸斑、角膜混浊程度、胃内容物以及膀胱充盈程度等判断被害人死亡时间。

（2）根据现场上记载时间或能够表明时间的物品及其变化情况推断作案时间，如根据现场停止走动的手表、报纸、出租车计价器、计算机开关机时间、QQ、微信聊天记录时间标签等判断作案时间。

(3) 根据群众和被害人亲友提供的情况推断作案时间。由于人们正常情况下对时间的记忆都是模糊的，如果直接询问具体时间，相关见证人可能无法提供或误差较大，为了让相关见证人尽量准确地提供有关作案时间的信息，侦查员在调查访问过程中应注意加以启发和引导，如在询问相关见证人在听到或看到可疑声响或迹象时，其是否在看电视、打电话或上网等，通过对电视节目单、通话记录、手机话单以及上网记录等信息的倒查，可以相对准确地判断作案时间。

(4) 根据现场周边视频监控记录的犯罪嫌疑人进出现场的时间以及被害人最后一次使用手机的时间来判断作案时间。

(二) 作案时机的选择

在杀人案件分析中，在对具体作案时间进行分析判断后，还要进一步分析犯罪嫌疑人为什么会选择这个时机作案。对于临时起意的杀人案件来说，犯罪嫌疑人对时间的选择可能没有过多的考虑，而对于有计划、有预谋的杀人案件来说，犯罪嫌疑人对作案时机的选择是经过深思熟虑的。此类案件犯罪嫌疑人往往会选择容易实现犯罪目的、被害人警觉性低以及便于逃跑的时机实施犯罪行为。"准确无误"的时机选择看似偶然，实际反映了犯罪嫌疑人对被害人的活动规律以及现场内部情况的了解程度，这也从侧面反映出要么可能是熟人作案，要么可能犯罪嫌疑人经过长期踩点观察。无论属于哪种情况，这都会为确定侦查方向并实施有效的侦查手段提供重要依据。

五、对犯罪嫌疑人出入现场的位置、侵入方式和行走路线的分析

对犯罪嫌疑人出入现场的位置、侵入方式和行走路线的分析主要有两个目的：一是便于发现、搜集痕迹、物证，二是便于判断犯罪嫌疑人对被害人及现场情况的熟悉程度。

(一) 发现、搜集痕迹、物证

任何一起杀人案件，犯罪嫌疑人都不可避免地要沿着一定的路径，通过现场的门、窗、院墙、屋顶等部位进入现场内部；作案后又要通过相应部位及路径逃离现场。因此，在犯罪嫌疑人出入现场的位置以及沿途都可能会留下相应的痕迹、物证。

(二) 判断犯罪嫌疑人对被害人及现场情况的熟悉程度

对于室内现场，犯罪嫌疑人进入现场的方式可以分为和平进入和强行进入。所谓和平进入，是指犯罪嫌疑人在被害人允许的情况下或者在现场门窗不被破坏的情况下进入现场的方式。犯罪嫌疑人通过和平方式进入现场的杀人案件，现场一般表现为犯罪嫌疑人从门进从门出，门窗完好无损，门锁、窗户插销等部位无撬压痕迹，阳台、护栏、院墙等部位也无踩踏、攀爬等痕迹。以和平方式进入现场的杀人案件中，犯罪嫌疑人大多与被害人有直接或间接的关系，熟人作案较多，因此从社会关系人入手是侦办此类案件的有效途径之一，但是同时要注意一些偶然情况的发生。所谓强行进入，是指犯罪嫌疑人在未经被害人允许的情况下或者通过破坏现场门窗等手段进入现场的方式。犯罪嫌疑人通过强行方式进入现场的杀人案件，现场一般表现为门锁、窗户插销、门窗玻璃、纱窗等部位有撬压、破损、剪切等痕迹，阳台、护栏、院墙、房顶等部位有踩踏、攀爬等痕迹。此类案件中，犯罪嫌疑人一般与被害人不熟或不认识，可能系流窜作案较多，但是也应具体案件具体

分析。

对于室外现场，主要通过犯罪嫌疑人与被害人在现场沿途遗留下来的足迹以及其他痕迹、物证对其熟悉程度进行分析判断。如果犯罪嫌疑人与被害人有一定时间的和平接触，那么在现场沿途可能表现为脚印比较规则平缓，或并排，或一前一后，即使有停顿两个人脚印的相对角度也比较和谐，现场上还可能遗留有并排卧座、吃东西或抽烟等痕迹；如果被害人是被劫持到现场的，那么行走路线上的足迹就会呈不规则分布，甚至会出现拖拉痕迹。

六、对作案人数的分析

杀人案件中的作案人数是指在犯罪现场直接实施杀人行为的人数。作案人数的多少直接关系到作案过程持续的时间、作案方法和手段以及活动范围等多方面因素，因此查明作案人数，对于犯罪现场重建以及确定侦查范围和方向有着重要的意义。分析判断作案人数的依据主要有以下几个方面：

其一，根据对现场周边知情群众的调查访问情况进行分析判断。

其二，根据现场周边的视频监控信息进行分析判断。

其三，根据现场丢失财物的体积、重量进行分析判断。

其四，根据现场遗留的痕迹、物证进行分析判断。如现场发现的指纹、足迹、血迹、毛发、精斑、唾液斑等DNA痕迹的种类及数目；现场遗留的烟蒂数量和品牌；现场遗留的弹壳、弹头的种类和数量；现场遗留的作案工具的种类、数量等。据此判断作案人数一方面要排除事主、被害人或其他无关人员的相关痕迹；另一方面要确定该痕迹是案发时段所留。

七、对作案方式、手段的分析

从辩证唯物主义角度去看，杀人案件既有共性又有个性。杀人案件的共性是指所有的杀人案件都普遍具备的要素或条件，比如杀人行为，任何一起杀人案件犯罪嫌疑人都直接或间接实施了杀人行为；杀人案件的个性是指一起杀人案件区别于其他杀人案件的特殊性，比如作案方式和手段。由于犯罪嫌疑人的受教育程度、职业背景、成长经历以及作案动机不同，因此每一起杀人案件的作案方式、手段可能都有所区别。比如，同样都是杀人行为，有的犯罪嫌疑人选择用锐器，而有的选择用钝器；即使作案工具都选择锐器，有的犯罪嫌疑人选择切颈，而有的选择刺胸；即使都是锐器伤，如果犯罪嫌疑人以报复或泄愤为目的，那么被害人有可能身中数刀，且刀刀致命；如果犯罪嫌疑人以图财为目的，那么被害人身上的非致命部位会形成浅表的威逼伤。因此，对作案方式、手段的深入分析将有助于对作案动机的判断以及对犯罪嫌疑人的全面刻画。此外，特定犯罪嫌疑人所选择的作案方式、手段具有一定的稳定性，并且随着犯罪行为的成功实施，作案方式、手段的稳定性会得到进一步强化和优化，这一特点对于系列杀人案件侦查的串并案工作具有重要意义和价值。

八、对作案工具的分析

对作案工具的分析主要包括两方面的内容：一是作案工具的种类、特征及数量，二是作案工具的来源。

（一）作案工具的种类、特征及数量

对作案工具的种类、特征及数量的分析主要根据犯罪嫌疑人作案后遗留在现场的作案工具情况以及由于使用作案工具在现场以及尸体上留下的特定痕迹和损伤情况。

（二）作案工具的来源

对作案工具来源的调查、分析要解决以下几个问题：该作案工具是犯罪嫌疑人带入现场的还是“就地取材”；如果是带入现场的，还要进一步查明该工具是在什么地方生产的，在哪些地方销售，用于什么行业，哪些人可能会使用。

1．作案工具与犯罪现场的关系

作案工具与犯罪现场的关系有两种情况：一种情况是作案工具在案发前就存在于犯罪现场，属于现场的一部分。犯罪嫌疑人用此类作案工具实施杀人行为常见于激情杀人案件中。需要注意的是，如果该作案工具在现场存放的位置较为隐蔽，而犯罪嫌疑人又能准确地找到，那么可能说明犯罪嫌疑人对现场较为熟悉，熟人作案的可能性较大。另一种情况是作案工具由犯罪嫌疑人带入现场。犯罪嫌疑人用此类作案工具实施杀人行为说明作案目的明确，准备充分，预谋性较强。

2．作案工具的产、销地

由于当前跨区域流窜杀人案件较多，犯罪嫌疑人在甲地购买作案工具、在乙地实施作案的情况较多，因此对作案工具的产、销地的调查，对于分析判断犯罪嫌疑人来自哪个地区可能有一定的帮助。通过作案工具确定侦查范围、查找犯罪嫌疑人是杀人案件侦查的常规手段之一。

3．作案工具所涉及的特殊行业

有些作案工具属于某些特殊行业的专业设备，并且只有掌握相应知识或技能的人才会使用，因此查明作案工具所涉及的行业、领域对于分析判断犯罪嫌疑人的职业背景、生活经历有一定的帮助。

九、对犯罪嫌疑人在现场活动过程的分析

犯罪嫌疑人在现场的活动过程包括犯罪嫌疑人怎样进入现场，怎样接近被害人，怎样杀害被害人，怎样处理尸体，怎样逃离现场等环节。对犯罪嫌疑人在现场的活动过程的分析，有助于判断案件性质、确定侦查方向，对破案后印证犯罪嫌疑人的口供也有重要作用。

对犯罪嫌疑人在现场的活动过程的分析要把握“思维—行为—痕迹”这一基本的行为模式和逻辑关系。[1] 对于正常人来说，思维产生并支配行为，行为产生并显示痕迹。因此沿着“痕迹—行为—思维”这一逆向过程，遵循特定的时间关系、逻辑关系以及自然规律就能够对犯罪嫌疑人在现场实施了哪些行为以及这些行为是如何发生的做出相对准确的分析判断。

---

① 参见闵建雄：《命案现场重建概论》，4页，北京，中国人民公安大学出版社，2006。

十、对伪装现场行为的分析

在杀人案件中，犯罪嫌疑人为了掩盖犯罪事实、逃避侦查或干扰侦查视线，除了会对现场遗留的痕迹、物证进行清理外，还常常会对现场进行伪装并做出一些反常举动。不同的杀人案件中尽管伪装的内容和手段各不相同，但真正的目的却只有一个，那就是割裂自己与案件的关系，摆脱自己的犯罪嫌疑。因此，对于伪装现场，一旦伪装行为被识破，往往意味着案件事实水落石出，犯罪嫌疑人也就浮出水面。这种情况在熟人作案的杀人案件中表现尤为突出。按照犯罪嫌疑人对现场伪装的目的不同，伪装现场一般分为以下两种类型：一种是死亡性质的伪装，即犯罪嫌疑人通过改变现场物品摆放位置以及尸体的衣着、体位、状态，把他杀伪装成自杀或意外事件，最终达到逃避侦查的目的，如杀人后挂尸，伪装成自缢；杀人后焚尸，伪装成火灾事故；杀人后抛尸水中，伪装成溺水；杀人后用车辆碾压尸体，伪装成交通事故等；另一种是作案动机的伪装，即犯罪嫌疑人通过改变现场以及尸体的状态，掩盖真实的犯罪动机，从而达到扰乱侦查视线的目的。比如，犯罪嫌疑人在报复杀人后故意在现场大肆翻动，伪装成抢劫杀人；犯罪嫌疑人在奸情杀人后，脱去被害人衣物，伪装成强奸杀人等。

十一、对杀人犯罪动机的分析

杀人犯罪动机是推动犯罪行为人实施杀人行为的内心起因，是杀人案件案情分析的重要内容。[①] 判明杀人犯罪动机，对于确定侦查范围和方向有着至关重要的作用。常规的杀人动机主要有以下几种类型：

(一) 以满足情感需要的情杀

因“情”杀人，主要是指因情感纠葛或家庭矛盾而导致的杀人行为。此类案件中犯罪嫌疑人与被害人的情感纠葛或家庭矛盾持续的时间一般较长，积怨程度较深，多发生在夫妻、情人、情侣等关系较为密切的人员中。近年来由于受到经济飞速发展以及西方各种思潮的影响，人们的价值观、婚姻观发生了较为明显的变化，因“婚外情”引发的杀人案件在所有杀人案件中所占的比例较高。因“婚外情”引发的杀人案件主要表现为以下两种形式：一种是为了把“婚外情”修成正果，在因各种原因不能正常离婚的情况下，夫妻中一方独自或者在情人的协助下，杀死另一方；另一种是出于维护个人社会声誉、政治前途、家庭稳定、经济利益等目的，为了摆脱“第三者”的纠缠和威胁，结束“婚外情”，独自或者雇凶将“第三者”杀死。此类案件由于发生在夫妻、情人等关系较为亲密的家庭成员或社会关系中，犯罪嫌疑人为了割裂这种密切联系，从而逃避侦查，因此会采取各种反侦查行为，如对现场进行伪装（伪装成自杀或抢劫杀人、强奸杀人等）；主动到公安机关报案并提供编造的虚假信息从而干扰警方侦查视线；杀人后碎尸、抛尸；雇凶杀人等。

此类案件在侦查过程中一方面要注重对报案人的审查，防止“贼喊捉贼”的情况发生；另一方面要从被害人的情感状况（婚姻、恋爱、婚外情等）以及家庭矛盾状况入手，全面、深入地进行排查。此外，由于婚外情等行为可能隐藏较深，通过常规的调查访问往往得不到真实的情况，因此要加强对犯罪嫌疑人的手机话单等信息进行深度挖掘。

---

① 参见郝宏奎：《杀人犯罪动机的系统推断》，载《江苏警官学院学报》，2002 (17)。

（二）以满足财物需要的财杀

因“财”杀人，主要是指犯罪嫌疑人为了非法获取他人财物或者逃避债务关系而实施的杀人行为。“图财”杀人案件以犯罪嫌疑人是否当场获取财物为标准可以分为当场取财型杀人案件和非当场取财型杀人案件。

1. 当场取财型杀人案件

当场取材型杀人案件又可分为无预谋的图财杀人和有预谋的图财杀人。

（1）无预谋的图财杀人案件。

无预谋的图财杀人案件中，犯罪嫌疑人在作案目标的选择上具有一定的随机性，因此会出现作案目标“选择不准”的情况，即虽然犯罪嫌疑人实施了杀人行为，现场也有明显翻动，但实际获取的财物并不多，如一部手机或几十块钱。此类案件常表现为街头系列抢劫案件或由盗窃转化的抢劫杀人案件。

（2）有预谋的图财杀人案件。

有预谋的图财杀人案件中，犯罪嫌疑人在作案目标的选择、作案工具的准备、作案时机的把握、作案手段的实施以及逃跑路线的设计等方面都是经过深思熟虑的。在作案目标的选择方面，犯罪嫌疑人对作案目标选择准确，一般会选择“有钱人”、金融机构、运钞车、金店等拥有大量财物的人员或存放有大量现金、贵重物品的场所；在作案工具的准备方面，犯罪嫌疑人一般会准备刀、枪、斧、锤等杀人凶器以及胶带、绳索、手铐等用来控制被害人的辅助器具，有的还会准备车辆用于逃跑和运赃；在作案时机的把握方面，一般会选择被害人警惕性低且容易获取财物的时机作案；在作案手段的实施方面，有的表现为先“取人”后“取钱”，杀人只是为了清除“障碍”；有的表现为先“取钱”后“取人”，待成功获取财物后杀人灭口，此类案件常常伴有捆绑行为并且被害人身上常常有威逼伤、抵抗伤和防护伤。当场取财型的图财杀人案件最显著的特点就是现场有较大翻动并且伴有财物损失，这要与现场虽有翻动但无明显财物损失的伪装成图财杀人的案件相区别。

此类案件在侦查过程中一方面要从被害人的经济状况、犯罪现场以及被盗抢的赃物入手展开深入调查；另一方面，尤其对于有预谋的图财杀人案件，要重视犯罪嫌疑人在预谋阶段在现场周边留下的蛛丝马迹，如犯罪嫌疑人在踩点、跟踪过程中留下的体貌特征、住宿、车辆等痕迹信息。

2. 非当场取财型杀人案件

非当场取财型杀人案件是指通过杀人获得的经济利益不是在杀人现场直接攫取的，或者表现为对以前不当占有状态的巩固，如债务人通过杀死债权人而逃避债务；或表现为谋求新的非法占有，包括对被害人遗产的继承，对被害人人身保险金的攫取，对合作关系中利益分配关系的调整，对被害人存放于现场之外的某项财物的占有等。由于这些具体的图财行为均不在杀人犯罪现场实施，所以现场上体现不出被翻动等图财迹象。此类案件在侦查过程中要通过对被害人背景情况的调查，了解其债务、借贷、继承、合作、合伙等关系及其他对应的经济得失关系，从中发现能够反映犯罪动机的线索。

（三）以满足泄愤需要的仇杀

因“仇”杀人，主要是指因政治、宗教信仰、商业活动、违法犯罪活动（如毒品交易、性交易、赌博等）、帮派争斗、邻里矛盾、家庭矛盾等引发积怨，从而导致的杀人行为。俗话说："没有无缘无故的爱，也没有无缘无故的恨。"如果说爱一个人不需要理由，那么恨一个人必然有原因。犯罪嫌疑人的仇恨对象一般都是针对特定个体，如对其构成威胁的竞争对手、给其造成巨大经济损失的合作伙伴、对其自尊心造成严重伤害的家庭成员或同学等。但是在系列杀人案件中，犯罪嫌疑人的仇恨对象往往是针对某一类型的不特定对象，如年轻单身女性、同性恋等。从积怨深度以及时间上看，因"仇"杀人的案件可以分为以下两种：

1. 由现场纠纷引起突发矛盾而导致的激情杀人案件①

此类案件往往事发突然，犯罪嫌疑人没有犯罪预谋，只是在某种外界因素刺激下突发纠纷，矛盾激化，在情绪激动、心理失衡的瞬间引发的杀人行为。此类案件多发生在商业区、酒吧、大排档、街面等公共场所以及车、船等公共交通工具上，犯罪嫌疑人一般脾气暴躁并且多有饮酒行为，除个别犯罪嫌疑人使用随身携带的凶器外，大部分犯罪嫌疑人会就地取材，在室外多捡拾砖石类、棍棒类工具袭击对方，在室内多就近顺手抄起菜刀、酒瓶、烟灰缸或使用毛巾、衣物等实施杀人行为，犯罪行为爆发快、过程短且后果严重。

2. 由深层矛盾引起怨恨而导致的有预谋的杀人案件

此类案件犯罪嫌疑人与被害人之间由于在经济利益、政治利益、人格尊严等方面出现不可调和的矛盾，因此犯罪嫌疑人的作案意图非常坚决，就是要通过杀人行为来从肉体上直接消灭被害人。此类案件从现场情况看，作案手段大多比较残忍，犯罪嫌疑人为确保被害人死亡往往对致命部位进行多次重复攻击，或先后采用不同作案工具实施致命攻击；在确认被害人已经死亡后，犯罪嫌疑人为了发泄余愤，会对尸体进行过度伤害，并且伴有挖眼、剖腹、解肢毁容等附加行为，有的犯罪嫌疑人还会在现场毁坏特定物品（如撕毁相关照片）或在被害人尸体上刻划、现场墙壁上书写特定文字以达到发泄目的。有的犯罪嫌疑人还会将怨恨发泄在被害人的家属身上，一次杀死多人甚至灭门。由于犯罪嫌疑人与被害人熟识，有的甚至交情较深，因此在作案过程中，犯罪嫌疑人会精心策划，采取各种反侦查手段应对警方的侦查，如杀人碎尸、抛尸、焚尸，或把仇杀现场伪装成交通事故现场、火灾现场或者抢劫杀人现场等。此类案件在侦查过程中要重点围绕被害人的矛盾关系，从可能引起仇恨的人、事、物入手，深入排查。需要注意的是，对矛盾关系的排查要以案发时间为基点适当向前延伸，不但要重视近期的矛盾关系，还要关注以前比较久远的矛盾关系，因为"君子报仇，十年不晚"的情况在侦查实践中确有发生。

（四）以满足性需要的奸杀

因性杀人，主要是指犯罪嫌疑人为了满足个人的性需要而实施的杀人行为，主要表现为强奸杀人。此类案件中犯罪嫌疑人之所以实施杀人行为一方面是为了防止被害人喊叫、抵抗从而便于强奸行为的实施；另一方面为了防止被害人报案、告发，尤其是犯罪嫌疑人与被害人认识的案件。此类案件侵害对象一般为单身独行或独居女性，作案时间多为夜间或傍晚，作案地点多在偏僻的野外或较为封闭的室内空间（如出租屋、宾馆）或交通工具内，犯罪嫌疑人常伴有跟踪尾随、潜伏守候、偷窥等行为。强奸杀人案件最显著的特点就是犯罪嫌疑人实施了实质性的性行为并且被害人尸体特殊部位有由于强奸行为而形成的威逼伤或擦拭伤，其中部分案件还可能会出现捆绑行为。这要与虽有褪去衣裤或捆绑迹象但

---

① 参见杨玉章：《三定侦查法》，14页，北京，群众出版社，2008。

无实质性性行为的伪装强奸杀人的案件相区别。此类案件在侦查过程中一方面要重视对犯罪嫌疑人遗留在现场的精斑、唾液斑、毛发等痕迹物证的提取，从而便于对犯罪嫌疑人的比对、认定；另一方面，由于系列强奸杀人案件较多，因此要加强对现场周边地区可疑人员（尤其是有过性犯罪记录的人员）的排查以及对重点区域的巡查，争取抓现形。

除了上述常规杀人动机外，还有非常规杀人动机，比如精神病杀人、变态杀人等。由非常规杀人动机导致的杀人案件在作案目标的选择、作案手段以及犯罪现场等方面与常规动机导致的杀人案件有较大区别，通常用正常的逻辑关系、规律无法对其行为进行解释，因此对于此类案件还需要从犯罪人格、变态心理等更深层次的心理层面和精神层面去进行分析研究。

在侦查实践中，杀人犯罪动机往往是复杂多变的。有的杀人犯罪动机是单一的，比如在报复杀人案件中犯罪嫌疑人就是为了复仇；有的是多重的，比如在抢劫强奸杀人案件中犯罪嫌疑人既图财又图色；有的在作案过程中犯罪动机发生了变化，比如在由入室盗窃转化为抢劫强奸杀人的案件中，犯罪嫌疑人最初是为了盗窃，但在发现房间内有单身女性后又萌发歹意，最终实施了强奸杀人行为；有的在杀人后终止了预谋犯罪动机所要实施的犯罪行为，比如在强奸杀人案件中，犯罪嫌疑人杀人后本想奸尸，但由于心理极度紧张而无法实施性行为。因此对杀人犯罪动机尤其是原始动机的分析是一项“系统工程”，是在全面掌握案件各方面信息基础上进行的一个由外而内、由表及里、由部分到整体、由现象到本质的一个系统的动态的分析过程。

十二、对犯罪嫌疑人个人特征的分析

对犯罪嫌疑人的个人特征的准确刻画，是查找、排查犯罪嫌疑人的前提和基础。犯罪嫌疑人的个人特征主要包括以下几个方面：

（一）体貌特征

犯罪嫌疑人的体貌特征包括性别、身高、发型、体型、衣着情况以及有无残疾等。犯罪嫌疑人的体貌特征除了根据现场目击证人提供的信息以及现场周边视频监控录像记录的信息进行判断外，还可以根据现场的痕迹、物证进行分析判断，如通过现场足迹判断犯罪嫌疑人的性别、身高、体型、步幅、步态等。对犯罪嫌疑人体貌特征的分析要注意对“男扮女装”、“小脚穿大鞋”等反侦查行为的识别。

（二）语音特征

语音特征包括犯罪嫌疑人声音的大小、粗细、有无沙哑、有无口吃、语言内容及方言种类等。对犯罪嫌疑人语音特征的分析对于确定侦查范围、查找犯罪嫌疑人可能有所帮助。如某系列抢劫杀人案件中，犯罪嫌疑人在完成安装炸药、实施爆炸、杀人、抢钱等一系列犯罪行为后，果断对同伙下达命令：“撤!”就是这一个“撤”字，为侦查人员划定侦查范围提供了依据。由于普通人在这种情况下可能会用“跑”、“走”等来表达撤离现场的意图，而该犯罪嫌疑人却用了一个“撤”字，从中反映出其可能当过兵或受过某种军事训练的职业特点。[1] 此外，通过方言特征可以判断犯罪嫌疑人来自哪个地区，但是要注意犯

---

① 参见杨玉章：《三定侦查法》，128页，北京，群众出版社，2008。

罪嫌疑人故意伪装方言来扰乱侦查视线的情况。

（三）职业技能特征

职业技能特征是指犯罪嫌疑人所从事的工作或掌握的技术、知识等特点。职业技能是犯罪嫌疑人在长期的学习、工作中形成的一种相对稳定的能力，这种能力能够被犯罪嫌疑人主动或自动地用于杀人行为。所谓主动，是指犯罪嫌疑人积极地利用自己掌握的专业知识实施杀人行为，从而达到掩盖犯罪事实的目的。如某利用胰岛素杀人案件中，犯罪嫌疑人通过向其妻子体内注射胰岛素，导致其低血糖休克死亡，企图造成一起医疗事故，犯罪嫌疑人正是利用了他作为医生所掌握的医学知识实施了杀人行为。所谓自动，是指犯罪嫌疑人在作案时将自己在长期特定的工作、生活环境中已经形成“动力定型”的习惯性行为自觉地用于犯罪活动。如某杀人碎尸案件中，尸体各部位均是在关节处被肢解，而没有出现乱砍、乱切的现象，破案后证明，犯罪嫌疑人曾经做过屠夫，其肢解尸体的方式正是以前在做屠夫时习惯动作的体现。

（四）社会特征

社会特征主要是指犯罪嫌疑人的生活层次特征。每一个社会人都可以被划归到不同的社会阶层中去，由于处于不同社会阶层的人其生活层次（如生活习惯、行为模式等）具有较大差异，因此对犯罪嫌疑人生活层次的分析有助于确定侦查范围和侦查方向。对犯罪嫌疑人生活层次的分析主要依据现场的痕迹、物证以及侵害对象的选择来分析判断。如现场遗留的烟蒂所对应的香烟品牌档次较高、市场价格较贵，那么犯罪嫌疑人的经济状况可能较好；如侵害对象为拾荒者、站街女等收入及社会地位较低的社会人员，那么犯罪嫌疑人的生活层次可能不高。

（五）前科特征

前科特征主要是指犯罪嫌疑因实施过违法犯罪行为而受过打击处理或刑罚处罚的特征。对于具有前科的犯罪嫌疑人，由于其具有一定的犯罪经验和反侦查经验，心理素质较好，因此在作案过程中往往会体现出稳、准、狠的特点。所谓“稳”是指犯罪嫌疑人作案准备充分，设计性较强，能够按计划从容不迫地完成杀人行为，且作案后往往在现场有所停留，对现场遗留的痕迹、物证清理较为彻底；所谓“准”是指犯罪嫌疑人对作案目标、作案地点、作案时机、进出现场路线的选择具有极强的针对性，既能保证实现作案目的，又能巧妙地逃避侦查；所谓“狠”是指犯罪嫌疑人作案手段残忍，不计后果，体现出对生命完全漠视的态度。此类案件在侦查过程中要借助公安网的各类违法犯罪人员信息系统重点在前科人员、高危人员中进行深入排查。

第四节　杀人案件的侦查途径

在当前杀人案件侦查难度大、破案质量要求高、侦查力量有限的背景下，如何选择切实有效的侦查途径，是杀人案件侦查工作的关键。根据案件的具体情况，杀人案件的侦查途径主要有以下几个方面：

一、因果关系

通常在双方熟识的情况下，甚至关系较为密切的情况下（如夫妻、情人、同事、网友、朋友等）仍然直接或间接实施杀人行为，致对方于死地，那么双方之间必然存在着某种因果关系，这种因果关系可能产生于“情”“财”“仇”“性”中的一种或几种，然而无论出于哪种犯罪动机，这种因果关系都把犯罪嫌疑人和被害人紧紧联系在一起，这是任何人都无法割裂的一种客观存在的必然联系。因此从被害人的社会关系（如婚恋关系、债务关系、经济纠纷等）入手，全面、深入地调查、分析被害人可能涉及的矛盾关系，犯罪嫌疑人可能很快就会浮出水面。对于因果关系明显的杀人案件，首先要弄清被害人是谁，因此查明尸源，即查清被害人的身份情况是此类案件侦查的关键。

二、赃款、赃物

对于有财物损失的杀人案件，通过对赃款、赃物的有效控制是查找犯罪嫌疑人的重要途径之一。

（一）对赃款的控制

对于有大额现金被抢的杀人案件，应尽量查清被抢现金的具体金额、新旧程度、包装方式，如果条件允许，尽可能查清现金的编号等信息；对于绑架杀人案件，为了便于获取赎金，绑匪一般会向人质家属提供银行卡号，在获取赎金后通过 ATM 机进行取款，此类案件应对绑匪提供账户的资金变动情况实时监控，并根据案情在特定部位的 ATM 机周围进行布控。

（二）对赃物的控制

对于有物品被盗抢的杀人案件，由于犯罪嫌疑人的最终目的往往是把赃物出售，换成现金，因此对销赃环节应重点排查和监控。目前犯罪嫌疑人销赃的主要行业和场所包括典当行、金银饰品加工回收、礼品回收、物资回收、二手手机市场、二手电脑市场、二手车市场等。除此之外，随着网络购物的普及，通过网络交易平台进行销赃的情况逐渐增多，因此，加强对互联网阵地的监控也是控制销赃的有效途径之一。对赃物有效控制的前提是弄清赃物的特征，如数量、品牌、型号、颜色以及使用磨损维修等具体情况。

三、反常表现

在杀人案件中，为了达到作案目的以及逃避侦查，犯罪嫌疑人在作案前后往往会出现一系列的反常表现，主要表现为：

（一）作案前的反常表现

1. 踩点行为

在报复杀人、抢劫杀人等有预谋的杀人案件中，犯罪嫌疑人往往有一个踩点的过程，其目的主要是通过对被害人的跟踪以及对现场内外情况的观察，了解被害人的活动规律以及现场内部结构和逃跑路线情况，具体表现为犯罪嫌疑人多次在现场周围徘徊、观察；犯罪嫌疑人驾驶的车辆案发前多次前往案发地并在现场周边出现；犯罪嫌疑人在现场及周边区域有多次住宿记录等。

2. 购买作案工具

为了实现作案目的，犯罪嫌疑人在作案前往往要购买作案工具，而这些工具是犯罪嫌疑人日常生活中并不常见或需要的物品，如在爆炸杀人案件中，犯罪嫌疑人会购买一些定时装置以及易燃易爆物品等；在杀人碎尸案件中，犯罪嫌疑人会购买斧头、锯子、绞肉机等工具。

3. 突然转变对被害人的态度

在因情感、家庭矛盾等原因引发的杀人案件中，由于犯罪嫌疑人与被害人之间的矛盾往往持续的时间较长，因此双方关系可能一直出于比较冷淡或争吵的状态。但是犯罪嫌疑人为了隐藏作案动机，掩人耳目，在案发前可能突然转变对被害人的态度，在生活上倍加关心照顾，企图给外界造成一个与被害人关系融洽的错觉。

（二）作案后的反常表现

1. 案发后突然离开案发地

犯罪嫌疑人作案后为了逃避侦查，往往急于离开案发地。有的会以外出打工、老家出事等事由辞掉当前的工作立即离开案发地；有的会不辞而别，甚至放弃遗留在出租屋内的衣物包括房屋的押金等。

2. 案发后对侦查进展情况过分关注

犯罪嫌疑人为了确认被害人是否已经死亡，自己的指纹、足迹、血迹等痕迹信息是否遗留在现场，以及警方是否把自己列为嫌疑对象等情况，往往会通过各种途径打探侦查进展情况，从而为下一步的反侦查行为做准备，具体表现为：杀人后返回现场，向现场周边围观人员询问现场情况；通过亲戚、朋友、同学等关系向办案人员询问办案情况等。此外，对于熟人作案的犯罪嫌疑人，在案发后则可能表现得异常过度悲伤。

3. 案发后突然实施的清洗衣物、更换家具、装修房间等行为

由于杀人案件现场往往会有大量血迹，如犯罪嫌疑人的身上，犯罪现场的墙壁、地板、家具等部位，因此犯罪嫌疑人会在案发后立即对相关物品、部位上的血迹进行清理，对于清理不掉的可能会进行更换，如案发后清洗衣物，更换地板、家具，粉刷墙壁，对室内进行彻底装修等。

4. 案发后经济状况突然好转

对于图财类杀人案件，由于犯罪嫌疑人在作案后获取了大量财物，因此在犯罪嫌疑人没有固定收入或案发前经济状况较差的情况下，案发后经济状况突然好转，如在娱乐场所大肆挥霍、在商场购买大量商品等，这种反常现象应引起侦查人员的高度重视。

四、痕迹、物证

从现场痕迹、物证入手，是杀人案件侦查最基本、最有效的途径之一。一方面可以根据现场遗留的痕迹、物证对犯罪嫌疑人直接进行查找、认定，如将现场提取的指纹、精斑、唾液斑、血迹等DNA信息与相关犯罪数据库的中的信息进行查找、比对，可以直接认定犯罪嫌疑人；另一方面可以根据现场遗留的痕迹、物证对案情进行分析，对犯罪过程进行重建，如根据现场的抛甩血迹、滴落状血迹、流柱状血迹、血泊等血迹形态对犯罪嫌疑人与被害人在现场的相对位置、活动过程、行为顺序等信息进行全面分析。

由于犯罪嫌疑人在实施杀人行为后常常会对现场进行破坏或伪装，因此在对现场的痕迹、物证进行查找、固定、提取、分析时一定要注重细节，尤其要重视对微量物证的查找和利用。如在某杀人案件中，在犯罪嫌疑人的出租房内的蚊帐上发现一只死蚊子，遂提取了留有死蚊子的蚊帐，后经检验，该蚊子残骸体内遗留血样和案发现场提取的血迹认定同

一，最终锁定犯罪嫌疑人。

五、手机通信信息

随着移动通信技术的快速发展，人们生活水平的提高以及社会工作、交往的需要，手机已经成为人们日常生活中不可缺少的一部分。随身携带手机已经成为绝大多数人的日常习惯。为了保证手机实时处于网络覆盖以及计费等需要，手机在使用过程中会产生一系列的数据信息（如话单信息、信令信息）并被自动储存在相应的服务器内，这些信息由于具有定时、定位、定人①等功能，因此在杀人案件侦查中，依法提取、利用手机通信信息将对案件侦查的顺利开展起着重要的作用。在杀人案件侦查中，对手机通信信息的利用主要有以下几个方面：

（一）从被害人的通信信息出发，分析、查找犯罪嫌疑人

被害人与犯罪嫌疑人在案发前往往发生过通信联系，如犯罪嫌疑与被害人在电话中争吵，或者通过打电话、发短信等方式将被害人邀约到某一地点后实施杀人行为等。因此对被害人通信信息中的主、被叫情况要仔细分析，尤其要注意被害人被害前一段时间以及最后一次接打手机的时间和位置情况。

（二）从犯罪嫌疑人的通信信息出发，分析、判断其真实身份及活动轨迹

当通过被害人的通信信息或其他途径获取嫌疑人的可疑手机号码后，应对犯罪嫌疑人的通信信息进行全面深入的分析，比如，根据机主登记资料信息结合其他公安基础信息确认其真实身份；根据通话时间及基站分布情况，分析其活动范围和轨迹；根据开关机情况结合旅馆住宿信息，分析、判断其居住地或暂住地；通过手机信号移动的速度，分析、判断其使用的交通工具等。通过对犯罪嫌疑人通信信息的全分析，再结合案件的具体情况，就能够为确定重点嫌疑人提供重要依据。

（三）从现场搜集的基站信息出发，分析、查找犯罪嫌疑人

在有预谋的杀人案件中，犯罪嫌疑人在踩点以及作案过程中都可能会使用手机与同伙取得联系，这些通信信息都会被现场周边的基站系统记录，通过侦查假设，建立各种可能的数据模型设置查询条件，对不同时段同一现场，或者不同现场在特定时段内的基站信息进行模糊比对、碰撞，可能会排查出可疑号码，进而找到号码背后所对应的犯罪嫌疑人。

六、视频图像信息

随着“天网工程”、“平安城市”等大型安防工程的建设以及社会中各种视频监控设备的广泛应用，利用视频图像为侦查服务已经成为现实，而且在侦查实践中也正发挥着越来越大的作用。② 视频图像信息在杀人案件中的应用主要体现在两个方面：一方面是“人”，另一方面是“车”。

---

① 定时，是指话单中会记录用户通话时间、通话时长等时间信息；定位，是指话单中会记录用户通话时所在基站、小区等位置信息；定人，是指话单中会反映用户的开户信息（如姓名、身份证号码、家庭住址等）以及与该用户产生过通话或短信联系的对方号码信息。

② 参见孙展明、尹伟中等：《视频图像侦查》，1页，北京，中国人民公安大学出版社，2011。

（一）通过视频图像信息分析犯罪嫌疑人的特征

杀人犯罪现场周边的视频监控系统可能会把犯罪嫌疑人的人数、体貌特征、生理特征、职业特征、地域特征、与被害人的关系特征以及作案过程等信息记录下来，这些信息对于确定侦查范围和侦查方向、查找犯罪嫌疑人具有重要意义。

（二）通过视频图像信息分析涉案车辆的特征及移动轨迹

车辆在杀人案件中有两种表现形式：一种是作案工具，如用来运送犯罪嫌疑人及被害人、尸体、财物等；另一种是作案目标，如杀人劫车。无论哪种情况，"以车找人"都是杀人案件侦查的有效途径之一。如何查找、发现涉案车辆是该类案件侦查的关键。目前道路交通视频监控、治安卡口视频监控、道路收费站视频监控、街面安防视频监控、居民小区安防视频监控、金融机构网点视频监控、营业性场所视频监控等监控管理系统的建设逐渐完善，覆盖范围不断扩大，车牌号码自动识别技术也日趋成熟，这就为通过视频监控查找、发现可疑车辆，再通过车辆查找犯罪嫌疑人的侦查思路提供了重要的技术支持和保障。

在视频图像分析过程中，除了对视频图像资料本身的显性信息进行分析外，还要注重对视频图像中的隐性信息进行发掘和查证。[①] 在视频图像中，往往会反映出犯罪嫌疑人行走、交谈、打电话、购物、刷卡、驾车、取款、上网、住宿等细节动作，将这些细节动作与精确的时空定位结合起来后，我们就可以结合手机通信信息、网吧上网信息、银行卡信息、车辆轨迹信息、旅店住宿信息等公安、社会基础信息挖掘出更多深层次的有价值的案件信息，从而找到案件的突破口。

七、互联网信息

随着互联网技术的发展以及人们生活方式的转变，互联网已经成为人们工作、生活、娱乐中不可或缺的一部分。网上聊天、交友、征婚、购物、交易等现实社会中的一切行为几乎都可以通过互联网实现。然而人们在使用互联网的同时，也会把一些个人信息（如聊天记录、个人资料等）有意或无意地保存在使用过的计算机或者网络空间中，这些信息对于案件侦查可能会起到至关重要的作用。在杀人案件中，被害人或犯罪嫌疑人往往都有上网的习惯，因此从被害人或犯罪嫌疑人的互联网信息入手，往往会有所突破。对被害人或犯罪嫌疑人互联网信息的利用可以从以下两方面考虑：

（一）从被害人的互联网信息出发，发现、寻找犯罪嫌疑人

在犯罪嫌疑人尚未确定的情况下，当查明被害人的身份后，应及时获取被害人的QQ、微信、MSN、E-mail、人人网、博客、微博等互联网信息（如登录账号、密码等信息），查明被害人的网络关系情况、被害前的网络通信情况、发布消息情况等重要信息，从中发现可疑人员。对被害人使用过的台式机、笔记本电脑、手机等具备互联网功能的电子设备应由专业人员及时进行取证分析，从中挖掘出有价值的线索。

（二）从犯罪嫌疑人的互联网信息出发，全面、深入了解犯罪嫌疑人

在犯罪嫌疑人已经确定的情况下，应全面搜集犯罪嫌疑人的各种互联网信息。一方

---

① 参见孙展明、尹伟中等：《视频图像侦查》，147页，北京，中国人民公安大学出版社，2011。

面，在网安等部门的协助下可以通过犯罪嫌疑人的上网信息（如QQ使用情况）及时对其行踪进行准确定位；另一方面，通过对犯罪嫌疑人网购、微博、博客、个人空间（如上传的照片、日志等）、上网历史记录等信息的深入分析，可以对其生活习惯、兴趣爱好、交往关系、思想状况等深层次信息进行全面掌握，这些信息对于确定侦查范围和方向以及预审工作都有重要意义。

需要注意的是，存储在被害人或犯罪嫌疑人的台式机、笔记本、智能手机等电子设备中的互联网信息从证据的角度看属于《刑事诉讼法》所规定的“电子数据”，由于“电子数据”具有无形性、易破坏性等特点，因此对“电子数据”的固定、提取、分析要由专业人员通过专业取证设备依法进行，从而确保“电子数据”的证据价值。

【导入案例简析】

本案中由于只有死者双下肢、肋骨、肩胛骨、锁骨的残缺尸块，死者的年龄范围、身高体态无法准确判断，尸源查证的工作难度极大。显然，以尸源作为主要侦查方向，难以在短期内取得成效，而死因不明、作案工具不明也掣肘了对犯罪嫌疑人与死者关系以及作案环境的分析。因此，利用抛尸所用背包这一良好的查证条件和辨识条件，开展物证调查和视频侦查成为迅速侦破本案的唯一出路。基于上述认识，侦查方案的制订应遵循以物证调查与视频侦查为主线，以尸源调查等侦查措施并行的侦查思路，具体做如下部署：一是对抛尸所用的背包开展物证调查，重点对该背包上的条形码进行解码，通过对该包产销地的确定判断犯罪嫌疑人的活动区域，刻画犯罪嫌疑人的体貌特征；二是本着“以包找人”的原则，查看圆明园内的监控录像，查找携带特征相似背包进入园内的可疑人员；三是发布北京市全市查找尸源的协查通报，对案发前三个月失踪的成年男性逐一经行核查；四是对游船出租处员工等管理人员经行调查，寻找在案发前有表现异常的游客及其他可疑情况。

【延展阅读】

犯罪心理画像

自20世纪50年代，美国纽约警方根据心理学家詹姆斯·布鲁塞尔博士对作案人的个性心理特点的刻画，成功地发现并抓获犯罪嫌疑人以来，犯罪心理的分析、刻画和利用越来越受到各国警方和司法部门的重视。在我国，自20世纪90年代开始，不少学者提出“犯罪心理痕迹”的概念，开始注重对犯罪心理的分析、刻画和利用。但从整体上看，我国目前对犯罪心理的分析、刻画和利用还是零散的和不自觉的，分析、刻画水平还不高，专业人才尚缺乏，这与犯罪智能化程度越来越高、系列犯罪不断增多的新形势严重不相适应。因此，加强对犯罪心理分析、刻画的研究力度，正确刻画犯罪嫌疑人的犯罪心理，以拓展侦查线索的来源已显得越来越重要。

一、犯罪心理画像的含义

犯罪心理画像的含义有两个不同层次：一是从个案分析的角度来考虑，二是从犯罪心理画像整体性、系统性的角度来考虑。个案侦查中的犯罪心理画像，是指通过对作案人遗留的反映其特定犯罪心理的各种表象或信息（即犯罪心理痕迹）的分析，来刻画作案人的犯罪心理进而服务于侦查工作的专门活动。进行犯罪心理画像，是对犯罪现场认识的进一步深化，实现在认识上由实到虚的转变，使对犯罪现场的认识达到一个新的更高的境界。犯罪心理画像的整体性、系统性是指犯罪心理画像技术指标体系的建立。在个案实践的基础上，应当根据长期的系统研究和素材积累来确定犯罪心理画像的技术指标，并以此指导侦查工作。

二、犯罪心理画像与犯罪心理、犯罪心理痕迹的关系

从逻辑关系来分析，犯罪心理画像、犯罪心理和犯罪心理痕迹是不同的概念。因此，在进行犯罪心理画像时，应首先在分析思路和逻辑关系上分清三者的逻辑关系。

（一）对犯罪心理、犯罪心理痕迹的界定

犯罪心理是影响、支配行为人实施或可能实施犯罪行为的主观因素，通常包括犯罪嫌疑人的内心需求、认知水平、道德水准、个人爱好、人格特征、行为习惯、专业技能、应变能力、生理缺陷和犯罪经历等，是犯罪心理画像的逻辑起因。犯罪心理痕迹是由犯罪行为形成的表象或信息，包括实物痕迹以及被害人、知情人对犯罪行为或已消失的实物痕迹的感知和记忆，是犯罪心理的外在流露和间接表现。犯罪心理痕迹是犯罪心理的外在表现，是对犯罪心理的“折射”，犯罪心理是因，犯罪心理痕迹是果。犯罪嫌疑人在不同犯罪心理的支配下，实施的犯罪行为也各不相同，从而形成的犯罪心理痕迹也各不相同；反之，不同的犯罪心理痕迹，来源或取决于不同的犯罪行为，最终来源或取决于不同的犯罪心理。需要指出的是，那些看似多余的，对完成犯罪没有什么帮助的，但犯罪嫌疑人却又非做不可的行为，往往是犯罪嫌疑人独特的人格特征的反映，是特定犯罪心理的重要表现，对确定犯罪嫌疑人独特的人格特征和串并案件会起到重要的作用。

（二）犯罪心理画像与犯罪心理的关系是主观分析与客观存在的关系

犯罪心理画像时通过犯罪心理痕迹，对犯罪嫌疑人的个体特征进行分析和刻画。在犯罪心理画像前，对犯罪嫌疑人的犯罪心理的认识是不清晰的或未知的（但犯罪心理是客观存在的），通过犯罪心理画像，对犯罪嫌疑人的犯罪心理取得一定的认识。当然，犯罪心理画像的结果可能与犯罪嫌疑人的真实犯罪心理相吻合，也可能出现一定的差距，犯罪心理画像的目的，就是要使对犯罪心理分析和刻画的结果与犯罪嫌疑人的真实犯罪心理相一致，使主观分析尽量与客观存在相符合，从而科学地指导侦查实践。

（三）犯罪心理画像与犯罪心理痕迹的关系是分析过程与分析依据的关系

犯罪心理痕迹是犯罪心理的外在表现，是犯罪行为造成的实物痕迹以及被害人、知情人对犯罪行为或已消失的实物痕迹的感知和记忆，即反映犯罪嫌疑人心理的各种表象或信息。犯罪心理画像正式通过这些表象或信息来推断犯罪嫌疑人诸如对作案时间、地点、手段及侵害对象的选择等犯罪行为，并最终分析和刻画犯罪嫌疑人的犯罪心理。因此，犯罪心理痕迹是进行犯罪心理画像的客观依据，是犯罪心理画像的物质基础和信息基础。

三、个案侦查中犯罪心理画像的步骤

个案侦查中，犯罪心理画像主要有两大步骤：一是要及时、敏锐地识别犯罪犯罪

心理痕迹；二是要在丰富的犯罪心理学知识和办案经验的基础上积极联想。

（一）犯罪心理痕迹的识别是进行犯罪心理画像的基础

犯罪现场勘查理论认为，犯罪痕迹可以分为实物痕迹和印象痕迹两大类。实物痕迹是指以实物形式存在的现场痕迹物证，印象痕迹是指遗留在被害人、知情人大脑中对犯罪过程和易消失的实物痕迹的感知和记忆。犯罪心理痕迹主要以实物痕迹为载体，有时也以印象痕迹为载体。犯罪心理痕迹的发现和捕捉是进行犯罪心理画像的基础。

（二）科学、合理的联想是进行犯罪心理画像的关键

犯罪心理蕴藏在犯罪嫌疑人的行为之中，要进行犯罪心理画像，就必须在重建犯罪嫌疑人的动作、行为的过程中，"透过现象看本质"，从一些特定的行为、动作中，发现犯罪嫌疑人的心理特征。犯罪心理画像与犯罪现场重建的关系十分紧密，准确的犯罪心理画像是建立在准确的犯罪现场重建基础之上的。

四、犯罪心理画像的作用和研究条件

对于杀人案件侦查，犯罪心理画像已经被国内外侦查实践证明是行之有效的方法。犯罪心理画像对于确定侦查范围和方向起着十分重要的作用。美国是世界上较早开展犯罪心理画像技术研究的国家之一。美国联邦调查局在1979—1983年间，曾专门立项研究开发犯罪心理画像在系列杀人案件侦查中的运用，并在联邦调查局国家学院先后设立了行为科学组（BSU）和调查支援组（ISU），以指导全国系列杀人案件的侦破。犯罪心理画像的直接效果是缩小嫌疑人的范围，在诸如亚特兰大系列杀童案、安克拉治系列残害妓女案等一大批重大的系列杀人案件中，犯罪心理分析为侦查工作提供了正确的犯罪嫌疑人范围，甚至精确的犯罪嫌疑人特征，包括犯罪嫌疑人的性别、种族、年龄、婚姻状况、兵役、职业、智商、教育程度、犯罪记录、性格、交通工具颜色、问话形式等各个方面。而在旧金山的"林经杀手"案等案件中，联邦调查局的行为科学专家甚至告诉警官："凶手具有口吃的特征"，为及时抓获系列杀人凶手提供了重大的技术支持。

目前，我国关于犯罪心理画像的个案资料的积累还远远不够，使建立犯罪心理画像技术指标体系尚缺乏足够的材料支撑。因此，我国应加强对犯罪心理画像的理论研究和侦查实践，加强对专业人才的培养，使犯罪心理画像成为侦查员的自觉行动，并适时建立适合我国国情的犯罪心理画像技术指标体系，从而使犯罪心理画像技术在我国的侦查实践中发挥应有的作用。

【本章小结】

杀人案件是指犯罪行为人凭借一定的物质和能量，非法剥夺他人生命的刑事案件。杀人案件的一般特点是犯罪嫌疑人侵犯的客体是特定公民的生命权利；犯罪嫌疑人与被害人有过接触并实施了杀人行为；案发现场痕迹、物证较多；犯罪嫌疑人多有反侦查行为。杀人案件侦查的基本原则是以犯罪现场为中心，以合成作战为基础，以信息化侦查手段为支撑。杀人案件的案情分析包括被害人分析，现场财物损失情况分析，作案地点和场所分析，作案时间分析，犯罪嫌疑人出入现场的位置、侵入方式和

行走路线分析，作案人数分析，作案方式、手段分析、作案工具分析，犯罪嫌疑人在现场的活动过程分析，伪装现场分析，杀人犯罪动机分析，犯罪嫌疑人的个人特征分析。杀人案件的侦查途径主要有因果关系、赃款赃物、反常表现、痕迹、物证、手机通信信息、视频图像信息、互联网信息等。

【关键术语】

杀人案件　合成战　信息战　科技战　证据战

【推荐阅读】

1. ［美］斯图尔特·H. 詹姆斯等：《血迹形态分析原理：理论与实践》，刘力译，北京，科学出版社，2008。

2. 陈世贤主编：《命案现场分析》，北京，群众出版社，2008。

3. 闽建雄编著：《命案现场重建概论》，北京，中国人民公安大学出版社，2006。

4. 吕云平：《系列杀人案件侦查》，北京，中国人民公安大学出版社，2004。

5. 刘长成：《实用杀人案件侦查》，北京，中国人民公安大学出版社，2008。

【案例分析】

2006年4月25日上午8时许，湖北省潜江市公安局“110”指挥中心接到报警称：汉宜高速公路潜江后湖段东干渠下发现一蓝色旅行箱，箱内装有一女尸。现场位于汉宜高速公路潜江后湖段东干渠桥下。该桥为双向四车道全封闭高速公路桥，中间有隔离带。桥护栏高110厘米，宽22厘米，由西桥墩中线往东135厘米处的护栏上部，有一新鲜的擦划痕迹。桥下北侧，东干渠西岸，发现一26厘米×66厘米×86厘米大号深蓝色旅行箱。箱盖上有“MENGHU”商标，上附有塑料膜。箱底部滑轮有轻度摩擦痕迹。箱内发现印有“武汉市第九医院”标识空塑料袋一个，白色女式“逍遥王子”牌37码短袖衬衣一件，灰白相间耐克鞋一双，白色线织手套一双，带血毛巾一条，黄鹤楼烟头四枚，带血卫生纸五团，被套一个，带血枕套两个，带血双人床单一条，氧氟沙星滴眼液说明书一张。

法医检验情况：死者衣着完整，尸表检验可见尸僵完全缓解，尸斑集中在后背部，指压不褪色，颈部缠有三圈环状布带，用透明胶缠绕口鼻部，口部用一只耐克牌袜子塞住（进1.5厘米），眼、鼻部有三圈布带子，左侧头顶部有皮下出血，眼部有点状出血，牙龈有挫伤，颈部索沟呈皮革样化，右手背有几处青紫，左肩部有一较大青紫区，腰部有一方形点状出血区（长发形呈打击面状），处女膜陈旧性破裂。双大腿中段有一陈旧疤痕，双腿用绳索呈八字屈膝捆绑，双手、环、小指均留0.5厘米长的长指甲，并涂有银灰色指甲油，身上有香水味。死亡原因为窒息死亡，死亡时间在48～72小时，尸斑形成角度与箱内尸体状态不符，应在入箱前16小时左右形成尸斑，年龄22岁左右。

现场访问情况：4月24日下午3点至5点，先后有多人从现场的东干渠桥下走过，均未见到过该旅行箱。4月25日早晨6点，报案人路过现场时，才发现该旅行箱。

请分析：

1. 请对该案进行案情分析。

2. 该案的侦查途径应如何选择？

第十一章　盗窃案件侦查

【学习目标】

通过本章的学习，理解盗窃案件的概念、特点及种类，掌握盗窃案件侦查的基本方法；掌握内盗、外盗案件、入室盗窃案件、扒窃案件以及网络盗窃案件等案件的侦查要领。

【导入案例】

某年8月22日13时30分左右，和平里派出所向分局刑警队电话报案，本管界东河沿××号楼××号房间的住户刘某某家被撬。现场勘查情况如下：

××房间门上装有暗锁，完好无损，开启自如。门东侧有一三开的双层窗，窗户西侧的一扇在外面的纱窗插销处破开一洞（据经验系刀割所致），纱窗向外打开，里面玻璃向内打开，在外侧窗台上发现一解放鞋遗留的足尖花纹，玻璃窗框上有一枚清晰的左拇指指纹。事主住的是两室一厅的住房，犯罪嫌疑人从窗户进入的是其子刘江的卧室。在刘江卧室的床单上，有半个凉鞋的花纹，经对比，不是事主家的鞋印。三间屋内的柜子、床、写字台、壁橱的洗衣机等均被翻动，被翻动的东西有的堆在桌上，有的扔在地下，彩电及一些高档服装未动，经事主清点，丢失物品如下：录音机两台：一台是“三洋”牌，一台是“索尼”牌。磁带四十多盘。（两台录音机均为组合式，价值共2 100元）；手表四块，两块“西铁城”，两块“精工”；联邦德国产KDF15倍望远镜一架；“555”牌香烟2条，“云斯顿”牌香烟2条；电脑2台，其中1台带有计时器；“红灯”牌袖珍半导体收音机1台；人民币七八十元，票面10元一张，美元一百余元，票面10元一张；眼镜四副，平光镜、墨镜各两幅；仿羊皮棕色背包1个；袖珍塑料电筒一把；五副球袜，另外还有一支钢笔、一个立体声耳机等。总价值6 000余元。

事主刘某某陈述：因放暑假，8月22日，全家都休息，上午9点30分，我爱人和孩子去了他姥姥家，我在家收拾屋子，大约11点钟时，我孩子原来的同学安斌来找我儿子，我告诉他，刘江去他姥姥家了，安斌还了一本书就走了。我在家写了一封信，大约11点30分左右，我关好外面的纱窗，里面的玻璃虚掩着，锁好门后，就去了他姥姥家。下午1点30分左右，我回家开门一看，客厅内一个柜子里的东西被翻乱了，装手表的一个木盒、照相机和望远镜的皮盒、录音机的包装盒都扔在地下，酒柜也翻乱了，冰箱上的一个菠萝被切吃了一点，旁边还放着一把餐刀。

资料来源：刘志、谷美云、张西章：《刑事侦查作业训练》，110～112页，北京，中国人民公安大学出版社，1998。

请回答：请简要分析犯罪嫌疑人条件、犯罪过程及下一步侦查工作。

第一节 盗窃案件概述

一、盗窃案件概述

（一）盗窃案件的概念

盗窃案件，是指以非法占有为目的，窃取公私财物数额较大的，或者多次盗窃，入户盗窃，携带凶器盗窃，扒窃的犯罪案件。

盗窃案件历来是最常见、最普遍，也是最复杂的一类刑事案件，在新的历史时期下，盗窃案件表现出了新的犯罪形式，严重扰乱社会秩序。加强盗窃案件侦查工作是侦查部门打击犯罪、实现维护社会治安职责的重要内容。

（二）盗窃案件的分类

依据不同的标准，盗窃案件可以分为以下类型：

（1）根据盗窃案件犯罪嫌疑人采用的盗窃手段的不同，可以分为入室盗窃、扒窃、撬盗、技术性盗窃等。

（2）根据盗窃案件犯罪嫌疑人与侵犯对象关系的不同，可以分为内盗、外盗和内外勾结盗窃。

（3）根据盗窃案件发生的场所不同，可以分为银行盗窃、宾馆盗窃、居民住宅盗窃、公共汽车上盗窃、火车上盗窃、轮船上盗窃等。

（4）根据盗窃案件犯罪嫌疑人侵害目标的不同，可以分为盗窃文物、盗窃机动车、盗窃财物、盗窃现金、盗窃枪支等。

二、盗窃案件的特点

（一）犯罪行为具有隐蔽性

犯罪行为全过程具有隐蔽性，是盗窃案件区别于其他诸如诈骗、抢劫等侵财案件的显著特点。盗窃案件中，犯罪嫌疑人与被害人没有正面接触，被害人无法向侦查人员提供犯罪嫌疑人的体貌特征和作案过程，这给案件侦破带来一定的困难。

（二）犯罪行为具有预谋性

为了准确地选择盗窃目标，确定进入现场的路线，顺利达到窃取财物的目的，犯罪嫌疑人在实施犯罪行为前多有踩点、准备作案工具等预谋行为，常常表现为：以购买商品、探亲访友、观光游览、找人等正常活动作掩护，暗中窥测、寻找和选择盗窃目标；观察现场周围环境和进出口现场的路线和方法，了解财务的保管方法、值班人员的情况以及报警装置的情况，实施盗窃行为；了解掌握事主和现场周围群众的活动规律，以选择、确定作案时机等。

通过踩点活动，犯罪嫌疑人会尽可能地全面了解、掌握盗窃目标及其周围环境等方面的情况，选择可利用的有利条件，并设计出相对周详的作案活动计划，顺利达到其犯罪目的。同时，犯罪嫌疑人对现场和目标的踩点行为也会使其人身形象特征可能暴露在事主和现场周围群众的视野中，从而留下一定的犯罪线索。

（三）作案手法具有习惯性

盗窃案件犯罪嫌疑人多为惯犯，由于动力定型规律，在长期作案过程中极易形成一套比较固定的带有个人特点的盗窃习惯。例如，有的人习惯选择固定的作案对象，有的人习惯使用特定的作案工具等。侦查人员研究盗窃案件的习惯性手段有利于开展串并案侦查、扩大线索、缩小排查范围，同时还可以从业已掌握的犯罪资料当中，直接发现犯罪线索，从而迅速破案。

（四）犯罪现场一般留有犯罪痕迹或其他物证

犯罪嫌疑人实施的盗窃行为一旦发生，必然会留下与犯罪相关的痕迹物证。盗窃案件犯罪嫌疑人进入现场的手段多为破（撬）门（窗）、拧锁等，一般都会改变或破坏现场的原有状态，为了搜寻财物，又多会撬砸箱柜、抽屉等，在相应位置上会留下指纹、撬痕、翻痕，同时也可能遗留有毛发、足迹、手印和自身的气味等，通过对这些痕迹的提取鉴定，可以推断出犯罪嫌疑人所使用工具的种类、熟练程度及职业特征等，进而可以确定侦查方向和范围，然后以犯罪工具为线索，开展摸底排队。同时，犯罪嫌疑人在慌乱之中会将作案工具（如破坏工具、照明工具等）和其他一些随身携带的物品遗留在现场或附近，这些对于揭示犯罪嫌疑人的个人特点，寻找、发现侦查线索具有重要意义。

（五）有赃物可查

盗窃案件一般情况下都是有赃款赃物可查的，犯罪嫌疑人窃取财物之后，有的自用，有的销赃，有的送人，有的转移、藏匿一定时间以后再出手。因此，赃款、赃物是将犯罪嫌疑人与发生的盗窃案件联系起来的纽带，是侦查盗窃案件、发现盗窃案件犯罪嫌疑人的重要线索，也是认定犯罪的有力证据。

当前，随着社会发展，盗窃案件呈现出一些新的规律和特点，表现在：其一，犯罪主体年轻化、职业化、团伙化。盗窃团伙成员一般有明确的分工，形成专业化模式。盗窃团伙相较个体作案，犯罪能量更大，具有更强的逃避侦查能力；同时，盗窃犯罪团伙作案地域广泛，往往跨区域流窜作案，异地销赃，为侦查活动带来一定的难度。其二，随着科学技术的日益进步和迅猛发展，盗窃犯罪嫌疑人的作案手段日益高明和发达，呈现明显的智能化趋势。一些高科技产品、高科技知识和一些高科技能力被运用到犯罪中，如运用智能开锁技术盗窃高档轿车、利用计算机程序实施网络盗窃等。盗窃方法的高科技对侦查工作提出了很大的挑战。其三，犯罪对象多样化。现阶段盗窃案件的犯罪对象已不仅局限于金钱、支票等有价证券上，社会上新出现的很多事物，甚至是虚拟的网络产品都具有不小的经济利益。利用互联网实施盗窃的犯罪行为正以与互联网发展速度成正比地逐年增多。

第二节　盗窃案件侦查的基本方法

一、及时、细致地勘查盗窃现场

（一）及时进行现场访问，了解被盗过程

盗窃案件发生后，侦查人员应第一时间对被盗事主及其家属、报案人、现场目击证

人，企事业单位财产的所有者和保管者，现场周围及犯罪嫌疑人来去路线沿途的知情人等进行全面而详细的询问。重点查明下列情况：

1. 询问被盗的情况

包括被盗的时间、地点、经过以及发案后有无人员进入过现场，现场哪些部位有所变动、变动程度如何。

2. 被盗财物的情况

被盗财物的名称、数量、价值、形状、用途以及新旧程度等；被盗财物平时存放处所，由谁保管和保管的情况，了解相应保管人的情况。

3. 发案前后的可疑情况

案发前后有无听到任何异常声音，有无看见可疑的人或事出现在案发现场，事主和知情人有无怀疑对象，怀疑依据是什么。

（二）全面、细致地勘验现场，收集犯罪信息

犯罪嫌疑人在实施盗窃过程中，往往会在现场留下与犯罪有关的痕迹和物证。通常情况下，全面、细致地勘验现场遗留的痕迹、物证是侦破盗窃案件的重要环节。近年来随着犯罪嫌疑人反侦查意识的逐步增强，盗窃案件现场遗留较为明显的痕迹、物证的情况逐渐减少，这就对现场勘验工作提出了更高的要求。勘验现场的重点如下：

1. 对犯罪现场进出口的勘验

犯罪现场进出口是犯罪嫌疑人作案前进入现场和作案后逃离现场的必经之路，无论犯罪嫌疑人用何种方式进入现场，往往都会在进出口处留下一定的痕迹、物证。因此，必须仔细观察盗窃现场进出口附近的地面、门窗、墙壁等位置，及时发现犯罪嫌疑人遗留的手印、足迹、撬压痕迹以及其他活动痕迹。犯罪现场的进出口有的较为明显，有的则难以判断，需要通过细致观察手印、足迹和撬压痕迹以及门窗的开关状况来分析判断犯罪现场的进出口。如果现场处于开放的空间，犯罪嫌疑人来去路线的两侧和周围隐蔽的处所可能遗留有作案工具、部分赃物以及在窥视或预伏时可能遗留的痕迹、物证。

2. 对被盗财物保管处所的勘验

在被盗财物的保管处所，主要是发现可疑手印、足迹和作案工具痕迹。被盗财物的保管处所往往是犯罪嫌疑人实施犯罪行为的中心处所，也是破坏比较严重的部位，勘验时，既要注意发现、提取犯罪痕迹、物证，尤其是微量物证，又要注意分析、研究作案过程和犯罪嫌疑人破坏的具体方法，为分析判断案情、开展侦查提供依据。

3. 对犯罪现场周围环境的勘验

犯罪现场周围环境包括犯罪嫌疑人在进入犯罪现场之前躲藏、守候、窥视的地点，根据现场周围的地理环境和自然条件，以现场为中心向外搜索。对外围现场的勘验和搜索，应沿着来去路线的方向勘验搜索。对现场附近的田间路边、垃圾桶以及一些便于隐藏物品和人身的地方，要注意观察和搜查，从而发现和提取犯罪痕迹、物证。

二、全面分析案情，确定侦查方向和范围

（一）分析、判断案件性质

对盗窃案件案情性质的判断，直接关系到侦查范围的确定，关系到侦查工作的顺利开

展。盗窃案件根据其性质不同，可分为内盗、外盗和内外勾结盗窃。

一般情况下，内盗案件由于是内部人员作案，犯罪嫌疑人对现场环境较为熟悉，作案目的明确，现场破坏痕迹较少，作案时机选择恰当，难以找到目击者，犯罪嫌疑人往往事先配置好了钥匙开锁入室，实施盗窃行为。与之相反，外盗案件的犯罪嫌疑人对现场情况不熟悉、目标不明确，现场翻动痕迹较为明显，多采用撬压、砸窗等破坏性手段入室作案，作案手法往往带有技术性及习惯性特征。分析盗窃案件性质时应当注意内盗案件往往被伪装成外盗现场以转移侦查视线，因此，侦查人员一定要在全面收集现场勘验和调查访问所获得的信息的基础上认真分析研判案件性质，对案件性质作出客观、全面的认定。

（二）分析判断盗窃时间

准确分析判断盗窃时间是发现、认定犯罪嫌疑人的主要依据，分析的依据主要是：盗财物存放、发现被盗以及最后一次被发现的时间；事主在案发之前最后一次进出现场的时间及其与发现被盗时相隔的时间；现场上的痕迹及其变化情况推断。如现场上的痕迹是否干燥、硬化，痕迹的新鲜程度如何等；场周围群众生产生活的规律，过往人员较多或者较少的时间，犯罪嫌疑人最适宜的作案时间；据事主和周围群众听到或看到被盗现场某种可疑迹象的时间来判断。

（三）分析判断作案工具和手段

作案工具和手段的选择可以反映出犯罪嫌疑人是惯犯还是偶犯，甚至可以从中看出某些犯罪嫌疑人的职业特点，对侦查破案具有重要意义。侦查人员可通过以下方面分析判断作案工具和手段：通过对现场进出口处的勘查，分析犯罪嫌疑人使用何种犯罪工具，采用何种方式和途径破坏障碍物进入和逃离现场；通过现场物品的被破坏程度判断作案工具和手段；通过事主对案发经过的描述；通过对犯罪嫌疑人遗留在现场的物证、破坏工具痕迹的形状、大小、深度和特征的研究确定作案工具和手段。

（四）分析判断作案过程

分析作案过程的依据，主要是犯罪嫌疑人在现场上行走的足迹，盗窃现场上遗留的各种痕迹、物证，现场被破坏物体上留下的工具痕迹及有关痕迹形成的先后顺序，被破坏物体的具体状况以及事主、财物保管人员提供的现场情况。

（五）分析犯罪嫌疑人人身形象及其他个性特点

正确分析和判断盗窃案件犯罪嫌疑人的体貌特征及其他个人特点，有助于侦查人员寻找发现、认定犯罪嫌疑人。分析犯罪嫌疑人人身形象及其他个性特点的依据是：罪嫌疑人在犯罪现场上遗留的手印、足迹、破坏工具痕迹以及随身携带的物品；根据破坏工具痕迹和使用工具的熟练程度可以判断犯罪嫌疑人的职业特征和专长等；被盗物品的种类、用途、数量和价值；调查访问证人提供的情况。

（六）分析判断犯罪嫌疑人处理赃物的方式

犯罪嫌疑人窃得财物之后，为了满足其对财物的需求和逃避侦查打击，通常采取使用、变卖、隐藏、转移方式对赃物进行处理。分析犯罪嫌疑人处理赃物的方式可从以下四方面进行：分析赃物的种类和用途；分析赃物自身价值及其市场行情；分析有关部门对市场的控制管理状况；分析犯罪嫌疑人对赃物的需求以及犯罪成员情况。

三、通过多种侦查途径发现犯罪线索和证据

（一）从控制赃物入手

选择特征比较明显又便于识别的赃物，通过印发协查通报，同时运用公开和秘密相结合的方法，在容易销赃的场所布控，密切注意发现线索。从控制脏物入手是寻找嫌疑对象的常用方法。

（二）从查对犯罪前科档案入手

盗窃案件有许多是惯犯、流窜犯作案，而这些犯罪嫌疑人中多数受到过公安司法机关的打击处理，在公安机关存有指纹档案和犯罪资料，通过查询，比对犯罪指纹档案和其他犯罪资料，可以从中发现犯罪嫌疑对象。

（三）从并案侦查入手

通过查询，比对犯罪情报资料档案和外地通报资料，对于本地区和毗邻地区连续发生的在作案手法、作案时间、作案目标相同或现场遗留的手印、足迹、工具痕迹、随身物品相类似的案件，判定是同一人或同一伙人所为时，可以实行并案侦查，协同作战，共同查找嫌疑对象。

（四）从深入排查入手

根据分析认为是本地区、近距离、小区域范围内的犯罪嫌疑人作案，可以在确定的侦查范围内进行排查。排查中发现的嫌疑线索，应及时查证甄别，尽快发现重点犯罪嫌疑人，这是侦查内盗案件和地区性案件时常用的方法。

四、运用多种侦查措施查获犯罪嫌疑人

（一）组织群众辨认，获取证据

如果盗窃案件现场留有犯罪嫌疑人的破坏工具、照明工具和其他物证，可以组织群众进行辨认，获取证据。

（二）通过依法搜查，获取赃款赃物

在侦查中，发现犯罪嫌疑人后，应及时对其住所或其他场所可能隐藏有本案的赃物、赃款的地点依法进行搜查，从中获取证据。

（三）控制销赃，查获赃物

对盗窃案件的犯罪嫌疑人可能销赃的场所，布置力量严加控制，发现赃物后及时扣留审查，获取赃物，追查犯罪嫌疑人。

（四）组织巡查守候，查获犯罪嫌疑人

在盗窃犯罪多发地区，布置巡逻盘查和对重点地区守候监控。对于系列案件，根据犯罪嫌疑人连续作案的规律，守候伏击，抓获现行犯。

（五）运用视频侦查，发现犯罪嫌疑人

视频监控在目前侦查工作中对发现确定嫌疑对象发挥着关键作用。目前视频监控器随处可见，侦查人员应及时调取案发前后现场中心或周边的视频影像、追踪犯罪嫌疑人来去现场的路线，适当扩大视频监控调取范围，发现、确定犯罪嫌疑人。

第三节 内盗案件和外盗案件的侦查

一、内盗案件的侦查

（一）内盗案件的特点

内盗案件，是指机关、团体、企事业单位的内部人员以非法占有为目的，盗窃本单位财务的案件。[①]

1. 熟悉现场环境，目标明确

犯罪嫌疑人对犯罪现场的环境条件、房间结构、财务存放的具体位置保存情况等比较熟悉，一般踩点不能够达到这样的效果。犯罪嫌疑人能够准确地直奔盗窃具体目标，无乱翻、乱动的行为，现场遗留痕迹、物证较少。

2. 进出口不明显，盗窃时机得当

由于犯罪嫌疑人熟悉情况，在实施盗窃行为之前多次接触现场，利用自身的便利条件，或先拉开窗户、或不锁门、或暗中偷配钥匙开锁行窃，盗取部分财物。因此，造成进出口不明显。

3. 现场多有伪装，故意制造假象

为了达到转移侦查视线、逃避法律制裁的目的，犯罪嫌疑人常常会将内盗案件现场伪装成为外盗现场。如使用私配钥匙进入，故意伪装成为破窗而入；故意在进出口留下痕迹、物证。无论犯罪嫌疑人如何伪装，都会有反常现象出现，一旦伪装失败，犯罪嫌疑人难逃法网。

（二）内盗案件的侦查要领

1. 及时、全面勘验现场，提取犯罪痕迹、物证

及时、全面勘验现场，提取犯罪痕迹、物证是侦查内盗案件的重要基础条件之一，也是决定下一步侦查工作的重要前提。犯罪嫌疑人在实施盗窃过程中往往会留下各种痕迹、物证，因此侦查人员必须仔细勘验、全面提取，对痕迹、物证进行正确分析，获得与案件有关的信息，为开展摸底排队工作提供依据。

2. 适时公布案情，发动群众提供嫌疑线索

侦查工作中适当地公布案情，发动群众提供嫌疑线索是侦破各类刑事案件较多采用的基本方法之一。对于内盗案件而言，案件性质一旦被定为内盗，侦查的范围相对缩小且稳定，犯罪嫌疑人在案件发生前后通常会流露出一些反常行为和情绪表现，尤其是案情公布后，犯罪嫌疑人会感到一种无形的心理压力，极易将自身固有的疑点不同程度地暴露出来。在公布案情时，要把握好发动群众和保守工作秘密的平衡，对犯罪现场细节、痕迹、物证，赃款、赃物细节等情况要严格保密。

3. 通过内部摸排，寻找、发现、确认嫌疑对象

内部摸底排队，是根据对于犯罪嫌疑人应具备的犯罪条件、体貌特征及其他个人特点

---

① 参见米学军、孙延庆：《刑事案件侦查》，118页，北京，中国法制出版社，2007。

的刻画，在一定范围内向家庭成员或发案单位层级领导、保卫部门和治安积极分子进行通报和介绍，并发动他们从以下六个方面进行摸底排队，以寻找、发现和确定嫌疑对象：一是排查谁具有作案时间；二是排查谁具有作案工具；三是排查谁具有作案动机；四是排查谁了解被盗处所及被盗物品；五是排查谁在发案前具有反常表现，如发案之前曾去现场窥探、观察、收集信息等；六是排查谁在发案后具有反常表现，如情绪反常、经济上有反常表现等。

二、外盗案件的侦查

（一）外盗案件的特点

外盗案件，是指外部人员侵入机关、团体、企事业单位内部盗窃单位财务的案件。外盗案件具有以下特点：

1. 现场环境不熟悉，盗窃目标不明确

外盗案件中的犯罪嫌疑人由于来自外部，对现场环境不熟悉，盗窃目标不准确，现场多造成混乱现象。

2. 盗窃现场进出口明显，现场少有伪装

外盗案件的犯罪嫌疑人多采取破窗而入、攀爬翻窗、撬锁破门等手段，这样一来必然会在犯罪现场留下明显的进出口痕迹。犯罪嫌疑人采用破坏性的方法在现场毁坏痕迹的情况较少，一般对现场不进行伪装，因而在现场上的痕迹、物证较多，真实性较大。侦查机关必须抓住这一特点，利用现场痕迹、物证迅速侦破案件。

3. 犯罪组织成员复杂，手段多有习惯性

外盗案件的犯罪组织成员以惯犯、流窜犯居多，较为复杂。犯罪成员由于多次作案，积累了丰富的犯罪经验，作案手段娴熟，反侦查意识较强，心理素质较好，具有作案快、销赃快、逃跑快等特点。

（二）外盗案件的侦查要领

1. 分析作案特点，确定区域范围

从目前各地侦破的盗窃案件看，不同区域的人员有不同的作案特点。在侦查中，要善于从犯罪现场勘查情况分析、判断犯罪嫌疑人的作案特点和手段，从而对其可能属于某地高危人员作出初步判断。

2. 开展全网查询，进行串并侦查

从目前破获的盗窃案件看，多数外盗案件为系列案件，且多为跨区、跨省系列案件，因此，侦查人员应充分利用“全国公安机关现场勘验信息系统”对在盗窃现场提取到的指掌纹、DNA、足迹等进行查询串并，对系列盗窃案件中涉及的手机、笔记本电脑等电子产品，银行卡、交通卡、加油卡、实名消费卡等物品，或者身份证、驾驶证等进行串并查询；同时对已经抓获的嫌疑人信息，要及时进行反查、反串以及痕迹、物证的二次查询，从而进一步拓人、拓案。

3. 严密控制赃物，发现线索

赃物是揭露和证实盗窃犯罪的关键证据，因此，从调查、控制赃物入手是外盗案件侦破的主要途径之一。在部署外盗案件的侦查工作时，必须根据赃物的种类、数量、用途、价值及具体特征，结合案件的具体情况，分析判断犯罪嫌疑人处理赃物时可能采取的方法和途径，予以严密控制和追踪。具体方法如下：

（1）对于知晓犯罪嫌疑人可能的落脚点和逃离方向的案件，可在其落脚点和途径的交通路口和旅店、车站、码头及时布置力量进行堵截盘查，以达到人赃俱获的目的。

（2）对于犯罪嫌疑人可能通过销赃来获取现金的案件，要强化对销赃场所的调查和控制。侦查人员应当取得有关业务部门和市场管理部门的配合与协助。严密掌握信托商店、典当行和缝纫、修理、洗染等行业以及文物珠宝收购商店、农贸市场上的小商小贩等，以便在犯罪嫌疑人处理赃物的过程中发现侦查线索。

（3）根据案件的具体情况和侦查工作的实际需要，及时发布赃物协查通报，与有关地区公安协同作战。

第四节　入室盗窃案件的侦查

入室盗窃是盗窃案件中最为常见的一种类型，入室盗窃案件频发，涉及面广，直接影响人民群众的财产安全，有时甚至会演变成暴力犯罪案件。因此，加强入室盗窃案件的侦查，严厉打击入室盗窃的犯罪活动是刑事侦查工作中的一项重要任务。

一、入室盗窃案件的特点

（一）犯罪嫌疑人作案前多有预谋准备活动

入室盗窃犯罪嫌疑人在作案前一般都会对现场进行窥探、踩点，了解现场周围的环境、人员的流动规律、各行业人员的上下班等情况，然后选择目标伺机作案。在作案时间的选择上，撬门压锁或扳窗钢筋钻窗侵入而进行入室盗窃的案件主要发生在白天上班时间或傍晚；爬窗入室盗窃案件主要发生在下半夜；发生在临街门市网点的盗窃案件主要选择在深夜，特别是选择假日和双休日的居多。犯罪嫌疑人在踩点、窥视及实施犯罪的过程中，其人身形象都会有一定程度的暴露。案发后，现场周围的群众能够提供一些犯罪嫌疑人的情况和有价值的线索。

（二）作案地一般选择管理薄弱的自然村、老旧小区及临街门市网点

入室盗窃案件主要集中在管理较混乱的自然村、出租屋和物业管理薄弱的、松散的新老住宅区及临街门市网点，因为这些地方人员流动性大、管理较混乱。作案前，有的犯罪嫌疑人直接敲门，以便确认家中无人，如果室内有人，则以问路找人或者敲错门为由逃离现场。

（三）盗窃财物的种类单一

犯罪嫌疑人入侵室内后，一般对盗窃财物的种类都具有选择性。多选择价值高、易携带、易销赃的物品，如现金及其他有价证券、金银首饰、手机、计算机主机、高档的衣物、字画、文物等，物品的种类相对比较单一。

（四）犯罪嫌疑人实施盗窃多自备犯罪工具，作案中常常兼有其他犯罪活动

入室盗窃犯罪嫌疑人一般在实施盗窃之前都会自备犯罪工具。一旦犯罪目标选择确定，作案时机恰当，他们就会使用随身携带的犯罪工具破坏住户的门窗，入室进行盗窃犯

罪活动。作案后，犯罪嫌疑人一般都会将犯罪工具带离现场。犯罪嫌疑人在实施盗窃的过程中，如果一旦发现室内有人，或被事主归来撞见或遇到事主的呼叫、反抗时，犯罪嫌疑人常常会实施抢劫、强奸、杀人等其他犯罪活动。

（五）犯罪嫌疑人多采取各种反侦查伎俩

入室盗窃犯罪嫌疑人多为惯犯，结伙作案时分工明确，有负责指挥的、有专门踩点的、有放风的、有负责销赃的，具有较强的隐蔽性；犯罪嫌疑人之间在作案前和作案过程中经常使用方言、暗语交流，致使外人很难明白其所说的内容；很多犯罪嫌疑人经常是甲地居住、乙地作案，以流窜作案为主。犯罪嫌疑人多居住在郊区或农村，作案时则选择距离居住地较远的场所作案，借此逃避打击；作案得手以后，犯罪嫌疑人一般都会尽快销赃毁灭证据，且不在案发地销赃。

二、入室盗窃案件的侦查要领

（一）仔细勘查现场，做好事主询问工作

入室盗窃案件发生以后，应该及时对犯罪现场进行详细勘查。在各类多发性侵财案件中，入室盗窃案件最有条件在现场提取传统的痕迹、物证，因为犯罪现场在犯罪嫌疑人作案过程中必然在现场遗留一定的痕迹、物证，如侵入方式、现场翻动痕迹、现场行为动作等；相比抢夺、诈骗等案件更容易获取现场物证。与此同时，侦查员还应该及时询问事主详细情况，如：离开家的时间，房屋的门窗是否关闭，何时发现财物被盗，财物存放原始情况等相关问题。

（二）实施并案侦查是入室盗窃案件侦破的关键

入室盗窃案件的犯罪成员中惯犯、流窜犯居多，以其流窜性强、随意性大、连续作案等特点而成为侵财类案件中的疑难案件之一。但同时入室盗窃案件又有其发案、作案手段的规律性，容易被侦查人员所掌握，因此，侦查人员应重视对本地区入室盗窃案件的作案手段、作案时间、侵害对象的分类归纳和研究，根据现场反映出的信息，从而刻画犯罪嫌疑人的作案轨迹、活动规律、作案心理，实施并案侦查，协同作战，及时破获系列盗窃案件。

（三）采取措施查控涉案赃物

赃物是发现犯罪嫌疑人的重要线索，也是揭露和证实犯罪的有力证据。采取侦查措施，及时控制赃物，以物找人是破获侵财类案件传统而有效的工作方法。常见的做法是将每起案件中被盗的物品特征、规格等相关资料进行汇总，形成资料，下发到各个阵地控制点、二手市场、典当行等容易销赃的场所，运用秘密力量，对可能销赃的场所进行严格控制，以物找人，从中发现犯罪嫌疑人的踪迹。同时，通过打击销赃渠道，从中发现高质量线索，可以进一步有效地打击犯罪，降低发案率。

第五节　扒窃案件的侦查

扒窃案件，是指犯罪嫌疑人在公共场所或者公共交通工具上，乘事主不备之机，利用割包、掏兜等手段，秘密窃取其随身所带财物的犯罪案件。

一、扒窃案件的特点

（一）扒窃活动多在公共场所进行

犯罪嫌疑人多活动于大中城市和水陆交通沿线的县城、集镇。扒窃的地点多在车站、码头、商店、市场、闹市中心、影剧院等公共场所以及公共电车、汽车上。

（二）犯罪过程短暂，扒窃现场大多无法确定

扒窃案件发生在一瞬间，作案过程短暂，扒窃时事主大多不能当时察觉，因而常常不能确定在何时何地被盗，因此扒窃现场大多无法确定，加之犯罪嫌疑人是在人多拥挤的地方进行扒窃，即使留下一些犯罪痕迹，也常被破坏，失去实地勘验的条件。

（三）扒窃的目标多为现金

扒窃案件的赃物多为不易查证、难以控制和鉴别的现金、票证或小件物品。犯罪嫌疑人一旦得手，会立即离开作案现场，现金很快被挥霍掉，其余小件物品则大多被毁弃。

二、扒窃案件的侦查要领

（一）调查访问，发现犯罪线索

扒窃案件由于现场的复杂情况决定了它难以发现和提取到与案件相关的痕迹、物证，因此调查访问就变得尤为重要，成为发现犯罪线索的重要途径之一。在调查访问过程中，一般情况下，通过对案发地区的群众走访，了解该地区人员情况、有无可疑人员、在案件发生前后是否有可疑人员出现、可疑人员的人身形象特征，确定侦查方向和侦查范围，及时发现犯罪嫌疑人。

（二）对扒窃犯罪嫌疑人的识别

扒窃案件作为街面侵财案件，多发生在人流密集的公共场所，是目前便衣侦查的主要工作内容之一。正确识别扒窃犯罪嫌疑人是打击扒窃犯罪的重要前提。对扒窃犯罪嫌疑人可通过以下方面进行识别：

1. 观眼神

扒窃犯罪嫌疑人在寻找作案目标过程中，往往眼神异常、左顾右盼，目光紧盯着受害人的衣兜或随身携带的各类物品，伺机寻找作案时机，实施犯罪行为。

2. 观行为

扒窃犯罪嫌疑人为达到作案目的，异动行为明显，举止不自然，常常故意与身边的人发生碰撞，抑或在人流中挤来挤去，趁人多拥挤进行掏包、割包行为，窃取他人随身携带的财物。

3. 观动作

扒窃犯罪嫌疑人最常见的作案手法有三种：一是手掏，外在形式上表现为稳掏、挤掏、离掏。二是割掏，即扒窃犯罪嫌疑人在两指中间夹一单面刀片（常用较新纸币包裹，只露刀尖）将被害人的衣兜或皮包割破，窃取钱物。其特点是先割后掏，刀法有横割、竖割和弯割等。三是拮包，即扒窃犯罪嫌疑人在车站或其他场所，在乘客候车、购物，将随身携带的装有钱物的提包放置在地上或柜台上时，乘机拮走的扒窃方法。[①]

---

① 参见马忠红：《刑事侦查学》，315页，北京，中国人民公安大学出版社，2014。

4. 观衣着

通常情况下，犯罪嫌疑人在扒窃过程中对鞋和衣着的选择有一定要求。一方面，为了及时、迅速逃离作案现场，犯罪嫌疑人会选择穿系带运动鞋；另一方面，为了隐藏作案工具和扒窃财物，犯罪嫌疑人往往身着衣袖较长、尺码较大、款式宽松的衣服实施扒窃行为。

第六节　网络盗窃案件的侦查

随着信息化社会的到来，互联网技术深入千家万户，信息化犯罪愈演愈烈，网络盗窃成为新时期下我国侦查机关重点打击的新型犯罪形式。

一、网络盗窃案件的概念

网络盗窃是指犯罪嫌疑人以非法占有为目的，利用计算机网络技术，在计算机网络上窃取公私财产的行为。①

网络盗窃作为一种新型的盗窃犯罪，它具有一般盗窃的某些特征，但是与传统的盗窃相比，网络盗窃主要具有以下四个明显特点：其一，手段的特殊性。主要利用计算机互联网技术实施犯罪。其二，犯罪现场的特殊性。犯罪现场主要集中在计算机网络上。其三，证据储存的特殊性。主要存在于网络计算机上。其四，盗窃目标的特殊性。网络盗窃犯罪主要侵害的目标是代表公民财产的电子资金或者货币、虚拟财产等无形的财产。

二、网络盗窃案件的常见作案手段

（一）利用木马程序实施犯罪行为

木马程序具有很强的隐蔽性、欺骗性、自动运行性、自动恢复性等特点。一般情况下，利用木马程序实施犯罪过程表现为犯罪嫌疑人故意在计算机系统中种植相应的木马程序，当受害人在同一台机器上进行网络游戏或者网银业务的操作时，木马程序记录下受害人的相应账号、密码等重要信息，木马程序自动将其保存在本地的隐秘文件中或者通过互联网发送到指定邮箱中，犯罪嫌疑人利用这些信息以达到盗取财物和各种数据资料的目的。

（二）利用“网络钓鱼”进行盗窃

“网络钓鱼”是一种网络欺诈行为，指不法分子利用各种欺骗性的手段，例如，假电子邮件或伪造的Web站点来进行诈骗活动，骗取用户的网上银行密码、支付宝密码、信用卡账号、密码等私人资料。“网络钓鱼”实施盗窃的主要手法有：

1. 通过发送电子邮件的形式，利用虚假信息引诱用户上当受骗

犯罪嫌疑人向广大用户发送欺诈性垃圾邮件，并以中奖、账单对账等形式引诱用户直接在邮件中填入银行账号和密码等信息，或是故意制造紧迫状况要求用户登录相关网页输入用户名、密码、身份证号、信用卡号等个人信息，从而冒用他人信息登录交易系统，盗

① 参见马忠红：《刑事侦查学》，316页，北京，中国人民公安大学出版社，2014。

窃用户资金。

2. 建立虚假网上银行、网上证券交易等网站，盗取用户名、账号、密码等个人信息

犯罪嫌疑人通过计算机网络技术建立与正规的网上银行、网上证券交易等网站内容相似的虚假域名或网页，使那些网页在表面上可以混淆公众视线，引诱用户输入账号、密码等信息，犯罪嫌疑人通过正规的网上银行、网上证券系统进行盗窃资金的犯罪行为。

（三）利用合法网站程序的漏洞实施盗窃

作为一种发展中的计算机技术，网站在建立过程中是不断前进、不断完善的，但是难免会遇到技术上的各种问题。因此，很多犯罪嫌疑人往往抓住合法网站程序存在漏洞的机会，通过修改网站程序的方式实施盗窃行为。一般表现为，犯罪嫌疑人在利用合法网站的过程中，发现相应网站程序出现了漏洞，伺机利用网站程序漏洞，对该系统源代码进行恶意篡改，从而获得相关资料和信息，达到盗窃财物的目的。

（四）利用虚假的电子商务信息实施犯罪

犯罪嫌疑人利用虚假的电子商务信息实施犯罪通常表现为两种方式：第一，建立网站，自己发布虚假电子商务信息，引诱受害人上当受骗；第二，以知名、大型的电子商务网站为平台（如淘宝、京东商城、亚马逊等），在它们的网站上发布虚假的商品销售信息，与被害人建立联系，在交易的过程中，秘密窃取被害人相关银行账户、密码等重要信息，从而实施盗窃行为，获得经济利益。

（五）利用简单口令等破解账号和密码

犯罪嫌疑人利用简单口令实施盗窃，首先是利用部分用户贪图方便，设置简单的网络账户口令，例如，本人生日、手机号码末 6 位的保密性较差的密码口令；其次，犯罪嫌疑人通过利用互联网搜索引擎收集被害人网络信息，对其银行卡密码进行破解，最终从被害人账户上获取利益。

三、网络盗窃案件的侦查要领

（一）遵循“案—机—人”模式展开顺线侦查

在网络盗窃侦查中，侦查人员首先要找到作案的计算机，然后找到操作计算机犯罪的犯罪嫌疑人，即遵循“案—机—人”的侦查模式。这种侦查模式分为两个阶段：一是从案到机。侦查人员利用各种计算机取证技术，根据相关电子痕迹、物证追踪定位到作案的计算机，即虚拟空间的侦查。二是从机到人。侦查人员采取传统侦查取证的措施，利用传统证据与电子证据相结合的手段，对操作计算机的犯罪嫌疑人进行同一认定，即现实空间的侦查。

（二）强化电子证据取证工作，形成规范、有效的证据体系

在网络盗窃侦查中，侦查人员应明晰电子证据与传统证据的区分，对电子证据有一定的认识，培养取证意识，确保及时取证。

电子取证程序可以大致分为以下四个阶段：一是电子取证的准备阶段。该阶段的主要任务包括设备研发、技术更新、人员培训、信息收集、设备选择、制订计划。二是电子证据的收集阶段。主要任务是对电子证据的收集和保全（物理空间和虚拟空间）。三是电子证据的分析阶段。在实验室对前期收集到的电子证据进行细致、全面、深入的分析。四是

电子证据的提交阶段。对前期所有取证结果进行分析汇总，制作电子证据鉴定书、勘验检查笔录以及其他书面报告。

应当注意的是，在电子证据的取证工作中，应当坚持无损取证原则，即尽可能保证电子证据的客观、真实与完整。

（三）控制资金流转渠道，查获犯罪嫌疑人

出于方便和安全考虑，大多数情况下，犯罪嫌疑人在盗窃网银账号后，会大量通过支付宝、易支付、财付通、环迅、网银在线、快钱等第三方支付平台进行网上购物或销赃，以转移、洗白资金。因此，加强对第三方交易平台的监控，强化对其中被盗物品线索的跟踪，对于网络盗窃犯罪案件侦查具有十分重要的意义。

【导入案例简析】

通过现场勘查和访问情况，可以初步分析出以下三点情况：

1. 该案为熟人作案。依据是：(1) 犯罪嫌疑人熟悉事主家的情况，从犯罪嫌疑人采用割破纱窗、拨开插销两点来看，说明犯罪嫌疑人熟悉事主家的门窗结构。(2) 事主全家人都放假休息。22日中午只有两个小时家中无人。犯罪嫌疑人在这个时候作案，说明犯罪嫌疑人熟悉刘家人员的活动情况。

2. 该案为青少年实施的犯罪行为。依据是：(1) 从现场被盗物品看，不仅有录音机等物品，也有塑料电筒、钢笔、球袜等一般物品。而事主家的有些高档物品如彩色电视机、高档服装等均未丢失，说明犯罪嫌疑人年龄不会太大，尤其是钢笔、鞋袜等物更能说明其年龄特点。(2) 从现场有一被切开了一点的菠萝来看，更符合青少年犯罪的特点，在偷窃过程中带有小孩儿的习性。

3. 作案人数应在两人以上。依据是：(1) 在现场有两种鞋印。(2) 从现场丢失的大量物品看，这些东西一个人拿走是很困难的。

根据上述案情分析，应从以下方面进一步开展侦查活动：

1. 摸底排队。在对和事主有来往的青少年中具备作案时间和作案动机的重点人员进行排查，从而发现侦查线索。

2. 控制销赃。及时对本地旧家电收购市场、香烟回收市场等易销赃的行业进行布控，尤其是注意通过发现青少年有赃物的人来查找犯罪嫌疑人，从中发现破案线索。

3. 发动群众，提供线索。对事主的邻居、小区住户、保安等人员进行调查访问，看在作案时间内是否有人看到过可疑的人或事出现，从而积极发动群众提供线索，尽早抓获犯罪嫌疑人。

4. 发现可疑对象后，应及时采取相应措施获取其指纹、鞋印与现场提取的指纹、鞋印进行对比、鉴定，如果认定同一，就可以作为认定的证据。

【延展阅读】

跨区域流窜盗窃案件高危研判

跨区域流窜盗窃案件高危研判指侦查机关针对当前流窜盗窃犯罪案件的新特点，

为突破案件僵局而采取的、以地域特征为基础的、以特定地区的人群实施犯罪所表现出的特别作案方式为依据的研判方法。所谓“高危”，即高危之地，指作案人的来源地、地籍地或者户籍地。跨区域流窜盗窃案件高危研判的基本依据是带有地域烙印的犯罪手段，高危研判的目标是锁定犯罪嫌疑人的地籍分布，进而为摸排工作划定对象范围提供依据，为下一步侦查手段的运用和实施，提高侦查效益打下坚实的基础。

跨区域流窜盗窃案件高危研判的方法有：

1. 典型分析。典型分析是指对已经破获的系列流窜盗窃案件进行细致全面的梳理，总结出其中具有地域性特点的流窜盗窃案件的犯罪活动规律。如：目标选择、作案手段、作案过程及进出方式等。地域性流窜盗窃案件的典型分析是高危研判的基础工作，典型特点越多，高危研判的准确性就越高。

一是总结系列流窜盗窃案件的成功案例。通过自身侦查实践经验的积累，提高识别高危地区和人的研判能力。在侦查工作中，此类型的案例可能开始时依靠其他手段，比如技侦手段、视频手段、保安巡逻抓现行、群众扭送等等，甚至有的是直觉加运气侥幸破案。但是，总结这些案例所表现出来的作案手段、作案过程等特点，进行理性分析，为高危研判工作提供依据。刑侦工作既要“前事之鉴，后事之师”，更要能够“以之矛攻其盾”。不断积累经验，并对这些案例中重复出现的各种犯罪手段的表现形式、特点了然于胸。一旦某种作案手段在现场上再次出现，侦查员就能快速准确地进行高危研判，把嫌疑人和特定高危地区或人联系在一起，从而迅速推动侦查工作的顺利进行。

二是通过公安刑侦信息网，借鉴别人成功的经验，查漏补缺，全面及时地总结出地域性流窜盗窃案件的新特点，提高对陌生的地域性流窜盗窃案件的高危研判水平。只要是同类型的流窜盗窃案件，同样的犯罪手段必然会重复出现。通过公安内部网以及公安部的犯罪人员资料库，把兄弟单位、外省外市公安机关破获的案件中描述的犯罪手段，与现实中本地区发生的案件进行比较分析。通过对照兄弟单位的成功案例，总结新的地域性流窜盗窃犯罪的规律，就使我们具有了对陌生的地域性流窜盗窃手段的高危研判能力，从而为下一步侦查工作打下了坚实的基础。

2. 特征比对。特征比对指在充分挖掘本地所发生的盗窃案件信息，准确认定犯罪手段的基础上，结合发案时间、进入现场的方式、交通工具、罪后活动规律等各方面的特点与典型案件进行比较分析，进行同一认定的过程。特征比对是地域性流窜盗窃犯罪高危研判的关键环节，最终目的是要把特定的盗窃手段与特定地区的人群联系起来。特征比对的理论基础是同一认定原理。同一认定贯穿于整个刑事侦查工作当中，是刑事侦查的基本原理之一。它是指在犯罪侦查过程中，具有专门知识的人或了解客体特征的人，通过比较前后出现客体的特征而对这些客体是否同一问题所作出的判断。在地域性流窜盗窃案件高危研判中，侦查员应该对本地发生的盗窃案件（未知客体）的特征同典型案件的特征（已知客体）作对比分析，找到共同点，对犯罪嫌疑人的来源地进行同一认定。在跨区域流窜盗窃案件的高危研判过程中，侦查员必须通过现场勘查、调查走访、视频监控系统等各种措施，全面、准确掌握盗窃案件的细节特点。

3. 锁定摸排。锁定摸排是跨区域流窜盗窃案件高危研判的后续支撑阶段。本阶段以高危研判结果——作案人的地籍为中心，结合侦查措施和手段，对犯罪嫌疑人进行进一步的摸排，最终逐步缩小对象范围，锁定犯罪嫌疑人。

资料来源：王刚、李耿民：《跨区域流窜盗窃案件高危研判》，载《云南经管学院学报》，2014（5）。

【本章小结】

盗窃案件是涉及财产犯罪的多发性刑事案件，在侦查过程中，侦查机关必须加强多警种、多部门的协作，利用公安网信息，充分挖掘现场中的犯罪信息，在准确分析案情的基础上，确定侦查方向和范围，采取调查访问、摸底排队、控制赃物以及针对系列盗窃案件实施并案侦查等措施破获案件。

【关键术语】

盗窃案件特点　侦查方法

【推荐阅读】

1. 郝宏奎主编：《犯罪现场勘查》，北京，中国人民公安大学出版社，2006。

2. 郝宏奎、陈刚主编：《刑事案件侦查教程》，北京，中国人民公安大学出版社，2011。

3. 郝宏奎、马丁主编：《侦查中的隐性知识——专家观点与经典案例》，北京，中国人民公安大学出版社，2011。

【案例分析】

××××年11月22日，××铁路局勘测设计院勘探队发生一起特大盗窃案，犯罪嫌疑人撬开5间办公室，盗走价值38 000余元的无线通信、测绘仪器等大量物品。经勘查：现场的队长室、技术室、材料室、测工室、仪器室门锁及室内13张办公桌锁、13个立柜锁均被撬开，室内一片狼藉。经清点，被盗对讲机11部、对讲机备用电池14块、充电器14个、车载电台1部、经纬仪2台、计算器4个、望远镜2架、铁路春秋制服和冬制服各2套、英雄100号金笔1支，以及绘图仪、罗盘仪、香烟等共计32种物品和部分现金，总价值38 000余元。现场提取了8个“健力宝”空易拉罐以及足迹两种。

分析讨论：

根据现场勘查的情况对案情做出分析并思考下一步应如何开展侦查。

第十二章　抢劫案件侦查

【学习目标】

了解抢劫案件的特点及变化，掌握抢劫案件的常规侦查方法和信息化侦查方法。

【案例导入】

为实施1996年1月10日抢劫武汉有机实业股份有限公司工资款的犯罪活动，马某庆、周某弟、章某三人预谋了一年半时间。据章某落网后交代，章某的妻子是武汉有机实业股份有限公司的职工，从而了解到每月10日前后是该公司发工资的时间。从1994年年底到1996年1月10日案发，他们三人每个月都到武汉有机实业股份有限公司工资款的提取点——工商银行××办事处门口去踩点一次。因此运钞车的车况及提款时间，押运员、提款人的具体情况，三人都了如指掌。

"1·10"劫案犯罪嫌疑人所用的两支枪分别是军用五四式和六四式手枪，其都是马某庆从南方某地买来的，马平时随身携带一支，并将子弹装在烟盒里。1996年1月9日，三人决定作案。当晚他们采用残忍手段枪杀了两名出租车司机。先后劫得红色、白色富康出租车各一辆，并将被害人尸体放在出租车的后车厢内。作案前，马某庆还想好了毁灭犯罪痕迹的办法，即在蚊香上绑上火柴，再连上一个汽油瓶，先把蚊香点燃后离开现场，蚊香燃烧一会儿后便将火柴引燃，随后引起汽油燃烧爆炸。2004年10月马某庆在乌鲁木齐市作案前，在××招待所蛰伏了40多天，以熟悉周围环境、选择作案目标。

请回答：

本案应当如何组织侦查工作？

第一节　抢劫案件概述

一、抢劫案件的概念

抢劫案件，指犯罪行为人以非法占有为目的，以暴力、胁迫或其他方法，当场强行劫取公私财物的行为。

抢劫是侵犯财产罪的一种。这里所讲的暴力是指强制力量。如对被害人施以捆绑、殴打、伤害、威胁等迫使被害人交出财物或直接将财物抢去；威胁是指对被害人以暴力相威胁，或以言语恫吓，迫使被害人精神恐惧、丧失抵制能力、交出财物或直接抢走财物，抢劫犯罪是一种严重的刑事犯罪。

二、抢劫案件的类型

抢劫案件的表现形式多样，按照不同的标准可做不同的分类。侦查实践中常见的类型主要有以下几种。

（一）根据作案人数划分

根据实施抢劫犯罪行为人的人数不同，抢劫犯罪可分为单人抢劫、结伙抢劫和集团抢劫犯罪案件。

1. 单人抢劫犯罪案件

是指由一人单独实施的抢劫犯罪案件。这种案件相对简单，作案人多在非公共场所针对反抗力较弱的单个行人实施抢劫后迅速逃离现场，或者采用一些麻醉手段实施抢劫。

2. 结伙抢劫犯罪案件

是指作案人为两人或两人以上共同实施的抢劫犯罪案件。结伙抢劫犯罪案件中，作案人往往具有“狱友”、“赌友”等结伙条件，但尚未形成明确的分工合作，临时组合的居多，抢劫的对象、抢劫的地点也比较复杂，随机性较强。

3. 集团抢劫犯罪案件

是指三人以上共同实施的抢劫犯罪案件。在集团内部，犯罪行为人之间对抢劫犯罪的实施有明确的职责分工、有严密的组织纪律。其作案对象、实施抢劫的手段都较为固定，如专门针对银行储蓄所、单位财务人员、富裕的商人、高档轿车等，抢劫方法较为固定的采用持枪、爆破或麻醉手段等。

（二）根据犯罪地点划分

根据犯罪地点的不同，抢劫案件可分为入室抢劫和拦路抢劫。

1. 入室抢劫犯罪案件

指犯罪行为人窜入国家机关、团体、企业、事业单位的财会室、办公室、居民住宅等室内场所实施的抢劫犯罪案件。入室抢劫的犯罪行为人，往往根据房舍所处的环境选择入侵的方法，如强行侵入，或者尾随进入，或者假冒某种身份、假托某种借口骗取被害人的信任而进入，也有一些始为盗窃，遭遇被害人反抗后转化为抢劫。

2. 拦路抢劫犯罪案件

指犯罪行为人在郊区、野外或街头拦截被害人实施的抢劫犯罪活动。其对象通常是早晚上下班的职工、在银行等金融机构取送现款的人员以及其他单身行人。犯罪行为人一般都事先通过踩点摸清被害人取送现款或上下班的规律与行动路线，然后预伏或尾随，伺机实施抢劫。

侦查实践中所称的“车匪路霸”是拦路抢劫的一种特殊形式。犯罪行为人通常是结伙作案，以乘客的身份乘坐公共交通车辆，或者在公路的特定路段以各种手段拦截车辆，然后公然洗劫乘客或驾驶人员。

（三）根据作案手段划分

从作案手段来看，抢劫犯罪案件的作案手段多样，如伤害行凶抢劫、持刀持枪胁迫抢劫、爆炸破坏抢劫等等，侦查实践中，较典型的抢劫犯罪案件还有以下两种形式：

1. 引诱抢劫

指犯罪行为人以金钱、女色等为“诱饵”，将被害人从某一不便作案的地点骗至另一个便于作案的地点后实施的抢劫犯罪活动。在这类案件中，犯罪行为人往往利用被害人的某一弱点，如贪利、贪色等，通过丢钱包、美女勾引等方法为诱饵，把被害人诱骗至某一便于作案的路段或房间，然后实施抢劫。案发后，不少被害人由于自己有不光彩的行为，被劫后只好忍气吞声，不敢报案，即使报案，也往往不愿讲明被抢的全部事实真相。引诱抢劫大多是两人或两人以上的团伙共同实施。在车站、码头针对外地人作案的较多。

2. 麻醉抢劫

指犯罪行为人通过药物麻醉的方法使被害人丧失反抗能力后劫取其财物的抢劫犯罪案件。比如在旅途中，犯罪行为人以普通旅客的身份出现，找借口主动与人搭讪，暗中物色抢劫目标，然后根据具体情况，选择相应的时间、地点，用事前准备好的麻醉物品将被害人置于不知反抗的状态，然后实施抢劫。

（四）根据作案对象划分

根据抢劫对象的不同，亦可进行相应的分类，由于抢劫案件的作案对象非常广泛，在侦查实践中，较为典型、重要的抢劫案件的作案对象有以下两种。

1. 抢劫银行、运钞车

是指针对银行、储蓄所等金融机构及其运钞车实施的抢劫犯罪案件。这类案件社会影响恶劣、危害巨大，犯罪行为人多为惯犯、流窜犯，性情凶残、胆大妄为，通常组成犯罪团伙或犯罪集团实施作案，在抢劫以前往往经过精心策划和长期准备，在抢劫过程中大多使用枪支、爆炸物，杀害、伤害银行工作人员及押运人员，抢劫后有事先准备好的交通工具逃窜、事先安排好的地点藏匿。

2. 抢劫出租汽车

是指犯罪行为人以打车或租用出租汽车为名，要求司机把车驾驶到郊外或其他偏僻处，而后劫取司机财物甚至强行将车劫走的犯罪案件。这类案件的作案人通常为两人以上的犯罪团伙或犯罪集团，个个身强力壮、性格凶残，一些成员具有驾驶技能，在抢劫时多持刀、持枪，遇到出租车司机反抗或为毁灭罪证往往伤害、杀害出租车司机。

此外，根据抢劫犯罪行为人凭借犯罪工具和采取犯罪方式的不同，抢劫犯罪又可分为持枪抢劫、持刀抢劫、麻醉抢劫、驾车抢劫等类型。从不同角度对抢劫案件进行类型划分，有利于充分掌握抢劫案件的特点和发案规律，为高效侦破此类案件服务。

三、抢劫案件的特点

（一）犯罪行为人在作案前大多有一定的准备和预谋活动

抢劫犯罪的风险大，犯罪行为人要想达到非法占有财物同时又逃避打击处理和法律制裁，必然会在作案之前对侵害对象、作案的时机、地点、实施作案的工具、被害人反抗时的应对办法、抢劫得手后的逃离方式和路线、如何处理赃款赃物等问题进行了解、分工和预谋准备，如事前踩点、准备作案工具、打探销赃渠道等。这些准备预谋活动不可避免地会在现场附近及周边群众中留下一定的痕迹印象，案发后可通过深入调查访问获得一定的侦破线索。

（二）犯罪行为人与被害人多有一定时间的正面接触，留有较多的印象痕迹

在抢劫案件中，犯罪行为人使用暴力、胁迫或者其他方法强行劫取公私财物时，不可避免地要与被害人正面接触，除少数被害人因天黑、突然遭到袭击等情况没有看清作案人之外，在大多数情况下，这一接触过程使被害人能够较为准确地提供出犯罪行为人的人身形象、言行特征和整个犯罪过程。

（三）犯罪行为人大多持有暴力性作案工具

犯罪行为人在实施抢劫行为时，一般要借助枪支、刀具、棍棒、砖石、绳索等凶器、物品，才能对被害人使用暴力或以暴力相威胁使被害人不敢反抗，或者使用药物及含酒精的饮品致被害人昏迷使其不能反抗，从而达到劫取财物的目的。犯罪行为人作案所使用的工具物品，有的是随身携带的，有的是就地取材的。

（四）现场遗留有较多的痕迹、物证

犯罪行为人在来去现场的路径会留下一些痕迹物证如脚印、交通工具痕迹，逃离时抛弃的作案凶器、绳索、堵塞物等；在现场附近区域可能有犯罪行为人踩点、守候时留下的脚印、坐卧痕迹、烟头、纸屑、排泄物等，在实施抢劫的现场，如果被害人反抗，在搏斗中可能留下犯罪行为人的头发、纽扣、衣服碎片、血迹、其他随身物品等。由于抢劫犯罪行为人在作案后为逃避打击往往迅速逃离现场，很少出现毁证灭迹和伪装的情况，因而，通过仔细地现场勘验，通常都能发现和收集到具有侦查价值的线索和痕迹物证。

（五）大多数抢劫案件中有可供查控的被抢赃款、赃物

抢劫犯罪的目的是要占有财物，因而在大多数情况下都有赃款、赃物可供查控。而且，由于这些财物都是当着被害人的面抢走的，被害人可以将赃款的数额、票面额和赃物的数量、种类、特征较为准确地描述出来。

（六）抢劫犯罪行为人多连续作案，作案手段具有一定的习惯性

抢劫犯罪得手之后，犯罪行为人得逞之后的侥幸心理以及贪利等其他心理因素会促使犯罪行为人继续作案，犯罪动机会不断得到强化，与此同时，犯罪行为人使用的抢劫作案手段通过不断作案、不断总结改进也逐步定型、固定，形成抢劫犯罪惯用手段。犯罪手段的习惯性，可以从诸多方面体现出来，例如：从时间上讲，有的惯于傍晚作案，有的惯于深夜作案，有的惯于凌晨作案，有的专挑雨天作案；从地点上讲，有的惯于入室抢劫，有的惯于拦路抢劫，有的惯于活动在南来北往的旅途中寻机作案；从犯罪强制方式上讲，有的惯于直接使用武器威逼，有的先文后武，有的以女性谈情说爱为诱饵，有的哄骗被害人食用含麻醉药物的食物饮料；从犯罪目标上讲，有的专盯取款人，有的专盯外来携带巨款的人员，有的专门选择青年妇女为犯罪目标，既抢劫，又强奸。

（七）犯罪主体多为胆大妄为的青壮年

抢劫案件的暴力性质决定了其实施主体必然多为胆大妄为、身强力壮的青壮年，其中，劳动改造、劳动教养释放人员，负案在逃的人员，社会上不务正业的闲杂人员占有较大比例。这些人往往心狠手辣、穷凶极恶、胆大妄为、不计后果，在抢劫作案的同时，还附带进行强奸、杀害、伤害被害人。近年来，青少年在抢劫犯罪主体中占据很高的比例，据有关资料统计，抢劫犯罪的作案成员，青少年要占80%以上的比例，他们大多是青年从

业者、社会闲散人员，也有相当比例的在校学生，常在其住地或工作单位附近连续作案。

（八）作案点多在较为偏僻的场所和路段

在抢劫案件中，犯罪行为人为降低风险，大多选择在行人稀少的偏僻街巷、山间小路、城乡结合部等作案，但近年来，在城市公共场所手持凶器进行抢劫伤人的恶性案件也时有发生，如抢劫运钞车、银行、储蓄所等。

（九）犯罪主体团伙化、集团化趋势明显

近年来，抢劫案件的犯罪主体已由过去的单人作案逐步发展到成帮结伙的共同作案，团伙化、集团化趋势明显。尤其是在入室抢劫商店、银行金库，抢劫运钞车等犯罪活动中，大多是曾经受到打击处理、有前科劣迹的惯犯、流窜犯组成的团伙或犯罪集团所为。这些犯罪行为人往往都有长期的犯罪经验、类似的思想基础，长期纠合在一起实施团伙犯罪，有些逐步发展成为犯罪集团，内部形成严密的组织纪律和明确的分工，有计划、有预谋地专门针对银行、运钞车、珠宝商店等大目标作案。

第二节　抢劫案件的侦查方法

一、抢劫案件的常规侦查方法

（一）调查控制赃款、赃物

犯罪行为人劫取赃款、赃物之后，必然要对赃款、赃物进行处理，处理的方式一般是将赃物变卖或者改装后使用，或者直接挥霍使用。因此，侦查工作部署应当根据发生的案件中被劫财物的具体特征和情况，结合阵地控制工作，对可能处理赃款、赃物的渠道、场所进行严密监控，通过由物到人的途径查找犯罪嫌疑人。

（二）调查控制作案工具

抢劫案件中的犯罪工具主要有两类：一类是直接用于作案的工具，如刀、枪、棍、斧、绳、爆炸物品、毒物、麻醉剂、电能等，另一类是辅助作案的交通、通信工具。对于前者，在侦查过程中应当调查这些工具的来源情况、生产情况、持有情况、使用情况、发放或销售范围、黑市流通情况，能够使用或运用它们的人员情况，进而从中发现嫌疑对象。持枪犯罪的，还可以通过弹头、弹壳鉴定确定发射枪支，查找枪支来源，对符合条件的实施串并侦查。对于后者而言，随着交通、通信行业的迅猛发展，交通和通信工具越来越普及，调查控制交通和通信工具，对于侦破案件往往具有非常重要的价值。对交通工具的调查控制结合公安基础工作和刑侦基础工作开展即可，调查控制犯罪行为人作案之前、作案过程中以及作案以后使用自己的或劫取的通信工具及通信联系情况，要同技侦部门和电信部门密切合作。

（三）摸底排查犯罪嫌疑人

对犯罪行为人分析判断为本地人或熟人作案的，可从摸底排查入手查找犯罪嫌疑人，在确定的侦查范围内，一方面可以有控制地公布案情，包括公布犯罪嫌疑人的照片或模拟画像或视频监控拍摄的影像，发动群众提供侦破线索。另一方面应当在本地公安网相关资

料库中检索已经储存的犯罪信息资料查找犯罪嫌疑人。在摸排过程中，对提出的相关嫌疑对象应从以下几方面调查核实：体貌特征与犯罪行为人是否符合；与被害人存在什么样的直接或间接关系，是否具备知情条件；案发期间的去向，有无作案时间；是否到达过抢劫犯罪地点；有无经济需求之类的作案目的和动机；有无作案工具；是否具备现场遗留物品或是否有条件获取这些遗留物品；是否具备形成现场痕迹的条件；案发后有无使用或变卖赃款赃物的行为或其他反常表现；有无抢劫、盗窃犯罪的前科劣迹。发现嫌疑对象之后，应把这几个方面的情况综合起来加以分析，以认定或否定犯罪嫌疑人。

（四）并案侦查，协同作战

针对抢劫犯罪具有连续性、作案手段具有习惯性的特点，侦查过程中要积极、主动地运用串并侦查的原理，利用公安网络存储的犯罪信息资料，对各地发生的作案手段、作案工具、凶器、现场遗留的痕迹、物证等相同或近似的案件，及时实施并案侦查。并案之后，可以综合利用各起案件的线索和证据材料，更为准确、具体地确定侦查范围，部署更为有效的针对性侦查措施。如果分析为流窜犯作案的，要及时通过照片、影像或文字通报的形式，向相关地区发布协查通报、沟通情况，同时，积极关注相关地区的该类抢劫犯罪案件的情况，必要时组织跨区域的并案侦查。

（五）采取巡查守候、诱惑侦查等措施，缉获现行犯

针对抢劫犯罪具有的连续性特点，侦查中可根据已发案件在发案时间与地点、侵害对象、犯罪手段、犯罪过程及犯罪行为人的来去路线等方面呈现出的特点和规律，推断犯罪行为人可能再次作案的时间与地点。在此基础上，可采取两种措施：一是对犯罪行为人可能再次作案的地点严密布控，部署隐蔽守候措施，张网以待捉拿现行犯。二是根据已发案件的特点进行诱惑侦查，巧妙地设置诱饵作为被抢劫的对象，给犯罪行为人提供作案的机会，引蛇出洞捉拿现行犯。采取这两种侦查措施的同时，可采取一些辅助性措施以增强效果，如在其他较大区域内组织一般性的公开巡逻盘查，在设伏区域放松巡查，赶“鱼”入网。

（六）其他措施

对抢劫案件，常用的侦查措施还有秘密巡查辨认，对于判定为本地人作案的案件，如果被害人对犯罪行为人的体貌特征记得比较清楚，能够再次辨认出犯罪行为人，可带领被害人在犯罪行为人可能出没的场所、区域、路途搜寻查找犯罪嫌疑人，必要时可作一定的化装掩护。对于那些案情重大、复杂的抢劫案件，可以根据需要使用专案秘密探查力量查找犯罪嫌疑人，在犯罪嫌疑人可能出现的区域，选择布建一些能力较强的秘密力量，在犯罪行为人可能前往吃、住、行或者其他消费活动的行业进行严密控制，深入刑嫌人员中去收集犯罪信息情报，进而发现犯罪嫌疑人。此外，必要时还可以按照规定的审批程序，使用技术侦察手段调查收集侦破线索和证据。

二、抢劫案件的信息化侦查方法

（一）指纹查询

指纹档案通过计算机联网，通过现场勘查获取的指纹可以更快捷、在更大范围内进行识别。指纹具有人人各不相同的特点，现场提取到的指纹是重要的痕迹物证，可以认定同

一或者否定同一。以往指纹的排查局限在一个很小的区域内，异地排查的难度很大。随着计算机技术的发展，全国指纹档案联网，并且实现了自动识别，这就为指纹的识别、比对工作提供了便利。

（二）DNA 比对

DNA 技术的发展为侦查破案提供了非常有效的技术手段。抢劫杀人案件的现场往往能够提取到犯罪嫌疑人的毛发、血迹、体液，以往只能以血型作为排查条件，但是现在可以得到犯罪嫌疑人的 DNA 片段，与重点犯罪嫌疑人进行比对或者通过得到其近亲属的检材进行比对，基于 DNA 的遗传特性，可以得到认定同一或者否定同一的结论。

（三）视频监控

视频监控是现代城市管理的重要手段，包括公安机关的交通监控系统、治安监控系统和其他单位的监控系统。通过这些监控系统，可以记录下可疑的人、事、物，甚至违法犯罪案件的过程。通过调取发案地的视频监控录像，可以寻找到重要的信息和线索，也有利于对犯罪嫌疑人的排查。同时，视频监控可以有效预防抢劫犯罪案件的发生，特别是在沿街及重点场所周围，能够打消一部分潜在犯罪人的犯罪意图。

（四）电磁痕迹侦查

电磁痕迹是由电磁波形成的，其主要载体为移动电话。移动电话是现代人生活中不可缺少的通信工具，对于犯罪嫌疑人也不例外，他们可能会与同案犯或者其他团伙进行交流；同时，移动电话也是他们劫取的目标之一。一方面，侦查机关在电信部门的配合下，对特定地域、特定时间内的通信信息进行查询，进而锁定犯罪嫌疑人。另一方面，侦查机关可以通过被劫移动电话的电磁痕迹的位移规律，确定、缉获犯罪嫌疑人。

【导入案例简析】

该案中，侦查机关运用的侦查手段有：

1. 迅速询问被害人和现场周围知情群众，及时进行追缉堵截。武汉市有机实业股份有限公司工资款被劫后，该市公安机关迅速启用“反暴预案”进行紧急处置，仅 5 分钟，城区内环线各车站码头、交通要道便得以控制，8 分钟内，市郊外环线各检查站点、出入市区的主要干道即完成设卡堵口工作。由于全市各单位、各警种按照“反暴预案”快速反应，迅速到岗上点，采取紧急措施围堵发现“富康”出租车，虽然没有直接抓获案犯，但是迫使犯罪嫌疑人逃跑途中弃车，从而也使得犯罪嫌疑人焚车毁迹的企图破产。

2. 及时细致勘查现场，注意发现痕迹物证。武汉市发生的“1·10”案件，侦查部门在现场及出租车上发现并提取了弹头、弹壳、指纹等重要痕迹物证；在发生在新疆乌鲁木齐市的三起案件现场上均提取了弹头、弹壳等痕迹物证。这些都为该案侦破打下了良好的基础。

3. 以枪支等物证为突破口，以物找人。持枪抢劫案件，犯罪嫌疑人在现场上会留下弹头、弹壳、枪弹痕迹等，还可能留下手套、蒙面面具、衣物等物品，侦查人员可采用网上查找比对、个别走访、组织群众辨认、邀请有关专家识别检测等方法，查找枪支的来源及有关遗留物品的产地、销售和使用范围，以物查人，发现犯罪线索。马汉庆系列持枪抢劫案件之所以迅速并案，并能成功破案，枪弹痕迹等物证成为了重要依据。

4. 通缉通报、沟通信息，拓宽侦查破案渠道。持枪抢劫案件发生后，要将犯罪嫌疑人和案件的基本情况及时通报，提醒有关地区和相关部门加强防范和协作，消除犯罪嫌疑人再次作案的隐患并发现线索；对犯罪嫌疑人情况已查明的案件，应立即开展通缉工作；对分析有流窜连续作案可能的，应及时疏通渠道，组织跨区域的并案侦查。并案之后，可综合利用各起案件的线索材料，具体确定侦查范围，部署侦查措施。1996 年 1 月马汉庆在武汉作案后，武汉市公安局对其进行了通缉，而且武汉市侦查部门非常关注此类案件在全国的发案情况，及时同案发地侦查部门取得联系。1998 年新疆发生持枪抢劫案件后，武汉市公安局及时与乌鲁木齐市公安局取得联系并将相关痕迹、物证送去比对，从而确认两起案件均系马汉庆所为。

【延展阅读】

信息化背景下流窜抢劫案件的侦查对策

信息化背景下，为了有效打击流窜抢劫案件，侦查部门应积极探索各类有效的信息化侦查手段。

第一，完善流窜抢劫案件侦查机制，切实加强对流窜抢劫案件信息的分析研判。在流窜抢劫案件侦查中，侦查人员在侦查前期通常没有及时锁定犯罪嫌疑人，导致了犯罪嫌疑人在开放区域做完案件后顺利逃跑的后果，这显然暴露出目前侦查部门针对流窜抢劫案件信息的分析研判机制尚未完善，流窜抢劫案件信息系统大多只能针对可串并案件，面对无串并条件的案件信息系统也无能为力。在信息化背景下，针对此类案件的发生，侦查人员如果能够及时对案件信息进行分析研判，准确确定为流窜抢劫案件，及时运用信息化手段锁定嫌疑车辆，再对轨迹进行逆推追踪，那么侦查人员锁定犯罪嫌疑人便可以缩短侦查时间，不仅降低了侦查成本，而且尽可能地减少了犯罪嫌疑人再次作案的可能。

第二，优化现有侦查网上串并系统，切实发挥网上串并手段对案件侦查的作用。目前，流窜抢劫案件多成系列，而串并案件正是公安机关侦查系列案件最重要的手段。而在实际工作中，犯罪嫌疑人流窜作案，公安机关难以串并案件。在信息化背景下，针对流窜抢劫案件侦查串并难的问题，侦查部门需要及时优化现有侦查网上串并系统，切实发挥网上串并手段对案件侦查的作用。侦查人员首先要全面收集案件信息，深入研判，判定案件性质；其次要对案件信息进行梳理细化，标注小类，录入系统；最后，在案件逐步推进的过程中，如果发现新的案件信息或者案件性质判定错误，要及时更新案件信息。因此，侦查人员通过网上串并系统进行查找和搜索，发现与案件构成要素具有相似特征的同类案件，并最终分析确定其是否系同一人或同一伙人所为。随着信息化的发展，网上串并在流窜抢劫案件侦查中的应用将越来越广泛。

第三，完善流窜抢劫案件高危人员库建设，实现对抢劫案件高危人员库的细化分类。流窜抢劫案件的犯罪分子大多是亲友关系，具有一定的生活区域和生活习惯，所以适合建立流窜抢劫案件高危人员库。而各地建设的流窜抢劫案件高危人员库并没有将工作做实做细，因为流窜抢劫案件的高危人员分布的高危地区并不是一个地域，而这些地域在空间上相距较远，风俗习惯差异大，但作案的基本方法相似，如果没有对抢劫案件高危人员库进行细化分类，明确不同地域高危人员流窜抢劫作案的细节特征，侦查人员在侦查过程中也不会注重勘查流窜抢劫案件的细节特征，进而难以在短时间内缩小犯罪嫌疑人的范围，对下一步侦查的开展以及侦查线索的探寻带来障碍。

第四，尽快加强公安机关信息化建设，切实体现公安信息化建设的规模应用效应。目前，流窜抢劫案件的成功侦破一般都离不开全国公安信息化建设水平的普遍提升。在流窜抢劫案件中，犯罪嫌疑人的人身特征、作案车辆及身份信息的挖掘主要依赖于道路监控、违章卡口以及受害人运行路线的社会面监控获取。但由于经济发展的不平衡，经济条件好的地市级公安机关都建成了大量的信息系统，汇聚了高质量的信息资源，基本实现了对预谋地、作案地、关联地等关键节点的信息全覆盖，使得专案组能够清晰地还原作案轨迹，这对此类案件的侦破起到重要作用。而这些经济条件好的地级城市公安机关便挤压了犯罪空间，使犯罪嫌疑人逐步转向中西部县级城市，故并没有从根本上起到预防和打击流窜抢劫案件发生的作用。假以时日，若全国各地公安机关都加强公安机关信息化建设，将信息化建设收集的信息在全国范围内互联互通、开放共享，此类案件的侦查效率还将大大提高，破案周期将会进一步缩短，那才是公安信息化建设规模最大化的应用效应。

资料来源：徐猛：《信息化背景下流窜抢劫案件的侦查困境及对策》，载《安徽警官职业学院学报》，2014（1）。

【本章小结】

抢劫案件具有犯罪行为人在作案前大多有一定的准备和预谋活动、犯罪行为人与被害人多有一定时间的正面接触，留有较多的印象痕迹，犯罪行为人大多持有暴力性作案工具，现场遗留有较多的痕迹、物证，大多数抢劫案件中有可供查控的被抢赃款、赃物，抢劫犯罪行为人多连续作案，作案手段具有一定的习惯性，犯罪主体多为胆大妄为的青壮年，作案点多在较为偏僻的场所和路段，犯罪主体团伙化、集团化趋势明显等特点，因此，抢劫案件侦查要领包括调查控制赃款、赃物，调查控制作案工具，摸底排查犯罪嫌疑人，并案侦查、协同作战，采取巡查守候、诱惑侦查等措施，缉获现行犯。同时，加强信息化侦查方法的应用，提高侦查效率。

【关键术语】

抢劫案件　特点　侦查方法

【推荐阅读】

1. 郝宏奎、陈刚主编：《刑事案件侦查教程》，北京，中国人民公安大学出版社，2011。
2. 司明西：《抢劫案件研究综述》，载《湖北警官学院学报》，2009（5）。
3. 南风：《持枪抢劫案件的特点及侦查对策》，载《湖北警官学院学报》，2005（2）。

【案例分析】

2012年8月4日6时15分许，××旅馆大堂服务员事主唐某（女，18岁，四川省筠连县人）报案称：8月4日4时48分许，一男子（20岁左右，身高175厘米左右，身穿黑色短袖T恤，右肩有疑似“NLK”的字母，下穿咖啡色裤子，戴一个格子口罩）进入杭州市拱墅区长乐路××弄××号××旅馆大堂内，并从右边裤子口袋内掏出一个类似于手枪的黑色物品对其实施抢劫，抢走其放于旅馆大堂桌子上的一只黑色仿苹果手机（手机号码：1516830××××，电子串号不详），后沿长乐路往上塘路方向逃跑，无人员受伤，损失价值约400元。

2012年8月14日10时30分许，事主程某（女，27岁，安徽舒城县人）报案称：8月14日4时许其在拱墅区长乐路××号××宾馆前台上夜班时，突然一男子（20岁左右，身高170厘米左右，头发较长，上穿黑色T恤，下穿蓝色裤子，脚穿白色球鞋，戴口罩）走进宾馆，持一个类似于手枪的黑色物品威胁事主把抽屉里的营业款拿出来，该男子抢走营业款后，再次威胁事主不要报警，后从宾馆左边的弄堂逃离，无人员受伤，损失价值1 686元。

分析讨论：

本案的主要侦查措施和途径有哪些？

第十三章　强奸案件侦查

【学习目标】

通过本章的学习，理解强奸案件的概念、分类及基本特点；掌握强奸案件的案情分析及侦查方法；了解侦查强奸案件的注意事项。

【导入案例】

2009 年 1 月 20 日 16 时 30 分，义乌市公安局接到报警：后宅街道鹤田村鹤田二区×××号房内发现一具下身赤裸并被捆绑着的女尸。接到报警后，刑侦大队侦查员、技术员、法医在局领导及大队的带领下立即赶赴现场。死者林某某（女，41 岁），独自一人住在鹤田村二区×××号家中，死者下身赤裸，俯卧在地上，现场有打斗迹象。

经过现场勘验和法医检验，鉴定结论为：

1. 死者面部有多处损伤，肋骨有三根骨折，阴道和肛门均有撕裂伤。

2. 现场提取到犯罪嫌疑人留有一枚自燃烟蒂，经 DNA 鉴定，与死者指甲缝里的遗留物、阴道内的提取检材认定同一。

3. 在死者屋内床沿上提取到掌纹两枚。

资料来源：徐公社主编：《侦查新战法竞选案例评析》，150～152 页，北京，中国人民公安大学出版社，2010。

请回答：

根据上述案件勘验和法医检验情况，判断案件性质并提出应该采取的侦查措施。

第一节　强奸案件概述

一、强奸案件的概念

强奸案件，是指犯罪嫌疑人违背妇女意志，使用暴力、胁迫或者其他手段，强行与妇女发生性交行为的犯罪案件。根据《刑法》有关条文规定，奸淫不满 14 岁幼女、奸淫无理智的精神病患者，即使只采取物质引诱或欺骗手段也以强奸论。违背妇女意志，被害人是在毫无思想准备的情况下受到暴力威胁后，被迫与之发生的性行为，不论犯罪嫌疑人采取什么手段，只要违背妇女意志强行奸淫就可成立强奸案件。

根据手段方式不同，对强奸犯罪可以分为如下类型：

第一，暴力型强奸案件。犯罪嫌疑人对受害的妇女或幼女的人身实施殴打、捆绑、堵嘴、蒙眼等强制性方法，使被害人不能进行体力或语言反抗而遭强奸。犯罪嫌疑人侵入居民住宅、集体宿舍等处所实施强奸行为的，为入室强奸；预伏在偏僻地区或掩体内，以突然袭击的方式接近被害人，并实施强奸行为的，为拦路强奸。

第二，胁迫型强奸案件。犯罪嫌疑人对被害的妇女或幼女使用暴力恐吓、以揭发隐私或破坏名誉相威胁，实行精神上的强制而强奸。

第三，其他手段的强奸案件。犯罪嫌疑人利用妇女或幼女在昏睡、麻醉状态，不能抗拒而强奸。或者利用工作之便，或者采用计谋、借口等骗取被害人的信任，强行与被害人发生性行为。

二、强奸案件的特点

（一）被害人与犯罪嫌疑人有一段时间的正面接触

强奸案件中，被害人与犯罪嫌疑人必然有一段时间的周旋、接触过程（包括引诱、胁迫、挣扎、抗拒过程），因此，被害人一般都能比较具体准确地提供犯罪人数、体貌特征、衣着特征、口音、谈话内容和作案手段、方法及过程等，如系团伙作案，还可能听到犯罪嫌疑人互相呼喊绰号、姓名、暗语等，这对分析案情、开展侦查破案十分有利。

（二）现场一般留有较多痕迹、物证

强奸案件现场一般会留下较多的痕迹、物证，如足迹、坐卧痕迹，禾苗杂草被压倒的痕迹，以及毛发、血迹、精斑、烟头等。有的被害人在同犯罪嫌疑人搏斗、挣扎的过程中，会撕碎其衣裤，扯下纽扣，抓伤、咬伤其脸部、手指等，在犯罪嫌疑人仓惶逃跑时，还可能把帽子、手帕、纸片、证件等遗留在现场，寻找、收集这些痕迹、物证，可以为侦查工作指明方向，为揭露证明犯罪提供证据。

（三）强奸犯罪有使用同一种手法连续作案的特点

强奸犯罪嫌疑人多系流氓成性的惯犯，在一次作案得逞之后，在犯罪动机的驱使下，往往采用同一种手法连续作案，直到形成有规律的作案方式。主要表现在选择作案时间、地点、侵害对象、作案方式等方面有一定的规律。研究强奸案件中有规律的作案方式，是组织并案侦查、蹲坑守候、抓获现行犯的基本依据。

（四）犯罪时间、空间具有一定的选择性

犯罪嫌疑人实施强奸犯罪，具有明显的季节性特点。其规律是：春夏季节逐渐增多，秋冬季节逐渐减少，冬季明显下降；在具体的发案时间上，多选择黄昏或深夜，路上行人稀少或人们多已就寝的时候。犯罪地点多选择在公园、偏僻的街巷、城郊、野外或被害人单独居住的住宅等场所。铁路多发生于候车室外厕所，站内停留的客、货车厢内，运行的货物列车上和来往车站的偏僻通道以及女工值班室等处所。选择这样的时间或空间，可以使被害人处于孤立无援的境地，便于犯罪得逞；同时又可以避免被人发觉和抓获，便于犯罪后逃跑。

第二节 强奸案件侦查的案情分析

一、分析确定案（事）件性质

实践中，存在谎报假案的情况。因此，对报称的强奸案件，应当根据现场的有关痕迹、物品、现场现象以及被害人提供的情况进行分析，判断是否真正发生了强奸案件。如果报案人谎称强奸，必然会在关于发案时间、发案地点、发案过程、犯罪的手段等方面的陈述中出现诸多矛盾和漏洞。

对于是否谎报强奸，审查时应当认真分析被害人的陈述情况，研究被害人报称的法案时间内有无发案可能；现场上的痕迹、物品的形成和分布情况有无反常；现场现象与被害人陈述的情况是否一致；被害人身上形成损伤，要特别注意其损伤的分布位置、形状、方向、深浅是否与被害人陈述的损伤经过、受伤时所处环境及犯罪嫌疑人使用的工具相符；被害人描述的犯罪嫌疑人特征在当时环境下是否能被真实感知等等。

通过审查，符合立案条件的强奸案件要及时立案并对案件性质进行分析，案件性质是案情分析的重要内容，正确分析案件性质能有效认定侦查方向和侦查范围，制定正确的侦查措施，及时破获案件。侦查实践中，强奸案件的性质通常分为入室强奸和拦路强奸、熟人强奸和陌生人强奸、偶发性强奸和系列强奸等案件。

二、分析判断犯罪过程

（一）犯罪时间和地点的分析

犯罪时间和地点是刑事案件构成的基础要素，也是审查犯罪嫌疑对象的重要依据。

强奸案件的犯罪时间是指犯罪嫌疑人实施强奸犯罪活动所经历的时间。强奸案件中，分析判断犯罪时间的主要依据有：根据被害人或知情人提供的情况进行分析；根据现场遗留的各种痕迹及其变化情况进行分析；根据现场物品的状况进行分析；根据现场具有时间标志的物品进行分析。强奸杀人案件中，可以根据被害人尸体现象及胃内容物消化排空情况等推断犯罪时间。

强奸案件犯罪地点的分析主要包括犯罪嫌疑人的预伏地点、对被害人实施侵袭和实施强奸的地点以及犯罪嫌疑人实施犯罪后的藏匿处所等。强奸案件的犯罪地点分析主要通过被害人或者知情人提供的情况以及现场上遗留的各种痕迹、物品进行。

（二）犯罪手段的分析

犯罪嫌疑人常用的强奸手段有：使用某种器械物品伤及被害人或直接对被害人采取拳打、脚踢、堵嘴、扼颈等，使得被害人无法反抗；对被害人进行威胁、恫吓，造成被害人精神恐惧，使之不敢或不能反抗，如使用暴力工具相威胁，以揭发隐私、毁坏名誉、侮辱陷害相威胁；犯罪嫌疑人采取暴力、胁迫以外的使被害人无法抗拒的手段，如利用被害人生病或因病神志不清的情况进行奸淫；利用灌酒或药物麻醉致被害人昏睡后进行奸淫，等等。

对强奸案件犯罪手段的分析包括对犯罪工具和犯罪人使用工具的分析。

犯罪嫌疑人在实施强奸的过程中如果使用了犯罪工具或凶器，应担根据现场遗留的犯罪工具、凶器或犯罪工具、凶器所形成的痕迹及被害人提供的情况，分析犯罪工具、凶器的种类、特征、使用的范围、有无职业特点，从而判断犯罪嫌疑人的职业以及可能具有的专业技能。

在分析、判断犯罪嫌疑人的犯罪手段时，还应分析犯罪嫌疑人使用这些手段的熟练程度、是否带有职业特点和习惯性，这对于我们判断犯罪嫌疑人是惯犯还是偶犯提供了证据。惯犯在多次犯罪中会形成较为固定的习惯性手法，在实施强奸犯罪的过程中神态镇静。而偶犯在犯罪手段上不具备习惯性的特点，实施强奸时常神态慌张、动作笨拙，尤其是在遭遇到被害人反抗时不能沉着应对，常会惊慌逃离现场。分析犯罪嫌疑人的犯罪手段，有利于开展侦查，确定犯罪嫌疑人。对于在同一地区或邻近地区先后发生的若干起强奸案件，如果出现强奸目标目标相同或相似、犯罪手段相同或相似、现场上出现的痕迹相同或相似的情况，对于我们判断是同一人或同一伙犯罪嫌疑人所为提供了依据，有助于通过并案侦查实施破案，提高侦查效率。

（三）犯罪活动情况的分析

犯罪活动情况是指犯罪嫌疑人实施犯罪的行为过程。它包括实施侵害前的预伏，侵入现场的部位、方法，在现场（中心）的活动顺序，罪犯作案后逃离现场的路径以及逃离的方向、路线等内容。强奸案件中，犯罪活动情况的分析有助于侦查人员正确地认识案件情况并采取侦查措施侦破案件，也能为破案后甄别犯罪嫌疑人口供的真伪提供重要依据。强奸案件中犯罪活动情况的分析，主要依据被害人和知情人提供的情况以及现场上的痕迹、物品情况继续判断。

三、分析刻画犯罪嫌疑人特征

（一）对犯罪嫌疑人个人特征的分析

强奸案件中，对犯罪嫌疑人人身形象的分析主要是根据被害人、目击者提供的情况及现场遗留的痕迹、物品进行分析判断。由于犯罪嫌疑人在实施强奸的过程中与被害人有过正面的接触，被害人多能提供犯罪嫌疑人的人身形象和其他个人特征，如犯罪嫌疑人的性别、年龄、身高、体态、衣着、发型、面貌特征，犯罪嫌疑人在搏斗中损伤形成的部位和形态，以及生理、病理特征等方面的情况。

（二）对犯罪嫌疑人居住范围的分析

强奸案件中，分析判断犯罪嫌疑人是否本地人，是确定侦查范围的重要依据。可根据犯罪嫌疑人的口音、语言、黑话、装束打扮的特点，对犯罪现场及来去路线是否熟悉，作案时犯罪嫌疑人有无蒙面、化装，犯罪嫌疑人有无使用交通工具，以及犯罪嫌疑人在现场遗留的痕迹、物品等，判断犯罪嫌疑人是本地人还是外地人。

（三）对犯罪动机的判断

强奸案件中，犯罪嫌疑人平时可能就是品质恶劣、道德败坏的人；有的甚至因某种违法犯罪行为受过打击处理。值得注意的是，犯罪的思想基础可能是被隐藏的，有的犯罪嫌疑人在罪行败露以前也常常表现得道貌岸然。因此，研究犯罪思想基础的目的，在于推断反映犯罪思想基础演变发展的外在表现，从而明确犯罪嫌疑人的动机条件。强奸案件的犯罪动机大致可分为性动机、报复动机、胁迫婚姻动机、获利动机，也可能是多种动机交织的结果。①

第三节　强奸案件的侦查方法

强奸案件的线索来源可能是被害人的报案或控告，也可能是其家属或其他有关群众的报案或检举。侦查人员受理案件之后，首先应及时询问被害人和勘查现场，并在此基础上通过分析案情，确定侦查范围，继之则应全面部署侦查活动，通过多种途径，采取相应的措施，查找犯罪嫌疑人。当犯罪嫌疑人查明之后，要及时获取、核实证明犯罪的证据。

一、详细询问被害人，及时勘查现场，准确分析犯罪条件

（一）详细询问被害人

由于被害人与犯罪嫌疑人有过较长时间的正面接触，所以被害人的陈述是开展侦查活动的重要依据之一。受理案件后，应迅速对被害人进行询问，着重查明下列问题：

（1）案件发生的时间和地点。

（2）犯罪嫌疑人是怎样进入现场和接近被害人的。对于入室强奸，要查明犯罪嫌疑人是怎样侵入室内的；如果是拦路强奸，要查明犯罪嫌疑人与被害人是怎样相遇的。

（3）犯罪嫌疑人是采取什么手段对被害人实行强奸的，是使用暴力，还是胁迫，还是施以其他方法。犯罪嫌疑人的强制手段是否借助有凶器，凶器是犯罪嫌疑人随身携带，还是就地取材，凶器的种类、形状、大小、新旧程度如何。

（4）被害人与犯罪嫌疑人是否进行过搏斗，被害人是否在犯罪嫌疑人身上造成了损伤，伤在什么部位；被害人是否撕破了犯罪嫌疑人的衣服，破在何处；犯罪嫌疑人遗落在现场上的物品有哪些。

（5）犯罪嫌疑人抢走了哪些财物，其数量、品名、特征、价值。

（6）犯罪嫌疑人逃跑的方向，是否使用了车辆，车辆的种类、颜色、特征、新旧以及车牌号。

（7）犯罪嫌疑人的情况。犯罪嫌疑人的人数、年龄、身高、体态、发型、脸型、眉状、鼻型、耳型、面部有无疤痕斑痣、有无胡须和文身、穿戴什么衣裤及鞋帽，是否戴有眼镜、口罩、面罩，嘴里有无烟味、酒味或其他特殊的气味，什么口音，被害人是否见过该人，以后再见到是否还能认出来。

（8）犯罪嫌疑人在作案过程中谈及过何人、何事。

询问工作一般应由女侦查员进行，首先应做好被害人的心理疏导工作，安定被害人的思想情绪。询问的环境要求在比较安静、外界干扰较小的地方，以减轻被害人的心理压力，解除其顾虑，便于其更好地陈述情况。

（二）及时勘查现场

认真及时勘查现场，是侦查强奸案件必须采取的措施之一。通过对实施强奸的地点和

---

① 参见马忠红主编：《刑事侦查学》，354～357页，北京，中国人民公安大学出版社，2014。

罪犯来去路线的勘验，可以判断犯罪嫌疑人的逃跑方向。通过对各种痕迹、物证的鉴定，可以为证明犯罪嫌疑人提供证据。勘查强奸案件现场的要点是：

（1）研究脚印、手印及交通工具痕迹和其他痕迹，判断犯罪嫌疑人进入现场的方法和作案后的逃跑方向。

（2）应仔细检查被褥、床单、衣服、毛巾、床垫等物品，注意发现血迹、毛发、精液等，为认定犯罪提供证据。

（3）注意发现凶器与作案工具及其他遗留物，如帽子、手套、口罩、纽扣、纸张、手帕、烟头以及撕下的衣服碎片、裤带、表带等。

（4）对于强奸杀人案件，要通过尸体检验判断犯罪过程、手段、被害人致死原因和凶器的种类，要检查死者衣着是否整齐，现场有无搏斗抵抗痕迹；同时还应提取死者阴道分泌物化验。

（三）分析犯罪条件，确定侦查方向和范围

对于强奸案件侦查范围的确定，可以从以下几个方面入手：

（1）从犯罪嫌疑人说话的口音，分析其为本地人还是外地人。

（2）研究现场遗留物及其附着物的用途、产地、销售或发放范围、职业或行业特点，分析犯罪嫌疑人的职业和技能，条件充分时，还可据以确定犯罪嫌疑人的具体工作单位。

（3）根据犯罪嫌疑人的衣着打扮、言行举止以及皮肤的颜色和粗糙程度，分析犯罪嫌疑人是城市人还是农村人，是从事脑力劳动的还是从事体力劳动的，或可能从事什么具体工作。

（4）根据犯罪嫌疑人谈话的内容、提及的人名，分析犯罪嫌疑人是什么地方的人、从事什么工作。

（5）根据犯罪嫌疑人对现场及其周围环境的熟悉程度，结合现场地形、地物的复杂程度，判断犯罪嫌疑人是本地人还是外地人。

（6）根据犯罪嫌疑人实施强奸、猥亵行为时的言行特征，分析其是否有前科劣迹，进一步缩小侦查范围。经串案分析，认定若干起案件为同一犯罪主体所为，还可以根据若干起案件发案时间和地点的规律性及其内在联系、确定犯罪嫌疑人的居住范围。

二、选择相应的侦查途径，全面展开查找强奸犯罪嫌疑人

（一）依据体貌特征查找犯罪嫌疑人

如果报案及时，侦查人员到达现场较为迅速，犯罪嫌疑人尚未远逃，可依据被害人提供的犯罪嫌疑人的体貌特征，及时部署追缉、堵截，缉拿犯罪嫌疑人；若犯罪嫌疑人在作案过程中受了外伤，则应及时布置对一定范围内的医院、诊所、单位卫生科（室）加以控制，发现情况，及时报告；如果确定的侦查范围不大，或者分析认为犯罪嫌疑人可能会出入某些场所，侦查人员可以秘密带领被害人在一定的地方进行寻找辨认和守候辨认；还可以在确定的侦查范围内，充分发动群众，依靠街道居委会、治保会或基层党政组织，让他们提供符合犯罪嫌疑人体貌特征的对象；如果犯罪嫌疑人的体貌有比较特殊的地方，如豁嘴、疤眼、塌鼻等，还可以通过查对犯罪情报资料档案的方法，发现犯罪嫌疑人。

发动群众排查符合犯罪嫌疑人体貌特征的嫌疑对象，必须把犯罪嫌疑人的体貌特征向

群众交代清楚，以作为他们提供情况的依据。有条件的还可以采用模拟画像或运用人像组合的方法，把犯罪嫌疑人的形象组合成像，拍照印发给负责摸排的侦查人员，作为调查、侦查的参考依据。

（二）从强奸犯罪前科和有作案思想基础的人中查找强奸犯罪嫌疑人

从强奸犯罪前科和有作案思想基础的人中查找强奸犯罪嫌疑人，是侦查强奸案件的常用途径之一。侦查范围确定之后，首先要在划定的重点地区内，掌握有强奸犯罪前科及平时有流氓或侮辱妇女行为的人员名单。根据案件情况，逐一审查他们是否与犯罪嫌疑人的体貌特征相符，是否具备作案的时间条件、物证条件，从中发现重点嫌疑对象。

（三）依据现场痕迹、物证展开分析和侦查

依据从现场提取的手印、脚印、轮胎印痕等查找犯罪嫌疑人。有三种方法：一是对有同一认定价值的痕迹，可以通过查对犯罪指纹档案，从有前科劣迹的人中发现犯罪嫌疑对象；二是根据承受物体上痕迹的形状，分析造形客体的特征，然后由痕迹到物、从物到人，逐步查出犯罪嫌疑人；三是当现场足迹条件、嗅源条件、环境条件较好时，可依据现场痕迹进行步法追踪、警犬追踪，追缉犯罪嫌疑人。如果现场上遗留有凶器与物品，则应通过调查、寻找物主，从中发现犯罪嫌疑人。如果物品具有行业特点，调查活动可以沿着一定的方向，在一定的行业范围内进行；如果物品没有特殊之处，则可以发动群众提供线索，必要时可把物品照片或实物提供给群众进行辨认。

对于利用车辆进行强奸犯罪的，从查找车辆入手进行调查、侦查。如果被害人提供了车辆牌照的号码，就可以直接对该车辆的驾驶员进行审查；如果被害人提供的号码是残缺不全的，也应该把这一号码作为一种限制车辆范围的条件加以分析利用；如果被害人没有提供车辆牌照的号码，那么，首先要根据现场留下的车辆痕迹和被害人提供的情况，确定犯罪嫌疑人使用车辆的种类，确定之后，发动群众提供线索，对确定的重点侦查范围内该种车的出车情况、行经路线、开车人的体貌特征等情况进行认真的调查了解，从中查找犯罪嫌疑人。必要时，可以对车内的设施和车内的有关痕迹、物品及车辆底座上粘附物等，加以勘验检查。对于外地过往的车辆，应依靠交通管理等部门，把情况尽可能收集起来。

（四）对于同一犯罪主体连续多次作案的，实行并案侦查和组织巡查守候

强奸犯罪具有连续性的特点，如果一个地区内在一定时间内发生多起强奸案，则应该对这些案件进行串案分析，对发案时间、地点，手段、人数和犯罪嫌疑人的体貌特征、遗留痕迹和物证等加以分析、比较，对认定同一的犯罪案件，则应对犯罪的时空规律加以认真研究，在其可能再次作案的时间、地点，组织力量秘密巡查守候，捕捉现行。同时，应该把各起案件的线索归纳分析，组织统一的专案组，重新部署力量，开展并案侦查。

（五）对于轮奸妇女的案件，应根据结伙犯罪的特点组织侦查

在确定的侦查范围内，按照强奸犯罪集团成员的体貌特征和其他条件，逐一摸底查找。在调查过程中，要注意调查了解流氓团伙的情况和动态，从中发现线索，组织专门力量进行巡查守候，这对侦查强奸犯罪集团案件，有其特殊的意义。流氓强奸犯罪集团，大都是由一些流氓成性的青少年组成，他们犯罪劣习较深，再度犯罪的可能性很大，有一些在发案之后可能会隐伏一段时期，待认为风平浪静的时候，又会出来作案。巡查守候工作只要注意策略，坚持不懈，往往可以收到预期的效果。对于那些嫌疑比较突出的流氓集

团，可以选派秘密力量打入内部了解情况，也可以从其内部物色对象，通过分化瓦解工作，促使其揭发、交待犯罪集团内部的情况。

（六）侦破强奸案件的其他途径

对于劫走一定财物的强奸犯罪嫌疑人，应根据赃物的具体特点，布置控制赃物。由于强奸犯罪嫌疑人往往连续作案，甚至实施多种性质的犯罪，很可能由于其他犯罪活动被发觉而被拘捕。因而，在对新近被拘捕的人员进行审讯时，要注意挤清余罪，从中发现线索。侦查人员应该及时同有关单位取得联系，这些职能部门一旦发现线索，亦应及时转告刑事侦查部门。如果犯罪嫌疑人要求被害人再次赴约，并且被害人也已假意答应，可以通过周密设计，待犯罪嫌疑人企图再次实施犯罪活动时，将其捕获。由于铁路线长、点多、分散，难以控制管理，因此，要密切注意铁路内部的犯罪嫌疑人，要加强内部治保会等群众治安组织，控制内部犯罪，及时发现线索。

三、强奸案件侦查中应注意的问题

（一）充分获取证据，证实犯罪

获取证据，证实犯罪，一般采用两个方面的措施。一是组织被害人和证人对犯罪嫌疑人进行辨认；二是对犯罪痕迹、物证进行检验鉴定、调查核实。首先，对犯罪嫌疑人遗留在现场的足印、手印、毛发、精斑、血衣、信件等进行技术检验，并与获取的样本进行比较鉴定；其次把粘附在嫌疑对象身上、衣服上的泥土、叶绿素、草籽等微量物质，与现场上的同类物质进行种类认定；再次，把现场上扯落的纽扣、扯碎的衣片、扯断的腰带等，与嫌疑对象的衣服、鞋子进行整体分离痕迹鉴定；最后，对犯罪凶器、被劫财物，通过广泛、深入的调查，确定物品与犯罪嫌疑人之间的关系。

在一些强奸案件中，发案时被害人没有看清犯罪嫌疑人的面貌特征，现场也没有留下有价值的痕迹、物证，经过侦查活动，虽然发现了嫌疑对象，但通过上述方法难以证实其是否确为本案的犯罪嫌疑人时，可以采取必要的侦查技术手段，或者利用隐蔽力量进行取证。还有一些强奸案件，被害人指控有明确的犯罪嫌疑人，而其不承认，又缺乏旁证，在这种情况下，就需要对被害人陈述的事实、情节加以认真研究，并对双方各自的情况及双方的关系加以调查。如果发现有报假案的情况，应及时予以揭露；如果分析认为是犯罪嫌疑人狡猾抵赖，则应坚定信心，采取适当的审讯策略，辅以必要的秘密取证手段，获取罪证。

（二）注意强奸案件罪与非罪的界限

一方面，在侦查强奸案件中，应当严格区分罪与非罪的界限，严格禁止把下列几种情况立为强奸案件：（1）男女双方在恋爱过程中发生性行为；（2）男女双方姘居、同居的；（3）男女双方乱搞两性关系的；（4）与现役军人配偶、对象通奸而破坏军婚的；（5）一般的有调戏和侮辱妇女行为的，已构成犯罪的，可以流氓案立案侦查；（6）多男多女群奸群宿的。

另一方面，强奸案件侦查中，应注意对谎报强奸案件的甄别，具体方法是：（1）举报人无法描述犯罪嫌疑人的体貌特征，或描述中前后有矛盾；（2）举报人为说明遭受暴力袭击，常有自伤行为，但在眼睛、乳头、嘴唇或阴部这些特别敏感器官或部位没有伤痕，自伤多由指甲抓挠、刀片切割或其他锐器打击形成，伤痕部位多位于自己的手能够触及的地方，一般在身体两侧；(3) 举报人无法客观地描述事情发展的顺序及细节情况，或者含糊不清，避重就轻，或者把事情说得天花乱坠；(4) 举报人不能提供强奸案件中常见的真实的证据；(5) 犯罪现场与举报人的陈述不符；衣物的损伤部位与受伤部位不符等。

(三) 注意提高生物物证技术的运用

生物物证技术是物证技术中的一门新技术，随着科学技术的不断发展，其在刑事侦查中的作用越来越凸显，并且被侦查部门广泛运用。由于强奸案件涉及的生物物证较多，导致生物物证技术在破案中的作用越来越大。

(四) 注意查明和证明被害人的主观心理状态

强奸罪的本质是违背妇女意志，侵犯了妇女的性的不可侵犯的权利，被害人是不是在违背自己意志的情况下与犯罪嫌疑人发生性交的证据是证明强奸犯罪成立的关键性问题。这种状态除了通过其事后陈述查明外，还可以通过被害人事后的情绪（如精神失常、自杀等）来分析判断。这些客观外在表现都是侦查人员查明被害人当时主观心理状态的重要依据。

(五) 保护被害人的名誉

侦查强奸案件，在任何一个环节都要注意保护被害人的名誉，不得扩散案情，不能让与办案无关的人知道被害人的有关情况。在印发协查通报、通缉令或在发动群众公布案情时，不要公布强奸的详细细节，更不要公布被害人的姓名、家庭住址、工作单位。找被害人谈话询问时，次数要少，参加的人也要少，防止被害人因轮番换人多次取证造成思想压力，影响陈述内容的准确性。组织被害者协助守候、辨认时，要征得被害人同意，注意保护被害人的安全。对于破获的强奸案件，即使要总结经验教训，也只限于公安机关内部，不能扩大范围。①

【导入案例简析】

结合现场调查和案情分析，初步确定了犯罪嫌疑人数（犯罪嫌疑人系男性，一人）、案件发生的时间（2009 年 1 月 18 日 12 时以后）、被害人死亡原因（系捂嘴扼颈引起的机械性窒息死亡）、案件性质（性侵害引发的强奸杀人案）、犯罪嫌疑人刻画（经济拮据，档次偏低，年龄偏大，性生活得不到满足，有抽烟习惯，案前有因有的可能，对现场周边情况较为熟悉且对死者单身居住的情况也比较熟悉）、作案过程（犯罪嫌疑人入夜后趁被害人单身一人之际，推门入室，欲对被害人实施强奸，遇被害人反抗，犯罪嫌疑人即在床上对被害人实施打击，后又将被害人拖至床下进行扼颈强奸，最后致被害人机械性窒息死亡）。

针对案件情况，指挥部深入细致地分析了案情，有条不紊地对案件的侦查进行布置，在指挥部的统一指挥下，专案组分三组开展侦查：

1. 排查组

(1) 对本村各户进行排查，了解各户的房产情况，家庭成员，有几处房屋出租，

---

① 参见任惠华：《刑事案件侦查》，359 页，北京，法律出版社，2000。

租给何人，租房者有无离开，什么时候离开，有没有外村人来本村玩，等等。

(2) 了解哪些人1月18日到过现场，什么时候到现场，有没有听到异常声音或看到异常情况、人员。

(3) 重点注意被访问对象1月18日全天活动情况，要有相应的证人，了解被访问对象损伤情况。

(4) 了解何人会去被害人家中，了解死者的生活习惯和交往人员。

(5) 注意发现1月18日、19日以来喝过酒，喝酒后会闹事的人员；单身居住，平时有嫖娼习惯的人员，有性侵犯前科，强奸坐牢或猥亵妇女的人员，关系不好的人员，有随身带烟的习惯，等等。

2. 现场访问组

(1) 现场周边访问和死者亲属访问。通过工作了解死者的家庭情况、个人习性及交往情况，并通过访问了解到死者的最后活动时间，对死者丈夫的关系人调查、婆婆方面的关系人调查，死者生前打工的几个工厂，会接触的人员调查，寻找死者关系人进行调查访问。

(2) 围绕死者开展矛盾纠纷的摸排，同时对所有与死者有过接触的譬如一起打工的场所及人员进行走访。

(3) 对曾到过案发地的拾荒、收废品等过往人员进行调查访问。

(4) 结合现场犯罪嫌疑人所遗留的烟蒂，在周围访问吸同类香烟的人员。

3. 技术信息组

(1) 对案件进行串并工作。

(2) 在各个层面针对不同人群发布悬赏。

(3) 根据指挥部统一安排，以现场提取的DNA为依托，对案发地所14岁以上的男性进行逐个甄别。

【延展阅读】

办理新型强奸案件的难点和对策

强奸案件存在较大的复杂性，是造成办理强奸案件定性难、取证难、处理难的主要原因。在20世纪80年代，国外把这种新型强奸案件定义为“约会强奸”，从目前执法实践上看，可将这种新型强奸犯罪划分为三类：钱色交易中发生的强奸、网友之间发生的强奸、熟人之间发生的强奸。

随着社会的发展，新时期人际关系日趋复杂，在认定强奸案件构成犯罪的要件上发生了实质变化。一是双方存在亲密关系。犯罪嫌疑人与被害妇女多为相互非常熟悉，有的是恋爱中的男女朋友。被害人被强奸的地点多为双方约会的地点，或被害人自愿前往的地点，如选择宾馆、酒店、公共娱乐场所或嫌疑人甚至被害人自己家中。二是嫌疑人多承认发生性关系，但不承认违背妇女意愿，甚至双方曾经发生并保持性关系。另外，有的被害妇女本身为从事色情服务的灰色群体，只是在性自由支配权上突然发生了变化。三是案件中使用暴力、胁迫手段不明显，被害妇女自己承认没有反抗，对待性侵犯的态度上表现为半推半就，被害妇女又多不在第一时间报警。上述这些特点凸显了是否违背了妇女意愿、是否侵犯妇女性自主权成为新型强奸案件的认定核心要件。

一直以来，强奸案件要化验精斑和体液等DNA信息，这是嫌疑人实施侵害的很有力的直接证据。但新型强奸案件往往是已经实施强奸行为的嫌疑人在行为败露被控告至公安机关后，并不避讳自己与控告人发生性关系的行为，甚至还坦然供述，极力证明双方是自愿行为。根据相关司法解释，间接证据经查证属实，可以作为认定犯罪的依据。因此，做好间接证据的取证工作，是办理新型强奸案件主要对策之一。

第一，严谨查证在需要收集的间接证据中，有一个很重要的环节就是案件发生的环境，包括事实环境和情况环境。事实环境清楚有利于相关证人和物证的查找和固定，以及配合情况环境作出综合判断。情况环境包含双方当事人的接触过程、平时关系，以及案发的起因。侵害行为是在什么环境和情况下发生的，事发后女方的态度怎样，又是在什么情况下报警的等等事实和情节，要认真审查清楚，作全面分析。这些间接证据对于甄别熟人之间、恋人之间、与从事色情服务妇女发生的性关系是不是违背了妇女的意愿起到关键作用。所以，接报案后对受害人的第一次询问笔录要事无巨细记录清楚。有一些办案民警记录时不认真、不仔细，而在之后反复询问，以致当事人反感或不配合，造成证据的原始性、严谨性、真实性降低。在接到受害人的报警之后，应立即围绕受害人的陈述开展现场的勘查和走访，对受害人提供的证据要及时固定。

第二，加强调查涉案双方的相互关系和案件全过程。受理案件后应该首先从犯罪嫌疑人和受害人第一次认识的时间、场合及感情发展过程入手，查清他们第一次见面的详细情况，仔细分析他们的关系，正确区分热恋中的情侣之间发生的越轨性行为和犯罪之间的区别。

第三，调取案件的客观证据。首先，要查清违背妇女意愿的外在表现，应该反映在妇女遇到对方提出与其发生性行为的之前、之中、之后，是一个连贯的拒绝和不接受的过程，中间不应该有反复和停顿。在收集证据的过程中，不一定要求妇女在被强奸的时候，都有言语或肢体上的反抗。如果没有，也不能视为证据不足，从而放弃对犯罪嫌疑人刑事责任的追究。实践中就存在有些受害妇女在遇到性侵犯的时候，不知所措，表现在外在客观行为上，则为反常地听从和顺服。其次，要调查案件嫌疑人的犯罪心理。如误解——同在一个单位里工作的异性同事，或者是认识很长时间的异性朋友或熟人，女方对男方只是一种友谊、熟识或者是好感，仅此而已；而男方却误认为女方一定是喜欢或看上自己了。试探——比如说男方用语言挑逗，或用手拍女方的肩膀或拉手，见女方并没有强烈的反感，男方便越发大胆。侥幸——有些犯罪嫌疑人认为被害人是从事色情服务的，作案后可以轻易逃脱法律制裁，被警察抓住了也只是嫖娼行为，所以胆大妄为。

第四，严格规范执法，提高办案质量。由于新型强奸犯罪案件的特殊性，被害人和社会对嫌疑人的仇视会随着时间的推移而淡化，甚至嫌疑人家属通过收买被害方而改变原先供述内容。如果轻易立案侦查，采取强制措施，一旦双方供述不稳定，双方利益争议解决后翻供，容易发生错案、假案。公安机关必须严格按照办案程序规定进行受理、初查、排除可疑，立案后要依法收集证据，不得因案件双方存在熟人关系、自愿发生过性关系而不依法受理。

资料来源：石磊：《办理新型强奸案件的难点和对策》，载《中国公安报》，2014-05-29，8版。

【本章小结】

强奸罪，是指犯罪嫌疑人违背妇女意志，使用暴力、胁迫或者其他手段，强行与妇女发生性交行为。强奸案件具有被害人与犯罪嫌疑人有一段时间的正面接触，现场一般留有较多痕迹、物证，强奸犯罪有使用同一种手法连续作案的特点，犯罪时间、空间具有一定的选择性等特点。

强奸案件的侦查要注意把握详细询问被害人，及时勘查现场，确定侦查方向、范围；分析案情，确定侦查方向和范围；查找、确定犯罪嫌疑人的主要途径和措施；获取证据，证实犯罪等。

强奸案件侦查中应注意把握和区别强奸案件，提高生物物证技术的运用，注意证明被害人主观心理状态的证据，注意保护被害人的名誉。

【关键术语】

强奸案件　特点　侦查方法

【推荐阅读】

1. “反对暴力侵害妇女儿童犯罪合作项目”课题组：《公安机关办理性侵害案件工作指导手册》，北京，中国人民公安大学出版社，2006。

2. 赵桂芬：《性侵害或施虐系列杀人犯罪人特征分析》，载《中国人民公安大学学报》，2014 (3)。

【案例分析】

2007年8月3日中午，某市公安局椒江分局接到辖区内发生一起拦路抢劫、强奸案件，一名女高中生骑自行车回家时，被犯罪嫌疑人撞倒在天路上，捡走被害人手机后又对其实施强奸。由于被害人身份的特殊性（系在校学生）、作案时间的公开性（白天中午）、作案手段的残忍性，各级领导高度重视该案件，要求限期破案的呼声日渐高涨。椒江分局通过认真细致的现场勘查，调查访问及信息串并、网上查证等工作，并利用DNA技术，成功串并了2003年6月25日发生在鄞州区的一起强奸、强奸、杀人焚尸案件，终于在8月28日及时破获此案。

本案的侦破经过是：

（1）从现场物证入手，初步圈定侦查范围。

接到报警后，分局侦查员迅速对现场进行了全面细致的勘查。由于案件发生在荒芜的稻田，中心现场草地一片紊乱，现场条件较差，痕迹、物证较难提取，仅提取到一条带血的女士内裤。勘查人员不局限于中心现场，而是拓宽提痕思路，对外围现场更加认真细致地进行勘查，又提取到一枚带烟灰的烟蒂。同时，在被害人的阴道内提取到了犯罪嫌疑人的精液，通过对烟蒂与被害人身上的生物检材进行鉴定，发现系同一人所留。这是一种居住在当地的外地人经常抽的档次较低的香烟，正是有了这一枚烟蒂，再结合被害人的描述，使民警较为准确和及时地分析出了犯罪嫌疑人的体貌特征、生活条件及落脚情况，初步确定了侦查范围。经分析，犯罪嫌疑人系男性，18 岁～28 岁，身高 170 厘米左右，中等体型，外地人，对周边环境熟悉，可能就居住在乌石村、富强村或附近村子。

(2) 网上摸排碰撞，梳理、筛选犯罪嫌疑人。

根据案件情况分析，专案组领导迅速确定了以信息为先导开展网上作战的侦查思路。一是通过暂口系统梳理所有暂住在乌石村、富强村的 16 岁～30 岁外地男青年；二是在打防控系统信息系统中梳理所有在台州、温州、宁波范围内被打击处理的 16～30 岁男青年；三是梳理所有被葭芷派出所列为高危人员的 16 岁～30 岁的男青年，再将三组人员进行碰撞，产生的人员信息按层次不同由被害人进行辨认。被害人在诸多照片中，指出了三名疑似人，其中两人被排除了嫌疑，另一人张某（男，安徽省涡阳县人，暂住在富阳村×××号，曾于 2004 年在温州因盗窃被公安机关处罚过）却不见踪影，如何找到张某成为本案的重点。

(3) 借助预警平台，发动群众征集线索。

在不泄露侦查秘密的前提下，信息民警运用派出所信息平台的群防预警模式的捆绑功能，向乌石村、富阳村的各级村干部、信息员、企业主发布案件简况及犯罪嫌疑人详细的体貌特征，征集破案线索。8 月 20 日，一名村干部反映富强村有两个青年，体貌特征与描述的犯罪嫌疑人特征非常相似。经核实后排除了嫌疑。

(4) 信息比对重合，成功串并杀人案。

考虑到该犯罪嫌疑人作案如此娴熟大胆，可能有其他案件在身，办案民警决定从串并案中寻找破案途径。一是通过打防控信息系统，对相同作案手段和特点的案件进行梳理。二是通过刑侦研判平台，密切关注周边信息平台和各类信息数据库提供的信息，查找是否有类似案件发生。三是通过对提取到的 DNA 进行技术串并，进一步扩大破案线索。不久，该犯罪嫌疑人的 DNA 与发生在 2003 年 6 月 25 日的某市鄞州区的一起强奸、杀人焚尸案比中。

(5) 侦查手段布控，可疑信息浮出水面。

由于本案中有特点物品被抢，办案民警以该物品为重点开展网上监控。一是办案民警马上将被抢物品信息录入打防控信息系统和社会治安辑控平台的应急录入系统，落实专人在网上对该物品交易的情况进行监控。二是加大对各二手机回收业的检查力度，发动二手手机业主帮助工作。三是通过技术部门对被抢物品开展全天候监控。8 月 23 日，侦查民警发现被害人的物品开始使用。通过技术手段，发现一可疑人员为赵某（男，25 岁，安徽省涡阳县人）。与被害人丢失手机联系、找到赵某成为破案关键。

(6) 活用人口信息，关联人员顺利显现。

通过全国人口查询系统核查，确有赵某其人。然而根据住常住人口信息查询，该人却没有登记信息。办案民警毫不气馁，充分利用网上资源开展网上作战。首先利用安徽省的常住人口信息系统的同户查询功能，找到赵某的父母、妻子，然后查询此三人的暂住具体信息，通过查关联的出租房信息中的住宿人信息，办案民警发现同住人中有一人叫赵某（男，27 岁，安徽省涡阳县人），此赵某是否就是要找的赵某？通过比对，认定系该人。经秘密侦查，房东反映赵某夫妇已经离开出租房回老家办理二代身份证，民警立即针对赵某展开秘密侦控。

(7) DNA 认定同一，成功找出真正凶犯。

27 日上午，民警在葭芷村×××号出租房门内将赵某抓获，并采集了指纹和 DNA。调查显示，赵某交代与被害人手机通话的对象是他的亲戚焦某（女，24 岁，安徽省涡阳县人），暂住在富强村×××号。经调查，焦某交代该手机是丈夫张某给的，其人在某化工染料厂上班。此张某是否就是本案犯罪嫌疑人？办案民警一边对两者照片进行比对，发现十分相似，一边火速赶往该工厂将张某抓获。通过采集的张某 DNA，检查结果显示与葭芷“2007.08.03”强奸抢劫案中留下的 DNA 认定为同一。在物证面前，张某承认了自己的罪行，并交代 2003 年 6 月 25 日凌晨，因在某市鄞州区盗窃时被林某发现，后将林某强奸并用菜刀砍击其头部致死，逃离前纵火毁迹的罪行。至此，强奸抢劫杀人案犯罪嫌疑人终于落入法网，两期恶性案件成功告破。

资料来源：徐公社主编：《侦查新战法竞选案例评析》，140～143 页，北京，中国人民公安大学出版社，2010。

分析讨论：

1. 公安机关办理此案中使用了哪些信息化侦查手段？起到了怎样的作用？

2. 公安机关办理此类强奸案件与熟人强奸案件的侦查思路与方法有何不同？

第十四章　诈骗案件侦查

【学习目标】

理解诈骗案件的概念、诈骗犯罪构成要素和特点，了解常见的诈骗案件的分类和作案手段，明确诈骗犯罪高发的原因，重点掌握诈骗犯罪案件的侦查对策。

【导入案例】

江苏南京市一高校学生小罗在网购时，收到一条“中奖”信息，称“淘宝商城正在回馈客户，小罗被幸运抽中并将获取8.5万元现金，详情请登录某网址查询”。小罗信以为真，按照网址要求填写了个人信息，并往对方账户存入3 800元手续费，在他打电话要家人再汇1.9万元交税时才知道被骗了。

河北乔女士上午在网上下完订单，下午就收到一条短信称：“由于系统升级，导致您订购的商品订单失效，请拨打400××××办理退款。”短信还准确报出了乔女士的个人信息和网购交易记录。信以为真的乔女士便按照短信中的电话申请退款、再重新拍、发送卡号和验证码，被骗走1.3万元。

短信不安全，日益普及的微信二维码也成了不法分子的诈骗手段。胡先生在网上看中一款钱包。店主告知胡先生已把物品信息填写在二维码中，只要扫一下即可购买。然而胡先生扫描后却莫名下载了一个文件，没有办法打开。不久，胡先生就接到运营商欠费短信通知，一查才发现不仅原有的100多元话费消费殆尽，还欠费400余元。

资料来源：蒋皓：《网购狂欢背后不法分子使“诈”忙　手机支付微信二维码成诈骗新途径》，载《法制日报》，2013-11-09，5版。

问题：如何侦查新型网络诈骗、手机诈骗案件？

第一节　诈骗案件概述

一、诈骗案件的概念

诈骗案件是指犯罪嫌疑人以非法占有为目的，虚构事实或隐瞒真相，骗取数额较大的公私财物的案件。其中，依据最高人民法院、最高人民检察院2011年4月7日联合发布的《关于办理诈骗刑事案件具体应用法律若干问题的解释》（法释〔2011〕7号），诈骗犯罪最低入罪门槛由2 000元提高至3 000元，同时规定发送诈骗信息5 000条以上的，或者拨打诈骗电话500人次以上的，以诈骗罪（未遂）定罪处罚。该解释自2011年4月8日起正式生效。

诈骗犯罪侵犯的客体是公私财物所有权；客观方面表现为使用欺诈手段骗取数额较大的公私财物；主观方面，犯罪嫌疑人为直接故意，具有非法占有公私财物的目的。①

二、诈骗犯罪的构成要素及其特点

从系统论角度来看，任何事物都是不同要素的集合。犯罪作为一种客观存在的社会现象，同样由多个方面、数个要素组成。通常情况下，完整的诈骗犯罪是由犯罪行为人、犯罪受害人以及诈骗手段三方面相互关联、共同构成。

（一）犯罪行为人

诈骗犯罪是一种智力型犯罪，得逞的要求较高，成功的难度较大，这就要求犯罪行为人具备某些特殊技能和个体特点，确保有效迷惑受害人，使之在设定的虚假情境中自愿处置私人财物。一般而言，诈骗犯罪行为人表现出如下特点：

1. 行为人通常拥有较强的个人能力，具备良好的沟通技巧

一些诈骗犯罪嫌疑人天生拥有较强的表演天赋、沟通能力以及应急能力等，加之后天有意识地训练强化，他们能够通过短暂的接触，准确把握受害人心理，适时调整沟通方式和交流内容，迅速取得受害人充分的信任。例如，电信诈骗中，行为人往往采用开放式聊天技巧，在关键处留白，套取受害人信息；街头诈骗中，行为人通过连珠炮式询问、灌输方式，造成受害人心理疲劳、无暇思考；感情诈骗中，行为人既注重外在包装，也提升内在修养，往往使受害人深陷其中、无法自拔……较强的个人能力和良好的沟通技巧是行为人实施诈骗的基础。

2. 在某些领域具备一定的专业知识，掌握相关的专业技术

诈骗犯罪得逞的要求较高，犯罪行为人为了达到目的，必须有效利用与受害人之间掌握信息量的差距。这种所掌握的信息量差距主要体现在犯罪行为人具备一定的专业知识和专业技术。犯罪行为人往往在某一领域掌握了普通大众不熟知的知识，这一点在白领诈骗犯罪中尤为突出。以美国白领诈骗为例。号称美国破产专家的舒拉姆·韦斯在1994～2000年间策划了至少93起诈骗案，给美国国民传统人寿保险公司带来4.5亿美元的损失，被判处845年监禁；纳斯达克前主席伯纳德·麦道夫制造的金融诈骗案，涉案金额高达648亿美元；2009年，得克萨斯州金融大亨艾伦·斯坦福诈骗案，涉案金额约80亿美元，受害人中不乏众多社会公众人物等。拥有专业知识和相关技术的诈骗行为人所造成的社会负面影响更为惊人，而当前犯罪行为人专业化、技术化已经成为一种趋势。

3. 多为惯犯、累犯，花样不断翻新

诈骗犯罪行为人通常会摸索出一套行之有效的诈骗模式，并在此后的实施过程中不断积累、总结作案经验，强化、完善成功模式。所以某个诈骗行为人或诈骗团伙往往会连续、流窜作案，导致某一个地区在一段时间内某类型诈骗会突然高发。现实中，相当一部分犯罪行为人在受到司法机关打击处理、回归社会以后，仍然重操旧业。所以诈骗主体中惯犯、累犯较多。当然，其诈骗手段并不是一成不变的。诈骗行为人一般具备较强的社会

① 参见马忠红：《刑事侦查学》，334页，北京，中国人民公安大学出版社，2014。

形势解读能力，诈骗模式往往会随着社会形势、政策走向、不良风气等发展变化，花样、手段也不断翻新。例如，2008 年爆发的全球金融危机在国内引发贷款诈骗、集资诈骗出现峰值；以微信为代表的社交软件风靡大众，利用微信进行身份诈骗、慈善诈骗、购物诈骗的案件层出不穷；在老龄化社会背景下，出现以养老为噱头的诈骗模式等。

4. 女性犯罪行为人比例高于其他侵财案件，中年犯罪行为人构成诈骗犯罪主力

诈骗犯罪中，女性犯罪行为人所占比例明显高于其他侵财类案件。女性在性格、形象、行为、社会角色等方面具有得天独厚的优势，容易获得他人信任。诈骗犯罪属非暴力性犯罪，也较适合女性实施。从年龄分布来看，诈骗犯罪中主体行为人或团伙头目一般都是社会经验较为丰富、谙熟社会交往规则的中年人，其思想成熟，反应能力较强，能够控制诈骗犯罪的发展进程。其他年龄段犯罪行为人一般在社会经验、自身能力等方面较为欠缺，难以得逞。例如，2014 年 10 月，西安莲湖警方破获一起假冒清朝公主诈骗案，48 岁女子王某假冒爱新觉罗氏公主，自称掌握的皇室巨额资产被冻结，可通过民间途径解冻，投资帮助解冻者将获得巨额回报。王某先后作案十余起，诈骗 572 万元，地点遍及北京、新疆、河南等 10 多个省市，其充分发挥了女性的亲和力和中年人的智力优势。见图 14—1。

图 14—1

5. 组织化、团伙化趋势明显，跨区域、国际化特征突出

当前，诈骗主体为了提升犯罪的成功率，通常会选择分工合作，协同完成。诈骗主体不再局限为自然人，越来越多的诈骗犯罪由团伙集团完成，组织化趋势明显。同时，从地理分布来看，为了躲避国内司法机关的打击，犯罪主体实施诈骗往往横跨数个区域。一些犯罪主体逐渐选择扎根国外、遥控指挥国内团伙实施诈骗。以电信诈骗为例：一个较为完

整的电信诈骗团伙主体可以分为组织头目组、语音呼叫组、技术维护组、拆账转账组、提款变现组等，角色固定、产业链完整；从时间范围内来看，电信诈骗主体最初以台湾籍行为人为主，后来大陆东南沿海地区人员实施较多，当前电信诈骗主体已经广泛分布在东亚和东南亚等地区；从国内地理分布来看，电信诈骗主体集中在福建、广东、湖南、湖北、海南、河北等地区。

（二）犯罪受害人

诈骗犯罪得逞，不仅仅只是犯罪行为人单方面意志产生作用，而是与受害人互动之后的结果。很多受害人本身存在较强的被害性，给犯罪行为人留下可乘之机。

1. 受害人结构特点

受害人的构成较为复杂，并不是教育背景好、智商较高、工作得体的社会成员被害几率就小。受害人的被害性与其生活经历和社会阅历有关。现实中，常见的受害人分为以下几类：

（1）思想单纯、缺乏社会阅历的在校大学生，尤其是防范意识较差、富有同情心的女大学生。这一群体是网上购物诈骗、就业诈骗、情感诈骗的主要受害人。

（2）城镇退休老人、农村留守老人。这类群体往往滞后于时代发展主流，缺少足够的戒备和应变能力，无法辨别诈骗行为人不断翻新的伎俩，同时他们又拥有一定的积蓄，极易成为骗子物色的目标。

（3）以白领、公务员、知识分子为代表的高知人群。根据统计，受害人的职业并没有明显的分布趋向，在诈骗案件中高知人士也不能幸免。高知人士易成为金融诈骗、电信诈骗、身份型诈骗的受害人。

（4）“宅”一族。这类群体生活、工作圈子窄，一部分人沉迷于上网、电子游戏等虚拟社会，思维较为简单、理想化，与外界接触较少，极易被骗。

2. 受害人心理特点

客观上诈骗案件受害人遭受财物损失，也是其主观上存有一定的心理弱点被犯罪行为人充分利用而导致。具体而言，诈骗案件受害人的心理可以分为以下几类：

（1）麻痹大意心理。诈骗案件中，受害人上当受骗最常见的心理就是麻痹大意。在网购诈骗中，受害人未认真核查网站地址而被木马、钓鱼网站骗取银行账户信息；合同诈骗中，受害人未认真阅读合同内容、条款、数字等细节而轻信签约；街头诈骗中，受害人未核实商品、钱财真假而大意买卖收受等等。

（2）贪占便宜心理。大部分受害人上当受骗，都是出于一定程度贪财谋利、贪图便宜的心理。诈骗初始阶段，骗子一般会主动向受害人贴靠，并施以小恩小惠，吸引受害人的注意力，博得其信任，而后再利用各种理由、借口骗取受害人大宗财物。受害人因小失大，得不偿失。

（3）轻信从众心理。一些受害人（尤其是老年人）警惕性不高，立场不坚定，易受到外界环境干扰，盲目从众被骗子利用。在街头诈骗中，骗子往往是团伙作案。在一名行为人实施主要诈骗行为的同时，其他团伙成员协调配合，潜藏在受害人周围，向受害人灌输心理暗示。实际上，受害人面临的是一个人与一个犯罪团伙较量的困境，容易轻信从众，上当受骗。

（4）情面义气心理。现代社会，人与人的交往范围得到了极大程度的扩展，但也存在彼此之间交往不深、境遇差别互不了解的现象。在电信诈骗“猜猜我是谁”、街头诈骗

“偶遇老友”等骗术中，骗子往往冒充受害人的熟人骗取其信任，并通过各种理由提出借用财物的要求。受害人出于情面和义气，不便推脱因而受骗。

（5）迷信愚昧心理。在一些信息闭塞、较为偏僻的地区，民间迷信活动依然活跃。骗子假借宗教活动的名义实施诈骗钱财的行为，受害人分辨不清具体情况的实质，一味听信迷信传言，相信破财消灾，轻易处置自身财物，被骗子借机利用。

（6）慌乱着急心理。一些诈骗案件中，受害人相关关系人遭遇突发事端、涉嫌犯罪被司法机关控制等情况，受害人收到消息后会产生慌乱着急的心理，容易做出不明智的决定。骗子此时乘虚而入，号称认识“熟人朋友”，可以从中疏通、打点关系。受害人病急乱投医，因而人财两空。

（7）清高自负心理。诈骗案件受害人中不乏白领、公务员、知识分子等高知人士。这部分受害人有较强的荣誉感和自尊心，专注于工作、公务、学术等自身领域，社会经验不一定丰富。骗子往往以质疑其专业能力、指控其违法犯罪等激将手段来刺激该部分受害人。受害人一般较为清高自负，受刺激后往往急于证明个人观点或自身清白，不假思索依照骗子的要求行事。

（8）同情怜悯心理。在慈善诈骗中，骗子充分利用社会大众的同情心，通过虚构相关悲惨经历、夸大事实的严重程度、发动虚假捐款号召、冒用真实捐款账号等手段骗取公众钱财。社会大众过于泛滥、不辨真伪的同情心在一定程度上纵容了该类诈骗犯罪的存在。

当然，诈骗犯罪过程中受害人的各种心理交织混杂，纷繁多变。这些心理易被骗子利用，成为受害人被害性的重要组成部分。

（三）诈骗手段

1. 诈骗手段的特征

诈骗犯罪行为人通过一定的借口和事由、途径和环节、方式和方法与诈骗犯罪受害人产生沟通和联系，最终使受害人错误地处置自身财物，这个过程展现了诈骗行为人的诈骗手段。当前，诈骗手段表现出以下特点：

（1）种类复杂多样，方式狡猾多变。

诈骗犯罪的手段复杂多样，既包含以街头诈骗、身份诈骗、合同诈骗为代表的接触式诈骗，也包括以电信诈骗、网络诈骗为代表的非接触类诈骗，其具体事由更加不胜枚举。犯罪行为人的作案方式迷惑性强、防不胜防，既有费尽心机、长期经营的诈骗方式，也有免费低价、鼓吹造势的方式，既有感情投资、关系陷阱的诈骗方式，也有冒充他人、坐收渔利的方式等等。

（2）贴近实际生活，反映社会现实。

诈骗犯罪是当下社会现实的缩影，所以诈骗手段往往立足于实际情况，反映热点矛盾等。例如，当前就业形势严峻，以“加盟招工”为噱头的诈骗数量畸多；看病难、看病贵、医疗资源分布不均导致行医诈骗发案率维持高位；走后门、讲关系等社会不良风气导致冒充党政机关公职人员的诈骗案件时有发生。

（3）性质日趋恶劣，后果更加严重。

一些集资诈骗、金融诈骗规模越来越大，波及面不断变广，引发一系列群体性事件等严重后果；诈骗行为人针对老年人实施诈骗，骗取受害人毕生心血、养老积蓄，极易导致受害人采取过激行为，产生恶劣影响；一些诈骗行为人实施诈骗的手段还伴生有传销、邪教、人身伤害等方式方法……

（4）升级换代迅速，科技含量增加。

诈骗犯罪难以治理的原因之一即是其手段不断升级换代，更加智能化、现代化。例如，作为互联网新兴技术的二维码扫描已经成为手机木马病毒传播的新渠道，与之相伴的网络盗号诈骗、信用卡诈骗等警情进一步增多；改号软件、VOIP 使用泛滥，导致电信诈骗侦查任重道远；黑客技术、信息技术使得网络诈骗案件层出不穷。随着时代发展和技术进步，诈骗犯罪的手段还会不断更新、不断变化。

2. *诈骗手段中的异常点*

现实中，诈骗犯罪的手段明显存在着一些异于常理、违背常规的现象或特征。这些异常现象或特征是确定某种社会现象性质、研判其是否为诈骗犯罪的重要参考和依据。通常来说，犯罪联系中存在的异常现象或特征包括包括以下几点：

（1）举动异常。例如，在保险诈骗中，犯罪主体往往有主动、超额、高额投保的行为，并且在短时间于多家保险公司集中购买多个相同或相似的可疑保险利益（表亲、干亲等身份利益）、重复投保、变更受益人、索赔需求迫切等异常举动；在银行资金监管过程中，某个账户存在着资金短时间内汇入又迅速汇出，不断拆解、化整为零的频繁操作等，这些举动往往是存在可疑情况的表现。

（2）要求异常。在正常交易过程中，一方当事人违反常规，提出了某些多余、特殊的要求，同样值得警惕。例如，在票据“掉包”诈骗中，诈骗行为人往往声称为增进互信需进一步检验受害人手中票据真伪，且故意携带受害人票据脱离其视线范围，趁机调换；或不辞辛苦先带受害人送检票据真伪，博得受害人信任，后提出各种要求收回真实票据，待交易结束后借机支付克隆假票，完成“掉包”。

（3）时间异常。圣诞、元旦、春节等节假日之前，以及星期五下午等时间段是金融诈骗等案件高发的时间节点。在这些时间节点上，金融机构一般会暂停营业、结算财务、维护系统等，对及时办理相关金融业务产生一定影响。诈骗行为人往往利用这一规律，在该时间节点之前给予受害人空头支票或拖延支付款项。受害人不能及时兑现，无法立刻察觉不妥，诈骗行为人因此获得了充分的潜逃时间。

（4）事件异常。以店庆、促销、成为幸运观众为噱头的中奖事项，以车祸、急症、被司法机关控制、涉嫌违法犯罪为由的突发事件，以网站升级订单失效、支付失败而发来安全性不明的付款链接等情况，都是生活中的小概率事件，同样也是较为异常的事由。这些异常事件是诈骗犯罪按照预期进行下去的重要环节，及时识破可以有效避免损失。

（5）主体异常。一般来说，电信诈骗中犯罪行为人扮演的角色存在三个较为突出的特点：一是主要为公检法司法机关及其他执法机关国家公职人员，二是该国家机关一般为外地公职机关，三是核查该所谓公职机关身份的唯一手段即是通过比对 114 查号台提供的电话号码，而无其他任何正式证件可以佐证。这类主体不符合正规执法办案程序要求，因此在日常生活中遇到符合上述特点的主体，其诈骗可疑性较高。

当然，在诈骗案件犯罪联系中，无论其借口和行为、途径和环节、方式和手段如何发展变化，其最终都会落脚在财物诉求之上。对财物的诉求是诈骗案件的实质。

三、常见的诈骗案件分类

现实中，诈骗犯罪手段不断升级，事由千变万化，种类复杂多样。根据犯罪侵犯的客体不同，诈骗犯罪可分为破坏社会主义市场经济秩序类型诈骗、妨害社会管理秩序类型诈骗；根据诈骗主体不同，诈骗犯罪可分为个体诈骗、结伙诈骗、单位法人诈骗；根据诈骗手段不同，诈骗犯罪可以分为虚构事实型、隐瞒真相型、假冒身份型等。

以诈骗犯罪行为人与受害人之间是否存在现实接触为标准，常见的诈骗类型可分为非接触式诈骗，例如电信诈骗、网络诈骗等，以及较为传统的接触式诈骗，例如街头诈骗、身份型诈骗等。当然，在不同犯罪阶段，犯罪行为人往往会根据诈骗的计划和需要，网上与被害人联系，网下与被害人接触，采取组合方式实施诈骗。据不完全统计，当前流行的诈骗类型可分为如下几类：

（一）非接触式诈骗类型

非接触式诈骗主要是指诈骗犯罪行为人不与受害人进行面对面的现实接触，而是借助网络、电信等媒介，虚构事实或隐瞒真相，骗取公私财物。以中间媒介为划分标准，非接触式诈骗又可分为网络诈骗、电信诈骗等。常见的非接触式诈骗事由包含如表 14—1 所示：

表 14—1

类型	手段	常见的诈骗事由
网络诈骗	直接实施型诈骗	以低价限时、打折促销为噱头实施网络购物诈骗。
		以低投入、高回报为噱头实施网络投资诈骗。
		以新技术、高智能等电子商务模式为噱头组织非法网络传销。
		以感情为诱饵，通过网络交友骗取钱财。
		售卖各种专业资格考试答案，如大学英语四六级考试答案、研究生入学考试答案、司法考试答案。
		网上兼职招聘，代刷网店信誉，收取报名费、手续费等。
		承诺通过“付费定位”，可找回遗失、被盗手机等。
	木马盗号型诈骗	盗取淘宝卖家账号，冒充淘宝客服，告知受害人原订单提交失败或网站升级汇款失败等，趁机发送木马、钓鱼链接，盗取受害人银行账户信息。
		盗取受害人 QQ、MSN 等即时通信账号，事先录制受害人聊天视频，借机播放，冒充受害人对其亲友实施诈骗。
		盗取受害人 QQ、MSN 等即时通信账号，删除好友名单中领导、亲友等账号信息，以相同头像、相似账户替换，冒充其领导、亲友骗取钱财。
		盗取百度推广账号，发送虚假网络诈骗信息。
		设置钓鱼网站、木马链接，冒充正规网购、游戏、充值网站等，盗取受害人网银账号。
		盗取受害人、受害单位邮箱、通信账号等，暗中监控受害人钱款交易情况，借机以收款方受害人名义向付款方发送特定账号，骗取钱款。

续表

类型	手段	常见的诈骗事由
电信诈骗	短信类诈骗	利用伪基站，群发荐股、内部投资消息、预测彩票等诈骗短信。
		驾车异地旅游，收到违反交规、予以罚款短信，要求向特定账号汇款。
		声称在某商场透支信用卡消费，要求归还欠款。受害人点击短信提供链接，查询网银，账号信息被盗，造成财物损失。
		假借某些热播综艺节目名义，声称号码中奖、成为幸运观众，需缴纳手续费、快递费、个人所得税等，骗取钱财。
		航班取消，需缴纳改签费、补齐改签差价或另外购买假机票等。
		盗窃、捡拾受害人手机，或声称因特殊原因暂用他人手机，冒充受害人要求熟人给予特定账号充值、汇款。
		发送手机增值业务服务资讯，1 为订阅，0 为退订，但服务器设置相反，用户短信回复后扣取高额包月费。
	电话类诈骗	利用网络改号软件，电话伪装成公安局、法院、检察院以及其他政府公职人员，指控受害人涉嫌犯罪或其他违法事项，为证明清白、配合调查，需将钱财转汇至“安全担保账户”。
		冒充运营商或工程师，声称手机线路检测、系统升级等，需协助关机。在受害人关机期间，以被绑架、生急病、意外事故、犯罪被抓等事由，对受害人亲友实施诈骗。
		冒充运营商或工程师，声称手机线路检测、系统升级等，遥控指挥受害人进行按键输入，盗取并复制 SIM 卡信息，盗打电话骗取话费。
		“响一声”诈骗电话，自动拨号机在短暂振铃以后，主叫自动挂机，受害人回拨，播放“代孕”、“重金求子”、“好友点歌”、“六合彩信息”等诈骗信息，或扣取高额话费。
		以“二胎补贴”、“农机购置补贴”、“希望工程助学”、“购车、购房退税”等国家政策方针的名义诈骗财物。
		声称银行抵押担保中心，可提供低息无抵押贷款，但需缴纳相关比例的保证金。
		“猜猜我是谁”，冒充熟人获得信任，骗取钱财。
		号称是邮局工作人员，称受害者有一份邮件放于邮局较长时间，寄存期限即将到期，以此为理由骗取高额保管费。
		冒充 4G 网络体验中心，骗取升级业务扣费。
		号称正规拍卖公司，可替受害人拍卖、变现收藏品，在取得收藏品后进行掉包或者骗取高额手续费。
	拓展功能诈骗	盗取受害人 QQ 账号密码，登录微信账号，取消并重新绑定新 QQ 号，利用微信熟人圈骗取钱财。
		微信添加受害人为好友，下载受害人头像，昵称更改为受害人名字，后利用微信屏蔽受害人朋友圈功能，防止受害人发现。此后借用受害人名义发表借钱、投资、代购等诈骗信息，骗取钱财。
		在游戏宣传、打折促销广告等二维码中植入钓鱼木马下载信息，智能手机扫描后中毒，恶意吸费，盗取手机银行信息。

（二）接触式诈骗类型

与非接触诈骗相对应，接触式诈骗是指诈骗犯罪行为人与受害人进行了面对面的现实接触，通过直接交流、直观表演、营造氛围等各种技巧和手段，使受害人陷入错误认识，进而完成诈骗犯罪。接触式诈骗主要包括街头诈骗、身份诈骗、金融诈骗等等，各手段之间也互有交叉、互相包含，常见的接触式诈骗事由包含如表 14—2 所示。

表 14—2

类型	手段	常见的诈骗事由
街头诈骗	行医诈骗	依附大医院名义，在公园、菜市场、超市等公共场所摆设摊位或开设诊所，假冒名医、神医骗取钱财。
		利用医托拉客，假装向被害人询问医生住处，另一人配合出演双簧，表示知道医生住处，通过吹嘘医术、夸大效果哄骗受害人一同拜访，套问受害人信息并提前告知医生，制造诊断“百发百中”现象，骗取受害人信任获得财物。
		以“义诊、慈善、乐施”等免费服务或“高科技、新成果”为噱头，开展专家讲座，以次充好高价兜售普通药品，以保健品充当药品，推销“海马干、海燕干”等假药材，推销各种劣质医疗仪器等。
	假币、假物诈骗	将假玉器、假贵重金属丢于公共场所，路人拾取后，上前要求平分，并以种种借口，要求受害人先以自身财物作为抵押，伺机逃跑。
		利用假外币，或将国内不能流通、利用值低的外币冒充高价值外币，与受害者进行兑换。
		采用双簧模式，一人先向受害人打听银行位置，提出兑换外币（实为假币），另一人出现，通过谎称可帮忙兑换，但未带现金，向受害人借钱，承诺给予一定报酬，或将外币质押在受害人处待取款后赎回，伺机逃跑。
		犯罪行为人以真币购买商品，受害人查验真假后，犯罪行为人假借讲价、优惠等要求拒绝购买，要求退货，拿回真钱，后声称又反悔，趁机以假币支付。
		携带罗盘、指南针、挖掘工具以及一些所谓的高科技探测设备，以讨水喝、买食物或其他理由故意引起受害人注意，并在受害人亲眼见证下，在某地点挖出事先埋藏好的“宝藏”，挖宝分赃，骗取受害人钱财。
		向路边电话售卡充值店老板购买大面值充值卡，以验货为名查看并放入自身口袋或提包内，要求受害人予以优惠，遭拒绝后从提包内拿出事先准备好的假卡，予以替换，骗取受害人财物。
	借手机诈骗	与受害人套近乎，声称自己手机没电，以借打手机为名，在佯装通话过程伺机携手机逃跑。
		公交车到站后，犯罪行为人声称自己手机丢失，不让人下车，向旁边受害人借手机拨打自己电话，查找小偷。临近门口处，犯罪行为人同伙借机下车逃跑，犯罪行为人携受害人手机假装下车追逐。
	迷信诈骗	冒充和尚、尼姑、道士，声称可替受害人消灾减祸，让受害人包住钱财拜谢神灵，待受害人存放好钱财后，又以还需要包住受害人头发等理由重新打开包裹，趁机支开受害人，将钱财掉包，并嘱咐受害人几天之内不得打开包裹。
	情感类诈骗	犯罪行为人驾驶豪车，着装时尚，“偶遇”受害人，出手阔绰，以交朋友为由骗取信任。待时机成熟，以家人突发事故、商业投资、遭受损失等理由借取受害人大量钱财，后迅速消失。
		犯罪行为人通过豪车、衣着、口音、假身份证明等伪装境外华人，号称回国投资，以交朋友为名使受害人放松警惕。相熟后，提出因回国仓促，未办理相关银行账户，骗取受害人银行账号、密码，取走钱财。

续表

类型	手段	常见的诈骗事由
身份诈骗	直接型诈骗	冒充党政军机关工作人员、公检法公职人员、中央领导秘书、亲属等身份，号称可为受害人争取项目、疏通关系、办事消灾等，在请托办事中骗取受害人钱财。
		在马路、商场、酒楼、茶馆等公共场合，“偶遇”受害人，冒充受害人亲友、老同学、老同事等，博得受害人信任，后以投资、借款等名义，或借打手机等理由，骗取受害人财物。
		一名犯罪行为人在招生、招工现场周围物色目标，声称认识内部人士，可帮忙升学、落实工作，并带领受害人前往单位内部，“恰巧”在单位门口、走廊处遇到“某领导”(由另一名犯罪行为人佯装)，获得受害人信任，骗取财物。
	间接型诈骗	自称是某单位某领导，长期慰问老干部退休中心、老年人活动中心等，骗取老年人信任，再通过老年人之口向他人介绍其身份。受害人往往是老年人的熟人而更为信任犯罪行为人，从而损失财物。
		在饭馆、商场等处固定消费，开具发票时要求抬头写明“某某政府机关”，往复几次，使老板、售货员等产生错觉，骗取其信任。后称可帮忙办事、疏通关系等，骗取受害人财物。
金融诈骗	保险诈骗	为表亲、干妈、干女儿等亲缘较远的关系人投保，后关系人“因故”出现意外、保险利益受损，要求赔偿。
		主动、超额、高额、短时间内，在多家保险公司集中购买相同或相近的保险利益，后保险利益“因故”受损，要求赔偿。
		有增加、变更、修改保险事项和利益的反常举动，后保险利益“因故”受损，或事故存有疑点，索赔需求迫切。
	集资诈骗	以新型高回报投资项目、做生意需资金周转等为由，吸取公众存款，前期通过定期返款或返利骗取公众信任，事实上绝大部分资金被用来偿还债务，实施违法活动，或个人挥霍等。作案过程甚至可持续数年。
		犯罪行为人在银行开户，存入少量的现金购买转账支票，持转账支票购买易于销售的商品。实际上购买商品的价款远远大于其存入银行的数额。犯罪行为人往往选择星期五下午银行即将下班，或星期六、星期日（银行不办理转账业务）购买商品，星期一受害人到银行进账发现被骗，犯罪分子已携款逃匿。
	票据诈骗	双方达成交易协议后，以彰显诚意、确定有关事项为由，要求受害人将开好的汇票传真过来，根据传真内容“克隆”汇票。交易时，要求受害人携带正本，以传真件看不清，需重新复印，或查验汇票真假，或保护双方利益需将真票封印等借口，骗取汇票正本，趁机将克隆好的假汇票与之掉包，后解付汇票，骗取钱财。
		从受害人处购买货物，约定货到付款。在收到货物后，犯罪行为人携带真实商业汇票与受害人前往银行验票，骗取受害人信任，后以先卸货、后给付为由，收回真票，伺机用假票予以掉包。得手后，犯罪行为人前往开票银行退票，并将货物卖掉。
	合同诈骗	利用受害人麻痹轻信、粗心大意心理，改变标的内容、履行方式、履行时间等关键性合同信息，骗取受害人签约。
		号称推广蚂蚁、长毛兔、白玉蜗牛、高产经济作物等农牧品种、产品，与受害人签订承诺回购合同，收取种苗费用，农产品成熟后以各种理由拒绝履行合同。

（三）组合式诈骗类型

当前，很多诈骗案件并不仅仅局限于单一的诈骗方式和手段，犯罪行为人往往同时从虚拟和现实两条线出发，既通过中间媒介设置陷阱，也通过直接接触完成骗术，以非接触和接触的组合方式来实施诈骗（见表14—3）。

表14—3

类型	手段	常见的诈骗事由
组合式诈骗类型	消费诈骗	犯罪团伙不同成员承担不同分工，一部分犯罪行为人负责通过网络、微信等途径，发布“交友”、“婚恋”、“一夜情”等诈骗信息，并与受害人进行网上互动，等待受害人上钩后，由另一部分犯罪行为人实施线下接触，约受害人前往指定的酒吧、茶吧、咖啡吧等场所进行高额消费。
	慈善诈骗	利用自然灾害、社会公共事件，或虚构事实情况骗取社会大众同情，在网上、现实生活中提供虚假银行账号，骗取公众钱财。
	招聘诈骗	在大型生活类网站、公共黄页发布虚假招聘信息，待受害人应聘后，以手续费、报名费、押金等名义骗取受害人钱财，或控制受害人进行传销、卖淫等违法犯罪活动。

四、诈骗案件高发的原因

（一）经济利益为驱使，违法犯罪成本低

高额的犯罪收益是诈骗犯罪高发的内驱力，同时相对于居高不下的诈骗案件数量，侦查机关的打击能力也有限，导致诈骗犯罪低成本、低风险、高回报、高收益，使一些行为人不断铤而走险，选择犯罪。

（二）法律法规不完善，日常监管漏洞多

一方面，当前立法、司法对于诈骗犯罪的威慑力不足；另一方面，法律法规的滞后性造成一些新技术、新手段的正当性和适当性没有制度予以规范，或者即使有规范约束，其日常执行、监管也未充分落到实处，导致新技术、新手段使用存在乱象，给了犯罪行为人可乘之机。

（三）侦查壁垒客观存在，联合整治协调较难

侦查机关打击诈骗犯罪面临诸多困难。当前，诈骗犯罪国际化趋势明显，团伙主犯扎根国外遥控指挥，脱离国内侦查机关管控范围；诈骗犯罪往往涉及电信、银行、教育、金融等多个行业部门，部门协调难度较大；公安机关内部各个警种之间，信息交流、业务配合也时有脱节。

（四）社会难题的集中反映，时代发展的负面产物

诈骗犯罪是社会深层次问题的集中反映，是社会发展的负面产物，其存在是必然的，其高发也是客观的。社会资源分布不均衡、个人投资渠道不畅、公民信息缺乏保护、实名制推行欠缺力度、社会不良风气传播等问题共同交织、相互作用，成为孕育诈骗犯罪的温床。

（五）社会成员放任发展，参与打击积极性不高

一些情况下，受害人落入诈骗陷阱往往出于情色、钻空子、贪占小便宜等不良心理，财物被骗后自知理亏，为了保全面子而息事宁人；一些受害人财物损失不大，害怕麻烦，不愿报警，不主动配合侦查工作等。受害人的消极态度使得诈骗行为人有恃无恐，放任诈骗犯罪不断恶性循环。

第二节　诈骗案件侦查对策

小到街头骗术骗取公众微额钱财，大到集资诈骗在全国范围内引发群体性事件，诈骗案件蚕食了社会信任底线，扰乱了正常的经济运行秩序，最终伤害的是整个社会的发展潜力，影响社会安全和稳定。当前，旧的漏洞还未堵上，新的漏洞就已出现，打击诈骗犯罪刻不容缓。公安机关可从不同角度出发，多维并举对症下药，确保治理犯罪的力量始终压制不断升级的骗术，最终有效控制诈骗犯罪。

一、着力夯实刑侦基础工作，服务侦查破案一线需求

（一）开展情报信息工作

情报信息工作是诈骗案件侦查高效的指南针，情报主导侦查是打击诈骗犯罪事半功倍的指挥棒。公安机关可结合本地区、不同类型、多个阶段诈骗犯罪活动的基本情况，整合各警种、各部门情报信息，整合公安内部和社会资源信息，运用情报学原理分析研究诈骗犯罪的新发展、新动向，根据需求梳理线索、调配资源、构建模型，做到有的放矢采取措施。

以金融类诈骗为例，该类诈骗与国际形势息息相关，受社会局势影响显著。国际金融危机爆发，进出口贸易受影响，银行收紧贷款，在这些背景下以不正当手段实施的社会集资诈骗即会高发。同时，国内江浙地区、珠三角地区民间资本充足、融资活跃，但公众投资渠道狭窄，易出现非法集资诈骗的大案要案。公安机关在开展基础工作的过程中，可对国内外银行账号资金异常流动状况进行监管，从中发现可疑线索，落实到具体地区、具体案件、具体个人，并在情报工作的基础上开展预警措施，通过短信、电话、广告、网络途径向社会公众澄清、预警。

情报工作通过社会局势研判、诈骗类型研判、高发地区研判、具体案情研判，一步一步缩小范围、具体内容，为诈骗案件侦查工作打下扎实基础。

（二）强化诈骗犯罪阵地控制

一般来说，诈骗犯罪手段丰富、种类多样，表现不同、差别较大，但其最终的落脚点都是骗取钱财，而在相当一部分街头诈骗、电信诈骗案件中，犯罪行为人变现取款，以及受害人在被蒙蔽的状态下转账、取现给诈骗行为人，都是在银行营业网点内进行的。因此，作为公众财物主要聚集点的银行、储蓄所等金融机构，侦查部门应着力予以布控。目前，不少地区公安机关已经推行驻行民警制度，将群众工作经验丰富、责任心强的公安民警派驻至诈骗犯罪高发区域的银行网点，深入一线及时发现诈骗线索、制止受害人轻率处置钱财，取得了良好的社会效果。

以交友诈骗、购物诈骗、木马盗号诈骗为代表的网络诈骗已经发展成严重破坏虚拟世界正常秩序的毒瘤，实施网络阵地控制同样必不可少。在技术层面，侦查机关可研发使用更加精确高效的技术手段，如网络巡逻、数据碰撞、实时比对、反向比对、智能报警、敏感词筛选等，建立布控目标与情报信息关联模型，筛选、挖掘各类有用线索。在队伍层面，从网站版主、网络红人、网站员工、资深网民、网吧工作人员等人群中，物色网络特情处理，发展隐蔽力量。在监管层面，继续推进网络实名制度，完善网络地址管理措施，对网络电话（VOIP）、即时交流工具、热门网站社区等重点关注，尤其是对特种设备（短信群发器、VOIP 透传设备等）交易、使用要严格把关、控制。

（三）重视高危人群调控

诈骗犯罪行为人中惯犯、累犯比例较高，往往在公安机关存有案底。同时，诈骗手段具有较强的延续性，某些案件也呈现出明显的地域性特征，一些诈骗犯罪团伙成员之间也存在血缘、老乡等密切关系。这些基础条件为侦查部门划定侦查范围、确定重点人口提供了有利的条件。

通过建立标准、积分预警或挖掘异常点等方式，建立诈骗犯罪嫌疑对象的“黑名单”，其中既可以包括重点嫌疑人，也可以包括资金、通信、业务等异常的账号目标。侦查实务中，针对通信主叫频率异常的“黑名单”电话号码，一些公安机关持续跟踪控制，在其通话结束后自动回拨被叫，提醒其提高警惕，防止财物被骗、遭受损失。针对商业诈骗，一些公安机关根据商户资质、信誉、业务能力等情况，构建经济案件预警平台，标明高危对象，为社会大众提供辅助性参考。

二、灵活采取刑事侦查措施，全面强化打击诈骗力度

（一）前期工作打好破案基础

诈骗案犯罪侦查的前期工作包括调查访问、询问被害人证人、开展现场勘查、摸底排队等，这些工作是诈骗犯罪侦查的起点和基础。通过前期工作，侦查机关固定痕迹、物证等实体证据，收集线索、情报等虚拟要素，掌握诈骗案件实施的细节和经过，明确作案人体貌、行为、工具特征，全面了解受害人、财物损失等情况，为分析诈骗案情和采取后续侦查措施奠定基础。

（二）研判案情划定嫌疑范围

在做好前期工作的基础上，侦查人员可充分整合各类信息资源，开展既详细又有深度的研判工作。在不同种类的诈骗案件中，对诈骗行为人作案时的谈话内容、行业用语进行研究，可判断其职业属性、文化程度；对票据、合同等文件材料内容进行研究，可判断行为人的知识积累、业务能力以及知情条件；对票据兑付方式、财物去向进行研究，可判断行为人的作案工具、潜逃方向以及藏身之处；对行为人遗留物品、地址信息、谈话口音、通信号码归属地进行研究，可判断其居住地区和工作单位等；对行为人地名、人名、环境熟悉程度进行研究，可判断其活动范围和作案区域；对行为人行为举止是否妥当进行研究，可判断其社会经历和社会关系；对团伙成员运行轨迹进行研究，可判断其他成员地理位置、落脚地点等。这些研判工作对于划定嫌疑范围、落实重点对象意义重大。

（三）并案侦查破解诈骗难题

在办案过程中，侦查人员会遇到多种难题和困境，例如，某个案件线索偏少，缺乏切入点；又如，虽然控制了诈骗嫌疑人，但其单笔诈骗金额不足立案标准等。在这种情况下，并案侦查尤为必要。

结合诈骗案件的特点，侦查员可以进行并案侦查的根据包括：

（1）嫌疑人体貌特征、虚拟身份；

（2）可疑银行卡账户、网络即时信息交流平台账号；

（3）受害目标选择；

（4）诈骗内容、诈骗经过、诈骗手段、诈骗要素如涉案木马程序、IP地址；

（5）案情痕迹线索、录音录像材料、前科劣迹档案、通缉通报内容；

（6）犯罪情报资料、时空发展轨迹等信息资料。

并案侦查能够有效解决诈骗案件积案、累案、个案线索少、达不到立案标准等难题，是打击诈骗案件主要的侦查措施之一。

（四）主动出击侦破隐案要案

诈骗犯罪的犯罪黑数客观存在，数量不可小觑，数额不容乐观。在侦查中，公安机关需适当转换传统的以案找人、以物找人的侦查模式，积极完善立线侦查机制，由“被动应战”转变为“主动出击”，在发现可疑情况的基础上由点带线、由线到面。以当前社会顽疾之一的电信诈骗为例。不法行为人使用“短信群发器”、“伪基站”等设备，会造成某一区域手机基站通信数据猛增、普通用户手机无法连接到公共网络等异常状况；其使用的网络电话服务器多分布于香港、东南亚、东亚、北美地区，多为正常工作时间从国外打入国内；其银行账户资金入账、出账次数频繁且间隔时间较短，汇入地和汇出地分布极为广泛……

因此，公安机关在日常监管的过程中，一旦发现短呼、长呼、呼叫建立次数、特殊被叫、归属地来源等异常通信现象，以及资金流明显不符合常规的银行账号等，即可果断定位信号源、问题账号，及时发现、监控疑似诈骗行为人，将其开户信息与其他公安信息系统关联比对，串并案件，深挖余罪。

（五）多种措施按需使用

传统侦查措施在诈骗案件侦查过程中发挥着重要作用。受害人对在银行、旅馆、网吧、洗浴场所等获取的视频图像资料进行辨认，是确定诈骗犯罪行为人的直接依据；控制赃物、查询冻结既能够收集、查获犯罪行为人的作案线索，又能够最大限度地挽回受害人损失；追缉堵截是当场抓获犯罪行为人、防止事态进一步升级、节约警务资源的有效途径；通缉、通报是寻求异地公安机关协助、发动社会公众参与侦查破案、查控犯罪行为人卓有成效的侦查措施；便衣侦查、合理的侦查“圈套”在街头诈骗、网络诈骗侦查中同样拥有实施的必要性和实战的价值性。

（六）着力整治上下游违法犯罪现象

诈骗犯罪并不是孤立、绝缘的社会现象，其根源、发生、发展、泛滥与一些违法犯罪等突出社会问题息息相关。例如，网络盗号诈骗往往借助于木马软件、钓鱼网站链接的违法制作、销售和传播；电信诈骗的背后折射出个人信息缺乏保护、任意泄露买卖牟利的管理乱象；冒充国家公职人员招摇撞骗在某种程度上反映出社会的不正之风；诈骗财物损失难以挽回表明重点场所、销赃渠道管控仍旧存有漏洞等等。因此，公安机关在打击诈骗犯罪背景下，开展各项侦查业务的过程中，着力点不能仅仅局限于一种犯罪类型、一件具体案子、一个诈骗嫌疑人，应着眼于违法犯罪现象互相关联、互有影响的实质，整体协调、综合治理、标本兼治。

三、切实重视信息化侦查手段，充分挖掘、激发先进战斗力

（一）网上侦查发挥优势

以电信诈骗、网络购物诈骗、网络交友诈骗为代表的虚拟诈骗日趋严重，网上侦查已经成为公安机关打击诈骗犯罪工作的重要组成部分。当前，网上侦查诈骗犯罪的主要侦查措施包括网上查证、网上排查、网上串并、网上调控、网上控赃、网上追逃、网上预警等。

具体而言，侦查人员利用各类网络资源对诈骗犯罪嫌疑人身份、前科劣迹、个体特征、手机银行卡信息、团伙成员等情况，予以充分查证，发现和获取犯罪线索。在此基础上，侦查员将获取的可能与诈骗犯罪有关的人、事、物等要素开展详尽的网上排查工作，通过网上检索、比对、分析等方式寻找关联要素，组成相互印证的信息链，为接下来的网上串并打好基础。一旦掌握了诈骗嫌疑人的网络活动规律以及现实藏身之地，侦查员可以网上跟踪预警，网下落地调控。案件侦破后，网上追逃和控赃工作必不可少，利用各类公安信息系统、互联网信息，通过阵地控制措施、信息技术手段抓获诈骗嫌疑人，追回损失财物。

（二）信息化技战法彰显作为

信息化技术为公安工作带来了革命性变革，以此为基础的新型技战法极大地释放了侦查员破案追逃的战斗力，同样为诈骗犯罪侦查带来了便利。目前，常用的诈骗案件侦查技战法包括：

1. 视频图像侦查法

利用社会视频图像监控设备锁定诈骗犯罪嫌疑人或可疑交通工具，记录犯罪嫌疑人个体特征、作案过程、运行轨迹以及异常现象等，并反向关联案发区域，深挖余罪，扩大战果。运用视频图像侦查法也可研判犯罪行为人的具体下落、藏身地点等。

2. 犯罪制图分析法

利用制图方式对诈骗发案地点关联、统计、预测并进行可视化、图形化展示，综合分析、深入挖掘诈骗犯罪行为人的轨迹特征、异常表现、发案趋势、诈骗热点区域等，发现规律线索，得出客观结论，为侦查决策提供支持。

3. 通信信息追踪法

利用信息化手段筛选出可疑通信账号，并明确号码、话单、串号、手机方位、IP 地址等基础信息，与旅馆、网吧、通信公司、交通部门等信息库进行时空模糊碰撞，查找案件关系人，落实诈骗行为人等。

4. 特征识别排查法

通过行为人使用电子设备时表现出的行为特征、生物特征来筛选、排查诈骗犯罪行为

人。这些可供筛选、排查的特征包括：行为人击键模式和特征、声纹频率特征、文字沟通习惯、电脑操作习惯、网络浏览规律等。这些特征唯一性强、稳定性高，可供利用。

侦查部门探索总结出的一系列信息化技战法，在诈骗案件侦查实战中大显身手、大有作为，拥有广阔的发展前景和应用空间。

（三）合成作战势在必行

合成作战是指在信息化条件下，公安机关综合集成各类战斗实体、情报资源、技术手段和侦查方式等要素，全面提升公安队伍整体战斗力的模式。就诈骗犯罪特点来看，相当一部分诈骗犯罪是非接触式诈骗，其割裂了诈骗犯罪的行为地和结果地，隐蔽了行为人的个体特征，获得有效线索的难度更大，采取传统侦查手段会遭遇到诸多瓶颈，合成作战是大势所趋。

在合成作战中，战术层面，侦查人员可充分挖掘公安内部信息库和电信、银行、典当行、娱乐场所等社会单位数据库，借鉴其他信息资源完善自身情报研判结果，整合各类秘密情报和公开情报，研究诈骗犯罪静态不变的已发案情以及动态发展的轨迹趋势等，力争做到网上、网下协同作战、共同出击；在手段层面，合成作战是传统侦查措施和现代侦查措施的取长补短、有机结合，是实际和虚拟侦查措施的新拓展和再发展；在运行机制层面，合成作战有效整合不同警种，推进各个兄弟省市以及国际侦查协作机制，充分发挥专业队伍和技术人才术业有专攻的优势，最终取得部分之和大于整体的效果。

四、进一步完善协作机制，不断加强自身队伍建设

（一）侦查协作机制是保障

诈骗案件种类繁多、手段多样，广泛涉及各行业、各部门，普遍分布在各地区、各省市。治理诈骗难题仅靠公安机关一家力量，打击诈骗犯罪仅靠侦查部门单独努力，难以达到标本兼治、综合治理的目标和效果。建立国际化、跨地域、宽领域、多部门的侦查协作机制是解决诈骗难题的有益尝试。

例如，面对跨境作案、迅速蔓延、影响恶劣的电信诈骗，依靠国内力量对个案、个人开展调查工作事倍功半，与东南亚、东亚等地区警方开展定期、长效的监管、预防和协查工作，才能将电信诈骗的毒瘤连根拔起；一些境内公安机关尝试建立异地驻勤侦查机制，在上级公安机关的协调部署下，派遣工作组前往诈骗犯罪高发区域，与当地公安机关开展无缝对接的侦查协作；争取银行、通信部门的支持，明确各自的职责、规范经营行为，探索警银、警通联动机制，重点甄别、防控多重转接、呼叫转移、篡改号码、一人多卡、异地办卡等现象，重点跟踪、排查 ATM 机、网银大额转账、多账户转账、资金流动频率异常等问题；刑侦、治安、网安、技侦、讯问等公安机关内设部门更要破除思想隔阂和业务壁垒，构建实时沟通、线索共享的侦查协作机制，破解以电信诈骗为代表的诈骗难题。

（二）公安队伍建设是基础

公安机关在业务技术上取得突破的同时，也不能忽略了自身发展与建设。建设一支招之即来、来之能战、战之必胜的公安队伍，是打击诈骗犯罪的基础。

针对诈骗犯罪日趋职业化、专业化的特点，与之相对，公安机关也可根据实际情况调

整机构划分，建立专业的侦查队伍，设置专门的治理小组，筛选出技术骨干，专职负责打击诈骗犯罪；参照打击数、破案数、追逃数等考核指标，建立科学合理的评价机制，以表彰促进队伍建设，以考核解决自身问题。

五、积极调动社会力量参与，努力探索打击诈骗新出路

打击诈骗犯罪是一个系统性的社会工程。为了最大限度保护公民财产安全，提高社会成员对诈骗犯罪的警惕程度，在信息研判、总结经验的基础上，公安机关可开展形式多样、内容丰富、受众广泛的宣传活动，鼓励社会力量积极参与打击诈骗犯罪工作。一些公安机关利用巡回大讲堂、公益讲座、文娱节目、文化制品等方式，针对高发受害人群如大学生、老年人、女白领等开展宣传教育，普及防骗知识；定期通过网络、微博、微信、短信、电视、广播等途径公布诈骗犯罪发案情况，持续更新其手段、事由、借口，提升公众自我防范意识，鼓励公众全面参与到打击犯罪的实践之中。

【导入案例简析】

新的技术革命为大众生活模式带来新的变革，但是运用不当反而会造成难以想象的负面后果。当前，网络信息化为普通民众带来前所未有的便利条件，但作为一把双刃剑，不法行为人也趁机掀起了网络诈骗、手机诈骗的新浪潮，严重破坏了移动虚拟社会秩序，威胁公众财产安全。

侦查网络诈骗、手机诈骗案件同样需要借助信息化手段。以诈骗账号、手机号码为切入点，挖掘其账户资料、户主信息、IP 地址、手机方位、前科劣迹等，全面掌握基础信息，从中发现破案线索。在此基础上着重研判诈骗案情，分析其手段特征，发现案件异常点，以此为基础探索各种侦查技战法，开展网上查证、网上排查、网上串并等工作。在相当一部分网络诈骗、手机诈骗中，犯罪行为人借木马病毒、钓鱼网站来盗取受害人账号、密码。此种案件中，木马病毒、钓鱼网站的来源、制作特点、维护主体等都是侦查员调查取证的重点。犯罪行为人骗取财物以后，侦查员及时对财物去向进行跟踪、调控，根据资金流向研判犯罪行为人运行轨迹、藏身下落等。

【延展阅读】

二维码成网络诈骗新渠道　大数据安全问题凸显

二维码逐渐成为不法份子实施诈骗的新兴渠道。类似依托二维码产生的案件层出不穷，一些消费者希望通过“扫一扫”得到实惠，没想到反而陷入了骗子设下的陷阱。

盲目扫描潜藏安全风险

海量信息的集中存储方便了数据的分析和处理，大数据给人们的生活带来了极大的便利。但在互联网及智能手机日渐普及的背景下，人们对网络的依赖性日益加强，个人信息常常处于“裸奔”状态，越来越多的数据都在用户毫无知觉的情况下被记录、被存储、被处理和被使用。比如一些网民经常收到广告商“精确”的推销信息，微博莫名“被关注”网店、商家等，隐私信息时刻都可能被泄露。一些不法分子通过非法窃取海量个人信息，打包出售给信息中介企业和个人，转手再贩卖给企业或网络犯罪

团体等，挖掘被人们忽略的信息成为了他们获取高额利益的利器。

而二维码作为大数据时代的产物，是移动互联网的重要入口之一，为电商企业和消费者架起了一座互动的桥梁，实现了线上线下的无障碍连接。由于二维码容量大、成本低，从而获得了各大企业、厂商的推崇，尤其是腾讯、阿里等互联网巨头对二维码的大力推广，催生了“扫码一族”。

二维码已覆盖到生活中的方方面面，如移动支付、打折优惠信息、电子票券等，然而，在二维码风生水起的同时，其背后也存在极大的隐患。一般用户不了解二维码的原理，常常“见码就扫”，存在随意扫描等现象，很容易被不法分子设下的假象所迷惑。因为制作二维码不存在技术门槛，不法分子只要在二维码生成器中置入病毒、木马程序、扣费软件等的下载地址，立即就能生成二维码图片，基本可以实现“一分钟制码”。再打着打折、促销或热门游戏等幌子诱导用户扫描。一旦手机中毒，用户的通讯录、银行卡号等隐私信息、财产信息就会被泄露。这种病毒也可能通过后台，使手机发送收费短信，从而耗费流量导致话费流失。而消费者单从外观上并不能识别其真假，增加了使用二维码的安全风险。

构造防护盾需各方携手

二维码诈骗案件高发，但我国目前还没有相关针对性的法律规范，其现在还处于监管盲区，而且识别二维码病毒的软件还不多，如何安全使用二维码防范被骗越来越受到重视。

首先，相关部门需做好信息网络安全知识普及教育工作，切实提高公众信息网络管理、个人信息安全管理和技术防范水平。比如，有关单位应积极开展防骗宣传工作，加大对二维码上当受骗案件的通报力度，通过实例揭露二维码诈骗伎俩，使公众掌握常见的二维码诈骗方式及应对措施。管理部门需加强网络安全监督管理，规范市场发展环境，促进二维码专项技术标准的制定与出台，定期发布网络安全警示，引导消费者理性扫描二维码。

同时，互联网企业、各大厂商等应该负起保护用户信息的重要责任。加强为网民提供可靠的安全软件及服务，加快提升安全技术，不要让不法分子有空可钻；整合网络产品的优势，整合社会资源，推动业界的交流和合作，共同建造互联网安全体系，为广大网民营造一个健康的网络环境。

最重要的是，手机用户应提高自我防范意识。在扫描前，用户要先确认二维码发布的来源地址是否权威、可信，只有正规商家提供的二维码才是安全的，不要轻易扫描一些不明来路的二维码；应用手机安装相应的安全软件，选用加入检测功能的扫码工具，遇到可疑网站时，先进行扫描查看是否存在木病毒，检验无误后再打开；使用二维码在线支付时，应认真核对网站域名、认准官方渠道，需输入动态密码前，要核对好商家信息、金额等，如存异常立即停止支付；若手机和银行卡之间相互绑定，尽量不要在银行卡内存储大额资金，避免造成更大损失。

资料来源：孙峰、徐忠：《“二维码”成为又一新型犯罪工具》，中国防伪报道，34～35页，2014年4月第4期。

【本章小结】

诈骗案件是指犯罪嫌疑人以非法占有为目的，虚构事实或隐瞒真相，骗取数额较大的公私财物的案件。诈骗案件的侦查对策，一是着力夯实刑侦基础工作，服务侦查破案一线需求；二是灵活采取刑事侦查措施，全面强化打击诈骗力度；三是切实重视信息化侦查手段，充分挖掘激发先进战斗力；四是进一步完善协作机制，不断加强自身队伍建设，五是积极调动社会力量参与，努力探索打击诈骗新出路。

【关键术语】

诈骗案件　诈骗案件构成要素　诈骗案件侦查对策

【推荐阅读】

1. ［美］珍妮·博伊兰：《为罪犯画像》，张亚东译，上海，上海译文出版社，2002。

2. ［美］乔·纳瓦罗、马文·卡尔林斯：《FBI教你破解身体语言》，王丽译，长春，吉林文史出版社，2009。

3. 李双其、曹文安、黄云峰：《法治视野下的信息化侦查》，北京，中国检察出版社，2011。

4. 陈刚主编：《信息化侦查教程》，北京，中国人民公安大学出版社，2012。

【案例分析】

2014年5月6日，某公司的财务高管刘某来到公安局报警称，5月3日，他在办公室接到一个座机电话，对方称刘某有一张信用卡已透支8 655元，两天内必须还清，否则将冻结其个人资金账户，并给刘某一个“公安局”电话叫其查询。刘某拨打后，有个叫“陈长青”的干警接听并答复，称刘某涉嫌一起王国兴贩毒洗钱案。

当天下午，刘某手机接到电话，对方自称是某区检察院负责办理王国兴贩毒案的检察官陈凯，并说在王国兴的家里搜到一张刘某的卡，还让刘某登陆一个网址。刘某登陆后，看到一个“最高人民检察院”的界面，点击右上方的国徽还会出现刘某的身份证图案，下面的说明显示，刘某涉嫌王国兴贩毒案。

刘某信以为真。随后，“检察官”询问了他的家庭情况、个人情况、工作单位和职务，并要求他保密。当日晚、次日（4日）早上、中午和晚上，“检察官”连打4次电话找刘某，让其拿到会计和出纳的授权U盾、提交U盾及密码。一心想“洗脱罪名”的刘某按“检察官”所说的步骤拿到U盾，在单位专用电脑上插好，并输入密码后，电脑突然黑屏了。“检察官”称在检查账户，并不停地有节奏地让刘某按U盾上的OK键，之后还要求刘某提供U盾密码。一直到深夜12点，“检察官”才说检查完毕，再次要求刘某保密。

5日，刘某越想越觉得蹊跷，主动向公司领导报告了情况，公司领导提醒他可能受骗了。他赶紧到附近的银行查看，果然公司账户上有1 700万元在4日深夜至5日凌晨，分17次、每次100万元划拨到其他账户去了。次日，刘某到公安局报案。

分析讨论：

1. 该诈骗案件属于何类诈骗案件？具有什么特点？

2. 侦查人员应当采取什么侦查措施？

第十五章　爆炸案件侦查

【学习目标】

通过本章的学习，理解爆炸案件的概念和基本特点，掌握爆炸案件现场临场处置和现场勘查的方法，领会爆炸案件侦查中案情分析的内容及其依据；掌握爆炸案件侦查的侦查途径和基本方法。

【导入案例】

2007年10月2日下午1时许，×市×县×乡村民杨×（女）家门口突然一声巨响，顿时大火熊熊、浓烟滚滚，方圆200米以内的房屋玻璃瞬间被震碎。爆炸发生时在现场的杨×、其子陈×及其表弟李×被炸伤，杨×送至医院后经抢救无效死亡，李×右腿踝关节以下被炸掉。案件发生后，×市×县公安局和×市公安局刑侦支队迅速组织力量开展侦破工作。

经过现场勘查：爆炸点位于杨×家住房堂屋门前，炸坑内有金属器皿碎片、钢珠、手电筒灯泡底座、黑色粉末等爆炸残留物，炸坑旁边地面上有一本书写有可疑字迹和电话号码的儿童漫画书。炸坑周围方圆70米范围内有大小不等的器皿、摩托车电瓶、摩托车防盗器、木板、导线、雨衣、塑料编织袋、人体组织、衣服碎片碎屑及钢珠、铁钉、沙粒和黑色粉末等14类600余件爆炸残留物与抛出物。

经现场调查访问获悉：10月2日中午12时许，有一辆机动三轮车来到杨×家，送来一个用两件塑料雨披包裹的木箱，称是杨×的大舅让送来的。杨×及其子陈×打开雨披后，发现雨披和箱子之间放有一本儿童漫画书，封面有“箱子是谁的，提示在里面”字样，内页有“桥北头你大舅家有钱，命精贵，里面装的是养颜长寿药，你最好能亲自送去他家，电话390××××（杨×大舅李××家的电话），你表弟手机138××××××××（杨×表弟李×的手机号）”字样。杨×即按电话号码给李××、李×打了电话。李××称没有人给他寄包裹，李×接到电话后很快赶到杨家。下午1时许，李×、杨×、陈×将木箱抬到房前的空地上，李×打开了木箱，发现里面是一个蛇皮袋包装的物品，提试感觉物品较重，即将木箱反扣在地上用脚跺，遂发生爆炸。

问题：试析本案的案件性质，并拟定侦查方案。

第一节　爆炸案件概述

一、爆炸案件的概念

爆炸案件，是指犯罪嫌疑人故意采用爆炸的方法，杀死、杀伤不特定多数人或者使公私财产造成重大损失，危害公共安全的犯罪案件。爆炸犯罪危害不特定多数人的生命、健康或者重大公私财产安全，是一种严重的暴力犯罪，也是公安机关侦查打击的重点。

采用爆炸的方法破坏工厂、矿场、油田、港口、河流、水源、仓库、住宅、森林、农场、谷场、牧场、重要管道、公共建筑物或者其他公私财产，使公私财物遭受损失；或者采用爆炸的方法致使不特定多数人重伤、死亡，危害公共安全的，即构成爆炸罪。如果用爆炸的方法破坏火车、汽车、电车、船只、飞机等交通工具；或者破坏轨道、桥梁、隧道、公路、机场等交通设备，虽然使用的是爆炸的方法，也危害了公共安全，但由于破坏的是特定的对象，所以应当分别以破坏交通工具罪或破坏交通设备罪处理。此外，采用爆炸的方法故意杀人而没有危及公共安全的，应立为杀人案件进行侦查。虽然两类案件的性质不同，但由于侦查方法基本相同，因此本章也将其包括在内。

二、爆炸案件的特点

（一）案前一般有充分的预谋过程

爆炸案件的犯罪嫌疑人实施犯罪一般都有明确的犯罪目的，要达到其犯罪目的，除了要具备相应的物质条件，还需要根据具体的外部环境实施犯罪，因此在实施爆炸犯罪之前犯罪嫌疑人一般都有充分的预谋过程。首先，犯罪嫌疑人要通过各种途径获取炸药、导火索、雷管等爆炸物品，有的还要自行制作炸药和起爆装置。其次，要选择适合的爆炸时间和地点。最后，还要选择适当的起爆方式。此外，有的犯罪嫌疑人在实施爆炸犯罪前，还要进行爆炸试验，以检验爆炸装置的性能和威力。在侦查过程中，可以根据这一特点，加强对案前预谋活动的侦查和控制。

（二）犯罪嫌疑人多与特定爆炸对象或社会有尖锐矛盾，犯罪动机明显

爆炸作为一种严重暴力犯罪，一旦发生就会造成人员伤亡或者财产严重损失的后果，因此，爆炸案件中的犯罪嫌疑人多与特定的爆炸对象或者社会存在尖锐的矛盾，否则不会采取如此极端的手段。而且这种矛盾在其作案过程中也会显露出来，表现为比较明显的犯罪动机。如为了报复、发泄私愤而对特定的对象实施爆炸；或者出于对社会的不满、对党和政府的不满而对不特定的对象实施爆炸；又或者为了满足私欲，达到敲诈勒索、排解婚恋纠葛、隐瞒其他罪行等目的而实施爆炸。这些犯罪动机往往会通过其选择的爆炸目标、时间、地点以及爆炸手段表现出来。在侦查过程中，可以根据这些情况分析爆炸案件的性质，进而确定侦查方向和范围。

（三）犯罪现场破坏严重，并存有一定危险性

爆炸是物质在极短时间内从一种状态转化为另一种状态，并释放出巨大能量的现象。爆炸所产生的巨大能量，会给现场上的建筑物、其他物体以及人体带来严重的破坏和损

伤，使其发生破碎、分离、变形、位移等，使现场情况与爆炸之前完全不同。因此，犯罪嫌疑人安放、起爆爆炸物和实施其他与犯罪有关的行为时在现场留下的痕迹、物证，都会随着爆炸而被掩盖甚至彻底破坏。并且，在爆炸之后，抢救伤员、扑灭火灾、排除险情等活动也会使现场继续遭受破坏。同时，爆炸现场存在着一定的危险性。一方面，爆炸现场还可能存有未能起爆的爆炸物，随时可能再次爆炸；另一方面，爆炸使现场建筑物遭受巨大冲击，随时可能发生坍塌，建筑物内遭受破坏的电路、煤气管道等也可能发生危险。

（四）犯罪嫌疑人具备一定的爆炸知识和获取爆炸物的条件

爆炸的破坏力极强，具有一定的危险性，且爆炸物的种类繁多、性能各异，因此，犯罪嫌疑人要实施爆炸以达到自己的犯罪目的，必须要具备一定的爆炸知识，如炸药的购买或配置、爆炸装置的装配等都需要专业知识。同时，犯罪嫌疑人还要有获取爆炸物的途径，如有的犯罪嫌疑人以前可能在存有、使用爆炸物品的单位工作过，有的犯罪嫌疑人则通过各种途径和借口购买或索取爆炸物品以及制作爆炸物品的原料。在侦查过程中，侦查人员可以根据爆炸案件的这一特点，排查具备爆炸知识和有条件获取爆炸物品的嫌疑人员。

（五）作案手段的科技化、智能化趋势明显

随着现代科技的进步和普及运用，以及犯罪嫌疑人反侦查意识和伪装能力的提高，爆炸犯罪的作案手段也不断科技化、智能化。在起爆方式上，传统的由导火索起爆的方式已逐渐被电能起爆，机械能起爆，化学腐蚀起爆，温控、声控、光控起爆，无线遥控起爆等复杂起爆方式取代。并且，爆炸装置的伪装也越来越巧妙，花样繁多。有的犯罪嫌疑人将爆炸装置隐藏在邮包、礼品盒等物品内，并辅以无线遥控或触发类起爆装置；有的犯罪嫌疑人将爆炸装置伪装成日常生活用品或藏于体内，以逃避安检；有的犯罪嫌疑人更是在爆炸装置内安装反拆卸装置，以保证爆炸的成功实施。

第二节　爆炸案件的现场勘查

一、爆炸现场的前期处置

由于爆炸案件的破坏力往往较大，爆炸之后常常会造成人员伤亡，并造成建筑物坍塌，现场一片混乱。有的现场可能还存在其他的爆炸装置，随时可能引爆。而有时爆炸还会引发火情，继续造成危险，如引燃现场其他易燃、易爆物品造成连锁燃烧爆炸等。因此，在对爆炸现场进行勘查前，必须要根据现场实际情况采取一定的措施妥善处置。

（一）封锁和控制现场

为了保证现场处置、勘查工作的顺利进行，应迅速对爆炸现场进行封锁和控制。封锁的范围一般应包括被爆炸明显破坏的区域和爆炸抛出物散落的区域，对爆炸的中心区域还应特别封锁。对在运行中的列车上发生的爆炸案件，应对爆炸发生地点到列车最后停靠地点之间的铁路沿线区域全部进行封锁。对在运行中的其他车辆上发生的爆炸案件，除了封锁爆炸发生地点和最后停靠地点之间的区域外，还要注意及时发现、保护在车辆上投放爆炸物的现场。

在确定现场封锁控制的范围之后，应立即设置警戒标志和障碍物，管制交通，部署专人进行警戒。警戒过程中，应注意劝阻、疏散围观人群，控制人员穿行出入，禁止无关人员和车辆进入现场，查验进出现场人员的证件和携带物品。同时，要特别注意刚刚从现场跑出来的人，积极寻找证人，甄别可疑人员，同时展开调查访问工作。

（二）伤员救助和财产抢救

现场如有伤员应及时抢救，抢救伤员时应分轻重缓急，不仅要对开放性爆炸伤进行抢救，而且对受到冲击波的人员也要抓紧救护，以免延误抢救时机造成不必要的死亡。爆炸现场经常伴随着火灾，出现火灾时要及时灭火，抢救财物。但要注意将灭火措施控制在最低限度，防止水量过多把爆炸残留物冲走，或过多的灭火剂将残留物覆盖沾污，难以取样，并影响化验分析的准确性。同时要注意在灭火和抢救人员及财物时保护现场痕迹、物证。对于现场上的尸体，应原地保护，尽量不要移动。对于受伤的可疑人员，在抢救的同时也要严加看管，彻底搜身。对生命垂危的受伤人员，要抓紧时间抢录口供。

（三）险情排除

先搜爆排爆，再勘查现场，是勘查已爆现场必须遵循的原则。进入现场后，在封控现场、抢救伤员的同时，技术人员应同时展开现场搜爆，确定现场已经没有其他爆炸物，不会再发生二次爆炸。险情排除后才能开展现场勘查工作。

在搜爆过程中发现爆炸装置后，为防止爆炸装置突然爆炸，造成不必要的伤亡，保证排爆工作的顺利进行，须对爆炸装置周围进行封锁和控制。封控的范围应根据爆炸装置的能量、所处位置和周围环境来确定。一般情况下，控制范围的半径，即安全距离应不小于80米（距爆炸装置80米范围内为危险区）。如果爆炸装置能量较大，或者附近有易燃、易爆物品和坚硬物品，控制范围还应扩大。控制范围划定后，对危险区内的人员，应尽快组织撤离，不准无关人员进出警戒区。在实施排爆工作之前，还须对现场进行必要的检查、记录和清理，并预先查明爆炸装置的放置方法、位置、外形、体积，以及可能发生的险情等情况。对爆炸装置周围的物品，尤其是易燃、易爆物品应予清理。同时，设计好排爆人员快速撤离的路线和爆炸物转运的路线。在爆炸装置周围准备好掩护排爆人员的掩体。

排爆工作必须要由专业人员进行，严禁非专业人员在情况不明的情况下触动爆炸装置。排爆过程中，除了排爆人员，其他人员应一律退到安全区。对于可以移动的爆炸装置应尽可能地转移到洞穴、深沟、其他空旷场地进行引爆，或者使用专业的排爆罐进行引爆。在排爆前，应注意发现、提取爆炸装置表面的痕迹及其他物证。条件允许时，应尽量采取人工解体的方式排除爆炸装置。排爆时，应根据不同类型爆炸装置的特点和发火原理灵活处置。

除了对现场搜爆排爆之外，还应注意有无其他险情，如被爆炸破坏的建筑物是否安全，有无倒塌可能，如有倒塌可能的，应尽可能地进行加固，没有条件加固的，应予拆除；现场上的电线、电路开关是否存在危险；室内爆炸现场是否有毒气产生；煤气管道是否被爆炸破坏漏气，有无可能造成爆炸的火源等。一旦发现险情存在，应立即将人员撤离至安全区域，并采取通风、佩戴防毒面具，切断电源、煤气管道等措施进行排险。

（四）爆炸时在场人员的登记和复位

爆炸时在场人员的登记和复位在爆炸案件侦查中是一项非常重要的工作，有助于查明爆炸瞬间在场人员的姿势及死伤后的现场位置，对正确分析案情有重要参考价值。在实施伤员救助的同时，应迅速组织技术人员进行拍照、录像、制作勘验笔录，把伤员所在的位置、姿势和伤情记录下来。对于现场的尸体，应先进行拍照、录像、绘图、制作笔录，然后再转移到适当地点，交由法医进行检验。除了伤员送往医院抢救外，对于爆炸现场的其他人员也要逐一进行登记，记录其姓名、单位、住址、证件类型及号码，以及其爆炸时的位置以及相邻人员的状况等，必要时应对全体在场人员进行拍照、录像。

二、爆炸案件的现场勘查

（一）炸点的勘查

炸点，即爆炸的中心部位。一般有炸药爆炸产生的气体和冲击波造成介质破碎、变形和缺损形成的炸坑或者其他集中的破坏痕迹，就是放置炸药的地方。炸点是破坏最严重的地方。炸点的形状、大小、深浅、烟痕等，能够反映出炸药的种类、数量、装药形状等，因而是勘查的重点。

1. 炸点的确定

由于爆炸装置使用的炸药成分、装药方式、投放位置和被炸介质不同，所以造成的破坏情况有所不同，也就形成了不同类型的炸点，较常见的有炸坑、穿孔炸点、短截炸点、粉碎炸点和悬空炸点等几种类型。确定炸点主要根据以下几个方面的情况：（1）从现场整体看，现场上破坏最重的部位（包括人体和其他物体），一般是炸点；（2）炸药爆炸形成的炸坑、缺口、孔洞等能较明显地表示炸点的位置；（3）根据遗留物、抛出物散落的方向、位置判断，因为抛出物是从炸点向四周辐射的；（4）根据现场地面、墙壁等物体的毁坏状态进行推断。在爆炸案件现场，只要全面观察、认真分析以上情况，不难对炸点作出准确的判断。炸点的形状、大小、深浅、烟痕等能够反映出炸药的种类、数量、装药形状等，是勘查的重中之重。

2. 炸点的勘查

炸点的勘查包括下列具体工作内容：（1）查明爆炸介质的性质，即爆炸作用的物体的种类、特性；（2）观察判明炸点的形状和类型；（3）查明炸点内及其四周的各种爆炸痕迹特征；（4）测量记录炸点的大小，对炸点进行拍照、录像，并测量炸点的深度、直径等，数据一定要力求准确。

（二）爆炸抛出物的勘验

抛出物指爆炸时从炸点抛出的物质。这里所指的抛出物主要是三种：一是炸点内的物质；二是爆炸装置的包装物、捆绑物；三是炸点周围的物质，如尘土、水泥块、纸张碎片、人体组织等，抛出物是研究爆炸瞬间现场物品分布情况、人员站位情况及炸点位置、炸药量多少等的重要依据。对发现的抛出物应进行测量、定位、照相、录像并在现场草图上标记位置；对提取的抛出物应按其性质进行归类拼接，以判明原始物品的种类和形状。

（三）爆炸残留物的勘验

爆炸残留物指炸药包装、引信、导火索、雷管及炸药未完全爆炸的残渣等。对爆炸残留物的勘验，是分析认定炸药种类和引爆装置的重要依据。为了更加准确地认定是何种炸药爆炸，还应另外采集不含炸药残留物的现场尘土作为空白土，以便检验时进行对照分析。

（四）爆炸伤的勘验

爆炸现场常伴有人员的伤亡及财物的损失，对爆炸伤进行勘验的目的在于判明伤亡人员与爆炸事件的内在联系，查找犯罪嫌疑人或肇事者，为查明爆炸原因提供线索。爆炸产物直接或间接作用于人体，形成的各种损伤通称为爆炸伤。在爆炸案件现场勘验过程中，通过对伤亡人员爆炸伤的法医学检验，对判断炸伤与爆炸的关系、推断炸药量、炸点位置，弄清案情，特别是确立爆炸伤亡人员中有无爆炸嫌疑人或爆炸事件的制造者，具有独特的作用。爆炸损伤是由燃烧气体、弹片、包裹物和其他抛出物的作用而形成，因而在人体上会出现各种形状、大小、轻重不同的损伤。主要有炸碎伤、炸裂伤、烧灼伤、射入伤、冲击波伤、抛坠伤等。

（五）爆炸案件的现场访问

一般应访问报案人、发现人、事主（或死者家属）、知情人和现场周围群众。访问时应重点查明以下问题：

1. 爆炸现象

应问明何人、何时、何地、何情况下看到、听到、嗅到何种爆炸现象，其情形如何。包括：（1）光。爆炸时和爆炸前有没有光亮出现，光的形态、强弱、颜色如何。（2）火。如有火焰，则问明是先爆炸后起火还是先有火后爆炸，并要弄清火焰颜色。（3）声。要注意查清爆炸声响的大小、轻重、远近以及听到者离现场的距离等。（4）烟。要查明烟的颜色、浓度，烟的形态变化和烟的高度等情况。（5）味。注意了解嗅到何种气味、气味的浓度、刺激性强弱等。

2. 现场状况

通过事主和有关人员了解爆炸现场中心部位原来放置着什么物品，有没有爆炸危险物品存在，爆炸后哪些物品受到破坏和变动，变动的原因和程度如何，爆炸前现场人员有哪些，其相互位置距离关系如何，现场保护情况如何，对于发生在汽车、火车等交通工具上的爆炸现场，要查清炸点周围人员的位置关系，爆炸前是否发现可疑迹象，可疑人员的体貌特征。

3. 其他有关可疑情况

查明发案当地炸药的使用、销售、运输、管理情况，哪些人有条件取得炸药，哪些人具有爆炸知识，对于目标特定的爆炸案件，还应访问被害人及其家属，围绕因果联系发现犯罪嫌疑人。

第三节　爆炸案件的侦查方法

一、爆炸案件的案情分析

（一）对爆炸事件性质的分析

爆炸事件有的是自然原因引起的灾害事故，有的是有关工作人员的过失导致的责任事故，还有的是犯罪嫌疑人以爆炸为手段故意杀人、破坏而实施的刑事犯罪。认定爆炸事件的性质是立案的前提。在现场勘查和访问之后，应该根据爆炸现场的情况，进行合理的逻辑推断。

对于爆炸事件的性质，可以从以下几个方面进行分析：

1. 爆炸场所

爆炸事故多发生在爆炸物品生产、运输、储存和使用的过程中，即现场原来必须存有爆炸物品，一般炸点存在于原存放爆炸物品的位置。爆炸案件的现场则没有存放爆炸物品的正当理由，如车站、机场、影剧院、商场等公共场所。凡以破坏为目的的爆炸案件，炸点多存在于要害部位，如重要设备、建筑物的梁柱部分或者比较隐蔽的地点。因此，即使爆炸现场有存在爆炸物品的合理理由，也要结合现场情况认真分析，不能轻易排除少数犯罪分子利用现场原存爆炸物品蓄意破坏的可能。

2. 引爆方法

爆炸事故现场虽然存在引起爆炸的条件，但从形成条件来看，并无专门的起爆装置，而是其他自然原因导致的。爆炸案件形成的过程中，现场除了有爆炸物品之外，还存在有犯罪嫌疑人使用的点火器材或者起爆装置。因此，在爆炸案件现场，经常能够找到电池碎片、控制系统碎片、导线、包装物碎片等物品，而在爆炸事故现场，则往往没有上述遗留物。

3. 爆炸类型

在爆炸事件中常见的爆炸类型，主要物理爆炸和化学爆炸两种。物理爆炸，是指因物质状态发生急剧变化但物质性质不发生改变而产生的爆炸，如锅炉爆炸、轮胎爆炸、气瓶爆炸等。化学爆炸，是指物质状态和性质都发生急剧变化而产生的爆炸，如常见的炸药爆炸就是典型的化学爆炸，还有燃料和空气混合爆炸也属于化学爆炸。一般而言，物理爆炸和燃料与空气混合爆炸多为事故，而炸药爆炸多为犯罪案件，少数为事故。

4. 其他因素

在分析判断爆炸事件性质时，除了上述三个方面，还有一些因素也很有帮助。如爆炸发生的时间，爆炸事故多发生在上班时间，爆炸案件多发在上班前、上班后或其他非工作时间。又如爆炸发生的次数，同一地区短时间内接连发生多起爆炸，或者同一地区、同一时间，在多个地点发生多起爆炸，又或者在同一地点有多个爆炸装置爆炸，则多为爆炸犯罪。再如爆炸方式，如果爆炸装置为精心组装，或者爆炸时间、地点的选择与爆炸目标及其周围环境的特点有关，则多为爆炸犯罪。

（二）对爆炸案件性质的分析

在确定爆炸事件为刑事案件之后，为了能够更准确、快速地侦破案件，还应该对犯罪嫌疑人是出于危害公共安全目的还是出于私仇报复目的而实施爆炸进行分析判断。这可以从以下两个方面入手：

1. 根据作案目标进行推断

以危害公共安全为目的的犯罪嫌疑人实施爆炸，多选择党、政、军机关，军事设施，重要工程，公共场所，公共交通工具等作为目标；而以私仇报复为目的的，则多选择特定的人身、住所、个人交通工具或者其他个人财产作为目标。

2. 根据作案手段进行推断

以危害公共安全为目的的爆炸，破坏性往往较强，起爆方式也较为智能；以私仇报复为目的的爆炸，则往往爆炸规模较小，起爆方式也较为简单。

(三) 对爆炸装置的分析

1. 对爆炸物类别的分析

对爆炸物类别的分析依赖于对现场爆炸物证的提取和检验。凡是构成爆炸发生的一切物品和爆炸作用生成的痕迹，均可称为爆炸物证。爆炸物证的初步检验，就是通过外观检验和指向化验，对各种残留物检材（如收集的散落尘土、碎纸片、各种金属碎片、附有烟熏的抛出物等）进行初步的分析和试验，以寻找、判定何者为爆炸物证。

外观检验是通过嗅觉、视觉、放大镜、立体显微镜、偏振显微镜、紫外光观察等手段，对各种检材进行外观检验，以确定其和爆炸发生的关系，辨认其是否为爆炸的残留物，判断是何种炸药爆炸，以便提出进一步检验的项目和方法。可根据烟痕和气味进行外观检验，检材上如有炭黑色烟熏痕迹，用手触摸，可将手指染成黑色，且不易擦净，带有苦味，则可能是 TNT、苦味酸等芳香族硝基化合物爆炸；还可根据爆炸痕迹进行检验，如 TNT 把钢轨炸断，可使局部形成软化和压缩变形，或形成熔化斑坑。而低威力炸药和普通硝铵炸药爆炸则不能使钢轨软化或熔化。

外观检验只是对爆炸物品的种类进行初步判断，为了进一步及时查明爆炸物品的种类和爆炸原因，可对爆炸现场的残留微量炸药进行快速检验。可用 PH 试纸检验爆炸残留的酸感性，区分黑火药、氯酸盐类炸药、硝酸酯类炸药等，从而科学准确地确定炸药的性质。

2. 对炸药数量的合理估算

爆炸现场炸药量的判定主要是依据爆破作用生成的介质痕迹。炸药量大，爆炸痕迹的范围也大。因此，估算爆炸物的数量可根据炸药量与爆炸痕迹之间成正比关系，对爆炸现场进行炸药量判定。

一是可按爆炸产物起始作用痕迹计算。爆炸产物起始作用痕迹由炸药爆炸时瞬间生成的高温、高压气体产物的强烈冲击所形成。由于爆炸气体产物最初的体积与原炸药体积相同，这种高度集中的能量使介质出现强烈局部破坏痕迹，可根据起始作用痕迹与药量的关系式进行计算。

二是可按爆炸产物抛掷作用痕迹计算。爆炸产物抛掷作用痕迹即所谓的抛掷圈。当爆炸产物增大到原装药半径的 1.5 倍以上时，压力已降到 2 000 千克力/平方厘米左右时，对金属等高强度的物体破坏作用就很小了，故一般不出现抛掷痕迹。因此，也可根据抛掷作用痕迹与药量的关系式进行计算。

三是可按爆炸产物极限作用痕迹计算。炸药爆炸产物气体是能量转换的工作介质。一定量的炸药产生一定体积的气体产物。当爆炸气体产物继续膨胀（压力减少）至一定范围时，不再产生破坏作用，称为爆炸产物极限作用范围。由爆炸产物作用生成的最大破坏痕迹称为爆炸产物极限作用痕迹，也是爆炸产物和空气冲击波共同作用的范围。它位于抛掷圈之外，即所谓的破坏圈，因此还可根据破坏圈与药量的关系式进行计算。

3. 对起爆装置的分析

在现场勘查过程中，应认真细致地全面收集爆炸遗留物品，并组织技术人员对爆炸遗留物进行分析、筛选、拼装和复原，并根据遗留物品的种类对起爆装置进行初步分析。如现场发现锌皮、碳棒、填充料等电池残骸，则可判断出爆炸系电雷管引爆；如果现场发现齿轮、发条等钟表装置残骸，则可判断为定时爆炸物；如果现场发现电池、弹簧等残骸，则可判断为压发或反拆卸爆炸物；如果现场发现线路板、晶体管残骸，则可判断为遥控爆炸物。通过对包装物残骸的检验和复原，可以判断出包装物的质地、种类、大小等。为检验、印证对爆炸装置的分析推断是否正确，必要时可进行模拟爆炸实验。

二、爆炸案件的侦查途径

（一）确定现场中可疑死亡者的身份，寻找、发现犯罪嫌疑对象

在爆炸案件中，如果犯罪嫌疑人采用的不是遥控、定时等起爆装置，一般来不及在爆炸瞬间逃离现场，自己往往也会被炸死。另外，自杀式的爆炸方式，或者犯罪嫌疑人在放置、运用爆炸装置过程中由于操作失误而引起爆炸，也会使自己被炸死、炸伤。因此，对现场上的尸体，尤其是无名尸体，应通过现场勘验，判断其在爆炸瞬间在现场的位置、距爆炸中心的距离、生前姿态、有无引爆动作，进而判断其是否为犯罪嫌疑人。对现场上的尸体，尤其是有犯罪嫌疑的尸体，要进行细致的检验，查明其生理、病例特征，受伤情况，衣着情况及其随身携带行李，并通过组织辨认、发布认尸启示、发布协查通报等途径，查明其身份，再结合现场勘查结果和具体案情，发现犯罪嫌疑对象。

（二）查清现场遗留物来源，寻找、发现犯罪嫌疑对象

爆炸现场遗留物主要包括三类：一是炸药残留物；二是爆炸遗留物，包括包装物、起爆系统、填充物等的残骸；三是无名尸体的衣物及其他物品。爆炸现场上的遗留物往往比较凌乱繁杂，对于上述物品要认真清理，并从中发现线索。炸药残留物是确定炸药种类、炸药数量，寻找炸药来源的主要依据。爆炸遗留物、无名尸体的衣物及其他物品所反映出的特征，可以帮助侦查人员寻找发现嫌疑线索，查名死者身份，进而发现、确定犯罪嫌疑对象。

（三）调查犯罪因果关系，寻找、发现犯罪嫌疑对象

从因果关系入手寻找、发现犯罪嫌疑对象是侦破爆炸案件的重要途径。通过现场勘验和前期调查，如果判明犯罪嫌疑人的犯罪动机是私仇报复，则可以围绕被害人的情况展开调查。调查其工作性质、社会交往、思想表现、道德品质、婚恋状况、经济往来等，寻找与被害人有矛盾冲突的人，并重点排查，从中发现犯罪嫌疑对象。如果判明犯罪嫌疑人的犯罪动机是危害公共安全，则应该根据案发当地的敌情、社情特点，进行广泛的摸底排队，从仇视社会、对现实不满，或因为某种原因导致精神崩溃，产生亡命思想的人中寻找、发现犯罪嫌疑对象。

（四）调查犯罪嫌疑人实施犯罪应具备的条件，寻找、发现犯罪嫌疑对象

犯罪嫌疑人实施爆炸犯罪，必然具备一定的爆炸知识和获取爆炸物品的途径。因此，在调查过程中，应以懂得爆炸知识、有条件接触爆炸物品或从事与爆炸有关工作的人作为重点进行排查。在发现具备实施爆炸犯罪条件的人员后，应进一步深入调查，查明其是否具备作案动机和实践，查明其在案发前后的行踪和表现，以发现、确定犯罪嫌疑对象。

（五）通过并案侦查，寻找、发现犯罪嫌疑对象

并案侦查在很多情况下都是侦破系列案件的利器。当某地区在一定时间范围内连续发生多起爆炸案件时，应当认真分析这些案件之间的共同或者相似之处，具备并案条件的，

应当立即并案侦查。通过并案侦查，使多起爆炸案件中的线索和证据集中到一起，能够更详细、更准确地刻画犯罪嫌疑人的特征，更高效地锁定重点嫌疑人，加速案件侦破的进程。

（六）发掘手机、互联网等现代通信工具信息，寻找、发现犯罪嫌疑对象

手机等现代通信工具在给我们的生活带来方便的同时，也为犯罪活动提供了便利，充分挖掘通信信息中所隐含的与犯罪有关的信息，对于侦破案件是十分有益的。爆炸案件中，犯罪嫌疑人很可能在进出现场的过程中持有手机等通信工具，甚至会通过手机遥控起爆，这样就会留下电子、电磁数据信息，通过对这些数据信息的碰撞，对案件发生轨迹与电子、电磁反映的人员的轨迹进行分析研判，从而确定涉案通信工具，再通过通信工具查找嫌疑对象。对互联网信息的挖掘，在爆炸案件的侦破中同样重要。犯罪嫌疑人在准备实施爆炸犯罪时可能会通过互联网购买某些原材料或者查询相关信息，也可能通过互联网发布过一些与爆炸犯罪有关的言论，通过对这些信息的挖掘和研判，有助于侦查机关锁定嫌疑对象，快速破案。

（七）调取现场及周边视频监控录像，寻找、发现犯罪嫌疑对象

视频监控系统作为科技强警工作的重要内容之一，逐渐为各地公安机关所重视，目前无论是道路、车站、宾馆、商场，还是机关、企业、小区、住宅，视频监控设备随处可见。视频监控信息在刑事案件侦查中的作用也越来越明显。具体到爆炸案件，视频监控信息可以为公安机关提供爆炸案件发生前以及从案件发生到侦查人员出现在现场这段时间爆炸现场人、事、物的各种动态。这对于侦查机关确定犯罪嫌疑人的体貌特征及活动轨迹都具有至关重要的作用。

三、爆炸案件的主要侦查措施

（一）复原现场，确定爆炸发生时现场人员的位置

对爆炸现场进行复原，确定爆炸发生时现场人员的位置，并进一步分析现场相关人员与爆炸物品之间的关系，是准确分析案情、侦破爆炸案件的重要措施之一。特别是对于爆炸时处在爆炸中心的人员，一定要尽量复原其在爆炸发生时所处的具体位置和身体姿态，以判断其与爆炸之间存在的联系，如距炸点的距离、有无引爆动作等，进而推断其实受害者还是肇事者。对爆炸现场的复原，应结合现场目击者的证言、现场勘查结果、死亡和受伤人员的伤情鉴定、现场视频监控资料等方面的情况综合进行。

（二）组织辨认，确定现场死亡人员的身份和现场遗留物的归属

爆炸案件中，如果有人员死亡，应及时开展辨认工作，确定死者身份，以便围绕死者背景情况开展调查走访和摸底排队工作，或者从中直接发现嫌疑对象。对现场遗留物的辨认也应该同步开展，以确定现场遗留物品的归属。对现场遗留的无主物，应重点进行调查，确定其与爆炸现场的关系。

（三）检验鉴定，复原爆炸装置

对爆炸装置的复原是侦破爆炸案件的重要措施之一。通过检验鉴定，确定作案人使用的炸药种类、起爆装置、填充物、支撑物、悬挂物、包装物等，可以为准确划定摸排范

围、指明侦查方向提供强有力的依据。

（四）调查走访，深入了解被害人的背景情况和社会关系

在以私仇报复为目的的爆炸案件中，对被害人背景情况和社会关系的调查梳理尤为重要。通过深入走访，从中找到与被害人存在突出矛盾的人，并将其作为重点对象进行摸排，是侦破爆炸案件的重要措施和途径。

（五）以物找人，查清爆炸物品的来龙去脉

在所有爆炸案件中，查清爆炸物品的来源都是非常重要的一环。尤其是对爆炸装置所使用的炸药和起爆装置的查证，往往能够为侦查机关锁定嫌疑人提供有力的线索和证据。

（六）讯问嫌疑人，获取对犯罪事实的供述和供认

在发现嫌疑对象后，应及时开展审讯工作，获取犯罪嫌疑人的供述。在审讯爆炸案件嫌疑人前，审讯人员要做好充分的准备，对案情有全面的掌握，对案件中的关键细节如案件中爆炸装置所采用的特殊起爆方式、炸药类型、炸药量、爆炸装置的放置位置等要了如指掌。在审讯中，要对这些关键细节进行核实，一方面可以较好地锁定证据，另一方面，可以验证嫌疑人供述的真实性，同时，也可以防止冤假错案的出现。

（七）搜查扣押，获取关键物证

侦查过程中，发现在嫌疑人家中或者其他处所可能存放与爆炸犯罪有关的证据时，应及时对相关的场所进行依法搜查，并将相关物品进行扣押，固定证据。抓获嫌疑人后，嫌疑人在审讯中所供述出来的丢弃的与案件有关的物品及其丢弃地点，要及时组织力量进行搜查、查找，以防证据灭失，给侦查工作带来无法挽回的损失。

【导入案例简析】

结合现场勘查和现场调查访问的情况，专案组判断：该案是一起侵害特定对象，即针对死者杨×的舅舅李××及其次子李×进行的爆炸杀人案。作案人自制包裹炸弹，通过三轮车司机托杨×将炸弹转送给李××父子。当李×打开木箱倒扣于地面并用脚踩时，起爆了炸弹，发生爆炸。作案人应该对爆破常识较为了解，在作案前极有可能做过爆炸试验。据此，专案指挥部确立了三头并进的侦破思路，并迅速增派警力部署实施：(1) 深挖矛盾，围绕李××父子及死者杨×的社会关系、交往情况开展深入调查；(2) 以物找人，围绕现场提取的爆炸残留物等痕迹物证，寻找类似物品进行物证调查，查找购买物品的嫌疑人；(3) 全面排查运送爆炸物的三轮车司机，以便扩大线索。

经过工作，侦查人员很快找到了运送爆炸物的三轮车司机，并根据他的叙述确定了嫌疑人特征。同时，通过外围调查，了解到李××家庭成员之间的关系并不和谐，存在很大的隐性矛盾。并且，李××的长子李×中的体貌特征与嫌疑人极为相似。案件初露端倪，李×中具有重大嫌疑。经过三轮车司机指认后，侦查人员于10月3日上午将李×中抓获，并在其住处搜出与现场爆炸残留物相符的钢珠、灯泡、电线等物证。证据面前，李×中供认了其因为分家产而对其父、其弟怀恨在心，并自制包裹炸弹，意欲炸死其父、其弟的全部犯罪事实。

【延展阅读】

恐怖主义爆炸案件的特点

所谓恐怖主义爆炸案件，是指个人、集团和国家，使用或威胁使用爆炸手段，残害无辜，制造恐怖，威胁另一个人、集团和国家，以达到某种政治目的或社会目的的犯罪案件。简言之，即以爆炸为手段进行的恐怖主义犯罪案件。恐怖主义爆炸案件，是所有恐怖主义犯罪中的一种类型，区别于采用其他手段进行的恐怖主义犯罪；同时，恐怖主义爆炸案件，是所有爆炸犯罪中的一种类型，在性质上区别于普通爆炸案件。

相对于普通爆炸案件，恐怖主义爆炸案件在很多方面具有自身的特点，主要表现在以下几个方面：

（一）在时间的选择方面，往往倾向于白天作案

恐怖分子为了达到最大恐怖效果，往往选择对袭击目标可能造成最大破坏结果的时间作案。针对政府机构、公共场所、交通工具等地方实施的爆炸案件，一般选择在白天。白天是上班时间，且公共场所的人员比较多，乘坐交通工具的人也多，爆炸波及面更广，爆炸现场更容易迅速被媒体拍摄记录，恐怖效果更大。针对有代表性的人物实施的爆炸案件，一般也选择在白天。袭击目标往往白天出现在公众场所，袭击的机会更多，成功的几率较大。在普通爆炸案件中，因犯罪嫌疑人追求作案的隐蔽性，避免自我暴露，更多选择在晚上或凌晨作案。据不完全统计，有70%左右的普通爆炸案件发生在夜间。

（二）爆炸方式方面，自杀式爆炸较多

爆炸案件分为自杀式爆炸和非自杀式爆炸。所谓自杀式爆炸，是指袭击者携带或运用运载工具携带爆炸物实施袭击，袭击过程中袭击者与袭击目标同归于尽。非自杀式爆炸，是指攻击者不以牺牲自己生命为代价而实施的爆炸。普通爆炸案件，作案人大多只想侵害爆炸目标，而无意自我牺牲，所以以非自杀式爆炸居多，常采用人药分离的手段。在恐怖主义爆炸案件中，袭击者为追求最大恐怖效果，往往精确选择时间和地点，义无反顾实现袭击目的，不惜牺牲自己的生命。

（三）在动机方面，基于政党、宗教、民族、国家、经济利益

恐怖主义爆炸案件的袭击动机一般是出于政治或社会目的，为了实现政党、宗教、民族、国家、经济等方面的利益，动机比较“宏观”，如我国新疆的“东突”恐怖主义组织为了民族分裂而实施的系列性爆炸袭击案件。普通爆炸案件动机则相对“微观”，多是出于个人私利或复仇情绪或不满现实报复社会，铤而走险，用爆炸手段满足个人极端的物质和精神方面的需要，如因婚恋纠葛、家庭矛盾、经济纠纷引发的爆炸案件。

（四）在攻击目标方面，往往具有象征性

普通爆炸案件侵害的对象多是特定的个人，少数案犯攻击的目标是火车、公共汽车、影剧院、居民住宅以及基层政府机关。恐怖主义爆炸案件的攻击目标往往具有象征性。

（五）在实施主体方面，有严密的组织作后台

普通爆炸案件，犯罪主体具有个体性，所实施的犯罪往往具有偶发性，除有组织

犯罪外，一般不属于任何犯罪组织，具有自发性，出于个人动机和个人目的，自行准备爆炸物和其他作案工具，自行筹划实施爆炸犯罪。恐怖主义爆炸案件的犯罪的实施主体，是某个恐怖主义组织的成员，其要进行的爆炸活动是恐怖主义组织作出的决定。往往由该组织策划、筹备爆炸活动的实施，爆炸实施主体仅是具体的爆炸执行者，听命于恐怖组织的安排和调遣，恐怖组织为其具体实施爆炸活动提供一切必要的支持和保障。

（六）在危害程度方面，后果严重、影响深远

恐怖组织一直致力于追求恐怖效果的最大化，所以往往不择手段制造恐怖效应，力求伤亡人数最大化、经济损失最大化、媒体宣传程度最大化、政治影响最大化。恐怖主义爆炸案件往往造成数十人、上百人甚至上千人伤亡。近年来，恐怖主义爆炸的袭击目标有平民化趋势，很多时候并不指向具有明显的政治上、经济上、军事上的象征意义的目标，而是任意指向无辜的平民。比如，很多爆炸案件就选择在商场、广场等普通百姓集中的地方实施。因此，手段更为残忍，场面更为血腥，恐怖效应更广、更深。

资料来源：寇松娜：《恐怖主义爆炸案件的现场处置和防控对策》，载《湖北警官学院学报》，2008（5）。

【本章小结】

爆炸案件是犯罪嫌疑人故意采用爆炸的方法，杀死、杀伤不特定多人或者使公私财产造成重大损失，危害公共安全的犯罪案件。

爆炸案件的犯罪嫌疑人在案前一般有充分的预谋过程，多与特定爆炸对象或社会有尖锐矛盾，犯罪动机明显，具备一定的爆炸知识和获取爆炸物的条件。爆炸现场往往破坏严重，并存有一定危险性，勘查难度较大。同时，爆炸犯罪作案手段的科技化、智能化发展趋势明显。

侦查爆炸案件，现场勘查是至关重要的一环。在正式勘查现场之前，应封锁和控制现场，救助伤员，抢救财产，并将险情排除。在现场勘查中，要重点对炸点及其周围进行勘查，并认真搜集爆炸抛出物、爆炸残留物，以备检验。在现场访问中，应重点了解爆炸所产生的光、火、声、烟、味等爆炸现象，以及现场状况和有关可疑情况。

在侦破爆炸案件时，可以从现场可疑死者的身份、现场遗留物来源、犯罪所体现出的因果关系、实施犯罪应具备的条件、并案侦查、挖掘手机、互联网等现代通信工具信息、调取现场及周边视频监控录像等方面入手，寻找、发现犯罪嫌疑对象。

在侦查爆炸案件过程中，要根据案件具体情况，注意对复原现场、复原爆炸装置、组织辨认、检验鉴定、调查走访、爆炸物品查证、讯问嫌疑人、搜查扣押等具体侦查措施的综合运用。

【关键术语】

爆炸罪　爆炸案件　爆炸装置　引爆装置　炸点　爆炸案件侦查

【推荐阅读】

1. 张洪国、曹海军：《分析确定爆炸事故与爆炸案件方法研究》，载《警察技术》，2013（4）。

2. 王国建、陈斌：《爆炸案件现场勘查要点》，载《中国刑事警察》，2007（7）。

3. 王萍、肖发民、王迎春、肖凝：《列车旅客爆炸案件现场的紧急处置和勘查程序》，载《铁道警官高等专科学校学报》，2009（1）。

4. 张艳：《爆炸案件现场重建初探》，载《贵州警官职业学院学报》，2008（5）。

5. 寇松娜：《恐怖主义爆炸案件的现场处置和防控对策》，载《湖北警官学院学报》，2008（5）。

6. 朱俊杰：《简评恐怖爆炸案件的应对机制》，载《中国检察官》，2012（11）。

【案例分析】

2006年1月6日9时许，某县人民法院四楼会议室发生爆炸，该县县委副书记、县机关党委书记、法院院长等5人被当场炸死，爆炸还造成22人受伤，法院办公大楼严重损坏，在社会上引起了强烈反应。案件发生后，当地公安机关迅速组成了专案组，开展调查工作。在确定现场没有安全隐患之后，技术人员在专案组的统一指挥下严格遵照勘查程序，按照炸点、中心地带、外围区域等划分出了29个面积不同、重点内容不同的区域，进行现场勘查和物证采集。现场提取到了雷管碎电脚线、雷管堵头、电池外皮碎片、电池堵头等大量爆炸遗留物。通过对炸点烟晕色、味、爆炸声、光等的勘验，初步判定为硝铵类炸药，并根据公式推算出炸药当量应在3公斤左右。通过现场勘查和调查访问，复原了死者和伤者在爆炸发生时在现场所处的位置。同时，在访问中得知，死者之一的钱某因长期上访得不到满意解决而对法院领导和主要办案人员心存不满。案发当日，钱某进入会场要求与法院院长对话，其要求未能得到满足，随后就突然发生了爆炸。并且，钱某是双手插在上衣兜里进入会场的。专案组经过分析认为，钱某具有重大作案嫌疑。在随后的调查中，侦查人员从钱某老宅中查出了制作硝铵炸药的原材料，并发现了用以制作爆炸装置的炸药包装物、填充物、捆绑物、起爆装置等，经检验与现场所提取到的爆炸残留物为同类物质。自此，专案组认为这是一起因长期上访而得不到满意结果而针对法院领导和主要办案人员的自杀式爆炸案件，案件告破。

资料来源：王国建、陈斌：《爆炸案件现场勘查要点》，载《中国刑事警察》，2007（7）。

分析讨论：

1. 试析公安机关能够快速侦破此案的原因有哪些？

2. 试论现场勘查在爆炸案件侦查中的重要作用。

第十六章　放火案件侦查

【学习目标】

通过本章的学习，理解放火罪的概念和特点；领会放火案件现场勘查的要点；掌握侦查放火案件的主要途径和侦查措施。

【导入案例】

2010年3月1日1时25分，广州市狮岭镇××村团结三队某商场发生火灾，在扑灭火灾的过程中发现商场内阁楼有一人在床铺上死亡。经初步调查，死者为店主。经现场勘查：现场位于狮岭镇城乡结合部某商场，该商场所在楼房为本地村民自建，共五层，一楼出租用于开办商场，一楼与其他用房完全分隔，二楼以上未受火势波及。一楼内设置阁楼一处用于住宿。

火灾中心现场位于阁楼处的卧室，商场内除阁楼以外，其他部分未见明显过火痕迹。卧室内过火最为严重的是床上的物品，蚊帐已脱落致床铺，南侧为床头，放置枕头，相比对北侧为床尾完好，呈北重南轻状，北侧床罩烧毁烧损严重，可见席梦思弹簧。紧挨床尾处放置的木柜与拉杆行李箱及内置衣物燃烧状况呈上重下轻。在床头处放有一个简易铁架衣柜，简易衣柜的塑料膜的正面为迎火面，呈正面烧毁严重，内侧为背火面相对完好。床底地面凌乱放置两双男女式布拖鞋、两双男女式塑料拖鞋及三双皮鞋，无明显过火状。在清理地面时发现东侧床脚下方的地面瓷砖破裂，对应床板与死者左脚处为现场起火部位的相应起火点。在地面发现通信手机、银行卡等残骸物。

尸体呈头朝南脚朝北状俯卧在床上，左脚呈伸直状，小腿与脚掌烧蚀剩骨头。右脚呈弯曲状，炭化相比对左脚炭化程度稍轻，两腿大腿肌肉部分与阴部火烧开裂状。左手手腕处有一玉石手镯，手指呈“鸡爪”状，右手被躯体压至腹部。将尸体翻转可见胸部的胸罩罩杯部分无过火，腹部下方残留棉质睡衣，阴部残留部分内裤。胸部与右手皮肤相对完好，舌头伸出且呈牙齿紧咬状。在死者脖子处有一线状物缠绕物，该线状物残留塑料包装体，部分熔化可见金属线丝（疑似耳机线），且打死结状不易解开。根据现场燃烧情况分析，起火部位在死者床铺东北侧。

资料来源：邓玉梅：《消防杀人放火案件多警种联合调查的思考》，载《广东公安科技》，2013（2）。

问题：试析该起火灾的性质，并说明理由。

第一节　放火案件概述

一、放火案件的概念

放火案件，是指故意放火焚烧公私财物，危害公共安全的犯罪案件。

放火行为一经实施，就可能造成不特定多数人的伤亡或者使不特定的公私财产遭受难以预料的重大损失。这种犯罪后果的严重性和广泛性往往是难以预料的，甚至是犯罪嫌疑人自己也难以控制的。这也是放火罪同以放火方法实施的故意杀人、故意毁坏公私财物罪的本质区别。因此，可以说，并非所有的用放火方法实施的犯罪行为都构成放火罪，关键是要看放火行为是否足以危害公共安全。如果犯罪嫌疑人实施放火行为，而将火势有效地控制在较小的范围内，没有危害也不足以危害不特定多数人的生命、健康和重大公私财产的安全，就不构成放火罪，而应根据案件具体情节，定故意毁坏公私财物罪或故意杀人罪、故意伤害罪等。虽然这些案件在罪名上与构成放火罪的案件不同，但其作案手段类似，侦查方法也基本相同，因此本章也将其包括在内。

二、放火案件的特点

（一）犯罪嫌疑人在作案前一般都有预谋活动

放火案件的犯罪嫌疑人实施犯罪一般都有明确的犯罪目的，为了达到其犯罪目的，也为了能够逃避打击，其需要进行相应的物资准备，并根据具体的外部环境实施犯罪，因此在实施放火犯罪之前犯罪嫌疑人一般都有充分的预谋过程。首先，犯罪嫌疑人需要选择合适的放火时机和焚烧部位，以及进出现场的路线等；其次，确定放火的具体方法，并准备点火物、引火物、燃烧物和助燃物等；最后，有些犯罪嫌疑人还可能会对现场内外的消防、电信、供电设施进行破坏。

（二）爆炸案件中因果关系比较明显

放火作为一种严重暴力犯罪，一旦发生就会造成人员伤亡或者财产严重损失的后果，因此，放火案件中的犯罪嫌疑人多与事主、被害人有尖锐矛盾或对社会不满，否则不会采取如此极端的手段。而且这种矛盾在其作案过程中也会显露出来，表现为比较明显的犯罪动机。如为了报复、发泄私愤而实施犯罪；或者出于对社会的不满、对党和政府的不满而对实施犯罪；又或者为了满足私欲，达到敲诈勒索、排解婚恋纠葛、隐瞒其他罪行、毁灭证据等目的而实施放火。这些犯罪动机往往会通过其作案手段表现出来，在侦查过程中，可以根据这些情况分析放火案件的性质，进而确定侦查方向和范围。

（三）现场易遭到严重破坏

犯罪嫌疑人实施放火行为后，现场必然会产生烟、火光和热量，事主和周围群众能够及时发现。但是，放火案件现场的原始状态往往难以保全，痕迹、物品往往遭到严重破坏。一方面，由于火势的蔓延，剧烈的燃烧使现场中的各类物品、犯罪嫌疑人实施犯罪遗留的各种痕迹和物品被部分或完全烧毁，破坏了现场的原始状态；另一方面，由于在扑救灭火过程中，现场的原始状态和犯罪嫌疑人实施犯罪遗留的各种痕迹和物品也会遭到严重破坏。这种破坏往往是难以避免的。在勘查中展现在侦查人员面前的常常是泥水遍地、一片狼藉，烟熏火燎的残墙断壁，所剩无几的杂乱物品，给现场勘查和取证工作带来很大的困难。但是这种变动现场当中也存在不变的东西，不能因为现场遭到破坏面目全非就失去勘查信心，勘验人员应努力寻找未遭到破坏的痕迹、物证。

(四) 犯罪嫌疑人多为初犯

主体方面，从已破获的案件来看，初次犯罪特点明显，惯犯极少。且整体文化素质较低，法律意识淡薄。而且，犯罪嫌疑人实施放火犯罪多为泄愤报复或者掩盖其他罪行、毁灭证据，一次犯罪就已满足其心理需求，多次放火、重复犯罪的现象较少。所以，在放火犯罪中，初犯作案占大多数，连续作案的少。只有个别犯罪嫌疑人放火后，为了干扰侦查视线而先后多处多次放火，制造混乱。

第二节　放火案件的现场勘查

一、及时勘验现场，寻找、发现放火痕迹和物证

勘验现场是侦破放火案件的首要环节。火灾的原因有很多，如自燃起火、不慎失火和故意放火。要确定火灾的性质，首先就要通过认真仔细的勘查检验，只有有证据证明是有人故意放火，需要追究刑事责任时，才能决定立案侦查。不过，对于放火案件来讲，多数现场都会遭到严重的破坏，因此，根据这类现场的特殊性，侦查人员应该指导消防人员尽量减少对于现场的破坏，并有重点地开展现场勘验工作。

(一) 准确确定起火点的位置

起火点是最早起火燃烧的地方。准确确定起火点是查明起火原因的重要基础，是判断案件性质的关键所在。如果起火点确定不了或者确定不准确，认定起火原因就会缺乏依据。因此，在放火案件的现场勘查中，确定起火点是必须要做好的一步工作。起火点可以是一个，也可以是多个。在确定起火点的过程中，可以从以下几个方面入手：

1. 根据发现人的指认确定起火点

调查访问最早发现火情的群众，根据其指认，了解最先冒烟、最早起火、火势最旺的地方，进而确定起火点。

2. 通过引火物或者助燃物的位置确定起火点

通过勘验发现有火柴杆、蚊香头、蜡烛头等引火物，或者发现有油类物质、木材、锯末等助燃物的部位及其周围，一般考虑应为起火点。

3. 根据现场物体的燃烧程度确定起火点

现场带有熏烧痕迹物体所在地常为起火点。当现场破坏严重，看不出明显燃烧痕迹时，要考虑被燃烧各物体在起火前存放的相互位置和起火时的风向、风力等具体情况判明起火点。

4. 根据现场被烧毁木材的裂纹情况确定起火点

燃烧温度越高，形成的裂纹也就越粗、越深。当燃烧处于初始阶段时，火势相对较弱，温度也较低，故其形成的裂纹较细、较浅。这一规律，结合起火时的风向，可以作为

确定火势蔓延路线和起火点的依据。

5. 根据整体燃烧状况确定起火点

在整个现场中，燃烧最厉害、最彻底、最严重的部位，一般考虑是起火点。

6. 根据物品燃烧后的导向确定起火点

一般火源来自哪个方向，物品哪个方向的部位先燃烧，并且这个部位也先失去支撑而倾倒。因此，物品倒向的部位一般为起火点方向，可以顺着这个方向寻找确定起火点。

7. 根据起火时的风向和燃烧痕迹确定起火点

火势的蔓延是顺风而行的，因此沿着起火时的逆风方向寻找起火点，是常用的方法之一。从燃烧痕迹来看，在起火点的迎风口一侧，往往燃烧较为严重，碳化明显，而在对应的背风一侧，则往往燃烧较轻，常附着有较多的烟灰。

（二）全面勘验现场，寻找相关痕迹、物证

在确定起火点之后，要及时对现场进行全面的勘验工作，收集相关痕迹和物证。

1. 对起火点的勘验

对起火点的勘验，必须细致深入，层层挖掘，逐一过筛。重点寻找放火时燃烧未尽的残留点火物、引火物、助燃物、遗弃在现场的盛放引燃剂的容器，包括浸油的遗留物、灰迹、烟迹、火柴棍、打火机、机械或电子定时装置残骸、碎裂的玻璃瓶、布片、烧剩的纸张、熔化的各种金属片、残存的汽油酒精、起火点附近的烟尘颗粒及被烧伤的人或尸体上的毛发、衣物、鞋的残留物等有关物证。

2. 对现场出入口的勘验

对所有能够进出现场的部位都要逐一进行勘验、检查，确定起火时各部位的状态，查看是否有人由此出入，寻找犯罪嫌疑人进出现场的痕迹，判明犯罪嫌疑人进出现场的方法。对门、窗进行检查时，要认真检查门边、门框、窗框有无破损、是否有撬压痕迹，门、窗玻璃是否被击碎，碎玻璃所处位置是在室内还是在室外，同时核实这些痕迹是否为在救火过程中形成的。除了门窗，根据现场情况，还应对犯罪嫌疑人可能进出现场的其他部位进行检查，如天窗、墙洞、地洞等，看是否有撬压、蹬踩、挖掘等痕迹。

3. 注意现场出现的异常痕迹

勘验放火现场，除了要注意门窗等出入口上的异常情况，还要注意现场内物品在起火前有无被翻动、撬压和移位的痕迹，通过这些异常的痕迹，可以帮助我们判明犯罪嫌疑人的作案目的和作案活动过程。如现场上的保险柜、办公桌等在起火前如有被撬压、翻动的痕迹，则很可能保险柜、办公桌内的财物是犯罪嫌疑人的作案目标，放火是为了掩盖之前的犯罪行为。

4. 注意发现可能造成起火的因素

在现场勘验过程中，要注意发现一切可能引起火灾的因素。如在室内现场中，是否有电气设备，是否存在漏电和短路情况，是否有煤气管道漏气的情况，是否使用了电炉、煤油炉、煤火炉等，现场是否存放有易燃易爆的物品。这些情况在现场勘查中，一定要认真查找，尤其是在没有明显放火迹象的现场，更要认真仔细地寻找各种可能引起火灾的因素，并认真核查，为我们判明起火原因提供依据。

5. 注意对关联现场的搜索

放火现场的中心部位往往经过燃烧和救火人员的扑救会遭到严重的破坏，而关联现场

到中心现场有一定的距离，不易受到破坏，能够基本保持其原有的状态，留下较为完整的物证、痕迹。比如犯罪嫌疑人在点火前或点火后，常常把装油的瓶子、油桶，带入现场的刨花、锯末、草屑、打火机、火柴盒等失落在来去现场途中，或者在案前预伏现场遗留下足迹、排泄物、食物残渣、包装物、指印等等。通过对现场周围的仔细搜寻，不仅能发现这些与犯罪有关的痕迹和物品，同时也可判断犯罪嫌疑人来去现场的路线，判断引火物和助燃物的来源。

（三）勘验尸体，确认死亡原因

如果在现场发现尸体，应对尸体进行仔细检查，确定其死亡原因，为判明案件性质提供依据。检查尸体时，应注意以下几点：

1. *尸体在现场中的位置和姿势*

尸体是在现场的中心位置还是在某一个角落，或者是在门窗等出口处；尸体的姿势如何，是仰卧、俯卧还是其他姿势。

2. *注意对尸体外表和内部的检验*

检查其除了烧伤外，还有无其他损伤，是否存在搏斗伤、抵抗伤等，哪种伤是致命伤；检查尸体的口、鼻、咽喉及气管等处，是否有烟灰、炭末等附着物及其成分，以判明死亡原因和犯罪嫌疑人在现场的作案过程。

3. *注意将尸体的损伤与现场痕迹、物证之间的比较分析*

即将尸体的损伤特征与现场发现的血迹、凶器、绳索、电源、毒物等进行核对，看其是否吻合。

二、详细询问事主及相关人员，收集案件情况

放火案件的现场访问工作能够对现场勘验起到验证、补充的作用，应予高度重视。在访问中，要找到起火发现人、报案人、事主、围观群众及其他知情人，详细了解起火现场的情况、事主的情况和起火前后现场周围的疑人疑事。在现场访问中，通常以以下内容为重点：

（1）何人、何时、何地、何种情况下最先发现火情的；火势的发展情况如何，是先冒烟还是先起火，当时风向如何，什么部位火势最旺；烟火、火焰的颜色，火势蔓延的方向，闻到的气味；起火现场周围有无可疑人员活动等。

（2）在救火的过程中，何人、何时从什么部位首先进入现场开始扑救；在救火的过程中，对现场做出了哪些变动，看到、听到了哪些情况。后续有哪些人参与了救火，对现场做出了哪些变动，看到、听到了哪些情况。

（3）在火灾发生前，现场有无引起火险的因素存在；现场有无工作人员、值班人员、住宿人员或者巡逻人员；哪些人在起火前出入过现场，离开现场多久以后发现了火情。

（4）现场是否存有贵重物品、易燃易爆物品、账目、重要文件等物品；这些物品是否被盗、是否被烧毁，损失情况怎么样。

（5）事主、被害人的作风、品质、家庭关系、社会交往、经济收入、政治态度等情况如何，是否与人存在矛盾冲突，什么原因、什么时间形成的。

（6）事主、被害人有无怀疑对象；周围群众对起火的议论和反应如何。

（7）起火之前、救火过程中以及火情扑灭之后，有无可疑人员出现，有无可疑事情发生。

第三节 放火案件的侦查方法

一、综合分析，确定案件性质

（一）对火灾事件性质的分析判断

火灾事件的性质究竟是故意放火，还是自燃起火、不慎失火，需要在现场勘查、现场访问之后，掌握大量事实材料的基础上，进行综合分析。在发现下列情形之一时，一般可以确定为故意放火：

（1）综合现场情况，可以排除物品自燃的可能性，可以排除电路故障等引起火灾的可能性，可以排除由于用火不慎、违反操作规程等引起火灾的可能性。

（2）在起火点处发现有使用点火物、引火物、助燃物痕迹的。

（3）在现场发现有事先破坏消防设备、电信设施行为的。

（4）在现场发现有被害人尸体被捆绑、堵嘴，或有其他损伤，或因泼油烧为炭化或灰化，或确认为死后焚尸的。

（5）在现场发现有被盗撬痕迹的。

（6）在现场周围的某一单位或相邻地区连续发生多次火灾，或在同一时间内多处起火，或在同一火场内有两处以上起火点的。

（7）在起火前，曾经有人扬言要放火烧毁被害事主，或被害事主收到过匿名恐吓信的。

（8）在火被扑灭后，在火场及其周围发现有与放火有关的可疑痕迹和物品的。

（二）对放火案件性质的分析判断

在确定是故意放火后，还应继续综合各方面情况继续对案件的性质进行分析，判明犯罪嫌疑人防火的动机和目的，以便为侦查工作指明方向，正确划定侦查范围。对放火案件性质的分析，通常可以从以下几个方面考虑：

（1）如果放火烧毁的是国家、集体财产，或在一个地区连续多次放火的案件，则可能是危害公共安全，报复社会或单位法人的犯罪动机，要注意分析是不是对社会不满而进行报复破坏或是人民内部矛盾激化所致。

（2）如果被烧毁的是普通民宅、私人厂矿等个人财产，则可能是私仇报复的犯罪动机，要注意调查事主、被害人是否与他人存在矛盾冲突。

（3）如果是会计室账册、单据等被烧，或公款、票证短缺，要注意分析有无贪污、挪用公款、盗窃后放火毁灭证据，掩盖罪行。

（4）如果在现场发现有被害人尸体和大量钱财短缺，要分析盗窃、抢劫杀人后毁尸灭迹的可能。如果现场内有被害人尸体但钱财却无短缺，则要考虑是否为奸情引起的矛盾冲突或亲友、邻里之间积怨很深，杀人后放火。

二、放火案件的侦查途径

（一）从调查因果关系入手，寻找犯罪嫌疑人

实施放火犯罪的犯罪嫌疑人，往往与事主、被害人或者社会存在尖锐矛盾。因此，通

过分析犯罪嫌疑人放火的动机和目的，找出放火人与被害人或与某一事件的因果联系，是寻找放火嫌疑人的重要依据。侦查工作应紧紧围绕着因果关系，分析放火行为是由于私仇报复、仇视社会，还是为了掩盖其他罪行、毁灭犯罪证据。进而从因果关系入手，排查嫌疑线索，寻找、发现犯罪嫌疑人。

(二) 从查证作案应具备的条件入手，寻找犯罪嫌疑人

首先是作案的时空条件。从查证作案时空入手，寻找犯罪嫌疑人，应着重查明起火当时此人是否到过现场，是否在现场周围逗留，起火时此人在何地，做何事情，谁人能够证明等。特别要查清具有因果关系的嫌疑人员在发案时间内的去向。其次是作案应具备的物质条件和其他条件。主要查证具备因果关系的嫌疑人是否熟悉作案现场环境，是否具有与现场上相似的可疑引火物或引火工具，是否持有与现场遗留物相同的嫌疑物品，是否具有与现场丢失物品的数量、种类相应的赃款、赃物等等。

(三) 从案发前后的疑人疑事入手，寻找犯罪嫌疑人

犯罪嫌疑人在作案前后，其心理状态与平时必然存在差异，言行也往往表现异常。因此，注意调查研究放火案件发案前后的反常表现，是排查发现犯罪嫌疑线索不可忽视的一个方面。在调查中，要主要调查发案前后是否有人扬言要放火报复或者有预谋准备的活动情况；起火前哪些人到过现场，有无窥视、踩点等情况；在救火过程中是否有人伪装积极，趁机破坏现场，或故意助长火势蔓延；发案后是否有人表现出四处探听消息，散布谣言，无故外出，装病等反常现象等异常情况。同时，也要注意被害人在陈述中是否有突出的矛盾点和可疑点，有无自身作案的可能。

(四) 从现场遗留的痕迹、物证入手，寻找犯罪嫌疑人

犯罪嫌疑人在实施犯罪的过程中必然会留下一定的痕迹、物证，如足迹、指纹、手印，以及衣服、纸张、浸油布、打火机、烟盒等物品。在排查过程中，要注意收集具备因果关系条件嫌疑人的足迹、手印等与现场上犯罪嫌疑人遗留的足迹、手印等进行比对。要注意对现场上提取到的衣服、纸张、浸油布等犯罪遗留物，与嫌疑人家中相似的物品进行种类同一认定或整体分离痕迹鉴定。同时，对于犯罪嫌疑人遗留在现场的衣服、帽子、手套、打火机等日常生活用品，可以组织辨认，也可以使用警犬进行鉴别，以便获取证据，发现犯罪嫌疑人。

(五) 从手机、互联网等信息入手，寻找犯罪嫌疑人

手机、互联网中所隐含的与犯罪有关的信息，对于侦破放火案件是十分有益的。放火案件中，犯罪嫌疑人很可能在进出现场的过程中持有手机等通信工具，这样就会留下电子、电磁数据信息，通过对这些数据信息的分析、碰撞，再结合具体的案情，就有可能找到涉案通信工具，再通过通信工具查找嫌疑对象。对互联网信息的挖掘，在放火案件的侦破中同样重要。特别是在一些以报复社会为目的的放火案件中，在案发前，犯罪嫌疑人可能通过互联网发布过一些与爆炸犯罪有关的言论；在案发后，也可能发布一些与案件有关的信息。通过对这些信息的挖掘和研判，有助于侦查机关迅速、准确地锁定犯罪嫌疑人。

(六) 从视频监控录像入手，寻找犯罪嫌疑人

随着视频监控设备在道路、车站、宾馆、商场、机关、企业、小区、住宅、工厂等地

方的广泛普及应用，视频监控信息在刑事案件侦查中的作用也越来越明显。具体到放火案件，视频监控信息可以为我们重现起火前、起火时、救火时、火情破灭后的整个过程，这对侦查机关确定犯罪嫌疑人的体貌特征及活动轨迹都具有至关重要的作用。即使不能直接发现、锁定犯罪嫌疑人，也能为判断火灾性质，确定起火时间、位置、发现可疑线索提供依据。

三、放火案件的主要侦查措施

（一）勘查现场，寻找、发现、提取、固定放火痕迹、物证

勘查现场的首要任务是确定起火点，起火点一旦确定，起火原因也就会随着露出端倪。如，现场发现一个以上彼此无因果联系的起火点，而且不存在露天飞火的可能，就基本上可以确定为放火案件。起火点的认定必须建立在痕迹、物证的基础上。因此，在勘查现场时，要对火场开展全面的发掘勘验工作，寻找、发现、提取、固定各种放火痕迹、物证，为侦查人员确定起火点、判断案件性质和后期侦破案件提供客观、准确、有价值的依据。特别是对点火源、引火物、助燃物以及其他可疑痕迹、物证的发现和提取，在放火案件侦破中至关重要。

（二）勘验尸体，确定死亡原因

放火案件中，如果有人员死亡，应及时对尸体进行勘验，判明死亡原因。通过尸体在火场上的位置、姿势、有无逃险动作、烧伤部位和程度、有无暴力损伤痕迹、附近有无凶器、是否吸入烟灰等方面，判明死者是不幸遇难、自杀，还是被杀后焚尸。确定死亡原因，一方面对确定案件性质有帮助，另一方面也能够为侦查工作提供客观、有力的指引。

（三）调查走访，收集案件情况及证据

通过询问最先发现人、报案人、事主等相关人员，一方面，要了解起火时间，确定犯罪实施时间，弄清火势发展情况；另一方面，要对最先进入火场的人员、火场变动情况、火场之前的防火设施、火场之前是否有易燃物品等进行全面了解。同时，通过调查走访，还要对与事主、被害人存在矛盾的人员情况进行梳理，并了解起火前是否有可疑人员在现场周围出现，为准确划定嫌疑对象范围提供依据。

（四）讯问嫌疑人，获取对犯罪事实的供述和供认

大多数放火案件现场中都很难提取到认定放火犯罪嫌疑人犯罪的直接物证和足够量的间接物证，因此，在发现嫌疑对象后，应及时开展审讯工作，获取犯罪嫌疑人的供述。在审讯开始前，要做好充分的准备，针对不同的对象，采取正确的审讯方法、技巧和策略，打消其侥幸心理。同时，在审讯中，要注意对放火时间、起火点、引火物、助燃物等关键细节进行核实，一方面可以及时固定证据，锁定犯罪嫌疑人，另一方面可以辨别嫌疑人供述的真伪，以防冤假错案的出现。

（五）搜查扣押，获取关键物证

侦查过程中，发现在嫌疑人家中或者其他处所可能存放与放火犯罪有关的证据时，应及时对相关的场所进行依法搜查，并将相关物品进行扣押，固定证据。抓获嫌疑人后，嫌

疑人在审讯中所供述出来的丢弃的与案件有关的物品及其丢弃地点，要及时组织力量进行搜查、查找，以防证据灭失，给侦查工作带来无法挽回的损失。

【导入案例简析】

根据现场勘验和尸体检查情况，该起火灾具有故意放火嫌疑，且杀人后为了毁尸灭迹而放火的可能性较大。理由是：第一，现场未见液化气瓶故障痕迹，也未见液化气爆炸爆燃痕迹，可以排除液化气爆炸爆燃起火的可能；第二，现场未见任何电热故障痕迹，且死者床上无任何用电器具，现场也没有发现临时拉接的用电插板和用电器具，可以排除电器故障引发火灾的可能；第三，尸体的状态表明死者生前无任何逃生迹象；第四，死者脖子上缠绕的金属线类似耳机线，虽不能排除死者自为的可能，但如是自为则与死者姿态不符，故他人所为的可能性更大。

【延展阅读】

放火杀人案件多警种部门联合调查的思考

近年来，我国社会处于社会转型经济转轨阶段，各类放火案件有上升趋势，放火案件在全国的火灾总量中占有一定的比例。且部分因各种原因报复杀人放火、诈骗放火、刑事犯罪嫌疑人放火、自焚等因素致人员死亡的。在调查这些案件时，消防、刑侦、网监、技侦等多警种多部门应联合协作、紧密配合，才能使案件侦破工作更加快速、有效地向前推进。

（一）消防部门应在亡人事件初期调查阶段发挥主导作用

在案发调查初期，消防部门必须确定一名支队领导作为调查组的负责人，组织精干的调查力量开展工作，及时确定调查方向。基层火调人员要对每一起杀人放火案件做好资料收集与经验总结，并加强对消防专业知识的掌握，准确把握火灾痕迹的运用与证据材料的梳理。及时掌握现场情况与外围调查情况相结合，对火灾性质要与刑侦部门加强沟通形成共识。切忌消防技术力量不到位，导致案件破不了，让犯罪嫌疑人逍遥法外，将导致当事人的合法权益受到损害。同时导致政府的执政能力受到影响。

（二）调查走访与现场勘验相结合，信息交换要及时

调查走访工作要坚持客观、及时、全面、深入、细致、合法的原则，凡是可能了解案件的有关人员（报案人、发现人、被害人、关系人、知情人、见证人等）都应及时进行调查访问。及时掌握第一手有价值的调查情况。切不可对现场情况不甚了解而盲目动手清理。现场勘验要严格按照现场勘验程序进行。为了防止现场被破坏，可以采取消防、刑侦共同现场勘验的做法，以免造成证据消失。在现场清理时特别注意保护火灾燃烧痕迹及火灾与刑事技术物证，严格按照证据收集程序进行。

（三）多警种联合调查时要做到调查走访与勘验情况信息及时通报

在以往多个杀人放火案件中，部分火调人员尤其是基层的火调人员对亡人火灾现场有畏难情绪，对刑侦技术知识知之甚少。也有部分刑侦人员对火灾痕迹知识也同样缺乏，难以辨别放火现场与失火现场。如火调人员业务不熟练或经验不足，或不能正

确区分案件性质，客观上有可能放纵犯罪嫌疑人。多警种联合调查时，要做到调查走访与勘验情况信息及时通报，才能更加有利于案件的侦破。

（四）正确运用现场痕迹、物证的检测检验结果及可疑情况排查

火灾现场勘验的物证有对事件的原因认定的证据，也有排除认定的证据，对有参考价值的现场物证应当进行检验。如对现场电源线路或电气设备故障痕迹、现场流淌痕迹处物证、烟尘提取、残留的燃烧物、现场化学品的理化性能、助燃剂的种类成分等。上述六种物证的检测可送火灾物证鉴定中心进行检验，根据检测鉴定情况结合火灾事实情况，作出鉴定结论是否采纳决定运用。

在共同勘验中提取的需送检物证，可对同一份物证采取一式多份，按各自专业侧重内容进行检测检验。对尸体的医学检验鉴定与DNA检验要由刑事技术部门作出死因鉴定。还有声像技术结论、电子证据的提取与甄别，由相关专门技术部门进行鉴定检验。

（五）消防、刑侦、技侦部门“无缝”对接是侦破案件的有效工作途径

消防、刑侦、技侦部门各自调查的现象在基层表现比较普遍，尤其是非亡人火灾。多部门联手协作共同调查，实现信息共享，做到“无缝”对接是非常有效的工作途径。一旦确定是放火案件的，消防部门要大力协助刑侦部门确定起火部位、起火点与引火源，共同分析事件原因，提出工作意见。同时，消防部门的火调人员通过案件调查，以及破案后与放火嫌疑人的接触，可以了解更多的犯罪动机、作案手段，积累更多的经验，有助于火调人员火灾调查技术水平的提高。

资料来源：邓玉梅：《消防杀人放火案件多警种联合调查的思考》，载《广东公安科技》，2013（2）。

【本章小结】

放火案件是故意放火焚烧公私财物，危害公共安全的犯罪案件。

放火案件的犯罪嫌疑人在作案前一般都有预谋活动，且多与事主、被害人有尖锐矛盾或对社会不满。放火案件的犯罪嫌疑人大多为初犯，惯犯极少，且整体文化素质较低，法律意识淡薄。放火案件的现场由于经过了燃烧和救火，易遭到严重破坏。

在侦办放火案件时，首先要及时勘验现场，确定起火点，然后再继续全面勘验，寻找相关痕迹、物证。现场访问应与现场勘验同时开展，详细询问事主、被害人及相关人员，收集与案件有关的一切情况。在现场勘验和现场访问的基础上，应综合各方面的情况分析火灾事件的性质，判明其是否为刑事案件。如涉嫌故意放火，应根据案件具体情况分析该放火案件的性质。在侦查放火案件的途径方面，可以根据案件实际情况，选择从调查因果关系入手，从查证作案应具备的条件入手，从案发前后的疑人疑事入手，从现场遗留的痕迹、物证入手，从手机、互联网等信息入手或者从视频监控录像入手，寻找犯罪嫌疑人。

在案件办理过程中，要综合运用现场勘查、检验鉴定、调查走访等侦查措施，查明起火原因，确定案件性质，准确划定嫌疑对象范围，为侦查工作指明方向。在发现嫌疑人后，要迅速开展讯问、搜查工作，及时固定证据，锁定犯罪嫌疑人。

【关键术语】

放火罪　放火案件　火灾　故意放火　起火点　放火案件侦查

【推荐阅读】

1. 张小川、杨宏芳：《放火案件侦查取证要点分析》，载《重庆科技学院学报（社会科学版）》，2014（1）。

2. 邓玉梅：《消防杀人放火案件多警种联合调查的思考》，载《广东公安科技》，2013（2）。

3. 姜丰林：《对几起放火案件认定过程的思考》，载《消防技术与产品信息》，2012（6）。

4. 公安部消防局：《火灾事故调查》，长春，吉林科学技术出版社，1999。

5. 连长华、房三虎：《一起较大放火案件的调查与思考》，载《消防科学与技术》，2014（6）。

【案例分析】

2013 年 12 月 24 日 3 时 40 分许，福建某县城东街道解放一支路 2 号民房发生火灾，造成 7 人死亡，4 人受伤。起火建筑为 1958 年建成的两层土木结构内廊式民房，该建筑在火灾中完全坍塌。经过现场勘验和现场访问，综合认定起火部位位于该民房楼梯间及一层门厅处。认定该起火灾现场存在两处独立的起火点，一处位于起火建筑一层楼梯间东侧梯段及对应转角平台区域，另一处位于一层大厅东南角废旧摩托车周围。排除生活用火不慎、吸烟、玩火、物品自燃、遗留火种、雷击以及电路故障等引起火灾的可能。

经综合分析，认为该案具有重大放火嫌疑，第一，该起火灾呈现典型的明火燃烧特征，经勘验判定一层存在两个独立的起火点，两处起火点位置下方沙土均检测出汽油成分。第二，火灾发生突然、迅猛。7 名死者除二层的黄某逃至走道东侧死亡外，其余 6 具尸体均位于楼梯间东侧及南侧的毗邻房间内，表明死者发现火灾后已无法逃离居住房间；二层人员均反映发现火灾后火势已经非常猛烈，无法从房门及走道正常逃离，均为跳窗逃生，其中赵某等 4 人因跳窗受伤，说明火灾发生突然、迅猛。第三，起火建筑周围监控在 3 时 41 分发现可疑人员。起火建筑一层有 3 个门，出入方便，基本处于“不设防”的非封闭状态。现场周围监控显示，3 时 41 分 28 秒有一男子沿解放路北侧人行道由东向西行走，3 时 41 分 34 秒进入监控盲区（盲区内有一小巷可进入火灾现场，此处离火灾现场约 25 米）。此人在约 10 米的监控盲区消失 4 分 10 秒后，即 3 时 45 分 44 秒在盲区西侧沿解放路北侧人行道向西走约 20 米，3 时 46 分 15 秒进入“三小”路口小巷（该小巷也能够进入现场，距离现场大约 70 米），1 分 26 秒后，即 3 时 47 分 41 秒，该男子从该小巷出来继续沿解放路北侧人行道向西行走。

资料来源：连长华、房三虎：《一起较大放火案件的调查与思考》，载《消防科学与技术》，2014（6）。

讨论分析：

1. 试析该起放火案件的案件性质。

2. 侦破此案可以采取的侦查途径有哪些。

第十七章　投放危险物质案件的侦查

【学习目标】

通过本章的学习，理解投放危险物质特别是投放毒害性物质案件的概念和基本特点，掌握该类案件先期处置和侦查取证方法。

【导入案例】

2007年5月30日，某大学学生牛某、石某和李某等3人在该校北苑餐厅就餐后出现呼吸困难、下肢疼痛等症状。后3人分别被家长接回原籍治疗。其中牛某中毒情况最为严重，从下肢疼痛已发展到行走困难、精神恍惚。经多方诊治和咨询，最终由北京市疾控中心检测认定系铊中毒。

2007年6月10日，接到国家、省、市疾控中心层层通报后，该大学保卫处立即向所在地公安机关报警。市公安局迅速调集了刑侦、治安、文保、网监等部门警力，全面开展现场勘查（针对宿舍和餐厅等有可能污染的场所）、物证调查（针对铊的属性、来源等）、该大学面上调查（确定污染范围、中毒人数及其他异常情况）、网络调查（在互联网上检索有关信息）及走访被害人等工作。6月12日，经省疾控中心对送检的检材进行检测，在被害人牛某和石某的茶杯中发现了金属铊的成分。侦查人员首先对犯罪嫌疑人进行刻画，认为投毒者具备接近受害学生的宿舍及其茶杯的条件，能分辨3名受害学生所使用的茶杯；具备接触铊物质的条件；与被害人有一定的矛盾关系；案发后行为反常等。据此，划定侦查范围为3名被害人所在的两个班级及其老乡、朋友等相关人员，其中3名被害人所在的两个宿舍为重点。

在案情分析的基础上，专案组采取了以下工作措施：一是围绕被害人所住的两个宿舍，全面细致地勘查现场并提取相关物证及时送检；二是围绕3名被害人排查矛盾关系，包括恋爱关系、宿舍生活和学习方面的矛盾关系等；三是对被害人及其周围相关人员5月份以来的活动情况，及其五一长假期间所接触的人员情况进行全面摸底；四是围绕咨询或购买铊物质的情况，收集相关人员的信息。

经深入排查，专案组发现，被害人室友常某与3名被害人有一定的矛盾关系。专案组在常某的手机和QQ信息中发现了购买铊的信息以及“忍无可忍”、“提前动手”之类的反常言语。6月12日下午，专案组将常某抓获，并根据其供述起获了其藏匿的剩余200余克硝酸铊。此后，专案组根据常某交待，通过外围摸排和调取电信资料，查明并抓获了在网上发布和销售硝酸铊的陈某、赵某和戚某。

第一节　投放危险物质案件概述

一、投放危险物质案件的概念

投放危险物质案件，是指犯罪嫌疑人以投放危险物质为手段实施的损害社会公共法益或特定人法益的案件类型。

投放危险物质案件与定性为投放危险物质罪的刑事案件既有联系，也有区别。投放危险物质罪，是指犯罪嫌疑人故意投放毒害性、放射性、传染病病原体等物质，危害公共安全的行为。① 投放危险物质罪是一种危害公共安全的犯罪行为，实施上述危害公共安全的犯罪行为的案件即定性为投放危险物质罪的刑事案件，属于投放危险物质案件的一种。投放危险物质案件作为一种案件类型，是实施该类犯罪行为的刑事案件集合体，其中除了定性为投放危险物质罪的刑事案件外，还包括以危险物质为作案手段侵害特定法益的案件类型，例如以投放危险物质为手段实施的故意伤害、故意杀人、破坏生产经营、故意毁坏公私财物等类案件。之所以将此类案件归入投放危险物质案件之中，首先，该类案件的外在表现是以投放危险物质作为其作案手段，其次，此类案件具有投放危险物质案件的共同特点，归入投放危险物质案件，更便于该类案件侦查。也就是说，由于这些案件的作案手段、实施犯罪的方法有共同性或者类似性，在侦查实践中采用的侦查措施和方法也基本相似，因此在侦查学中一般归入同类案件侦查。② 据此，投放危险物质案件与定性为投放危险物质罪的刑事案件是一种属种关系。定性为投放危险物质罪的刑事案件都属于投放危险物质案件，而投放危险物质案件还包括针对特定法益的故意伤害、故意杀人、破坏生产经营、故意毁坏公私财物等类案件。

投放危险物质案件中的危险物质包括毒害性物质、放射性物质和传染病病原体等物质。本章所阐述的投放危险物质案件，是指犯罪嫌疑人以危险物质为作案工具和媒介，进行违法犯罪活动，损害社会公共法益或特定法益的案件类型。需要说明的是，利用放射性物质和传染病病原体等物质作为作案工具的投放危险物质案件，由于其作案工具的特殊性和处理问题的高度专业性，实践中的案件事实部分一般由防化、卫生健康等部门为主进行调查，公安机关侦查部门的主要工作是审核、转化这些部门提交的证据和案件材料。换言之，这两种案件的事实查证工作主要是由其他专业部门完成，这些工作比较独特，专业化程度比投放毒害性物质案件更高。基于以上考虑，并为了使论述更为集中，本章内容不包括利用放射性和传染病病原体等危险物质作为作案工具和媒介的投放危险物质案件。

二、投放危险物质案件的分类

（一）以作案目的为依据的分类

作案目的是犯罪嫌疑人实施涉嫌违法犯罪行为所希望达到的结果。依作案目的进行分类，投放危险物质案件可分为以危害公共安全为目的的投放危险物质案件和以侵害特定法

① 参见陈兴良主编：《刑法学》，428页，上海，复旦大学出版社，2009。

② 参见王传道主编：《刑事侦查学》，195页，北京，中国政法大学出版社，2008。

益为目的的投放危险物质案件。前者就是我们前文提到的定性为投放危险物质罪的刑事案件类型，后者即除了定性为投放危险物质罪的投放危险物质案件之外的投放危险物质案件，其犯罪目的主要包括针对特定法益的故意伤害、故意杀人、破坏生产经营、故意毁坏公私财物等。

（二）以作案动机为依据的分类

动机是推动或促使犯罪嫌疑人实施违法犯罪行为的内心起因。[①] 依作案人的动机进行分类，投放危险物质案件可分为报复型的投放危险物质案件、图财型的投放危险物质案件、愚昧迷信型的投放危险物质案件以及其他动机的投放危险物质案件。

报复型的投放危险物质案件根据其报复动机和目的指向，又可以大致分为报复社会型和私仇报复型。前一类案件的作案人以报复社会、破坏社会秩序为内心动力因素，后者则是作案人为了清除私人生活领域的障碍而实施的投放危险物质行为，比如因奸情败露或者奸情一方不愿继续奸情关系而产生投毒杀人动机。

（三）以投放的危险物质是否真实为依据的分类

依投放的危险物质是否真实进行分类，投放危险物质案件可以分为投放真实的危险物质妨害社会公共法益或特定法益的案件和投放虚假的危险物质制造社会恐怖的案件。前者较易理解，对于后者，之所以将投放虚假的危险物质制造社会恐怖的案件归结为投放危险物质案件，是因为该类案件犯罪嫌疑人以危险物质作为其作案手段，利用危险物质的危险属性故意制造社会恐怖，损害了社会安宁，造成社会不安和恐慌，而且在侦查方法上与前类案件基本相同。

（四）以作案对象为依据的分类

作案对象是犯罪嫌疑人作案后所指向的具体的人或物。依作案对象进行分类，值得关注的是以特定或不特定人、动物为对象的投放危险物质案件和以珍贵、濒危动植物或其他为作案对象的投放危险物质案件。前者是最为常见的投放危险物质案件。后者虽然数量较少，一般发生在各类动植物保护区，但对珍贵、濒危动植物保护所造成的危害极大。

三、投放危险物质案件的特点

（一）作案手段简单、隐蔽，破案难度大

投放危险物质案件的作案人在作案前很少有预兆，往往能够轻易得手。作案人大多在受害者毫无戒备的情况下，将危险物质投放于食物或者水源、饮用水中，造成人员伤亡或者其他损失。此类案件作案现场不够明显，且案件主体现场遗留痕迹、物证较少，同时案件作案人作案手段较隐蔽，所以投放危险物质案件的侦查难度较大。

（二）案件因果关系一般较为明显，但动机复杂多样

投放危险物质案件中，作案人与受害人之间大多都有比较明显的因果关系。作案人的犯罪动机是引致案件的内心起因。引起投放危险物质案件的原因主要分为以下几类：一是

---

① 参见任惠华主编：《刑事案件侦查》，20 页，北京，法律出版社，2000。

在生产生活中引发的矛盾纠纷，比如农村里普遍存在的土地纠纷、承包纠纷、邻里纠纷、用水用电纠纷、历史上遗留的宗族矛盾纠纷等等。二是家庭矛盾引发，如儿媳与公婆之间、子女与父母之间、夫妻之间等。三是奸情关系引发。四是图财引发。如投放危险物质敲诈勒索、投放危险物质盗取牲畜鱼虾等。五是变态心理，如封建迷信、邪教、精神病等。六是生意竞争引发。七是因对现实不满，为报复社会引发。相应地，作案人的犯罪动机主要表现为报复、图财、愚昧迷信以及其他犯罪动机。

（三）多数案件危害性大，影响恶劣

许多投放危险物质案件以公共安全为侵害目标，危害性大，影响恶劣。比如有些案件作案人在公共餐饮场所实施投放危险物质案件，因多人食用有毒有害食品，往往会造成多人中毒甚至死亡，形成群死群伤事件，严重影响社会安定，给社会秩序和个人权益造成极大危害。

（四）危险物质来源广泛

危险物质来源广泛包括危险物质种类多样和危险物质来源渠道多样。随着科学技术的发展，放射性、毒害性以及传染病病原体等危险物质越来越多。同时，随着网络技术的进步和普及，危险物质的获取渠道呈现出网上和网下两个渠道，进一步方便了危险物质的获取。就毒害性危险物质而言，实践中最为常见的是容易获得的农药和鼠药。

（五）事件性质难以迅速确定

投放危险物质案件往往与疾病感染、意外中毒事件，如误食毒物、误吸毒气（常见于日常生活中的不慎煤气中毒等）以及自杀、环境污染事件混杂在一起，事件性质往往难以迅速确定，延缓了立案破案的时间。

（六）女性及老年、幼年作案主体所占比例较高

同其他严重刑事案件相比，女性及老年、幼年作案主体所占比例较高。呈现出这种特点的原因在于，这些作案主体在日常生活中多属于弱势群体，基本上不具备实施其他犯罪尤其是严重暴力案件的条件，或者实施其他严重暴力案件的难度较大，但是他们追求的作案目的和结果却与其他严重暴力行为相当，因而极易转向采取作案方法隐蔽、作案过程迅速、不需要使用暴力的投放危险物质案件进行作案。

（七）农村地区发案较多

农村中农药、鼠药较多，又缺少严格的管理，便于作案人获取这些危险物质用于作案。农村大量的露天水源、池塘、水井、水库、牛羊圈等，缺乏必要的防范设施，犯罪嫌疑人容易得手。有些农村院落进出较为便利，也给犯罪嫌疑人以可乘之机。

第二节　投放危险物质案件的侦查方法

投放危险物质案件的侦查方法，是各种侦查技术、侦查措施和侦查方法的集合体，其目的在于寻找案件线索，确定案件侦查方向，固定犯罪证据，最终确定犯罪嫌疑人。投放危险物质案件作案相对隐蔽，现场易遭破坏，取证较为困难，嫌疑人翻供现象常见，导致实践中大量投放危险物质案件在抓获嫌疑人后因证据不足而无法移送起诉、提起公诉或被

判无罪，这都对公安机关的办案水平和质量提出了更高要求。

一、甄别和发现投放危险物质案件

对于已经发生的投放危险物质案件，侦查机关要在初步掌握各种信息的基础上，迅速做出案件性质的判断，做好投放危险物质案件性质的甄别和发现。一般情况下，有下列迹象的应考虑为投毒：一是案件现场未能找到所涉毒物和装用毒物的器具；二是受害人生前精神正常，未流露出悲观厌世情绪的；三是受害者的尸体上有暴力侵犯的特征或者现场上发现有移尸痕迹的；四是受害人家里存放的粮食、食品、饮用水等中检测出有毒物，不能说明其来源的；五是案件现场中伪造的死者“遗书”，系死者以外的他人书写的；六是死者家属报称死者急病暴死，并急于埋葬火化尸体，行为表现反常，群众怀疑的；七是牲畜家禽及喂养的鱼类大量死亡，但又不是污染原因造成的；八是有不明原因的“瘟疫”发生，但集中于特定人、特定户或特定群体；九是中毒案件中有多名受害人，但他们的中毒程度存在较大差别，应考虑案件犯罪嫌疑人进行伪装的可能。①

二、投放危险物质案件的前期处置

根据《公安机关侦破投毒案件工作规范》，对于投放毒害性物质的案件，公安机关接到投毒案件报警后，应当根据案件情况组织警力立即赶赴现场，并视情通知卫生行政部门、医疗机构等单位共同开展有关处置工作。

先期到达现场的民警应当做好以下处置工作：检查现场安全状态，注意发现险情，排除隐患，确保现场群众和民警自身的人身安全。怀疑是有毒气体造成中毒的，应当注意检查现场通风情况，视情采取防护措施。必要时，应当通知消防部门和有关单位共同进行现场处置；组织抢救伤员；防止继续造成危害；防止（或者）危害结果扩大；保护现场，根据案件具体情况划定保护范围，设置警戒线和告示牌，维护现场及周边秩序，禁止无关人员进入现场记录抢救前中毒人员所处位置和状态，保护现场痕迹、物证；及时登记在场人员姓名、住址和联系方式，初步询问现场目击证人和其他有关人员。

现场发现中毒人员的，应当立即通知医疗机构并视情采取必要的处置措施。中毒人员需要送往医疗机构救治的，公安机关应当同时派员前往，全面了解、掌握中毒情况及救治情况，及时收集中毒人员呕吐物、尿液、血液、第一次洗胃液、衣物等物品并移交给现场勘验、检查人员，在紧急情况下对中毒人员进行询问或者采取控制措施。暂时无法派员前往的，应当告知医务人员在积极抢救的同时注意收集、保存上述物品。

现场处置过程中发现案发前后可能还有其他受害人员的，应当通知、走访相关地区的医疗机构，注意发现、报告中毒人员情况。接到医疗机构报告的中毒人员情况后，应当立即进行调查核实，以确定是否与本案有关。

现场处置过程中发现危险物质或者被投放危险物质的食物、饮料、饮用水等已经流向公众或者正在流向公众，可能危害人民群众生命财产安全的，应当立即采取紧急措施。必要时应当报告当地政府，组织有关职能部门采取措施防止危害结果进一步扩大。

---

① 参见王国民、李双其主编：《侦查学》，361页，北京，中国人民公安大学出版社，2011。

三、投放危险物质案件的现场勘验

对于任何现场来说，勘查越及时，侦查机关获得的案件信息就越翔实、越接近客观真实。公安机关对于具备勘验、检查条件的投放危险物质案件现场，应当依法及时进行勘验、检查。对于由卫生、环保等部门先期处置过的现场，公安机关仍然应当认真进行勘验、检查，尽可能发现、提取与案件有关的痕迹、物品，并及时与先期处置现场的有关部门进行沟通协调，了解现场处置经过，还原现场原始状态，收集、调取先期处置、检验过程中形成的有关材料和剩余检材。

对于投放毒害性物质的案件现场，现场勘验、检查的重点包括以下方面：（1）勘验、提取中毒人员食用后剩余的食物、饮用水、药物以及有关的饮食原料和器皿、工具等；（2）勘验、提取中毒人员的呕吐物、排泄物等；（3）对中毒人员或者尸体进行检查，并提取相关检材；（4）搜索、勘验作案人在作案过程中及作案前、作案后遗留的痕迹、物品等；（5）搜索、勘验作案人遗留或者隐藏的毒物、盛装物及其他器皿、工具等；（6）收集、调取与案件有关的视频资料和电磁痕迹信息，对现场计算机、存储介质等进行勘验、检查。

现场勘验、检查一般以投放危险物质行为发生地或危险物质所在地为中心展开，根据案情也可以被害人所在地为中心展开。对于中毒人员食用后剩余的食物、饮用水、药物以及有关的粮食、蔬菜、调料、水源等饮食原料和盛装器皿、加工工具等，应当全面进行勘验、提取并送检，为查明被投毒物品及有关案情提供依据。勘验的重点是中毒人员发生中毒前的最后一次饮食及相关物品，同时应当根据案件情况和中毒症状，对中毒人员之前的饮食及相关物品提取备检。对于现场发现的中毒人员呕吐物、排泄物，应当逐处进行勘验、固定，并分别提取、包装。对于现场发现的具有中毒征象或者已经死亡的禽畜，应当进行勘验、检查，并提取相关检材。

值得注意的是，对于案情比较简单、犯罪嫌疑人已经供述或者被投毒物品比较明确的案件现场，也应当全面进行勘验，并提取相关物品备检，防止因现场勘验不全面造成证据灭失。

由于投放危险物质案件往往涉及中毒人员的救治问题，现场勘验、检查人员应当注意了解中毒人员在医疗机构的救治情况，在积极救治的同时，及时对中毒人员进行人身检查，收集、提取下列证据材料：（1）中毒人员的呕吐物、尿液、血液、第一次洗胃液等；（2）中毒人员双手等部位的微量物证检材；（3）中毒人员衣物、随身物品等；（4）中毒人员检验结果、诊疗记录等治疗过程中形成的有关材料。

对于有人员死亡的投放危险物质案件，应当按照公共安全行业标准《中毒尸体检验规范》（GA/T 167—2019）对尸体进行检查。检查中毒尸体，应当以法医为主进行，必要时毒物化验专业人员也应当参加。

勘验、检查投放危险物质案件现场，应当认真进行现场外围搜索。根据案件情况和现场周边环境，适当扩大现场搜索范围。现场搜索可以根据搜索范围和地形特点，采取分片分段或者由中心向外围等方式进行。搜索的重点包括作案人来去路线以及现场附近的垃圾堆、厕所、下水道、沟渠等部位，注意发现作案人丢弃或者隐藏的危险物质、盛装物等物品以及作案人遗留的足迹、车辆痕迹、生物检材等。具备使用警犬追踪或者鉴别条件的，在不破坏现场痕迹、物证的前提下，可以使用警犬搜索和追踪有关人员与物品。

勘验过程中，如遇紧急情况，为迅速确定被投放危险物质的物品和危险物质扩散范围，可以进行动物实验。

勘验结束后，在查清作案地点、作案对象、作案方式、危险物品种类等案件重要情节之前，应当保留现场和尸体。因现场位于公共场所或者其他原因致使现场无法长期保留的，应当及时对现场进行全面细致的勘验、记录，并全面提取现场有关痕迹、物品进行进一步的勘验、检查。对不需要保留的现场，应当及时通知有关单位和人员进行处理。对于现场遗留的危险物质，应当告知有关单位和人员，并视情况采取必要措施，防止继续造成危害。

四、投放危险物质案件的现场访问

投放危险物质案件的现场访问范围较广，以投放毒害性物质案件为例，访问对象一般包括以下人员：(1) 案件的发现人、报案人、现场保护人员；(2) 受害单位人员、中毒人员及中毒人员亲属；(3) 现场目击者和知情人；(4) 有毒食物制作、加工、流转等各环节的相关人员；(5) 抢救人员及相关医护人员；(6) 现场周边毒物销售人员；(7) 其他有关人员。

投放毒害性物质案件现场访问的内容主要包括：(1) 案件发现经过及报案情况。包括案件发现人、发现时间、发现地点、报案时间、现场状态和现场保护情况等。(2) 中毒人员情况。包括中毒人员基本情况、家庭关系、社会关系、矛盾关系、健康状况、用药情况、有无自杀倾向等。(3) 中毒发生经过及中毒症状。包括中毒人员出现症状的时间、症状表现、持续时间、行为言语、尸体状态、中毒前活动情况、之前有无类似症状等。(4) 中毒前饮食情况。包括中毒前饮食的时间、地点、同餐人员、食物品种、各人食用品种、食物来源、剩余食物去向、盛装器皿、制作过程、制作原料、制作人员、加工工具等。重点是中毒前最后一次饮食的情况，同时应当根据案件情况和中毒症状，对之前的饮食情况进行询问。(5) 案发前后的可疑情况。包括现场出现的可疑人员、物品及其特征，与案件有关的可疑言行等。(6) 中毒人员救治情况。包括救治人员、检验诊断、救治措施、救治结果等。(7) 危害结果情况。包括中毒死伤人数和损伤情况，中毒禽畜的种类、数量和损失，被毒物污染物品的范围和损失等。(8) 怀疑对象及依据。包括中毒人员或者其他人员提出的怀疑对象，怀疑对象有无作案动机、获取毒物的条件、作案时间等。(9) 其他与案件有关的情况。包括本地常见毒物及其销售使用情况，现场周边毒物有无缺失，现场周边是否发生过类似案件，现场周边禽畜有无不明原因死亡等。

在询问被询问人前，应当了解被询问人的身份及其与中毒人员之间的关系，确定询问的任务和方法。询问过程中，不得向被询问人泄露案情或者表示对案件的看法。

现场访问应当根据中毒人员的身体状况抓住时机进行询问，一般按照先重伤员后轻伤员的顺序进行。在对重要伤员进行紧急询问时，有条件的应当录音录像。

五、投放危险物质案件的矛盾排查

引起投放危险物质案件的矛盾纠纷主要集中在家庭矛盾、婚恋矛盾和邻里矛盾。调查矛盾纠纷应当细致、全面，不仅应当注意直接、近期、激烈的矛盾纠纷，也应当注意间接、久远、相对温和的矛盾纠纷。

在投放危险物质案件的矛盾排查中，要重点突出，节约警力资源。根据不同的投放危险物质案件类型，矛盾排查具有不同的重点，要从案件作案人的犯罪目的、投放危险物质的地点以及案件的发案时间等角度来把握矛盾排查的重点。在确定矛盾排查重点的同时，也不能忽视矛盾排查的全面性。

（一）依作案目的确定矛盾排查重点

对于作案人来说，投放危险物质案件的作案目的主要有致害、图财和追求社会影响三个方面。

1. 以致害为目的的矛盾排查重点

以致害为目的的投放危险物质案件，依据图谋致害目标的不同属性，也应区分不同的矛盾排查重点。目标身份上具有公共属性的矛盾排查重点是具有敌视社会或者心理变态倾向的人员。目标身份上具有特定私属性的矛盾排查重点是同受害人具有明显矛盾纠纷的人员。

2. 以图财为目的的矛盾排查重点

以图财为目的的投放危险物质案件主要包括以投放危险物质或者虚假的危险物质为手段，意图敲诈勒索财物的案件。该类投放危险物质案件犯罪嫌疑人通常在较短的时间内针对相同或相类似的目标进行投毒敲诈勒索财物，所以对于此类投放危险物质案件来说，首先应该在一定地区一定时间范围内，从投放危险物质地点、时间、敲诈勒索对象等诸要素中发现是否有其他相同或类似的投放危险物质案件发生，以期并案侦查；其次，因矛盾纠纷引起的以图财为目的的投放危险物质案件的排查重点应从行业竞争、个人矛盾、债务纠纷、劳资纠纷等矛盾纠纷中筛选嫌疑对象，发现案件线索。①

3. 以追求社会影响为目的的矛盾排查重点

此类案件中，许多作案人是以投放虚假的危险物质为手段，以期达到扰乱社会、追求社会影响的违法目的。其心理状态上具有敌视社会或者具有心理变态的特点，案件的侦查重点是具有敌视社会或者具有心理变态倾向的人员。

（二）依投放危险物质的地点确定矛盾排查重点

在公共场合投放危险物质，表明案件犯罪嫌疑人具有报复社会的作案目的，应重点从具有仇视社会、报复社会倾向的人员中排查嫌疑对象；在室内投放危险物质，该类案件应重点考虑具有进出室内犯罪现场便利条件的矛盾关系人，例如夫妻、邻里等；在院内、门前等处投放危险物质，也表明犯罪嫌疑人作案动机强烈，侵害对象明确，但案件犯罪嫌疑人同事主关系已经恶化或本来就不十分密切，不具备进入受害人室内的便利条件，此类案件的矛盾纠纷类型一般表现为邻里矛盾纠纷、经济矛盾纠纷等。

（三）依特殊作案时间确定矛盾排查重点

要特别注意投放危险物质案件发案时间的特殊性，如婚庆、生日、忌日等。从发案时间可以判定引致投放危险物质案件的矛盾纠纷类型。对于在婚庆、生日、忌日等时间实施

---

① 参见毕惜茜：《以“爆炸”、“投放危险物质”相威胁进行敲诈勒索案件的处置与侦查》，载《中国人民公安大学学报》，2005（4）。

投放危险物质案件的，要着重从与事主具有私人矛盾纠纷的人员中排查，较为常见的为婚恋、家庭、邻里、经济纠纷；对于在春节、中秋、国庆等公共节日实施投放危险物质案件犯罪的，除了犯罪对象明显具有特定性的情形以外，要从具有报复社会倾向或者具有心理变态倾向的人员中排查。此外，还要考虑案发地的风俗习惯、封建迷信、邪教异端等因素引致投放危险物质案件的可能性。

侦查人员一旦在重点矛盾纠纷排查中难有进展的时候，应将排查重点转移到矛盾纠纷的全面排查，可以从经济、工作、感情、爱好等维度来加以考察，也可以从家庭、同事、同学等维度来考察。

六、危险物质来源调查和物证检验

生活中可以作为投放危险物质案件中的危险物质是多样的，且随着科学技术的发展，将来会有更多的危险物质可供作案人利用。对于常规的危险物质来说，公安机关已经归入常规危险物质表中，并且熟悉其毒理性质和投放规律。但是对于非常规的危险物质，公安机关就要采用其他方法予以检验鉴定。实践中，求助科研院所是对非常规危险物质进行检验鉴定的重要渠道。由于投放危险物质案件的调查时效性强，公安机关也应当探索快速检验识别危险物质的方法。

要侦破投放危险物质案件，就要做好投放危险物质案件中危险物质证据的提取和固定工作，防止现场提取过程中的再次污染，细化危险物质的物证提取和检验工作，防止物证提取和检验工作中的失误。

七、对重点嫌疑人的调查和讯问

投放危险物质案件的侦查途径主要包括：从矛盾纠纷等因果关系入手开展侦查；从现场痕迹、物品、视频资料和电磁痕迹信息等入手开展侦查；从作案人必须具备的时空条件入手开展侦查；从对被害人和现场具备知情条件的人员入手开展侦查；从毒物来源和了解毒物使用知识的人员入手开展侦查；从案发前后有反常表现的人员入手开展侦查。在排查犯罪嫌疑人的过程中，应当根据调查访问情况、中毒人员人身检查情况、中毒人员微量物证检验鉴定情况等，综合分析现场中毒人员有无可疑情况，注意发现隐藏在中毒人员中的犯罪嫌疑人。

对于确定的犯罪嫌疑人，应当根据案情和犯罪嫌疑人情况制定专门的侦查方案。一般可以通过以下途径收集证据、进行侦查：讯问犯罪嫌疑人；对犯罪嫌疑人进行人身检查；对犯罪嫌疑人住处、工作场所和其他与案件有关的地方进行搜查；围绕犯罪嫌疑人准备作案、实施作案、作案后等各阶段的活动情况进行全面调查。

就搜查而言，在对犯罪嫌疑人住处、工作场所或者其他有关地方进行搜查时，应当注意搜索、发现与案件有关的以下物品和部位，同时提取相关检材：（1）怀疑是危险物质的物质及其盛装物、加工工具等；（2）犯罪嫌疑人作案时穿着的衣物及随身物品；（3）毛巾、脸盆、水池、马桶、抹布、扫帚、垃圾桶等可能残留危险物质成分的物品和部位；（4）怀疑是作案实验致死的禽畜；（5）与案件有关的书籍、信件、日记等文件；（6）通信工具、计算机、存储介质等。

无论从任何方面进行侦查取证破获案件，最后都要落实于犯罪嫌疑人的嫌疑证明上。

控制犯罪嫌疑人以后，必然要求对犯罪嫌疑人进行讯问。投放危险物质案件的案件作案人反侦查意识一般比较强，作案比较隐蔽，有些投放危险物质案件的现场还伴有抢救受害人或受害财物等的活动，有些案件更是因为发现较晚，尸体腐烂严重，缺少定性案件的证据。所有这些因素都不利于案件证据的搜集，有的甚至因为没有找到足够的证据，致使案件“送不出，诉不了”。在掌握一定的线索以后，正确运用合适的讯问方法，掌握一定的讯问技巧，有助于发现证据，形成案件证据链。

讯问投放危险物质案件的犯罪嫌疑人，侦查人员应当熟悉案件情况和犯罪嫌疑人情况，制定讯问计划，列出讯问提纲，重点问清以下内容：(1) 作案动机、目的。主要包括作案动机的产生过程、针对的侵害目标、预期的危害结果等。(2) 预谋准备过程。主要包括选择作案方法、选择作案时机、准备作案工具、作案前进行的实验、了解危险物质性能等。(3) 作案时间、地点。主要包括作案开始时间和完成时间、现场周围环境情况、中心现场具体情况等。(4) 作案实施过程。主要包括作案来去路线、出入现场的方式、在现场的全部活动、危险物质携带方式、投放方式、投放剂量、投放对象及其特征、掩盖危险物质的方式、接触和遗留物品情况、对有关物品和场所的清理等。(5) 作案后的表现。主要包括作案后的反常表现、掩饰犯罪的言行等。(6) 危险物质情况。主要包括来源、获取方式、名称、数量、包装方式、颜色性状、存放部位、作案前后使用情况、剩余物质的去向等。(7) 危害结果。主要包括人员伤亡和财产损失情况，是否预见到危害结果等。(8) 与案件有关的其他情况。

犯罪嫌疑人供认犯罪的，应当及时对其供述进行固定、审查、核实，收集、提取证实犯罪嫌疑人供述的各种证据。对于根据犯罪嫌疑人供述、指认发现的隐蔽性很强、侦查人员之前并不掌握的痕迹、物证，应当对供述、指认情况和发现、提取过程认真做好记录，并全程录音录像。

【导入案例简析】

根据常某交代，其自2006年下半年入学后，换住了两个宿舍都被宿舍同学孤立，常某认为多数同学是受牛某等3名被害人挑拨，因此对牛某等人十分怨恨。常某先于2006年12月用其他同学的身份证从石家庄购买了注射器，准备采取向加害对象床上注射汞的方式进行报复。后通过互联网了解到铊的化合物可以致人中毒，于是上网搜索有关铊及铊化合物的相关信息，并在“阿里巴巴”网站上浏览到7家相关公司的资料。经逐一联系，最终以500元价格向陈某购买了250克硝酸铊。2007年5月29日下午，常某将两勺硝酸铊放入矿泉水中稀释，用注射器将稀释过的矿泉水抽出，后趁同学上课宿舍无人之机，窜至被害人宿舍，向3名被害人的茶杯中各注入2毫升，致3名学生饮用后中毒。根据常某的交待，专案组及时查获了剩余的硝酸铊以及作案用的注射器等。

本案在较短时间内侦破，得益于多部门和多警种的密切配合以及专案组的主动进取，能够在最短时间内调集优势资源用于案件侦破。对于这类案件，不但要着眼于具体案件侦破，就事论事，还应有维护社会稳定大局意识，并努力查清毒源，扩大战果。在侦查过程中及破案后，公安机关应贯彻“服务”和“预防”理念，主导或协助案发地开展犯罪预防工作。此外，为提高该类案件侦查效率，公安机关还应强化对剧毒化学品等危险物质的管控力度，规范其生产、储存、运输、销售等各个环节，并重视互联网购买危险品物质行为，从源头上堵住利用剧毒化学品作案的漏洞。同时，为了减轻舆论导致的办案压力，专案组还应重视合理引导互联网舆论宣传。

【延展阅读】

办理投放危险物质案件存在的基本问题及解决策略

由于受侦查机关、审查起诉部门固有办案模式和思维方式的影响，在实践中，办理投放危险物质罪案件存在着不少问题。表现在：侦查人员的破案意识不强。在此类案件中，普遍存在案件受害人报案不及时的情况，有些投毒杀人案件，即使及时报了案，也因为侦查人员的草率、经验不丰富或责任心不强，丧失了获取诸如犯罪嫌疑人指纹等直接证据的有利机会。由于证据意识淡薄，侦查人员获取证据不全面，时常存在疏漏。实践中的通常做法是：只要突破犯罪嫌疑人的口供或抓获了犯罪嫌疑人，案件就算告破。在收集和固定证据时往往只注意对犯罪嫌疑人有罪证据的获取，而忽视了对无罪证据的分析与判断，没有及时固定有关证据。犯罪嫌疑人一旦出现翻供，案件就无法补救。

针对上述问题，解决的策略是：

(1) 强化证据意识，提高收集与固定证据能力。一是坚持以证据为本的原则。要求侦查人员在办案过程中，从客观存在的证据出发去认定案件的事实，不凭主观推断。二是不搞刑讯逼供、诱供，严格按照法律规定的要求和标准收集、固定能够充分证明案件事实的各类证据，不断提高侦查的能力与水平。

根据投毒犯罪的特点，应强化办案人员三个方面的能力：

第一，在犯罪嫌疑人被采取强制措施时要及时提审，收集供述。收集供述要合法，从侦查人员主体资格、人数、有无法律手续到提审讯问程序都要合法。

第二，现场勘验要规范操作。无论什么案件，对一切可能与案件有关的痕迹、物品、文书等均要提取、收集。提取现场物品，应会同见证人和物品持有人查点清楚。现场勘验要有专业人员参加，以便及时分析死因，提出下一步工作意见。

第三，不断积累经验，强化工作责任心。从投毒案件看，一方面，投毒方式在变化，犯罪案件中的智力因素在增加，被告人的反侦查能力越来越强。另一方面，刑事诉讼对获取的证据要求也越来越高，仅凭经验和直觉破案已成为过去。侦查工作要适应这种变化，更加客观、细致与科学。其实，大多数投毒案件发生以后，都会留下蛛丝马迹，或犯罪嫌疑人表现反常，故作镇静，借口离开现场；或因送医及时，被发觉有中毒的可能。如果存在死因不明，属非暴力死亡，就存在投毒的可能。

(2) 充分利用间接证据的证明力。对于间接证据，要抓住三个环节，充实补强证据。

一是查明危险物质来源。投毒案件的毒物来源应当查清。明确毒物从何处得到，存放在何处，存放处的环境，是何种类型毒物及颜色等与毒物相关的基本信息。这些情况不但要获取言词证据，还要制作照片、录像。

二是确定投放危险物质的地点和剂量。投放点一般为可移动或固定的器具，要依法予以指认、辨认。如为可移动器具，犯罪嫌疑人往往加以毁弃，必要时可通过侦查实验来印证。在有些投毒案件中，被告人所使用的器具的外形、材质、色彩具有特殊性，要尽量让其回忆，补做辨认笔录。如被抛弃到江河中，若条件具备，还要重做侦查实验。此外，对作案时间、毒物来源的辩解，要下大力气去查证。

三是做好中毒检验报告。尸检报告、活体检验报告是鉴定结论，是死亡、中毒原因的凭据。检材充分，尸检及时，就能为破案提供正确的方向，避免侦查走弯路，并稳定被告人的供述。还要重视指纹、字迹的鉴定。重视被告人的自述，以增强认定证据上的唯一性和排他性。

(3) 提高案件的科技含量，善于对危险物质作定量及毒理分析。

资料来源：陈海鹰：《投放危险物质罪的证据审查》，载《人民检察》，2005 (8)。

【本章小结】

投放危险物质案件是指犯罪嫌疑人以投放危险物质为手段实施的损害社会公共法益或特定人法益的案件类型。投放危险物质案件与定性为投放危险物质罪的刑事案件既有联系，也有区别。定性为投放危险物质罪的刑事案件都属于投放危险物质案件，而投放危险物质案件还包括针对特定法益的故意伤害、故意杀人、破坏生产经营、故意毁坏公私财物等类案件。

投放危险物质案件具有如下特点：一是作案手段简单、隐蔽，破案难度大；二是案件因果关系一般较为明显，但动机复杂多样；三是多数案件危害性大，影响恶劣；四是危险物质来源广泛；五是事件性质难以迅速确定；六是女性及老年、幼年作案主体所占比例较高；七是农村地区发案较多。

投放危险物质案件侦查方法的重点在于：甄别和发现投放危险物质案件；扎实做好投放危险物质案件的前期处置；及时开展细致的现场勘验工作；认真组织现场访问；细化矛盾排查；强化危险物质来源调查和物证检验；重视对重点嫌疑人的调查和讯问，等等。

【关键术语】

投放危险物质罪　分类　先期处置　矛盾排查

【推荐阅读】

1. 公安部刑侦局编：《投放危险物质案例评析》，北京，中国人民公安大学出版社，2014。

2. 苗翠英主编：《毒物毒品检验》，北京，中国人民公安大学出版社，2013。

【案例分析】

2007 年 3 月 29 日上午 8 时许，某镇部分群众在食用了该镇某包子店卖出的糯米包和包子等食物后，相继出现呕吐、头晕等中毒症状，其中一人吃完食物后当即昏倒在地。接警后，市公安局立即启动紧急预案，会集有关部门调集救护车，将中毒人员送往永康市第一人民医院进行抢救。期间，发现 69 人有中毒症状，其中 28 人住院就诊。经及时救治，中毒人员均无生命危险。经现场勘查和调查访问，专案组认为，该案系一起有预谋的投毒案件，最大可能系同行业竞争或经营矛盾引起，同时不排除因店主自身的私人恩怨、店主与顾客之间的矛盾、顾客之间的间接矛盾等引起的报复行为或仇恨、报复社会的极端行为。专案组将侦查重点放在同行业竞争引起的矛盾排查上，同时兼顾其他可能。

分析讨论：

1. 对于本案，专案组可能用到的侦查措施有哪些？
2. 对于这类案件，如何查找毒源？

第十八章　拐卖妇女、儿童案件侦查

【学习目标】

通过本章的学习了解拐卖妇女、儿童案件的特点；掌握拐卖妇女、儿童案件的案情分析判断，以及网上反拐的内涵和工作基本原则。

【导入案例】

×年×月×日，N市先后发生了6起8名儿童失踪案件。通过调查发现，8名男童均被人以买玩具、食品等为由进行诱骗，分析应为拐卖案件。当地公安机关成立专案组对该系列案件展开侦查。经过认真细致回访现场，综合研究分析案情，认定该案系以诱骗为手段、以贩卖儿童为盈利目的、组织较为严密的一个拐卖儿童犯罪团伙所为。通过分析，专案组将发生在11月10日五里桥乡的6岁男童李×被拐案与“12·24”专案串并，从而确定了以淅川县城为重点区域的侦查范围，确定了“内查犯罪嫌疑人，外寻被拐儿童”的侦查方向，确立了“立足淅川，辐射周边，全市联动，全警动员，区域协作，串并案件，个案突破，顽强攻坚，快速破案”的侦查工作指导思想。专案组采取了宣传发动、重点侦查、全市大排查、深挖犯罪、技术侦查强化防范等措施，经过九天的奋战，涉案10名主要犯罪嫌疑人全部落网，8名被拐男童全部被解救，全案胜利告破。

资料来源：孙延庆主编：《侦查措施与策略》，250页，北京，中国检察出版社，2010。

请分析：本案成功破获的成功经验。

第一节　拐卖妇女、儿童案件概述

拐卖妇女、儿童犯罪不仅直接侵犯被拐卖妇女、儿童的身心健康及其他人身权利，还破坏社会主义法制和社会风气，影响社会治安。因此，对拐卖妇女、儿童的犯罪行为进行严厉打击一直是公安机关的工作重点。

一、拐卖妇女、儿童案件的概念及法律规定

拐卖妇女、儿童罪，是指以出卖为目的，拐骗、绑架、收买、贩卖、接送、中转妇女、儿童的行为。在这里，妇女是指已满14周岁的未成年妇女和成年妇女；儿童是指不满14周岁的男、女儿童。

在客观方面，拐卖妇女、儿童罪表现为实施拐骗、绑架、收买、贩卖、接送、中转妇

女、儿童的行为。拐骗，是指采用欺骗、利诱等非强制性手段，将妇女、儿童置于自己控制之下的行为；绑架，是指采用暴力、胁迫、麻醉或其他强制性手段劫持妇女、儿童的行为；收买，是指以出卖为目的，用货币等从他人处先买下妇女、儿童的行为；贩卖，是指将妇女、儿童卖给第三者换取钱财的行为；接送与中转，是指在拐卖妇女、儿童过程中，分工实施藏匿、移送、接转被拐卖的妇女、儿童的行为。只要实施上述行为之一的，即可构成本罪。需要注意的是，拐卖行为是否“违背被害人意志”，不影响以本罪论处。也就是说，即使妇女、儿童自愿被卖也不能免除拐卖者的刑事责任，但在量刑时可考虑从轻。

拐卖妇女、儿童罪的主体，是一般主体，即年满 16 周岁、具备刑事责任能力的自然人。

拐卖妇女、儿童罪主观方面，是直接故意，并且必须具有出卖的目的。如果是不以出卖为目的，收买被拐卖的妇女、儿童的行为，构成收买被拐卖的妇女、儿童罪。

在拐卖妇女、儿童的过程中同时实施了其他犯罪的，应根据刑法有关规定论处：在拐卖过程中因殴打、捆绑等行为过失导致伤害、死亡结果发生的，应以拐卖妇女、儿童罪论处；因被害人反抗等原因而故意将被害人杀死或实施伤害的，应以故意杀人罪或故意伤害罪与拐卖妇女、儿童罪一起实行数罪并罚；强奸被拐卖的妇女或诱骗、强迫其卖淫的，以拐卖妇女、儿童罪论处。此外，根据相关司法解释，对那些迫于生活困难，受重男轻女思想影响而出卖亲生子女或收养子女的，可不作为犯罪处理；对于出卖子女确属情节恶劣的，可按遗弃罪处理；出卖 14 周岁以上女性亲属或者其他不满 14 周岁亲属的，以拐卖妇女、儿童罪追究刑事责任。

此外，在侦查办理拐卖妇女、儿童案件时，公安机关往往需要解救被拐卖的妇女、儿童，在此过程中，办案人员可能受到阻挠甚至是聚众阻挠、暴力阻挠，对于纠集众人，阻碍国家机关工作人员解救被收买的妇女、儿童的行为，应构成聚众阻碍解救被收买的妇女、儿童罪。为了顺利解救被拐卖的妇女、儿童以及维护社会治安、维护法制尊严，侦查人员有可能需要收集证据，查获聚众阻碍解救被收买的妇女、儿童的犯罪案件。

二、拐卖妇女、儿童案件的特点

（一）拐卖妇女、儿童案件大多为团伙作案，分工明确

拐卖妇女、儿童犯罪行为由多个环节构成，从以各种花言巧语或使用暴力手段拐骗、劫持被害人离开其监护人或家庭，到看管、限制被害人人身自由、提供被害人的衣、食、住、行，再到寻找买方、谈妥价格和交易方式等，时间长、区域跨度大，单个犯罪嫌疑人往往很难实施完成，需要多个犯罪嫌疑人相互配合，因此拐卖妇女、儿童犯罪一般为团伙犯罪。一些组织严密的犯罪集团，犯罪成员之间有明确的分工和联络方式，从拐出地到运送、中转到拐入地形成“一条龙”，甚至相互隐瞒身份、单线联系，增强了犯罪的隐蔽性和侦查打击的难度。

（二）拐卖妇女、儿童案件犯罪手段多种多样，多与其他犯罪交织在一起

拐卖妇女、儿童的犯罪手段大致有两种类型：一是采取欺骗、引诱的方法。犯罪嫌

疑人隐瞒真相或编造事实，以合伙做生意、介绍工作、介绍对象、结伴旅游等各种名义接近、接触被害人，使被害人“自愿”跟随犯罪嫌疑人前往收买地。这一拐骗手段隐蔽、狡诈，对涉世不深的年轻女性或农村妇女、急于外出打工谋生的女性等具有较大的欺骗性和迷惑性，因此较易得逞。二是使用暴力或以暴力相威胁，使被害人不知反抗、不能反抗或不敢反抗，只能任由犯罪嫌疑人摆布。在一类犯罪手段中，犯罪嫌疑人动辄对被害人进行毒打、虐待，实施暴力或以暴力相威胁，甚至实施强奸、杀伤甚至杀害，严重危及被害人的人身自由、身心健康甚至生命安全。犯罪的具体方法多种多样，但共同之处是它们都既侵害了被害人的民主权利，又侵害了被害人的人身权利，而且往往不是一种单一的犯罪，而是与其他犯罪交织在一起，常见的有故意杀人罪、故意伤害罪、强奸罪、非法拘禁罪、强迫卖淫罪等。由于犯罪形态复杂，需要根据事实与法律考虑罪与非罪、此罪与彼罪、数罪并罚等多种情况，收集、核实证据的工作难度也相应增加。

（三）被拐卖妇女、儿童与犯罪嫌疑人有较长时间的接触，犯罪嫌疑人体貌特征暴露充分

不论是使用拐骗手段还是暴力手段，犯罪嫌疑人均需与被害人有一定时间的正面接触，特别是在长途运送或中转过程中，这一接触过程更是长时间的、多次的，同时，这种接触往往是在被害人心态、情绪较为正常的情况下进行的，因此，被害人一般都能提供较为详细、全面地反映犯罪嫌疑人体貌特征、行为习惯、生活嗜好、交往情况等方面的信息，这些都是查找和证实犯罪的重要线索和证据。

（四）拐卖妇女、儿童案件一般异地勾结，涉案地广，调查取证难度大

拐卖妇女、儿童犯罪一般时间跨度大、涉案地广，拐出地与拐入地常常跨省、隔区甚至跨越国（边）境线。在时间上，拐卖妇女、儿童犯罪一般持续几天到几十天不等；在空间范围上，往往涉及拐出地、中转地、接送地、藏匿地、拐入地等多个地点、地区，具体场所涉及饭馆、旅馆、出租屋、公共交通工具等，这些地区和场所环境不同、管理部门不同、管理方式不同，掌握犯罪嫌疑人在这些地区和场所的活动情况困难较大；同时，在被害人被犯罪嫌疑人诱骗或被害人为生活所迫“自愿”被卖到经济较发达、生活条件较好的地区的情况下，被害人不会主动报案或配合侦查工作，也在一定程度上造成了侦查困难。

（五）解救被害人阻力大，容易因此影响侦查成效

对于拐卖妇女、儿童案件，仅仅调查取证、查明案件事实、查获犯罪嫌疑人并不足够，还需要解救被害人，使之尽快返家。但是，实践中，不少收买被拐妇女、儿童的人员或者由于法制观念淡薄，或者为了避免经济上的损失，极力阻挠解救被害人；受地缘、宗族等传统观念影响，收买被拐妇女、儿童的人员甚至煽动周围居民、群众聚众或暴力抗拒公安机关对被害人的解救；同时，解救被拐卖妇女、儿童一般均涉及异地办案，耗费较多的侦查人力、物力和财力，在警力不足、经费匮乏的情况下，解救工作也常常难以展开，影响了侦查工作的成效。

第二节　拐卖妇女、儿童案件的侦查方法

一、获取和审查拐卖妇女、儿童犯罪线索

（一）拐卖妇女、儿童犯罪线索的来源

实践中，常见的拐卖妇女、儿童犯罪线索的来源有：第一，被拐妇女、儿童亲友的报案。这类线索多由拐出地侦查部门受理。有的情况是因为被拐妇女、儿童去向不明、失踪较长时间且有一定理由怀疑其被拐卖。其中，儿童被拐卖的案件来源大多出于此种情况；有的情况则是被拐妇女、儿童从拐入地通过电报、信函和其他方式告知家人、朋友其被拐卖，其家人、朋友向公安机关报案，要求解救。第二，在中转、运送过程中，犯罪嫌疑人或被害人的可疑形迹引起群众警觉而向公安机关报案。这类线索多由中转地、运送地、藏匿地侦查部门受理。第三，被拐妇女、儿童拐入地的群众向公安机关报案。这类线索一般由拐入地的侦查部门受理。第四，被拐妇女、儿童在被拐卖过程中或从买主处逃出后向公安机关提出控告。这类线索既可能是拐出地侦查部门受理，也可能是拐入地侦查部门受理，还可能是运送地、中转地、藏匿地等地的侦查部门受理。第五，公安机关在侦查破案、治安管理或其他相关业务工作中发现的拐卖妇女、儿童犯罪线索，例如，在讯问、阵地控制等工作中发现有拐卖妇女、儿童犯罪案件嫌疑线索。第六，妇联、民政部门、海关等政府部门在其业务工作中发现疑似拐卖妇女、儿童犯罪案件，将有关情况移交给公安机关展开调查。

（二）拐卖妇女、儿童案件线索的审查

对于拐卖妇女、儿童案件线索，需要进行审查和甄别，以确定是否发生了拐卖妇女、儿童的犯罪事实，是否需要追究刑事责任，特别是在案件线索来源于失踪人家属报案、群众对疑人疑事的举报等情况下，更需要认真审查。一般情况下，审查的方法和内容是：详细询问报案人疑似被拐卖妇女、儿童的生活习惯、活动规律和失踪经过以及怀疑被拐卖的根据，以排除其他被害或自行出走等可能；详细询问报案人疑人疑事的具体情况和事件经过，必要时展开现场勘验或走访；查阅有关刑事犯罪情报资料或相关报案记录，核对是否曾有拐卖妇女、儿童犯罪报案或发生过类似案件，等等。

二、分析、判断案情，确定侦查途径

（一）分析犯罪过程和犯罪手段特点

对拐卖妇女、儿童犯罪过程和犯罪手段的分析主要是研究拐卖妇女、儿童犯罪活动的基本情况，包括犯罪嫌疑人物色被拐对象、拐骗或暴力绑架的手段方法、运送和藏匿的方式和方法、物色买主以及交易过程等案件事实。分析和判断的主要依据和内容是：第一，被拐妇女、儿童的亲友提供的情况，如被拐妇女、儿童的生活习惯、性格、在被拐骗之前的情绪和活动情况、与谁接触过、离家前有何言行等；第二，根据拐出地的地理环境、交通状况以及被拐妇女、儿童的具体情况，如其体貌特征、行动能力等，分析可能的买方区域以及运送、藏匿的方式和路线；第三，根据有关群众提供的信息，分析被拐妇女、儿童

有关情况，如被拐妇女、儿童的体貌特征、情绪和意志状态、犯罪嫌疑人的体貌特征、人数、使用的交通工具，等等；第四，根据被拐妇女、儿童向侦查人员提供的情况了解被拐骗、运送、藏匿、出卖的详细过程；第五，根据买主提供的有关情况，了解其与犯罪嫌疑人讨价还价等交易过程、犯罪嫌疑人的体貌特征、行踪去向等。

（二）分析犯罪嫌疑人条件

对拐卖妇女、儿童犯罪嫌疑人条件的分析包括四个方面：一是体貌特征，包括年龄、身高、面貌、文身、衣着及生理特征；二是语言特点、生活习惯、行为方式、性格及心理状态等；三是职业、文化程度、特殊技能等；四是同伙情况、犯罪后的行踪、去向等；分析犯罪嫌疑人条件的依据主要有被拐妇女、儿童、买主和有关群众提供的情况、犯罪遗留物、涉案场所的现场痕迹和视频监控信息等。

（三）确定侦查途径

实践中，拐卖妇女、儿童案件的基本侦查途径有：第一，根据被拐妇女、儿童提供的犯罪嫌疑人的体貌特征和落脚点等，向有关地区公安机关发布协查通报，通过不同地区、不同部门的侦查力量的协作及时发现和抓获犯罪嫌疑人；第二，对被拐妇女、儿童、知情人提供的转送路线、落脚点等涉案场所进行严密控制，以发现犯罪嫌疑人，如调取相关涉案场所的视频监控信息、在犯罪嫌疑人可能出现的场所组织被害人或知情人实施秘密辨认等；第三，根据被害拐妇女、儿童、知情人提供的犯罪嫌疑人的姓名、住址、职业及其接触人员等，查明犯罪嫌疑人身份；第四，根据犯罪同伙的检举、揭发或其他知情人提供的信息，分析犯罪嫌疑人可能的流窜方向或隐藏地点，积极组织追缉堵截，查获犯罪嫌疑人；第五，发挥隐蔽力量的作用，对车站、码头、饭店、旅店、公共交通工具等实施阵地控制，一旦发现情况，或跟踪监视，或快速行动，及时查获犯罪嫌疑人。

三、采取侦查措施，查获犯罪嫌疑人

实践中，拐卖妇女、儿童案件的常用侦查措施有：

（一）调查询问

拐卖妇女、儿童案件侦查中，调查询问的对象主要包括被拐妇女、儿童本人；被拐妇女、儿童的亲友；买主及其亲友；买主周围的邻居、同事或朋友；拐入地相关部门工作人员，如村、镇政府工作人员、当地派出所工作人员以及妇联、民政局工作人员等；中转地、运送地以及藏匿地相关场所的从业人员、证人、知情人等。

调查询问的内容主要包括：第一，被拐妇女、儿童的基本情况，包括其性别、年龄、文化程度、职业、婚姻状况、家庭成员及其相互关系、经济收入、性格、社会交往情况、近期情绪状态和活动情况、怀疑其被拐卖的依据等；第二，被拐卖的具体过程，包括在何时、何地与犯罪嫌疑人接触、犯罪嫌疑人以何种方式拐骗或绑架被害人；在中转、运送过程中犯罪嫌疑人的活动情况和接触人员情况、使用的交通工具、居住或藏匿的出租屋、旅店、饭店等情况、逗留的时间；在中转、运送过程中有无遭受其他伤害，如殴打、强奸、恐吓等，如有这些行为，这些行为发生的时间、地点、使用的工具和过程、知情人或证人情况等；第三，犯罪嫌疑人的情况，包括犯罪嫌疑人的个人情况，如体貌特征、口音、生活习惯、职业、特殊技能或嗜好等；犯罪嫌疑人在犯罪过程中接触的人员情况；犯罪嫌疑人在与被害人交谈中透露出的个人信息或其他情况；犯罪嫌疑人的反常举动等；第四，买主的个人及家庭情况，包括其性别、年龄、文化程度、职业、婚姻状况、家庭成员及其相互关系、经济收入等，买主对收买被拐妇女、儿童这一事实的态度和认知等等。

（二）辨认

针对被拐妇女、儿童与犯罪嫌疑人有较长时间的正面接触的特点，侦查人员可以组织被拐妇女、儿童、知情人对已经抓获的犯罪嫌疑人实施辨认，以确认其罪行，或组织被拐妇女、儿童、知情人在犯罪嫌疑人可能出现的场所进行秘密辨认，以发现犯罪嫌疑人。在组织辨认时，应在遵守辨认规则的同时采取措施，保护好被拐妇女、儿童及知情人的个人隐私和人身安全。

（三）讯问犯罪嫌疑人

对于多为团伙犯罪的拐卖妇女、儿童犯罪嫌疑人，通过讯问深挖同伙和余罪非常重要。讯问时，应注意审查犯罪的人数，防止出现互相包庇或推诿、放纵幕后组织、策划者的情况；应注意对犯罪时间、地点、拐骗或暴力绑架手段的审查，核对其细节是否与被害人陈述或证人证言一致；应注意对其他罪行的审查，防止避重就轻、隐瞒罪行；应注意对拐骗、转运、窝藏、中介、买人等环节的审查，查实每个犯罪嫌疑人在犯罪中的地位和作用；应注意在拐卖过程中是否还实施了其他犯罪行为，如强奸、伤害等，并审查和确定这些行为的具体实施者、实施细节及其在拐卖犯罪中的作用。

除了上述常用的侦查措施，拐卖妇女、儿童案件侦查过程中需要综合、适时采取摸底排队、并案侦查、通缉、通报、阵地控制等多项侦查措施，以便及时查明案件事实、查获犯罪嫌疑人。

四、解救被拐妇女、儿童

解救被拐妇女、儿童是侦查拐卖妇女、儿童案件的任务和关键环节之一，只有解救被拐妇女、儿童，使其尽早与家人团聚，才能真正维护被害人权益、维护社会稳定。实践中，解救被拐妇女、儿童往往面临困难较多，需要采取恰当的方式、方法，以免造成工作的被动。

在解救被拐妇女、儿童工作中，首先，应注意取得当地政府、司法部门的支持和配合，以免出现买主及其家人对解救工作进行阻挠甚至聚众抗拒执法的情况。其次，应根据具体情况组织解救力量、制定解救方案，对阻挠解救的人员进行必要的宣传教育和说服工作，对于暴力阻止解救的，应当在说服教育的同时采取适当而强有力的措施予以制止；对于可能出现或已经出现聚众、暴力抗拒解救的，应实施策略，以突然袭击、转移目标等方式，尽快将被拐妇女、儿童带离现场。再次，区分不同情况，予以不同对待。对于未成年少女或儿童、被拐卖后受到严重身心摧残、本人坚决要求被解救、多次被拐卖或群众反映强烈等被拐妇女、儿童应予解救；而对于被拐后与买主正常生活、本人拒绝解救的，也可以不解救。最后，解救被拐妇女、儿童后应做好相应的安置、遣送工作，注意遣送过程中被拐妇女、儿童的身体健康和情绪稳定。

第三节 网上反拐

网上反拐，是指充分利用网络通信技术等现代科技手段，广泛发现拐卖妇女、儿童犯罪线索，积极获取拐卖妇女、儿童犯罪证据，以公安机关的侦查打击为主力，以公安机关与各级、各类政府部门、社会团体、民间组织的长效协作机制为依托，实现包括预防—打击—解救—治疗与康复—回归社会等目标在内的拐卖妇女、儿童犯罪的综合治理对策。从“打击拐卖”到“反对拐卖”，从“反对拐卖”到“网上反拐”，其变化不仅仅是措辞上的不同，而是折射出观念的转变和工作方式、方法的革新，既是社会发展、权利保障观念深入人心的表现，也是高科技侦查方法推广运用的结果。

一、网上反拐的内涵

相较传统的打拐或反拐，网上反拐的内涵是：

（一）网上反拐意味着工作方式的转变

网上反拐意味着工作方式从单一转向复合，即从传统的由公安机关或侦查部门打击拐卖妇女、儿童犯罪转变为公安机关各部门、各警种协同作战的复合工作模式，例如，交巡警在日常巡逻中注意发现疑似被拐卖的妇女、儿童；治安（户籍）部门严格审查，堵塞收买方给被拐妇女、儿童违规入户的管理漏洞；侦查部门在解救被拐妇女、儿童过程中加强与公安派出所的联系与配合，等等。同时，拐卖妇女、儿童犯罪往往涉及多个地区，被拐妇女、儿童常常被多次拐卖或长途贩运，全面获取犯罪线索和证据需要多个地区的公安机关互通情报、密切协作。在网上反拐工作模式中，由于信息化网络建设和信息化工作机制的建立、健全，各地区警力的协调行动能力大大增强，有助于形成整体作战的格局。

（二）网上反拐意味着工作内容的延伸

单一的打击手段不能解决拐卖妇女儿童问题，打击拐卖向反对拐卖进行扩展与延伸才是治本之策。网上反拐意味着反对拐卖的工作从侦查破案、打击犯罪延伸为包括预防—打击—解救—治疗与康复—回归社会在内的丰富内容。在网上反拐工作模式中，公安机关利用互联网宣传、发动社会公众关注拐卖犯罪，在广泛开辟案件线索来源的同时，起到了宣传、教育、震慑、警示等作用，有助于预防拐卖犯罪的发生，同时，社会关注度的增加，也有助于更多的社会力量，特别是心理学、社会学、法学领域的专家、学者、各类社会团体加入到反对拐卖犯罪的活动中来，从不同角度和层面提供支援和救助，对预防犯罪和帮助被拐妇女、儿童重新社会化发挥重要作用，实现拐卖犯罪的综合治理。

（三）网上反拐意味着工作成效的强化

由于强调多部门、跨地区协作和充分发动社会力量，强调反对拐卖犯罪的预防—打击—解救—治疗与康复—回归社会的立体内容，网上反拐的成效从事后打击拓展为综合控制，更好地从根本上遏制拐卖犯罪的产生，减少由此带来的社会危害。例如，按照国务院领导同志的指示，公安部打拐办牵头起草了国家反拐行动计划，改变了公安机关单打独斗的局面，国务院数十个部委齐抓共管，成为减少乃至消除拐卖犯罪的治本之策。公安部打拐办在互联网上设立了专栏、举报信箱，还开辟了打拐博客和 QQ 群。5 万多名志愿者成了打拐办的“编外人员”，所提供的线索均转化为公安机关的高效行动，从中破获了大批案件。①

(四) 网上反拐意味着工作方法的发展

对拐卖妇女、儿童犯罪案件实施信息化的网上侦查，提高了发现案件线索和证据的主动性，是实现主动干预、快速反应和深挖犯罪的有力保障。可以说，对拐卖妇女、儿童犯罪案件实施信息化侦查，是信息化时代下拐卖妇女、儿童犯罪案件侦查的必然趋势。拐卖妇女、儿童犯罪的网上侦查方法，包括网上信息查询、网上阵地控制、网上摸排、网上并案、网上追逃等，这些网上侦查的方式与其他刑事犯罪案件的网上侦查方法既有共同之处，又有不同的实施要求和具体操作规则，侦查部门应针对拐卖妇女、儿童犯罪的特点及侦查需要进行积累、提炼和规范化，提升拐卖妇女、儿童犯罪案件的侦查效益。

二、网上反拐的基本原则

作为一种联合各种社会力量、运用靠高科技手段的工作模式，网上反拐应当遵循和体现若干基本原则。

(一) 快速反应

刑事犯罪痕迹、物证的可逝性和犯罪与侦查的对抗性决定了侦查活动必须快速反应，在拐卖妇女、儿童犯罪案件侦查中更是如此，抓住被拐妇女、儿童脱离家庭或监护人不久、尚未远离的黄金时间及时发现拐卖行为，既有利于保护被拐妇女、儿童的身心健康，减少社会危害，也有助于避免公安机关和其他相关部门陷入旷日持久的侦查和解救、治疗和救助的工作。为此，公安机关应利用现有的资源，采取高新技术（如开展 DNA 采集），利用信息平台（内部联网和互联网），采用多警种联动战术，改变以往只在有证据表明儿童被拐卖时才能立案的工作机制，做到接警出警快、调集警力快、调查走访快、收集信息快和寻查行动快。

为实现网上反拐的快速反应，公安机关应着力建设或完善以下工作制度、机制：建立和完善 110 报警中心，快速反应；充分利用视频监控信息，快速反应；建立、健全多警联动协作机制，快速反应；建立、健全多警联动协作机制等。

(二) 密切协作

网上反拐的密切协作原则，包含着各警种之间的协作、异地公安机关之间的协作，也包含着公安机关与其他政府部门的协作。

1. 不同警种之间的协作

2009 年公安部颁布了《公安机关贯彻实施〈中国反对拐卖妇女儿童行动计划(2008—2012 年)〉的意见》(以下简称《意见》)。《意见》第 13 条规定：各级公安机关建立、完善打拐工作机制，由刑侦部门牵头，警务督察、宣传、治安（户政）、巡警、边防、出入境、网监、技侦、监管、交警、法制、国际合作（外事）、装财等部门参加，定期分析研判本地区拐卖妇女儿童犯罪形势，研究制定打防控对策。同时，结合职责分工，对相关警种民警加强反拐业务培训，提高其预防、打击拐卖妇女儿童犯罪及解救、安置拐卖犯

---

① 参见张彬：《陈士渠：微博助力，期待“天下无拐”》，载《民公安报》，2011 年 12 月 5 日，4 版。

罪受害人的业务水平。《意见》用规范性文件的形式，明确各警种在打拐工作中的职责，动员各警种共同打拐，改变了以往打拐基本由刑侦部门孤军奋战的局面。

2. 异地公安机关之间的协作

针对当前动态化犯罪的特点，公安机关以共享情报信息关联不同地区和不同部门，搭建统一的信息联查平台，建设跨警种、跨部门、跨地区的共享的各类数据信息库，如全国反拐信息系统、失踪人员信息系统和DNA信息系统等，以科学合理的工作机制关联不同地区和不同部门，如网上追逃机制、来历不明儿童失踪查找机制、跨区域协作平台工作机制等。

3. 公安机关与其他政府部门的协作

《意见》明确要求各级公安机关应协调有关部门加强反拐宣传、预防、综合治理、国际合作与交流等。各级公安机关协调同级综治部门把反拐工作纳入社会治安综合治理考评，建立科学的考核评价机制；协调铁道、交通运输部门在车站、机场、码头等流动人员聚集场所强化查控堵截，开展反拐宣传工作；会同人力资源和社会保障、工商、文化、民政部门及工会组织，取缔非法中介，加强娱乐场所管理，依法打击拐卖妇女儿童犯罪的"买方市场"；协调同级人口计生、卫生部门，掌握新生儿人口信息，控制计划外生育。对于拐卖对象主要流入地和流出地之间反拐各环节的协作，《意见》规定，这两地的省级公安机关就拐卖妇女儿童犯罪的预防和打击、被拐卖妇女儿童的解救、遣返和安置等环节的协作配合进行协商，达成一致后由省级人民政府签订合作意向书，由省级反拐联席会议办公室负责落实并报部际联席会议办公室备案。

（三）警民联动

充分发动民众，是有效反拐的重要途径，无论在发现案件线索、查获犯罪嫌疑人还是解救被拐妇女、儿童、治疗和救助被拐妇女儿童的各个环节中，都需要群众的参与、配合和支持。充分发动民众参与首先要加强宣传，特别是对婚姻法、收养法、未成年人保护法等相关法律、法规的宣传力度，提高全社会的法律意识和法制观念，使民众自觉抵制、主动检举揭发拐卖犯罪行为。其次，警民联动要求增强基层组织的作用，利用街道、社区具有的密切联系群众的优势，充分利用基层的资源平台，将家庭教育、儿童教育、妇女、儿童权益保护和"反拐"宣传教育活动紧密结合，提高民众尤其是妇女、儿童的"反拐"意识和自我保护能力。最后，在被拐妇女、儿童的身心治疗和再社会化工作中，公安机关应注意与医学、心理学、社会学等领域的专家、机构密切联系，为被拐妇女、儿童乃至其家庭提供专业化的治疗和指导，尽量弥合拐卖犯罪给个人和家庭造成的伤害。

（四）注重科技

网上反拐与传统的打拐或反拐最根本的区别之一便是科技手段的引入和运用。表现在：

1. DNA生物检验技术的运用

DNA生物检验技术具有个体识别率高、亲缘关系认定准确的特点，是确认被拐卖儿童身份最有效的技术手段之一。为了解决儿童被拐多年后身源识别确认难的问题，更好地查找、解救多年前被拐儿童，2009年4月，公安部建成全国打拐DNA信息库，其中既有失踪被拐儿童父母的DNA信息，也有来历不明、疑似被拐儿童的DNA信息，信息库能够自动比对。

2. 网络通信技术的运用

在网络通信技术的运用方面，公安机关依托公安信息网，建立和完善了拐卖妇女、儿童犯罪信息系统、失踪人员信息系统、DNA信息系统以及在逃人员信息系统等，提高了打拐工作的信息化水平。除了公安机关专业信息系统建设以外，网上反拐还应注重互联网信息的发掘和利用。

3. 视频监控技术的运用

视频监控技术以其直观、方便和内容丰富等特点，在社会管理活动中发挥着越来越重要的作用。在拐卖妇女、儿童案件侦查中实施视频侦查的软硬件条件是：视频监控点的规模化、网络化建设；良好的视频导侦意识；有效的视频监控“落地侦查”，即视频侦查方法与侦查措施的合理衔接；广泛共享监控视频信息。也就是说，为使视频图像信息在拐卖妇女、儿童犯罪案件侦查中发挥作用，必须加强上述四个方面的软、硬件建设。

【导入案例简析】

拐卖妇女、儿童案件系列犯罪和团伙作案的特征较为突出，且多为异地贩卖，涉案地区较广，要求公安机关在侦查此类案件时注重协作，快速反应，在及时破获犯罪案件的同时，及时解决被拐妇女、儿童，减少该类犯罪对社会造成的危害。本案中，准确串并案件，多地警方联合侦查和案情分析透彻、侦查方向正确是成功的关键。为实现密切协作和快速反应，公安机关应当在总结案件侦查经验的基础上建立和完善工作机制，避免因个案侦查、局地办案造成的不规范、不连贯等问题。在传统工作模式中，常常需要侦查人员出差到异地调取证据、抓获犯罪嫌疑人或解救被拐妇女、儿童，这无疑增加了办案成本。此外，由于信息沟通不畅、行动协调不力等原因造成内耗，错失侦查良机、放纵犯罪嫌疑人等情况更是对侦查资源的极大浪费。网上侦查通过侦查信息化和侦查信息网络化，通过信息共享和交流，将各地区、各警种密切联系在一起，借助公安工作信息化建设成果，通过网上办案平台或各级拐卖犯罪信息数据库，不用出差到外地就可以查询信息、调取证据、确认身份，极大地提高了侦查效率。此外，拐卖犯罪案件侦查的信息化、网络化增强了侦查打击的针对性和精确性，有效地改变了以往侦查部门大兵团作战、劳动密集型侦查破案的情况，为提高侦查资源的投入产出比提供了有力的支持和保障。

【延展阅读】

DNA打拐机制简介

DNA打拐提出以前，在公安部的领导下，全国范围内已开展4次打击拐卖妇女、儿童犯罪的专项斗争。虽然这几次专项斗争取得了辉煌的战果，可是拐卖妇女、儿童犯罪也随着“严打”而发展，出现了一些新的特点，使得其侦破难度加大。然而，在2000年打击拐卖妇女、儿童专项行动中，昆明市公安局投入60余万元经费，对2000年以来失踪被拐儿童家长逐一采集血样，进行DNA检测，建立全市失踪儿童父母

DNA 数据库。通过该数据库，当年公安机关就利用 DNA 检验技术直接找到 546 名被拐卖儿童的亲生父母，取得了辉煌的成绩。因此，在拐卖妇女、儿童犯罪发展出一些新的特点和 DNA 技术在打拐中具有优势的形势下，DNA 打拐的提出是必然的。

打拐 DNA 数据库的建设是 DNA 打拐的基础工作。要想使 DNA 打拐在实际的打击行动中发挥作用，就必须搞好 DNA 打拐的基础工作。打拐 DNA 数据库的建设一般包括以下几个方面：打拐 DNA 数据库的建库对象与样本提取；打拐 DNA 数据库样本的实验室检验工作；打拐 DNA 数据库的信息录入。

其一，打拐 DNA 数据库的建库对象与样本提取。应当说，基于法律、道德、人权及花费等方面的考虑，目前 DNA 数据库的建立大都以某些违法者为对象。而打拐 DNA 数据库是我国公安机关建立的专门用来侦破拐卖妇女、儿童犯罪的 DNA 数据库。因此，打拐 DNA 数据库的建库对象就不是某些违法者，而是被拐妇女、儿童以及其父母。根据公安部规定，目前我国打拐 DNA 数据库的建库对象是“两类父母、三类儿童”等五类人员，即被拐卖儿童的亲生父母，自己要求采血的失踪儿童的亲生父母，获解救的被拐卖儿童，来历不明、疑似被拐卖的儿童和来历不明的流浪、乞讨儿童。对“两类父母、三类儿童”等五类人员必须采集血样。

其二，打拐 DNA 数据库的样本实验室检验工作 DNA 数据库用于侦查破案，首先依赖技术获得大规模个体的准确遗传信息资料用于建库。然后依靠数据库进行查询、比对。在这一过程中，保证建库资料的准确性至关重要。因为若打拐 DNA 数据库的信息录入错误，则会导致以后无法认定被拐妇女、儿童。因此，为了保证采血质量、采集数据不出差错，省级公安司法鉴定中心要承担起本地相关血样的检验鉴定和入库、比对工作，要用最好的设备、最优秀的人员做好检验工作。

其三，打拐 DNA 数据库的信息录入。样本经过实验室检验获得遗传信息后，就应将其结果录入打拐 DNA 数据库。根据我国有关规定，基层刑警队和派出所民警使用公安部专门开发的“打拐 DNA 数据库”和“打拐 DNA 技术应用系统”软件系统可直接录入被采血人员基本信息，县级公安机关法医可使用该系统核实人员基本信息并填写采血单位信息，DNA 实验室人员使用该系统进行样本受理、DNA 结果入库比对和确认儿童身份。

资料来源：方伟超：《DNA 打拐机制研究》，载《法制博览》，2012（3）。

【本章小结】

拐卖妇女、儿童案件具有团伙作案、分工明确、手段多样、犯罪嫌疑人体貌特征暴露充分、涉案地广、调查取证难度大和解救被害人阻力大等特点，在侦查此类案件中应注意通过多种途径发现和获取案件线索，分析犯罪过程和犯罪特点，确定有针对性的侦查途径，加强调查询问、辨认、讯问等措施的运用，重视对被拐妇女、儿童的解救工作。在信息化背景下，“打击拐卖”发展转变为“反对拐卖”是一种必然趋势，从“反对拐卖”到“网上反拐”，其变化不仅仅是措辞上的不同，而是折射出观念的转变和工作方式、方法的革新，既是社会发展、权利保障观念深入人心的表现，也是高科技侦查方法推广运用的结果。只有注重协作、警民联动、注重科技才能彻底、有效地侦查打击拐卖妇女、儿童犯罪。

【推荐阅读】

1. 郝宏奎、陈刚主编：《刑事案件侦查教程》，中国人民公安大学出版社，2011。

2. 杨郁娟：《论网上反拐卖妇女儿童》，载《铁道警官高等专科学校学报》，2013(2)。

【案例分析】

×年×月×日，某地公安机关在高速公路收费站截获1辆涉嫌贩卖婴儿的双层卧铺大客车，解救被分装在旅行袋内的8名女婴。经查明，这是一起由多个犯罪团伙纠合实施的特大跨省拐卖婴儿案件。犯罪嫌疑人广西籍谢某（女，66岁）、陈某（男，46岁）等伙同河南籍韩某（男，28岁）、李某（男，30岁）等人为首组成收购、贩卖、运送网络，在广西多地以婚后无生育能力、想抱养女婴为由，用给好处费的方式，勾结当地接生婆、私人医生和基层医护人员，大肆收购被父母遗弃、送养的女婴。河南等地的人贩子以收购废旧物品为掩护，在玉林市租房作为落脚点，从谢某、陈某等人手中低价收购女婴，经安徽亳州中转分发，高价转卖到河南。为了防止婴儿在运输过程中哭闹，出发前给婴儿喂食安眠药物，用布条捆绑手脚，用旅行包装运。该团伙共贩卖婴儿18名。其中女婴17名，男婴1名。以抱养、送养名义拐骗的12名，弃婴6名。在12名拐卖的婴儿中，通过基层医护人员、私人医生、接生婆等介绍拐骗的7名，直接向婴儿父母拐骗的5名，这些婴儿全部是其父母自愿送养的。经审理，广西壮族自治区玉林市中级人民法院判处谢某等2人死刑、陈某等4人死缓，另有5人被判无期徒刑。

分析讨论：

拐卖儿童案件的特点及侦查难点、侦查对策。

第十九章　黑社会性质组织案件侦查

【学习目标】

通过本章的学习，理解组织、领导、参加黑社会性质组织罪的概念和构成要件，了解黑社会性质组织犯罪的特点和手段，掌握黑社会性质组织犯罪案件的侦查要点。

【导入案例】

2010年3月27日0时许，高某组织青岛市“×××夜总会”四名女性到该市××××假日酒店卖淫，与该酒店夜总会保安发生争执。随后，高某将该情况通知任某，任某通过熊某组织数十人携带砍刀、棍棒等至××××假日酒店大厅内，对前来消费的顾客进行殴打，又至三楼该酒店夜总会内，持刀追砍夜总会的工作人员，并砸毁物品。此时恰逢“××杯国际跳水系列赛”在青岛举行，前来参加比赛的国内外运动员均被安排入住××××假日酒店，影响恶劣。案件发生后，青岛市公安机关立即开展侦查工作，迅速抓获参与打砸人员，同时发现“×××夜总会”系聂某等人投资经营，长期纠集150余名妇女从事异性陪侍、卖淫等活动，任某在聂某的授意下，纠集多人在“×××夜总会”内充当“黑保安”，每月支取5万元活动经费，为卖淫活动提供保护。聂某涉黑组织逐渐浮出水面。

实际上，自2006年以来，许多群众多次向公安部、全国“打黑办”以及山东省公安厅等部门举报聂某等人组织卖淫、开设赌场、非法持枪、故意伤害、寻衅滋事等违法犯罪线索，坊间更是流传聂某等人是青岛乃至山东的“头号黑社会”，以致至后来只要报上“我是聂某的人”就能摆平事端。但公安部、全国“打黑办”多次派员对聂某涉黑线索进行督导，一直未能取得突破，究其原因：一方面，群众举报的线索浮于表面，难以反映聂某涉黑组织内部的深层次问题，有的违法犯罪行为已由马仔、小弟出面顶罪，造成“破案”假象。另一方面，聂某在青岛市势力极大，社会活动能力极强，其通过开设赌场、组织卖淫、贩卖毒品等违法犯罪手段以及经营房地产、物流等正当行业聚敛巨额财富，与当地政府、政法部门领导关系极其密切，大部分群众惧其势力，不敢配合取证。

问题：试拟定本案的侦查方案。

第一节　黑社会性质组织案件概述

一、组织、领导、参加黑社会性质组织罪的概念

本罪是指组织、领导、参加黑社会性质组织的行为。

黑社会性质组织，是指以暴力、胁迫或其他手段，有组织地进行违法犯罪活动，称霸一方，为非作恶，欺压、残害群众，严重破坏经济、社会秩序的犯罪组织。

《刑法》（2020 年修正）第 294 条第 1 款规定："组织、领导黑社会性质组织的，处七年以上有期徒刑，并处没收财产；积极参加的，处三年以上七年以下有期徒刑，可以并处罚金或者没收财产；其他参加的，处三年以下有期徒刑、拘役、管制或者剥夺政治权利，可以并处罚金。"本罪的主体是一般主体，为达到刑事责任年龄具有刑事责任能力的自然人，即可成为黑社会性质组织犯罪的领导者、组织者和参加者。本罪的主观方面为故意。本罪侵犯的客体是社会管理秩序。本罪的客观方面表现为组织、领导、参加黑社会性质组织的行为。

本罪为 1997 年《刑法》修订时增设的罪名，但彼时关于"黑社会性质组织"的定义较为概括和模糊，司法实践中存在诸多问题，例如：2000 年 12 月，最高人民法院出台《最高人民法院关于审理黑社会性质组织犯罪的案件具体应用法律若干问题的解释》（以下简称《司法解释》，明确了黑社会性质组织应同时具备组织特征、经济特征、行为特征、危害性特征等四个特征，但由于明确规定"保护伞"是认定黑社会性质组织的必要条件，导致司法实践中一些犯罪团伙的黑社会性质组织特征虽然非常明显，却由于没有形成"保护伞"或者难以查清"保护伞"，而无法认定为黑社会性质组织。为此，2002 年 4 月，全国人大常委会作出立法解释，不再将"保护伞"作为认定黑社会性质组织的必要条件。由于黑社会性质组织犯罪的构成要件和所涉及的法律关系较为复杂，公、检、法在办案过程中对法律规定的理解不尽相同，2009 年 12 月，最高人民法院、最高人民检察院、公安部联合出台《办理黑社会性质组织犯罪案件座谈会纪要》（以下简称《纪要》），就司法实践中争议较大的问题进行研讨并取得一致意见，进一步统一了打击黑社会性质组织犯罪的司法标准。2011 年 2 月，《刑法修正案（八）》对《刑法》第 294 条作了较大篇幅的修改，将《司法解释》确定的黑社会性质组织的四个特征作为法律构成要件写入法条，并将组织、领导、参加黑社会性质组织罪修改为三个量刑幅度，提高了法定刑，增加了财产刑，明显增强了打击力度，为司法实践提供了更为明确的判定标准。

二、组织、领导、参加黑社会性质组织罪的认定

（一）本罪主体的认定

本罪的主体为黑社会性质组织的组织者、领导者、积极参加者和一般参加者。应首先认定一个犯罪团伙是否构成黑社会性质组织，再判断嫌疑人是否为该组织的组织者、领导者、积极参加者和一般参加者。

1. 黑社会性质组织的认定

根据《刑法》（2020 年修正）第 294 条第 5 款规定，黑社会性质的组织应当同时具备以下特征：（1）形成较稳定的犯罪组织，人数较多，有明确的组织者、领导者，骨干成员基

本固定；（2）有组织地通过违法犯罪活动或者其他手段获取经济利益，具有一定的经济实力，以支持该组织的活动；（3）以暴力、威胁或者其他手段，有组织地多次进行违法犯罪活动，为非作恶，欺压、残害群众；（4）通过实施违法犯罪活动，或者利用国家工作人员的包庇或者纵容，称霸一方，在一定区域或者行业内，形成非法控制或者重大影响，严重破坏经济、社会生活秩序。具体而言可以从以下几个方面进行理解：

（1）组织特征。即形成具备一定规模、较为稳定的犯罪组织，有明确的组织者、领导者，骨干成员基本固定。司法实践中，主要从以下四个方面判定：1）犯罪组织较为稳定。黑社会性质组织并非松散的临时犯罪集合体，而是长期在一定地域内有组织地从事犯罪活动以获取经济利益并形成非法控制力的稳定组织，成员与组织之间形成较强的依附关系。2）具备一定的人员规模。即黑社会性质组织的成员较多，但人数多少法律并未明确规定，《纪要》也指出："对黑社会性质组织存在时间、成员人数问题不宜作出'一刀切'的规定"。参照《刑法》有关犯罪集团的定义，可认为 3 人以上即符合黑社会性质组织的人数要求。3）组织结构清晰明确。黑社会性质组织内部层级分明，层级的数量与组织发展存续的时间成正比关系，但层级多少并非认定黑社会性质组织的依据。其人员结构基本固定，可划分为组织者、领导者、骨干成员和一般参加人员。成熟稳定阶段的黑社会性质组织内部分工明确，组织体系严密。4）具有一定的组织纪律。黑社会性质组织一般都有帮规、制度或约定俗成的行为规矩，用以控制和管理组织人员、维护内部等级制度以及确保成员勇于实施违法犯罪等，违反者一般会受到组织者、领导者的惩罚，但组织纪律不以成文为必然形式。

（2）经济特征。即有组织地通过违法犯罪活动或者其他手段获取经济利益，具有一定的经济实力，以支持该组织的活动。司法实践中，主要从以下两个方面判定：1）依仗组织的威慑力和强势地位敛取经济利益。黑社会性质组织敛财的方式五花八门，非法方式一般有开设赌场、收保护费、强买强卖、组织卖淫、放高利贷、贩卖毒品等，当黑社会性质组织发展到一定实力时，往往会通过开办公司、企业等方式"以商养黑"、"以黑护商"，插手娱乐场所、交通运输、矿产资源、建材沙石等合法行业，从中敛取巨额利益。具备一定经济实力是黑社会性质组织坐大成势、称霸一方的基础，但由于不同地区的经济发展水平以及组织规模大小等诸多方面存在较大差异，无法要求其所具有的经济实力必须达到特定规模或数额。2）以经济实力维系组织的生存和发展。黑社会性质组织聚敛的财物一般用于两个方面：一是用于成员的吃喝玩乐等日常开销，例如，给成员固定的工资、奖金等，以经济的手段拉拢、维持成员关系；二是用于各种违法犯罪活动，如购买作案工具、提供作案经费、拉拢腐蚀"保护伞"等。

（3）行为特征。即以暴力、威胁或者其他手段，有组织地多次进行违法犯罪活动，为非作恶，欺压、残害群众。司法实践中，主要从以下两个方面判定：1）黑社会性质组织的违法犯罪行为具有暴力性，即以暴力手段直接侵害他人的人身、财产安全或以暴力相威胁，从而达到对他人形成心理强制或威慑的效果。黑社会性质组织在形成初期，直接使用暴力的违法犯罪行为较多，例如聚众斗殴、寻衅滋事、故意伤害、敲诈勒索等，但发展到一定阶段后，其势力趋于稳定，反侦查能力不断增强，更多地使用"软暴力"手段，如：跟踪、滋扰、哄闹等手段干扰破坏他人正常的生活秩序等，但仍是以暴力手段作为支撑。2）黑社会性质组织的违法犯罪行为具有组织性。违法犯罪行为是否具有组织性，应当从是否代表组织意志、是否使用组织名义、是否维护组织利益等方面综合判断。有组织地实施违法犯罪行为具体包括：组织、领导者直接组织、策划、指挥的违法犯罪行为；组织成员为组织争夺势力范围、谋取经济利益、维护非法权威实施的违法犯罪行为；组织成员以组织名义实施，得到组织者、领导者认可或者默许的违法犯罪行为等。

（4）危害性特征。也即通过实施违法犯罪活动，或者利用国家工作人员的包庇或者纵容，称霸一方，在一定区域或者行业内，形成非法控制或者重大影响，严重破坏经济、社会生活秩序。这是黑社会性质组织的本质特征，也是黑社会性质组织区别于一般犯罪集团的关键所在。黑社会性质组织不同于一般的犯罪集团，极少流窜作案，而是相对稳定地在一定范围内实施违法犯罪行为，不断寻求拉拢、腐蚀国家工作人员以求非法保护，甚至侵蚀把持基层政权、获取各种头衔光环，为其行为披上“合法外衣”。其强势盘踞在当地，垄断经营、霸占资源、控制黄赌毒，不仅严重破坏社会经济秩序，也造成该区域内群众合法权益受损、人身财产安全遭受威胁，甚至影响国家机关正常行使职能，严重损害党和政府的执政形象。所谓“非法控制或者重大影响”，是指已经非法垄断、操纵、支配这些区域和行业或者形成相当程度的控制和决定作用。某种程度上而言，国家工作人员作为“保护伞”的非法保护是黑社会性质组织得以发展做大的重要原因，但“保护伞”并非认定黑社会性质组织的必要条件。

对“一定区域”的理解和把握：区域的大小具有相对性，且黑社会性质组织非法控制和影响的对象并不是区域本身，而是在一定区域中生活的人，以及该区域内的经济、社会生活秩序。因此，不能简单地要求“一定区域”必须达到某一特定的空间范围，而应当根据具体案情，并结合黑社会性质组织对经济、社会生活秩序的危害程度加以综合分析判断。

对“一定行业”的理解和把握：黑社会性质组织所控制和影响的行业，既包括合法行业，也包括黄、赌、毒等非法行业。这些行业一般涉及生产、流通、交换、消费等一个或多个市场环节。

通过实施违法犯罪活动，或者利用国家工作人员的包庇、纵容，称霸一方，并具有以下情形之一的，可认定为“在一定区域或行业内，形成非法控制或重大影响，严重破坏经济、社会生活秩序”：对在一定区域内生活或者在一定行业内从事生产、经营的群众形成心理强制、威慑，致使合法利益受损的群众不敢举报、控告的；对一定行业的生产、经营形成垄断，或者对涉及一定行业的准入、经营、竞争等经济活动形成重要影响的；插手民间纠纷、经济纠纷，在相关区域或者行业内造成严重影响的；干扰、破坏他人正常生产、经营、生活，并在相关区域或者行业内造成严重影响的；干扰、破坏公司、企业、事业单位及社会团体的正常生产、经营、工作秩序，在相关区域、行业内造成严重影响，或者致使其不能正常生产、经营、工作的；多次干扰、破坏国家机关、行业管理部门以及村委会、居委会等基层群众自治组织的工作秩序，或者致使上述单位、组织的职能不能正常行使的；利用组织的势力、影响，使组织成员获取政治地位，或者在党政机关、基层群众自治组织中担任一定职务的；其他形成非法控制或者重大影响，严重破坏经济、社会生活秩序的情形（《纪要》）。

2. 黑社会性质组织成员的认定

（1）组织者、领导者。是指黑社会性质组织的发起者、创建者，或者在组织中实际处于领导地位，对整个组织及其运行、活动起着决策、指挥、协调、管理作用的犯罪分子。

（2）积极参加者。是指接受黑社会性质组织的领导和管理，多次积极参与黑社会性质组织的违法犯罪活动，或者积极参与较严重的黑社会性质组织的犯罪活动且作用突出，以及其他在组织中起重要作用的犯罪分子，如具体主管黑社会性质组织的财务、人员管理等事项的犯罪分子。

（3）一般参加者。是指接受黑社会性质组织的领导和管理，参加该组织的违法犯罪活动程度和在该组织中的作用一般的犯罪分子。

对于那些参加黑社会性质组织，但没有实施其他违法犯罪活动的，或者受蒙蔽、胁迫参加黑社会性质组织，情节轻微的，不宜作为犯罪处理。

（二）本罪主观方面的认定

本罪的主观方面为故意，不要求行为人“明知”是黑社会性质组织。组织者、领导者只要知道或者应当知道聚拢成员是为了壮大组织的势力，对组织成员具有管理控制的作用，指挥或放纵成员实施一系列违法犯罪行为，即可认定。参加者只要知道或者应当知道该组织具有一定规模，且是以实施违法犯罪为主要活动的，即可认定。

（三）本罪客体方面的认定

本罪侵犯的客体是国家法律所保障的社会秩序，包括社会管理秩序和社会治安秩序。众所周知，黑社会性质组织是一种以谋取非法经济利益为目的的犯罪组织，其通过以有组织的暴力性犯罪为后盾，在一定的区域或行业内建立其非法秩序，公然挑战和对抗国家的法律秩序和社会公序良俗。

（四）本罪客观方面的认定

本罪为行为犯，只要组织、领导了黑社会性质组织或者参加了该组织，即构成本罪。如果行为人组织、领导、参加黑社会性质组织后又实施了其他犯罪行为，则应当数罪并罚。

（五）黑社会性质组织与“恶势力”的区别

关于对“恶势力”团伙的认定和处理。“恶势力”是黑社会性质组织的雏形，有的最终发展成为了黑社会性质组织。因此，及时严惩“恶势力”团伙犯罪，是遏制黑社会性质组织滋生，防止违法犯罪活动造成更大社会危害的有效途径。

“恶势力”是指经常纠集在一起，以暴力、威胁或其他手段，在一定区域或者行业内多次实施违法犯罪活动，为非作恶，扰乱经济、社会生活秩序，造成较为恶劣的社会影响，但尚未形成黑社会性质组织的犯罪团伙。“恶势力”一般为三人以上，纠集者、骨干成员相对固定，违法犯罪活动一般表现为敲诈勒索、强迫交易、欺行霸市、聚众斗殴、寻衅滋事、非法拘禁、故意伤害、抢劫、抢夺或者黄、赌、毒等。各级人民法院、人民检察院和公安机关在办案时应根据《纪要》的精神，结合组织化程度的高低、经济实力的强弱、有无追求和实现对社会的非法控制等特征，对黑社会性质组织与“恶势力”团伙加以正确区分。同时，还要本着实事求是的态度，正确理解和把握“打早打小”方针。在准确查明“恶势力”团伙具体违法犯罪事实的基础上，构成什么罪，就按什么罪处理，并充分运用刑法总则关于共同犯罪的规定，依法惩处。对符合犯罪集团特征的，要按照犯罪集团处理，以切实加大对“恶势力”团伙依法惩处的力度（《纪要》）。

三、黑社会性质组织的类型

从近年来的打黑除恶实践来看，我国黑社会性质组织大体有八种类型①：

1. 家族型

所谓家族型，就是指由一个家庭或一个家族的成员为基础形成的黑社会性质犯罪组织，即以血缘关系为核心形成的犯罪组织。如辽宁营口市盖州县芦屯镇的段氏四兄弟为首的犯罪组织就是一个典型代表。段氏四兄弟连同其母亲为核心，亲友五人为骨干，网络地痞流氓20多人，组成黑社会性质犯罪集团。该犯罪集团拥有武器和现代化交通工具、通信工具，豢养了10多条狼狗。他们利用各种卑劣和强制手段积累犯罪资金一百余万元，强奸妇女28人，伤害无辜群众上百人，其中致残致死者11人，腐蚀政法干警24人，形成地方一霸。

2. 地域型

这是以一个地方同学、朋友、亲戚等关系的人为主组织起来的犯罪组织。往往以累犯或惯犯为头目，以本地的一伙犯罪分子和游手好闲之徒为骨干而形成，是典型的地方流氓黑恶势力。他们在一个地方称王称霸，垄断市场，插手民间纠纷，敲诈勒索，腐蚀拉拢地方基层政权中的腐败分子，甚至向地方基层政权机关渗透。

3. 村霸型

近年，在农村的村两委中两劳释放人员占相当的比例，在不少农村恶人治村的现象突出，“村霸”型的黑社会性质组织团伙，利用村两委的组织和权力，欺压残害村民，抢夺霸占农村的土地矿产资源，欺男霸女，无恶不作。据2011年公安部的统计，2006～2011年间全国打黑除恶专项斗争打掉的农村黑恶势力达3 800多个。其中以村官为首的农村黑恶势力危害更加突出。②

4. 封建帮会型

这是以封建帮会的形式组织起来的黑社会性质犯罪组织，是地方流氓恶势力的一种类型。一般都沿用旧的封建帮会的名称和头衔。如重庆市涪陵地区以高峰为首的黑社会性质组织。该组织成员达40多人，组织内部有严格的等级和帮规，并设立“舵爷”、“龙头”、“大哥”以及“天王”、“金刚”等头衔。实际上，该组织从事盗窃、抢劫、杀人、敲诈勒索、组织赌博、流氓斗殴等各种刑事犯罪活动。

5. 狱友型

这是由同一个监狱服刑期满被释放后的人相互勾结而形成的一类有组织犯罪集团。据统计，黑社会性质犯罪组织的头目和骨干中，大约有85%以上的人是惯犯和累犯，或是有某种前科劣迹的人。狱友型犯罪组织犯罪经验丰富，手段凶残，犯罪能量大，逃避打击的能力强，并且多拥有武器，一般进行最严重的刑事犯罪活动，如性质十分严重的杀人、抢劫、盗窃以及组织赌博、强迫卖淫、制贩毒品等。

---

① 参见赵可：《黑社会性质犯罪组织的七种形式》，载《人民公安》，2000（14）。经过近十年来的发展，特别是2006年以来全国打黑除恶专项斗争的司法实践，黑社会性质组织的组织类型出现了新的变化，“村霸”型的黑社会性质组织即是近年来司法机关打击重点类型。因此，我们归纳为八种类型。

② 参见姜国利：《全国黑恶势力犯罪形势及打击对策》，载广东省第二期公检法系统打黑除恶执法办案培训班教材。

6. 犯罪联合体型

近年来的黑社会性质组织出现了跨地区联合的现象，形成某种形式的联合体。主要有：一种是松散型的，另一种是稳定型的。所谓松散型的犯罪联合体，是指由互不隶属的两个或两个以上的犯罪组织为某一经济利益，跨地区配合，调动人员。所谓稳定型的犯罪联合体，是指由两个或两个以上的犯罪组织联合组成的统一犯罪组织。各犯罪组织是犯罪联合体的一个组成部分，但还允许保持自己原有组织的相对独立性，而总体上要服从于联合体。这种犯罪联合体组织庞大，人数众多，分工明确，犯罪能量大，社会危害最严重。在我国，已经出现了犯罪联合体的雏形，如盗窃机动车、自行车的犯罪组织与专门销赃的犯罪组织进行了联合；拐骗妇女儿童的犯罪组织与贩卖妇女儿童的犯罪组织进行联合；制造毒品的犯罪组织与走私、贩运毒品的犯罪组织进行联合等。有些跨国性的犯罪组织还同某些国际犯罪组织相联合。一般地说，这类黑社会性质的犯罪组织属于职业化的犯罪集团。

7. 渗透型

这里主要指台港澳黑社会组织对大陆/内地的渗透以及国外黑社会对我国的渗透。其渗透方式有：(1) 通过投资办企业在大陆/内地发展黑社会势力；(2) 黑社会成员直接来大陆/内地发展黑社会组织；(3) 与大陆/内地犯罪组织相互勾结进行跨地区的犯罪活动；(4) 黑社会成员直接入境进行犯罪活动；(5) 国际性的黑社会犯罪组织，如日本的山口组等通过各种方式来我国发展黑势力；(6) 台港澳地区被通缉的黑社会成员来大陆/内地避风，并进行犯罪活动等。尤其在我国东南沿海地区，境外黑社会渗透比较明显。

8. 跨国型

一般地说，进行型国性犯罪活动的犯罪组织，大多数是黑社会性质的。如被中俄警方联手摧毁的曾活跃在北京至莫斯科国际列车上的犯罪团伙，就是跨国型黑社会性质组织犯罪的典型案例。

四、黑社会性质组织案件的特点

(一) 犯罪普遍存在，滋生蔓延速度加快

黑社会性质组织犯罪活动已经渗透到社会生活的各个方面，呈现普遍发展的态势。目前，全国每个省（市、区）均有打掉黑社会性质组织，部分省年均打掉20个以上。在城市、乡镇、农村均有发现黑社会性质组织，而盘踞在交通运输、建筑建材、批发市场、娱乐场所等与老百姓生活息息相关的行业领域中称王称霸的例子更是屡见不鲜。同时，黑社会性质组织发展快、周期短，一年甚至数月即可滋生发展，特别是在一些高利润行业领域中的黑社会性质组织屡打不绝，一个组织刚被打掉，很快就有新的组织填补真空，表现出较强的反复性。

(二) 侵害领域扩大，牟利敛财特征凸显

黑社会性质组织的势力从传统的“黄赌毒”、娱乐场所、矿产资源等领域逐渐向农副市场、建材沙石、交通运输等民生领域渗透，甚至以公司化运作方式作为掩护，“以商养黑”，“以黑护商”，推涨物价，强买强卖，受害群众苦不堪言。近年来，黑社会性质组织

对抗、取代政府职能部门的现象不断出现，有的插手医疗纠纷、介入拆迁补偿，煽动扩大事态，成为制造群体性事件的幕后推手，从中获取巨额利益；有的号称“地下110”、“出警队”，专门替人讨债、报复行凶、摆平事端，获取不菲报酬。

（三）逃避打击能力增强，犯罪手法日趋职业化

黑社会性质组织逃避打击的能力日趋增强，呈现出组织者、领导者“幕后化”、一般成员“市场化”、作案手法“软暴力化”等特点。在犯罪组织上，组织者、领导者由直接带头参与犯罪向幕后指挥转变，作案临时纠集数十名甚至上百名人员，作案后立即遣散，相互之间没有密切联系，形成“一呼即来，一哄而散”的局面。在犯罪手法上，由过去的单纯打杀，向更多地使用言语恐吓、尾随滋扰、聚众摆势等行为来达到目的，采取围而不打、打而不伤、伤而不重的手段逃避打击。近年来，全国多地出现以“职业调查公司”形式出现的黑社会性质组织，专门以财务咨询、经济委托等作掩护，采取暴力、威胁等手段，从事追讨债务、隐私调查、放高利贷等活动，隐蔽性非常强，发现和打击难度极大。

（四）向政治领域渗透方式多样化，对政权建设侵蚀危害加剧

为寻求庇护、逃避打击，黑社会性质组织凭借雄厚的经济实力，千方百计向政权领域渗透。除采取金钱等各种手段拉拢腐蚀国家工作人员以寻求“保护伞”的传统的方式外，许多黑社会性质组织的组织者、领导者处心积虑谋求政治地位，通过种种手段谋取人大代表、政协委员等政治光环，甚至有个别黑社会性质组织成员成为了国家机关工作人员。在部分经济发展较快且基层政权组织软弱涣散的农村地区，黑社会性质组织侵蚀农村基层政权的情况较为严重：有的暴力插手基层政权选举，打压群众，威胁干部，破坏选举；有的拉拢、策划有关人员参选基层干部，极力编织关系网，寻求后台和靠山；有的村干部本身就是黑社会性质组织的成员，控制政权，侵蚀村财，危害一方，出现“黑官当政”现象。

第二节　黑社会性质组织案件的侦查方法

一、牢固树立“五个意识”，正确把握侦查方向

黑社会性质组织犯罪活动涉案人员众多，犯罪种类多样，反侦查意识较强，发现和打击难度极大。因此，不能用普通案件的侦查方法侦办黑社会性质组织犯罪案件。要掌握侦查方法，首先必须树立正确的侦查意识。

（一）经营意识

经营意识的核心内容是首先必须明确黑社会性质组织案件是一种客观存在，但从诉讼的角度而言，黑社会性质组织及其领导者、组织者、参与者都不会主动呈现出组织的黑社会性质，而是需要严密的证据体系支撑才能揭露和证明其黑社会性质的本质属性。如果侦查取证过程中没有案件经营意识，在证据收集中工作不到位，则很有可能导致一些黑社会性质的组织犯罪变成一般的普通刑事犯罪，逃脱本应受到的指控。因此，在黑社会性质组织犯罪案件的侦查过程中，要坚持涉黑案件的“侦办”而不是“侦破”的基本理念。要求公安机关在日常工作中，注重从群众反映强烈的人员和案件、容易滋生黑恶势力的行业场

所、带有黑恶性质的重点案件中收集线索，善于以情报引导侦查，将“案件、人员、组织”紧密联系，熟练运用技术侦控、研判分析、调查走访等侦查手段，摸清黑社会性质组织的结构、人员关系和主要犯罪事实，精心选择抓捕时机，严密制定内审外调方案。在侦办涉黑案件过程中没有掌握经营意识，极易造成个案与组织脱节、幕后组织者和领导者无法追究等问题，导致案件流产。

（二）证据意识

侦办涉黑案件必须深刻领会有关黑社会性质组织犯罪的法律精神，全面把握“四个特征”证据要求，坚决摒弃“个案事实＋就案办案＋组织结构＝涉黑案件”的闭合性机械思维，牢固树立“四个特征＋个案事实＋关联性＝涉黑案件”的开放性辩证思维，不仅关注浮在面上的个案事实，还要全面关联组织的整体活动，挖掘一些体现黑社会性质组织犯罪特征但又与具体个案看似无关的事实，用证据还原组织的真实面貌，避免大量的组织行为成了“灯下黑”，使案侦工作思路清晰、少走弯路。

（三）质疑意识

侦办涉黑案件要善用质疑的眼光审视黑社会性质组织的行为表现，学会“透过现象看本质”，不能仅将目光放在黑社会性质组织具体的违法犯罪行为上，而要全面剖析黑社会性质组织的发展历程，重视一些表面合法但却能实际体现涉黑本质的行为，挖掘动机和目的，深刻思考这些行为与黑社会性质组织的发展壮大过程之间的内在联系，通过意识引导具体取证工作。

（四）深挖意识

实践中，打掉黑社会性质组织从中破获的案件超过半数是隐漏案，因此，在侦办涉黑案件时要牢固树立深挖余罪、扩大战果的意识，深入研究犯罪手段和行为特点，利用海量情报资源进行串并案件分析，灵活运用各种侦查手段，预审攻坚，顺线紧追，力求全部查清违法犯罪行为，防止就案论案，浅尝辄止。

（五）保密意识

黑社会性质组织社会活动能力极强，一旦闻听风吹草动，必将转移资产，销毁证据，威胁证人，四处逃窜，甚至利用各种手段干扰、破坏侦查工作。在侦办涉黑案件中，经营、抓捕环节要做到绝对保密，严格控制公安机关内部知情范围，防止相关信息外泄。在审讯初期也应注意保密，迂回讯问涉黑相关的内容，不向犯罪嫌疑人暴露意图，避免其产生严重抵抗情绪或是消极对待讯问。

二、拓宽线索来源渠道，及时主动发现涉黑犯罪线索

（一）广泛发动群众，鼓励举报涉黑线索

群众举报、揭发、控告是获取黑社会性质组织犯罪活动线索的重要来源之一。应当坚持打击黑社会性质组织犯罪与群众路线相结合的方针，充分运用各种载体和平台，大张旗鼓地宣传公安机关打击黑社会性质组织的决心和能力，畅通群众举报渠道，加大反馈力度，鼓励群众踊跃举报线索。对群众反映强烈的涉黑线索，要积极开展明察暗访，查清查透有关问题，让群众看到实际行动和效果，营造良好的舆论氛围。对举报线索属

实，在侦查中发挥关键作用的群众，要及时给予奖励并保密，激发群众积极参与打黑工作的积极性。

（二）强化信息研判，及时发现涉黑线索

公安机关应依托情报资源优势，对辖区内发生的案件、警情进行分析研判，高度关注故意伤害、聚众斗殴、非法拘禁、强迫交易、寻衅滋事、敲诈勒索、绑架、故意毁坏财物、聚众扰乱社会秩序以及黄赌毒枪等违法犯罪活动情况，细致分析涉案人员、时间、地点、手段、工具、起因等要素，从中串并案件。对文化程度低、技术能力低、收入水平低、生活环境差的流动人口、刑释解教人员、社会闲散青少年等高危人群落实管控责任，对重点人员实行“黑名单”制度进行逐人建档，实行动态管控。同时建立分析研判机制，汇总梳理一定时间和范围内的社会治安情况，分析判断存在黑社会性质组织的可能性，及时通知相关部门深入核查，力争第一时间发现涉黑线索，在打击中占据主动。

（三）加强阵地控制，主动摸排涉黑线索

在一些容易滋生蔓延黑社会性质组织犯罪的行业、场所，要充分运用各项治安管理措施，定期排查摸底，主动上门走访，及时掌握相关动态，强力压缩黑社会性质组织的活动区域。针对情况复杂、问题突出的场所，应认真细致梳理场所内发生的案件，对受害人及场所周边从业人员进行调查访问，同时积极物建特情耳目，深入摸排场所与涉黑组织的关系，将场所内有前科和犯罪嫌疑的人纳入视线，掌握动态，从中发现黑社会性质组织活动迹象。

三、深度经营，缜密开展侦查工作

在初步发现黑社会性质犯罪线索后，应及时成立专案组，有针对性地开展经营工作，灵活运用各种侦查手段，查清涉黑组织的人员和结构情况，获取犯罪证据，为抓捕工作做好充分准备。

（一）精确研判

紧密结合“从人到案”和“从案到人”的研判模式，以信息情报引导侦办涉黑案件全过程。对发现的犯罪嫌疑人，应立即研判其真实身份、前科情况、住宿记录、通信工具、交通工具、房产信息等信息，从中分析推测该组织的大致经济实力、主要关系人员、日常活动范围等情况。对犯罪嫌疑人的前科记录，应全部收集并以发案时间进行排序，判断该组织的发展过程，发现其他组织成员。对掌握的违法犯罪线索，根据发案时间、地点、受害人等条件，查找对应的案件卷宗及报警记录，调取案发周边的视频监控资料，从中确定涉案人员，再通过“从人到案”模式进行细致研判，拓展其他犯罪线索。研判工作应紧密结合外围调查、技术侦控等手段，对发现的线索均应及时进行分析和查证。

（二）秘密走访

发现涉黑组织具体的违法犯罪线索后，应立即判明案件性质，确认受害人的身份，并秘密走访询问受害人，细致了解受害原因和过程，辨认参与人员，判断作案人员的层次等。询问应选择合适的时间地点、控制询问人数和知情范围，以打消受害人的思想顾虑，

并在各方面对其进行保护。此外，若发现受害人是社会闲散人员、两劳释放人员，或本身就是其他涉黑涉恶团伙人员，则不宜在收网前进行走访询问，避免走漏风声，影响案件侦办。确实需要进行询问的，也应制定周密计划，防止暴露侦查意图。

（三）技术侦查

由于黑社会性质组织反侦查意识强，组织者、领导者往往深藏幕后，因此在侦办涉黑案件时，根据侦查工作的需要，可以依法采用技术侦察措施。通过侦听、跟踪、密拍密录、网络侦控等工作方法，掌握涉黑组织内部的人员组成、结构分工、层级关系、经济来源、聚集窝点等重要内容，及时发现违法犯罪线索以及“保护伞”情况。在使用技术侦察措施时，外围工作应与之紧密结合，迅速开展调查取证工作，固定相关犯罪证据。

（四）内线侦查

物建秘密力量打入涉黑组织，是侦办涉黑案件的重要手段。在侦查过程中，对发现的涉案成员应逐一甄别筛选，选择加入组织时间短、罪行轻的成员逆用为秘密力量，或是选择社会活动能力强、愿为我所用的人员物建为专案特情，择机打入涉黑组织内部，贴靠、周旋于核心人员进行深潜作业。侦查员应当全程引导特情耳目按计划、分步骤地进行情报搜集、拓展线索等工作，建立专门的联络方式，适时交流情况，掌握其思想动态，确保对特情耳目的绝对控制，并全力做好保护工作。在侦查工作结束后，公安机关应及时协调检察、审判机关，出具相关证明，从轻、减轻或免除秘密力量的刑责。在选择逆用对象时，应掌握其违法犯罪事实，对不愿配合进行内线侦查的可抓捕关押，避免消息走漏，同时不宜将组织者、领导者以及罪大恶极的人员发展为秘密力量。

（五）讯问取证

在收网前对在押涉黑成员进行讯问，可以获取黑社会性质组织的直接犯罪证据，且不易暴露侦查意图。在讯问中巧妙施策，制造、激化在押成员与涉黑组织的矛盾，或是营造该涉黑组织已被摧毁的假象，攻破其心理防线，从而查清组织内部情况，深挖组织违法犯罪行为。

四、统一收网，确保各层次主要成员抓捕到位

侦办涉黑案件不同于普通团伙犯罪，各层次的主要人员若不能及时抓捕归案，组织内的许多环节、关系、事实就难以查清，案件将会大抓大放，陷入进退两难的境地。

（一）周密制定抓捕计划

由于涉黑组织成员众多，暴力性特征突出，收网抓捕行动难度大、风险高，稍有不慎，往往容易发生意外情况，导致抓捕行动失败。在行动前，应细致查看地形，充分考虑各种突发情况的处置预案，抽调特警、刑侦、行动技术、网安、派出所等部门精干力量进行立体作战，根据抓捕人数和重要程度，分为若干个行动小组，配备充足警力和武器、警械，强调安全和保密意识，随时做好抓捕准备。

（二）精心选择抓捕时机

掌握每一名抓捕对象具体违法犯罪的证据，确保可以采取强制措施，是收网工作的基

本条件。紧密结合技术侦察、内线贴靠、外线跟踪、蹲守观察等侦查手段，掌握抓捕对象的行踪轨迹、聚集窝点、交通工具、作息时间等情报，视情择机进行抓捕，但应确保统一抓捕时间，否则极易走漏风声，造成其他成员闻风潜逃。一般来说，涉黑组织主要成员聚集在一起作案、开会、娱乐、吃喝时是较为合适的抓捕时机，可以一网打尽。

（三）抓捕与证据保全同步进行

为避免涉黑组织毁灭犯罪证据，应在统一抓捕行动时同步进行搜查工作，对涉黑组织成员的抓获地点、居住窝点、公司企业、活动场所、交通工具等进行细致搜查，重点搜集枪支弹药、刀棍、毒品等犯罪工具，同时也应注意发现与组织发展有关的账本、花名册、规章制度等相关证据。此外，在收网后，要及时扣押、冻结涉黑组织成员的账户、股票、房产、车辆等资产，避免财产被转移，以彻底摧毁涉黑组织的经济基础。

五、强化预审，及时全面固定证据

认定涉黑案件需要从“四个特征”方面的证据来综合评价，而特征证据的要求又决定了黑社会性质组织成员口供的重要性，因此，预审攻坚是侦办涉黑案件的关键环节。

（一）善用异地关押

黑社会性质组织成员社会关系复杂，反侦查能力强，将其羁押在本地，其抵抗意识强，心理优势明显，不利于审讯突破，甚至有的黑社会性质组织的领导者和组织者能遥控指挥外界，对侦查工作造成干扰。将黑社会性质组织的组织者、领导者及其他主要成员采取异地关押和审讯措施，能够给其造成极大的心理压力，迫使其孤立无援，丢掉幻想，如实供述。

（二）讲究讯问策略

讯问前应深入了解黑社会性质组织成员的社会关系、成长经历、心理个性、思想倾向等，利用其心理弱点，适当使用证据，分析利害关系，打消思想顾虑。讯问时，应从掌握的犯罪线索着手，由轻至重、从浅到深，采取抽丝剥茧的策略，不断扩大战果，深挖余罪。对在组织中处于重要地位和作用的犯罪嫌疑人，一旦审讯暂时没有进展，可从其他涉黑组织成员处取得突破，利用、激化成员间的矛盾，对其内部分化瓦解。也可采取“由低围高”的方法，突破黑社会性质组织的下层人员以及一些反侦查能力差、违法犯罪情节轻微的嫌疑人口供，再以此攻向涉黑组织的骨干分子，促使该涉黑组织的底层基础松动和崩塌，从中获取充分有力的证据来指证涉黑组织组织者和领导者。

（三）强调证供结合

收集个案证据与收集组织证据齐头并进，将涉黑犯罪的组织人员、层级分工、纪律规矩、经济来源、支配使用、行为表现、控制影响等“七要素”贯穿于审讯与搜证的各个环节，审讯与搜证紧密结合，做到章法得当、规范有序、相互印证。广泛采用“本质联系法”、“细节固定法”、“后果凸显法”，及时锁定重要、明显、较有影响的“大事”证据，善于挖掘细微、隐蔽、看似无关的“小事”证据；全面梳理授意、指使、怂恿的“直接”证据，系统链接为组织利益而实施一贯行为的“间接”证据；充分凸显坐大成势的“标志性”证据，紧密关联形成发展的“非标志性”证据；将个案从整体上进行把握，在个人与组织、个案与全案、小事与大事、事实与案件、违法与犯罪之间建立起本质联系，将全部事实分解为具体细节固定下来，刻画出组织对社会的危害程度，从而形成一个完整的证据体系。

【导入案例简析】

2009年7月，青岛市局抽调政治可靠、业务精湛、心理素质过硬的民警，秘密开展侦查工作，并就专案抓捕、审查、安保、后勤、情况控制等工作进行了明确分组，安排督察力量常驻专案组进行督察，确保了参战各部门、各单位力量“对内一条心，对外无杂音”，专案侦破工作低调保密、协调统一、开展有序。

专案组明确了该案必须办成铁案、必须确保安全、必须依法依纪办案“三个必须”和彻底查清罪行、彻底查实证据、彻底查办涉案人员“三个彻底”的办案原则，以及要最终达到政治效果、社会效果、法律效果和经济效果“四个统一”的工作要求，围绕黑社会性质组织的“四个特征”和犯罪特点，扎实细致地开展侦查和取证工作。

在前期开展大量秘密侦查工作的基础上，特别是“2010·3·27”寻衅滋事案后，专案组进一步加大力度，物建特情开展内线侦查，向聂某涉黑组织内部进行渗透贴靠，初步掌握了聂某涉黑组织的结构体系和部分成员信息，获取了该组织故意伤害、故意杀人、寻衅滋事、开设赌场、组织卖淫等犯罪的部分证据。

经过长时间的侦查经营，2010年5月，专案组以该组织同年5月5日实施的一起寻衅滋事案件为突破口，先后抓获15名涉黑成员，进一步掌握了聂某涉黑组织的内部结构情况以及多起组织违法犯罪行为的证据。

2010年6月，在前期掌握充分证据和摸清该组织结构、主要成员等情况的前提下，青岛市公安局抽调刑侦、特警、技侦、督察等300余名警力充实专案组，全面展开对聂某黑社会性质犯罪组织的侦破工作，抓获以聂某为首的黑社会性质组织成员220余人（以涉黑罪名移送起诉78人）。特别是尽管聂某辗转逃窜至多个省、市，其间先后变换使用手机20余部，手机卡、电话卡30余张，变换使用汽车10余部，先后使用假身份证和他人身份证10余份，但专案组从未气馁，针对不同情况，及时调整完善工作措施，通过技术侦查、外线摸排、重点布控、信息比对等措施，连续捕获其踪迹，最终一举将其擒获。共破获刑事案件110多起，查封夜总会2家、赌场2处，缴获五六式冲锋枪、微型冲锋枪、五四式手枪、仿六四式手枪等各种枪支23支、子弹400余发，扣押、冻结涉案资金6 000余万元、汽车56辆、游艇1艘，查封房产65处、土地3宗，总案值数亿元。

审查取证中，专案组克服该组织作案时间跨度长，证据灭失多，受害人、证人不愿提供情况等不利因素，点滴积累，最终形成一条条证据链。专案组根据聂某黑社会性质组织实施犯罪分工的体系，固定专门力量实施讯问审查，对组织领导者、骨干成员和一般成员，分别采用不同的策略，法律震慑，政策攻心，打拉结合，瓦解分化，各个击破，从而彻底查清了该组织的组织结构、犯罪分工和一系列违法犯罪事实。为保证严格依法办案，确保把此案办成铁案，专案组对审查过程全程录音录像，专人负责所有审查、取证材料的审核把关；抽调法制、预审部门力量组成法律适用及文书把关组，随时纠正执法偏差，保证执法质量；督察部门在做好安保工作的同时，全程对审查工作进行督察，保证严格执法。

2010年12月16日，该案侦查终结，移送青岛市人民检察院审查起诉。2011年4月15日，青岛市人民检察院将该案起诉至青岛市中级人民法院。2012年3月20日，青岛市中级人民法院作出一审判决，被告人聂某因犯组织、领导黑社会性质组织罪、故意伤害罪、组织卖淫罪、开设赌场罪、寻衅滋事罪、强迫交易罪、妨害公务罪、非法买卖枪支罪、非法持有枪支罪、窝藏罪，数罪并罚，被依法判处死刑。同年8月19日二审法院作出裁定：驳回上诉，维持原判，并依法报请最高人民法院复核。2013年9月，最高人民法院依法核准山东省高级人民法院的刑事裁定，并下达了对罪犯聂某执行死刑的命令。9月16日，青岛市中级人民法院依法对聂某执行了注射死刑。

【延展阅读一】

网络黑帮

随着互联网在现代生产生活的广泛运用，利用互联网工具进行有组织犯罪日益增多。“网络黑帮”的概念也已出现在人们的视野中。目前的网络黑帮有以下几种情形：

1. 利用网站或利用不良的网络游戏，宣传黑帮文化，宣扬暴力，美化江湖义气，引诱青少年加入帮派，或者结成虚拟的“网络联盟”，进行“争霸”，甚至演变为现实的帮派决斗。

2. 利用互联网交友平台，如QQ等，建立帮派社区，对帮派进行网络化管理。如福建三明郑某某黑社会性质组织案，2003年6月以来，犯罪嫌疑人郑某某以建“火麒麟社团”QQ群等方式对其犯罪组织进行管理，郑某某要求“火麒麟”成员加入腾讯QQ群，按级更改QQ昵称为“火麒麟某”的形式对团伙成员进行明确的分级管理，其中最高级别是老大郑某某，他的QQ名为“火麒麟辉”；二级的QQ名改为火麒麟后加一个中文字，三级的QQ名则是在火麒麟后加一个英文字母，四级的小弟的QQ名则是在“火麒麟”后加一个阿拉伯数字。

3. 以盈利为目的，形成一个通过控制非法黑客、建立黑客网站，以网络攻击为主要手段、暴力或威胁为后盾的新型涉黑犯罪组织。其作案手段是：头目先物色攻击目标，而后向下属成员发放攻击力极强的黑客软件，随着一声号令，来自全国各地的数百上千名成员有组织地向目标网站发起大规模DDOS（分布式拒绝服务攻击），在成功攻破数台服务器后又将它们作为傀儡机，发动更大规模的RDOS（反射式拒绝服务攻击），长时间、大规模饱和攻击造成了该网站甚至为其托管的整个机房面临灭顶之灾，所有带宽出口全部被占用，正常用户无法访问网站。由于攻击者遍布全国各地且利用多重跳板并有大量傀儡机作伪装，很难找到源头。就在这时，网站负责人都会接到匿名邮件或电话勒索敲诈钱财，要价可谓狮子大张口，费用从几万元到几十万元不等。如果遭到拒绝，网站又将面临更大规模的饱和攻击，直至彻底瘫痪。而一些中小企业为了息事宁人只好被迫就范。

资料来源：《当今网络黑帮》，见 http：//www.woaidiannao.com/html/aqfd/4195.html。

分析讨论：

如何认识“网络黑帮”的法律性质？

【延展阅读二】

打黑除恶工作的重要意义

打黑除恶工作不仅是一个维护社会治安的问题，也是一个重要的政治问题，对于深入推进反腐败斗争，促进社会和谐稳定，巩固党的执政地位均有重要意义。

一、打黑除恶是彻底摧毁犯罪组织的重要举措

没有打黑除恶的高压打击态势，就难以打掉整个犯罪组织，许多涉黑涉恶案件往往只能以个案处理，难以追究到组织者和领导者，即使追究也不能使其承担组织的全部罪责，如果以“数罪并罚”也只能惩处该犯罪组织普通共同犯罪的那部分。如吉林省辽源市刘文义涉黑案件经中央政法委、最高法和全国“打黑办”强力督导，最终查清案件三次被改判、由一审判处20年有期徒刑到最后实际服刑3年5个月就被释放的内幕，挖出了19名贪赃枉法、为黑恶势力开脱的国家工作人员。反思该案，降格处理的第一步就是将“黑”帽脱掉，去掉组织、领导黑社会性质组织罪，然后逐步“脱壳”减责，最终只能以个罪对其惩处。

二、打黑除恶是促进党风廉政建设的有效载体

打黑除恶不仅是与刑事犯罪作斗争，同时也是同各种腐败行为作斗争的过程。随着一些涉黑涉恶案件查处工作的深入，执法不公、执法腐败、权钱交易的问题被揭开。山东省打掉的聂某涉黑组织，“保护伞”涵盖公检法等政法系统，2名公安局长成为“保护伞”，民间戏称为聂某的“哼哈二将”；四川打掉的刘汉、刘维涉黑组织，以黑金撑起极其复杂的关系网，甚至辐射到北京。这些案件的彻底查处对广大党员干部起到了很好的警示和教育作用，为各级党委、政府深入开展反腐败斗争、查处党员干部中存在的不良问题提供了现实素材。同时，也弘扬了社会正气，维护了法律的尊严，树立了政法机关的权威。

三、打黑除恶是创造良好经济发展环境的迫切需要

打黑除恶专项斗争以来，各地公安机关始终从改善民生、服务民生的高度出发，重点打击盘踞在贸易市场、建筑工地、运输交通、娱乐场所等领域的各类市霸、行霸，从中发现并打掉一大批黑恶势力团伙，及时开展了整治工作，净化了投资环境和一些专业市场，保障了重点工程建设。广东省打掉的林国钦、许建强涉黑组织，多年垄断阳江市的水泥经销、河沙开采、煤气销售、鹅苗收购、海产品和农副产品购销以及客运、物流等行业，几乎涉及所有百姓民生的经济领域，导致水泥价格比周边城市每吨高出100多元，河沙价格一夜翻出2倍多，活禽价格大幅上涨，物价水平急剧提升，百姓苦不堪言，给阳江经济发展造成难以估算的损失，投资者撤资、吓跑的情况比比皆是，当地政府声誉受到严重影响，据统计，阳江市招商引资总额不到周边城市的十分之一。2007年，广东省公安机关打掉这个涉黑组织后，当地沙石、水泥、活禽、农产品等价格立即恢复正常，市场运营平稳，2007～2011年，阳江市经济快速跃升，经

济总量较2006年翻了一番多。

四、打黑除恶是实现社会效果、法律效果和政治效果有机统一的必然选择

多年来，公安机关收到一大批群众反映黑恶势力犯罪的线索和信访件，有的举报线索虽经群众多次上访、反复上访但仍长期得不到有效解决，民怨很大。在打黑除恶工作中，各地公安机关顺应人民群众的呼声，对群众反映极其强烈的案件、场所进行深入核查，从中打掉一大批黑恶势力犯罪团伙，破获了一大批积案、隐案和漏案，消除了一大批不稳定因素，办结了一大批拖延多年的涉黑涉恶信访案件，促进了社会公平正义，有效化解了社会矛盾。有的地方社会治安明显转好，暴力案件发案率大幅下降，人民群众热情洋溢地向政法机关送来感谢信、表扬信和锦旗，甚至以燃放爆竹、街面游行、载歌载舞等形式表达对打掉黑恶团伙的喜悦，发自内心地拥护打黑除恶专项斗争。实践证明，打黑除恶专项斗争是一项得民心、顺民意的工程，不仅使受黑恶势力欺压的人民群众扬眉吐气，更为重要的是大幅提升了党委、政府和政法机关在人民群众心中的形象。

【本章小结】

黑社会性质组织，是指以暴力、胁迫或其他手段，有组织地进行违法犯罪活动，称霸一方，为非作恶，欺压、残害群众，严重破坏经济、社会秩序的犯罪组织。

黑社会性质的犯罪组织应当同时具备以下特征：(1) 形成较稳定的犯罪组织，人数较多，有明确的组织者、领导者，骨干成员基本固定；(2) 有组织地通过违法犯罪活动或者其他手段获取经济利益，具有一定的经济实力，以支持该组织的活动；(3) 以暴力、威胁或者其他手段，有组织地多次进行违法犯罪活动，为非作恶，欺压、残害群众；(4) 通过实施违法犯罪活动，或者利用国家工作人员的包庇或者纵容，称霸一方，在一定区域或者行业内，形成非法控制或者重大影响，严重破坏经济、社会生活秩序。

黑社会性质组织犯罪线索主要通过群众举报、研判分析、摸排发现等方式，发现涉黑线索后，应当及时开展经营工作，灵活运用各种侦查手段，查清涉黑组织的人员和结构情况，获取犯罪证据，适时开展统一收网工作，彻底摧毁涉黑组织。

【关键术语】

组织、领导、参加黑社会性质组织罪　四个特征　五个意识

【推荐阅读】

1. 马忠红：《刑事侦查学》，北京，中国人民公安大学出版社，2014。

2. 蔡军：《中国反有组织犯罪的刑事政策研究》，北京，中国大百科全书出版社，2013。

3. 杨郁娟：《论黑社会性质组织犯罪的防治对策》，载《辽宁警专学报》，2006(1)。

【案例分析】

2007年，陈桂明伙同林妈运等人意图非法垄断湖南基围虾市场，并开始在货源地广东、销售地长沙策划实施。2008年4月，陈桂明等人非法成立“虾子公司”，并先后纠集罗国荣、邹岳祥等社会闲散人员组成黑社会性质组织，通过纵火、打砸运虾车、往虾箱倒入柴油、剪断虾箱氧气管等卑劣手段打压其他供虾商，强行阻止其他海鲜货源进入湖南市场，肆意抬高价格，暴力打压合法经营者，强行将长沙海鲜水产市场的鲜虾每斤上涨1.5元。该涉黑组织在当地多次实施故意伤害、寻衅滋事等违法犯罪行为，先后致1人重伤、3人轻伤、6人轻微伤，损毁财物价值近40万元，非法牟利640余万元。2009年，长沙市公安机关摧毁了以陈桂明为首的黑社会性质组织。2010年10月29日，长沙市中级人民法院以组织、领导黑社会性质组织罪、故意伤害罪、寻衅滋事罪、故意毁坏财物罪等罪名数罪并罚，判处组织头目陈桂明有期徒刑19年，以参加黑社会性质组织罪、故意伤害罪、寻衅滋事罪等罪名，判处其他19名组织成员有期徒刑15年至有期徒刑一年十一个月不等，全部涉黑财产及收益被依法追缴。

分析讨论：

如何分析判断市场、行业内是否存在涉黑组织？